(실용 명리학)

명운섭리 I
(이해 편)

단계(丹桂) 이 태 영 지음

도서출판 미래개발원

서언

세월이 10년이면 강산도 변한다 했다. 서당 개 3년이면 풍월도 읊는다는데, 한 분야에서 10년 넘게 일했다면 누가 봐도 전문가라 할 수 있다. 이렇듯 10년이란 시간은 결코 짧지 않는 시간이다. 그럼에도 명리공부 20년은 그리 길어 보이지 않는 까닭은 무엇일 까.

명리(命理)공부를 20년 넘게 했다고 하니까 철학관 운영하느냐고 묻는 사람이 태반이다. 심지어 어떤 사람은 명리 강의도 하느냐, 어딜 가야 강의를 들을 수 있느냐고 묻는 사람도 있다. 단순히 취미 삼아 공부한다고 하면 '아깝다'고 한다. 무엇이 아깝다는 걸 까.

20여 년 전 어느 날. 직장생활을 하던 난 지방에 출장 갔다 오다가 잠시 쉬려고 고속도로 휴게소에 들른 적이 있다. 그 때 편의점 가판대에서 '인간의 부귀빈천(富貴貧賤)을 예측 한다'라고 표지에 써 놓은 명리 서적 한 권을 발견하였다. 잠깐 살펴 본 내용인 즉, 인간의 사주팔자(四柱八字)를 분석하는 초보자용 명리교과서였다. 당시에는 '명리'라는 단어를 처음 접해 봤기 때문에 대단한 호기심을 유발시켰고 그런 이유로 시간 날 때마다 읽고, 읽어 3번 이상을 반복해서 읽었던 것 같다. 나중에 명리공부를 제대로 하고나서 다시 보니 '한마디로 볼품없는 내용'이었지만 내가 명리학에 입문하게 된 결정적인 역할을 한 것은 분명한 것 같다.

그 이후로 '자평진전', '적천수', '삼명통회', '궁통보감(난강망)' 등 유명한 고전은 물론 '사주첩경(전 6권)', '명리정종', '명리요강' 등을 비롯하여 현존하는 수많은 명리 관련 서적들을 닫치는 대로 읽었다. 절판된 책은 중고시장을 뒤져서라도 기어이 구하곤 하였다. 한 번 읽으면 쉽게 이해되지 않은 책은 최소한 5번 이상 정독하였다(대부분의 명리 서적들이 그렇다).

명리 서적만 읽은 것이 아니다. '우주변화의 원리'를 비롯하여 '당사주', '주역', '육임', '육효', '매화역수', '기문둔갑', '황제내경', '풍수지리', '관상', '수상', '족상' 등등 심지어 '타로카드'와 관련된 서적까지 광범위하게 공부하였다. 책으로 공부하는 것이 부족하여 인터넷 강의는 물론 문화원, 대학교 평생교육원 등에서 직접 강의를 듣기도 하였다. 명리와 관련하여 그 내용에 대한 깊이, 이론적 배경 등은 물론이고 강의 방법과 태도 등등 그것을 공부하고 가르치는 학생들과 선생님들의 습성까지 참으로 다양한 명리 세계를 경험할 수 있었다.

그런 세월 속에 어느 덧 20여년이 지나갔다. 때론 아름아름 취미(돈 한 번 받은 적 없으니 취미가 확실하다)삼아 사주팔자를 봐 준 것만도 꽤나 된다. 육친·십성 정도 이해할 때 쯤 되니까 마치 도사가 된 것처럼 입이 근질거려서 미칠 지경이었다. 아는 사람을 만나면 사주 봐준다고 겁 없이 덤벼들곤 하였다. 그런데 이상한 것은 공부를 하면 할수록, 더 많이 알면 알수록 그런 행동들이 오히려 겁이 나는 이유는 뭘까. 오히려 입이 닫히고 벙어리가 되어 가는 이유는 뭘까.

10년, 20년, 30년, 40년 또는 그 이상 몸담고 있는, 현존하는 명리연구가들도 수두

룩한데, 그들이 현업과 학계는 물론 재야에서 그 명성이 대단한데, 심지어 방송활동까지 하는 유명인사들도 많은데 고작 20년 세월을 가지고 어디다 함부로 명함을 내밀 수 있을 까.

20년 이상 명리 공부를 했다면 최소한 철학관이라도 운영하는 것이 일반적인 관례일 수 있다. 문화원이나 평생교육원 등에서 후학들을 위해 강의를 하는 것도 현명한 방법일 수 있다. 그러나 선 뜻 그렇게 나서지 못하는 이유는 지식과 경험이 짧다는 자학(?)이 크기 때문이다. 그러나 그것보다 더 겁나는 것이 있다. 인간의 운명을 함부로 논할 수 없다는, 어느 누구도 쉽게 떠들어서는 안 되는 것이 인간의 운명, 즉 천명(天命)이라는 사실을 깨달았기 때문이다.

인간의 운명은 인간으로서 누리는 최대한의 자유보장권이다. 그것이 옳고 그름을 떠나서, 그것의 부귀빈천과 길흉화복을 떠나서, 그 사람만이 가질 수 있는 고유의 DNA인 것이다. 그것을 어느 누가, 무슨 자격으로 진단하고 평가할 수 있단 말인 가. 참조할 사항으로 단순 조언(어드바이스) 정도는 귀여운 수준으로 이해될 수 있지만 그 운명을 단정 짓는다거나 막말을 하면서 절대 절명의 뜻인 양 결정지으려는 것이 참으로 무서운 일이라는 선입견 때문이다.

그렇다고 명리, 즉 인간의 사주팔자를 분석하고 진단하는 것이 잘못된 것이라는 건 결코 아니다. 이를 통해 다가올 미래의 길흉화복(吉凶禍福)에 대비한다는 점에서, 그리고 순천(順天), 즉 하늘의 뜻을 이해한다는 점에서 오히려 긍정적이며 정신적인 건강을 가져올 수 있다고 믿는다.

그렇다고 명리, 즉 사주팔자를 분석, 진단한 결과가 적중률이 아주 낮거나 실용성이 떨어진다는 것은 더더욱 아니다. 사실 명리를 공부하다가 스스로 놀랜 점은 적중률이 무척 높다는 사실이다. 만약 명리가 '사이비의 일종'이었다면 그 이론과 경험이 수백 년을 이어올 수 없었을 것이다. 역사와 전통이 있다는 것은 그만큼 인정받아 왔기 때문일 것이다. 그럼에도 적중률을 확신하지 못하는 명리연구가들이 있다면 그건 공부가 부족하거나 해석부족이라 할 수 있다. 특히 해석을 너무 단편적으로 한다거나 안이하게 하기 때문에 적중률이 떨어진다고 할 것이다. 공부를 하다가 어렵다고 느낀다는 것은 이런 해석의 어려움을 말하는 것이다. 그만큼 해석의 세계가 심오하고 광범위한 것이 명리학이다. 그래서 더더욱 명리공부에 깊이 빠졌는지 모른다.

명리공부를 하다가 느낀 점 중의 하나가 배타적인 환경이다. 지금까지 접한 명리연구가들과 관련된 서적 등의 공통된 특징을 보면 '내가 최고요, 나만 맞다'고 하는 사실(물론 모두가 그렇다는 것은 아니다)이다. 그러면서 나 외의 다른 어떤 누구도 이론이나 해석에 대해서는 배타성을 갖는다는 점이다. 안타까운 것은 그런 명리연구가일수록 숲은 못보고 나무만 보고 해석하는 부류들이었다는 점이다.

본인들이 얼마나 좁은 세계에 있는지를 모르고 더 넓은 세계, 이론과 경험과 실관이 더 많고 더 넓은 세계를 공부하지 못하고, 경험하지 못하고 단지 눈앞에 보이는 이익만 위해서 스스로 눈감고 귀 닫고 마음 닫고서 입만 열려 하는 지 안타까울 뿐이다. 그런 사람들에게 명리를 가르쳤다면 그 얼마나 후회스러울까. 그런 사람들에게 명리를 배운다면 그들의 미래는 어떻게 될 까. 그런 사람에게서 명리를 진단 받았다면 그 운명은 어떻게 될 까. 참으로 무섭고 한심하고 안타까운 일인 것이다.

명리공부를 취미삼아 하는 사람도 있지만 삶이 절실해서 하는 사람들도 많다. 삶이 절실해서 배우는 사람들에게 명리라는 것은 취미로 하는 사람들의 그것과는 비교할 수 없을 정도의 절대성을 갖고 있다. 그 들 중의 한 명이 나만 보면 '아깝다'를 남발한다. 그 사람도 몇 년 공부했지만 해석이 너무 어려워서, 그리고 겁이 나서 현업에 선 뜻 나서지를 못하고 있다고 한다. 참으로 안타깝기 그지없다.

명리를 쉽게 배우는 사람들도 있지만 몇 년을 배워도 부족한 사람들도 있다. 대부분이 배워도, 배워도 부족하다고 느낄 것이다. 그 이유는 너무 어렵게 가르치고 너무 어렵게 공부하고 너무 어렵게 해석하기 때문이다. 왜 그런지 모르지만 이론도 너무 많고 다양하며 그나마 '나만 맞다'는 아집만 난무하기 때문이다. 시중에 판매되는 책들도 천차만별하여 진위를 구분하기도 쉽지 않다. 단어 하나하나가 너무 어렵고 문장 하나하나가 너무 어렵다. 그러니 실용으로 응용하기에는 더욱 힘들고 어렵기만 하다. 때문에 대충, 대략 일개의 논리만 가지고 그것이 전부인 양 운명을 진단하고 해석하게 되니 안타깝기 이전에 인생이 슬퍼지는 것이다.

지난 20여년을 돌이켜 보면 참으로 많은 길을 돌아다녔던 것 같다. 바른 길이 있었는데도 몰랐던 것 같고 지름길이 있었는데도 멀리 돌아다녔던 것 같다. 명리학이 절실한 사람들이 이러한 경험을 했다면 참으로 답답할 지경이다. 명리를 새로 배우는 사람이나 한 참 배우고 있는 사람들도 마찬가지이다. 그런 경험을 가급적 안했으면 싶다. 쉽고 빨리 갈 수 있다면 그 길을 안내해주고 싶다. 그런 심정으로 지금까지 보고, 듣고 배우고 읽고 공부하고 실관해서 임상 실험한 내용들을 하나로 모아 이 책을 출간하고자 결심하였다.

필자는 명리를 공부하면서 1)모양새, 2)짜임새, 3)덧임새, 4)흐름새 등으로 명명한 나름대로의 해석단계와 해석방법을 정리해보았다. 모양새는 타고난 명의 모양을 관찰하는 단계이며 생긴 모양새대로 해석하는 것이다. 짜임새는 명의 모양새가 잘 짜여져 있는지, 흩으려져 있는지 깨져 있는지를 관찰하는 것이다. 덧임새는 짜임새에 무엇이 더해지고 무엇이 빠지는 것인지를 관찰하는 것이다. 그리고 흐름새는 그러한 명의 흐름, 즉 운의 모양새, 짜임새, 덧임새의 흐름을 관찰하는 것이다. 이것을 종합적으로 관찰, 해석하는 방법을 명리학자들은 통변술이라 부른다.

명리공부를 위와 같이 4단계로 구분해 보면 1)입문단계(또는 초급단계), 2)이해단계(또는 중급단계), 3)응용단계(또는 고급단계), 4)활용단계(또는 통변단계) 등으로 구분해 볼 수 있겠다. 최소한 이 4단계를 이수해야 명리학사 또는 명리술사로서 활동할 수 있을 것으로 본다.

필자는 이와 코드를 맞춰서 명리섭리Ⅰ(이해편), 명리섭리Ⅱ(응용편), 명리섭리Ⅲ(통변편) 등 3권의 '명리의 이해 및 해석에 관한 실용서'를 집필하게 된 것이며 이 번의 것은 '명운섭리Ⅰ(이해편)'로서 '명리의 입문 및 이해단계'에 해당하는 것이다. 명리학사 또는 명리술사를 희망하는 학우들에게 조금이나마 실용적인 지침서로서 역할이 될 것을 기대하게 된 것이다.

　이 책은 기존의 이론을 뒤집을 정도로 혁명적인 것은 결코 아니다. 우리가 알고 있는 명리학을 쉽게 설명한 것에 불과하다. 누구나 쉽게 읽고 해석할 수 있도록 내용도, 단어도 가급적 단순하게 사용하였다. 고전 명리부터 현존 명리까지 각종 참고서를 총 망라하였는데 현대에 맞게, 특히 현업에서 쉽게 응용할 수 있도록 추렸다는 점이 특징이다. 불필요한 것, 괜히 이론만 복잡하게 하는 것, 검증되지 않는 것, 해석을 잘 못하고 있는 것 등은 빼거나 수정하거나 주석을 달아서 알기 쉽도록 재편집하였다. 그래서 절실한 사람들이 편하게 공부할 수 있게 되었으면 좋겠다. 처음 접하는 사람들도 이 책으로 인해 명리학에 대한 바람직한 이해가 있었으면 좋겠다. 오직 그 바램으로 이 책을 출간하는 바이다.

　아직도 현업과 학계에 정면으로 나서기에는 부족한 점이 많아서 명함을 내밀기를 꺼린다. 다만 나름대로 뜻하는 바가 있어 이렇게 책으로 나마 데뷔전을 치르며 인사를 드린다. 데뷔전에 나선 이상 나름대로 책무가 있기 때문에 그 책무를 다하기 위하여 일단 언더그라운드에서부터 출발하려 한다. 언젠가 현업으로 나서게 될 때 정식적으로 인사드리기로 하고 '단계(丹桂, 붉은 계수나무)'라는 닉네임으로 언더그라운드에서 조심스럽게 출발하려 하니 관심 있는 분들은 지켜봐 주시기 당부 드린다. 특히 명리 학계 및 업계의 선후배 여러분의 양해와 격려를 부탁드린다.

　　　2016년 병신년 양력 원단, 한국 명운 연구원에서

　　　　　　　　　　　　　　　　　　저자 '단계(丹桂, 붉은 계수나무)' 드림

목 차

제1장 섭리 ··· 13

제1절 우주섭리 ·· 15

1. 과학과 철학의 만남 ·· 15
2. 우주의 이해 ·· 16
3. 우주의 질서 : 인력과 척력 ·· 18
4. 우주의 공존과 대립 : 자정작용 ····································· 19
5. 우주의 에너지 : 자전·공전 운동 ································· 20

제2절 지구 섭리 ·· 23

1. 지구의 탄생 ·· 23
2. 지구와 생명체 ·· 24
3. 지구에 생명체가 존재하는 이유 ··································· 26
4. 지동설과 천동설 ·· 29
5. 지구운동 ··· 30
6. 별자리 ··· 30

제3절 자연 섭리 ·· 33

1. 자연(nature, 自然) ··· 33
2. 계절(季節) 변화 ··· 33
3. 계절변화와 생태계 ·· 36
4. 절기 ··· 37
5. 낮과 밤 ··· 40
6. 밀물과 썰물 ·· 42
7. 음력과 양력 ·· 43

제4절 인생 섭리 ·· 45

1. 인생(人生)과 일생! ·· 45
2. 수명(壽命) ·· 46
3. 실제수명과 평균수명 ··· 47
4. 장수비결(長壽秘訣) ··· 48
5. 순천(順天)과 역천(逆天) ··· 49

6. 정신(精神)과 육체(肉體) ··· 51
   7. 환경(環境) ··· 53
   8. 유전자(遺傳子) ··· 54

제5절 명운 섭리 ··· 57

   1. 명운(命運) ··· 57
   2. 체(體)와 용(用) ··· 58
   3. 명운의 결정체 ··· 59
   4. 점성술과 황도 12궁 ·· 60
   5. 역과 주역 ··· 63
   6. 정역(正易) ··· 65
   7. 음양설(陰陽說) ··· 67
   8. 오행설(五行說) ··· 68
   9. 간지설 ··· 71
   10. 12지지 동물의 구성 ·· 72
   11. 한국문화와 12지지 ·· 74

제2장 정체성(正體性) ··· 77

제1절 명리학의 이해 ··· 79

   1. 명리학의 탄생과 변천 ··· 79
   2. 당사주 ··· 81
   3. 동양오술 ··· 82
   4. 명리학자의 자세 ··· 83
   5. 명운 상담 10계명 ··· 84

제2절 사주팔자 ··· 87

   1. 생명의 탄생 : 생년월일시(生年月日時) ·· 87
   2. 사주팔자 ··· 87
   3. 사주팔자와 간지 ··· 89
   4. 천지인(天地人)과 지장간(支藏干) ··· 89
   5. 60갑자(甲子) ··· 91
   6. 공망 ··· 93
   7. 사주팔자와 만세력 ··· 94
   8. 사주팔자 세우는 법 ··· 95
   9. 사주팔자의 특징 ··· 99

제3절 좌표와 행운 ·· 103

1. 근묘화실(根苗花實) ··· 103
2. 원형이정(元亨利貞) ··· 104
3. 행운 ·· 106

제4절 사주팔자 해석방법 ·· 111

1. 해석이 어려운 이유 ··· 111
2. 해석의 핵심은 균형이다. ·· 113
3. 해석의 순서 ·· 113

제5절 정체성 찾기 ·· 117

1. 명의 본질 : 체(體) ·· 117
2. 체의 변화 : 작용(用) ··· 118
3. 간지의 체와 용 ··· 119
4. 좌표와 체용 ··· 120
5. 명운의 체용 ··· 121
6. 명체와 운체 ··· 123

제3장 간지(干支) ·· 125

제1절 천간 ··· 127

1. 갑(甲) ··· 127
2. 을(乙) ··· 129
3. 병(丙) ··· 131
4. 정(丁) ··· 134
5. 무(戊) ··· 136
6. 기(己) ··· 138
7. 경(庚) ··· 139
8. 신(辛) ··· 142
9. 임(壬) ··· 144
10. 계(癸) ·· 147

제2절 지지 · 151

1. 자(子) : 쥐 · 151
2. 축(丑) : 소 · 159
3. 인(寅) : 호랑이 · 166
4. 묘(卯) : 토끼 · 174
5. 진(辰) : 용 · 182
6. 사(巳) : 뱀 · 189
7. 오(午) : 말 · 197
8. 미(未) : 양 · 204
9. 신(申) : 원숭이 · 211
10. 유(酉) : 닭 · 218
11. 술(戌) : 개 · 225
12. 해(亥) : 돼지 · 233

제3절 육갑(六甲)과 공망 · 241

1. 자(子)와 육갑 · 241
2. 축(丑)과 육갑 · 246
3. 인(寅)과 육갑 · 251
4. 묘(卯)와 육갑 · 254
5. 진(辰)과 육갑 · 257
6. 사(巳)와 육갑 · 260
7. 오(午)와 육갑 · 263
8. 미(未)와 육갑 · 266
9. 신(申)과 육갑 · 269
10. 유(酉)와 육갑 · 272
11. 술(戌)과 육갑 · 276
12. 해(亥)와 육갑 · 279

제4장 음양오행 · 283

제1절 음양운동 · 285

1. 음양의 의미 · 285
2. 음양섭리 · 286
3. 음양의 기운 · 287
4. 음양운동 · 288

5. 음양의 조화 ··· 290
6. 천간의 음양 ··· 291
7. 지지의 음양 ··· 293
8. 지장간의 음양 ·· 296
9. 양팔통, 음팔통 사주 ·· 297

제2절 오행 ·· 301

1. 오행(五行)의 의미와 탄생배경 ··· 301
2. 오음(五音)·오상(五常)·오행(五行) ····································· 302
3. 오행의 의미와 특징 ··· 303
4. 오행운동 ·· 305
5. 간지의 오행운동 ··· 307
6. 오행의 상생(相生)·상극(相剋) ·· 309
7. 오행과 한의학 ·· 311
8. 오행 수리 ·· 312
9. 오행과 맛 ·· 313
10. 오행 중화와 균형 ·· 314
11. 오행의 과부족(過不足) ·· 315

제5장 십성·육친 ·· 317

제1절 십성 ·· 319

1. 십성의 개념 ··· 319
2. 일간과 십성 ··· 320
3. 십성의 상생상극 ··· 326
4. 십성과 적성·재능·진로 ··· 327
5. 직업론과 십성 ·· 334
6. 십성과 직업 ··· 337
7. 십성과 부귀빈천 ··· 346
8. 십성과 원형이정 ··· 348
9. 십성과 행운 ··· 354

제2절 육친 ·· 357

1. 육친의 개념 ··· 357
2. 육친의 구성 ··· 357

3. 육친의 확대해석 ……………………………………………………… 361
4. 육친의 갈등 …………………………………………………………… 364
5. 육친과 근묘화실 ……………………………………………………… 365

제3절 궁성이론 ……………………………………………………………… 371

1. 궁성이론의 개념 ……………………………………………………… 371
2. 궁성이론의 구조 ……………………………………………………… 371
3. 십성·육친과 궁성이론 해석 ………………………………………… 371
4. 궁성이론과 천간의 해석 ……………………………………………… 372

제4절 십성·육친과 공망 …………………………………………………… 375

1. 공망의 작용 …………………………………………………………… 375
2. 십성·육친과 공망 …………………………………………………… 375

제6장 부록 …………………………………………………………………… 381

1. 명운 상담사 자격증 및 취득방법 …………………………………… 383
2. 명운 상담사 자격 취득 기출문제 …………………………………… 385

제1장

섭리

(攝理)

제1절 우주 섭리

1. 과학(우주)과 철학(명리)의 만남

처음 명리를 배우고자 했을 때 여러 가지 명리와 관련된 책들을 구입했는데 대부분의 책들이 '우주와 명리'와의 관계를 첫머리에서 설명하는 경우가 많았다. 내용인즉 명리가 '우주의 원리'에서 출발했다는 설명이다. 때문에 우주의 원리를 이해하는 것이 명리를 이해하는 출발점이라는 논리이다. 특이한 것은 '우주'와의 연관성을 설명하는 것이 '고전명리학(古典命理學)' 보다는 '현대명리학(現代命理學)'에서 훨씬 더 많이 등장한다는 점이다. 아마도 과거보다는 현대의 시대적 환경이 우주의 원리를 보다 정밀하고 과학적으로 접근, 해석할 수 있는 배경이 되었기 때문이라 해석할 수 있다.

사실 우주는 '과학의 영역'이고 명리는 철학의 영역'이다. 어떻게 판단하면 상호 밀접한 연관성을 있을 수도 있지만 다르게 판단하면 전혀 관련성이 없을 수도 있다. 특히 수백 년 역사의 명리가 당시의 시대적 상황에서 우주의 원리를 도입하여 출발하였다고 한다면 다소 의아해 할 수 있다. 그 당시의 과학적 환경이 지금의 환경과는 너무나 열악했을 것이기 때문이다.

그럼에도 현대 명리에서 명리의 출발점을 우주의 원리에서 바라본 것은 명리를 과학적으로 해석하려는 의지와 우주를 철학적으로 접근하려는 노력 때문이라 할 것이다. 사실 철학을 과학적으로 증명하는 데는 한계가 있다. 철학은 인간의 심리적 요소가 강하기 때문에 이를 공식적으로 입증한다는 것 자체가 무리가 있기 때문이다. 그리고 과학을 철학적으로 해석하는 데도 한계가 있다. 과학은 실험으로서 증명될 수 있어야 하는데 철학은 실험을 통하여 증명을 하는 데는 한계를 가지고 있기 때문이다.

그럼에도 명리를 '우주의 원리'에서 찾으려는 이유는 무엇일까. 첫째는 명리가 실제로 우주의 원리에서 출발했기 때문일 것이라는 추정이다. 즉 우주의 원리를 토대로 명리를 연구함으로서 명리가 탄생하게 된 배경이 되었던 것이다. 때문에 우주의 원리를 이해하는 것이 선행되어야 명리를 이해하게 된다는 점이다. 다만 출발 당시의 환경으로는 우주의 원리를 보다 정밀하게 설명할 수 없어서 과학적 검증보다는 철학적 해석이 우월하였던 것으로 풀이할 수 있겠다.

두 번째는 철학적 영역인 명리와 과학적 영역인 우주가 결합함으로서 명리를 좀 더 뿌리 깊은 철학이요 과학임을 입증하려는 의지와 노력에서 출발한 것으로 추정된다. 사실 과학과 철학은 가장 반대편에 있는 입장이다. 그래서 서로 가장 대립적인 관계일 수 있다. 동시에 가장 부족한 부분이 될 수도 있다. 그런 점이 어쩌면 서로 가장 보완적일 수 있다. 때문에 서로 뗄래야 뗄 수 없는 연관성을 갖게 되는 것이다. 이러한 서로 다른 두 개의 영역이 상호 보완적인 연관성을 가지게 된다면 보다 더 확실한 해석이 가능해지며 논리성과 증거성이 높아진다고 할 수 있을 것이다. 아마도 추측컨대 명리의 과학화를 설명하려는 노력에서 시작된 것으로 보인다. 즉 우주라는 과학적 원리를 대전제로 명리를 설명하려 하기 때문이다.

세 번째는 우주는 인간의 존재 배경이면서 동시에 인간에 운명을 좌지우지할 수 있는 신의 영역이 속한다고 믿고 우주의 변화는 신의 계시라 믿었으며 그래서 우주의 변화를 통하여 인간의 운명을 예측하고자 하는 노력을 오랜 세월 기울려 왔다는 점이다. 동서양을 막론하고 별, 해, 달을 향해서 인간의 길흉화복을 기원하고 별, 해, 달의 변화를 통해서 인간의 운명을 예언하여 왔다는 점이 이를 반증하는 것이다.

어찌되었던 중요한 것은 명리를 설명하는데 반드시 우주의 원리가 전제된다는 점이다. 때문에 명리를 해석하는데 우주의 원리를 배제할 수는 없다. 과학자의 입장에서처럼 아주 깊은 지식을 전제로 우주의 심오한 원리를 이해하여야 할 것은 아니지만 명리의 뿌리로서 과학적 근거로 제시될 수 있는 수준정도는 먼저 해석할 수 있어야 할 것임은 분명한 것 같다.

2. 우주의 이해

사전적으로 우주(宇宙, universe, cosmos)란 ①천지(天地) 사방(四方)과 고왕(古往) 금래(今來), ②세계(世界) 또는 천지간(天地間), 만물(萬物)을 포용(包容)하고 있는 공간(空間), 자연(自然), 두우(斗宇), ③질서(秩序) 있는 통일체(統一體)로서의 세계(世界), ④가운데 물질(物質)과 복사(輻射)가 포함한 전공간(全空間)이라 정의하고 있다. 동양에서는 사방상하(四方上下)를 우(宇)라 하고, 고왕금래(古往今來)를 주(宙)라 하여 전통적으로 시간과 공간을 합칭한 개념으로 쓰고 있다.

이를 종합 요약하면 우주란 천지(天地)간 시공간(時空間)의 질서 있는 통일체의 세계라고 할 수 있다. 한마디로 우주란 우리가 살고 있는 세상을 통 털어 말하는 것이다. 그리고 그 세상은 통일된 질서를 유지하고 있고 그러한 질서 속에서 모든 생명체가 생명을 유지하고 살아갈 수 있는 바탕이 된다는 것이다.

우주는 수많은 별들로 구성되어 있다. 지구에서 하늘을 쳐다보면 수많은 별들이 띠를 두른 듯 떠 있는 모습을 볼 수 있다. 이것을 우리는 은하(銀河, galaxy)라고 부른다. 우주에는 이런 은하가 1천억에서 5천억 개 정도 흩어져 있다고 한다. 은하가 마치 은빛으로 빛나며 흐르는 강처럼 보인다고 해서 은하수(銀河水, Milky Way)라고도 부른다. 순수 우리말로는 '미리내'라고 하는데 수많은 별들이 모여 있는 형태로서 별들의 집단(성단, 星團)을 말한다.

은하수가 관측되는 이유는 은하의 별들이 대체로 일정한 방향으로 늘어서 분포하고 있으며 멀리 떨어진 별들이 서로 겹쳐 보이기 때문이다. 이러한 별들의 무리를 옆에서 바라보기 때문에 기다린 띠 모양의 은하수가 관측되는 것이다.

이렇게 관측되는 모든 은하를 '우리은하'라고 부른다. 우리은하도 한자리에 가만히 있지 않고, 시속 약 100만km의 속도로 다른 은하 주변을 돌고 있다고 하는데, 이렇게 일주하는 데 대충 2억 년 정도 걸린다고 한다.

우리은하는 태양계에 속하는 별들을 말한다. 태양계(太陽系, the solar system)란 태양과 그것을 중심으로 공전하는 천체의 집합을 말한다. 태양은 스스로 빛을 내는 별이다. 이를 항성(恒星)이라 한다. 태양이 내는 빛은 에너지가 되어 태양계의 모든 별들에게 전달되고 태양계의 모든 별들은 그런 에너지로 인하여 제 모습을 유지하고 있는 것이다. 때문에 태양은 태양계의 중심에 자리하여 지구를 비롯한 수많은 별들의 운동을 직접 또는 간접으로 지배하고 있으며 이들에게 에너지를 공급하고 있다. 우리가 밤하늘에서 볼 수 있는 별은 태양계가 속한 우리 은하의 별이다.

이에 비해서 지구와 같이 스스로 빛나지 않고 항성(恒星) 주위를 돌고 있는 것을 행성(行星)이라고 한다. 태양계는 태양을 중심으로 공전을 하고 있는 8개의 행성(수성, 금성, 지구, 화성, 목성, 토성, 천왕성, 해왕성), 50개 이상의 위성, 화성과 목성 사이에 흩어져 있는 소행성, 태양 주위를 지나는 혜성, 긴 빛줄기를 만드는 유성 등으로 이루어져 있다.

그 중에 행성은 공전궤도면이 서로 비슷하여, 지구에서 봤을 때 태양이 지나가는 자리를 그대로 따라간다. 현재 태양계 행성(8개)은 특성에 따라 크게 지구형 행성과 목성형 행성으로 나눌 수 있다. 지구형 행성에는 수성, 금성, 지구, 화성이 있는데 이 행성들은 크기가 상대적으로 작고 밀도는 높으며 표면이 고체로 만들어져 있다.

목성형 행성에는 목성, 토성, 천왕성, 해왕성이 있는데, 이들은 기체로 구성되어 밀도가 상대적으로 낮으며, 아름다운 고리를 가지고 있다. 원래는 명왕성까지 9개의 행성이 있었으나 '2006년 국제천문연맹(IAU) 총회'에서 행성에 대한 새 기준안을 확정하였는데 공전 궤도가 원형에 가까워야 하는데 명왕성을 이것을 만족시키지 못하기 때문에 제외하였다.

망원경을 사용하지 않고 사람의 눈으로 볼 수 있는 별은 약 5,600개 정도 되고 그 중에서 지평선보다 위에 보이는 별은 약 3,000개라고 한다. 반면에 우주 전체에 있는 별은 우리가 헤아릴 수 없을 정도로 많다고 하니 우주 전체에 있는 별을 수량화하여 나타낸다는 것은 별 의미가 없다고 생각된다.

(그림 1) 우주의 구조

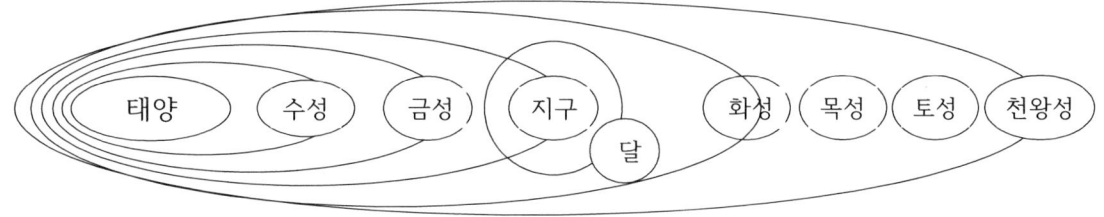

3. 우주의 질서 : 인력과 척력

일반적으로 알 수 없는 깊고 넓은 세계인 우주를 이해한다는 것은 끝도 없을뿐더러 쉽지도 않다. 천문학을 연구하는 과학자들이 오랜 세월 동안 연구를 거듭함에도 아직 밝혀진 것 보다 밝혀지지 않는 것이 더 많을 지경이다. 그 많은 숙제를 뒤로 하고 현존하는 우주의 세계에서 알 수 있는 특징을 찾아보면 가장 대표적인 것이 질서가 있다는 점이다. 수많은 별들이 존재하는데도 그 별들끼리 일정한 거리를 유지하면서 질서를 이루고 있다는 점이다. 질서를 유지할 수 있는 이유 중의 하나가 인력과 척력의 작용 때문이다.

모든 행성들은 기본적으로 인력(attractive force, 引力)과 척력(repulsive force, 斥力)의 작용을 하고 있다. 인력이란 두 물체가 서로 끌어당기는 힘을 말하며 척력의 반대 개념이다. 자석을 쇠붙이에 가까이 가져가면 서로 당기는 힘을 느낄 수 있다. 빗방울이 하늘에서 떨어지는 것은 지구가 빗방울을 당기기 때문이다. 이와 같이 우주에는 여러 종류의 인력이 존재한다.

대표적인 예로 모든 물체 사이에 보편적으로 작용하는 만유인력이 있으며, 지구와 물체 사이에 작용하는 중력은 만유인력의 일종이다. 양전하와 음전하 사이의 전기력과 자석의 S극과 N극 사이의 자기력 역시 인력이다.

인력의 크기는 두 물체 사이의 거리와 관계있는데 보통 멀어질수록 힘의 크기가 약해진다. 만유인력, 전기력, 자기력 등은 거리의 제곱에 반비례한다. 따라서 매우 멀리 있는 두 물체 사이에 작용하는 인력은 거의 느껴지지 않을 정도로 작다. 두 개의 자석을 가까운 곳에 두면 서로 잡아당겨 붙지만 멀리 떨어뜨려 놓으면 인력의 크기가 작아 서로 가까워지지 않는 것도 같은 이유 때문이다.

이와 반대로 밀어내려는 힘은 척력(repulsive force, 斥力)이라고 한다. 척력은 두 물체가 서로 밀어내는 힘을 말하며 인력의 반대 개념이다. 반발력이라고도 한다. 자석 두 개를 가지고 S극과 S극 또는 N극과 N극을 가까이 가져가면 서로 반발하는 힘을 느낄 수 있다. 그리고 양전하와 양전하 또는 음전하와 음전하처럼 동일한 부호를 가진 전하 사이에도 척력이 존재한다. 전자기력에서 척력은 인력과 마찬가지로 두 물체 사이의 거리의 제곱에 반비례한다. 즉, 두 물체 사이의 거리가 2배가 되면 척력의 크기는 1/4로 감소하며 거리가 반으로 감소하면 척력의 크기는 4배가 된다.

만약 인력만 있다면 우주의 모든 물체는 서로 끌어당기려는 힘의 작용만 있을 것이다. 그렇다면 인력의 크기에 따라 우주의 질서는 재편될 것이고 인력이 가장 큰 행성 하나만 남게 될 것이다. 인력의 힘에 끌려서 충돌하고 소멸하게 되기 때문이다. 반대로 척력만 있다 해도 결과는 마찬가지이다. 가장 척력이 큰 행성만 남고 나머지는 밀리고 밀려서 결국은 사라지게 될 것이기 때문이다.

그래서 모든 물체는 인력과 척력을 가지고 있고 인력과 척력의 균형으로 다른 물체들을 상대하게 된다. 다른 물체들도 마찬가지로 인력과 척력으로 또 다른 물체들을 상대하는데 이 인력과 척력의 균형으로 질서가 유지되는 것이다. 만약 인력과 척력의 균형이 깨진다면 힘의 원리에 의해서 약한 물체는 강한 물체에 흡수되거나 밀리게 되어 사라지게 될 것이다.

우주의 모든 행성이 이렇게 인력과 척력의 균형을 통해서 질서를 유지하고 있는 것이다. 그렇지 못한 행성들, 특히 소행성, 위성, 혜성들은 이러한 논리에 의해 우주에서 충돌하는 경우가 생기고 역사 속에서 사라지게 되는 것이다.

4. 우주의 공존과 대립 : 자정작용

우주의 모든 시스템은 자정작용(自淨作用, self-puification)이는 것이 있는데 우주가 일정한 질서와 균형을 이루는 또 다른 이유는 바로 이 '자정작용(自淨作用)의 매커니즘 때문이라고 한다.

인간과 동식물 그리고 입자와 우주의 모두에게 적용되는 일종의 법칙이 있는데 그것이 공존과 대립의 법칙이다. 우주의 모든 물체는 서로 평화롭게 공존하는 것이 가장 이상적인데 힘의 논리에 의해서 우주의 공간을 서로 조금이라도 더 차지하기 위해 경쟁을 하게 된다. 그러다가 한쪽이 우세하게 되면 힘의 균형은 깨지게 된다. 이것은 반복된다.

모든 입자와 원자는 쉴 새 없이 진동(vibration)한다. 이러한 진동과정을 거치는 이유는 서로 공존하려 하면서도 서로 지배하려 하는 힘의 원리 때문이다. 끝없는 공존과 대립의 반복 즉, 힘의 순환으로 인해 입자와 자연계와 우주가 움직이게 된다.

힘이 순환할 수밖에 없는 이유는 양(+)과 음(-)은 대칭 때문이다. 이렇게 대칭성이 맞물려 순환하다보니 서로 대칭을 찾기 위해 힘의 경쟁이 일어나게 되어 결국 공존 속에 경쟁이 나타나게 된다. 특히 이러한 순환의 진동이 멈추지 않는 것도 경쟁 속의 공존하기 때문이기도 하다.

이러한 힘의 공존과 경쟁의 순환 진동으로 인해 우주는 무질서 속에서도 스스로 질서를 찾으려는 법칙이 있는 것이다. 이렇게 무질서와 질서는 공존하며 경쟁하기 때문에 결국 힘의 균형을 서로 이루려고 한다. 이렇게 힘의 균형을 이루기 위해 경쟁하는 것이 일종의 자정작용이다.

이러한 공존과 대립은 어떠한 인간 집단이나 동식물의 자연계 그리고 입자와 우주에서도 발생한다. 이것은 물리학을 넘어선 화학, 의학, 생물학, 지구과학 그리고 정치, 경제, 군사 등의 사회과학들을 통틀어 적용되는 법칙이다.

자정작용의 사전적 의미는 '사람이나 동식물에게 자연 치유능력이 있듯이 자연계 스스로도 환경오염물질 등에 대처하는 치유능력이 있다'라고 한다. 자연계에서 일어나는 이러한 자정작용은 물리적, 화학적, 생물학적 작용의 결과라고 한다.

하지만 오염이 지나칠 경우 자정작용은 제 기능을 발휘하지 못하기도 한다. 물론 대부분의 오염은 인간에 의해서 발생하긴 하지만 지구가 정말 몸살을 심하게 앓는다면 지구의 어떠한 자정작용이 인간에게 재앙으로 다가올지도 모르는 것이다. 따라서 자정작용이 제 기능을 제대로 발휘하지 못한다는 의미는 어쩌면 더 엄청난 자정작용을 뒤에서 준비하고 있다는 의미일지도 모른다. 시스템들은 독립적이 아니라 유기적(물리, 화학, 생물학적)으로 결합되어 있기 때문이다.

5. 우주의 에너지 : 자전·공전 운동

자전(自轉)이란 '스스로(自) 돈다(轉)'는 뜻이다. 그리고 공전(公轉)이란 한 천체(天體)가 다른 천체의 둘레를 주기적으로 도는 일을 말하며 행성이 태양의 둘레를 돌거나 위성이 행성의 둘레를 도는 따위를 말하는데 일반적으로는 행성이 태양을 도는 것을 공전이라고 한다.

행성들은 모두 자전과 공전 운동을 하고 있다. 이처럼 행성들이 자전과 공정운동을 하는 이유는 무엇 때문일까. 과학적으로 증명된 내용은 성운설이다. 성운설은 우주 먼지나 가스, 바위, 암석 등이 산재해 있다가 질량이 무거운 물체 중심으로 이런 입자들이 끌려들어가 결국 행성이나 항성이 된다고 믿고 있다. 우주의 이런 입자들을 성간입자라고 부른다. 성간입자들이 별 하나를 만들기 위해서는 최소 수천만 년에서 길게는 수억 년이 걸린다. 별들이 태어날 때 이렇게 오랜 세월동안 크고 작은 다른 성간입자와 부딪히다 보니, 마찰이 거의 없는 우주 공간에서는 별의 크기가 작았을 때 받은 그 힘들이 자전의 이유로 받아들여지고 있다.

태양계에서의 운동을 보면 태양의 인력에 의해서 모든 행성들이 태양의 주변을 돌고 있다. 은하 정도를 회전시킬 정도로 강한 인력을 가지려면 은하 중심에는 거대 블랙홀이 있지 않을까라고 19세기 때부터 생각해 왔었다. 실제로 역학에너지 보존 법칙으로 계산해 보면 은하 중심의 인력은 원자 들이 가진 척력보다도 강하다는 결론이 나오기 때문이다. 최근에는 블랙홀이 많이 발견 되면서 이 같은 사실이 정설화 되어 있다.

그런데 블랙홀도 예전에는 하나의 별에 지나지 않았다. 성간입자 들을 어느 정도 끌어당긴 별이 중심에서 터널효과가 발생되어 하나의 밝은 별이 된다(터널효과는 원자핵을 강제로 부딪치게 하는 힘으로 인해 에너지가 발생된다는 효과이다. 일종의 핵융합이다). 이 별은 더 강한 인력이 생기게 되었고 더 많은 성간입자를 흡수한다. 질량이 일정 수준을 넘어선 이 별은 드디어 중력붕괴를 일으킨다. 중력붕괴란 것은 모든 물질의 장력보다 중력이 더 강해져서 중력 발생 지점으로 계속해서 수축되는 현상을 말합니다.

결국에 이 별은 블랙홀이 되었고 블랙홀은 강한 인력으로 많은 별과 은하 하나에 해당하는 넓은 지역까지 인력의 영향을 미친다. 블랙홀도 어렸을 때는 일종의 성간먼지나 별에 지나지 않았다. 인력이 강해지면서 더 많은 성간입자를 더 빨리 끌어당기면서 점점 자전의 속도는 빨라져만 간 것이다. 이것이 현대 천문학에서 설명하는 성운설이다.

우주의 자전과 공전운동은 구심력과 원심력이라는 에너지에 의해서 파장된다. 구심력은 물체를 뱅뱅 돌렸을 때 안에서 잡아당기는 힘을 말하는 것이고 원심력은 물채를 뱅뱅 돌렸을 때 밖으로 나가려는 힘을 말하는 것이다. 구심력과 원심력은 같은 힘이 된다.

자세히 설명하면 구심력이란 어떤 원 운동하는 물체가 있을 때 물체에서 원의 중심 방향으로 작용하는 힘을 말한다. 그런데 이것을 지구에 적용시키면 만유인력이 물체를 지구의 중심방향으로 끌어당기고 있기 때문에 당연히 지구 위에서 볼 땐 만유인력이 구심력의 역할을 하는 것처럼 보인다. 즉, 원운동 하는 물체를 밖으로 튕겨나가지 않도록 붙잡고 있는 역할을 한다. 하지만 엄밀히 따지자면 만유인력과 구심력은 다르다.

결과적으로는 행성들의 자전과 공전에 의해 생기는 원심력과 구심력이 평형을 이루고 있기 때문에 행성들이 어느 한 쪽으로 끌려가지 않고 일정한 궤도가 유지하며 공존하고 있는 것이다. 자전 속도는 작은 행성들인 수성·금성·화성·지구는 느린 편이고 큰 행성들인 목성·토성·천왕성·해왕성은 훨씬 빠르게 자전하고 있다.

(표 1) 각 행성의 특징

행성	태양까지 거리 (지구=1)	반지름 (지구=1)	자전주기	공전주기	질량 (지구=1)	밀도 (g/cm^2)
수성	0.39	0.38	58.6일	88일	0.06	5.43
금성	0.72	0.95	243일(반대)	224.7일	0.82	5.24
지구	1	1	23.9시간	365.3일	1.0	5.52
화성	1.52	0.53	24.6시간	687일	0.11	3.94
목성	5.19	11.19	9.9시간	11.9년	317.8	1.33
토성	9.53	9.41	10.7시간	29.7년	95.1	0.70
천왕성	19.2	4.01	17.2시간	84년	14.6	1.30
해왕성	30.0	3.89	16.1시간	165.5년	17.2	1.76

제2절 지구 섭리

1. 지구의 탄생

지구는 태양계의 행성 중 하나이다. 아주 오래전 우주에는 가스와 먼지들이 떠돌고 있었다. 이들은 이웃하는 초신성[1]의 폭발로 서로 부딪혀 뭉치게 되었고 결국 원시 태양이 만들어졌다. 태양 주변에는 여전히 얇은 성운이 떠돌고 있었다. 이들은 서로 충돌을 하며 크기를 키워 미행성(微行星)을 만들었는데 그 중에서 원시 지구가 탄생하게 되었다.

미행성으로 시작한 지구는 처음에 온도가 매우 낮았으나 내부의 방사선 물질이 붕괴되어 열이 발생하고 온도가 높아졌다. 이로 인해 구성 물질이 부분적으로 융해가 일어났는데 이 융해로 말미암아 철이나 니켈 등의 무거운 물질은 지구 중심부로 모이고 규산염 등의 가벼운 물질은 표면으로 상승하게 되었다. 중심으로 뭉쳐진 철과 니켈 등이 핵을 형성하고 표면으로 상승한 규산염 등은 지각과 맨틀을 형성하게 되었다.

이렇게 지구의 탄생은 약 50억 년 전에 시작되었다. 수백만 년 동안 인력은 암석들을 끌어 모아 지구를 만들었고 지구를 포함한 백여 개 행성이 태양의 주위를 돌게 되었다. 하지만 45억 4천만 년 전의 지구는 지금과는 다른 지옥과 같은 모습이었다. 표면의 온도가 무려 섭씨 1200도에 달했으며 이산화탄소와 질소, 수증기만이 존재했다.

40억 년 전 행성 테이아[2]가 지구를 향해 날아왔다. 화성 크기의 이 행성은 초속 15km의 속력으로 움직였는데 총알보다 스무 배나 빨랐다. 이 행성의 인력이 지구의 표면을 변화시켰고 폭발파가 지구 주변을 휘감았다. 두 행성은 거의 액체 상태가 됐고 수조 톤의 파편이 우주로 날아갔다.

하지만 불과 천 년이란 시간 동안 인력으로 인해 뜨거운 먼지와 돌로 이루어진 붉은 고리가 생겨나 지구 주위를 돌았다. 그 후 고리에서 구가 형성됐는데 폭이 3천 km에 달했다. 지구의 달이 생성된 것이다. 지금보다 훨씬 가까이 있어서 불과 약 2만 2천 km 거리였다. 현재는 약 40만 km에 이른다.

---

[1] 초신성(supernova) : 이전까지 매우 어두웠던 항성이 갑자기 큰 폭발을 일으켜 며칠 사이에 약 15등급(100만 배)이나 밝기가 커지는 현상. 폭발 변광성(爆發變光星)은 탄생에서 사멸에 진화과정을 거치는 동안 예측할 수 없는 큰 폭발로 인해 갑자기 대단히 밝아졌다가 어두워지는 별인데 폭발의 규모가 작으면 신성(新星), 대단히 크면 초신성이라고 한다. 태양의 10배 이상의 질량을 갖는 무거운 별이 진화의 최종상태(사멸)를 맞는 것이라고 생각되며 그 결과 중성자별(中性子星) · 펄서(pulsar ; 脈動電波星) · 블랙홀 등이 형성된다.
[2] 원시 태양계 당시에 많고 많던 행성 중 암석형 행성중 하나이다. 테이아는 표면에 철성분이 매우 많았을 것으로 추정되며 이때 부딪히고 남은 파편들이 달을 생성했을 거라 하는데 그럼 그 달의 성분으로 유추어 보아 철과 동시에 몇몇 방사성물질이 발견되기도 했다.

(표 2) 지구의 역사

현생누대	신생대	제4기	258 만년전 ~ 현재	인류의 출현
		신신생기	2,300 만년전 ~ 258만년전	마지막 빙하기의 시작
		고신생기	6,550 만년전 ~ 2,300만년전	대형 포유류의 등장
	중생대	백악기	14,550 만년전 ~ 6,550 만년전	공룡의 멸종, 속씨식물의 출현
		쥐라기	18,000 만년전 ~ 14,550 만년전	판게아의 분열이 시작됨.
		트라이아스기	23,000 만년전 ~ 18,000 만년전	공룡, 악어, 익룡 출현
	고생대	페름기	29,900 만년전 ~ 23,000 만년전	판게아 형성, 페름기 대멸종
		석탄기	35,920 만년전 ~ 29,900 만년전	최초의 육상 척추동물이 출현
		데본기	41,600 만년전 ~ 35,920 만년전	나무의 출현
		실루리아기	44,370 만년전 ~ 41,600 만년전	갑주어
		오르도비스기	48,830 만년전 ~ 44,370 만년전	다양한 극피동물 출현, 육상 식물 출현
		캄브리아기	54,200 만년전 ~ 48,830 만년전	척추동물의 출현
선캄브리아시대	원생누대	신원생대	에디아카라기	63,500 만년전 ~ 54,200 만년전	다세포생물 출현
			크라이오제니아기	85,000 만년전 ~ 63,500 만년전	눈덩이 지구
			토니아기	100,000 만년전 ~ 85,000 만년전	
		중원생대	스테니아기	120,000 만년전 ~ 100,000 만년전	로디니아 초대륙
			엑타시아기	140,000 만년전 ~ 120,000 만년전	
			칼리미아기	160,000 만년전 ~ 140,000 만년전	
		고원생대	스타테리아기	180,000 만년전 ~ 160,000 만년전	진핵생물 출현
			오로시리아기	205,000 만년전 ~ 180,000 만년전	
			리아시아기	230,000 만년전 ~ 205,000 만년전	
			시데리아기	250,000 만년전 ~ 230,000 만년전	
	시생누대	신시생대	280,000 만년전 ~ 250,000 만년전	대륙 지각 형성
		중시생대	320,000 만년전 ~ 280,000 만년전	스트로마톨라이트 형성
		고시생대	360,000 만년전 ~ 320,000 만년전	광합성하는 세균 출현
		초시생대	400,000 만년전 ~ 360,000 만년전	원핵생물 출현
	명왕누대		457,000 만년전 ~ 400,000 만년전	지구가 생김

2. 지구와 생명체

수많은 항성, 행성 중에서 지구는 생명체가 존재하는 유일한 곳이다. 아무리 현대 물리학이 발달했다고 해도 지구에 생명체가 탄생하게 된 이유를 정확히 알 수는 없다. 생명 탄생 초기의 비밀은 앞으로도 긴 시간 동안 미지의 상태로 남아 있을 수밖에 없다. 어쩌면 우리 인간은 생명 탄생의 비밀을 모른 채 멸망할지도 모른다.

유성은 지구가 생긴 후 줄곧 쏟아져 내렸다. 그러나 지금으로부터 38억 년 전에는 그 공격이 새로운 국면에 접어들었다. 유성은 녹으면서 미네랄을 배출했고 탄소를 운반했으며, 원시 단백질과 아미노산을 우주공간에서 해저로 가져왔다.

해수가 지각의 틈을 통해 지면 안으로 스며들어 뜨거워지면서 미네랄과 가스를 흡수하였다. 유성에 실려 온 다양한 미네랄과 화학물질 덕분에 바다는 화합물 수프처럼 변했다. 원리와 시기는 알 수 없지만 이 화학물질들이 모여서 생명체가 탄생했다. 바다는 이제 미세한 유기체로 가득 찼고 이 단세포 박테리아가 지구 생명체의 가장 초기 형태이다.

이렇게 지구에 원시 생물이 처음 나타난 곳은 바다였을 것이라고 추정한다. 초창기 지구 대기에는 지금과 달리 오존층이 없었기 때문에 태양으로부터 나오는 자외선을 막을 방법이 없었다. 이때 자외선을 피할 수 있는 유일한 곳은 바다 속 이었다. 실제로 35억 년 전 바다에 생명체가 살고 있었다는 확실한 증거도 있다.

오스트레일리아 노스폴에서 발견된 '스트로마톨라이트(stromatolite)'가 그것이다. 그리스어로 '바위 침대'라는 뜻의 이것은 나무의 나이테를 연상케 하는 줄무늬가 있는 검붉은 암석으로 세포 속에 핵이 따로 없는 원핵생물인 녹조류들이 무리 지어 살면서 만든 형태이다. 이 녹조류들은 엽록소를 갖고 있어서 광합성을 할 수 있었는데 그 후손들이 지금도 살아남아 오스트레일리아 서쪽의 샤크만에서 스트로마톨라이트를 만들고 있다고 한다. 한편 35억 년 전에 광합성을 하는 생명체가 있었다는 것은 이때 이미 산소가 만들어지고 있었다는 것을 뜻한다.

고대, 파스퇴르(Louis Pasteur, 1822~1895)[3] 이전의 과학자들 사이에서는 생물체가 우연히 생겨날 수 있다고 주장하였으나 파스퇴르가 1861년에 실험한 "자연발생설의 검토"에서 자연발생설이 일어날 수 없다고 주장하였다. 그동안의 잘못된 관념을 파스퇴르가 바로잡은 것이다. 그리고 원시 생명체가 탄생했던 당시의 지구 환경은 생명을 유지하고 발전시킬 만큼 좋아지기는 했어도 생명이 '어찌어찌하여' 창조될 만큼 좋아지지도 않았다는 것이다. 그렇다고 다른 외계에서 '생명의 씨앗'이 지구로 흘러들어 왔다고 단정 지을 수도 없다. 왜냐하면 당시에는 지금처럼 자유로이 호흡할 수 있을 정도의 산소가 없었기 때문이다. 그 후 산소의 양도 충분해졌고 오존층도 만들어졌는데 지금으로부터 불과 약 4억 년 전의 일이다.

원시 생명체의 탄생에 매우 중요한 역할을 한 것은 물이었다. 태초에 바다가 만들어진 후 바다 속에서는 여러 가지 원소들이 특별한 반응과 변화를 거쳐 생명체의 바탕이 되는 유기물을 만들어 냈다. 그리고 이 유기물들이 변화하면서 마침내 최초의 생명체가 만들어졌다. 이 생명체들은 서로 분화된 기능을 수행하면서 점점 더 복잡한 생물들로 진화되어 갔으며 이들 중 일부는 오랜 진화 과정을 거치면서 육지로 올라왔다. 이처럼 바다는 지구 최초의 생명체를 밴 곳이며 물은 지금도 모든 생물을 낳고 기르는 데 반드시 필요한 생명의 젖이다.

영국의 생물학자 다윈(Charles Robert Darwin, 1809~1882)은 비글호를 타고 갈라파고스 제도를 답사하면서 동일한 종류의 생물이라도 자라는 환경이 다르면 진화도 다르게 한다는 것을 전 세계에 알렸다. 그가 여행 중의 관찰 기록을 정리하여 1839년에 출간

---

[3] 파스퇴르(1822 12/27~1895 9/28) : 프랑스의 화학자(세균학자)인 그는 자연발생설이 옳지 않다는 것을 보다 정교한 실험을 통해서 증명해 보이려 했다.

한 '비글호 항해기(Journal of the Voyage of the Beagle)'는 진화론의 기초가 되었다. 그는 또 1859년 '종의 기원(On the Origin of Species by Means of Natural Selection or the Preservation of Favoured Race in the Struggle for Life)'이라는 진화론 관련 책을 내놓았다. 이것은 어떤 종의 개체 간에 변이가 생겼을 경우에 그 생물이 생활하고 있는 환경에 가장 적합한 것만이 살아남고 부적합한 것은 사라진다는 견해이다. 곧 개체 간에 경쟁이 일어나고 진화가 된다는 것이다.

진화론자들이나 생물학자들이 주장하는 어느 것도 정답이 아닐 수 있다. 왜냐하면 지구에 생명체가 탄생된 것을 일반인들이 이해할 수 있도록 꼭 집어 답해 줄 사람도 없기 때문이다.

우리는 각종 유기 물질들이 화학적으로 진화하는 과정에서 생명체가 탄생할 수도 있다는 것을 실험실에서 간접적으로 알 수 있다. 그렇다고 어찌어찌하여 탄생되었다고 얼버무려 버릴 수도 없다. 아무튼 생명체의 탄생은 우주 및 지구의 생성 과정부터 정확히 알아야 하기 때문에 이 문제는 영원한 숙제로 남을지도 모른다.

3. 지구에 생명체가 존재하는 이유

지구는 유일한 생명체가 존재하는 행성이다. 지구에 생명체가 존재할 수 있는 이유는 첫째 물이 존재해야만 한다. 특히 액체상태의 물이 존재하여야 한다. 물은 모든 생명체의 생명활동을 유지하는 가장 기본적인 요소이기 때문이며 다양한 물질을 녹일 수 있는 용매 역할을 하기 때문이다.

두 번째는 태양과의 거리가 적절하여야 한다. 물이 존재하려면 태양과의 적절한 거리가 유지되어야 한다. 너무 가까우면 태양 빛에 말라버리고 너무 멀면 추워서 얼어버리기 때문이다. 다른 행성에 비해 지구에서 유일하게 생명체가 존재하는 것은 이처럼 태양과의 적절한 거리 때문에 액체상태의 물이 존재할 수 있기 때문이며 대기 중에 이산화탄소가 적절히 물에 녹아 생명체에 적합한 온실효과가 일어나기 때문이다.

세 번째는 대기가 존재하기 때문이다. 태양에서 오는 자외선이나 방사선 등과 같은 것으로부터 생명체를 보호함은 물론 생명체에 필요한 적절한 성분구성비를 가능하게 하기 때문이다.

네 번째는 지구 공전궤도 이심률 때문이다. 지구는 타원으로 태양을 공전하는데 근일점과 원일점에서의 지구 온도차이가 작기 때문에 1년 동안 온도변화가 작아 생명체가 존재하기에 적합하기 때문이다.

다섯 번째는 지구의 크기가 가지는 만유인력의 힘이라고 할 수 있다. 행성의 크기는 중력과 관계있는데 지구의 크기는 태양계 전체에서 놓고 봐도 너무 크지도 않고 작지도 않은 거의 중간정도의 크기다. 행성이 작으면 중력이 작아지는데 만일 지구가 지금보다 작아지면 현재의 대기를 잡고 있는 만유인력이 적어져서 대부분의 공기가 없어진다. 공기를 붙잡아 둘 힘이 안 되기 때문에 기체들이 모두 우주공간으로 날아가 버리고 그렇게 되면 대기가 형성되지 않는다. 대기만 없어지는 것이 아니라 물도 따라서 우주공간으로 증발해 버린다. 가장 대표적인 예가 수성과 달이다. 반대로 지구가 지금보다 커지면 대기가 너무 강해져버린다. 기체들이 행성을 쉽게 탈출하지 못하기 때문에 왠만한 기체들은 대기 중에 그대로 남아버리게 되죠. 그렇게 되면 쉽게 말해서 공기가 짓누르는 힘인 대기압이 강해져버려서 지표에 생명체가 서 있기도 곤란해질 정도가 되어버린다. 산소나 질소보다는 가볍지만 유해한 기체들이 대기에 존재해서 생명들이 살기 어려워진다.

여섯째는 강력한 자기장의 존재이다. 자기장이 소중한 이유는 태양으로 뿜어져 나오는 태양풍의 영향을 상당부분 차단할 수 있기 때문이다. 태양은 거대한 기체들의 폭발이 응축된 집합체이다. 지금 이 시간에도 태양 내부는 끊임없이 수소분자들이 충돌하면서 강력한 핵융합을 하고 있고 그로 인해 막대한 양의 에너지가 생성되고 있다. 그러나 가끔씩 그 활동이 거세져서 내부에 거대한 폭발이 일어나면 거기서 생성되는 막대한 에너지를 태양은 우주 공간으로 모두 방출하는데 이것이 태양풍이다.

이 태양풍의 문제는 생명체에겐 절대적으로 유해한 감마선이나 X선등 각종 방사선 물질이 대량으로 들어있다. 만약 인간이 이 태양풍을 정통으로 맞는다면 태양풍에 함유된 어마어마한 방사선에 그대로 피폭되어 DNA가 파괴되어 죽거나 운 좋아서 살아남는다손 쳐도 불구가 되어 정상적인 생활을 할 수 없다. 이는 인간뿐만 아니라 모든 동식물에도 다 해당된다. 뿐만 아니라 태양풍은 글자 그대로 바람처럼 막대한 에너지로 대기와 물들을 모두 날려버린다. 만약 지구를 태양풍이 아무 방해 없이 그대로 계속 훑고 지나간다면 수만 년 내로 지구의 대기와 물은 다 없어져서 지구가 화성처럼 황폐화 되는 건 시간문제다. 실제로 달이나 화성은 대기와 물이 모두 사라져서 지금처럼 황량해진 것이다. 지구에는 이런 강력한 태양풍을 차단할 수 있을 정도의 자기장을 가지고 있다.

일곱 번 째는 적절한 자전 속도 때문이다. 지구는 24시간동안 끊임없이 자전하고 있고 지금도 계속 자전하고 있는데 이 자전속도가 중요한 이유는 자전속도도 생명유지에 필요한 물과 대기 등에 상당부분 관여하기 때문이다. 만약 지구의 자전속도가 너무 빠르면 지구의 원심력이 지나치게 강해져 모든 물과 공기가 적도지방으로만 모이게 된다. 그러면 저위도 지방은 모두 물에 잠기고 고위도 지방과 극지방은 공기와 물이 없는 황폐한 사막이 되어 생명체가 살아남을 수 있는 공간이 극히 적어져 버린다. 거기다가 자전속도가 빨라지면 공기의 이동속도도 빨라져 대기의 흐름도 매우 불안정해져서 바람의 세기도 지금보다 더 세져버리고 폭풍우나 천둥번개의 강도나 이동속도도 지금보다 더 강하고 빨라질 것이다. 그렇게 되면 천재지변은 일상화되고 심하면 메가스톰이나 슈퍼허리케인같이 상상을 초월하는 규모의 폭풍우가 발생해 생명체의 터전을 송두리째 박살내 버릴 것이다.

반대로 자전속도가 너무 느리면 공기와 물이 이번엔 극지방으로 모두 쏠리게 된다. 그러면 고위도 지방과 극지방은 모두 물에 잠기고 저위도 지방과 적도는 공기와 물이 없는 황량한 사막이 된다. 역시 생명체가 거주할 수 있는 공간이 극히 좁아진다. 공기가 더 이상 흐르지 않기 때문에 날씨도 변화가 없어져 버려 생명체의 다양성 또한 깨지게 된다.

여덟 번 째는 날씨 변화에 적당할 정도의 지구 자전축의 기울기다. 자전축이 중요한 이유는 자전축이 얼마나 기울어져 있느냐에 따라 지구의 위도와 지구의 위치에 따라 태양에너지를 받는 것이 달라져서 기후 변화가 달라지기 때문이다. 만약 지구의 자전축이 기우려져 있지 않거나 10도 이하로 지금보다 덜 기우려져 있었다면 1년 내내 위도별로 받는 태양에너지의 양이 똑같아 계절이란 게 존재하지 않았을 것이다.

고위도 지방은 1년 내내 얼어 있고, 저위도 지방은 1년 내내 늘 타는 더위에 찌들어 있을 것이다. 이렇게 되면 계절의 다양한 변화와 그에 따른 주기에 맞춰 성장하고 생활하는 각종 동식물들은 생존하기 어려워 생명체의 다양성이 깨지게 된다. 뿐만 아니라 위도별로 기온차이가 나면 지구 스스로 그 균형을 맞추기 위해 해수를 통해 열을 이동시키는데 위도별로 기온차이가 지나치게 심해져 지구의 해수의 이동이 더욱 격렬해지게 되고 그렇게 되면 자전속도가 빨라졌을 때처럼 공기의 이동속도가 증가, 대기가 불안정해져버려 더욱 강해진 바람과 폭풍우의 영향으로 천재지변이 더 심해진다.

반대로 지구 자전축의 기울기가 더욱 심해지거나 아예 누워버리면 기후 변화가 너무 극단적이게 된다. 세상은 엄청나게 무더운 여름과 엄청나게 추운 겨울 두 계절만 존재하게 된다. 특히 자전축이 아예 누워버리면 6개월 동안 한쪽 반구는 계속 태양열을 받을 수밖에 없어 항상 낮이 되고 한쪽 반구는 반대가 되어 6개월 동안 항상 밤이 된다. 그럼 한쪽 반구는 엄청난 열기 때문에 타 죽을 정도로 더워지고 반대쪽은 항상 어둡고 추운 암흑 세상이 된다. 즉 세상은 밝고 아주 무더운 날씨와 아주 춥고 어두운 날씨 두 종류만 존재하게 된다. 그리고 자전축이 더 기우려져 버리면 극지방과 적도지방의 온도차이도 없어지기 때문에 해수의 순환도 멈춰버리게 된다. 그러면 기후 변화도 사라져 천왕성처럼 죽은 행성이 되어버린다. 당연히 이런 환경에선 다양한 생명체가 살아남을 수 없다.

아홉 번 째는 달의 존재다. 달이 지구에서 소중한 이유는 달의 막대한 인력이 조수간만의 차이를 발생시켜 물속의 각종 물질이나 기체가 골고루 섞이게 해 바다 속에 다양한 생명체가 생존할 수 있게 해주고 또한 지구 내부의 활발한 활동을 도와 지구가 항상 움직이게 해 지구가 식어서 죽는 것을 막아준다. 뿐만 아니라 달의 인력이 자전축이 기울어지는 것을 잡아준다.

태양계 행성들은 행성들 간의 중력의 상호작용과 태양의 중력영향으로 모든 행성들이 자전축이 흔들린다. 이를 전문용어로 세차운동이라고 하는데 지구의 경우 약 2만년 주기로 자전축이 22~24도 사이를 왔다 갔다 한다. 이 정도 자전축의 변화는 생명체에게 큰 무리를 줄 정도는 아닌 안정적인 변화인데 이렇게 자전축이 안정화되는 데는 달의 인력의 역할이 지대했다. 만약 달이 없다면 조수간만의 차이가 사라지고 지구 내부 활동도 멈추게 되어 육지고 바다고 지구는 화성처럼 죽은 행성이 될 것이다.

4. 지동설과 천동설

우주의 중심은 태양인가, 지구인가. 이른바 천동설과 지동설(Geocentric Theory & Heliocentric Theory)은 오래전 지동설이 우세했으나 과학자들의 탐험을 통해 그 실체가 밝혀졌다. 지구는 자전하고 있지만 우리는 그것을 느낄 수 없다. 그래서 옛날 사람들은 지구가 자전하는 것이 아니라 하늘(천구)이 회전을 한다고 생각했다. 태양을 비롯한 별들이 지구를 중심으로 돈다는 천동설(天動說)은 우리가 직접 우주 밖으로 나가서 관측을 할 수 없었기에 과거에는 거의 사실처럼 여겨졌다. 하지만, 사실은 지구가 자전을 하고 있기 때문에 상대적으로 정지해 있는 우주가 움직이는 것처럼 보였던 것이었다.

2세기 무렵 프톨레마이오스는 하늘에서 움직이는 별들과 태양의 움직임을 관찰하고는 천체의 모든 별과 태양이 지구를 중심으로 공전을 한다고 생각하였다. 이를 지구 중심설 또는 천동설이라고 한다.

그런데 천동설을 통해 별들의 움직임을 바라볼 때 몇 가지 문제점이 발생하게 되었는데 별의 '연주 시차'와 금성의 모양 변화가 그것이었다. 별의 연주 시차란 지구가 태양을 중심으로 공전 운동을 하기 때문에 별을 바라보았을 때, 별의 위치가 상대적으로 바뀌어 보이는 현상을 말하는 것으로 지구가 천동설에서 얘기하는 것처럼 가만히 있다면 연주 시차가 나타날 리가 없기 때문에 천동설로는 연주 시차를 설명할 수가 없었다.

또한 금성을 관측하면 달처럼 다양한 모양의 변화가 나타나는데 천동설에 의하면 금성은 초승달 또는 그믐달 모양으로만 보여야 했기 때문에 금성의 위상 변화 역시 천동설로는 설명할 수가 없었다.

16세기에 이르러 코페르니쿠스는 지구도 움직일 수 있다는 가정아래 별의 움직임을 관찰하였고 이러한 가정이 별의 움직임을 더 잘 설명한다는 것을 알아내었다. 그리하여 코페르니쿠스는 지구 중심설이 아닌 태양 중심설, 즉 지구를 포함한 별들은 태양을 중심으로 공전한다는 지동설(地動說)을 주장하게 되었다.

이러한 지동설은 갈릴레오 갈릴레이의 망원경을 이용한 정확한 관측을 통해 입증되었으며 이후 케플러와 뉴턴 같은 학자들이 천체 관측 자료를 바탕으로 별의 연주 시차, 금성의 모양 변화 등 천동설로는 설명할 수 없었던 현상들을 지동설로 설명해 내면서 지동설이 옳다는 것이 증명되었다.

"그래도 지구는 돈다". 갈릴레오 갈릴레이가 지동설을 주장하는 책을 쓴 이유로 1633년에 종교 재판을 받고 앞으로 지동설을 주장하지 않을 것을 약속한 후 집으로 돌아오며 했다고 전해지는 말이다. 당시 사람들에게 지구가 움직인다는 것은 믿기 어려운 사실이었지만 지금은 지구가 운동한다는 것을 누구나 알고 있다.

5. 지구운동

지구의 운동에 대해서 알아보면, 지구는 1시간에 약 1,670km의 속도로 서쪽에서 동쪽으로 회전(자전)하면서, 태양을 둘러싼 대략 9억 6천 만km에 달하는 타원 궤도를 1년 동안 돌고(공전) 있다. 지구의 운동으로 생기는 현상 중 대표적인 것은 일주 운동과 계절 변화인데 일주 운동은 지구의 자전에 의해 생기는 현상이며, 계절의 변화는 지구의 자전축이 기울어진 상태로 공전하기 때문에 생기는 현상이다.

우리는 매일 하늘에 뜨고 지는 해처럼 별들과 행성들도 동쪽에서 떠서 서쪽으로 지는 현상을 볼 수 있다. 그런데 태양과 별은 움직이지 않고 한 곳에 머물러 있다. 그러면 이들은 왜 움직이는 것처럼 보이는 것일까? 그것은 우리가 살고 있는 지구가 서쪽에서 동쪽으로 자전하기 때문이다. 지구가 서쪽에서 동쪽으로 자전하기 때문에 지구 위에 있는 우리에게는 태양이 마치 동쪽에서 떠서 서쪽으로 지는 것처럼 보이게 되는 것이다.

하늘의 별들이 하루에 한 바퀴 회전하는 것처럼 보이는 것 또한 지구의 자전으로 인하여 나타나는 현상이다. 실제로 하늘의 별들은 고정되어 있지만 지구가 매일 한 바퀴씩 회전하기 때문에 북극성을 포함한 모든 별은 지구 자전축을 중심으로 동심원을 그리는 것처럼 보이게 된다. 이렇게 한 바퀴를 도는 데 약 23시간 56분이 걸리며 이는 지구의 자전 주기와 같다.

6. 별자리

별자리(constellation 星座)는 하늘의 별들을 찾아내기 쉽게 몇 개씩 이어서 그 형태에 동물, 물건, 신화 속의 인물 등의 이름을 붙여 놓은 것을 말한다. 성좌(星座) 또는 황도 12궁이라 한다. 오늘날에는 일반적으로 국제천문연맹(IAU)이 1928년 총회에서 별자리의 계통을 정리하여 공인한 88개의 별자리가 쓰이고 있다. 별자리는 옛날에는 여행자와 항해자의 길잡이였고 오늘날에는 천문학자들의 '별 하늘'의 지도로 이용되고 있다.

별자리를 이루는 별들은 저마다 거리와 밝기가 다른 별인데 너무 먼 곳에 있기 때문에 지구에서의 시선방향에 따라 같은 자리에 있는 것처럼 보이는 것일 뿐이다. 그리고 별은 정지하고 있는 것이 아니라 수십-수백 km/s의 빠른 속도로 제각기 다른 방향으로 움직이고 있다. 다만 별들이 너무 멀리 있기 때문에 그 움직임이 눈에 띄게 관측되지 않는다.

따라서 고대에 별자리가 정해진 이후 거의 별자리의 모습은 변하지 않았다. 별의 운동은 2천 년 정도의 세월에도 거의 변화가 없다는 것을 말해준다. 하지만 더 오랜 세월, 이를테면 20만 년 정도의 세월이 흐르면 하늘의 모든 별자리들이 그 모습이 완전히 달라지게 된다.

별자리는 본래 약 5,000년 전 바빌로니아 지역에 해당하는 티그리스강과 유프라테스강 유역에서 살던 유목민 칼데아인들이 양떼를 지키면서 밤하늘의 별들의 형태에 특별한 관심을 가진 데서 유래하였다고 한다. BC 3,000년경에 만든 이 지역의 표석에는 양·황소·쌍둥이·게·사자·처녀·천칭·전갈·궁수·염소·물병·물고기자리 등 태양과 행성이 지나는 길목인 황도(黃道)를 따라 배치된 12개의 별자리, 즉 황도 12궁을 포함한 20여 개의 별자리가 기록되어 있다.

또 고대 이집트에서도 BC 3000년경에 이미 43개의 별자리가 있었다고 한다. 그 후 바빌로니아·이집트의 천문학은 그리스로 전해져서 별자리 이름에 그리스신화 속의 신과 영웅, 동물들의 이름이 더해졌다. 세페우스·카시오페이아·안드로메다·페르세우스·큰곰·작은곰 등의 별자리가 그러한 것들이다.

AD 2세기경 프톨레마이오스가 그리스천문학을 집대성하여 쓴 저서 '알마게스트'에는 북반구의 별자리를 중심으로 48개의 별자리가 실려 있고, 이 별자리들은 그 후 15세기까지 유럽에서 널리 알려졌다. 15세기 이후에는 원양항해(遠洋航海)의 발달에 따라 남반구의 별들도 다수가 관찰되어 여기에 새로운 별자리들이 첨가되기에 이르렀다. 공작새·날치자리 등 남위 50°이남의 대부분 별자리가 이때에 만들어졌다. 또 망원경이 발명된 후 근대 천문학의 발달과 더불어 종래의 밝은 별자리 사이에 있는 작은 별자리들이 몇몇 천문학자에 의하여 만들어지기도 하였다.

한편, 중국과 인도 등 동양의 고대 별자리는 서양의 것과는 전혀 계통을 달리한다. 중국에서는 BC 5세기경 적도를 12등분하여 12차(次)라 하였고 적도부근에 28개의 별자리를 만들어 28수(二十八宿)라 하였다. 대체로 중국의 별자리들은 그 크기가 서양 것보다 작다. AD 3세기경 진탁(陳卓)이 만든 성도(星圖)에는 283궁(궁이란 별자리를 뜻한다) 1,464개의 별이 실려 있었다고 한다.

한국의 옛 별자리는 중국에서 전래된 것이다. 19세기에서 20세기 초에는 별자리 이름이 곳에 따라 따르게 사용되고, 그 경계도 학자마다 달라서 자주 혼동이 생기고 불편한 일이 많았다.

그래서 1930년 국제천문연맹(IAU) 총회는 하늘 전체를 88개의 별자리로 나누고 황도를 따라서 12개, 북반구 하늘에 28개, 남반구 하늘에 48개의 별자리를 각각 확정하고 종래 알려진 별자리의 주요별이 바뀌지 않는 범위에서 천구상의 적경(赤經)[4]·적위(赤緯)[5]에 평행인 선으로 경계를 정하였다. 이것이 현재 쓰이고 있는 별자리이다.

---

[4] 적경(right ascension, 赤經) : 천구상의 천체의 위치를 나타내는 좌표의 하나로서, 적도좌표에서 춘분점을 지나는 시간권과 천체를 지나는 시간권이 이루는 각을 말한다.
[5] 적위(declination, 赤緯) : 천구상의 천체의 위치를 나타내는 좌표의 하나로서, 시간권을 따라 천구의 적도면에서 천체까지의 각을 말한다. 적도에서 북반구는 (+)로, 남반구는 (-)로 하여 0°~±90°으로 나타낸다. 이것을 구하는 데 자오환(子午環)이 사용된다.

제3절 자연 섭리

1. 자연(nature, 自然)

한마디로 자연(自然)이란 나와서, 자라고, 쇠약해져, 사멸하며 그 안에서 생명력을 가지고 스스로의 힘으로 생성, 발전하는 것을 자연이라 한다. '표준국어대사전'에 의하면 자연은 1) 인간의 영향이 미치지 않은 그대로의 현상과 그에 따른 물질, 2) 산, 바다, 호수와 같은 자연 환경, 3) 사람을 제외한 자연물 모두, 4) 사람을 포함한 하늘과 땅, 우주 만물, 5) 인위적이지 않은 행동이나 현상 등으로 풀이하고 있다.

자연이란 낱말을 언제부터 사용했는지는 명확하지 않으나 도덕경의 여러 곳에서 이미 쓰이고 있다. 도덕경에 나타난 자연의 의미는 인간 사회에 대해 대응하여 원래부터 그대로 있었던 것, 또는 우주의 순리를 뜻한다. 도덕경에 나오는 자연은 현대어의 자연과 달리 명사가 아니었다. 원래는 "스스로 그러하다"라는 뜻이다. 예를 들어 도덕경 주해에 "천지임자연"(天地任自然)이라는 말이 있는데, "천지"(하늘과 땅)는 현대어의 자연(Nature)이고 "자연"은 "스스로 그러하다"라는 뜻이므로 이를 요즘말로 옮기면 "자연은 스스로 그러함에 있다"라는 뜻이다.

한편 유럽의 여러 언어에서 자연을 뜻하는 낱말은 라틴어 natura를 어원으로 하고 있는데 영어와 프랑스어의 nature, 독일어의 natur, 이탈리아어, 스페인어 등의 natura 등이 그것이다. 라틴어 natura는 "낳아진 것"이라는 뜻으로, 그리스어 φύσις의 번역어로 채택되어 "본성", 즉 우주나 동물, 인간 등의 본질을 가리키는 낱말로 사용되었다.

현재 우리가 쓰고 있는 자연이란 낱말은 서구의 nature를 번역하여 들여온 것으로 중세 기독교 신학에서 비롯된 인간에 의해 정복되어야할 것이란 관념과 17세기 과학혁명 이후의 자연주의적 관점 등이 함께 혼합되어 있다고 할 수 있다.

고대 그리스 철학에서는 자연의 구성과 본질에 대한 여러 가지 주장이 있었다. 탈레스는 물질의 기원을 물로 인식하였으며 고대 그리스에서는 자연이 불, 물, 흙, 공기로 이루어져 있다는 4 원소설이 일반적으로 받아들여지고 있었다. 고대 그리스의 데모크리토스는 원자의 개념을 제안하였다. 한편, 중국을 비롯한 동아시아에서는 태극과 음양오행설로 사물의 구성과 움직임을 설명하였다.

2. 계절(季節) 변화

계절이란 1년을 기후의 추이에 따라 봄·여름·가을·겨울로 나눈 것을 말한다. 북반구 중위도에 위치한 우리나라는 4계절의 변화가 뚜렷하다. 봄·여름·가을·겨울 등 각 계절은 초봄·한여름·늦가을 등으로 세분되기도 하고 초(初)·중(中)·만(晚)으로 자세히 구분되기도 한다. 일반적으로 3·4·5월을 봄, 6·7·8월을 여름, 9·10·11월을 가을, 12·1·2월을 겨울이라고 한다.

1) 봄

봄에는 시베리아 고기압이 약화되면서 발생한 이동성 고기압과 여기에서 떨어져 나와 변질된 저기압이 자주 한반도를 통과하기 때문에 날씨변화가 매우 심하다. 이동성 고기압과 저기압의 이동 속도가 빠르면 빠를수록 일기변화도 심하다.

이른 봄에는 동해에서 발달한 저기압 후면에 강한 북서 계절풍이 불어오는 경우가 있어 '꽃샘추위'라고 불리는 찬 날씨가 나타나기도 한다. 그러나 보통 이동성 고기압의 중심부에서는 온화한 봄 날씨가 나타난다. 봄철 기온은 주간에는 매우 높으나 야간에는 상당히 낮아져 일교차가 큰 것이 특징이다.

이는 이동성 고기압 내에서는 수증기압이 낮고, 바람이 약하며 구름이 없어 밤 동안에 지표면이 복사 냉각되기 때문이다. 이처럼 야간에 지면이 차가워지면 서리가 내리는 경우가 있는데, 서리가 늦봄까지 내리게 되면 식물이 냉해를 입는다.

늦서리 외에도 봄철에 나타나는 특수한 일기 현상으로는 이상건조와 황사현상이 있다. 봄철에 대륙에서 온 공기는 비교적 수증기를 적게 포함하고 있다. 이러한 공기가 태양고도가 높아지면서 가열되어 상대습도가 30% 이하로 낮아지는 현상을 이상건조라고 한다. 이상건조가 나타나면 화재가 일어날 가능성이 크기 때문에 때때로 화재주의보가 내린다.

시정(視程)의 악화를 가져오는 황사현상은 화북·몽골·남만주의 황토지역 등에서 강풍에 의하여 발생한 황사가 고층 기류를 타고 우리나라로 이동하면서 발생한다. 황사는 주로 4~5월경에 4~5회 정도 내습하는데, 황사현상이 이처럼 봄에 나타나는 것은 눈이 녹은 뒤에 메마른 대지의 황토가 바람에 날리기 때문이다.

2) 여름

초여름이 되면 태양고도는 계속 높아지고 한대 고기압의 영향으로 날씨는 맑으며 일사량은 증가한다. 그러나 초여름은 장마 전선이 북상하면서 끝나고 7월 중순까지는 긴 장마철이 계속된다. 장마철에는 대체로 흐린 날씨가 계속되나 매일 흐리고 비가 내리는 것은 아니며, 2일 내지 3일을 주기로 비가 내리게 된다.

장마 전선이 남북으로 이동함에 따라 몇 차례의 장마 휴식이 나타나기도 한다. 장마 전선이 북상하여 만주로 사라지면 북태평양 기단의 세력권 내에 들게 되어 일 최고기온이 30℃를 넘는 삼복더위의 한여름이 시작된다.

한여름 무더위의 지속기간과 그 정도는 해마다 다르며 북상하였던 장마 전선대로부터 남하하는 한랭 전선이나 태풍의 통과로 한여름의 휴식이 나타나기도 한다. 8월 중순이 되면 한여름이 끝나고 일 최고 기온이 30℃ 이하로 낮아지면서 늦여름이 시작된다. 늦여름에는 북상하였던 장마 전선이 다시 남하하여 초가을 장마가 나타나기도 한다.

여름의 특징적인 일기 현상으로는 홍수와 한발·뇌우 등을 들 수 있다. 장마철에 장시간 비가 내리거나 집중 호우가 쏟아지면 하천의 물이 넘쳐 홍수가 발생한다. 그러나 한대 고기압의 세력이 너무 강하여 장마 전선이 오래 접근하지 못하거나 북태평양 고기압이 갑자기 팽창하여 장마 전선이 빠르게 북상하면 한발이 나타나기도 있다.

또한 여름철 날씨를 지배하는 북태평양 고기압은 고온 다습하고 대류가 불안정하기 때문에 여름철 한낮에 지표면이 가열되고 상승기류가 발생하면 적란운, 즉 뭉게구름이 형성된다. 이것은 흔히 천둥과 번개를 일으킨다.

3) 가을

가을에 자주 나타나는 기압배치는 봄과 비슷한 이동성 고기압 형이나 봄에 비하여 높은 위도의 북쪽 경로를 따라 이동성 고기압이 이동한다. 이동성 고기압이 줄지어 동쪽으로 이동할 때는 동서 방향으로 놓인 고압대가 형성되어 오랫동안 맑고 청명한 가을 날씨가 계속된다.

그러나 이동성 고기압을 뒤따라오는 기압골이 지날 때는 가을을 재촉하는 비가 내리기도 한다. 10월과 11월이 되면 시베리아 고기압이 발달하여 북서 계절풍이 불어오기 시작하고, 일사량은 감소하며 태양의 입사각도 낮아져 기온은 나날이 내려간다.

4) 겨울

12월 초가 되면 강력한 시베리아 고기압이 남하하여 기온은 영하로 떨어지고, 북서 계절풍이 차고 건조한 성질의 시베리아 고기압에서 흘러나오기 때문에 한랭 건조한 날씨가 된다.

겨울철의 기압배치는 오랫동안 지속되는 성질이 있어 매일매일 비슷한 서고동저(西高東低)형으로 나타난다. 이러한 기압배치가 나타날 때는 비교적 맑고 차가운 겨울 날씨가 지속된다. 그러나 서고동저형의 기압배치가 약해지면 동중국해에서 발생한 저기압이 3~4일에 걸쳐 동쪽으로 이동하여 알류샨 저기압과 합치게 되는데, 이때는 시베리아 고기압이 다시 발달하여 서고동저형의 기압배치가 나타난다.

이와 같이 시베리아 고기압의 세력이 회복되면 차고 강한 북서풍이 불어오게 된다. 그러나 시베리아 고기압이 쇠퇴하면 따뜻한 겨울 날씨가 나타난다. 이처럼 추운 날씨와 따뜻한 날씨가 반복되어 나타나는 현상을 삼한 사온(三寒四溫)이라고 한다. 그러나 겨울철 기온 변화가 반드시 7일을 주기로 하여 나타나는 것은 아니다. 해에 따라 불규칙하여 어떤 해는 낮은 기온이 지속되고, 또 다른 해는 높은 기온이 오래 지속되기도 한다.

겨울철에 나타나는 특수한 일기 현상으로는 한파와 도시의 실안개를 들 수 있다. 한파는 매우 발달된 동중국해 저기압이 지나간 후, 강력한 시베리아 고기압으로부터 찬 공기가 갑자기 우리나라로 내습하는 경우를 말한다. 찬 공기의 내습은 극한(極寒)과 폭풍을 초래하기 때문에 이에 따른 피해가 나타나기도 한다.

도시의 실안개는 북서 계절풍이 약해진 경우, 찬 공기가 분지에 고이거나 복사냉각으로 지표 부근에 기온 역전층이 형성되면서 발생한다. 기온 역전층이 형성되면 도시에서 생긴 연기나 먼지가 역전층 아래에 모여서 잘 흩어지지 않기 때문에 검은 층의 실안개가 나타나기도 한다.

계절의 변화는 지구의 자전축이 기울어진 상태로 공전하기 때문에 생기는 현상이다. 그리고 지구의 자전축이 공전 면에 대해 기울어져있기 때문에 춘분, 하지, 추분, 동지 날의 낮 길이가 변한다.

천구 상에서의 태양의 위치에 따라 계절을 구분한 것이 천문학적 방법이다. 대개 태양이 춘분점에서 하지점까지 이르는 기간을 봄, 하지점에서 추분점까지의 기간을 여름, 추분점에서 동지점까지의 기간을 가을, 그리고 동지점에서 이듬해 춘분점까지의 기간을 겨울이라고 한다. 그러나 태양은 천구 상에서 일정한 속도로 운행하지 않기 때문에 위와 같이 정한 4계절의 기간은 서로 같지 않다.

춘분, 추분 때는 태양이 정동 쪽에서 떠서 정서 쪽으로 지며 낮과 밤의 길이는 12시간으로 같으며, 이때를 각각 봄과 가을이라 한다. 하지 때는 낮의 길이가 가장 길며 그만큼 밤의 길이는 줄어든다. 그리고 태양의 남중고도는 일 년 중 가장 높으며 이때를 여름이라 한다. 태양이 뜨는 방향은 정동 쪽에서 약간 북쪽방향 지점에서 뜨며, 정서 쪽에서 약간 북쪽방향으로 진다.

(표 3) 위도에 따른 계절별 태양의 남중고도

구분	춘분	하지	추분	동지
90°(극지방)	0°	23.5°	0°	-23.5°
38°(한국)	52°	75.5°	52°	28.5°
0°(적도지방)	90°	113.5°	90°	66.5°

기후학적 방법으로 구분되는 자연 계절에는 일반적으로 기후 값이 연속적으로 변화하기 때문에 한 계절에서 다음 계절로 이행되어 갈 때의 불연속 시점을 명확히 결정하기가 어렵다. 기후학적 견지에서 자연 계절을 구분하는 기준으로 이용되는 것은 기온·일사·강수량·바람·기압·기단 등이다. 이 중 기온과 강수량은 가장 계절의 변화를 잘 나타내기 때문에 이를 기준으로 자연 계절을 구분할 수 있다.

3. 계절변화와 생태계

동물의 생태는 계절에 따라 변화하는데 동물의 이동·번식·변태·겨울잠 등의 생태 변화는 계절의 변화와 밀접한 관련이 있다. 동물계절의 관측은 보통 동물의 계절 현상이 처음 나타나는 시기, 가장 왕성한 시기, 그러한 현상을 볼 수 없게 되는 시기로 나누어서 하는 것이 일반적이다. 예를 들면, 철새인 제비의 경우 날아오는 시기와 날아가는 시기에 대하여 관측한다.

모기와 같이 처음 나타날 때는 그 수가 많지 않으나 시일이 지나면서 그 수가 증가하고, 마침내 사라지는 동물의 경우에는 처음 나타난 시기, 가장 많이 나타난 시기, 볼 수 없게 된 시기에 대하여 관측한다.

동물계절은 주로 눈으로 보는 것을 세밀히 관측하거나 소리로 파악한다. 따라서 누구나 쉽게 관측할 수 있지만 그것을 체계화하여 동물계절로 적절히 구분하는 것은 매우 어렵다. 우리나라에서는 기상청에서 제비·기러기·뱀·개구리·나비·매미 등 몇 종류의 동물을 지정하여 동물계절을 관측하고 있다.

식물도 계절의 변화에 따라 그 모양이나 색깔이 변한다. 따라서 발아·개화·만발·신록·성숙·홍엽 또는 황엽·낙엽 등과 같은 식물의 변화를 보고 식물계절을 정할 수 있다. 개화일이나 발아일과 같은 식물계절을 예상한다는 것은 우리의 일상생활에 있어 매우 중요한 일이다. 이러한 예상 결과는 농업은 물론 기타 산업 활동에도 널리 이용된다.

기상청에서는 각 측후소 주변에 자생하는 식물 중 표준식물을 지정하여 식물계절의 관측에 활용하고 있다. 표준식물로는 민들레·백합·국화·매화·개나리·벚꽃·복숭아꽃 등이 있다. 일반적으로 동·식물의 활동 시기는 북쪽으로 위도 1°옮겨가는 데 따라 4일 정도, 동쪽으로 경도 5°옮겨가는 데 따라 3~4일 정도 늦어지는 것이 통례이다. 이것을 '생물기후의 법칙(bioclimatic law)'이라고 한다.

계절에 따라 변화하는 것은 동식물의 생태뿐만이 아니다. 인간의 생활 모습도 계절에 따라 변화한다. 따라서 인간생활의 계절 변화에서 생활계절을 찾아볼 수 있다. 생활계절의 변화를 뚜렷하게 볼 수 있는 것으로 의복·난방·냉방·음식 등에 관한 것이 있다. 그러나 이와 같은 생활계절이 나타나는 시기는 인간의 생활양식에 따라 다르다.

4. 절기

절기(節氣)는 계절을 세분한 것으로 대략 15일 간격으로 구분되어 1년은 24절기로 나눠진다. 계절은 태양의 위치인 황도를 나타내는 황경(黃經)에 따라 변동하기 때문에 양력으로는 매년 거의 같은 날에 반복되지만, 음력으로는 차이가 나타난다. 음력 날짜는 계절과 조금씩 어긋나기 때문에 가끔 윤달(閏月)을 넣어서 계절과 맞게 조정을 한다.

태음력을 사용하던 동양에서는 태양의 위치에 따라 결정되는 천문학적 계절이 매년 같은 날에 나타나지 않는 불편을 제거하기 위하여 24절기(節氣) 72후(候)를 만들어 태음력과 함께 사용하였다.

24절기는 1년을 24등분한 24개의 계절을 말하는 것으로 태양이 춘분점에 있을 때를 춘분, 태양이 춘분점으로부터 황도(黃道) 상으로 15°만큼 이동해 갔을 때를 청명(淸明), 또다시 15°만큼 이동해갔을 때를 곡우(穀雨)라고 하는 등 각 절기의 첫날에 이름을 붙여 사용한다. 그리고 각 절기는 3등분되어 초후(初候)·이후(二候)·삼후(三候)로 나뉘며, 1년은 72후로 구분된다. 그러나 24절기 72후와 같은 천문학적인 계절 구분도 일상생활에서는 여러 불편함이 따른다.

24절기는 봄, 여름, 가을, 겨울의 절기로 세분되며, 봄의 절기로는 입춘(立春)·우수(雨水)·경칩(驚蟄)·춘분(春分)·청명(淸明)·곡우(穀雨)가 있으며, 여름은 입하(立夏)·소만(小滿)·망종(芒種)·하지(夏至)·소서(小暑)·대서(大暑)로 구성되고 가을의 절기는 입추(立秋)·처서(處暑)·백로(白露)·추분(秋分)·한로(寒露)·상강(霜降)이며, 겨울에는 입동(立冬)·소설(小雪)·대설(大雪)·동지(冬至)·소한(小寒)·대한(大寒)으로 구분한다.

각 절기는 기후와 밀접한 관련이 있으며, 농사철을 알려주는 중요한 역할을 함으로써 우리의 생활에 깊은 관련을 맺으며, 절기마다 다양한 세시 풍속이 나타나기도 한다.

1) 봄의 절기

① 입춘(立春)

양력 2월 4일경이며, 음력으로는 정월의 절기로써 보통 새해를 상징하며 이날부터 봄이 시작된다. 이 날이 되면 각 가정에서는 기복(祈福)적인 행사로 '입춘대길(立春大吉)' 등의 기원을 담은 입춘축(立春祝, 입춘에 벽이나 문짝, 문지방 따위에 써 붙이는 글)을 대문이나 문설주에 붙인다. 또한 보리 뿌리를 뽑아 풍흉을 점치기도 하였다.

② 우수(雨水)

양력 2월 19일경. 날씨가 풀리고 봄바람이 불기 시작하며 새싹이 난다고 하였다.

③ 경칩(驚蟄)

양력 3월 6일경이며, 초목의 싹이 돋고 동면하던 개구리나 벌레들이 땅속에서 나오는 시기를 말한다.

④ 춘분(春分)

양력 3월 21일경으로 낮과 밤의 길이가 같아지는 날이다. 농촌에서는 농사일을 시작하는 시기로 여겼다.

⑤ 청명(淸明)

양력 4월 6일경으로 한식일과 겹치는 시기이다.

⑥ 곡우(穀雨)

양력 4월 20일경으로 봄비가 내려 백곡(百穀)을 기름지게 한다는 뜻을 가지고 있으며, 농촌에서는 볍씨를 물에 담가 모판을 준비하고 논에 못자리를 마련하고 본격적인 농경이 시작되는 시기이다. 또한 이 무렵 황해에서는 조기가 많이 잡혔는데, 이때 잡은 조기를 특별히 '곡우살이'라고 하였다.

2) 여름의 절기

① 입하(立夏)
양력 5월 5~6일경으로 여름의 시작을 알리는 절기이다. 농작물이 자라기 시작하며 논밭에 해충이 많아지고 잡초가 자라서 김매기가 시작되는 시기로 여겼다.

② 소만(小滿)
양력 5월 21일경이며, 햇볕이 풍부하고 만물이 점차 생장하여 가득 찬다(滿)는 의미가 있다. 농촌에서는 모내기가 시작되는 때로 보았다.

③ 망종(芒種)
양력으로 6월 6일경이며, 씨를 뿌리기 좋은 시기라는 의미를 가지고 있다. 농사의 한 해 운을 보거나 농사가 잘 되기를 빌었으며, 농촌에서는 1년 중 가장 바쁜 시기이다.

④ 하지(夏至)
양력 6월 21일경으로 북반구에서 낮의 길이가 가장 긴 날을 의미한다.

⑤ 소서(小暑)
양력 7월 7일경으로 본격적인 더위가 시작되는 시기이며, 장마철에 해당되는 때이다. 농촌에서는 농사에 쓸 퇴비를 준비하는 시기로 여겼다.

⑥ 대서(大暑)
양력 7월 23일경으로 중복 무렵이며, 장마가 끝나고 더위가 가장 심한 시기이다.

3) 가을의 절기

① 입추(立秋)
양력 8월 7~8일경. 여름이 끝나고 가을이 시작되어 서늘한 바람이 부는 시기이다.

② 처서(處暑)
양력 8월 23일경으로 여름이 지나면서 더위도 가시고 선선한 가을을 맞이하게 된다는 의미이다. "처서가 지나면 모기도 입이 비뚤어진다."라는 속담처럼 파리·모기의 성화도 사라져 가는 시기를 일컫는다.

③ 백로(白露)
양력 9월 8일을 전후한 시기로 백로는 흰 이슬이라는 뜻이며, 이때쯤이면 밤에 기온이 이슬점 이하로 내려가 풀잎이나 물체에 이슬이 맺히는 데서 유래했다.

④ 추분(秋分)
양력 9월 23일경으로 낮과 밤의 길이가 같아지는 날을 말한다. 이 날이 지나면서 밤의 길이가 길어지면서 가을이 왔음을 실감하게 되는 시기이다.

⑤ 한로(寒露)

양력 10월 8일경으로 찬 이슬이 맺히는 시기를 말한다. 기온이 더 내려가기 전에 추수를 끝내야 하는 시기이다.

⑥ 상강(霜降)

양력 10월 23일경이며, 가을의 쾌청한 날씨가 계속되는 대신에 밤의 기온이 매우 낮아지는 때로 서리가 내리고, 온도가 더 낮아지면 첫 얼음이 얼기도 한다. 단풍이 절정을 이루는 시기로 추수가 끝나가는 시기이기도 하다.

4) 겨울의 절기

① 입동(立冬)

양력 11월 7일경, 음력 10월로 겨울이 시작되는 시기이다. 이 무렵 김장을 하여 겨울을 준비하며, 음력의 절기에 맞추어 시월고사를 행하는 시기이다.

② 소설(小雪)

양력 11월 22일경. 첫눈이 내리며, 땅이 얼기 시작하고 추위가 시작되는 시기이다.

③ 대설(大雪)

양력 12월 7일경으로 눈이 많이 내린다는 의미를 가지고 있다.

④ 동지(冬至)

양력 12월 22일경으로 1년 중에서 밤이 가장 긴 날이다. 이 날을 '작은설'이라고 불렀으며, 동지의 절식(節食)인 동지 팥죽을 먹어야 나이를 한 살 먹는다고 여겼다. 이것은 이 날을 시작으로 낮의 길이가 점차 길어지므로 태양이 부활하는 시기라 여겼기 때문이다.

⑤ 소한(小寒)

양력 1월 5일경으로 추위가 가장 심한 시기이다. "대한이 소한의 집에 가서 얼어 죽는다."라고 속담은 대한보다 소한이 추운 시기였음을 말해주는 것이다.

⑥ 대한(大寒)

양력 1월 20일경으로 24절기의 마지막 절기이다. 우리나라의 기준에서는 점차 추위가 물러가는 시기로 생각하였다.

5. 낮과 밤

낮과 밤이 생기는 까닭은 무엇일까. 일반적으로 해가 뜰 때부터 질 때까지를 낮, 해가 질 때부터 뜰 때까지를 밤이라고 한다. 아주 오래전 사람들은 하늘에서 일어나는 일은 신과 관련 있다고 생각하였다. 예를 들어 보르네오 섬에 살던 사람들은 원래 낮만 존재했지만 여신 '망'이 바구니에 어둠을 담아 와서 밤이 생겼다고 믿었다. 또한 고대 그리스 사람들은 태양의 신 '아폴론'이 태양을 마차에 싣고 하루에 한 번씩 동쪽에서 서쪽으로 날아가기 때문이라고 믿었다.

이후 고대 그리스에서는 과학과 철학이 발달하면서 많은 학자들이 낮과 밤이 생기는 이유에 대해 탐구하기 시작했다. 기원전에는 '아낙시만드로스(B.C. 610~546년)'가 주장한 '정지해 있는 원통형의 지구 위에 별이 가득 찬 여러 겹의 하늘이 양파 껍질처럼 둘러싸여 있는 형태라는 것을 믿었다. 그 이후 150년경에 '프톨레마이오스(A.D. 83~168년)'에 의해 낮과 밤이 바뀌는 까닭이 이론으로 제시되었는데, 이것이 그 유명한 '천동설'입니다. '천동설'에 의하면 지구가 우주의 중심입니다. 때문에 지구는 움직이지 않고 태양, 달, 행성이 각각 지구를 둘러싸고 공전합니다. 이 이론에 의해 낮과 밤이 생기는 까닭은 태양이 지구 주위를 동쪽에서 서쪽으로 돌고 있기 때문이라고 여겨져 왔다.

'지동설'에 의하면 태양은 움직이지 않으며 지구가 태양 주위를 공전하면서 자전하기 때문에 낮과 밤이 생긴다고 할 수 있다. 수많은 과학자들의 노력으로 지구가 하루에 한 번 스스로 돌아가는 자전에 의해 낮과 밤이 생긴다는 원리가 밝혀졌다. 지구가 자전운동을 하면 태양이 보이기 시작하는 시점이 해가 뜨는 때이고 태양이 시야에서 사라지는 시점이 해가 지는 때이다.

지구와 마찬가지로 태양계 행성들도 자전을 한다. 따라서 태양계의 행성들도 지구와 마찬가지로 낮과 밤이 생긴다. 하지만 지구가 1일 24시간 동안에 한 바퀴 자전하는 것과 달리 태양계의 행성들을 자전 주기가 다르기 때문에 낮과 밤이 바뀌는 주기가 서로 다르다.

(표 4) 행성의 자전주기

구분	수성	금성	지구	화성	목성	토성	천왕성	해왕성
주기	58.65일	243일	1일	24시간 37분	9시간 55분	10시간 14분 ~ 38분	17시간 14분	16시간

지구의 자전과 공전이 모두 멈춘다면 낮과 밤은 어떻게 될까? 낮과 밤이 하루를 주기로 바뀌지 않게 된다. 자전은 하지 않지만 태양을 중심으로 1년에 한 바퀴를 도는 공전은 계속 한다고 가정한다면 1년 중 6개월은 낮이 되고 나머지 6개월은 밤이 될 것이다.

우리나라 위치에서 계절상으로 봄과 여름일 경우에는 계속 낮이 지속될 것이고 가을과 겨울에는 태양을 등지게 되어서 계속 밤이 지속될 것이다. 그렇게 되면 지구에 살고 있는 수많은 생물들의 생장이 제대로 일어날 수 없게 될 것이다. 한쪽은 6개월 동안 태양 에너지를 흡수하여 지나치게 뜨거워져 있을 것이고 다른 한쪽은 6개월 동안 태양 에너지를 얻지 못해 기온이 엄청 낮을 것이기 때문이다.

한편 공전도 하지 않고 지금 이 자리에 멈춘다면 어떻게 될까? 지금 태양을 바라보고 있는 쪽은 영원히 낮이 될 것이고 그 반대쪽은 영원히 밤이 될 것이다. 그렇게 되면 두 면의 온도 차는 더 심해질 것이다.

우리가 알고 있는 행성 중에 유일하게 지구만이 생명체가 살 수 있는 것은 자전 주기가 1일이고 공전 주기가 1년인 덕분은 아닐까.

6. 밀물과 썰물

밀물은 해수면이 점차 높아지는 물의 흐름을 말하고 썰물은 물이 빠져나가 해수면이 점차 낮아지는 물의 흐름을 말한다. 지구는 자전축을 중심으로 하루에 한 바퀴씩 도는 자전을 하면서 동시에 태양 주위를 도는 공전을 하고 있다. 그리고 달은 이러한 지구 주위의 궤도를 따라 공전하면서 만유인력과 원심력이 균형을 이루고 있다. 원심력은 원운동 하는 물체가 바깥쪽으로 튕겨져 나가려는 힘인데 지구는 자전에 의해 원심력이 발생하고 있다.

그런데 지구에서 바깥쪽으로 쏠리는 원심력은 모든 방향에서 같지만 달 쪽을 향한 인력은 달의 중심을 향하므로 방향이 있게 된다. 그래서 지구에서는 달을 마주보는 편에서의 인력과 반대편에서의 인력의 차이가 발생하게 되고 그 인력에 이끌려 지구와 달이 마주 보는 부분으로 지구의 바닷물이 모이게 된다. 그리고 지구와 달이 마주 보는 부분의 반대쪽 부분도 원심력에 의하여 바닷물이 부풀어 오른다. 그 결과, 달이 당기는 부분과 그 반대편이 밀물이 되고 그 외의 부분은 물이 빠져나가 수심이 얕아지는 썰물이 된다. 지구는 하루에 한 바퀴 자전하기 때문에 달의 인력과 지구의 원심력에 의해 하루에 두 번의 밀물이 나타나게 됩니다.

반면에 태양과 지구 사이에도 인력이 작용하지만 달에 비하여 매우 멀리 떨어져 있기 때문에 달의 인력의 45% 정도의 힘으로 지구를 잡아당기고 있다. 그렇기 때문에 태양의 인력에 의해 밀물과 썰물의 정도는 일정하지 않고 매일 조금씩 달라진다.

밀물로 해수면이 가장 높은 때를 '만조', 썰물로 해수면이 가장 낮은 때를 '간조'라고 하고 이 때의 높이 차이를 '조차'라고 합니다. 조차는 달이 보름달이거나 그믐달인 경우 가장 커지게 되는데 '태양 - 달 - 지구'의 위치가 일직선상에 놓이므로 태양과 달이 같은 방향에서 잡아당기거나 태양이 지구 원심력과 같은 방향에서 잡아당기게 되기 때문이다. 이렇게 인력과 원심력이 강하게 작용해 조차가 매우 커질 때를 '사리'라고 부른다.

반대로 달이 반쪽만 보이는 상현달이거나 하현달일 경우에는 '태양 - 지구 - 달'이 직각을 이루게 된다. 따라서 태양과 달의 인력이 서로 다른 방향으로 작용하여 조차가 작아진다. 이 때를 '조금'이라고 한다.

밀물과 썰물은 매일 하루 두 차례 발생하는데 항상 일정하지 않고 매일 조금씩 달라진다. 밀물과 썰물이 발생할 때 물의 양과 속도가 15일을 주기로 조금씩 달라지는데 이렇게 15일 단위로 변하는 밀물과 썰물의 강약의 주기를 '물때'라 부른다.

지구는 자전을 하여 하루에 한 바퀴를 돌 때 달은 13° 공전을 한다. 따라서 지구가 13°를 더 돌아야 지구와 달의 위치가 처음과 같게 되고 지구가 13°를 도는 데 걸리는 시간은 52분입니다. 따라서 달이 지구 주위를 한 바퀴 돌아 원래 위치로 돌아오는 데 약 24시간 50분 정도가 걸리며 밀물에서 다음 밀물까지는 12시간 25분의 간격이 생기므로 물때는 전날보다 50분씩 늦어지게 됩니다.

조차는 해역의 형태와 지역에 따라서 차이가 있을 수 있기 때문에 물때로 밀물과 썰물의 차이를 날짜로 추정하는 일을 절대적인 수치로 받아들여선 안 된다. 우리나라 국립해양조사원에서는 과학적 조사를 바탕으로 매일 밀물과 썰물의 정확한 수치를 발표하고 있다. 그것을 '조석표'라 부르는데 이 조석표에는 매일 간조와 만조 시각, 그리고 간조와 만조 때의 수위를 cm 단위의 수치로 표시하고 있다.

달은 지구의 주위를 돌면서 중력에 작용해 바닷물을 끌어당기면서 생기는 조석의 차이로 지구의 자전을 조정하는 역할을 해 왔다. 지구는 태양 및 달과의 상호 작용에 의해서 자전주기가 24시간이 되었다. 지구상의 생명체가 건강하게 생존하는 데는 알맞은 활동 시간과 재충전할 수 있는 적당한 휴식 시간의 조화가 필요한데 지금의 24시간 자전주기가 바로 지구의 생명체들에게 알맞은 밤과 낮의 시간을 만들어 주고 있는 것이다.

7. 음력과 양력

달이 지구를 도는 주기인 27.32일을 항성월(恒星月)이라고 한다. 달은 궤도 위에서 태양에 대한 위치가 달라짐에 따라 햇빛을 반사하는 면의 모습이 달리 보이기 때문에 차고 기우는 삭망(朔望)의 변화가 눈에 두드러지게 나타난다. 그래서 예로부터 이 변화의 주기인 29.53일, 즉 삭망월이 알려져 음력의 기준으로 쓰이게 되었다.

삭망월이 항성월보다 약 2일 긴 까닭은 지구의 공전 때문에 태양이 360°/365일 = 약 1°/일씩 움직이고, 달은 360°/27.32일 = 약 13°/일씩 움직여서 결국 하루에 달이 약 12°씩 앞서가서 29.53일 지나면 12°×29.53 = 360°로 되어 보름달이나 삭(朔 : 달이 안 보이는 음력 초하루)이 되돌아오기 때문이다.

달이 태양과 같은 방향에 있을 때는 지구가 달의 그늘을 향하게 되므로 안 보인다. 이것이 삭으로 음력 초하루에 해당하고 7일경에 달의 서쪽 반이 보이는 반달(上弦), 보름에는 달이 태양의 반대쪽에 와서 둥근 전면이 보이는 망(望)이 된다. 보름이 지나면 달의 서쪽(오른쪽)이 이지러진다.

삭망월(29.53일)을 기준으로 하는 음력을 쓰면 우선 0.53일을 처리해야 하기 때문에, 큰달 30일과 작은달 29일을 교대로 써서 평균 29.5일을 쓰는 셈이 된다. 그러므로 음력의 1년, 즉 1태음년(太陰年) = 29.5일×12 = 354일이 되어 양력의 1년인 1태양년 = 365.24일보다 약 11일이 짧다.

1태양년은 계절이 되돌아오는 주기이므로 음력을 그대로 쓰면 1년에 약 11일씩 3

년에 약 한 달, 9년이면 한 계절이 어긋나서 달력으로는 봄이지만 실제 계절은 아직 겨울인 경우가 생긴다. 예로부터 이러한 일을 바로 잡기 위하여 대략 3년에 한 번 윤달을 끼워서 음력 날짜와 계절이 잘 맞도록 조정을 하였는데 이것이 우리가 쓰고 있는 태음태양력이다.

윤달을 끼우는 방법으로 예로부터 알려진 것은 '19년7윤법'인데, 19태음년에 7개의 윤달을 끼우면 12×19 + 7 = 235삭망월로 19태양년의 일수(6,939.6일)와 같다. "윤달에 태어난 사람은 19년 만에 제 생일을 되찾는다."는 말은 음력으로 생일을 지내는 사람에게는 태어났던 그 계절에 생일을 맞이할 기회가 19년에 한 번 있다는 뜻이다.

또, 양력의 생일을 쓰던 사람이 필요(혼사·점복)에 따라 음력 생일을 찾는 일이 허다한데 만 19세(또는 만 38세) 때 생일의 음력 날짜가 바로 그것이다. 19년 만에 음력과 양력의 날짜가 발이 맞게 되기 때문이다.

흔히 "음력이 계절에 더 잘 맞는다."고 하는 사람이 있지만, 이것은 주객이 뒤바뀐 이야기가 된다. 1년의 계절을 24등분한 24절기가 쓰이게 된 까닭은 음력으로는 계절을 정확히 알 수 없는 데 있다.

24절기는 양력으로 해마다 같은 날짜에 가깝지만 음력으로는 날짜가 크게 어긋난다. 농사를 짓는 데는 늘 음력의 날짜가 아니라 24절기가 그 길잡이가 된다.

음력은 계절과 어긋나는 결함이 있으나 해변의 어촌에서는 밀물과 썰물의 변화가 음력 날짜와 관련이 있기 때문에 음력이 유용하게 쓰이고 있다. 음력 날짜에 따라 밀물 때의 물의 높이는 한 매(물) 두 매 등으로 늘어나고 또 줄어들 때는 한 꺾음 두 꺾음 등으로 나타내는 풍습이 어촌에 전해지고 있다.

제4절 인생 섭리

1. 인생(人生)과 일생!

　사람이 세상을 살아가는 모든 일을 인생이라 한다. 한마디로 인생이란 인간의 운명과 생존경쟁에 대한 문제이다. 너무 심오한 철학적 문제이며 끝도 없고 깨우칠 수도 없는 영역이기에 아무리 파헤쳐도 바닥이 보일 것 같지가 않는 것이 인생이다.
　죽음을 제대로 알려면 죽어봐야 안다고 하듯이 인생을 제대로 이해하려면 인생을 마무리 해봐야 그 답을 얻을 수 있을 것이다. 죽기 직전까지도 알 수 없는 것이 인생이라 했다. 그래서 살아 있는 동안에는 그 누구라도 그 답을 구할 수 없다는 사실을 잘 알고 있지만, 그래서 살아 있는 그 누구도 그 정답을 찾을 수 없다. 그래서 죽는 순간에서야 아! 이것이 인생이구나 하고 느낀다고 한다.
　인생(人生)이란 공수래공수거(空手來空手去)라 했다. 빈손으로 왔다가 빈손으로 간다는 의미이다. 어쩌면 재물(財物)에 욕심을 부릴 필요가 없다는 말이기도 하다. 사람의 일생이 허무(虛無)하다는 불교적 사상이다. 그렇다면 공수생(空手生, 빈손으로 사는 것)하여야 할 것인데 그렇지가 않다. 인생무상(人生無常)이라고도 한다. 덧없는 인생. 변화가 심하여 아무 보장이 없는 인생이라는 의미이다. 인생이란 것이 알고 보면 참으로 '덧없는 것이다'는 의미이다.
　개념은 단순한데 그 의미는 참으로 심오하다. 단순한 것 같지만 정말로 단순하지 않는 것이 인생인 것 같다. 그렇다고 복잡하고 어지러운 것만도 아닌 것 같다. 인생에 대해서는 수많은 사람들이 글도 쓰고, 그림도 그리고, 영화도 만들고, 끊임없이 고민하고 연구하고 세상에 게시하여 왔던 영역이다. 같은 내용도 있고 다른 내용도 있다. 어쨌든 인생에 대한 고민은 누구 하나의 고민이 아닌 듯하다. 사람이라면 어느 누구도 자유로울 수 없으며 누구라도 그 문제에서 헤어나질 못하는 것 같다. 과거에도 그랬고, 현재도 그렇고 앞으로도 그럴 것 같다.
　대체 인생이 뭘까. 사람들은 왜, 이 문제 앞에서는 아무도 당당하지 못할까. 명쾌한 답을 주지도, 받지도 못하는 것일까.
　사실 인생을 꺼내기 전에 먼저 궁금했던 것이 일생(一生)이었다. 일생이란 사람이 살아 있는 기간, 즉 태어나서 죽을 때까지를 말한다. 인생(人生)과 일생(一生)이 뭐가 다른가라고 묻는다면 딱히 답을 말할 능력이 없다. 그것이 그것인 것 같다. 다만 굳이 구분하자면 인생은 인간이 살아가는 과정이고 일생은 그 과정의 처음과 끝, 즉 그 기간 동안이라고 정의하고 싶다. 인생의 기간을 일생이라 할 것이다. 어떤 인생을 얼마동안 살았느냐고 한다면 일생이요 일생동안 어떤 인생을 살았냐고 한다면 인생인 것이다.
　일생이라 굳이 표현하는 것은 인간의 생명과 관련이 있기 때문이다. 생명은 한번 탄생해서 한 번 죽는 것으로 끝난다. 오직 일생일사(一生一死)인 것이다. 그래서 일생이라 한다. 단 한번이다. '한번만 더!'가 없다. 골프에서의 '멀리건'은 있을지언정 인생의

'한 번 더'는 없다. 그래서 일생이다. 그래서 인간은 맨 날 후회하면서 산다. 뭐든지 한 번 만 가지고는 만족하지 못한다. 낯설고 어렵기 때문이다. 더 '잘할 수 있었을 텐데'라는 후회가 든다. 그래서 지나고 나면 항상 후회만 남는다. 그렇다고 태어나기 전부터 연습하고 태어났다면 또 다르겠지만 그럴 수가 없다.

그렇다고 정지되어 있지도 않다. 싫든 좋든 세월은 간다. 그렇게 일생도 흐른다. 그렇게 인생은 이루어진다. 한번 뿐인 인생인데 그래서 일생인데 그 한 번이 그렇게도 어렵나 싶다. 올 때도 빈손, 갈 때도 빈손이건만 왜 사는 동안은 빈손이 아니 되는 것일까.

누구는 부자로 태어나서 부자로 살다가 끝내 부자로 죽고, 누구는 가난하게 태어나서 가난하게 살다가 끝내 가난하게 죽느냐는 것이다. 어떤 사람은 주위의 추대와 존경을 받으며 평생을 살다 죽는 가하면 어떤 사람은 일생동안 주위의 냉대와 버림을 받으며 평생을 살다 죽느냐는 것이다. 누구는 일생을 어느 누구보다도 길게 사는가 하면 누구는 태어나자마자 아무것도 해 보지 못하고 죽느냐는 것이다.

무엇이 인생을 이렇게 다르게 만들고 무슨 사연이 일생의 모습을 이렇게 다르게 만드는 것인가. 누구나 태어나는 모습이 똑 같다면 사는 모습도, 죽는 모습도 똑같아야 하는 것을 인생이 저마다 다른 것은 무엇 때문이란 말인가.

일생의 모습, 즉 인생이 저마다 다른 이유는 무엇인 가. 사람마다 제각기 다른 인생을 사는 것은 그 사람이 그렇게 만든 것인가 아니면 누군가에게 주어진 것인가. 그렇게 만들었다면 분명 수정이 가능할 것이며 누군가에게서 받았다면 누군가에게 다시 주문하면 되지 않을 까.

2. 수명(壽命)

수명(life, span, 壽命)이란 어떤 생명체가 출생부터 사망까지의 기간 혹은 사망 당시의 연령을 말한다. 한마디로 일생을 수치로 표현하는 것 즉, 사는 기간이 몇 년인가 또는 죽는 나이가 얼마인가를 표현하는 것이 수명이다. 그 최대치가 최대수명이다.

사람마다 수명이 다른 것은 사람마다 죽는 나이가 다르다는 것이다. 그래서 사람마다 최대수명이 다르다. 그것을 평균화할 때 평균수명(life expectancy)이라 한다.

인간의 수명이란 인간이 살 수 있는 최대기간을 말한다. 개개인의 최대수명이 아니라 사람으로서 최대수명이 얼마인가가 궁금하다. 그 최대 수명을 살다 죽으면 인간으로서 최대한의 수명을 갖고 인생을 산 사람일 것이고 그렇지 못하면 최대수명을 유지하지 못한 채 중간에 생을 마감하게 된 것이다. 과연 인간의 최대수명은 얼마일까.

인터넷을 찾아 봤더니 많은 설(說)들이 있었다. 우선 성경에 나오는 이야기가 있다. 믿기지 않지만 성경에서는 950년 살았다고 주장하는 설도 있다. 성경에 나오는 인물 중에서 노아[6] 이전의 인물들은 거의 900세가 넘는 수명을 누렸다고 한다. 인류의 조

---

[6] 구약성서《창세기》6~9장에 기록되어 있는 홍수 설화의 주인공. 당시의 의인. 아담의 10세손(창세

상 아담은 930세를 살았으며 노아의 할아버지인 므두셀라는 969세를 살았다고 한다. 노아의 대홍수 이후부터 사람들의 수명이 급격하게 줄어들어 노아 자신은 950세를 살았지만 그의 아들 샘이 600세, 노아의 10세손으로 이스라엘과 아랍 민족의 조상인 아브라함이 175세, 야곱은 145세, 모세는 120세를 살았던 것으로 기록되어 있다고 한다.

솔체니친의 '암병동(癌病棟)'이란 책에 나오는 '브랙유우머'를 보면 인간(人間)이 신(神)에게 받은 수명은 25년이고 그 다음 말에게서 25년을 얻었고 그 다음 개에게 25년 그 다음 원숭이에게서 25년을 얻어 100세까지 살 수 있게 되었다는 설도 있다.

어떤 설에서는 원시시대 사람들의 평균수명은 대개 10세 전후였을 것으로 추정하며 그 후 점차적으로 문명이 발전과 함께 인간의 수명도 늘어서 예수님이 탄생했을 때의 사람들의 평균수명은 20세 전후 정도 되었을 것으로 추정한 경우도 있다. AD19세기 당시 선진국 사람들의 평균수명은 40~45세 사이에 있었다는 설도 있다.

여러 가지 설 중에서 조금 구체적으로 주장하는 설은 120년이다. 그 중의 하나가 성경에서 제시하고 있다는 주장이다. 성경의 한 구절, "여호와께서는 내 영이 사람들과 영원히 함께하지는 않을 것이다. 그것은 그들이 실수를 범하여 육체가 되었기 때문이다. 그들은 120년 밖에 살지 못할 것이다(창세기 6장 3절)"라고 주장한다.

또 하나는 의학계의 주장이라는 설이다. '다른 동물들의 수명을 관찰해 본 결과 대개 성장기간의 6배가 정해진 수명이라고 할 때, 사람의 성장기간을 20세라고 하면 20X6=120이 된다고 한다. 노화의 특징 중에 하나는 세포수가 줄어드는 것이다. 그러므로 인간의 면역세포수가 줄어 우리 몸을 지탱할 수 없을 정도로 줄어들 때까지의 기간을 조사해 보면 약 120년이 나온다고 한다.

동양철학에서도 120년을 주장한다. 특히 인간의 운명을 분석한다는 명리학(命理學)에서는 사주팔자(사주의 여덟 글자. 인간의 타고난 운수)의 구성요소인 간지(干支, 십간(十干)[7])과 십이지(十二支)[8])를 조합한 것)를 기준으로 120년(10천간X12지지=120간지)을 인간의 최대 수명이라 주장한다. 논어에서도 120살을 최대수명으로 보고 이를 천수(天壽)라고 불렀다

이상의 여러 가지 설들을 종합해 보면 인간의 수명은 약 120년이라는 주장이 그나마 가장 타당한 것 같다. 특히 현실적으로도 최장수 기록이 120년 전후에서 나타나고 있고 기네스북에서도 그렇게 기록하고 있기 때문이다. 일단 그렇게 믿는 것이 좋겠다. 딱히 다른 주장을 할 수가 없기 때문이다.

3. 실제수명과 평균수명

어찌되었든 인간의 최대 수명은 120년이라고 일단 결론을 내리자. 그것은 인간이

5:1~32, 루가 3:36)이고 라멕의 아들이다. 헤브라이어 Nōah는 '휴식'이라는 뜻이다(창세 5:29).
7) 천간(天干) : 갑(甲)·을(乙)·병(丙)·정(丁)·무(戊)·기(己)·경(庚)·신(辛)·임(壬)·계(癸)
8) 지지(地支) : 자(子)·축(丑)·인(寅)·묘(卯)·진(辰)·사(巳)·오(午)·미(未)·신(申)·유(酉)·술(戌)·해(亥)

살 수 있는 최대 기간이다. 어쩌면 이루어질 수 없는 기대치일 수 있다. 몇몇 기록에 남는 경우를 제외하고는 영원한 기대치일 수 있다. 현실적으로는 그렇지 못하는 경우가 허다하기 때문이다. 그렇다면 인간은 현실적으로 과연 몇 살까지 살까.

미국 인구통계청(Census Bureau)에 따르면 세계에서 100세 인구가 가장 많은 곳은 미국과 일본이다. 특히 생선과 쌀로 구성된 '저칼로리 식단'으로 유명한 일본은 2050년에 100세 이상의 노인이 전체 인구의 1%(62만7000명)에 달할 것으로 예상된다. 이탈리아·그리스·싱가포르도 온화한 기후 덕에 100세 인구가 크게 늘어날 것으로 예상하고 있다.

이런 저런 분석들을 참조하면 인간의 수명은 이미 100세를 넘었다고 본다. 100세를 넘어 120세에 육박하게 되면 최대수명에 접근하게 된다. 그 때가 언제일지는 알 수 없지만 그 때가 되면 인간의 최대수명이 확실하게 입증될 수 있을 것이다. 그러니 그때까지는 일단 인간의 최대 수명은 120세이고 현실적으로는 100세라고 해 두는 것이 좋겠다. 다들 그렇게 동의하시리라 믿는다.

누구나 100세까지 살 수는 없을 것이다. 따라서 누구나 120세까지 살 수는 더더욱 없을 것이다. 특별한 경우를 제외하고 대부분의 사람들은 100세 이전에 죽게 된다. 그래서 100세까지 사는 것이 하나의 바람이요 희망인 것이다.

기록에 따르면 인간의 평균수명은 기원전 500년 고대 그리스 시대에는 18세, 기원후 100년 로마시대에는 25세, 그리고 1900년대에는 47세, 2000년에는 다시 77세로 급격히 늘어났다고 한다.

평균수명은 왜 이렇게 늘어나는가? 가장 큰 이유는 과학과 문명의 발달이다. 과학과 의학의 발달은 질병과 재해, 그리고 생명의 기본인 의식주 문제를 해결할 수 있었고 해결 차원을 넘어 인간의 생명을 연장할 수 있는데 절대적인 기여를 한 것이라 생각한다. 특히 유아 사망률이 낮아지고 전염병이 퇴치될 수 있게 된 것은 인간의 수명연장에 중요한 계기가 되었다고 할 수 있다.

그런 반면에 과학과 문명의 발달로 인해 오히려 수명이 단축되는 경우도 많아지고 있다. 교통사고 등 여러 가지 인위적 재해, 암 등 현대적인 각종 질환 등 오히려 과학과 문명의 발달로 인해 수명이 단축되기도 한다. 그러나 그것이 전체 수명의 연장에는 통계적으로 그다지 영향을 미치지 않아서 수명연장에 묻혀버리는 아쉬움이 있다. 수명단축보다는 수명연장에 더 절대적으로 기여했다는 의미이다.

4. 장수비결(長壽秘訣)

그런데 어떤 사람은 최대수명까지 살고 어떤 사람은 평균수명 이하로 살고 어떤 사람은 평균수명 이상으로 살까. 태어날 때부터 건강하게 태어난 사람이 있는 가하면 그렇지 않고 평생을 시름시름 앓기만 하다가 평균 수명을 못 채우고 죽는 사람도 있다. 어떤 사람은 건강하게 태어났지만 예기치 못한 사고로 제명을 다하지 못한 경우도 있고 어떤 사람은 허약하게 태어났지만 평균 수명 이상을 채운 사람도 있다. 왜 이런 결과가 나오는 걸까.

미국 뉴욕에 거주하는 111세 폴란드계 미국인인 '알렉산더 이미치'는 장수 비결로 "그저 일찍 죽지 않았을 뿐. 나도 잘 모르겠다"라고 말하곤 했단다. 그가 죽자 그의 조카인 '보겐'은 그의 장수비결로 좋은 유전자와 적절한 영양섭취, 꾸준한 운동, 그리고 자식이 없었던 점을 꼽았다고 전했다. 평생 친구였던 마이클 매니언은 "엄청난 호기심에다 역경까지도 긍정적으로 변화시킬 수 있는 능력이 오랜 산 비결"이라고 말했다. 미국 NBC 방송보도에 의하면 그는 저칼로리 음식인 '닭과 생선'을 즐겨 먹었으며 술은 입에도 대지 않는 철저한 식습관을 지켜왔으며 젊은 시절 체조와 수영을 한 것으로 전해졌다. 요약하면 1)좋은 유전자, 2)철저한 식습관, 3)적절한 운동 때문이라 할 것이다.

특이한 자료도 참조하면, 지난 2007년 1월, 세계적인 의학 잡지 '브리티시 메디컬 저널'에는 흥미로운 조사 내용이 실린 것이다. 전 세계 의학자와 과학자를 대상으로 1840년 이후 160년 동안 인류의 건강을 획기적으로 개선한 현대 의학계의 업적이 무엇인지 설문조사를 했는데 '상하수도의 발전'이 1위를 차지했기 때문이다. 이어 3위가 마취, 4위가 백신, 5위는 DNA 구조 발견 등이었다.

이 결과에 대해서 '브리티시 메디컬 저널'은 그 이유를 "과거 수많은 인간의 생명을 앗아갔던 콜레라와 장티푸스 같은 수인성(水因性) 전염병이 사라진 것은 깨끗한 수돗물이 공급되고 하수도 시설이 설치된 이후부터였다"고 설명하였다. 영국의 '더 타임지'도 "인류가 고통 받는 질병 중 80%는 수인성 질병"이라고 발표했다. 20세기 들어 인간의 평균수명은 약 35년 늘어났는데 이 중 30년 정도가 상수도와 하수도 등 물 관련 위생시설의 발전으로 평가받고 있다.

이밖에도 다양한 내용들이 있어서 정리 요약하면 과학, 의학의 발달로 인해 수명연장이 가능해졌다는 의견이 지배적이다. 이는 인간의 수명을 연장하는 가장 보편적인 이유였다. 개개인적으로는 식생활과 관련된 내용이 많았다. 그리고 꾸준한 운동을 권하는 내용도 있었다. 특이한 것은 정신적인 건강을 장수의 비결로 꼽는 경우가 빠지지 않는다는 점이다. 반대로 표현하면 정신적인 스트레스가 수명단축의 주범이라는 경우가 많았다. 특히 인간은 정신적인 영역을 가진 유일한 생명체이다. 그래서인지 그 정신적인 영역이 오히려 수명에 직접적인 영향을 주게 된 것이다. 선행(善行)을 장수의 비결이라고 주장하는 경우도 있었다. 어쨌든 정신적인 건강이 중요하다는 의미인 것 같다.

5. 순천(順天)과 역천(逆天)

동양철학에서는 장수의 비결로 순천(順天)을 꼽았다. 순천이란 말 그대로 하늘의 뜻에 따른다는 의미이다. 하늘은 곧 대자연을 뜻하므로 순천은 대자연의 이치대로 따른다는 의미이다. 따라서 자연의 이치에 순응하면 장수한다는 주장이다.

순천하여야 제수명(諸壽命)에 다한다는 결론이다. 이는 달리 표현하면 순리대로 사는 것이 순천하는 것이고 그것이 제수명이라는 의미이다. 순리대로 산다는 의미는 이치나 도리에 순종한다는 의미이다. 도리(道理)란 사람이 어떤 입장에서 마땅히 행하여야 할 바른 길 또는 어떤 일을 해 나갈 방도(方道)이다. 사람으로서 살아야 할 이치(理致)인 것이다.

무엇이 사람의 도리인가? 여러 자료를 살펴보았는데 가장 이해하기 좋은 표현이 있어 옮겨 보았다. 군군(君君), 신신(臣臣), 부부(父父), 자자(子子), 부부(夫夫), 부부(婦婦). 앞의 글자는 신분을 의미하며 뒤의 글자는 역할을 의미한다. 풀어보면 임금은 임금다워야 하고 신하는 신하다워야 한다. 부모는 부모다워야 하고 자식은 자식다워야 한다. 남편은 남편다워야 하고 아내는 아내다워야 한다. 그렇게 하는 것이 사람의 도리이다. 뭐 이런 의미이다.

달리 표현하면 사람은 모름지기 각자 자기의 역할이 있는 바 그 역할에 충실함으로서 하늘의 뜻을 따르게 되는 것이며 그것이 사람의 도리이며 생명의 이치인 것이다. 만약 그 역할을 다 하지 아니 하거나 너무 과하면 도리를 벗어나게 되는 것이며 이것이 바로 순천에서 벗어난다는 의미이다. 한마디로 순천은 분수(分數)에 맞게 살아야 한다는 것이다.

분수(分數)란 사물을 분별하는 지혜, 자기 신분에 맞는 한도, 사람으로서 일정하게 이를 수 있는 한계 등으로 해석한다. 흔히 '사람이 자기 분수를 알아야지'라고 한다든지, '사람에게는 저마다 타고난 분수가 있는 법이야'라고 말하는 것 등은 모두 분수가 무엇인지를 나타내는 표현들이다. 사치스러운 생활을 하지 말고 분수에 맞는 생활을 해야 한다고 강조하는 것도 마찬가지이다.

순천에서 벗어나는 것을 역천(逆天)이라 한다. 역천은 하늘의 순리를 역행하거나 거역하는 것을 말한다. 정밀하게 표현하면 사람이 사람으로서의 도리를 다하지 아니하는 것을 말한다. 신분에 맞는 역할을 너무 과하게 한다거나 다하지 아니하고 회피하는 것은 이치에 어긋난 것이다. 분수에 맞지 않는 생각이나 행동은 모두 역천에 해당하는 것이다. 군불군(君不君), 신불신(臣不臣), 부불부(父不父), 자불자(子不子), 부불부(夫不夫), 부불부(婦不婦). 임금은 임금으로서의 역할을 다하지 아니하거나 너무 과하게 하고 신하는 신하로서의 역할을 다하지 아니하거나 너무 과하게 하는 것은 이치에 어긋나며 분수에 맞지 않는 것이라 할 것이다. 부모는 부모로서 그 역할을 다하지 아니하거나 너무 과하게 하고 자식은 자식으로서 그 역할을 너무 과하게 하거나 다하지 않을 때 그것이 바로 순리에 어긋난 것인 것이다. 이것이 바로 역천인 것이다. 부부는 부부로서 그 역할에 다하여야 하고 상하좌우 모두 그렇게 자신의 신분, 역할, 능력에 맞게 사는 것이 곧 순천인 것이다.

이렇듯 순천은 자연의 섭리대로 사는 것을 말한다. 자연의 섭리란 대자연의 흐름을 말한다. 대자연의 흐름은 인간의 생명과 직결된다. 따라서 순천하는 것이야말로 인간의 최대 수명을 유지하는 것이라 할 것이다.

반대로 자연의 이치에 역행하는 것을 역천이라 하는데 역천하면 인간은 주어진 수명을 유지할 수 없게 된다고 할 것이다. 역천하면 스스로 수명을 단축시키는 계기를 만든다고 한다. 이런 이유로 인간은 절대로 역천(逆天)해서는 안 된다고 한다. 순리대로 사는 것이 장수의 비결인 것이다.

그럼에도 인간은 생의 과정에서 에너지의 대부분을 역천하는데 소비하는 것 같다. 물론 순천의 과정도 있지만 그것은 자연의 순리인 바, 겉으로 두드러지지 않으며, 두드러진다고 해도 겨우 어느 순간에 지나치는 것에 불과한 것이다. 그러나 역천은 순천에 비해 자주 발생하는 것은 아니나 한번 행하면 그 강도가 크고 강하기 때문에 생의 과정에서 두드러지게 나타난다고 할 것이다.

이렇듯 순천과 역천은 자연의 이치에 순응하느냐 반(反)하느냐의 문제인데 그 결과가 너무 극명하다는 점에서 이해할 필요가 있다. 인간의 생에 있어 순천과 역천이 갈리는 것은 인간의 욕심과 깊은 관련이 있다.

6. 정신(精神)과 육체(肉體)

모든 생명체는 정신적인 세계와 육체적인 세계로 이루어져 있다는 사실을 모르는 사람은 없다. 또한 정신의 세계와 육체의 세계가 하나가 되어서야 생명체를 이룬다는 것도 모두가 알고 있다. 정신의 세계가 육체의 세계를 지배하기도 하고 육체의 세계가 정신적 세계를 지배하기도 하고 또는 정신의 세계와 육체의 세계가 하나가 되어 합치되거나 협력하면서 그 생명을 유지하기도 한다.

그런데 생명체로서 정신과 육체의 구분은 가능하지만 이 두 영역은 분리될 수가 없다. 정신과 육체가 분리되어져서도 안 되고 분리될 수도 없다. 만약 분리된다면 이미 생명체가 아닌 것이며 상징성만 남는 것이다. 구분되지만 분리되지는 않는 것이다. 이렇게 생명체는 정신과 육체의 합체라고 할 수 있다. 즉 하나인 것이다. 그래서 생명체가 존재하는 것이다.

만약 정신만 있고 육체가 없다면 이는 신(神)의 세계가 될 것이다. 그리고 정신의 세계는 없고 육체의 세계만 있다면 시체(屍體)와 같다고 할 것이다. 그래서 정신의 세계와 육체의 세계가 분리되면 정신의 세계는 신의 세계로 가는 것이고 육체는 시체가 되어 사라지는 것이라고 할 수 있다. 결국 생명이 사라지는 것이기 때문에 이 때는 이미 생명체가 아닌 것이다.

생명체를 굳이 나누어 구분한다면 사람과 동물(사람을 제외한 모든 움직이는 생명체) 그리고 식물(움직이지 않는 모든 생명체) 등 세 가지로 나눌 수 있다. 이 세 가지는 생명체이므로 모두 정신과 육체의 세계로 구성되어 있다고 할 수 있다. 사람은 정신의 세계가 육체의 세계보다 더 넓고 깊으며 동물은 정신의 세계보다 육체의 세계가 더 깊고 넓다고 할 수 있다.

그렇다면 식물은 어떠한가. 식물도 정신의 세계가 존재하나 그 세계가 대단히 좁고 미미하여 거의 없는 수준이라고 할 수 있다. 흔히 식물인간이라고 함은 육체만 살아 있고 정신의 세계는 이미 죽어 있는 경우를 말하는데 좀 더 정확히 얘기하면 정신이 완전히 사라진 것이 아니라 인지할 수 없을 정도로 미미하게 살아 있는 상태를 말한다고 할 것이다. 때문에 식물인간은 절대 죽은 사람이 아닌 것이다. 만약 정신상태가 완전히 죽었다면 이는 이미 시체라고 할 수 있기 때문이다. 모든 식물도 생명체로서 존재한다면 이렇듯 그 정신의 세계가 미미하나마 존재한다는 것을 인정하게 된다고 할 것이다.

정신의 영역이 가장 넓고 큰 세계가 바로 인간의 세계이다. 그래서 인간은 다른 생명체에 비해 육체적 희열(喜悅)보다 정신적 희열을 더 크고 깊게 느낀다. 몸이 다치면 몸이 아픈 것이 아니라 정신적으로 스며드는 고통이 먼저 반응을 하게 되는 것이다. 다른 생명체에 비해 발전과 진화가 빠르며 스스로 제어하고 통제하고 촉진하는 기능을 갖고 있는 것이다. 그에 비해 정신의 세계가 낮은 수준의 생명체는 자발적인 의사가 부족하고 그 반응이 느리며 스스로 판단하고 느끼고 인지하는 것이 부족하다고 할 것이다.

정신의 세계가 크고 넓으면 육체의 세계를 지배하거나 지휘하는 경향이 강하다. 어쩌면 육체의 세계는 하나의 상징에 불과할 수 있다. 반대로 육체의 세계가 강하면 정신은 하나의 상징일 뿐일 것이다. 인간은 정신의 세계가 강하므로 정신의 세계에서 나타나는 모든 감정과 행동이 육체의 세계로 나타나는 생명체라 할 것이다. 때문에 육체의 세계는 곧 정신세계의 대변, 대행의 세계가 되는 것이다. 육체가 정신과 분리되어 다른 길을 가거나 다른 행동을 취한다면 반드시 정신 또는 육체 둘 중 하나는 정상적이지 못하기 때문이라 할 것이다.

때문에 정신의 세계가 지배하는 인간의 수명은 결국 어떠한 정신을 갖추느냐에 따라서 달라진다고 할 수 있는 것이다. 그래서 선행(善行)이 장수의 비결이라고 주장하는 경우도 있는 것이다. 문제는 인간이 정신적 영역의 위대함을 믿고 신의 영역에 대해 부정하거나 거절한다는 점이다. 오직 정신의 세계만 있다는 신의 영역은 인간이 도저히 근접할 수 없는 영역이다. 신의 영역은 육체가 없어 보이지는 않지만, 그래서 그 존재자체가 부정될 수도 있지만, 만약 존재한다면 그 정신의 영역은 상상할 수 없을 정도로 넓고, 크고, 광범위하기 때문에 인간의 정신세계를 가지고는 거의 접근할 수 없는 부분이라 할 것이다.

그럼에도 모든 생명체에서 가장 우수한 정신을 가진 인간은 결국 신의 세계를 동정하게 되거나 혹은 도전하게 되고 그래서 사랑하기도 하고 존경하기도 하면서 한편으로는 부정하기도 하고 거부하기도 하게 된다고 할 것이다. 결국 이러한 문제에서 인간의 생명과 수명에 대한 의문이 생기는 것이며 신(神)보다 더 오래 살겠다고 아우성치는 것인지도 모르는 일인 것이다.

한편으로 정신세계가 인간 보다 낮은 동물이나 식물에 대해서는 그 생명의 존엄성에 대해서 천하게 여기는 거만함을 가지고 있다. 하찮게 생각하고 그렇게 취급하려한다. 그런 인간이 때로는 동물과 식물을 괴롭히거나 해하려는 마음을 가지려하는데 그렇게 함으로서 인간의 위대함을 과시할 수 있지만 오히려 그런 이유로부터 동물과 식물의 노여움을 받게 되어 그 해를 되받는 경우도 많다는 사실이 의미심장한 것이다.

어쨌든 인간은 생존하는 모든 생명체 중에서 정신과 육체의 조화, 특히 정신적 환경 때문에 으뜸인 것이다. 그 소중함과 존귀함은 곧 인간으로서의 존엄성을 그대로 나타내는 것이다. 그런 인간은 그러한 정신의 세계로부터 오히려 벗어나지 못하고 얽매이면서 정작 자신의 수명에 결정적인 단서를 제공하게 된다. 그래서 인간은 곧 정신의 세계에 따라서 그 수명이 연장되거나 단축된다는 것이다. 정신세계를 그 정신세계가 어떻게 다스리느냐에 따라 수명이 결정된다는 의미이다.

7. 환경(環境)

인간을 지배하는 것은 인간이 생을 유지하고 있는 그 공간과 시간의 범위에 속한 모든 환경 들이다. 즉 환경이란 인간의 생명과 직간접으로 관련을 모든 공간과 시간을 말하며 그 사이에서 나타나는 일련의 모든 현상을 말하는 것이다. 거시적으로 표현하면 자연적 환경(기후, 기온, 강우, 강수, 강설, 적설, 바람, 안개, 공기, 산소 등), 사회적 환경(교육, 직업, 교통, 관계, 의료, 공공 등), 문화적 환경(풍습, 예술, 도덕, 전통, 식생활 등), 정치적 환경(법률, 규제, 협상, 조정, 자율, 통제 등), 경제적 환경(시장, 소득, 소비, 상품, 유통, 자본, 자산, 저축, 투자 등) 등이 있고 미시적으로 설명하면 사람과 사람과의 관계, 사람과 또 다른 생명체와의 관계, 사람과 모든 무생물과의 관계 등에서 나타나는 모든 현상을 말하는 것이다. 이에는 다시 정신적인 환경(심리, 철학, 선악 등)과 육체적인 환경(건강, 체력, 체구 등)으로 나눌 수 있다.

이러한 환경은 반드시 인간의 생명에 지대한 영향을 미치는 요소들이다. 인간의 수명을 연장시키거나 단축시키기도 한다. 어쩌면 이러한 환경이 인간의 수명을 결정하는 결정권자인지도 모른다. 좋은 환경에서 때어나서 좋은 환경에서 살다가 죽는 사람도 있고 그 반대인 경우도 있다. 살다가 환경이 바뀌어 갈등하는 경우도 무척 많다. 딱히 환경이 좋고 나쁘다고 할 수는 없지만 주어진 환경을 받아들이는 인간은 환경의 좋고 나쁨을 구별할 줄 안다. 이것은 순전히 인간의 이기심에서 시작된다. 인간의 이기심은 환경을 지배하려 하는데 그 과정에서 환경의 좋고 나쁨을 구분하려 한다. 그러나 오히려 환경이 인간을 지배하는 것이기 때문에 그 과정에서 환경과 인간의 마찰이 생기고 그 마찰은 결국 환경이 파괴되거나 인간의 수명이 단축되는 결과를 가져오게 된다고 할 것이다.

어쨌든 인간은 환경을 만들기도 하고 환경에 의해 파멸되기도 한다. 환경은 인간의 생명을 보호하기도 하고 인간의 생명에 극단적으로 영향을 미치기도 한다. 결국은 어떠한 환경에서 때어나서 어떠한 환경에서 살다가 그 생명을 마감하느냐에 따라 사람의 운명, 즉 생명의 진퇴가 결정된다고 할 수 있다. 환경은 그만큼 인간의 수명에 결정적인 요소인 것이다.

생명체의 특징은 이러한 환경에 적응하는 것이다. 주어진 환경에 어떻게 적응하느냐에 따라 많은 차이가 발생한다. 즉 환경적응력의 여부가 수명과 관련이 있다. 모든 생명체는 환경적응력이 일단 좋다. 그것은 오랜 역사를 거치면서 터득 되어온 결과이기도 하지만 선천적으로 그렇게 타고 난 것이기도 하다. 그 중에서도 인간의 환경적응력은 다양하다. 다른 동물과 식물에 비해 다양하다고 표현하는 것은 정신적인 지배력 때문이다. 육체적으로는 현상 그대로를 받아들이면 되고 그것으로 만족하며 그 이상도 이하도 되지 않는 반면 정신적으로는 그것을 응용하거나 이용하려는 생각이 더욱 앞선다. 따라서 정신적인 환경적응력은 오히려 환경 응용력이라 표현함이 맞을 것 같다. 즉 인간의 환경적응력은 응용력에 있어서 다른 생명체에 비해 월등히 높다는 것이다.

이런 응용력은 환경을 주어진 환경에 적응하는 것은 물론 오히려 그러한 환경에서 벗어나거나 그러한 환경을 이용하거나 그러한 환경을 변형하려 한다. 그것이 생명에 긍정적으로 작용할 수도 있지만 부정적으로 작용할 수도 있다. 어쩌면 부정적인 면이 더욱 커짐으로서 환경으로부터 재해를 받을 수 있다. 결국 환경의 적응력과 응용력은 인간이 스스로 환경에 구속되어 있으며 그 구속으로부터 벗어나고자 하는 갈망을 표출하는 과정이라 할 것이다. 그렇기 때문에 인간의 수명은 그러한 과정에서 연장되거나 단축될 수 있는데 그 과정이 상식을 추월할 경우에는 오히려 환경적인 재해가 상식이상의 힘을 작용함으로서 인간의 수명에 직접 영향을 미치게 된다는 것이 현실적인 판단인 것이다.

인간은 태초부터 착하게 탄생하였을 까, 악하게 탄생하였을 까라는 궁금증에 대해 성악설(性惡說)과 성선설(性善說)이 대립되어 왔다. 성선설은 인간이 태초에 착하게 태어났으나 살다보니 악하게 되었다는 의미이다. 그리고 성악설은 인간은 악하게 태어났으며 살아가다가 선하게 되었다는 의미이다. 물론 착하게 태어났든, 악하게 태어났든 태어나서부터 죽을 때까지 줄곧 착하게 살았던 사람도 있고 반대로 악하게 태어나서 악하게 살다가 죽은 사람도 있을 것이다. 문제의 핵심은 성악설이나 성선설 모두 환경의 영향력에 의해 변한다는 점이다. 즉 인간이 태어날 때 어떤 철학적 배경으로 태어났지만 그 생은 주변의 환경에 의해 크게 좌우된다는 점이다. 그래서 성선설이니 성악설보다는 성변설(性變設, 환경에 의해 크게 변한다는 의미)이 더욱 중요한 요인이라 할 것이다.

8. 유전자(遺傳子)

유전자(gene)는 부모에서 자식으로 물려지는 특징, 즉 형질을 만들어 내는 인자로서 유전 정보의 단위이다. 그 실체는 생물 세포의 염색체를 구성하는 DNA[9]가 배열된

---

9) DNA(deoxyribonucleic acid) : 자연에 존재하는 2종류의 핵산 중에서 디옥시리보오스를 가지고 있는 핵산으로, 유전자의 본체를 이룬다.

방식이다.

유전자는 부모가 자식에게 특성을 물려주는 현상인 유전을 일으키는 단위이다. 이는 소프트웨어적인 개념으로, 예를 들어 컴퓨터의 하드디스크에 들어 있는 프로그램과 같은 것이다. 여기에 비해 컴퓨터의 하드디스크처럼 유전자를 구성하는 물질 자체는 DNA가 된다. 유전자는 DNA를 복제함으로써 다음 세대로 이어진다. DNA는 '이중나선'[10] 형태를 띠고 있기 때문에 이 이중나선이 풀린 후 각각의 사슬이 연쇄적으로 다시 이중나선으로 합성됨으로써 DNA가 복제된다.

본질적으로 정보일 뿐인 유전자가 그 기능을 발휘하기 위해서는 발현이 되어야 한다. 발현은 DNA가 RNA[11]에 복사되는 전사(transcription)와 RNA가 단백질로 바뀌는 번역(translation) 과정을 말한다. 이렇게 해서 만들어진 단백질이 생체 내에서의 온갖 작용을 일으킴으로써 유전자의 효과가 나타나게 된다. 이러한 과정은 DNA의 구조를 밝혀낸 생물학자인 크릭(F. Crick)이 중심원리라고 이름을 붙였다. 대부분의 경우에 유전자를 이루는 물질은 DNA지만 일부 바이러스의 경우에는 RNA의 형태로 유전자가 보존되어 있기도 하다.

유전자가 하나하나의 형질을 만드는 단위임에 비해서 어떤 생물이 가지는 유전자 전체를 합한 것을 게놈(genome)이라고 한다. 이 단어는 유전자를 의미하는 단어 gene에다가 '모든 것'이라는 의미를 가진 -ome 어미가 조합된 단어이다. 게놈은 1920년에 윙클러(H. Winkler)가 처음 정의한 단어로서 원래는 정자와 난자 같은 배우자가 가지는 상동염색체의 한쪽을 가리키는 단어로 만들어졌다. 게놈이 현재와 같은 '한 생물의 전체 유전자 집합'으로 다시 정의된 것은 1930년에 기하라 히토시(木原均)에 의해서이다. 이러한 정확한 정의는 잘 알려져 있지 않기 때문에 일반적으로 이야기할 때는 유전자와 게놈을 동일하게 놓는 경우도 많다.

이렇게 유전자는 인간을 만드는 중요한 요소이다. 똑같은 사람도 그 형태나 모양, 습성이 다른 것은 유전자의 차이이다. 성격이 다르고 판단능력이 다르고 행동습성이 다른 것이다. 따라서 유전자에 의한 인간의 운명은 중요한 결정체인 것이다.

만약 쌍둥이로 태어났다면 아마도 그 삶이 거의 동일해야 한다는 의견이 지배적일 수 있다. 하지만 자라고, 살고, 생활하는 장소와 환경에 따라 그 삶의 공간과 시간과 형식이 다르게 전개 될 것이기 때문에 반드시 똑 같은 삶이 된다고 보장할 수가 없다.

만약 환경마저 같은데도 삶이 다르다면 그것은 근본적으로 유전자가 다르기 때문이다. 부모의 유전자인데 다르다는 것은 부모 중 어느 한 쪽으로 치우쳤다는 의미가 된다. 예를 들면 부의 유전자와 모의 유전자가 합해져서 자녀가 탄생하는데 그 자녀가 쌍둥이인데도 다른 생각, 다른 사고가 있다면 그 부모의 유전자 중에서 한명은 우성

---

[10] 이중 나선(二重螺線)은 두 개의 서로 대칭인 나선이 같은 축 방향으로 놓여있는 모양이다.
[11] RNA(ribo nucleic acid) : 리보 핵산. RNA는 핵산의 일종으로, 유전자 본체인 디옥시리보 핵산(DNA)이 가지고 있는 유전정보에 따라 필요한 단백질(protein)을 합성할 때 직접적으로 작용하는 고분자 화합물이다. 리보오스, 염기, 인산 등 세 가지 성분으로 되어 있으며, DNA의 염기인 티민(T) 대신 우라실(U)을 가진다. RNA는 DNA로부터 만들어진다.

중심으로, 한명은 열성 중심으로 유전자가 전이 되었거나 한명은 부의 유전자를 더 많이 받았거나 한명은 모의 유전자를 더 받아서 그의 성격이나 삶의 모양이 달라질 수 있다는 의미이다. 그래서 인생에서는 그 뿌리인 유전자가 중요한 것이다.

제5절 명운 섭리

1. 명운(命運)

명(命, mandate, ming)이란 목숨, 생명(生命)이라는 의미를 갖고 있다. 넓게는 하늘의 뜻, 즉 천명(天命)을 의미한다. 하늘에서 주어진 생명이라는 의미이다. 천성적으로 인간에게 주어진 생명을 천명이라 한다. 이것이 곧 인간의 최대 수명인 것이다. 즉 명은 최대수명을 말한다. 이는 불변이다. 고정되어 있다. 이미 하늘이 정하여 주어서 인간의 힘으로는 어쩔 수 없는 천명인 것이다. 때문에 모든 인간은 하늘에서 주어진 명에 의해 최대 수명을 누릴 수 있게 되어 있다. 그 수명이 120살 정도 된다고 하여 논어에서는 120살을 천수(天壽)라 하였다.

그러나 사람에 따라서 그 명이 다르다. 모든 사람들에게 똑같은 수명이 주어진 것은 아니다. 좋은 유전자가 주어진 사람이 있는 가하면 그렇지 않는 사람이 있다. 그것도 명(命)이다. 그래서 명(命)을 하늘의 명령(천명, 天命)이라 한다. 명에 의해 어떤 사람은 짧은 수명을 가지고 때어나고 어떤 사람은 긴 수명을 가지고 태어난 것이다.

이렇게 사람에 따라 수명이 다른 것이다. 그런 이유는 첫째, 정신적인 세계의 차이이다. 같은 사람이라도 정신세계에 따라 달라진다는 의미이다. 둘째는 육체적 세계의 차이이다. 육체적인 건강과 관련이 있다는 의미이다. 셋째는 환경의 차이이다. 태어나서 살아가는 환경의 차이에서 달라진다는 것이다. 넷째는 타고난 DNA, 즉 조상, 부모의 유전자 때문이다. 그리고 또 하나는 운(運)에 의해서 달라진다고 한다.

운(運)이란 운행(運行)이다. 운용하다(運用), 회전하다(回轉·廻轉--), 운전하다(運轉--), 운수(運數), 천체(天體)의 궤도(軌道), 오행(五行)의 유전(流轉) 등의 의미를 가지고 있다. 한자의 의미를 풀어보면 뜻을 나타내는 책받침(辶(=辵)☞쉬엄쉬엄 가다) 부(部)와 음(音)을 나타내는 군(軍,군→운☞戰車전차를 병사가 둘러싼 모양→둘러싸는 일)으로 이루어졌다. '빙빙 돌다→움직이게 하다→운반하는 일'의 뜻으로 쓰인다.

정리 요약하면 운이란 하늘의 일정한 궤도에 따라 움직이는 현상을 말한다. 예를 들어 기운(氣運)이라 함은 기의 움직임, 즉 기의 흐름을 말한다. 따라서 운이란 천체의 궤도를 움직이는 현상이라 할 것이다.

따라서 명운(命運)은 명이란 주어진 하늘의 뜻, 즉 인간의 생명(命)과 그 생명에 영향을 미치는 여타의 기(氣)의 흐름(運)을 말한다. 다시 말하면 주어진 생명의 단축 또는 연장에 결정적으로 영향을 미치는 천체의 움직임을 말하며 그러한 움직임에서 특정한 기(氣)가 발산되어 명(命)에 영향을 미치게 된다는 것이다. 명(命)이 고정이고 불변이라면 운(運)은 변동이고 이동이다. 따라서 명(命)은 운(運)에 의해 변환된다고 할 수 있다. 다시 말하면 명(命)은 운(運)에 의해 그 모양과 형태가 바뀌고 그 기간의 장단이 결정되어지게 된다. 따라서 수명은 운에 의해 단축되거나 연장되어진다는 의미이다.

결과적으로 명(命)보다는 운(運)이 더 변동성 있는 역할을 한다고 봐야한다. 왜냐하면

명을 움직이는 것이 운이기 때문이다. 사람들이 흔히 말하기를 운이 나빴다느니 또는 운이 좋았다느니 하고 말하는 것을 볼 수 있지만 명이 나쁘다거나 명이 좋다는 말은 잘 하지 않는다. 이는 명보다는 운이 더 역동성을 나타내고 있음을 의미이다. 즉, 운이 명에게 미치는 영향이 그렇다는 의미이기 때문에 운을 강조한 것이다. 명이 나빠도 운이 좋으면 인간의 삶이 그만큼 좋아지는 것이며 명이 좋아도 운이 나쁘면 그만큼 인간의 삶은 고달프게 되는 것이다.

아무리 나쁜 명도 운에 의해 좋아질 수 있으며 아무리 좋은 명도 운에 의해 나빠질 수 있는 것이니 이것이 곧 운의 역동성을 나타내는 것이다. 물론 좋은 명이 좋은 운을 만나면 더욱 좋은 것이고 나쁜 명이 나쁜 운을 만나면 더욱 나쁜 것이므로 근본적으로는 좋은 명을 타고나는 것이 중요하지만 그 명을 바꿀 수 있는 것이 운이므로 운은 대단히 중요한 역할을 하는 것이다.

명과 운을 합하여 명운(命運)이라 하거나 운명(運命)이라 한다. 명과 운은 이렇게 구분하여 설명할 수 있지만 분리할 수는 없다. 구분할 수는 있어도 분리될 수는 없다. 만약 분리되어 이해된다면 이미 그것은 하나의 객체에 지나지 않을 뿐 인간의 운명과는 아무런 연관을 맺을 수 없는 것이다. 그래서 운과 명을 분리하지 않고 운명 또는 명운이라 부르며 명이라 해도 명운을 말하는 것이요 운이라 해도 운명을 말하는 것이다. 명이 있어야 운이 그 역할을 하는 것이고 운이 있어야 명이 살아서 역동적으로 활동하게 되는 것이다.

모든 생명체는 이러한 명과 운의 의해서 그 생명의 존재와 변환이 이루어진다. 생명의 연장과 단축도 명과 운에 이루어진다. 그 어떤 생명체도 이를 벗어날 수 없고 자유로울 수 없다. 인간도 마찬가지이다. 특히 명운의 지배하에 놓여 있는 것이 인간이다. 그럼에도 그것에 무지(無知)하거나 그런 인식이 부족하거나 그렇지 않으면 그것을 부정하려한다는 점에서 인간과 천체의 궤도 하에 갈등이 만들어지는 것이다.

2. 체(體)와 용(用)

우주의 주체, 즉 천지(天地)와 일월(日月), 각종 해성 들은 각각의 기운을 발산시키기도 하지만 상대방의 기운을 받아들이기도 한다. 서로 부딪히기도 하고 서로 흡수하기도 한다. 이렇게 서로 교차하면서 우주의 시간과 공간을 만들고 시간과 공간에 많은 변화를 가져온다. 거친 비바람을 만들기도 하고 화창하고 깨끗한 날씨를 만들기도 한다. 때로는 강하게 나타나기도 하고 때로는 아주 여리게 나타나기도 한다.

우주에 존재하는 모든 사물은 우주 주체의 어떤 기운을 받느냐에 따라 그 삶이 다르게 나타나고 또 다르게 전개된다. 강한 기운을 받으면 강하게 살아갈 것이고 약한 기운을 받으면 약하게 살아갈 것이다. 나쁜 기운을 받으면 힘든 일생을 살아 갈 것이고 좋은 기운을 받으면 일생을 편안하게 살아 갈 것이다. 건강한 기운을 받으면 건강하게 살아갈 것이고 그렇지 않는 기운을 받으면 빈약하게 살아갈 것이다. 어떤 기운을 받고 때어났으며 어떤 기운을 받으며 살아가는 지에 따라서 각각 다르게 살아간다.

　탄생할 때 받은 기운은 기본적으로 그 사물의 본질을 이루게 된다. 그 사물의 본질을 정체성(Identity)이라 한다. 이 정체성을 체(體)라 한다. 그리고 그 사물이 일생을 보내는 과정에서도 계속적으로 우주 본체의 기운을 받게 된다. 이렇게 삶의 과정에서 받는 기운을 용(用)이라 한다. 체가 고정성이라면 용은 변동성을 갖는다. 그래서 용은 체를 변화시키는 원동력이 된다. 그래서 모든 사물(체)는 일생을 보내는 과정에서 받는 기운(용)에 의해 삶의 굴곡이 나타나게 된다. 용에 의해서 체가 변하지만 그렇다고 체가 완전히 화학적으로 변하는 것이 아니다. 단지 용에 의해 변할 뿐, 체는 그대로 있는 것이다.

　때어날 때 받은 기운(체)이 좋은 기운이었는데 살아가면서 받은 기운(용)은 나쁜 기운인 경우도 있고 태어날 때는 나쁜 기운을 받았는데 살아가면서 좋은 기운을 받을 수도 있다. 처음부터 끝까지 좋은 기운을 받는 경우고 있고 처음부터 끝까지 나쁜 기운을 받는 경우도 있다. 그래서 태어날 때 받는 기운(체)보다는 살아가면서 받는 기운(용)이 더 중요하다고 한다. 특히 말년으로 갈수록 좋은 기운을 받는 것이 더 좋다고 한다.

3. 명운의 결정체

　인간의 명운은 결정되어 진 것인가 아니면 살면서 결정되는 것인 가. 이런 문제를 수없이 고민하고 연구하여 온 것이 철학이요 인문학이다. 그래서 철학과 인문학의 역사는 인간이 탄생하면서부터 전멸할 때 까지 존재하게 될 것이다.

　동양철학적인 관점에서 보면 인간의 명운은 정해진 것이다. 태어나면서부터 정해진 운명에 있는 것이다. 그래서 흔히 '팔자타령'이 나오게 된다. 팔자타령이란 흔히 "아이구 내 팔자야" 또는 "팔자가 그런데 뭘," 또는 다 팔자 때문이다"라는 등의 푸념 아닌 푸념으로 내뱉는 것을 말한다. 즉 아무리 애를 써도 정해진 팔자를 어찌할 수 없다는 것이다. 인간의 명운이 정해진 것이라면 그 결정체는 무엇일 까.

　동양철학적 사고에서 보면 인간의 명운은 천체우주의 해성들이 스스로의 자전과 공전운동을 통해서 우주공간이 뿜어내는 기운, 즉 천체의 에너지와 지구가 지구운동, 즉 지구의 자전, 공전 그리고 인력과 척력에 의해서 생성하는 기운 즉, 우주의 에너지에 의해 결정되어진다고 전해진다.

　천체의 에너지는 시간적인 의미하고 지구의 에너지는 공간적인 것을 의미하여 인간의 명운은 시간과 공간에서 형성된 우주의 모든 에너지에 의해서 결정된다는 것이다. 다시 말하면 천체의 에너지는 시대적 명운, 즉 어느 시대의 인간이냐를 의미하는 것이고 지구의 에너지는 어느 공간이냐 즉, 동양이냐 서양이냐 등을 결정한다는 것이다. 때문에 같은 지역 사람이라도 중세시대의 사람과 근대시대의 사람의 명운은 다르게 나타나고 같은 시대 사람이라도 동양 사람과 서양 사람은 다르게 결정된다는 것이다. 지구의 반대편에 있는 공간은 그 계절이 정 반대인 것과 같은 원리이다. 즉 한 쪽이 겨울이면 한 쪽은 여름인데 겨울에 태어난 사람과 여름에 태어난 사람은 그 명운이 다르게 나타난다는 것이다.

또 다른 결정체는 환경의 차이를 들 수 있다. 시간과 공간의 차이에는 환경적인 차이도 함께 발생한다. 주변 환경이 밀림일 수도 있고 도시일수도 있다. 당시의 환경이 인간의 명운을 악하게 결정하는 환경일 수도 있고 선하게 결정하는 환경일 수도 있다. 장수하는 환경일 수도 있고 단명하는 환경일 수도 있다. 그러한 환경에 의해서 인간의 명운이 결정된다는 것이다. 그런데 중요한 것은 환경은 다분히 변한다는 점이다. 변하기 때문에 명운도 변한다고 할 수 있을 것이다. 그래서 탄생시점에서의 명운은 정해진 것이고 살아 가면서의 명운은 달라진다는 것이다. 하지만 달라지는 것 또한 정해진 명운의 하나라는 것이다. 이것이 명과 운의 정체성인 것이다.

그렇다면 똑같은 장소, 똑같은 시간, 똑같은 환경에서 태어나고 살아가는 쌍둥이 또는 삼둥이 등은 일생이 똑같아야하는 결론이 나온다. 하지만 실제로의 삶은 비슷한 경우도 있지만 그렇지 않는 경우도 있다. 이에 대한 동양철학적인 응답은 옹색한 부분이 많다. 이 부분은 동양철학적 사고보다는 과학적 사고를 빌릴 필요가 있다. 왜냐하면 그 이유는 유전자의 결과에서 찾을 수 있기 때문이다.

같은 쌍둥이라도 부모의 유전자 중 어느 부분을 더 많이 받았느냐에 따라서 다르기 때문이다. 이 부분은 철학적 시각이 아니라 과학적 시각에서 설명되어야 하기 때문에 굳이 동양철학적 관점에서 설명하려면 그 설명이 옹색해 지는 것이다. 그래서 철학과 과학의 만남이 이루어질 때 명운의 설명이 명쾌해지는 것이다.

결론적으로 명운의 결정체는 천체의 에너지, 지구의 에너지, 환경, 유전자 등에 의해서 결정된다고 할 것이다. 이것을 인간의 명운을 결정하는 4대 요소, 인간 명운의 4대 결정체라고 할 것이다. 그리고 그러한 결정체에 의해 인간의 명운은 결정된다고 할 것이다. 그 명운의 원리, 그 결정체의 원리가 바로 명운섭리이다.

4. 점성술과 황도 12궁

점성술(astrology, 占星術)은 천체현상을 관찰하여 인간의 운명이나 장래를 점치는 방법을 말한다. 점성술의 방법과 체계는 바빌로니아와 고대 중국에서 시작되었으며 고대 로마에서는 점성술을 구사하는 사람들을 칼데아(Chaldea)인이라고 불렀다. 칼데아는 바빌로니아 남부를 가리키는 지명인데 이곳 사람(셈족의 일종)들에 의해 점성술이 알려지자 점성술을 하는 사람을 '칼데아인'이라고 부르게 되었다.

하지만 점성술은 칼데아인들 보다 더 오랜 역사를 가지고 있는데 메소포타미아 지역에서 점성술은 기원전 6000년 전부터 별을 관측하고 이를 인간사에 대비하여 해석하였다. 이후 이집트문명을 거쳐 그리스문명이 발달하면서 점성술은 더욱 체계화되기 시작했다. 별의 모양이나 밝기 또는 자리 등을 고려하여 나라의 안위와 개인의 길흉을 점치는 술법이며 오늘날까지 점성술의 명맥이 이어져오고 있다.

점성술이라고 하면 12성좌를 연상하는 사람들이 적지 않을 것이다. 그러나 점성술은 12성좌의 성립 이전부터 존재했다. 특히 서양점성술이 발달했던 것은 고대 바빌로니아였다. 천문학의 발달로 달력이 만들어지자, 예측도 그 정밀도를 더하고 별의 운행에서 보다 더 많은 사상을 읽어낼 수 있게 되었다. 다만, 인간은 욕심이 많은 동물이기 때문에 지식을 얻으면 얻을수록 더욱 많은 지식을 구하게 되었다.

그런 노력의 결과, 바빌로니아의 학자들은 규칙적인 움직임을 보이는 별들 중에 다섯 개만이 다른 별보다 현격히 밝은데다 깜박거리지도 않으면서 이상하게 움직인다는 사실을 알아냈다. 그들은 이런 별들의 특이한 움직임과 관련해 '행성'이라는 이름을 붙였다. 행성은 마치 의사를 갖고 있는 것처럼 불규칙적으로 움직인다. 그 때문에 사람들은 행성에서 신의 모습을 보게 되었던 것이다.

이렇게 해서 학자들은 다섯 개 신의 별에다 고대로부터 신으로 간주되었던 태양과 달을 더해 모두 일곱 개의 행성을 관찰하고 그 상대적인 위치에서 신이 보여주는 사물의 징조를 읽어내게 되었다. 서양점성술의 기초가 바로 이렇게 확립되었던 것이다.

대부분의 점성술 해설서를 보면 "점성술은 5천 년의 역사를 가지고 있다"고 씌어 있다. 이것은 20세기 초, 독일에서 일어났던 '범(汎)바빌로니아주의'라는 사상의 영향 때문인 것으로 보인다. '범바빌로니아주의'란 '바빌로니아에서 천체는 신이고 그 활동이 지상의 모든 것에 영향을 주고 있다는 사상이 이미 수천 년 전부터 존재했다'는 것이다. 사실 서양점성술의 시조라 여겨지는 갈데아인이 신바빌로니아 제국을 건설했던 것은 기원전 625년의 일이다. 기원전 수천 년은커녕 겨우 1천 년밖에 되지 않은 것이다. 바빌로니아에서 점성술이 체계화되었던 것은 기껏해야 기원전 7세기다. 그리고 기원전 1700년부터 1500년 사이에 만들어진 비석을 살펴보면, 일곱 개 행성의 위치와 전쟁, 기근, 왕위 교체 등과 관련된 예언이 발견되고 있다. 잘 정리된 사상체계는 없었지만, 이것이 점성술에 관해 확인할 수 있는 가장 오래된 문헌인 듯하다.

12궁이 최초로 정해졌던 것은 고대 바빌로니아였다. 유목민인 갈데아인들이 신바빌로니아 왕국을 건설했던 것이 계기가 되었다고 한다. 기원전 419년에 만들어진 설형문자판에 처음으로 12궁의 이름이 등장하는 것이 그 근거다.

지배계급이 된 갈데아인들은 뛰어난 천문학자들이었다. 천체관측을 하면서 현재의 안타레스(전갈자리), 레굴루스(사자자리), 알데바란(황소자리), 그리고 페가수스자리의 일각을 짊어진 2등성을 기준으로 삼았다고 한다. 이 네 개의 점을 연결한 원 위로 태양이 이동하고 있으며, 각 별의 방위에 태양이 3개월씩 머무른다는 사실을 파악했던 듯하다.

그러나 이것만으로는 정확한 태양의 위치를 파악하기는 힘들다. 정확성이 부족하다. 그래서 보다 정확한 위치를 나타내기 위해, 기준으로 삼던 페가수스자리의 별 대신 물병자리의 방향으로 위치를 수정했다. 그런 다음, 태양의 궤도가 그리는 원을 12등분해서 그 12부분마다에 민간에서 전승되어왔던 12성좌의 이름을 부여하기로 했던 것이다. 이것이 바로 황도12궁이다. 12궁이 탄생했다는 사실은 하늘에서 1개월마다 태양의 위치를 나타낼 수 있게 되었다는 것을 의미한다.

황도12궁의 성립은 무엇보다 점성술의 발달을 불러일으켰다. 태양과 달을 포함하는 일곱 개의 행성은 신이며 의사를 갖고 움직이는 존재들이었다. 그것들이 모두 같은 궤도 위에서 움직이고 있기 때문에 각 궁에 나름대로의 의미가 생성되어 행성과 행성의 관계뿐만 아니라 각각의 행성과 그 행성이 머물고 있는 궁과의 관계도 예언 속에서 연관 지어졌다. 그 결과, 구체적이고 다방면에 걸친 예언이 가능해지게 되었다.

황도12궁과 일곱 행성(태양, 달, 수성, 금성, 화성, 목성, 토성)과의 관계에서 성립된 고대 바빌로니아의 점성술은 유럽뿐만 아니라 널리 이집트나 인도까지 퍼져나갔다. 특히 결정적인 것은 그리스의 과학과 철학이 접목되었다는 점이다. 철학은 크게 이야기하면 사람이 살아가는 법이나 도덕 같은 것들을 사고하는 학문이라고 할 수 있다. 개인주의라고도 할 수 있는 사상을 접함으로써 점성술은 '국가적 점성술'에서 '개인적 점성술'로 변신을 꾀하게 된다. 바빌로니아 시대의 점성술은 국가를 위해 존재하는 것이었기 때문에 예언의 내용도 대부분 국가의 운명과 관련된 것이었다. 그러던 것이 시민 한 사람 한 사람의 개인적인 운세를 점치는 것으로 바뀌게 되었던 것이다.

이렇게 해서 점성술은 인간의 사는 방법이나 개인의 내면을 바라보는 방향으로 변화해가기 시작했다. 하지만 천문학은 점성술과 달리 점차 과학의 세례를 받으며 우주의 구조를 탐구하는 등 이제까지와는 전혀 다른 이상을 추구하며 해방의 길을 더듬게 된다.

세상의 모든 것은 보편적으로 천체의 영향을 받고 있다. 기원전에 살았던 사람들에게 이런 사실은 하나의 상식이었던 듯하다. 그 때문에 하늘을 관측하는 천문학도 점차 발전하게 되었고, 이와 함께 하늘과 사람의 관계를 생각하는 사상도 자연스럽게 발전하게 되었다. 이러한 것은 자연과학의 발달과 그리스 합리주의의 결과였다. 즉, 별들의 모습을 보다 잘 관측하면 세상의 법칙을 도출할 수도 있다고 생각했던 것이다.

점성술이 완전히 침묵하게 된 것은 5세기, 서로마 제국의 붕괴로 인해 크게 타격을 입었으며 이후 르네상스 직전까지 서양의 역사에서 모습을 감추게 된다.

그렇다면 현대에 전해지는 점성술은 어디에서 살아남아 발달했던 것일까? 당시 바빌로니아 점성술의 정통 후계자는 서양이 아니라 이슬람 세계였다. 헬레니즘 문화가 영향을 받았던 것은 서양만이 아니다. 이슬람 세계에서도 선진 문화를 충실하게 흡수하면서 자신들 문화로 새롭게 꽃피웠던 것이다. 이슬람 세계에서는 점성술과 천문학이 아직도 불가분의 관계에 있었기 때문이다. 달력의 작성을 비롯해 천문학은 실생활에 도움이 되는 학문이었다. 특히 이슬람 세계에서는 중국이 그랬던 것처럼 천재지변을 미리 알거나 날씨를 예상하는 등 실리적인 측면에서 도움이 되었다. 결국, 별의 운행에서 미래를 읽는 점성술 때문에 천문학이 발달했던 것이다. 그런 사정 때문에 국가적 점성술과 함께 개인적인 차원의 탄생점성술도 살아남을 수 있었다.

5. 역과 주역

역(易, Book of Changes)은 중국 은대의 거북점을 대신해 주대(周代)에 탄생한 점대에 의한 점을 말한다. 대사에는 거북점, 소사에는 점대라고 하듯이 거북점의 권위는 그 후에도 유지되었으나 수적 메커니즘을 갖춘 점대가 점차로 거북점을 압도해서 마침내 그 텍스트인 '역'(역경)이 정비되고, 이어서 그것이 경전의 자리를 차지하게 됨으로써 '점=역(易)'의 지위는 부동의 것이 되어 오늘날에 이르고 있다.

역(易)은 중국 고대의 경서인 '역경'(易經)의 두 측면, 요컨대 '점'(占)과 '자연철학'을 말한다. 역(易)은 원래 서죽(筮竹)에 의한 점인데, 서로 대립하는 것을 가리키는 두 개의 표시인, -, --를 원리로 하여 팔괘(八卦 : 天, 地, 山, 澤, 水, 火, 風, 雷의 8개의 천상지형의 상징)를 만들고 그것을 서로 조합시켜 만든 괘, 즉 천상지형의 64개 조합 가운데서 인사(人事)의 모든 것이 상징되어 있다고 보는 입장에서 인사의 길흉(吉凶)을 64괘를 이용해 점치는 것이었다. 처음에는 64괘에 의한 점사(占辭)만이 있었지만 후에 '십익'(十翼)으로 불리우는 해석서가 첨가되어 '역경'으로 성립하였다.

십익 속에서 특히 '계사전'(繫辭傳)은 -과 --을 음양의 기의 원리라고 해석하고 - -- 에서 8괘가 성립하는 과정을 '태극(太極)→양의(兩儀 : - --, 즉 음양)→사상(四象)→팔괘'(八卦)와 자연철학적으로 정식화하고, 동시에 역(易)을 '광대실비'(廣大悉備)이고, 천도(天道 : 陰陽), 지도(地道 : 剛柔), 인도(人道 : 仁義)를 모두 포함하는 책으로 선언하였다. 이리하여 '역경'은 점(占)의 측면과 자연철학적 측면의 2개를 갖게 되었다. 한대(漢代)에는 전자의 측면이 당시의 지배적인 천인상관사상(天人相關思想)의 기초로 존중되고 괘의 상(象)과 수(數)를 중시하는 '상수역'(象數易)이 성립하였다.

그러나 이것은 번쇄(煩瑣)한 해석과 기법을 동반하였으므로 삼국시대의 위(魏)의 왕필(王弼)은 상수(象數)를 모두 없애고 노장 철학을 배경으로 '십익'의 해설만으로 역의 경문을 해석하였다. 이 입장을 유가의 입장에서 더욱 철저히 한 것이 송대(宋代)의 정이천(정자 程子)의 '역전'(易傳)이고, 왕필, 정이천 등의 윤리학적인 역 해석을 '의리역'(義理易)이라고 한다.

그들의 역 해석은 자연철학적인 측면에 서 있었는데 역의 이러한 측면을 문자로 발전시킨 사람은 송대의 장횡거(張橫渠)이며 그러한 역해석에서 '기일원(氣一元)의 철학'이 성립되었다. 여기에서 역의 자연철학적 측면은 기의 철학으로서 성립하고 중국의 방이지(方以智) 등과 조선의 서경덕이나 실학자들, 일본의 삼포매원(三浦梅園) 등에 대단한 영향을 끼쳤으며 또 그들에 의해 그 내용이 발전되기도 하였다[12].

주역(周易)은 동양에서 가장 오래된 경전인 동시에 가장 난해한 글로 일컬어진다. 공자가 극히 진중하게 여겨 받들고 주희(朱熹)가 '역경(易經)'이라 이름하여 숭상한 이래로 '주역'은 오경의 으뜸으로 손꼽히게 되었다.

주역은 상경(上經)·하경(下經) 및 십익(十翼)으로 구성되어 있다. 십익은 단전(彖傳) 상

---

12) [네이버 지식백과] 역 [易] (철학사전, 2009., 중원문화)

하, 상전(象傳) 상하, 계사전(繫辭傳) 상하, 문언전(文言傳)· 설괘전(說卦傳)· 서괘전(序卦傳)· 잡괘전(雜卦傳) 등 10편을 말한다.

한대(漢代)의 학자 정현(鄭玄)은 "역에는 세 가지 뜻이 포함되어 있으니 이간(易簡)이 첫째요, 변역(變易)이 둘째요, 불역(不易)이 셋째다"라 하였고 송대의 주희도 "교역(交易)· 변역의 뜻이 있으므로 역이라 이른다"고 하였다.

이간이란 하늘과 땅이 서로 영향을 미쳐 만물을 생성케 하는 이법(理法)은 실로 단순하며 그래서 알기 쉽고 따르기 쉽다는 뜻이다. 변역이란 천지간의 현상, 인간 사회의 모든 사행(事行)은 끊임없이 변화한다는 뜻이고 불역이란 이런 중에도 결코 변하지 않는 줄기가 있으니 예컨대, 하늘은 높고 땅은 낮으며 해와 달이 갈마들어 밝히고 부모는 자애를 베풀고 자식은 그를 받들어 모시는 것과 같다는 것이다.

주희의 교역이란 천지와 상하 사방이 대대(對待)함을 이르는 것이고 변역은 음양과 주야의 유행(流行)을 뜻하는 것이라 하였다. '설문(說文)'에는 역이라는 글자를 도마뱀(蜥易, 蝘蜓, 守宮)이라 풀이하고 있다. 말하자면, 易자는 그 상형으로 日은 머리 부분이고 아래쪽 勿은 발과 꼬리를 나타내고 있다. 도마뱀은 하루에도 12번이나 몸의 빛깔을 변하기 때문에 역이라 한다고 하였다. 또, 역은 일월(日月)을 가리키는 것이고 음양을 말하는 것이라고도 하였다. 이상 여러 설을 종합해 보면 역이란 도마뱀의 상형으로 전변만화하는 자연·인사(人事)의 사상(事象)을 뜻하는 것이라고 할 수 있다.

'주례(周禮)' 춘관편(春官篇) 대복(大卜)의 직(職)을 논하는 글에 "삼역법(三易法)을 장악하나니 첫째는 연산(連山)이요, 둘째는 귀장(歸藏), 셋째는 주역인데 그 괘가 모두 여덟이고 그 나누임이 64이다"라고 하였다. 이에 대해 한대의 두자춘(杜子春)은 연산은 복희(伏羲), 귀장은 황제(黃帝)의 역이라 하였고 정현은 역을 하(夏)나라에서는 연산이라 하고 은(殷)나라에서는 귀장, 주(周)나라에서는 주역이라 한다고 하였다. 아무튼 연산·귀장은 일찍이 없어지고 지금 남아 있는 것은 주대(周代)의 역인 '주역'뿐이다.

역의 작자에 대해서는 '주역' 계사전에 몇 군데 암시가 있다. 그 중 뚜렷한 것은 "옛날 포희씨(包犧氏)가 천하를 다스릴 때에 위로 상(象)을 하늘에서 우러르고 아래로 법을 땅에서 살폈으며 새와 짐승의 모양, 초목의 상태를 관찰해 가까이는 몸에서 취하고 멀리는 사물에서 취해, 이로써 비로소 팔괘(八卦)를 만들어 신명(神明)의 덕에 통하고 만물의 정에 비기었다"고 하였다.

이로 미루어 복희씨가 팔괘를 만들고 신농씨(神農氏, 혹은 伏羲氏, 夏禹氏, 文王)가 64괘로 나누었으며 문왕이 괘에 사(辭)를 붙여 '주역'이 이루어진 뒤에 그 아들 주공(周公)이 효사(爻辭)를 지어 완성되었고 이에 공자가 '십익'을 붙였다고 한다. 이것이 대개의 통설이다.

역을 점서(占筮)와 연결시키고 역의 원시적 의의를 점서에 두는 것은 모든 학자의 공통된 견해이다. 어느 민족도 그러하지만 고대 중국에서는 대사(大事)에 부딪히면 그 해결을 복서(卜筮)로 신의(神意)를 묻는 방법을 썼다. 하여튼 처음 점서를 위해 만들어진 역이 시대를 거치면서 성인(聖人) 학자에 의해 고도의 철학적 사색과 심오한 사상적 의미가 부여되어 인간학의 대경대법(大經大法)으로 정착된 것이다[13].

6. 정역(正易)

　정역(正易)은 조선 말기의 종교사상가 김항(金恒)이 주창한 역학사상을 말한다. 김항의 학문적·도학적 스승은 이운규(李雲圭)로 알려져 있다. 이운규는 김항의 출생지인 담곡과 인접한 띠울(茅村)에 은거하고 있던 학자였다. 김항이 36세 때인 1861년(철종 12) 이운규는 경주에서 올라온 최제우(崔濟愚)와 전라도에서 온 김광화(金光華)를 불렀다. 최제우에게는 선도적(仙道的) 전통을 계승할 자라 하여 동학계에 적용되는 "지기금지원위대강 시천주조화정 영세불망만사지(至氣今至願爲大降 侍天主造化定 永世不忘萬事知)"라는 주문을 독송하게 하며 근신하라 부탁하였다.

　또한, 김광화에게는 불교적 전통을 계승할 자라 하여 "남문을 열고 바라치니 학명산천(鶴鳴山川) 밝아온다."라는 주문을 주면서 종교적 수련을 부탁하였다. 그리고 김항에게는 쇠하여 가는 공부자(孔夫子)의 도를 이어 천시를 크게 받들 자라고 하며 예서(禮書)만 볼 것이 아니라 '서전(書傳)'을 많이 읽으면 깨닫는 바가 있을 것이라 하였다.

　그 뒤에 반드시 책을 지을 것이니 그 때 "나의 이 글 한 수를 넣으라." 하였는데 그것이 바로 "관염(觀淡)은 막여수(莫如水)요 호덕(好德)은 의행인(宜行仁)을 영동천심월(影動天心月)하니 권군심차진(勸君尋此眞)하소."라는 글이라 한다. 여기서 특히 '영동천심월'이라고 표현한 일월변화사상의 학적 명제가 바로 후일 동학과 '정역'의 공통사상인 선후천개벽사상 형성의 기초가 되었다. 그 뒤 김항은 54세 되던 1879년에 '영동천심월'의 오묘한 의미를 파악하여 그것을 입도시(立道詩)에 표현해 놓고 있다.

　그 뒤 계속 정진하던 중 눈에 생소한 괘획(卦劃)이 나타나기 시작하므로 이러한 괘가 '주역'에 있는 가 살펴보았으나 찾을 수가 없었다. 그러다가 어느 날 문득 계시적인 체험을 통하여 나름대로의 팔괘도를 작성하였는데 그것이 바로 문왕팔괘도(文王八卦圖)와는 다른 정역팔괘도이다.

　이어서 그에게 공부자의 영상이 나타나 "내가 일찍이 하려고 하였으나 이루지 못한 것을 그대가 이루었으니 이런 장할 데가 있나."라고 하였다는 경험을 한 뒤 '대역서(大易序)'를 1881년 6월 20일에 저술하였다.

　그리고 1884년에 '정역'의 상편인 '십오일언(十五一言)'에서 '무위시(无位詩)'까지 저술하고 뒤이어 1885년에 '정역시(正易詩)'와 '포도시(布圖詩)'를 비롯하여 하편인 '십일일언(十一一言)'에서 '십일음(十一吟)'까지 저술함으로써 2년간에 걸쳐 '정역'을 완성하였다.

　역(易)이란 만물을 끊임없는 변화로서 파악하는 것이며 역학은 이 변화의 원리를 논하는 것이다. 역위설(易緯說)에 따르면 역이라는 명칭 속에는 간이지덕(簡易之德)·변역지리(變易之理)·불역지리(不易之理)의 삼의(三義)가 내포되어 있다고 본다.

　이렇게 세 가지로 정의하는 것은 '역경(易經)' 십익전(十翼傳)에 고전적 근거를 둔 것으로서 역위설 이래로 많은 학자들에 의하여 통설로 되어왔다. 그런데 간이지덕과 불

---

13) [네이버 지식백과] 주역 [周易] (한국민족문화대백과, 한국학중앙연구원)

역지리는 역리의 성격을 표현하는 데 불과하고 오직 변역지리만이 역리의 본질적 내용이다. 그러므로 계사(繫辭)에서 생생지위역(生生之謂易)이라 하였고 정이(程伊)가 "역은 변역인데 도(道)에 따라서 수시로 변하고 바뀐다."라 한 것은 역도(易道)의 본령적 의의가 변역지리에 있는 것으로서 거기에 이미 간이와 불역의 뜻이 내포되어 있음을 말하고 있는 것이다.

역은 예로부터 연산(連山)·귀장(歸藏)·주역(周易)의 3역이 있었는데 연산역과 귀장역은 없어지고 '주역'만이 지금까지 전해지고 있다.

연산역은 간(艮)을 머리로 하고 귀장역은 곤(坤)을, 주역은 건(乾)을 머리로 한다고 하였는데 간을 머리로 한 '정역'이 연산(김항의 출생지로 지금의 논산)에서 나왔다고 하여 삼역의 관계에서 설명하기도 한다. 즉, '주역'은 연산에서 귀장(歸藏 : 돌아가 갖춤)되었다가 김항에 의하여 완성되었다는 것이다.

그러나 일부역(一夫易)이 연산역처럼 간을 머리로 하고 한국의 연산에서 나온 것이 신기한 일이므로 그렇게 미루어보는 것일 뿐 사실은 알 수 없다. 우리가 보고 있는 복희괘와 문왕괘는 하도(河圖)와 낙서(洛書)에 나타난 것을 보고 성인(聖人)이 만든 것이라고 '주역' 계사에 나와 있다. 하도는 제1역으로 복희씨가 천하를 다스릴 때 하수(河水)에서 나온 용마(龍馬)의 문채를 받아 팔괘를 그은 것이며 역학발생의 시초이다.

낙서는 우(禹)가 치수할 때 신묘한 거북이 나타나 9를 이르는 수를 등에 드러내 보임에 따라 수를 이루었으니 이것이 제2역이다. 일부역은 연산의 김항에 의하여 세상에 나타난 것이며 제3역이다. 제1역과 제2역이 선천역(先天易), 즉 과거와 현재를 나타내는 역인 데 비하여 일부역은 미래역인 후천역이 된다.

복희역은 천지자연의 소박한 역이요 무문자시대의 역으로서 생역(生易)인 데 비해 문왕역은 인간변화의 복잡다단한 역이요, 문자시대의 역으로서 장역(長易)이며 일부역은 자연과 인문의 조화된 역이요 세계 인류의 신화(神化)의 역으로 성역(成易)이라고 주장하기도 한다.

다시 말하자면 하도의 복희역이 우주창조의 설계도이고 그 설계에 따라 순차적으로 풀려나온 것이 낙서라고 보는 것이다. 하도가 본래 1·6, 2·7, 3·8, 4·9, 5·10과 같이 선천적으로 완전무결한 수에 따라 설계되었지만, 그것은 어디까지나 설계요 계획이며 윤곽에 지나지 않는다. 그러므로 탄생과정의 하도에 의해서 성장과정의 낙서가 이루어지며 그 뒤 설계의 완전실현이 이루어지는 완성의 단계가 반드시 있어야 한다는 논리이다. 그와 같은 의미에서 '정역'은 최후의 역이며 인류가 가질 수 있는 최선의 역이라고 보는 것이다.

'정역'은 '십오일언'에서 '금화정역도'까지는 주로 일월성도(日月成道)에 의한 정력의 사용, 변화 후의 새 질서, 우주의 새 방위, 기후의 새 조화를 나타내는 '정역시'와 '포도시'로 끝을 맺고 있다.

이상과 같은 구조를 지니고 있는 '정역'의 사상은 세 가지로 나누어 볼 수 있다. 즉, 선천·후천 사상과 자연변화를 이루는 일월개벽사상, 그리고 인간변화와 문화세계를 이루는 신명개벽사상이 그것이다.

'정역'은 하도의 실현이요, 그 구체적 표현이라고 볼 수 있다. 하도는 음양의 완전 조화체이므로 '정역'도 역시 음양의 완전조화를 나타낸다. 완전한 음양의 조화세계란 남녀가 평등하고 인권이 존중되고 무량한 복지사회가 됨을 의미한다. 또한, 사상적으로도 진리의 근원이 밝혀져 사상적 갈등이 극복되고 교파초월과 상호이해·상호존중·상호협력으로 종교의 일치가 도모되는 세계이다.

뿐만 아니라 '정역'의 근본사상이 재래의 유학과는 달리 미래를 예견하려는 사고방식에 입각하여 선천·후천의 개념을 새로 규정하고 후천개벽사상을 역리적으로 체계화하였다. 이로써 천도의 일월개벽사상으로는 윤변위정의 원리를 주장하였고, 인도(人道)의 신명개벽사상으로는 도덕적 교화의 윤리를 내세워 공자도 감히 말하지 않았던 우주사적 원리를 천명하였다.

이와 같이, 한말의 상황 속에서 형성된 정역사상은 '주역'의 원리를 독자적으로 이해하여 독특한 세계관을 만들어냈고 한민족 중심적인 종교사상의 기반을 마련하였다는 점에 그 중요성이 있다고 여겨진다.[14]

7. 음양설(陰陽說)

한마디로 조화와 통일을 강조하는 세계관을 말한다. 음양설과 오행설은 원래 독립되어 있었으나 대략 기원전 4세기 초인 전국시대(戰國時代)에 결합되기 시작하여 여러 가지 현상들을 설명하는 틀로 사용되었다. 제(齊)나라의 추연(鄒衍)이 체계적으로 결합시켰다고 전해오나 입증할 만한 자료는 남아 있지 않다. 그러나 한대(漢代)가 되면서 두 관점이 하나의 정합적인 이론으로 통합된 것은 확실하다.

어원으로 보면 음(陰)·양(陽)이라는 두 문자는 각각 어둠과 밝음에 관련되어 있다. 음이라는 글자는 언덕(丘)과 구름(雲)의 상형(象形)을 포함하고 있으며 양이라는 글자는 모든 빛의 원천인 하늘을 상징하고 있다. 원래는 가장 오래된 천문기계인 구멍 뚫린 구슬 원반 소유자를 나타내거나 비스듬히 비치는 태양광선 또는 햇빛 속에서 나부끼는 깃발을 나타내고 있었다. 결국 음은 여성적인 것, 수동성·추위·어둠·습기·부드러움을 뜻하고 양은 남성적인 것, 능동성·더위·밝음·건조함·굳음을 뜻하게 되었다.

이와 같은 두 개의 상호보완적인 힘이 서로 작용하여 우주의 삼라만상을 발생시키고 변화, 소멸시키게 된다고 보는 것이다. 음양에 관한 최초의 기록은 기원전 4~3세기에 편집된 듯한 '국어(國語)'에 나타나 있다. 주(周)나라 태사(太史)인 백양보(伯陽父)의 지진에 대한 설명으로 양기(陽氣)가 숨어서 나오지 못하면 음기(陰氣)가 눌려서 증발할 수 없으므로 지진이 발생한다는 것이다.

'역경' 계사(繫辭)에 "일음일양 그것이 도이다(一陰一陽之謂道)"라고 하여 우주에는 두 가지의 힘 또는 작용이 있어 때로는 한쪽이 어느 때는 다른 쪽이 물결과 같이 계기적으로 우세하게 된다는 의미를 나타내고 있다. 이 밖에 '묵자(墨子)'·'장자(莊子)' 및 '도

---

14) [네이버 지식백과] 정역 [正易] (한국민족문화대백과, 한국학중앙연구원)

덕경(道德經)'에도 음양에 관한 언급이 보인다.

음양사상에는 상반(相反)과 응합(應合)의 논리가 함축되어 있는 것으로 보이는데 상반은 +와 -의 대립이고 응합이란 상반이 단순한 대립으로 그치는 것이 아니고 항상 상호의존의 관계를 유지하면서 발전해 가는 것을 의미한다.

이런 상반 응합의 사상은 음양사상에 이르러 비로소 형성된 것이 아니라 이전부터 강유(剛柔)의 이론으로 존재하고 있었다. 강유의 이론을 소급해 올라가면 '역경'의 십익(十翼)으로부터 도덕경을 거쳐 서경의 홍범(洪範)에 이르게 된다.

'홍범' 구주(九疇)의 여섯 번째에 삼덕이라는 항목이 있는데 삼덕의 사상이 강유의 이론으로 강과 유의 관계를 논하고 있다. 음양설은 주로 '주역'과 연관되어 있는데, 효(爻)와 괘(卦)에서 획선(劃線) '-'은 양을, 절선(絶線) '- -'은 음을 나타낸다. 팔괘(八卦) 중 건괘(乾卦)와 곤괘(坤卦)는 각각 '-'과 '--'로서 양과 음의 특별함을 상징하고, 나머지 6괘는 음양의 효가 조합되어 만들어진다. 이것은 음·양 교역(交易)의 과정을 도획으로 상징화한 것으로 천지 만물의 생성을 나타내고 있다.

계사에 "천지의 기운이 서로 감응 합일하여 만물이 생겨나고 번영하며 남녀의 정기가 결합되어 인간이 화생한다" 하는 구절이 있는데 천지와 인간이 서로 구별되지 않고 '대우주 - 소우주'의 상관관계로서 서로 밀접하게 묶여 있음을 알 수 있다.

8. 오행설(五行說)

오행설의 기원은 서기전 4세기 초라고 알려져 있는데 이는 오행설의 최초 언급이라고 하는 옥검(玉劍)의 손잡이 새김글에 "오행의 기가 가라앉으면 응축(凝縮)을 발생 시킨다……(行氣实則○)"라는 구절의 연대와 같은 시기이다.

오행설에 관한 또 다른 근거가 되는 출처는 '서경'의 홍범편에서 찾아볼 수 있다. 이 문헌은 은 왕조의 기자(箕子)가 무왕(武王)에게 전한 말을 기록한 것이라고 알려져 왔으나 지금은 여러 시대에 걸친 단편적인 글들로 이루어져 있음이 밝혀져 있다. 여기에 나타나 있는 관련 부분은 다음과 같다.

"오행에 관하여 그 첫째는 수(水)이고 둘째는 화(火), 셋째는 목(木), 넷째는 금(金), 다섯째는 토(土)이다. 수의 성질은 물체를 젖게 하고 아래로 스며들며 화는 위로 타올라가는 것이며 목은 휘어지기도 하고 곧게 나가기도 하며 금은 주형(鑄型)에 따르는 성질이 있고 토는 씨앗을 뿌려 추수를 할 수 있게 하는 성질이 있다.

젖게 하고 방울져 떨어지는 것은 짠맛(鹹味)을 내며 타거나 뜨거워지는 것은 쓴맛(苦味)을 낸다. 곡면(曲面)이나 곧은 막대기를 만들 수 있는 것은 신맛(酸味)을 내고 주형에 따르며 이윽고 단단해지는 것은 매운맛(辛味)을 내고 키우고 거두어들일 수 있는 것은 단맛(甘味)을 낸다."

이와 같이, 오행의 개념은 다섯 종류의 기본적 물질이라기보다는 다섯 가지의 기본 과정을 나타내려는 노력의 소산이며 영원히 순환운동을 하고 있는 다섯 개의 강력한 힘을 나타낸다.

음과 양은 교대로 계기(繼起 : 잇달아 일어나는 일)하는 두 가지 흐름으로 간주되었기 때문에 그 계기의 순서를 정하는 데 어려움이 없었으나 오행설이 발전하면서 복잡한 문제가 발생하였다. 즉, 진(秦)나라 이래 우주의 사물을 다섯 가지로 나누게 되어 사계(四季)의 순서나 공간적인 방위(方位), 신체의 기관, 색깔·냄새·맛 등에 모두 적용했다.

이에 오행을 여러 가지 경우로 배열할 수 있는 두 개의 중요한 방법이 나타났다. 하나는 자연계의 운동을 음양이 서로 소장(消長 : 쇠하여 사라짐과 성하여 자라나는 것)하는 다섯 가지 단계의 과정으로 생각한 것이다.

제1단계에서는 양이 성장하고 제2단계에서는 양이 성숙의 경지에 도달한다. 제3단계에서는 양이 소모되나 음이 아직 움직이지 않아 균형이 이루어진 상태이다. 제4단계에서는 음이 성장을 시작하며 제5단계에서는 음이 성숙하여 힘을 발휘하게 된다. 이와 같이 순환이 반복되나 양이 다시 성장하기 전의 균형상태를 이루는 부분은 생략되어 있다. 이 도식은 오행상생설(五行相生說)이라고 불리운다.

두 번 째의 입장은 각 물질의 개별적인 힘을 강조한 것으로 각 물질과 각 단계가 선행자를 정복한 결과 나타나는 것으로 파악하므로 오행상승설(五行相勝說)이라고 한다. 목은 금에 지고 금은 화에 지며 화는 수에, 수는 토에 지며 다시 토는 목에 지므로 순서는 목·금·화·수·토의 배열로 이루어진다. 이 입장은 물질세계를 이루는 각 요소 간에 끊임없는 갈등을 나타내고 있다. 이러한 포괄적 도식에 맞추어 자연물이건 인공물이건 모든 사물은 다섯 범주로 구분되었다.

따라서 동서남북은 각기 목·금·화·수에, 중앙은 토에 각각 배정되었고 춘하추동은 목·화·금·수에 배치되었다. 그러나 명확하게 다섯으로 구분되지 않는 경우에는 자의적인 구분과 선택이 이루어지기도 하였다.

오행설은 역사관에도 편입되어 추연은 종시오덕설(終始五德說)과 음양주운설(陰陽主運說)을 주창하기도 하였다. 오행의 덕의 실현이 왕도(王道)의 규범이며 오행의 속성을 군주가 지녀야 할 덕의 기본으로 삼아야 한다는 입장으로 예컨대 수덕(水德)의 왕은 윤하(潤下)를, 화덕(火德)의 왕은 염상(炎上)을 규범으로 삼아야 한다는 것이다.

또한, 왕조의 교체도 오덕의 계승과 합치된다고 하여 황제(黃帝)의 토덕(土德)을 하조(夏朝)의 목덕(木德)이 극복하고 하조의 목덕을 상조(商朝)의 금덕(金德)이 이기며 상조의 금덕을 주조(周朝)의 화덕이 이기므로 주왕조 다음 왕조는 반드시 수덕을 가지게 마련이라는 주장을 폈다.

이에 따라 진시황은 모든 면에서 수의 색인 흑색(黑色)을 숭상하여 황하의 이름도 흑수(黑水)라고 바꿀 정도였다. 이러한 음양주운설은 '관자(管子)'의 사시편(四時篇)과 유관편(幼官篇)에 전해지고, 이 두 편이 다시 '여씨춘추(呂氏春秋)'에 채용되어 '회남자(淮南子)'의 시측십이기(時則十二紀)에 이르러서 마침내 '예기' 월령(月令)의 성립을 이룬 것이다.

월령이란 군주가 일반 백성들에게 내린 월중행사표로서 매달마다 그 달에 알맞은 시령을 행하지 않으면 천시(天時)에 영향을 주어 괴변이 생긴다고 여겼다. 이러한 작업은 정치적·사회적 질서에 정당성을 부여해 주는 것으로 음양오행론의 이론과 유가적인 정치철학을 결부시킨 것이다.

이와 같은 맥락에서 유교도덕적인 오상(五常), 즉 인(仁)·의(義)·예(禮)·지(智)·신(信)이 오행과 관련된다. 구체적으로 인은 목과 동에, 의는 금과 서에, 예는 화와 남에, 지는 수와 북에, 신은 토와 중앙에 연결된다.

음양오행설이 우리나라에 전래된 것은 삼국시대부터이다. 이 시기에 음양오행설이 전래된 흔적은 고구려나 백제의 고분벽화에서 나타나는 사신도(四神圖), 즉 현무(玄武)·주작(朱雀)·청룡(靑龍)·백호(白虎)의 그림에서 찾아볼 수 있으며 신라 황룡사 9층탑의 심초석(心礎石) 아래의 적심석(積心石) 사이에서 청동거울에 사신(四神)이 양각되어 있는 것이 발견된 사실도 이를 뒷받침한다.

그 밖에 '삼국사기', '고구려본기'의 오성(五星)에 관한 기사나 고구려의 오부제(五部制) 등을 통해서도 전래된 사실을 확인할 수 있다. 참위설과 풍수지리설의 한국적 수용과 전개과정도 음양오행설과 밀접하게 연결되어 있다.

'삼국사기', '백제본기'에 "백제동월륜 신라여월신(百濟同月輪 新羅如月新)"이라는 참구가 들어 있는 것으로 보아 이때 이미 참위설을 믿었던 것으로 추측되며 이후 통일신라 말기에 이르면 참위설과 풍수지리설이 결합된 도참설(圖讖說)이 크게 유행하게 된다. 당시 승려였던 도선(道詵)은 지리쇠왕설(地理衰旺說)·산천순역설(山川順逆說) 및 비보설(裨補說)을 주창함으로써 도참사상을 크게 유행시켰다. 그 요지는 지리에는 곳에 따라 쇠왕이 있고 순역이 있으므로 왕처(旺處)와 순처(順處)를 택하여 거주해야 하며 쇠처(衰處)와 역처(逆處)는 인위적으로 비보해야 한다는 것이다.

고려시대에는 이러한 도참사상이 크게 유행하였으며 고려 태조 왕건(王建)의 '훈요십조(訓要十條)'와 묘청(妙淸)의 '양경지덕쇠왕설(兩京地德衰旺說)'에서도 확인되고 있다. 조선시대에도 조선의 건립을 정당화하고 천도문제를 정착시키는 데 크게 영향을 미쳤고, 선조 때 일어난 정여립(鄭汝立)의 난 때에는 "이씨는 망하고 정씨가 일어난다(木子亡, 奠邑興)."는 참설이 유포되기도 하였다.

후일 '정감록(鄭鑑錄)'이라는 비기서에는 이러한 사상이 집대성되어 있으며 절대 안전지대라는 십승지지사상(十勝之地思想), 역성혁명관에 입각한 말세사상 등도 모두 음양오행설에 뿌리를 두고 있다.

조선 말기에 이르기까지 끊임없이 민중들의 심성을 지배하면서 홍경래의 난 등 숱한 민란과 봉기의 사상적 원동력이 되어온 이러한 사상은 오늘날에도 적지 않은 영향을 미치고 있다. 풍수지리설이나 참위설뿐만 아니라 성리학의 세계관에도 음양오행설은 상당한 영향력을 행사하고 있다.

중국 송대에 성립된 유학사상으로 우주의 법칙과 인간의 법칙을 통일적으로 파악하고자 한 성리학은 음양오행설을 수용하여 우주만물의 법칙과 원리를 규명하고 있는데 고려 중기 이후 성리학이 유입되기 시작하면서 우리나라도 커다란 영향을 받게 되었다.

음양오행설의 영향은 성리학의 대표적 고전 중 하나인 주돈이(周敦頤)의 '태극도설(

太極圖說)'에 잘 나타나 있다. "태극이 움직여 양을 낳고 움직임이 극도에 이르면 고요하게 되는데 고요하여 음을 낳는다.……양이 변하고 음이 합치되어 수·화·목·금·토를 낳는다."라고 하여 '태극－음양－오행'의 구도를 정립하고 있다. 조선시대에 이르러 성리학이 지배 사상으로 되면서 생활 구석구석까지 막대한 영향을 미치며 보급되었다.

조선 중엽에 일어난 일련의 철학 논쟁들, 즉 이언적(李彦迪)과 손숙돈(孫叔暾)의 무극태극(無極太極) 논쟁, 이황(李滉)과 기대승(奇大升)의 사단칠정(四端七情) 논쟁, 이이(李珥)와 성혼(成渾)의 사단칠정 논쟁 및 서경덕(徐敬德)과 조식(曺植) 등의 철학적 주장 등을 통하여 음양오행설이 이미 세계관의 기본원리로 일관되게 관철되고 있음을 찾아볼 수 있다.

이와 같이 음양오행의 작용을 세계의 원리로 인식하는 성리학적 세계관은 이후 실학자들에 의하여 부분적으로 비판되기도 하지만 조선시대 말엽까지 유교적 세계관과 동일시되면서 우리 민족의 사상에 큰 영향을 끼쳐왔으며 오늘날에 이르기까지 그 흔적을 찾아볼 수 있다.[15]

9. 간지설

간지(the sexagenary cycle, 干支)는 천간(天干)과 지지(地支)를 일컫는 말이다. 육십갑자(六十甲子)라고도 한다. 천간은 10개 있어서 십간이라 한다. 십간은 갑(甲), 을(乙), 병(丙), 정(丁), 무(戊), 기(己), 경(庚), 신(辛), 임(壬), 계(癸)를 말하며, 십이지는 자(子), 축(丑), 인(寅), 묘(卯), 진(辰), 사(巳), 오(午), 미(未), 신(申), 유(酉), 술(戌), 해(亥)를 말한다.

십간과 십이지를 조합하여 하나의 간지가 만들어지는데, 십간의 첫 번째인 '갑'과 십이지의 첫 번째의 '자'를 조합하여 '갑자'가 만들어지며, 그 다음으로 십간의 두 번째인 '을'과 십이지의 두 번째인 '축'이 결합하여 '을축'이 만들어진다. 이러한 순서로 병인, 정묘, 무진, 기사, 경오, … , 계해의 순서로 만들어진다. 이렇게 되면 양(陽)의 십이지는 항상 양의 천간과 결합하게 되고 그 반대로 음(陰)의 십이지도 항상 음의 천간과 결합하게 된다. 그리고 연도뿐만 아니라 월(月)과 일(日)에도 간지가 부여되는데 연도의 간지를 세차(歲次)라고 하고 월의 간지를 월건(月建), 일의 간지를 일진(日辰)이라고 한다.

간지에 대한 최초의 기록은 '통감외기(通鑑外記)'에 보인다. 천황씨(天皇氏)의 12인이 각각 1만 8000년씩을 다스린 뒤 반고씨(盤古氏)가 그 뒤를 잇게 되었는데 천황씨 때부터 간지를 세우고 역수(曆數) 상에 배열하였다고 한다.

이 때의 간지는 고갑자(古甲子)이다. 또한 '통감외기'에는 반고씨 다음 대를 이은 황제(黃帝) 때에 황제가 대요(大撓)에게 오행(五行)의 원리와 천도의 운행을 살피게 하고 육갑(六甲)을 창제하였다고 한 기록이 있다.

그러나 은나라 갑골문자에 간지표가 있는 것으로 미루어 보아 이 때부터 실제로 사

---

15) [네이버 지식백과] 음양오행설 [陰陽五行說] (한국민족문화대백과, 한국학중앙연구원)

용되었다고 짐작된다. 한나라 이후로는 음양 오행가들의 참위학(讖緯學)에 의하여 일상생활의 달력 및 길흉화복을 판단하는 데까지 사용되어왔다. 우리나라에서는 신라의 삼국 통일기를 전후하여 간지가 사용되었으며, 그 뒤 오늘에 이르기까지 우리 사회에 널리 보급되어 일상생활에 사용되고 있다.

우선 간지는 갑자·을축·병인·정묘 등의 순서로 배열된다. 또한 연·월·일에 붙여서 사용되는데, 60회가 되면 다시 갑자로 되돌아오기 때문에, 이것은 일갑(一甲)·회갑(回甲) 또는 주갑(周甲)이라고 한다. 고갑자는 '이아(爾雅)'의 '석천(釋天)'과 '사기(史記)'의 '역서(曆書)'에 나타난 기록 간에 약간의 차이를 보인다.

고갑자는 주로 '이아'의 것을 많이 사용하고 있지만 '사기'의 것도 가끔 사용하며 혼용하기도 한다. 예를 들어 '이아'의 경우, 갑자는 알봉곤돈(閼逢困敦), 을축은 전몽적분약(旃蒙赤奮若), 병인은 유조섭제격(柔兆攝提格)의 식으로 순환하면서 표기한다.

'사기'의 경우, 갑자는 언봉곤돈(焉逢困敦), 을축은 단몽적분약(端蒙赤奮若) 등으로 천간과 지지를 합해서 표기한다. 이 고갑자 표기는 우리나라 조선시대 유생들의 문집에 많이 사용되고 있다. 또한 육갑의 이칭(異稱)은 많이 사용되는데 주로 음양가(陰陽家)에 의해 많이 사용된다.

이칭은 주로 천간의 빛깔과 지지의 짐승을 합하여 불린다. 갑자를 청서, 병인을 적호, 무진을 황룡 등으로 순환시키면 된다. 또한 시간을 가리키는 말에 정오(正午) 또는 오정(午正)·자정(子正)이 있는데 오정은 낮 12시를 뜻하며 자정은 0시 정각이다.

현행 시제(時制)는 24시간이므로 12지 시제에 결합시키려면 각 지시(支時)를 초시(初時)와 정시(正時)로 갈라야 한다. 예를 들면 오초는 낮 11시부터, 오정은 낮 12시부터 1시간이고, 자초는 밤 11시, 자정은 0시이다.

10. 12지지 동물의 구성

12지지가 형성된 것은 중국 하왕조 시대에서 출발했다고 알려지고 있다. 하왕조 시절 황하의 서쪽 지류부근에 거주했던 민족은 천문학이 매우 발달하여 그 당시 십이지로 연월일시를 기록하였다고 전해진다. 이후로 황하와 가까운 한국과 일본, 몽골, 인도, 베트남 등으로 전해졌고 멀리 멕시코까지 전파되었다고 한다.

은 왕조에 이르러서는 12지지가 대중화되었고 한대중기에 이르러 시간과 방위의 개념에 연결되었다고 한다. 그리고 당대(唐代)에 이르면서 비로소 십이지에 동물을 적용시켰다고 한다. 당대(唐代)에서는 '십이지생초(十二支生肖)'를 조각한 석재 및 토우가 묘지장식에 나타났다. 십이지생초는 십이지신의 모습을 문양으로 한 것으로, 12개의 지지(地支)를 총칭한다. 12지지는 수면인신상(獸面人神像)하고 있는데 이를 십이자(十二子)라고도 한다.

12지지가 쥐(子), 소(丑), 범(寅), 토끼(卯), 용(辰), 뱀(巳), 말(午), 양(未), 원숭이(申), 닭(酉), 개(戌), 돼지(亥)의 순서로 이루어진 이유에 대해서는 여러 가지 학설이 있다. 그중에서 가장 많이 알려진 내용으로 세 가지 있다.

하나는 석가모니와 12지지의 관계이다. 석가가 이 세상을 하직할 때에 모든 동물들을 다 불렀는데 모인 동물은 열 두 동물뿐이었다고 한다. 석가는 이 동물들이 도착한 순서에 따라 그들의 이름을 각 해(년)마다 붙여 주었다고 한다. 이 때 제일 먼저 도착한 동물이 '쥐'였고 그 다음이 소가 왔으며 뒤이어서 호랑이, 토끼, 용, 뱀, 말, 양, 원숭이, 닭, 개, 돼지가 각각 도착하였다. 이 순서에 의해서 오늘날의 12지지가 된 것이라 알려지고 있다.

또 하나는 대세지보살과 관련된 설이다. 대세지보살이란 아미타불의 오른편에 있는 지혜의 문을 관장하는 보살을 말한다. 하루는 석가가 대세지보살을 불러 천국으로 통하는 12개문의 수문장을 지상의 동물 중에서 선정하여 1년씩 돌아가면서 당직을 세우도록 했다. 이에 대세지보살은 12동물을 선정하고 그들의 서열을 정하기 위해서 모두 불러 모았다. 그 때 선정된 12동물은 고양이, 소, 범, 토끼, 용, 뱀, 말, 양, 원숭이, 닭, 돼지, 개 등이었다. 이 들 중 고양이는 모든 동물의 무술 스승이라 하여 제일 앞자리에 앉혔고 그 다음으로 소, 범, 토끼, 용, 뱀, 말, 양, 원숭이, 닭, 돼지, 개 등을 순서대로 앉혔다.

대세지보살은 12동물의 서열을 정한 후 석가여래에게 훈계를 청하려고 갔다. 석가를 기다리던 중 고양이가 갑자기 뒤가 마려워 자리를 비웠다. 그런데 하필 이 때 석가가 왕림하셨다. 석가가 소집된 동물들을 살펴보니 한 동물이 부족했다. 어찌된 영문인지를 물어보니 마침 고양이를 따라 구경 온 생쥐가 쪼르르 달려나와 석가에게 말했다. 자신은 고양이 친구인데 고양이는 수문장의 일이 힘들고 번거로워서 수문장이 싫다하여 고향으로 돌아갔다고 거짓말을 했다. 하는 수없이 석가는 쥐에게 고양이 대신 수문장을 맡으라고 했다. 결국 그렇게 해서 쥐를 포함한 12동물이 천국의 수문장이 되었다. 뒤늦게 이 사실을 안 고양이는 간교한 쥐에게 원한을 품고 영원토록 쥐를 잡으러 다니며, 이때부터 고양이와 쥐는 천적사이가 되었다고 한다.

세 번째는 달리기 경주와 관련된 설이다. 아득한 옛날에, 하나님이 뭇짐승들에게 '정월 초하루날 아침 세배하러 와라고 말하고 빨리 오면 일등상을 주고 12등까지는 입상하기로 한다."하고 말했다. 달리기 경주라면 자신이 없던 소는 남보다 일찍 출발해야겠다고 생각했고 남들이 다 잠든 그믐날 밤에 길을 떠났다. 그리고 동이 틀 무렵에 하느님 궁전 앞에 도착했다. 그런데 문이 열리는 순간, 소 등 위에서 쥐가 날새게 뛰어 내려 소보다 한발 앞서서 문안에 들어왔다. 눈치 빠른 쥐가 줄곧 소등을 타고 와서 소를 제치고 잽싸게 1등을 한 것이다. 천리를 쉬지 않고 달리는 호랑이는 3등이 되었고 달리기에 자신이 있는 토끼도 도중에 낮잠을 자는 바람에 4등이 되고 그 뒤를 이어 용, 뱀, 양, 원숭이, 닭, 개, 돼지 등의 차례로 도착하였던 것이다.

11. 한국문화와 12지지

 십이지는 통일신라 이래 오늘날까지 이어 온 우리 민족의 끈질긴 신앙과 사상의 산물이다. 중국의 영향을 받으며, 한편 불교조각과 교섭을 가지면서 강력한 호국(護國)의 방위신(方位神)으로 채택되었다. 우리나라의 왕과 귀족의 능묘(陵墓)에 조각장식된 '십이지지상(十二支像)'은 세계에서 독보적 존재로, 다른 어느 나라에서도 볼 수 없는 독자적인 양식과 형식을 전개하여 왔다. 우리나라에서 십이지는 통일신라 이래 조선왕조에 이르기까지 능묘(陵墓)에는 물론 불교건조물이나 회화, 공예품, 그 밖의 일상적인 생활도구에 이르기까지 확대되어 성행하여 십이지의 조형(造形)과 사상은 한국에서 가장 큰 강세를 보이고 있다.

 음양사상과 관계를 가진 12지신상(支神像)은 12간지 신상인데 분묘의 호석(護石)에다가 무덤의 주인공을 수호한다는 뜻에서 쥐[子]·소[丑]·범[寅] 등의 동물 모양을 조각하여 12방향으로 방위를 지키는 방위신(方位神)의 역할을 담당토록 하였다. 12지신상의 대표적 작품은 성덕대왕릉(圓彫形)·괘릉과 김유신묘(浮彫)의 것이 유명하다. 또한 12지신상은 탑의 기단부 등에도 조각되었는데 구례 화엄사 사자탑이 유명하다. 이와 같은 12지신 사상은 중국의 영향을 받은 것이지만 신라의 정치적·사회적 현실에 맞게 창안된 것으로 고려·조선 왕조의 왕릉에까지 계승되었다.

 통일신라시대의 능묘에 호석(護石)으로 12지신상을 조각하였으며, 절에서 큰 행사를 할 때 잡귀의 침범을 막는 벽사(闢邪)의 뜻으로 불화(佛畵)로써 12방위에 걸었다. 삼국시대 이전에는 호국의 의미가 강했으나, 8세기 통일신라시대 이후에는 단순한 방위신으로 변했고, 고려시대 이후에는 머리에 관을 쓴 사람의 모습을 본뜬 모양으로 형상화되었다.

 십이지도(十二支圖)는 쥐(子)·소(丑)·범(寅)·토끼(卯)·용(辰)·뱀(巳)·말(午)·양(未)·원숭이(申)·닭(酉)·개(戌)·돼지(亥)의 꼴을 사람에 비겨서 그린 그림. 십이지지신의 모습을 문양으로 한 것으로, 12개의 지지(地支)를 총칭한다. 쥐·소·범·토끼·용·뱀·말·양·원숭이·닭·개·돼지의 모습을 상징하는 수면인신상(獸面人神像)으로 십이자(十二子) 또는 십이지생초(十二支生肖)라고도 한다.

 모든 한국 사람은 자신이 태어난 해에 따라 '띠'를 가지고 있다. 이 띠는 열 두 동물로 이루어져 있는데 이것을 십이지라고 한다. 12라는 숫자는 일 년 열 두 달을 의미하는 부호로 사용되었다고 볼 수 있는데, 여기에 시간과 방위의 개념이 결합되고 나아가 열 두 동물과 결합하여 십이지가 완성되었다. 이렇듯 연월일시를 나타내는데 사용된 십이지는 사람의 생년월일과 연결되어 그 사람의 성격이나 운세를 점치는 등 우리의 생활 속에 깊이 뿌리내려있다.

 한국의 띠 문화는 중국의 생초문화에 기반을 두고 있지만 한국에 전래된 이후에 자연적, 역사적, 사회적 환경에 대처하고 적응하는 과정에서 한국인의 경험과 지혜가 어울러진 "민의 종합적 사고형태이며 생활철학의 관념체계"를 표출하고 있다.

 정초가 되면 누구나 올해는 무슨 띠의 해이며, 그 해의 수호 동물(守護 動物)이라 할 수 있는 십이지의 띠 동물이 지니고 있는 상징적 의미가 무엇인가를 찾아서 새해의 운수를 예점(豫占)하려고 했다. 또한 그 해에 태어난 아이의 운명과 성격을 띠 동물과 묶어서 해석하려는 풍속도 있어 왔다.

새로운 띠 동물을 대하면서 그 짐승의 외형, 성격, 습성 등에 나타난 상징적 의미를 통해 새해를 설계하고 나름대로 희망에 찬 꿈과 이상을 품는다. 이러한 것을 가지고 운명을 판단하는 것은 매우 근거가 없는 일이지만 다만 세상이 시끄럽고 개인의 미래 생활이 불안하여 해가 바뀔 때마다 어떤 새로운 기대를 걸어 보는 것이 인지상정(人之常情)인지 모른다.

물론 이들 12지의 띠 동물이 우리 일상생활에서 어떠한 영향을 미쳤는지는 분명하게 제시할 수는 없지만 우리 조상들은 각각의 띠 동물로부터 상징적 의미를 부여해서 나름대로 한 해의 운수를 예견하려 했고, 나아가서 생활 교훈과 행동 원리까지 얻었다는 사실은 여러 풍속과 문헌, 유물, 유적에서 찾아볼 수 있다.

12지는 한국 문화 속에서 다양한 형태로 등장한다. 천문, 역법에서는 방위와 시간의 개념으로, 풍수, 점복, 해명(解名), 택일, 사주, 궁합 등에서는 길흉을 예지하는 비결(秘訣)로 등장한다. 그리고 능묘의 호석, 사찰의 불화, 민화 등에서는 제액초복의 수호신 또는 길상을 상징하는 도상 형태로 등장하며 생활용구나 각종 장식물에서는 장식용 문양의 형태로도 나타나고 있다. 오늘날 전승되는 띠 문화의 핵심은 개인의 운명, 심성을 파악하는 잣대이며, 개인과 개인 상호간의 융화관계 또는 상충관계를 밝히는 체계이다.

제2장

정체성
(명리학과 사주팔자)

제1절 명리학의 이해

1. 명리학의 탄생과 변천

인간의 명운섭리를 이해하고자 오랜 기간 동안 연구가 거듭되어 왔다. 인간의 명운섭리, 즉 인간의 명운의 원리와 이치를 철학적 관점에서 관찰하고 해석하고 판단하는 것을 명리(命理)라고 하고 그러한 명리를 학문적으로 연구하는 것을 '명리학(命理學)'이라 하며 일상생활에서 실용적으로 적용하는 것을 '명리술(命理術)'이라 한다.

명리학은 사람의 부귀빈천(富貴貧賤), 생로병사(生老病死), 길흉화복(吉凶禍福)을 알아보는 학문으로서 사람이 태어난 연(年)·월(月)·일(日)·시(時), 즉 생년월일을 기준으로 관찰하고 해석하고 판단하는 것이다. 개인의 생년·월·일·시를 분석해서 길흉화복을 판단한다.

오랜 옛날에는 연도, 월, 일 이라는 개념이 존재하지 않아서 간지, 즉 천간과 지지를 사용하여 연월일시를 표현해 왔는데 연월일시 각각 천간, 지지가 배속되어 하나의 간지를 이룸으로서 총 4간지로 구성되며 여덟 글자로 나타난다. 이렇게 사람이 출생한 연월일시(年月日時)을 천간과 지지 즉, 간지 여덟 글자에 나타난 모양과 형태를 보고 그 사람의 부귀와 빈천, 부모, 형제, 질병, 직업, 결혼, 성공, 길흉 등의 제반 사항을 판단하는 것을 명리학이라 한다. 이처럼 간지 여덟 글자로 운명(運命)을 추리한다고 해서 팔자학(八字學), 추명학(推命學), 산명학(算命學)이라고도 한다.

명리학은 중국 오대(五代)~송(宋) 시대의 인물이었던 서자평(徐子平)에 의해 체계화, 발전되었다. 서자평은 자(字)는 자평(子平)이고 이름은 거이(居易)이다. '사척선생(沙滌先生)', '봉래수(蓬萊叟)'라고도 불렸다. 중국 명리학(命理學)을 집대성하여 체계화한 인물로 정확한 생몰 연대는 확인되지 않으며 오대(五代)~송(宋) 초기의 인물로 추정된다. 동해(東海, 지금의 江蘇省 東海縣) 사람으로 태화(太華)의 서쪽 당봉동(棠峰洞)에 은거하였으며, 음양오행(陰陽五行)에 능통하여 오늘날까지 명리학의 기초로 쓰이는 자평법(子平法)을 창안하였다.

서자평은 사주에 오행의 상생(相生)·상극(相剋) 이론을 결합하여 고대 명리학을 집대성하고 이를 더욱 체계적으로 발전시켰다. 그는 잉태한 달을 뜻하는 태원(胎元)을 포함하여 태(胎), 월(月), 일(日), 시(時)를 사주로 보았던 전통 명리학과는 달리, 태어난 연(年)·월(月)·일(日)·시(時)의 네 간지를 사주로 보았다. 그리고 사주의 간지를 나타내는 여덟 글자에 음양오행의 상생·상극을 분석하여 길흉화복을 점치는 현대 명리학의 체계를 세웠다. 오늘날 명리학은 대부분 자평법에 근거하고 있다. 따라서 사주 팔자 명리학을 '자평법(子平法)'이나 '자평팔자학(子平八字學)'이라고 부르기도 한다.

그는 '낙록자삼명소식부주(珞琭子三命消息賦註)', '옥조신응진경주(玉照神應眞經註)', '통명부(通明賦)' 등을 저술한 것으로 전해진다. '낙록자삼명소식부주'는 낙록자(珞琭子)라는 인물이 지었다는 글에 주석(註釋)을 단 것으로 청(淸) 나라 때에 편찬된 '사고전서(四庫

全書)'에 수록되어 전해진다. '옥조신응진경주'는 동진(東晉)의 곽박(郭璞)이 지은 글에 주석을 단 것이다.

한편, 남송(南宋) 시대의 인물로 서공승(徐公升), 서대승(徐大升)이라고도 불리는 서승(徐升)은 서거이의 자평법을 계승하였으며 일간(日干)을 중심으로 생극 관계를 분석하는 육신법(六神法)의 이론을 체계화하여 발전시켰다. 그는 '삼명연원(三命淵源)', '정진론(定眞論)', '연해(淵海)' 등을 저술하였는데 명(明) 나라 때에 당금지(唐錦池)가 '연해(淵海)'와 '연원(淵源)'을 합하여 '연해자평(淵海子平)'을 편찬하였다. '연해자평'은 오늘날에도 자평법 명리학의 진수를 담은 최고 고전으로 꼽힌다.

'연해자평'이 서승의 저술을 중심으로 편찬되고 첸탕(錢塘)에 거주했던 그를 후대 사람들이 서자평(徐子平)이라고 불렀다는 기록이 전해지면서 명리학을 집대성한 서자평이 서거이가 아니라 서승을 가리킨다는 학설도 있다. 하지만 '삼명통회(三命通會)'를 저술한 명(明)의 만육오(萬育吾)는 '자평설변(子平說辨)'이라는 글에서 서거이와 허자(虛子), 도홍(道洪), 서승으로 이어지는 명리학의 발달 과정을 서술하면서 서거이가 서자평임을 밝히고 있다.16)

(표 5) 명리학의 변천(동양사상, 동양문화의 역사)

시대구분	나라	내용
BC 2300	하	o. 연산역
BC 1600	은	o. 귀장역 / 갑골문자
BC 1046	주	o. 주역 / 삼명술, 오성술, 점성술
BC 770	춘추시대	o. 제자백가
BC 403	전국시대	o. 직하학파, 제나라 추연의 음양오행설, 귀곡자, 낙록자
BC 221	진	o. 분서갱유
BC 202	한	o. 동중서의 춘추번로 / 황제내경
AD 221	위진남북조	o. 제갈공명, 곽박, 갈홍
AD 581	수	o. 헌종때 소길(오행대의)
AD 618	당	o. 이허중의 이허중명서(사주학의 최초 기록서 = 당사주)
AD 907	5대 10국	
AD 960	북송	o. 서자평의 낙록자녹명소식부주(사주학의 원조)
AD 1127	남송	o. 서대승의 연해자평
AD 1271	원	o. 야율초재서, 금당허실서
AD 1368	명	o. 적천수(경도, 유기), 삼명통회(만육오), 명리정종(장남)

조선시대 경국대전에 나타나 있는 과거시험 분류를 보면 중인계급들이 응시하는 잡과(雜科)가 있다. 요즘 식으로 말하면 전문 기술직이다. 그 잡과 가운데 음양과가 있다. 천(天)·지(地)·인(人), 삼재(三才) 전문가를 선발하는 과거가 음양과이다. 세분하면 천문학, 지리학, 명과학(命課學)으로 나누어지고 초시와 복시 2차에 걸쳐 시험을 보았다. 3년마다 초시에서 천문학 10명, 지리학과 명과학은 각각 4명을 뽑고 복시에서 5명, 2명, 2명으로 뽑았다. 지리학은 풍수지리, 명과학은 사주팔자에 능통한 자였다.

명과학의 시험과목을 보면 원천강(袁天綱), 서자평(徐子平), 응천가(應天歌), 범위수(範圍

---
16) [네이버 지식백과] 서자평 [徐子平] (두산백과)

數), 극택통서(剋擇通書), 경국대전 등이다. 가장 대표적인 과목은 "서자평의 연해자평"으로 왕실과 소수 귀족 사이에서만 유통되는 비밀스런 학문이었다. 때문에 외국으로 쉽게 반출되지 않고 고려 말에 들어온 듯하다.

명과학 교수는 왕자들의 사주팔자를 모두 알고 있어 대권의 향방에 관한 일급 정보를 가지고 있는 셈이다. 따라서 어의(御醫)와 더불어서 역모에 관련되는 일이 많았던 매우 위험한 직책이기도 했다.

민가에서는 결혼할 때 신랑의 사성(四星-사주팔자)을 한지에 적어서 신부집에 보내는 풍습이 있었다.

2. 당사주

당사주(唐四柱)는 사람의 생년·생월·생일·생시와 천상에 있다고 하는 12성의 운행에 따라 인생의 길흉을 점치는 방법이다. 당사주는 일반 사주와는 보는 방법이 다르다. 일반 사주는 생년월일시에 해당되는 간지(干支)의 상생·상극과 오행의 강약, 대운(大運)과 세운(歲運)의 순환에 따라 길흉이 결정되는 법이지만 당사주는 간지의 상생과 상극에는 상관이 없고 오직 12성의 조우(遭遇 : 우연한 만남)로 길흉을 판단한다.

이 점법은 원래 당나라 때 이허중(李虛中)이 하늘에 있다고 하는 천귀(天貴)·천액(天厄)·천권(天權)·천파(天破)·천간(天奸)·천문(天文)·천복(天福)·천역(天驛)·천고(天孤)·천인(天刃)·천예(天藝)·천수(天壽)의 12성을 인간의 생년월일시와 관련시켜 인간의 길흉을 판단하는 방법으로 이용하였기 때문에 당사주라고 불렀다.

그 뒤 송나라의 서자평(徐子平)이 이허중의 설에 간지, 오행의 상생과 상극의 길흉을 가미하여 '연해자평(淵海子平)'을 지었는데 뒤에 당사주와 사주로 분리되어 발달하였다. 우리나라에 들어와서는 민간의 신앙으로 발전되어 이허중의 원문에 그림을 삽화하여 서민들이 알기 쉽게 만들어졌다.

이에 따르면 일생을 초년·중년·말년·평생 등 4단계로 구분하고 인명(人命)·골격(骨格)·유년행운(流年行運)·심성(心性)·12살(煞)·부모·형제·부부·자녀·직업·길흉·가택·신상·관살(關煞)·수명 등 인간생활과 직접 또는 간접으로 관계가 있는 사항이 모두 첨가되어 있어 사람의 일생을 예견하고 자기가 나아가는 방향을 결정하는 데 참고가 되게 하였다.

보는 방법은 머리에 천귀성을 12지의 자(子)에 붙여서 순차적으로 나열하고 생년이 어떠한 성정과 만나는가를 결정하여 생년으로 초년의 운세를 결정한다. 다음에 생월의 수를 생년에서부터 정월·2월 등 순차적으로 셈하여 생월의 수와 만나는 성정을 중년의 운세로 정한다. 그 다음에 태어난 날의 수를 중년운세에서부터 하루·이틀 셈하여 생일의 수와 만나는 성정을 말년의 운세로 정한다. 그리고 평생의 운세는 말년의 운세에서 자시·축시 등 순차로 셈하여 태어난 시와 만나는 성정으로 정한다. 이와 같이 만나는 성정이 길성이면 길하고 흉성이면 흉하다고 한다.

12성 중에 천귀·천복·천권·천간·천문·천예·천수의 7성은 길성이고 천액·천파·천역·천고·천인의 5성은 흉성이다. 인명·골격·유년·심성은 생월로 보고 그 밖의 것은 모두 생시로 보게 되어 있다17).

3. 동양오술

현대 명리학자들은 명리학을 동양철학으로 분류하고 동양철학 중의 명리학을 설명하면서 동양오술이라는 용어를 사용한다. 술이라는 의미는 학문적이라기 보다는 실용술이라는 의미를 강조하는 것이다. 따라서 학문이라기 보다는 실용술로서 동양오술을 소개한 것이다.

동양오술은 첫째는 명리술(命理術), 둘째는 점술(占術), 셋째는 의술(醫術), 넷째는 상술(象術), 다섯째는 선술(仙術)이라 한다. 명리술은 명리학을 말하는 것이고 점술은 점복(占卜), 점성(占星), 민속신앙(民俗信仰) 등을 말한다. 점술을 학문적으로 그 영역을 확장해 놓은 것이 매화역수, 기무둔갑, 육임, 육효 등이 있다.

그리고 의술은 인간의 각종 질병을 치료하는 분야로서 한의학과 민간요법, 대체의술 등이 여기에 속한다. 한의학은 학술적으로 가장 과학적인 발전을 보였고 동양철학적인 분야가 아닌 의학·과학분야로 발전되었다. 하지만 만간요법이나 대체의학은 아직 학문적으로 완성도가 낮아서 민간 실용술로서 존재하고 있으며 꾸준한 연구를 통해서 그 학문적 지위를 높이려 하고 있다.

상술은 사람이나 동물, 식물 등의 생김새를 가지고 길흉화복을 다루는 분야이다. 얼굴의 생김새와 상태를 가지고 논하는 관상, 손금을 보고 판단하는 수상, 발금을 보고 판단하는 족상 그리고 상술을 대표하는 풍수지리가 있다.

선술은 기(氣)의 흐름을 중요시하게 생각하고 기의 흐름을 원활하게 해주어 건강과 길흉화복을 다루려는 실용술이다. 단운동, 기운동, 기체조, 명상체조, 요가 등에 이에 속한다.

이같이 구분되는 오술은 서로 다르면서도 같은 점이 아주 많다. 그 중에서도 가장 대표적인 것은 그 뿌리가 '음양오행이론'이라는 점이다. 음양오행을 근본으로 하여 인간의 건강, 부귀빈천, 길흉화복, 희로애락을 판단하고 예측하고 관리하는 것이라는 점이다.

이런 점에서 음양오행은 사실 모든 동양철학, 동양학문에서는 그 근간을 이룬다고 해도 과언이 아니다. 동양오술도 예외는 아니어서 그 뿌리가 음양오행이라는 사실에는 누구도 동의하게 될 것이다. 따라서 음양오행에 대한 기본적인 이해가 반드시 선행되어야 하고 동양오술을 다루거나 종사하는 경우 음양오행에 대한 깊이 있는 이해가 선행되어야 할 것이다.

---

17) [네이버 지식백과] 당사주 [唐四柱] (한국민족문화대백과, 한국학중앙연구원)

4. 명리학자의 자세

　명리학의 발전을 위해서 수많은 학자들이 더 깊은 연구를 거듭하고 있다. 그럼에도 현대 명리학은 고전 명리학에서 설명한 여러 가지 학설이 시대적 환경과 다른 점이 많아서 해석상의 오류를 가져오는 경우가 많다. 또한 명리학을 전수받는 과정에서 해석상 그 의견을 달리하는 경우도 많아서 많은 학자들이 오히려 혼란을 겪는 경우가 많아지고 있다.

　우리나라에서 명리학을 공부하는 사람들의 특징을 보면 전통적으로 스승으로부터 사사 받은 경우와 스스로 공부하여 터득한 경우가 있다. 사사받은 경우에도 무엇을 근간으로 사사받았는지에 따라 세분화하면 1) 음양오행 억부파, 2) 격국파, 3) 육친파, 4) 물상(物像)파, 5) 자의(字意)파, 6) 신살파 7) 간지파 등으로 나뉘는데 음양오행 억부파가 주류를 이루고 있으며 그 다음으로 신살파가 많은 것으로 이해할 수 있다.

　그리고 독립적으로 독학한 경우는 어느 파에 가리지 않고 본인이 공부한 범위에서 위 종류의 한 파를 이루거나 아니면 종합적으로 해석하는 종합응용파를 이루는 것 같다.

　누군가 처음으로 명리학을 접할 때 어느 분파에 속하느냐에 따라 그 공부하는 방향과 방법과 시간이 달라지게 되는데 여러 분파를 만나다 보면 누가 더 정확한 지를 분간하지 못한 채 혼란에 빠지는 경우가 십상이다.

　특히 특정 분파를 이루는 경우 상대측 이론을 무시하거나 불신하는 경우가 빈번한데 '나 아니면 다 틀리다는 식'으로 우매함에 빠지는 경우를 많이 본다. 참으로 안타까운 노릇이다. 명리학을 모르는 일반인들도 태반이 명리학의 신뢰성에 의문을 갖는데 명리학을 한다는 사람들 끼리 분파싸움 또는 아집에 얽매여 수렁에서 헤매고 있으니 참으로 답답할 노릇이다.

　중요한 것은 명리학이 인간의 명운섭리를 논하거나 예측하는데 정확한가라는 문제이다. 그 중요한 문제 앞에서 서로가 자기만 정확하다고 우기는데 그 점 때문에 명리학이 '사이비'소리를 듣게 될 소지가 커진다고 할 것이다. 명리학이 품격있고 가치있는 인문학으로서의 자리를 잡기 위해서는 표현하는 언어, 태도, 논리성, 확률성, 과학성 등을 첨가한 철학적 가치 등을 내포하여야 한다.

　그것은 명리학자 들의 몫이다. 그렇기 때문에 명리학자들의 연구적 근심과 이론적 토론이 필요한 것이며 권장되어야 할 일인 것이다. 그럼에도 왜 자꾸 배척하는 것인지. 그런 문화는 스스로를 고립하게 할 뿐이라는 걸 명리학자들만 모르는 것 같다.

　정확성이 있느냐 없느냐는 사실 해석의 집중도와 논리적 다양성 그리고 합리적 이해력이 전제되어야 한다. 그렇지 않으면 포괄적인 해석이 되고 사업적인 해석이 되기 때문이다. 아무래도 포괄적이거나 사업적인 해석이 되면 자꾸 오류가 생길 수밖에 없다고 할 것이다. 때문에 정확한 해석을 위해서는 분파를 나누지 말고 서로 협력하면서 다양한 해석을 통하여 최적의 예측력을 가져야 할 것이다.

　그러려면, 많은 공부와 수양이 필요해진다. 명리학은 단기적으로 완성되는 학문이 아니다. 많은 책을 봤다고 더 많이 안다고 할 수 있는 분야가 아니다. 하나라도 깊이 있게 공부하여야 하고 그런 깊이 있는 공부를 더 많이 더 다양하게 하여야 한다. 그럼에도 부족함을 느껴야 한다. 항상 겸손하고 항상 낮은 자세로 임해야 한다. 표현하는 언어, 자세, 태도도 품격이 있어야 한다. 그것이 스스로를 품격 있고 가치 있게 만드는 요소인 것이다.

사람의 운명을 진단하고 예측한다는 것이 얼마나 엄청난 문제인지. 그 가중성에 한없이 신중하고 소심해져야 할 것이다. 자신의 한계를 알면 오히려 더 자신 있어진다는 말이 있다. 괜히 모르면서 안다고 하는 것은 비겁한 일이다. 인간의 운명을 논하는 자가 가볍게 떠들어서야 되겠는가. 누가 감히 함부로 누구의 운명을 떠든단 말인가.

5. 명운 상담 10계명

명리(命理)가 일반인들에게는 일종의 민속신앙 또는 미신으로 간주되어 취급된다. 특히 수준 이하의 저속한 술수로 취급받는 경우도 허다하다. 그렇게 취급되는 데는, 많은 이유가 있겠지만, 그 중 한 가지는 명리학자나 술사들이 스스로 그렇게 만든 결과라고 생각된다.

다른 어느 분야보다도 역사가 깊고 학문의 세계가 넓기 때문에 이를 깨우치는 것만도 이생에서 다 부족한 실정이다. 학문으로서 그 뿌리가 깊듯이 이를 배우고 익히고 실용적으로 활용하는 것도 그 깊이가 남달라 오히려 존경의 대상이 되어야 할 것임에도 당장의 사리사욕과 눈앞의 이익만을 위해 명리를 이용하다 보니 수준이하의 저속한 명리를 만들어 버리고 말았던 것 같다.

명리를 다루는 것이 천명을 다루는 것이거늘 그 위대한 존엄성을 스스로 깨뜨리는 어리석음을 남발하고 있다는 것이 안타까운 현실이다. 빈 깡통이 요란하듯이 저속하고 수준 낮은 언행으로 명리를 연구하고 가르치고 실용적으로 활용하는 행위는 당장은 아닐지 몰라도, 언젠가는 바닥이 들통 날 사기극이 될 수도 있음을 자각하여야 한다.

존엄성과 가치는 명리에 종사하는 학자나 술사가 직접 만드는 것이거늘 이제는 그 오랜 역사에 버금가는 수준 높고 세련된 명리 세계를 만들어 가는 것도 당연히 명리학자나 술사의 몫이라는 사실이 명확하다 할 것이다. 이에 명리 상담사로서 새겨야 할 10가지 다짐과 자세(명운 상담 10계명)를 열거하니 이 글을 접하는 모든 명리학자나 술사들은 함께 노력해 주시기를 당부 드린다.

1. 처음부터 끝까지 진중하여야 한다. 천명을 다루는 일이거늘 하시라고 소홀히 해서는 안 된다.
2. 모르면 모른다고 솔직해야 한다. 괜히 아는 체 고집부리다가 오히려 신뢰만 잃는다.

3. 항상 겸손하여야 한다. 그래야 존경받는다.
4. 나만이 최고라든가, 내가 가장 잘 맞는다고 입방아 찧지 마라. 남을 배척할수록 오히려 자신 없어 보인다. 굳이 말하지 않아도 내담자는 이미 알고 있다.
5. 친절하고 부드럽고 세련된 언행으로 상담하라. 하는 대로 대접받는다.
6. 내담자의 사생활이나 개인정보는 철저히 비밀로 하라. 내담자를 존중하여야 한다.
7. 가급적 경청하라. 내담자를 상담하려면 경청하는 것이 가장 좋은 정보(情報)다. 먼저 말하고 결론 내는 것은 아마추어 수준이다.
8. '좋다 안 좋다'라고 함부로 결론 내려 하지 마라. 인생은 결론이 없다. 내담자가 더 잘 안다.
9. 항상 균형감각을 유지하라. 명리가 균형이거늘 치우침은 절대 금물이다.
10. 교육자나 지도자가 아닌 상담자가 되어야 한다. 가르치려 하기보다는 도와주려는 자세를 취해야 한다. 가장 현명한 상담사는 정답을 주는 것이 아니라 정답을 찾을 수 있는 지혜를 주는 것이다. 때문에 내담자의 입장에서 상담하는 것이 가장 바람직하다

제2절 사주팔자

1. 생명의 탄생 : 생년월일시(生年月日時)

모든 생명체는 우주의 기운은 받고서 탄생한다. 우주는 하늘과 땅, 해와 달 그리고 수많은 별 들이 펼치는 운동(자전운동, 공전운동, 인력운동, 척력운동 등)으로부터 에너지(기운)가 발생하고 그 에너지가 우주의 구성원들끼리 서로 교류하고 견제하면서 균형과 질서를 이루고 그러한 과정에서 생명의 탄생과 유지에 결정적인 영향력을 미치게 된다. 이것을 우주의 에너지라고 할 때 우주의 에너지는 그 종류가 셀 수 없을 정도로 많고 다양할 것이다. 예를 들면 해와 달, 지구 그리고 8개의 행성과 그 외 수 많은 위성이 순간적으로 만나기도 하고 전혀 만나지 못하기도 하면서 새로운 에너지를 만들기 때문에 순간순간의 우주의 모습에 따라 그 순간의 에너지가 생겨나기 때문이다.

때문에 생명의 잉태되는 순간, 생명이 탄생하는 순간, 생명이 어떤 생각과 행동이 이루어지는 순간, 바로 그 순간순간에 우주에서 발생하는 현상이 곧 그 생명만이 가지는 고유의 에너지가 된다. 그 고유의 에너지가 바로 그 생명체의 정체성이 되는 것이다. 결국 그 순간의 에너지의 성질에 그 생명체의 명운이 결정되는 것이라 할 것이다.

요약하면 생명체의 탄생은 그 순간의 우주의 에너지가 무엇인지에 따라 그 정체성이 결정된다는 의미이다. 그 순간의 우주의 에너지란 '생년월일시' 당시의 우주의 에너지와 그 순간의 지역적, 공간적, 시간적 환경, 그리고 부모의 DNA가 결합된 것이다. 때문에 정체성은 '생년월일시 + 환경 + DNA'의 결합인 것이다.

사람이 태어나면 태어날 당시의 생년월일시와 태어난 지역 등을 감안하여 주민등록번호를 부여 받는다. 그 주민등록번호는 그 사람의 정체성을 나타내는 기호이다. 그 사람의 고유의 '바코드(bar-code)'인 것이다. 그 바코드가 곧 그 사람의 정체성이 된다.

그런데 오래전에는 오늘날처럼 연월일시를 표현할 때 숫자를 사용하지 않았다. 숫자의 발달도 안 되었고 달력도 없었기에 지금처럼 생년월일시를 사용할 수가 없었다. 그래서 '간지(干支)'를 생년월일의 형태로 바꾸어 사용하게 되었다. 간지는 시간적 공간적 환경을 나타내는 기호이다. 이 기호를 오늘날의 생년월일시의 의미로 사용하였던 것이다.

2. 사주팔자

사람의 태어난 해(年)·달(月)·날(日)·시(時), 즉 생년월일시를 '간지(干支)로 나타낸 것을 사주팔자(四柱八字, Four Pillars of Destiny)라고 한다. 사람을 하나의 집으로 비유하고 생년·생월·생일·생시를 그 집의 네 기둥(四柱)이라고 보아 붙여진 명칭이다. 생년(生年)을 나타내는 연(年)을 표현하는 기호 또는 기둥이라 하여 연주(年柱)라고 하고 생월(生月)을 나타내는 것을 월주(月柱), 생일(生日)을 나타내는 기호를 일주(日柱)라 하며 생시(生時)를 나타내는 기호를 시주(時柱)라고 한다. 이렇게 하여 연월일시를 나타내는 4개의 간지가 생기게 되는데 이를 우리는 사주(四柱)라고 부른다.

또한 천간과 지지가 각각 각 주(기둥)마다 하나씩 결합되므로 1개의 주에는 천간 1개, 지지 1개 등 2개의 글자가 배치되기 때문에 4개의 주에는 8개의 글자가 배치된다. 이것을 우리는 팔자(八字)라고 부른다. 보통 사주팔자(四柱八字)라고 하는 것은 바로 이것을 말하는 것이다. 다시 말하면 사주팔자란 생년월일시를 간지로 표현한 것이다. 사주팔자를 풀어보면 그 사람의 타고난 운명을 알 수 있다 해서 통상 운명이나 숙명의 뜻으로 쓰이기도 한다.

3. 사주팔자와 간지

간지는 천간과 지지로 구성되는 데 천간은 통상 하늘의 기운이고 인간의 정신세계, 또는 추상적인 세계를 상징하는 기호라고 한다. 그리고 지지는 땅의 기운이며 인간의 육체세계 또는 현실적인 세계를 상징하는 기호라고 한다. 이 두 기운이 모여서 인간의 생명을 만들고 유지하고 생사고락을 이루게 한다고 믿고 천간과 지지의 결합 즉 간지를 사용하게 된 것이다.

이렇게 간지는 서로 결합되어서 하나를 이루어져야 완성된 것이며 분리되지 않아야 생명체의 기운으로서 존재할 수 있는 것이다. 정신과 육체가 구분할 수는 있지만 분리되어서는 안 되는 이유와 같다.

간지는 '간+지=간지'로 이루어진다. '간(干)'은 10가지로 구분되는데 이를 '십간'이라 하고, 사주의 윗 글자에 쓰이므로 천간(天干)이라고도 한다. '지(支)'는 12가지로 구분되며 '십이지' 또는 사주의 아랫 글자에 쓰이므로 지지(地支)라고도 한다.

천간은 갑(甲)·을(乙)·병(丙)·정(丁)·무(戊)·기(己)·경(庚)·신(辛)·임(壬)·계(癸)의 10가지이며 지지는 자(子)·축(丑)·인(寅)·묘(卯)·진(辰)·사(巳)·오(午)·미(未)·신(申)·유(酉)·술(戌)·해(亥)의 12가지이다.

천간과 지지는 모두 음양(陰陽)과 오행(五行)으로 분류되고 또 방위와 계절 등을 나타낸다. 지지는 이밖에도 절후(節候)·동물(띠)·달(月)·시각 등을 나타낸다.

(표 6) 사주팔자의 예

	연주	월주	일주	시주
천간	갑(甲)	을(乙)	병(丙)	정(丁)
지지	자(子)	축(丑)	인(寅)	묘(卯)

4. 천지인(天地人)과 지장간(支藏干)

지장간(支藏干)이란 지지 속에 감춰진 천간을 말한다. 하늘의 기운을 천간이라 하고 땅의 기운을 지지라 하는 데 사람의 기운을 흔히 지장간에 비유한다. 즉 지지 속에 감춰진 천간, 지장간을 사람의 기운이라고도 한다.

우주관에는 천지인(天地人)의 구조로 되어 있다고 믿었던 것이 동양철학 사상이다. 천(天)이란 하늘로서 모든 하늘의 기운을 뜻한다. 천기(天氣)라고도 하며 천운(天運)이라고도 한다. 재앙일 경우에는 천재(天災)라고 한다. 그리고 지(地)는 땅으로서 토지의 기운을 말한다. 지기(地氣)라고도 하며 재앙일 경우 지재(地災)라고 한다. 그리고 천지(天地)의 결함으로 이루어진 사람의 기운을 인기(人氣)라고 하며 재앙일 경우 인재(人災)라고 한다. 또는 천은 한 가정의 남편이요, 지는 아내와 같고, 인은 천지의 결합으로 이루어진 자식과 같다고 하였다.

지장간은 지지 속에 감춰져 있는 하늘의 기운이다. 다시 말하면 지지는 천간의 기운을 내면에 품고 있으면서 겉으로는 지지의 역할을 하지만 속으로는 천간의 역할을 하고 있는 것이다.

지장간은 계절과 관련이 있다. 지지가 원래 계절과 관련이 있고 특히 절기와 관련이 깊다. 천간이 지지로 내려와서 지지에서 천간의 역할을 하는데 지지에 내려오면서 지지와 마찬가지로 계절, 즉 절기의 영향을 받게 된다. 지지는 봄, 여름, 가을, 겨울 등 4계절로 구분하는데 인, 묘, 진은 봄이라 하고 사, 오, 미는 여름이라 하며 신, 유, 술은 가을, 그리고 해, 자, 축은 겨울이라 한다. 지지 속에 천간을 이러한 계절적인 요인과 관련을 갖고서 지지 속으로 숨어들게 된다.

천간이 지지에 오면 일단 지지와 같은 성향을 갖는 것과 결합하게 되는데 예를 들면 천간 갑은 지지에서 인이 되고 을은 지지에서 묘가 되며, 병=사, 정=오, 무=진, 술, 기=축, 미, 경=신, 신=유, 임=해, 계=자가 된다. 반대로 지지가 천간으로 올라가면 천간이 지지가 되듯이 지지가 천간이 된다.

(표 7) 천간의 지지, 지지의 천간

천간	갑	을	병	정	무	기	경	신	임	계
지지	인	묘	사	오	진,술	축,미	신	유	술	해

천간이 지지에 들어오면 지지의 계절 변화를 겪게 되는데 4계절의 기운이 마치 줄을 끊듯 끊어서 그 처음과 끝을 구별할 수 있는 것이 아닌 것처럼 기운의 흐름이 구분되어 구별되는 것이 아니다. 다시 말하면 계절별, 월별 경계선을 그을 수 있는 것이 아니다. 예를 들면 봄에는 겨울의 기운이 이어지는 것이어서 봄 속에서도 겨울의 기운을 느낄 수 있고 여름은 봄에서 출발했으므로 당연히 봄기운의 끝부분부터 여름 기운이 시작되는 것이다. 이것을 12개월로 따지면 1월은 12월의 끝 기운이 넘어오면서 시작되는 것이고 2월은 1월의 기운이 넘어와서 시작되는 것이다.

그리고 봄은 여름을 잉태하는 달이다. 왜냐하면 봄이 시작됨으로서 이미 여름을 예고하고 있기 때문이다. 물론 가을과 겨울도 예고 하지만 먼저 다가올 여름을 예고하는 것이 우선이다. 여름은 가을을 예고하고 가을을 겨울을 예고하고 겨울은 봄을 예고한다. 12개월로 보면 음력 1월에 해당하는 인월(寅月)은 봄의 시작이므로 이미 여름을 잉태하고 있으며 여름의 시작인 사월(巳月)은 가을을 잉태하고 있는 것이다. 이런 식으로 천간이 지지에 스며드는데 이렇게 절기별로 내려오는 천간의 기운을 표시해 놓은 것을 사람들은 '인원용사사령지도(人元用事司令之圖)'라고 부른다(그림 2 참조).

(표 8) 지장간

계절	봄			여름			가을			겨울		
지지	인	묘	진	사	오	미	신	유	술	해	자	축
여기	무	갑	을	무	병	정	무	경	신	무	임	계
중기	병		계	경	기	을	임		정	갑		신
본기	갑	을	무	병	정	기	경	신	무	임	계	기

이렇게 해서 천간이 지지에 숨어와 지장간을 이루는데 전월에서 넘어 온 기운을 여기(餘氣)라고 하고 각 월의 중심을 이루는 기운을 중기(中氣), 그리고 본래의 기운, 즉 원래 천간의 기운 본기(本氣) 또는 정기(正氣)라고 부른다. 그래서 지장간은 천간이 내려와 지지에서 3개의 기운으로 자리를 잡는다. 이런 이유로 천간은 단순하고 깔끔한데 지지는 복잡하고 여러 해석이 뒤 섞일 가능성이 높다고 한다.

(그림 2) 인원용사사령지도

사	오	미	신
o. 입하 후 무 7일 o. 경 7일 o. 망종까지 병 14일	o. 망종 후 병 10일 o. 기 10일 o. 소서까지 정 10일	o. 소서 후 정 9일 o.을 3일 o. 입추까지 기 18일	o. 입추 후 무 7일 o. 임 7일 o. 백로까지 경 16일
진 o. 청명후 을 9일 o. 계 3일 o. 입하까지 무 18일	인원용사사령지도		**유** o. 백로 후 경 10일 o. 한로까지 신 20일
묘 o. 경칩후 갑 10일 o. 청명까지 을 20일			**술** o. 한로후 신 9일 o. 정 3일 o. 입동까지 무 18일
인	축	자	해
o. 입춘 후 무 7일 o. 병 7일 o. 경칩까지 갑 16일	o. 소한 후 계 9일 o. 신 3일 o. 입춘까지 기 18일	o. 대설 후 임 10일 o. 소한까지 계 20일	o. 입동후 무 7일 o. 갑 7일 o. 대설까지 16일

명운을 이해하는데 지장간은 아주 중요하다. 지장간을 알면 명운의 품격을 알 수 있으며 하늘과 땅이 어떻게 통하는 지도 알 수 있다. 특히 지장간은 평소에는 감춰져 있다가 다른 지지의 글자가 와서 이를 깨뜨리면 숨어있는 지장간이 뛰쳐나오게 된다.

그러면 다른 지지에서 뛰쳐나온 지장간과 싸우거나 합하고 천간과도 싸우거나 합하면서 여러 가지 변화와 조화를 일으킨다. 때문에 지장간과 지장간의 조화와 변화를 이해하는 것은 대단히 중요하다.

5. 60갑자(甲子)

천간의 종류가 10개이고 지지의 종류가 12개이므로 서로 한 번씩 결합하게 되면 120가지 유형이 나온다. 그래서 120가지 유형의 생명체로 분류할 수 있게 된다. 그런데 천간과 지지가 순서대로 결합한다면 천간, 지지가 각각 짝수이므로 교차 결합이 불가능해지기 때문에 결합의 합은 60개가 된다. 결국 그 유형이 60개가 되는 것이다. 이를 60갑자라고 부른다.

60갑자란 10간(干)과 12지(支)를 결합하여 만든 60개의 간지(干支)를 말한다. 60간지 또는 육갑(六甲)이라고도 한다. 결합방법은 처음에 10천간의 첫째인 갑(甲)과 12지의 첫째인 자(子)를 붙여서 갑자(甲子)를 얻고, 다음에 그 둘째인 을(乙)과 축(丑)을 결합하여 을축(乙丑)을 얻는다. 이와 같이 순서에 따라 하나씩의 간지를 구해 나가 60개의 간지를 얻은 후, 다시 갑자(甲子)로 되돌아온다. 결과적으로 하나의 천간에 6개의 지지가 결합되는 셈이다. 지지의 입장에서 보면 하나의 지지에 5개의 천간이 결합되는 것이다.

(표 9) 육십갑자

순서	1	2	3	4	5	6	7	8	9	10
갑자순 甲子順	갑자 甲子	을축 乙丑	병인 丙寅	정묘 丁卯	무진 戊辰	기사 己巳	경오 庚午	신미 辛未	임신 壬申	계유 癸酉
	11	12	13	14	15	16	17	18	19	20
갑술순 甲戌順	갑술 甲戌	을해 乙亥	병자 丙子	정축 丁丑	무인 戊寅	기묘 己卯	경진 庚辰	신사 辛巳	임오 壬午	계미 癸未
	21	22	23	24	25	26	27	28	29	30
갑신순 甲申順	갑신 甲申	을유 乙酉	병술 丙戌	정해 丁亥	무자 戊子	기축 己丑	경인 庚寅	신묘 辛卯	임진 壬辰	계사 癸巳
	31	32	33	34	35	36	37	38	39	40
갑오순 甲午順	갑오 甲午	을미 乙未	병신 丙申	정유 丁酉	무술 戊戌	기해 己亥	경자 庚子	신축 辛丑	임인 壬寅	계묘 癸卯
	41	42	43	44	45	46	47	48	49	50
갑진순 甲辰順	갑진 甲辰	을사 乙巳	병오 丙午	정미 丁未	무신 戊申	기유 己酉	경술 庚戌	신해 辛亥	임자 壬子	계축 癸丑
	51	52	53	54	55	56	57	58	59	60
갑인순 甲寅順	갑인 甲寅	을묘 乙卯	병진 丙辰	정사 丁巳	무오 戊午	기미 己未	경신 庚申	신유 辛酉	임술 壬戌	계해 癸亥

생년월일시는 이 60갑자의 범위 내에서 결합되는 것인데 생년, 생월, 생일, 생시가 모두 60갑자 중 하나가 배정된다. 그렇게 되면 생년 60갑자, 생월 60갑자, 생일 60갑자, 생시 60갑자가 생기게 되는데 이것이 오늘날의 생년월일을 대신하게 된 것이다.

천간과 지지가 처음 만나는 갑자부터 마지막인 계해까지 순열 조합하면 육십갑자(六十甲子, 六甲)가 되는데 사주는 이 육갑으로 표현된다. 가령, 1911년 8월 25일 하오 6시에 태어난 사람의 사주는 신해(辛亥 : 연주)·병신(丙申 : 월주)·정묘(丁卯 : 일주)·기유(己酉 : 시주)와 같이 된다.

만약 쥐띠로 태어났다면 지지는 자(子)이다. 자를 지지로 하는 천간은 갑자, 병자, 무자, 경자, 임자 등이 있다. 다시 말하면 쥐띠는 이 같은 5개의 연주가 형성되는 것이다. 이는 12지지가 모두 마찬가지이다. 그래서 각 띠마다 5개의 연주가 가능하다. 그래서 60갑자(5X12=60)가 되는 것이다.

그렇다면 천간은 어떻게 배속되는 가. 이는 일정한 규칙이 있다. 천간은 10개이므로 10년 단위로 하나씩 배속되는 것이다. 현재 진행 중인 천간운동은 해당연도 끝자리에 따라서 구분하면 된다.

(표 8)에서 보면 갑(甲)은 연도 끝자리 숫자가 '4'의 경우이다. 그래서 1904년 1914년 1924년 …… 등의 방법으로 계속된다. 이렇게 해서 을(乙)은 '5', 병(丙)은 '6', 정(丁)은 '7', 무(戊)는 '8', 기(己)는 '9', 경(庚)은 '0', 신(辛)은 '1', 임(壬)은 '2', 계(癸)는 '3'으로 대입하면 된다.

(표 10) 천간의 배속

	갑	을	병	정	무	기	경	신	임	계
해당년도 끝자리	4	5	6	7	8	9	0	1	2	3
해당연도	1904	1905	1906	1907	1908	1909	1900	1901	1902	1903
	1914	1915	1916	1917	1918	1919	1910	1911	1912	1913
	1924	1925	1926	1927	1928	1929	1920	1921	1922	1923
	1934	1935	1936	1937	1938	1939	1930	1931	1932	1933
	1944	1945	1946	1947	1948	1949	1940	1941	1942	1943
	1954	1955	1956	1957	1958	1959	1950	1951	1952	1953
	1964	1965	1966	1967	1968	1969	1960	1961	1962	1963
	1974	1975	1976	1977	1978	1979	1970	1971	1972	1973
	1984	1985	1986	1987	1988	1989	1980	1981	1982	1983
	1994	1995	1996	1997	1998	1999	1990	1991	1992	1993
	2004	2005	2006	2007	2008	2009	2000	2001	2002	2003
	2014	2015	2016	2017	2018	2019	2010	2011	2012	2013
	2024	2025	2026	2027	2028	2029	2020	2021	2022	2023
	.	.	.	.	.	.	.	.	.	.

만약 2014년생이라면 말띠(午)이고 끝자리 4는 갑(甲)이므로 연주는 갑오(甲午)가 된다. 때문에 띠만 알면 천간과의 결합은 그리 어려운 일이 아니다. 띠는 12년을 주기로 반복적으로 진행되고 있기 때문에 이를 토대로 배속하면 된다. 예를 들면 2014년은 말띠(午)이다. 그렇다면 2015년은 양띠(未)이고 2016년 원숭이 띠(申)인 것이다.

이렇게 해서 천간과 지지가 결합한 간지가 이루어지며 그것이 60갑자이다. 결국 모든 연주는 60갑자 중의 하나가 된다. 즉 60가지의 본질적인 체(본체)가 있다는 의미이다. 여기에 월주 60가지, 일주 60가지, 시주 60가지가 각각 존재하므로 이들을 총합하면 12,960,000개의 체가 존재한다고 하는 것이다. 이렇게 12,960,000개의 유형으로 분류하여 각각의 특징과 운명, 그리고 생존문제를 해석하려는 것이 '사주팔자 명리학'이다.

6. 공망

사주팔자 내 에서 신살의 하나로 천중살(天中殺)이라고도 한다. 대체로 천간은 남자이고 부(父)이고 지지는 여자이고 모(母)이기도하다. 예부터 고양(孤陽)은 불생(不生)하고, 고음(孤陰)은 불성(不成)이라 하였다. 그래서 지지는 있고 천간이 없는 것은 만물을 생할 수 없고 모(母)는 있되 부(父)가 없는 것도 만물을 생할 수 없다.

공망이란 이러한 이치로 이론을 추구함에 있어서 현세에 인연이 없으며 혹은 그 자체의 역량 내지는 의미하는 것이 전연 없다고 본다. 공망은 60갑자에 의해 발생하는데 천간과 지지가 한 조를 이루어 진행되다가 천간10, 지지12이면 결과적으로 지지 2개는 천간을 만나지 못하게 된다. 이 때 천간을 만나지 못한 지지를 공망이라 하는 것이다.

(표 11)순중공망표(旬中空亡表)

갑자순중(甲子旬中)	공망 술해(戌亥)
갑술순중(甲戌旬中)	공망 신유(申酉)
갑신순중(甲申旬中)	공망 오미(午未)
갑오순중(甲午旬中)	공망 진사(辰巳)
갑진순중(甲辰旬中)	공망 인묘(寅卯)
갑인순중(甲寅旬中)	공망 자축(子丑)

갑(甲)은 십간의 처음이고 자(子)는 12지지의 시작이다. 십간과 십이지를 각각 순서에 따라서 상하로 짝을 맞추어 가게 되면 위 표처럼 되는데 갑자(甲子)는 간지 번호가 첫 번째이고 을축(乙丑)은 2번, 병인(丙寅)은 3번으로 이하 10번까지 짝을 맞추어 가면 11번, 12번에 해당하는 술(戌)과 해(亥)의 위에는 천간이 없게 된다. 이것은 지지가 12개가 있는데, 천간은 10개 밖에 없기 때문에 이 천간이 들어있지 않는 술(戌)과 해(亥)를 공망이라 한다. 이것을 갑자(甲子)의 순은 술(戌)과 해(亥)가 공망이라고 한다.

이와 같이 하여 술(戌)과 해(亥) 위에는 천간이 없으므로 또 그 위에 십간을 처음부터 갑을병정(甲乙丙丁) … 순으로 가면 위의 표처럼 병(丙)과 정(丁)의 아래에는 십이지지의 자(子)로부터 순서대로 축인묘진(丑寅卯辰) … 순으로 가면 신(申)과 유(酉)의 위에 천간이 없게 된다. 이 신(申)과 유(酉)를 갑술순중(甲戌旬中)의 공망이라고 한다. 이렇게 하여 갑신(甲申)의 순중공망(旬中空亡)은 오미(午未)이고 갑오순중(甲午旬中)은 진사(辰巳), 갑진순중(甲辰旬中)은 인묘(寅卯), 갑인순중(甲寅旬中)은 자축(子丑)이 공망에 해당한다.

　사주에서는 생일 간지를 가장 중요시한다. 사주의 주체이므로 일주(일간과 일지)는 공망을 보는 기준이 된다. 일주에서 공망을 찾아 그 공망이 어느 자리에 있느냐에 따라 그 자리와의 인연이 박하다고 보는 것이다.

　연지(年支)공망은 생년 공망으로 부조(父祖) 또는 친가에 인연이 박하다. 양친 또는 편친과 유년기에 생사이별하거나 일찍이 헤어진다. 월지는 부모 형제의 궁으로 월지(月支)의 공망은 부모형제와 인연이 약하다고 본다. 월지는 격국용신의 자리이므로 그것이 공망하는 것은 용신의 역량이 저하하는 것을 뜻한다. 곧 신변에 이변이 생기기 쉽고 사업상 이변이 생긴다.

생일공망(生日空亡)은 본인과 배우자와의 인연을 말하는데 그 인연이 박하다고 할 것이다. 시(時)는 노후이고 자녀의 관위이다. 그러므로 시지의 공망은 노후에 허공을 뜻하며, 자녀에게 의지하지 못한다.

　공망이 많은 것은 자신은 항상 방황하고 어디에든 정착하기 어렵다. 한 곳을 정하지 못하고 주거의 변동이 잦다.

7. 사주팔자와 만세력

　만세력18)이란 매년의 태세(太歲), 매월의 월건(月建)과 대소(大小), 매일의 일진(日辰), 달의 삭(朔)·현(弦)·망(望), 24절기(節氣)의 입기일시(入氣日時), 일월(日月) 5행(五行), 즉 칠정(七政)의 매일의 위치, 4여(四餘)의 10일마다의 위치 등을 기재하고 있다. 처음에는 '천세력(千歲曆)'이라 불리었으며 앞으로의 100년 동안의 여러 가지 역에 관한 지식을 미리 알 수 있게 한 것이다.

　이렇게 천세력을 매 10년마다 추가 계산하여 나가면 1만년에 걸친 역서를 한 책에 수록할 수 있어 1904년에 '천세력'을 '만세력'이라고 고쳐 발간하였다. 한마디로 '달력'인데 오늘날 볼 수 있는 숫자로 된 달력이 아니라 우주의 규칙적인 변화를 24절기와 음양 5행에 맞춰서 질서 있게 기록한 달력인 것이다. 이 만세력에 생년월일시(生年月日時)를 대입하면 사주가 세워지게 되는 것이다. 오늘날 모든 사주는 이 만세력을 기준으로 한다.

　만세력에서 해당 생년월일시를 대입해보면 해당되는 연주, 월주, 일주, 시주 즉 4개의 사주를 찾을 수 있다. 그래서 운명의 문제를 다루는 사람들은 모두 만세력을 가지고 본다. 만세력은 모든 명리학자나 술사들의 달력이자 사전인 것이다.

　그러나 만세력에 따라 사주를 세우는 데 있어 문제가 생기는데 그 점을 지적하면 다음과 같다.

---

18) 1782년(정조 6)에 왕명에 의하여 관상감에서 편찬, 간행한 역서(曆書)를 말한다. 내용2권 2책. 목판본. 1777년부터 100년간의 역을 계산하여 편찬하였다. 이 역은 10년마다 다시 10년씩의 역을 추가 보충하도록 한 것으로, 1772년(영조 48)에 간행한 『칠정백중력(七政百中曆)』을 인계, 확충하였다. 규장각 도서에 있다

역술(易術)에서는 입춘을 기점으로 새해가 시작된다. 따라서 설을 쇠었더라도 입춘 전이면 묵은해의 태세로 연주(年柱)를 삼는다. 가령, 1920년은 육갑으로 경신년인데, 입춘은 음력으로 전년인 1919년(기미년) 12월 16일에 들었다. 연도는 아직 바뀌지 않았지만 이날부터 새해가 시작되므로 음력 1919년 12월 16일생의 사주는 기미년 정축월(12월)생이 아니라 새해인 경신년(1920) 무인월(1월)생이 된다.

이와 반대로, 연도가 바뀌었더라도 입춘이 지나지 않았으면 묵은해의 태세와 월건으로 사주를 낸다. 이러한 현상은 윤달이 든 전후의 해에서 흔히 일어난다. 월주(月柱)는 인월(寅月, 1월)부터 지지 차례대로 축월(丑月, 12월)까지의 해당 월의 지지의 법식에 따라 천간을 붙인다. 달은 1일 기준이 아니라 그 절기(節氣)의 시작을 기준으로 바뀌므로 1월생이라고 반드시 인월이 되는 것이 아님은 유의하여야 한다.

현대 명리학에서는 '인터넷'과 '스마트 폰 웹' 등이 발달하여 이를 통해서 사주를 찾는 방법을 대부분 택하고 있다. 과거처럼 만세력으로 찾는 것은 번거롭기 때문이다.

8. 사주팔자 세우는 법

간지를 일(하루)에 하나씩 배당한 것을 일진(日辰)이라 하고 월(한 달)에 하나씩 배당한 것을 월건(月建)이라 하며 해마다 하나씩 배당한 것을 태세(太歲)라고 한다. 이렇게 간지를 연월일시에 배정하는 것을 사주를 세운다고 한다. 즉 4개의 기둥을 세운다는 의미이다.

사주를 세우는 데는 방법은 크게 3가지가 있다. 하나는 만세력을 보는 것이고 두 번째는 스마폰웹이나 인터넷을 찾아보는 법이며 다른 방법은 일정 규칙으로 정하여 찾는 방법이다. 그러나 일정한 규칙으로 찾는 방법이 너무 번거로워서 흔히 '만세력(萬歲曆)'을 이용한다. 왜냐하면 만세력은 약 100년에 걸쳐 태세(太歲)·월건(月建)·일진(日辰)이 육갑으로 적혀 있는 것으로서 찾아보기에 편리하게 편성되어 있기 때문이다. 최근에는 만세력도 번거로워 인터넷이나 스마트 폰에서 손쉽게 찾고 있다.

1) 연주(태세) 세우는 법

우선 연주, 즉 태세를 세우는 것을 살펴보자. 이는 태어난 해를 기준으로 한다. 태어난 해는 누구나 다 안다. 특히 그 해가 무슨 띠인지도 다 안다. 띠와 그 해와 동의어가 된 지는 이미 오래 전이다. 때문에 연주지지(연지)는 12지지 중 자신에 해당되는 지지를 세우고 연주 천간(연간)은 태어난 연도의 끝자리에 해당되는 천간을 붙이면 된다. 앞의 (표 7), 육십갑자를 참조로 연주를 세어보자.

예를 들어, 1962년생이면 호랑이띠이다. 일단 연주는 호랑이를 상징하는 인(寅)이 배정되고 천간은 끝자리가 1962년생이니까 2에 해당하는 지지 임(壬)을 배정하면 된다. 그러면 이 사람의 연주는 임인(壬寅), 즉 임인년생인 것이다. 만약 1972년생이라면 쥐띠이다. 그러면 연지는 자(子)이고 2로 끝나면 임(壬)이니까 임자(壬子)년생이 되는 것이다.

2) 월주(월건) 세우는 법

다음은 월주를 세워보자. 월주를 세우는 방법은 두 가지다. 하나는 만세력으로 월주를 세우는 방법, 다른 하나는 연주를 보고 그 뿌리에서 세우는 법 등을 말한다.

만세력를 보지 않고 연주를 보고 그 뿌리에서 세우는 방법에는 일정한 공식이 있다. 그 공식을 대입하면 다음과 같다.

월주에서 월간지지(월지)는 이미 정해져 있다. 1월은 인(寅), 2월은 묘(卯), 3월 진(辰), 4월 사(巳), 5월 오(午), 6월 미(未), 7월 신(申), 8월 유(酉), 9월 술(戌), 10월 해(亥), 11월 자(子), 12월 축(丑) 등으로 정해진 것이다. 물론 음력을 기준으로 한다.

만약 10월생이라면 그 월주지지(월지)는 해(亥)인 것이다. 이에 해당하는 천간은 연주의 천간 즉 연간과 비교해서 결정되기 된다. 이는 공식화 되어 있으므로 이를 대입하면 된다. 만약 연간이 갑(甲)과 기(己)인 경우는 병(丙)부터 시작한다. 즉 인월(1월)이면 병인월이 된다. 묘월(2월)이면 정묘(丁卯)월이 된다. 이렇게 순서대로 월이 결정된다.

(표 12) 월간 세우는 방법

구분	갑기년 (甲己年)	을경년 (乙庚年)	병신년 (丙申年)	정임년 (丁壬年)	무계년 (戊癸年)
1월 인월(寅月)	병인 (丙寅)	무인 (戊寅)	경인 (庚寅)	임인 (壬寅)	갑인 (甲寅)

제시된 사례(1967년 10월 25일 08시30분 생)의 월간을 찾아보면 연간이 정(丁)이므로 1월은 임인월(壬寅月)부터 시작한다. 10월이면 임부터 10번째 해당하는 천간이 월간이 된다. 즉 신(辛)이 천간이 되는 것이다. 따라서 10월생이면 신해(辛亥)가 되는 것이다.

좀 더 쉽게 접근하는 방법으로 1) 연간의 합을 생하는 방법과 2)연간의 합으로 진토를 설정하는 방법이 있다. 연간의 합을 생하는 방법은 예를 들어 연간이 갑이라면 갑은 천간 기와 합하여 '갑기합토(갑+기=토)'가 된다. 따라서 토를 생하는 화가 인(寅)월을 차지하게 된다. 인월(寅月)이니까 음양기준으로 양이므로 양화(陽火)인 병(丙)을 배치하면 병인(丙寅)월이 음력 1월이 되는 것이다.

또 다른 방법으로 천간이 합하여 새로 이루어진 천간을 지지 진(辰)토에 배정하는 방법이 있다. 예를 들어 연간이 갑이라면 갑은 천간 기와 합하여 '갑기합토(갑+기=토)'가 된다. 여기서 합하여 새로 이루어진 천간을 월주 천간으로 배정한다고 했으니 무(戊)토가 된다. 그리고 그 무토를 지지 진토에 대입하는 것이다. 그러면 무진(戊辰)월이 된다. 무진월을 기준월로 보고 앞뒤 순서대로 적용하면 된다. 번거롭고 어려운 것 같지만 하다보면 훨씬 쉽다는 것을 알 수 있다.

3) 일주 세우는 법

다음은 일주를 찾아보자. 일주를 만세력으로 세우는 방법은 별도의 공식이 없다. 만세력을 찾아볼 수밖에 없다. 이래서 만세력을 버릴 수 없다. 만세력은 아주 중요한 자료인 것이다. 아니면 인터넷이나 스마트 폰에서 찾아보아야 한다.

4) 시지를 세우는 법

다음은 시지를 세워보자. 만세력에서 찾으면 되지만, 시지는 보통 규정된 공식으로 뽑는 경우가 많다. 방법은 월주 천간을 세우는 방법과 유사하다.

우선 시주지지(시지)는 태어난 시간을 알고 있으니까 월지와 같이 이미 정해져 있다. 예를 들면 오전 8시에 태어나면 진시(辰時)이다. 보통 시간은 자시(밤11시~새벽1시), 축시(1시~3시), 인시(3시~5시), 묘시(5시~7시), 진시(7시~9시), 사시(9시~11시), 오시(11시~오후1시), 미시(오후1시~3시), 신시(오후3시~5시), 유시(오후5시~7시), 술시(밤7시~9시), 해시(밤9시~11시) 등으로 구분한다. 현대 명리학에서는 일본 동경(東京)의 시간(東京時)을 표준시간으로 삼고 우리나라는 약 30분 정도 시차가 발생하므로 동경시에서 30분을 더하여 계산한다. 따라서 해당 시간의 범위를 30분 늦추면 된다. 예를 들어 신시면 오후 3시30분에서 5시30분까지로 보는 것이다.

또 시주를 세우는 데 있어서는 자시를 야자시(夜子時, 23~0시)와 정자시(正子時 또는 朝子時, 0~1시)로 나누어 거기에 따라 일주를 달리 세우기도 하고 그 사람이 처하여 있는 위치에 따라서 더 세분하여 서울의 경우 0시32분47초를 새날의 분기점으로 잡기도 한다.

시주를 세우는 것은 월주를 세우는 것과 비슷하다. 다른 점은 갑기년(甲己年)을 기준으로 월주는 병인(丙寅)에서 시작했지만 시주는 갑자(甲子)에서 출발한다는 점이다. 그리고 월주의 지지는 인월(寅月)부터 시작하지만 시간은 자시(子時)부터 출발한다는 점이다. 그리고 월주는 연간을 기준으로 산출하지만 시주는 일간을 기준으로 산출한다는 점이다.

일간을 기준으로 산출하는 방법은 월간을 산출할 때 연간을 기준으로 산출했을 때와 유사하다. 우선 일간과 합하여 새로 이루어진 오행을 극하는 오행이 출발시간이 된다. 예를 들어 일간이 갑이라면 '갑기합토(갑+기=토)'가 되며 새로 이루어진 토를 극하는 오행인 목이 시작 시간이 되고 시지는 자부터 시작하므로 자연스럽게 시주가 결정되어진다. 그러면 갑자(甲子)가 된다.

또 다른 방법으로는 일간과 합하여 새로 이루어진 오행을 지지 진토의 천간으로 배정하는 방법이다. 예를 들어 일간이 갑이라면 '갑기합토(갑+기=토)'가 되며 새로 이루어진 오행이 토이므로 무(戊)토가 진토의 천간이 되어 무진시를 이룬다. 따라서 무진을 중심으로 전후로 옮기면서 적용하면 시간을 알 수 있다. 진시(辰時)는 5번째에 해당하므로 갑자(자시), 을축(축시), 병인(인시), 정묘(묘시), 무진(진시) 등의 순서에 따라 무진(戊辰)이 시주가 된다.

(표 13) 시주(시간) 세우는 방법

구분	갑기일 (甲己日)	을경일 (乙庚日)	병신일 (丙申日)	정임일 (丁壬日)	무계일 (戊癸日)
11시~01시 자시(子時)	갑자 (甲子)	병자 (丙子)	무자 (戊子)	경자 (庚子)	임자 (壬子)

시주를 세우는데 가장 어려운 점은 사주 주인공이 몇 시에 때어난 지를 모를 때이다. 사주팔자를 구성하려면 태어난 시간을 모르면 낭패다. 대충이라도 알면 얼추 맞출 수 있는데 전혀 모르면 사실 사주를 구성할 수 없다. 사주를 구성할 수 없다면 아무리 초능력자라도 그 사람의 명운을 진단하거나 예측할 수가 없다. 생년, 생월, 생일, 즉 삼주(三柱)만 가지고도 진단하거나 예측할 수 있겠지만 아무래도 정확성을 극히 낮아지게 된다. 때문에 태어난 시간을 모르면 간단한 성격정도는 추정이 가능해도 명운을 논할 수는 없는 것이다.

그래서 시간을 알아내는 방법을 연구하는 학자들도 많다. 밤에 자는 자세에 따라 시간을 설정하는 방법, 머리 가르마에 따라서 설정하는 방법, 정수리의 위치에 따라서 설정하는 방법, 가족들 중에 가장 선호하는 사람이 누구냐에 따라서 시간을 설정하는 방법 등 그 방법도 각양각색이다. 이렇게 시간을 추정하는 방법이 많다는 것은 시간이 꼭 필요하다는 의미이기도 하며, 시간을 모르는 사람이 많다는 의미이기도 하며, 알 수 있는 방법이 공식적으로 규정된 것이 없다는 의미이기도 한다. 다시 말하면 꼭 필요하지만 방법이 없기 때문에 비공인된 방법을 편의적으로 응용한다는 의미이다. 따라서 어떤 방법이 꼭 맞는다는 것보다는 그렇게라도 비슷하게 시간을 찾아내어 사주를 구성해야만 된다는 의미이다. 물론 적중률은 그만큼 떨어진다는 것도 전제하여야 한다.

(표 14) 월두법(月頭法)과 시두법(時頭法)

연주·일주의 천간	연주천간에 따른 월주의 차례	일주천간에 따른 시주의 차례
甲·己	丙寅~丁丑月	甲子~乙亥時
乙·庚	戊寅~乙丑月	丙子~丁亥時
丙·申	庚寅~辛丑月	戊子~己亥時
丁·壬	壬寅~癸丑月	庚子~辛亥時
戊·癸	甲寅~乙丑月	壬子~癸亥時

사주팔자를 세우는데 월주와 시주는 거의 유사한 방법이 있음을 알았다. 월지와 시지는 이미 정해진 것이고 월간과 천간은 연간과 일간을 참조하여 구하면 된다. 이 때 적용되는 방법이 연간 또는 일간과의 합의 결과를 기준으로 정하는 방법을 공식화 한 것이 바로 월두법, 시두법이라 한다. 월주와 시주의 천간 법식(월두법·시두법)은 (표 11)과 같다.

월주의 경우, 가령 연주가 갑자년이나 기축년 등 갑(甲)이나 기(己)가 천간인 사람이 진월(3월)에 태어났다면 병인(1월)에서 시작하여 정묘(2월)·무진 (3월)과 같이 육갑순으로 내려가 무진이 월주가 된다. 시주의 경우는 일주가 을미년이나 경술년 등 을(乙)이나 경(庚)이 천간인 사람이 묘시(5~7시)에 태어났다면 병자(23~1시)에서 시작하여 정축(1~3시)·무인(3~5시)·기묘(5~7시)와 같이 육갑순으로 내려가 기묘가 시주가 된다.

이상과 같이 세워진 사주는 그 사람의 운세를 함축한다고 보는 것을 명리(命理)라 하고 사주의 구조를 분석, 종합하여 그 사람의 길흉화복을 추리하는 것을 추명(推命)이라 한다. 흔히, '사주를 본다'는 것이 곧 그것이다. 추명의 기능은 크게 두 가지로 나눌 수 있다. 첫째는 그 사람의 선천적 숙명을 판단하는 일이요, 둘째는 이른바 피흉취길(避凶就吉)하는 개운법(開運法)이다.

9. 사주팔자의 특징

모든 생명체는 우주 주체의 기운을 똑같이 받는 경우는 거의 드물다. 더구나 환경과 DNA가 포함되면 같을 확률은 더욱 낮아진다. 생명체가 형성될 때는 최소한 4가지의 환경에 의해서 형성된다. 그것이 연(年), 월(月), 일(日), 시(時) 등이다. 즉 태어날 당시의 시(時)·공간(空間)과 관계된 환경이다.

연(年)은 봄, 여름, 가을, 겨울 등 4계절의 변화를 가지고 있다. 4계절 중 어느 계절의 기운인가라는 문제는 대단히 중요한 문제가 된다. 예를 들면 어떤 생명체의 경우 봄에 태어난 것인지, 여름에 태어난 것인지, 가을에 태어난 것인지, 겨울에 태어난 것인지에 따라 그 기운이 다른 것이다. 또한 연(年)은 12개월의 기운을 가지고 있다. 12가지의 기운이 있다는 의미이다. 따라서 1월의 기운과 4월의 기운이 다르고 7월의 기운이 다르다는 의미이다. 때문에 하나의 생명체는 12가지 유형으로 나뉠 수 있는 것이다. 마찬가지로 '24절기(節氣)'도 있다. 따라서 절기에 따라서도 그 기운이 다르게 나타난다.

월(月)은 30~31개의 각기 다른 기운을 가지고 있다. 1일의 기운이 다르고 15일의 기운이 다른 것이다. 크게 3등분해서 초(初)의 기운과 중(中)의 기운과 말(末)의 기운이 다른 것이다.

일(日)은 모두 24시간의 기운을 가지고 있다. 즉, 시간이라는 기운을 가지고 있다. 그리고 밤과 낮의 기운을 가지고 있다. 이에 따라 그 기운이 각각 다른 것이다. 아침 기운이 다르고 밤기운이 다른 것이다.

시(時)는 1일 기준 1,440분, 86,400초라는 기운을 가지고 있다. 시간 시간마다의 기운이 다른 것이다. 분마다의 기운이 다르고 초마다의 기운이 다른 것이다.

이를 초(秒)까지 극히 분산하여 계산해 보면 1년에 31,536,000개의 기운으로 구분되어 진다. 다시 말하면 1년에 나타나는 기운이 31,536,000개의 기운으로 나뉘는 것이다. 또한 해마다 1개의 지지를 배속하면 총 12지지가 있으니까 378,432,000,000의 기운이 있게 되며 이를 다시 천간과 합체한다고 보면 3,784,320,000,000개의 기운으로 나뉘게 되는 것이다. 약 3~4조 개의 기운으로 분류되는 것이다. 모든 생명체는 이

3~4조 개로 분류된 기운 중에 하나의 기운을 받아 탄생하기 때문에 똑같은 기운을 받아 태어날 확률은 거의 없는 것이다.

이처럼 우주의 기운은 그 시간과 공간에 따라 수많은 유형으로 구분되어진다. 때문에 새로운 생명이 탄생할 때 그 순간의 시공간의 환경, 즉 그 기운이 어떤 기운인 것이냐에 따라서 그 사람의 운명이 결정되어지는 것이다.

사주로 알 수 있는 것은 성격이나 적성 등 인성(人性)에 관한 사항, 부모·형제·부부·자녀 등 대인(對人)에 관한 사항, 관운·재운·학운 등 운수(運數)에 관한 사항, 그밖에 건강·상벌·재앙 따위가 있다. 이러한 사항들은 고정적인 것도 있으나 시간에 따라 유동하기도 한다. 10년 단위로 유동하는 것을 대운(大運)이라 하고 1년 단위로 유동하는 것을 세운(歲運)이라 하는데 길게는 몇 10년 동안으로 넓혀 보기도 하고 짧게는 달이나 날이나 시각으로까지 나누어 보기도 한다.

사주는 무엇보다도 균형과 조화를 중시한다. 음양이나 오행이 치우침이 없이 고루 배합되어 있으면 길하고 편중되어 있으면 그것을 균형과 조화가 이루게 조정하여야 개운이 된다. 이러한 사주는 오기(五氣, 五行)가 막힘없이 주류(周流)하므로 일단 좋은 구성이라 할 수 있다.

사주는 기신(己身)이라 하는 일주 천간(日干)을 중심으로 간지 상호간의 합충(合冲)과 육친(六親)의 관계, 음양의 조화, 오행의 생극(生剋), 십이운성(十二運星, 胞胎法)·십이신살(十二神煞), 길성(吉星)과 흉성(凶星), 그밖에 형(刑)·파(破)·해(害)·원진(怨嗔) 등을 살펴서 당사자와 시간·공간상의 처지나 사람·물체 따위 대상과의 화합여부를 종합하여 운세를 판단한다.

한편, 간지는 선천수(先天數) · 후천수(後天數)의 숫자로 대입시켜 대정작괘법(大定作卦法)에 따라 주역괘를 내어서 운세를 풀기도 한다. 주역괘란 건(乾, 天)·곤(坤, 地)·감(坎, 水)·이(離, 火)·진(震, 雷)·손(巽, 風)·간(艮, 山)·태(兌, 澤)의 8괘(八卦)를 제곱한 64괘로서 그 가운데 한 괘를 내어 주역점 푸는 방식에 따라 판단하는 것이다.[19]

사주의 개운법은 사주 자체로가 아니라 사주를 다른 술법(術法)에 원용하여 흉화(凶禍)를 길복(吉福)으로 바꿀 수 있다는 것이다. 좋은 이름, 길한 방위, 잘 맞는 궁합 등은 그 사람의 운세를 좋게 변화시킨다는 것인데 이것들은 모두 사주에 따라서 조정하는 것이다.

개운법으로는 인덕(仁德, 베푸는 것)이 최우선이다. 베풀다 보면 언젠가 천우신조(天佑神助)가 될 것이다. 그리고 착하게 사는 것이다. 남에게 해가 되지 않고 남을 밟거나 남을 욕되게 하지 않으며 함부로 남을 배척하거나 막말을 하지 않는 것이다. 하늘이 돕지 않으면 누군가가 반드시 도울 것이다.

그리고 또, 마음을 다스리는 것이다. 스스로 이겨내지 않으면 방법이 없다. 마음을 다스리는 것만이 스스로 이기는 길이다. 그 외에 흔히 명리술사들이 권하는 방법으로 풍수, 작명, 개명, 택일, 궁합 등이 있고 과거에 가장 많이 사용한 부적 등의 방법도

---

[19] [네이버 지식백과] 사주 [四柱] (한국민족문화대백과, 한국학중앙연구원)

있다. 사실 이런 것들도 일종의 마음 다스리는 방법의 하나이다.

제3절 좌표와 행운

1. 근묘화실(根苗花實)

사주의 각 주마다 제각기 그 역할과 기능을 가지고 있다. 특히 각 주는 서로 인연(因緣)을 맺고 있는데 그 인연관계는 정해진 운명에 따른다는 것이다. 때문에 사주 각 주마다의 인연관계가 형성되고 그 인연이 기준이 되어 또 다른 인연관계가 설정됨으로서 그 인연관계를 해석할 수 있다.

각 주마다의 인연관계를 설정하고 그 관계를 해석하는 것을 '근묘화실'이라 한다. '근묘화실(根苗花實)'이란 사주(四柱), 즉 연주, 월주, 일주, 시주를 근(연주), 묘(월주), 화(일주), 실(시주)로 나누어 그 관계를 설정, 해석하는 것이다. 그래서 '근(根)'은 뿌리를 의미하며, 주로 조상과의 관계를 설정, 해석하는 것이고 '묘(苗)'는 묘목 또는 논에 옮겨 심기 직전의 모를 의미하는데 주로 부모형제와의 관계를 설정 해석하는 것이다. 그리고 '화(花)'는 꽃을 상징하며, 부부관계를 설정, 해석하는 것이고 '실(實)'은 결실과 열매를 상징하며 자녀와 관계를 설정 해석하는 것이다. 이러한 인연관계가 설정됨으로서 각 주마다의 역할과 기능이 부여되는 것이다.

근은 근본을 의미하므로 사주 주인공의 운명의 뿌리가 된다. 뿌리는 사주팔자의 전체의 기본이며 사주팔자에 미치는 영향력이 크고 오래간다고 할 수 있다. 물론 시간이 많이 흐를수록 그 영향력이 낮아지는 것도 당연하다. 예를 들면 연지가 시지에 미치는 영향은 일지가 시지가 시지에 미치는 영향에 비해 월등히 떨어질 것이다. 하지만 연지는 근본이므로 그 영향력이 아예 없지는 않을 것이다. 따라서 연지의 영향력은 오래간다고 할 수 있다. 다만 그 강도는 바로 옆의 지지에 더 강하게 미친다. 하지만 연지는 오랫동안 지속적으로 작용한다. 이렇게 월지, 일지, 시지의 순서로 그 작용력이 지속된다고 할 것이다.

(표 15) 근묘화실

연주	월주	일주	시주
근	묘	화	실
선조, 조상	부모, 형제	자신, 배우자	배우자, 자식
집터 전체	기둥, 후원(뒷뜰)	사는 집, 주방	베란다. 대문 밖
본 동네	옆집	우리집	도로, 노상
두(머리)	견(어깨)	몸통	사지(팔, 다리)
뿌리와 정신	어깨, 팔, 다리, 흉부	몸통	생식, 엉덩이
조국	사회	가정	후생
사장	중간관리자	자기자신	부하직원

중요한 것은 그 운명을 해석하는데 얼마나 정확성을 가지고 있느냐 하는 것이다. 사주를 해석하면서 일간과 가까이 있으면 유정하고 멀리 있으면 무정하다고 한다. 즉

일간과 멀리 있을수록 그 영향력이 낮다고 하는 것이다. 틀린 말은 아니다. 아무래도 일간을 중심으로 사주를 해석할 때 일간과의 거리가 멀수록 그 영향력이 약할 것이기 때문이다.

일간과 거리가 가장 멀리 있는 것이 연지이다. 따라서 연지가 가장 무정한 것이다. 그러나 연지는 전체 운명의 기간을 오랫동안 지속적으로 영향을 미치는 역할을 한다. 때문에 비록 그 강도는 낮을지라도 지속력은 오래간다고 할 것이다.

2. 원형이정(元亨利貞)

'원형이정(元亨利貞)'이란 한마디로 사주(四柱) 주인공의 일대기를 나타내는 것이라 할 것이다. 이것도 근묘화실과 같이 사주의 각 주마다 그 기능과 역할을 설정하고 해석한다. 즉 연주, 월주, 일주, 시주를 원(연주), 형(월주), 이(일주), 정(시주)으로 나누어 그 관계를 설정, 해석하는 것이다. 그래서 '원(元)'은 사주 주인공의 초년시절을 설정 해석하는 것이고, '형(亨)'은 중년시절을 설정 해석하는 것이다. 그리고 '이(利)'는 장년시절로 설정, 해석하는 것이고 '정(貞)'은 노년시절을 설정 해석하는 것이다. 이렇듯 각 주마다의 기능과 역할이 있어서 그 관계를 해석하는 것이 원형이정이다.

그런데 초년, 청년, 중년, 장년에 대한 구분이 다소 불분명한 것이 사실이다. 원래 사주팔자의 구성은 60갑자로 이루어져 있어서 60갑자를 1주기(1cycle)로 보고 한 번의 주기가 끝나면 다시 처음부터 시작된다고 보았다. 그래서 사주팔자의 원형이정도 60세까지 만을 규정하고 있다. 그렇다 보니 연주에 해당하는 원(元)은 15세까지를, 형(亨)에 해당하는 월주는 30세까지, 그리고 일주에 해당하는 이(利)는 45세까지 마지막으로 정(貞)에 해당하는 시주는 60세까지 적용한다고 보았다. 이는 60세 즈음에서 인간의 삶이 마감된다는 전제가 있었거나 아니면 60갑자에 얽메여 융통성이 부족했거나 둘 중 하나였을 것으로 추정된다.

문제는 인간의 수명이 100세에 이르렀다는 점이다. 현대사회에서 인간의 수명이 100세까지로 연장되면서 60세 이후에는 좌표를 설정할 수 없게 된 것이다. 그렇다고 정에 해당하는 시주를 60세 이후 끝까지라고 규정하기에는 너무 비논리적이다. 때문에 현대명리학을 연구하는 사람들이 그 적용에 있어서 정확한 규정을 여러 가지 논리로 삼으오나 아직 정확하게 자리를 잡지 못하고 있다.

그런 연구결과 중의 하나가 인간의 일생을 80세(현재 평균 수명이 80세 수준이므로)로 보고 20년씩 적용하는 방법을 주로 이용하고 있다. 나름 가장 현실적이기도 하지만 인간의 평균수명이 빠른 속도로 늘어나기 때문에 머지않아 바로 고쳐야 한다는 모순이 생긴다.

다른 하나는 기존의 60세로 적용하고 60이 지나면 다시 원, 형, 이, 정으로 되돌아서 결국 120세(육십갑자가 음양의 조합까지 이루면 120이 됨)를 기준으로 삼는 방법을 내놓는 경우도 있다. 과거의 논리를 그대로 적용하되 현대적인 상황을 반영한 것이다. 사실 명운을 분석하면서 연주 기준으로 하면 60년 이후는 다시 육십갑자가 반복되기 때문에 어느 정도 논리성을 가지고 있다. 하지만 60세 이후에는 다시 0세부터 시작된 인생을 경험하게 된다는 점에서 설득력을 잃고 있다.

또 다른 하나는 인간의 수명을 100세로 두고 각 주마다 25세를 기준으로 설정하는 것이다. 현재로서는 가장 현실적으로 보인다. 다만 25세마다 한 주를 배정하는데 대한 논리적인 배경이 여의치 않다. 왜 25세가 되어야 하는 지.

마지막으로 120세까지를 인간의 수명으로 보고 120세를 기준으로 원, 형, 이, 정을 규정하는 방법을 제시하는 학자도 있다. 그렇다면 원은 30세, 형은 60세, 이는 90세, 정은 120세까지로 규정하는 것이다. 논어에서 하늘이 주어진 인간의 수명을 천수(天壽)라 불렀고 이를 120세로 보았다는 점에서 설득력이 있다. 그리고 갑자의 돌림이 음양의 조합도 허용한다면 120까지 설명이 가능해지므로 역시 설득력이 있다. 또한 과거 12지지, 12개월 또는 12황궁 등의 기준을 목성의 공전주기로 삼았다는 점에서 볼 때 공전주기가 30년이 이르는 토성(명리학에서는 우주에서 토성이 가장 마지막 별이라고 생각하였음)을 기준으로 30년 적용한다는 논리도 설득력이 있다.

그리고 한 세대의 차이가 30년이 난다는 사실도 30년을 간격으로 적용하는 것이 옳다고 주장하는 것도 역시 설득력이 있다. 다만 시지를 90세이후로 적용하면 현실적으로는 시지의 결과를 경험하지 못한다는 모순이 있다.

그런 모순에는 첫째, 사주팔자의 구성이 그러하기 때문에 90세 이전에 사망한 경우는 결국 시주의 결과를 볼 수 없는 것이며 120세까지 살아야 그 경험을 다할 수 있는 것이며, 설사 120세까지 산다고 하더라도 시주의 기능은 자식, 자녀의 궁이기 때문에 후손들의 문제이지 본인의 문제가 아니므로 본인에게 미치는 직접적인 기운이 아니라는 것을 내세운다.

또 하나의 모순은 그동안 60세, 80세를 기준으로 적용했을 경우 적중해 왔다는 경험치를 어떻게 판단할 것이냐는 문제이다. 이런 모순 때문에 120세를 적용하는 것도 한계를 가지게 된다.

이런 저런 문제점들을 안고 있지만 중요한 것은 수명이 연장될수록 세대간 연령의 차이가 길어진다는 점에서 지금 당장은 아닐지라도 120세를 적용할 수밖에 없는 경우가 생길 것이라는 전망이다. 이런 점을 염두 해 두고 원형이정을 판단하여야 할 것이다.

원형이정을 계절로 비교하면 원은 봄, 형은 여름, 이는 가을, 정은 겨울에 해당한다. 4계절은 12개월로 이루어지고 각각 3개월씩 구성되므로 원형이정도 3개월씩 구성된다. 이 기준으로 봐도 120세를 기준으로 30년씩 나눠야 한다는 주장이 설득력을 갖게 된다고 할 것이다.

원형이정을 시간적 전개과정을 기준으로 삼으면 원은 대과거, 형은 가까운 과거, 이는 현재, 그리고 정은 미래를 상징한다.

(표 16) 원형이정

연	월	일	시
원	형	이	정
초년	중년	장년	말년
대과거	근접한 과거 현재완료	현재 하루하루 삶의 패턴	미래

3. 행운

행운(行雲)이란 인간이 출생 직후 인생행로에서 맞는 운을 말한다. 인생이 마치 구름처럼 흘러간다고 해서 행운이라 부른다. 따라서 사주팔자 자체를 제외한 모든 운은 행운이라 부른다. 사주팔자는 타고난 운명이므로 명운(命運) 또는 선천 운이라 한다. 이에 비해 출생이후부터 인생의 행로에 의해 전개되는 명운은 인생경로에 의해 결정된다고 해서 행운이라 하고 후천운이라고도 하는 것이다. 행운은 다른 말로 운수(運數)라고도 부른다. 행운, 즉 후천운은 대운과 세운, 월운, 일운, 시운 등으로 구분한다.

1) 대운

대운은 10년에 한 번씩 바뀌는 운체를 말한다. 사주팔자를 보면 월지는 월, 또는 계절을 나타내는데 1년 12개월과 봄, 여름, 가을, 겨울 등 4계절을 표현한다. 사주팔자가 절기학이라고 부르는 이유는 사주팔자의 구성이 절대적으로 절기의 영향을 받았기 때문이다. 따라서 사주팔자 중 가장 영향력이 큰 글자는 월지이다. 따라서 월지의 변화는 일간, 즉 본체에 직접적이며 가장 강력한 영향을 미친다고 볼 수 있다. 그래서 월지의 변화가 사주팔자, 명운에 중요한 의미를 주며 결정적인 역할을 하게 된다. 이 월지의 변화가 바로 대운이다.

사주팔자가 있으면 먼저 월지를 본다. 그러면 그 다음의 대운 그 월지의 그 다음글자나 그 앞 글자가 해당된다. 그 다음은 대운은 또 그 다 다음 글자가 해당된다. 이렇게 대운이 전개되는데 한 번 바뀔 때마다 10년이 걸린다. 그래서 대운은 10년에 한 번씩 다른 형태로 나타난다고 할 수 있다. 왜 10년인지는 잘 알려지지 않는데 개인적인 연구결과 천간이 10개 있는데 월지 하나에 결합 가능한 경우의 수가 10번 있기 때문이 10천간이 한 번씩 결합하여 반복하는 기간을 적용한 것으로 보인다.

대운을 찾는 법은 일정한 공식이 있다. 먼저 사주팔자 중 월주를 보고 무엇인지를 판단한다. 예를 들어 월주가 갑자(甲子)라고 하자. 다음에는 연주를 본다. 연주도 갑자(甲子)라고 하자. 이 사람은 갑자년 갑자월에 태어난 사람이다. 그 다음에 사주 주인이 남자인지, 여자인지를 판단한다. 남자는 양, 여자는 음으로 보고 남자의 연간이 양이면 순행하고, 여자의 연간이 음이면 순행한다. 이것은 음양조화와 균형, 인력과 척력의 조화 등을 감안한 남양여음의 사상에서 파생된 결과이다. 그렇다면 남자의 연주가 음이면 역행하고 여자의 사주가 양이면 역행한다.

순행이란 순서대로 흐른다는 의미로 갑자년, 갑자월 생 남자이면 순행하니까 대운의 흐름은 을축, 병인, 정묘, 무진, 기사......, 이런 순서로 대운이 전개된다. 그리고 역행은 이의 반대의 순서이다. 갑자년, 갑자월 생 남자이면 역행하니까 대운의 흐름은 계해, 임술, 신유, 경신, 기미, 무오......, 이런 순서로 대운이 전개된다.

대운은 10년을 기준으로 변화한다. 이는 한번 대운이 들면 10년간 유지된다는 것과 같은 의미이다. 따라서 대운은 10년간 그 기운이 강세를 보이다가 다음 대운에 의해 사라지고 새로운 대운이 10년간 지배하다가 다음 대운에 의해 사라지게 된다. 이렇게 한 바퀴 도는 데 천간 기준으로 100년이 걸리고 지지 기준으로 120년이 걸린다. 이를 기준으로 보면 아마도 인간의 생명은 120년이 수명일거라 짐작된다. 논어에서도 120세를 하늘이 내려준 명(命)이라 하여 천수(天壽)라고 부르는 것도 이와 연관된 듯하다.

이를 기준으로 하면 사주팔자의 원형이정도 120년을 기준으로 배치되어야 한다. 다시 말하면 연주 30년, 월주 30년, 일주 30년, 시주 30년으로 본다. 조상기운이 30세까지 미치고 부모기운이 60세까지 미치고 내 기운이 90세까지 미치고 자식에게 미치는 기운이 120세까지 미친다고 보면 될 것 같다.

대운이 지배하는 것은 10년이다. 주로 10년 동안 그 대운의 환경을 조성한다. 특정한 사건, 사고가 발생 한다기보다는 그러한 환경이 지배한다고 해석하여야 한다. 만약 사건이 발생한다면 10년 동안에 거덜 나거나 대박 터뜨리거나 둘 중 하나일 것이다. 10년 동안 한 해도 빠짐없이 그랬다면 아마 인간은 누구나 온전하지 못할 것이다. 그래서 10년 대운은 환경적인 요소로 보는 것이다.

문제는 무엇을 기준으로 10년이란 세월을 결정할 것이냐 하는 것이다. 이에는 절기와 밀접한 관련이 있다. 절기는 통상 15일 기준으로 바뀐다. 월에는 2개의 절기가 있으므로 월이 바뀌면 2개의 절기가 바뀐다. 이 중 월이 시작되는 절기를 기준(입절기)으로 전, 후 기간을 3으로 나누어 그 몫으로 연수를 정한다. 그러면 0부터 10까지 도출되는데 만약 3으로 나오면 대운은 3년, 13년, 23년... 이렇게 전개된다. 이것이 대운 연도 기준을 정하는 방법이다.

대운은 그 뿌리가 월지이다. 따라서 월지의 변화를 다룬다고 할 것이다. 때문에 대운의 간지(천간과지지)에서지지 중심으로 해석이 되어야 한다. 해석의 비중이 지지에 있다는 의미이다. 다만 지지는 천간의 영향을 받고 있으면 천간과 지지는 구분할 수 있지만 분리될 수는 없다는 원칙에 따라 천간의 영향력도 해석해 주어야 한다.

2) 세운

세운은 매년의 운세이다. 즉 1년에 한 번씩 돌아오는 우주천체의 기운의 총합결합체이다. 그래서 세운이 지배하는 기간도 1년이다. 1년 동안 세운의 기운이 전체 명운에 영향을 미침으로서 명운, 대운의 변화를 주도한다. 연간 운세라고도 하며 운수라고도 한다.

세운은 매년의 회전으로 연속된다. 예를 들면 금년이 갑자년이면 내년에는 을축년이 된다. 이렇게 60갑자가 돌아가면서 세운을 만든다. 세운은 운에서 새로운 연주를 이룬다. 따라서 사주팔자로 보면 연주에 해당되며 운의 중심을 이룬다. 그 기운은 연간과 연지로 구성된다. 연간은 연지가 중심이 되므로 연간보다는 연지가 우선이다. 흔히 새해에는 무슨 띠냐고 묻는 것은 연지가 무엇이냐고 묻는 것이다. 그리고 그 연지의 성격이나 힘은 연간의 역할에 있다. 따라서 연지의 역할과 기능이 더해지거나 덜해지는 것은 연간이다.

기본적으로 연간과 연지는 분리될 수 없으므로 하나의 체로 봐야한다. 때문에 갑자년이 온 것이지, 갑과 자가 따로 온 것이 아니라는 뜻이다. 만약 명운를 체로 보고 세운을 용으로 본다면 연간과 연지를 구분하여 적용할 수 있다. 그 적용의 비중을 연간에 더 둘 것인지 연지에 더 둘 것인지를 고민하는 경우가 많다, 그러나 그것은 비중의 문제가 아니라 이상과 현실, 정신과 육체, 추상과 실상의 문제라고 보면 된다.

예를 들면 올해 세운이 갑자라면 갑하고 자가 온 것이 아니라 갑자가 온 것이다 지지를 중심으로 보면 갑이 자에게 어떤 역할을 하는 것인지를 판단해 보고 그 결과에 해당하는 지지가 온 것이다. 용으로 쓸 때 나눈다면 사주팔자에 갑의 역할과 자의 역할이 무엇인지 보고 갑은 주로 정신적인, 추상적인 영역이고 자는 현실적인 육체적인 영역으로 보면 된다.

세운은 대운과 달리 현실적이다. 세운도 대운과 마찬가지로 환경적인 배경을 깔지만 세운은 좀 더 현실적이란 점이 다르다. 즉 이벤트성이 강하다. 현시적으로 그 결과가 나타날 수 있다. 어떤 사건이나 사실이 전개될 수 있다고 봐야한다. 그래서 대운보다는 좀 더 현실적인 것이다. 예를 들면 무슨 사건이 있는데 그 사건이 10년 동안 누적되어 발생하는 것과 1년에 1년에 발생하는 것은 그 강도나 느낌이 다르다. 세운과 대운의 차이가 그렇다.

3) 월운, 일운, 시운

월운은 매년, 매달 돌아오는 우주천체의 기운을 말한다. 운체의 월주를 이루며 천간과 지지로 구성되는데 지지는 고정적으로 정해져 있다. 1월은 항상 인월(寅月)이며 2월은 묘월(卯月), 이렇게 12월(丑月)까지 정해진다. 그리고 변동이 없다. 그래서 매년 봄, 여름, 가을, 겨울이 항상 그 시기에 나타나며 계절운동을 하고 해당 계절의 특징을 나타낸다. 따라서 월운은 어쩌면 거의 같다고 할 것이다. 항상 그 월에는 그 계절이 전개되기 때문이다. 인간이 살아가는 우주의 불변의 진리 중의 하나가 바로 계절의 변화인 것이다. 때문에 누구나, 어디서든지, 언제라도 예측 가능하며 똑같은 계절이 반복되고 있다는 사실을 인지하고 있다고 할 것이다.

다만 월간에 해당되는 천간의 기운은 항상 다르다. 왜냐하면 12달을 10천간이 돌아가면 조합을 이루기 때문에 항상 2개가 엇나가게 된다. 그래서 월운은 천간에 의해 변화를 가져오게 된다. 그래서 월운은 천간의 역할이 중요한 것이다. 매년 인월의 반복이지만 어떤 천간이 오느냐에 따라서 그 계절, 그 달의 기운이 달라지게 된다. 월운은 그래서 천간을 예의 주시하여야 한다.

사주팔자 원국, 즉 본체에서의 체에 해당하는 일간과 월운으로 들어오는 일간과의 관계, 월지와 관계를 살피어 본체에 미치는 영향을 살펴야 한다. 월운은 1개월 동안에 펼쳐지는 기운으로서 환경적 요소와 이벤트 적 요소가 동시에 깔린다. 즉 한 달간의 느낌일 수 있고 어떤 사건의 발단일 수도 있다. 그러한 기운이 한 달 동안 그 사람의 주변에 깔려 있는 것이다.

일운은 일진이라고도 한다. 하루의 운세이다. 하루 24시간 동안에 일어날 수 있는 기운이다. 인생으로 치면 잠시지만 하루로 치면 종일 내내 이므로 현실적으로 느낌이 와 온다. 즉 환경보다는 사건의 형태로 나타난다, 일운은 60갑자가 돌고 돔으로 어느 갑자가 오는 지는 일진의 흐름으로 파악하여야 한다. 즉 오늘의 일진을 기준으로 과거나 미래의 일진을 추정하는 것이다. 일단 오늘의 일진은 달력을 보거나 만세력을 봐야 한다.

시운은 해당 시간에 발생하는 기운으로 60갑자 중 하나가 배정된다. 시운도 시간이 정해져 있기 때문에 그 기운도 정해져 있다. 예를 들면 오전 8시는 진시(辰時)이다. 이 또한 불변의 진리이다. 따라서 오전 8시에는 항상 같은 기운이 나타난다. 그 기운이 명체에 어떤 영향을 미치는 가를 분석하는 것이 중요하다. 그런데 그 시각은 어제도 같고 오늘도 같고 내일도 같은 시각이며 같은 기운이다. 이를 바꾸는 것이 천간이다. 따라서 천간의 역할이 중요하다. 천간이 그 시각의 기운을 바꾸기 때문이다. 따라서 시운은 천간의 기운을 살피는 것이 중요하다. 시운은 그 시각에 발생하는 기운이므로 머무는 시각도 그 시각으로 끝난다, 짧은 시각에 순간적으로 발생하고 사라지는 기운이므로 명체 전체가 당장 변화를 가져오기 보다는 환경적으로 영향을 미친 가도 봐야 한다. 다만 이벤트의 경우 오히려 가장 현실적인 상황이 펼쳐질 수 있다. 바로 직면해 있는 상황이기 때문이다.

제4절 사주팔자 해석방법

1. 해석이 어려운 이유

'명리학'에서 가장 어려운 것이 바로 사주팔자의 해석이다. 글자 수가 8개 밖에 안 되는 데도 보이지가 않는다. 특히 초보자 일 때 보다는 배움이 깊어질수록 더욱 어렵게 보인다. 이유는 사주 해석이 진짜 어렵기 때문이다. 사주팔자가 8개의 글자로 이루어져 있지만 이들 조합을 통하여 수 만 가지의 경우의 수를 만들어내기 때문에 해석 또한 수만 가지가 되는 것이다. 때문에 사주팔자의 분석을 잘하면 잘할수록 경우의 수는 더 많아지게 되고 경우의 수가 많아질수록 해석이 어려워지는 것이다.

그래서 오히려 초보자일 때 해석이 쉽게 느껴진다. 초보자는 경우의 수가 몇 개 안 보이기 때문에 보이는 것만 해석하면 된다. 그래서 초보자일 때, 기초수준의 지식을 배운 정도의 수준일 때 본인 사주는 물론 다른 사람의 사주를 봐주고 싶어서 안달 나는 경우가 흔히 있다. 그렇게 하다가 어느 날 사주가 맞지 않다는 의심을 하게 된다. 왜냐하면 좀 더 많은 해석, 다양한 해석을 요구해 오는데 기초수준으로 그것을 해석하려 하니까 한계에 도달하여 더 이상 확대 해석을 못하기 때문이다. 사실 맞지 않다기 보다는 모른 것이다. 그래서 공부를 더 깊이 하게 된다. 그런데 문제는 그 때부터 발생한다. 명리 공부를 더 깊이 하려하면 할수록 더 어렵고 더 해석상 난맥을 발견하게 되기 때문이다. 이래서 명리가 어려운 것이다.

사실 명리 고수들은 명리를 쉽게 해석한다. 방법은 간단하다. 어려울수록 쉽게 해석하는 방법을 알기 때문이다. 안 그래도 어려운데 어렵게 해석하면 더더욱 어려워진다. 따라서 아무리 어려워도 쉽게 해석할 수 있는 능력, 지혜, 경험이 있어야 쉬워지는 것이다. 그런데 그것도 쉬운 것이 아니다. 고수들도 하루아침에 그렇게 이룬 것이 아니다. 그렇다고 방법이 없는 것도 아니다. 고수들은 이미 그 과정을 알고 있다. 물론 고수가 되려면 "깊고 넓은 이론 + 다양한 경험 + 설득력 있는 해석능력" 등이 종합화 되어야 한다. 그러기에 하루아침에 이루어지는 분야가 아닌 것이다.

그렇다면 사주팔자 쉽게 해석하는 방법은 무엇일까.

우선 순서를 정해야 한다. 무엇부터 해석하여야 할 것인가를 분명하게 정하고 출발하여야 한다. 사람들에 따라서는 처음 관찰하는 것이 천차만별이다. 일간부터 보는 사람이 있는 가하면 음양을 먼저 보는 사람도 있고 오행부터 보는 사람도 있다. 어떤 고수는 월지부터 관찰하는 사람도 있다. 연지부터 출발하는 고수도 있다. 누가 '정답이다'라고 할 수는 없다. 다들 나름대로 해석의 방법이 있고 그렇게 오랫동안 길들여져 있기 때문이다. 그렇다고 무작정 고수가 하는 것을 따라만 할 수 도 없다. 그래서 나름대로 순서를 정하여 가지고 있어야 한다.

순서를 정하기에 앞서 먼저 정해야 할 것이 있다. 그것이 체이다. 무엇을 체로 보고 사주팔자를 해석할 것인가라는 점을 사전에 먼저 확정 지어야 한다. 사주팔자에서

체로 정할 수 있는 것은 ①일간, ②일간+일지=일주, ③일간+월지, ④일주+월지, ⑤연지, ⑥연간+연지=연주, ⑦사주팔자 그 자체 등이 있다.

이 중에서 가장 많이 사용되고 있는 것이 일간, 일간+월지, 일주+월지, 사주팔자 등 4가지이며 그 중에서도 가장 보편적인 것이 일간이다. 일간을 체로 보고 출발하는 것이다. 그러면 나머지는 모두 용이 된다. 따라서 글자 하나하나를 일간에 대입하여 해석한다. 이것이 자평명리학의 방법이다. 그리고 해석 순서를 정한다. 그 순서는 나름대로 정하면 된다. 순서를 정하지 않고 출발하니까 답답해지는 것이다. 사주팔자가 마치 80개로 보여서 무엇부터 해석해야할 지를 모르게 되는 것이다. 그렇게 되면 이미 해석은 끝나버린 것이다. 아무것도 하지 못한 채.

사주 해석을 쉽게 하는 방법 중 또 다른 방법은 심플하게 해석 하는 것이다. 복잡하고 어렵게 하지 말고 단순하고 간단하게 하는 것이다. 원래 사주는 어렵다. 경우의 수가 하도 많아서 해석하기에 한계가 있다. 이럴진대 복잡하게 해석하게 되면 더 복잡해져서 결국은 엉뚱한 곳으로 가버리게 된다. 아무것도 하지 못하고 만다. 사주를 복잡하게 해석하는 버릇은 교과서만 가지고 공부하면 그렇게 된다. 왜냐하면 교과서는 사주풀이의 모든 것을 설명하는 지식은 있지만 요령껏 해석하는 지혜는 없기 때문이다. 사실 교과서에 있는 내용을 모두 적용한다고 해도 적중성이 떨어진 경우도 많고 오히려 산만해져서 무엇을 설명해야 할지 모르게 되는 경우도 허다하다. 차라리 한 가지라도 정확하고 정밀한 것이 좋다. 교과서에 있는 내용을 실전에서는 20%정도 밖에 사용하지 못한다. 고수는 그 20%를 가지고 200%를 만드는데 초보는 200%를 오히려 20%로 만드는 어리석음을 보여주는 것이 다른 점이다. 그러니 교과서는 참고만 할 뿐 실전에서 통용되는 20%만으로 전부를 해석하는 지혜가 우선적으로 필요하다고 할 것이다.

그러기 위해서는 단순하게 봐야한다. 예를 들면 재물운, 애정운, 사업운, 직장운 등 여러 가지 운세 중에서 당장 궁금한 것 한 가지를 먼저 고르고 그것에만 집중하여야 한다. 그래야 시간도 정밀해지고 시간도 절약될 수 있다. 처음에는 어렵지만 시간이 갈수록, 실력이 늘어날수록 그것이 오히려 정답이라는 것을 알게 될 것이다. 하지만 단순하게 해석한다고 해서 공부를 단순하게 해서는 안 된다. 사실 고수들이 단순하게 해석하는데도 정밀성이 높은 것은 넓고 깊은 지식과 경험을 가지고 있기 때문이다.

명리학의 범위가 고전 명리학부터 현대 명리학에 이르기까지 그 범위가 넓고 깊으면 다양하여 공부하기가 만만치 않다. 명리학 뿐만 아니라 점성술, 의학, 상술 등 인접학문도 워낙 광범위하기 때문에 이러한 이론과 지식 등도 뒷받침되어 상시적으로 응용되어야 한다.

그 보다 더 중요한 것은 기초지식과 경험에 충실하여야 한다. 기초가 튼튼해야 한다는 것은 어느 분야에서나 마찬가지이다. 기초가 튼튼하지 않으면 언젠가는 허물어진다. 오래가지 못한다. 다 들통 난다. 때문에 기초가 튼튼해야 하고 그 튼튼한 기초 위에서 광범위한 지식과 경험이 필요한 것이다. 다시금 설명하는데 기초가 가장 중요하다.

2. 해석의 핵심은 균형이다.

　사주팔자의 해석의 핵심은 균형이다. 사주의 균형. 균형이란 음양의 균형, 오행의 균형, 남녀의 균형, 육친의 균형, 조후의 균형, 계절의 균형 등을 말한다. 원래 사주는 8글자에 불과하기 때문에 균형을 이루기가 어렵다. 60갑자 중 4개만 존재하기 때문에 무언가 부족해도 많이 부족하다. 오행의 균형을 이루려면 팔자가 아니라 10자여야 한다. 그래야 오행이 균형이 이루게 된다. 구조적으로 균형을 잃고 탄생한 것이다.
　그래서 명운의 균형을 이루는 것은 대단히 중요한 일이다. 그나마 균형을 가지고 태어난 사람도 있지만 아예 한 쪽으로 완벽하게 치우친 사람도 있다. 제각각 삶의 방향과 모습이 다르게 전개 된다. 그렇지만 균형을 이루는 사주는 삶이 보다 안정적으로 전개되는 반면 한 쪽으로 치우친 사주는 삶도 한쪽으로 치우치는 경향이 강하다.
　어느 것이 맞고 틀리고의 문제가 아니다. 어느 것이 좋고 나쁘고의 문제가 아니다. 삶의 모습을 나타내는 것이기 때문에 모양새가 그렇다는 의미이다. 안정적인 삶이냐 격동적인 삶이냐를 두고 좋다 나쁘다고 판단하는 것은 모든 사람들의 개개인의 취향에 따라 다르다. 그래서 그 냥 그 모양새대로 해석하는 것이 최상이다. 치우쳤으면 너무 한 쪽으로 치우쳤다고 하면 되는 것을 뭐가 좋고 뭐는 나쁘다고 하는 것은 바람직한 해석이 아니다.
　어쨌든 사주팔자의 치우침은 그 기울기의 차이일 뿐 어느 누구도 균형을 갖추지 못한 채 탄생하게 된다. 그래서 대운이나 세운 등 행운에서 그 균형을 유지해주는 기운, 인자가 나타나면 역동적인 사주는 안정적인 사주가 되고 안정적인 사주는 역동적이 되는 것이다. 그러니 명운의 균형이 어떤 지를 먼저 판단하고 무엇 때문에 불균형한 지를 분석하면 그 사람의 삶의 모양새를 알 수 있다. 그것을 기준으로 행운을 보면 그 명운에 보완적인지, 대체적인지를 알 수 있다. 그래서 삶의 방향이 어디로 진행될 것인지도 판단할 수 있게 된다. 명운과 행운의 조합과 조화를 가장 중요시 보는 이유이다.

3. 해석의 순서

　가장 먼저 할 일은 사주팔자를 뽑는 일이다. 뽑는 방법은 만세력을 봐도 되고 컴퓨터나 핸드폰의 웹에서 뽑아도 된다. 과거처럼 어렵지 않다. 생년월일시와 음역, 양력, 그리고 남녀를 구분하여 입역하면 사주팔자와 그 외의 여러 가지 정보가 동시에 나타난다. 처음에는 너무 복잡하여 해석상 어려움이 가중 될 수 있으니 다른 정보는 제외하고 사주팔자에만 집중한다. 가장 먼저 사주팔자를 해석해야만 다른 정보들도 유용하게 쓰이기 때문이다.

사주팔자 중에서 일간의 상태를 제일 먼저 본다. 일간은 사주팔자의 주체이자 본체이다. 따라서 일간은 그 사람의 성향을 그대로 대변한다. 대부분 성격을 나타낸다고 알려져 있는데 성격뿐만 아니라 전체 운명을 가름하는 역할을 하기 때문에 대단히 중요하다.

일간은 10천간 중의 하나이므로 그 유형은 크게 10개의 종류로 분류하게 된다. 사실 사람의 유형을 10개의 종류의 분류한다는 건 너무 단편적이다. 사람마다 개성이 다르기 때문이다. 천간은 수많은 사람들의 개성을 비슷하게 묶어서 그룹화한 것이다. 어느 집단에 속하느냐에 따라서 그의 속성이 규정되어 진다. 따라서 일단 10천간 중 어느 천간에 해당하는 지를 보고, 그의 특성과 본질을 해석하면 된다.

그 다음은 사주팔자의 다른 천간 3개를 본다. 일간이 체라면 이들은 용이 되기 때문에 체용관계를 판단하기 위함이다. 체용관계는 서로 보완적이어야 한다. 그래야 부족한 부분이 보충될 뿐만 아니라 협력관계가 되기 때문이다. 예를 들면 천간 갑(甲)이 일간이라면 갑이 그 사주에 체가 되는데 이 체는 또 다른 갑을 모함해서 10개의 천간과 결합이 가능해진다. 사주팔자에서는 그 중 세 개를 만나게 되는데 그 세 개가 일간을 도와주거나 보완적이거나 균형을 유지해주는 것이어야 좋다. 만약 돕지도 않으면서 오히려 극살 한다면 일간 갑은 제 기능을 발휘할 수가 없다. 그런데 10개의 천간 중 어느 천간은 도움이 되고 어느 천간은 도움이 안 되는지를 알아야 해석이 가능할 것이다. 10천간에 대한 깊은 이해가 선행되어야 한다는 의미다.

세 번째로는 일간의 지지, 즉 일지를 본다. 일지는 일간의 육체, 현실적 환경을 의미하므로 일간의 현재 처해 있는 상황을 이해하게 될 것이다. 만약, 일지가 일간의 힘을 빼는 역할을 한다면 일간은 그 힘이 약해지거나 무슨 일을 도모하는데 그다지 역동적일 수가 없게 된다. 반대로 일간이 너무 강한 상태인데 일지가 힘을 뺀다면 오히려 그 힘이 균형을 이루게 됨으로 안정적인 역할을 할 수 있게 된다. 일주를 보면서 동시에 공망을 본다. 공망은 공치고 망했다는 의미라고 알려져 있다. 공망이 잇으면 결국 그에 해당하는 기운은 무력하거나 비워있다는 의미이다.

네 번째는 월지를 본다. 월지는 사주팔자의 사령탑 역할을 한다. 전체 사주팔자의 격을 결정하는 역할을 한다. 월지를 보면 그 사람의 사주팔자의 전체적인 모양새와 힘의 균형을 알 수 있다. 그만큼 월지는 대단히 중요한 역할을 한다. 월지는 대운과도 관련이 있다. 월지를 보는 순간 대운의 흐름도 알 수 있다. 그러면 운의 흐름도 짐작할 수 있다. 월지의 관찰은 다양한 해석을 가능하게 하기 때문에 대단히 중요한 요소이다.

다섯 번째 지지의 구성을 본다. 지지 4개의 구성을 보는데 균형을 이루었는지 치우쳤는지를 살핀다. 음양, 오행, 계절을 중심으로 치우쳤는지 아니면 균형을 이루었는지를 판단한다. 만약 균형을 이뤘거나 치우쳤다면 대운과의 비교를 통해 어떻게 조정되고 있는 지를 판단한다. 그런 방식으로 전체적인 균형을 관찰한다. 지지구성을 보면서 지지에 숨어 있는 지장간을 살핀다. 그 지장간이 사주팔자 천간과 결합을 하는 지 견제를 하는 지도 살핀다. 결합을 하면 힘이 더욱 강해지는 것이요 견제를 하면 힘이 더욱 약해지는 것이다. 어느 것이 균형을 이루는데 도움이 되는 지를 판단하고 지장 간의 역할과 결과를 분석한다.

여섯 번째는 사주팔자 전체를 본다. 사주팔자 전체의 균형을 보는 것이다. 흔히 사주팔자를 분석하는 과정에서 일간의 강약이냐, 사주팔자 전체의 강약이냐 놓고 고민하는 경우를 많이 본다. 어느 것이 정답이라는 개념이 아니라 어느 것이 해석하는데 유리하는가에 대한 개념으로 이해하여야 한다.

사주를 분석하는 방법은 참으로 많다. 그 중에 우리나라에서 대표적으로 사용하고 있는 방법을 요약하면 1) 음양오행으로 보는 법, 2) 일간을 중심으로 억부용신으로 보는 법, 3) 격국용신으로 보는 법, 4) 육친으로 보는 법, 5) 신살로 보는 법, 6) 12운성으로 보는 법, 7) 주역 등 점성술을 첨가해서 보는 법, 8) 당사주로 보는 법, 9) 간지로 보는 법, 10) 글자의 모양이나 동식물을 연상하여 물상으로 보는 법 등 크게 10가지로 구분할 수 있다.

이 중 학문적으로 가장 많이 시용하는 것은 억부용신법과 격국용신법이다. 그리고 현업에서 가장 많이 사용하는 방법은 신살법과 음양오행법이다. 무엇이 옳고 그름인지를 논하기 전에 적용하는 방법이 다르다는 것은 해석상 서로 약간의 혼란이 발생할 수 있다는 얘기가 된다.

사주팔자를 보면 유난히 많은 글자(음양, 오행, 간지 모두 포함해서)와 없는 글자를 발견하게 된다. 그런데 일간을 중심으로 신강, 신약을 따지는 것도 맞고 사주 전체를 보고 해석하는 것도 맞다고 본다. 다만 사주팔자가 모두 각각 중요한 구성 요소이기 때문에 어느 한 글자도 그 비중이 낮거나 소홀히 할 수가 없다는 생각 때문에 사주전체의 강약, 균형을 좀 더 세밀하게 관찰해야 할 것으로 판단된다.

일간을 중심으로 본다는 것은 일간을 본체, 즉 체로 보기 때문에 일간이 중심이 되고 나머지 글자는 체를 보조하는 용으로 해석하는 방법이다. 틀린 것은 아니다. 그러나 사주팔자를 모두 체로 본다면, 일간은 체를 구성하는 하나의 글자에 불과하기 때문에 해석상 그 비중이 달라지게 된다.

일간을 체로 보면 모든 사람들은 10가지 유형으로 분류된다. 천간이 10가지 종류이기 때문이다. 우리나라 인구를 5천만으로 보면 똑같은 일간은 500만 명이 있다는 얘기가 된다. 같은 유형이 500만 명 있다는 결론이다. "일간+일지=일주" 즉 일주를 "체"로 본다면 60개의 유형으로 분류할 수 있게 됩니다. 그러면 우리나라 사람들은 약 3만3천명이 하나의 유형에 속하게 됩니다. 하지만 사주팔자를 체로 보면 사람들은 12,960,000개의 유형으로 나눌 수 있다. 때문에 우리나라 사람들 4명이 같은 유형으로 분류가 됩니다. 확률적으로 어느 것이 더 정밀할까. 이런 이유 때문에 일간중심으로 해석도 하지만 사주팔자를 체로 놓고 해석하는 경우가 훨씬 더 정밀하고 정확하다고 할 수 있다.

일곱 번째는 근묘화실과 원형이정을 본다. 사주의 흐름을 본다. 물 흐르듯 잘 흐르면 원활한 삶을 구성할 것이고 막히면 답답한 삶을 구성할 것이다. 사주의 흐름이 좋은 사주가 삶도 원할 할 것이다. 더불어 대운과 행운도 본다, 사주팔자와의 어떤 관계를 가지게 되는 지 판단하는 것이다.

여덟 번째는 육친관계와 10성관계를 본다. 사실 육친과 십성을 사주의 꽃이라 한다. 육친과 십성만 가지고 사주를 다 판단하는 술사(術士)도 많다. 그만큼 육친과 십성이 명리학에서 차지하는 비중이 크고 넓다. 때문에 사주팔자를 뽑는 순간 육친, 십성이 동시에 뽑혀야 한다. 그래서 앞의 순서대로 해석하면서 육친, 십성도 함께 해석하여야 한다.

아홉 번째는 형충파해합 등을 살펴야 한다. 형충파해합 등의 의미는 타고난 사주팔자를 흔드는 역할을 한다. 때로는 힘을 더해주고 때로는 힘을 빼주며 때로는 괴롭히고 때로는 도와주는 역할을 한다. 때로는 격동적인 사주를 안정하게 하고 때로는 안정된 사주를 격동적으로 만든다. 따라서 사주팔자에 형충파해합 등이 있으면 그만큼 변동성이 큰 것이다. 이러한 것이 없으면 오히려 좋을 수도 있지만 없어서 오히려 기회를 얻지 못할 수도 있다. 그러니 형충파해합을 두고 나쁘다고만 할 것이 아니다. 그렇다고 좋은 것도 아니다. 사주팔자 전체를 두고 판단할 일이다. 그래서 사주팔자의 균형을 사전에 분석하는 것이다.

열 번째는 각 종 신살과 운성으로 해석한다. 사실은 여기까지 가면 상당히 많은 양을 해석하는 것이다. 그리고 그렇게 되면 어느 정도 프로가 된 것이다. 이 정도 수준이면 매일 명리학 공부를 하게 된다. 명리에 관한 수많은 이론을 터득하기 위해 도를 닦겠다고 덤빌지도 모른다. 그렇지만 여기까지는 볼 수 있어야 '명리를 본다'라고 할 수 있는 것이다.

제5절 정체성 찾기

1. 명의 본질 : 체(體)

　명운(fate, 命運)이란 일반적으로 우주의 주체가 모든 생명체에 각각 부여하는 일종의 기운(에너지)덩어리를 말하는 것으로서 이는 생명체가 우주의 지배를 받는 한 거역할 수 없는 필연적인 힘을 말한다. 다시 말하면 그 어떤 생명체도 우주의 주체로부터 기운을 받게 되는데 그 기운은 생명체가 거부하거나 거역할 수 없는 절대적인 기운이라는 것이다. 때문에 모든 생명체는 우주의 주체로부터 더 이상 어쩔 수 없는 명(命)을 받게 되는 것인데 이것이 본명(本命)인 것이다. 그리고 그러한 본명(本命)으로 정해진 생명체, 그 자체를 본체(本體)라고 한다. 줄여서 본(本) 또는 체(體)라고 한다. 즉 타고난 본명이 체인 것이다.

　그런데 체(體)는 수없이 많은 유형으로 구분되어진다. 똑같은 체(體)가 존재한다는 확률은 극히 낮다고 할 것이다. 때문에 이렇게 기운에 의한 체의 유형을 극세(極細)하게 구분한다는 것은 불가능한 일이 될 것이다. 굳이 구분하는 것도 의미가 없다고 할 것이다. 왜냐 하면 모든 생명체는 모두 전혀 다른 체(體)이기 때문이다. 한마디로 그 자체가 이미 구분된 것이기 때문이다. 사람들로 비교하면 너하고 나는 다른 유형인 것이다. 나하고 나의 자식과도 다른 유형인 것이다. 똑같은 기운을 가진 사람은 그 아무도 없는 것이다.

　그래서 굳이 의미를 찾자면 공통점을 가진 기운으로 다시 묶어서 다시 분류해 볼 필요가 있을 것이다. 그것이 천간과 지지의 결합으로 묶는 것이다. 즉 간지에 의한 분류이다. 간지는 10천간과 12지지가 하나의 시·공간을 만드는 것이기 때문이 간지를 생년월일시(生年月日時)에 대입하는 것이다.

　그렇다면 연(年)이 120가지 유형(10천간 X 12지지 = 120)으로 구분된다. 그리고 월, 일, 시 등에도 똑같은 형식으로 구분해 볼 수 있다. 그렇게 생년월일시(生年月日時)에 대입하게 되면 207,360,000개의 체(體)로 구분되어지는 것이다. 즉 똑 같은 체가 존재할 확률은 1/207,360,000이 되는 것이다. 때문에 특정 생명체의 운명은 207,360,000개의 생명체 중의 하나인 것이다.

　더 압축해서 설명해 보자. 천간과 지지가 음양이 같은 유형으로만 합체한다고 보면, 즉 60갑자로 구분해 보면 연(年) 60개, 월(月) 60개, 일(日) 60개, 시(時) 60개의 유형이 구분된다. 결과적으로 12,960,000개의 유형으로 압축된다. 다시 말하면 간지술로 보면 12,960,000개 유형의 체가 존재하게 되는 것이다. 이것은 타고난 운명의 수를 의미하는 것이다. 생명체의 운명이 이처럼 수많은 유형으로 구분되기 때문에 비슷한 운명은 있어도 똑같은 운명이 존재할 가능성은 1/12,960,000의 확률인 것이다. 그리고 그 중의 하나가 바로 '나'라는 체인 것이다.

2 체의 변화 : 작용(용)

　체(본체)라는 것은 근본적인 본명(本命)을 말한다. 이는 변하지 않는다. 이미 태어날 때 가지고 태어났고 그렇게 생명체가 형성되었기 때문이다. 1/12,960,000의 확률로 만들어진 체는 정신세계와 육체세계를 가지고 있다. 따라서 명운이 된 본체는 그 본체만의 고유(12,960,000개 중의 하나)의 정신세계와 육체세계를 갖게 된 것이다. 그리고 그 체는 그 고유의 기운에 의해 형성된 것이기 때문에 그 만의 운명을 갖게 된 것이다.

　그 기운, 즉 우주 주체가 발산하는 기운의 차이는 천차만별이다. 어쩔 때는 강할 수도 있고 어쩔 때는 약할 수도 있다. 어쩔 때는 넓을 수도 있고 어쩔 때는 좁을 수도 있다. 아무튼 다르다. 그래서 어떤 기운이 운동할 때 어떤 기운이 전달되고 어떤 생명체가 그것을 받게 되느냐에 따라 그 생명체의 본질이 형성되는 것이며 그 본질이 천차만별로 나타나는 것이다.

　어떤 생명체는 화려하게 태어났는가 하면 어떤 생명체는 초라하게 태어날 수도 있다. 사람으로 비유하면 어떤 사람은 부자로 태어났는가하면 어떤 사람은 아주 가난하게 태어난 경우가 있다. 이 모두 그 생명체가 태어나는 순간의 생년월일시(生年月日時)에 의한 선택된(우주의 주체가 선택한) 기운에 의한 것이고 그 생명체에 주어진 어쩔 수 없는 운명인 것이다. 그래서 그 운명은 바뀔 수가 없으며 변할 수도 없는 것이다. 이것을 인정하는 것이 순천(順天)이다. 그리고 이것을 부정하는 것이 역천(逆天)인 것이다.

　그런데 우주의 주체는 정체되어 있는 것이 아니라 항상 역동적인 자전운동과 공전운동을 하고 있다. 그리고 이러한 운동은 언제나 규칙적이고 반복적이다. 그러한 질서를 반드시 유지하고 있다. 그러면서 변함없이 우주의 기운을 발산하고 흡수하면서 순회하고 있다. 그러한 기운은 어김없이 생명체에 전달된다. 우주 주체들은 그들의 기운을 모든 생명체에 전달한다. 그러한 운동의 과정에서 새로운 생명체가 탄생한다. 또한 이미 생명을 유지하고 있는 또 다른 생명체에게도 전달된다. 즉 이미 완성된 체(본체)에게도 우주의 운동으로 생성된 기운들이 전달되는 것이다. 이 기운은 2차적인 기운이다. 태어날 때 형성된 기운(체)이 원초적인 것이라면 이 기운은 파생적인 기운이다. 이것을 작용(作用), 즉 용(用)이라 한다.

　2차적인 기운 즉 용(用)은 반드시 체(본체)에 그 기운을 전달하고 그 생명체의 운명에 영향을 미친다. 이 때가 본명이 바뀔 수 있는 순간이다. 즉 본체에 새로운 환경(용, 用)으로 전달되어 지는 것이다. 그래서 용은 체에 여러 가지로 영향을 미치게 된다. 강하게 다가올 수도 있고 약하게 다가올 수도 있다. 넓게 찾아올 수도 있고 좁게 찾아올 수도 있다. 어떤 기운이 넘치는데 또 그 기운이 올 수도 있고 어떤 기운은 아주 부족한데 그 부족한 기운을 보충시켜 줄 수도 있다. 어떤 기운은 아예 없는데 그 없는 기운이 아예 찾아오지 않을 수도 있다. 참으로 모든 것이 우주주체의 규칙적인 운동에 의한 것이니 그 영향권에 있는 생명체로서는 어쩔 도리가 없는 것이다.

때문에 2차적인 기운(용)은 가급적 원초적인 기운(체)과 보완관계인 것이 좋다. 체에서 부족한 기운은 보충하고 넘치는 기운은 줄여주는 것이 좋다. 그렇게 함으로서 체가 평형, 즉 균형을 이루게 되면 생명력이 더욱 강화되는 것이다. 체가 변하지 않는 대신에 용이 그 체를 바꾸어주는 것이다. 그러니 아무리 체가 좋아도 용에 의해 나빠질 수 있고 아무리 나쁜 체라도 용에 의해 좋아질 수 있다. 이것이 '체용관계'이다.

어떤 생명체는 태어나서부터 화려하게 태어나서 화려하게 생명을 유지하다가 화려하게 그 생을 마감하는 경우도 있고 어떤 경우는 초라하게 태어나서 초라하게 살다가 초라하게 죽는 경우도 있다. 그리고 어떤 경우는 화려하게 태어나서 초라하게 죽는 경우도 있고 어떤 경우는 초라하게 태어나서 화려하게 죽는 경우도 있는 것이다. 이 모든 것이 체용의 관계에서 나타나는 것이다.

그러나 이에는 한계가 있다. 즉 용은 역동적이라는 사실이다. 우주의 운동을 통해 유동적으로 작용하는 것이다. 때문에 용은 어떤 규칙에 의한 흐름 속에서 체와 만났다가 다시 그 흐름 속에서 체와 이별을 한다. 그리고 다른 용이 나타나서 다시 그 체와 만나고 그 용은 다시 헤어지고 새로운 용이 나타나는 것을 반복하는 것이다. 결론적으로 체는 고정적인데 용은 변동적이다. 체는 영구적인데 용은 일시적이다.

3. 간지의 체와 용

용(用)도 간지(干支)로서 구성된다. 용도 음양이 있고 5행이 있다. 이 점에서 체(體)와 같다. 다만 체는 이미 주어진 운명이고 용은 우주의 운동으로 나타나는 일연의 흐름인 것이다. 다시 말하면 체도 생년월일시(生年月日時)에 의해 만들어지고 용도 생년월일시(生年月日時)에 의해 만들어진다. 다만 체의 생년월일시(生年月日時)는 태어날 때의 기준이므로 변하지 않는 것이고 용의 생년월일시(生年月日時)는 연·월·일·시(年月日時)의 흐름 속에서 만들어지는 것이다.

체는 기본적으로 연(年)의 간지(干支), 월(月)의 간지(干支), 일(日)의 간지(干支), 시(時)의 간지(干支)로 이루어진다. 이것은 태어난 그 당시의 기운에 의해서 정해지는 것이다. 이것이 오늘날의 생년월일(生年月日)인 것이다. 생년월일이 간지로 표시되는 것은 두 가지 이유가 있다고 할 것이다. 하나는 당시에는 생년월일을 표현할 방법이 딱히 없었다는 점이다. 숫자로 된 달력도 없었을 뿐더러 있다면 절기(節氣)를 사용했을 것이다. 그 절기가 곧 간지인 것이다. 두 번째는 우주의 원칙이다. 우주의 주체가 음양 5행 운동을 통하여 그 기운을 발산시키는 과정에서 자연스럽게 형성되는 간지(干支)의 구성인 것이다.

용(用)도 마찬가지이다. 작용의 시점에서 형성되는 간지(干支)가 곧 용(用)이 되는 것이다. 그것도 당연히 연월일시(年月日時)로 구성되어진다. 연월일시(年月日時)가 하나의 용(用)이기 때문이다.

(표 17) 간지의 형성(체와 용)

		연(年)	월(月)	일(日)	시(時)
예제) 생명의 탄생 당시(體)		19XX년	X월	X일	XX:XX
간지	천간	O	O	O	O
	지지	O	O	O	O
예제) 미래 어느 날 기운(用)		2030년	Y월	Y일	YY:YY
간지	천간	△	△	△	△
	지지	△	△	△	△

    체와 용은 당연히 하나의 운명을 이룬다. 또한 체는 용에 의해서 변하기도 하고 용은 체에 의해서 변하기도 한다. 해석하면 연월일시 중 연(年) 하나만을 체(體)라고 한다면 월(月), 일(日), 시(時)를 용(用)이라 할 수도 있다. 또는 월(月) 하나 만을 체(體)라 한다면 다른 것들은 용(用)이 된다. 연월일시(年月日時)를 체(體)로 하는 것은 그것이 하나의 생명체를 완전하게 탄생시키는 기운이기 때문이다. 즉 생명의 탄생은 연월일시가 하나가 된 그 순간이기 때문이다. 이것이 체의 원리이다.

    그리고 용도 마찬가지이다. 만약 연(年) 만을 중요시 한다면 그 하나 만이 곧 용(用)이 된다. 연(年)과 월(月) 만을 중요시 한다면 그 둘이 곧 용(用)인 것이다. 이것 또한 용(用)의 원리인 것이다. 아무튼 체와 용은 사주팔자(四柱八字)를 구성한다. 그리고 그 근본은 간지의 조합이다. 그리고 그 간지의 구성을 해석하는 것이 간지술 또는 간지학인 것이다.

4. 좌표와 체용

    모든 생명체는 반드시 하나의 체를 갖게 된다. 그것이 사주일수도 있고 삼주일수도 있고 이주일수도 있고 일주일수도 있다. 통상 사주를 기준으로 체를 세우는 것이 기본이다. 사주가 하나의 생명체가 탄생하는 시점 즉, 생년월일시(生年月日時)를 나타내는 것이기 때문이다. 그리고 그것이 그 생명체의 운명이기 때문이다. 그러나 사주도 해석하는 과정에서 다양하게 응용되기도 하고 사주에서도 각 주간의 관련성을 해석할 필요가 있기 때문에 사주 내에서도 체와 용으로 나눠지기도 한다.

    자세히 설명하면 사주의 각 주마다 제각기 그 역할과 기능을 가지고 있다. 특히 각 주는 서로 인연(因緣)을 맺고 있는데 그 인연관계는 정해진 운명에 따른다는 것이다. 때문에 사주 각 주마다의 인연관계가 형성됨으로서 인연관계를 해석하면서 체가 용이 된다는 의미이다. 그런데 이 때에도 반드시 체가 있어야 한다. 그리고 그 체를 기준으로 인연관계가 설정되고 그 인연관계를 해석할 수 있기 때문이다.

    문제는 이 때의 체를 무엇으로 결정할 것인가라는 점이다. 전통적으로 내려오는 학설은 두 가지다. 하나는 연지(年支)를 체로 삼고 다른 7가지 글자를 용으로 삼는 것이다. 때문에 나머지 7글자는 연지와 어떤 인연을 갖게 되는 지를 해석하는 방법이다. 흔히 말하는 '띠'로 본다는 의미이다. 즉, '띠'가 '나'를 대표하는 '체'인 것이다. 이것이 소위 '당나라 사주', 즉 '당사주(唐四柱)'라고 하는 것이다.

그런데 모든 지지가 간지의 영향을 무시하고 독립적으로 존재할 수 없다는 반론이 있다. 왜냐 하면 지지는 천간의 기운을 벗어날 수 없기 때문이다. 그래서 천간과 지지를 합하여 하나의 체로 간주하는 것이 더 유력해 보인다. 이것이 연주(年柱)이다. 그래서 연주를 체로 삼는 것이다.

또 하나는 일간(日干)을 체로 삼는 방법이 있다. '일간'이란 사주 중에서 일주(생일 기준)의 천간을 두고 하는 말이다. 즉, 일간이 '체'이고 '나'를 대표하는 것이라는 의미이다. 일간을 기준으로 다른 7개의 글자와의 관계와 인연을 설정, 해석하는 것이다. 이것이 오늘날 가장 널리 알려진 '명리(命理) 사주'이다. 이 명리 사주는 '자평명리학'으로 더 알려져 있는데 중국 송나라의 '서자평'이 저술한 '자평진전'에서 유래되어 온 것을 말한다.

일간을 중심으로 할 때도 각 주마다의 '근묘화실'과 '원형이정'의 관계는 그 적용이 같다고 할 것이다. 다만 '자평명리학' 일간이 중심이 되어 각 글자 하나하나의 관계를 중요시하는 반면, 당사주는 연주(또는 연지)를 중심으로 지지와의 관계에 더욱 비중을 둔다는 것이 차이점이다.

특히 '자평명리학'은 5행 운동의 영향력에 비중을 크게 두는 반면, 당사주는 글자 상호간의 관계성에 더 큰 비중을 둔다는 점이 다르다고 할 것이다. 그러나 자평명리학과 당사주는 모두 하도(河圖)[20]와 낙서(洛書)[21]에서 출발하였다는 점에서 그 뿌리가 같다고 할 것이다. 오늘날의 대부분의 사주는 자평명리학으로 해석하고 있지만 당사주가 오랜 역사와 함께 깊이 뿌리를 내리고 있다.

중요한 것은 그 운명을 해석하는데 얼마나 정확성을 가지고 있느냐 하는 것이다. 정확성을 가질 수 있다면 굳이 자평명리학과 당사주를 구분해서 배타적으로 삼을 것이 아니라 모두 적용하여 장점만을 활용하는 것이 현명하다고 판단한다. 학문적으로는 어쩔지 모르겠지만 기술적, 실용적(현업)으로는 최소한 그렇다고 생각한다.

5. 명운의 체용

명운에서의 '체(體)'는 기본적으로 '사주(四柱) 원국'이다. 원국이란 사주팔자(四柱八字) 그 자체를 말한다. 생명체가 태어난 순간 즉 생년월일시(生年月日時)가 '체(體)'인 것이다. 그것이 본질적인 운명이라는 판단이기 때문이다. 그리고 '용(用)'은 매번 한해를 기준으로 반복적으로 진행되는 연월일시(年月日時)를 말한다. 때문에 반복적으로 진행되는 연월일시(年月日時)가 사주 원국, 즉 체에 미치는 영향을 분석하는 것이 명운분석이

---

[20] 중국의 복희씨(伏羲氏) 때 황하(黃河)에서 용마(龍馬)가 등에 지고 나왔다는 팔괘의 근원이 되는 그림.
[21] 중국 하(夏)나라 우왕(禹王)이 홍수(洪水)를 다스렸을 때 낙수(洛水)에서 나온 신귀(神龜)의 등에 쓰여 있었다는 글. '서경(書經)' 홍범구주(洪範九疇)는 이 낙서에 의하여 만든 것이라 함. 팔괘(八卦)도 여기에서 나왔다고 함.

다.

모든 지지는 함께 존재하는 천간의 영향력 하에 있다고 본다. 때문에 천간의 영향을 받는 지지의 상태가 그 기본이 된다. 자평명리학은 각 글자가 독립적으로 다른 글자와의 관계를 설명하지만 천간과 지지는 독립적일 수 없다고 본다. 때문에 천간의 독립적 해석은 배제한다. 다시 말하면 천간과 지지는 하나의 묶음이며 그렇게 묶어야 하나의 완성된 기운이 생성되고 분출된다고 보는 것이다.

그리고 모든 지지는 천간의 기운을 받지 않고는 그 능력을 발휘할 수 없다고 본다. 때문에 천간을 도외시하고 지지만으로 그 운명을 해석하는 것은 부정확할 수 있다는 우려가 앞선다. 분명 천간이 존재한다는 이유는 그 천간의 기능과 역할이 분명히 있기 때문이다. 이를 도외시하여서는 안 된다는 판단이다. 때문에 모든 지지는 그 지지에 직접 영향을 미치는 천간을 반드시 짝으로 인정하고 함께 해석하여야 한다.

천간과 지지는 구분할 수 있지만 분리할 수 없다는 것을 전제로 한다. 그것은 우주의 주체가 질서 있게 규칙적, 반복적으로 운동하는 것이 본질이라는 사실에 입각한 것이기 때문이다. 이 점이 지지만을 중심으로 해석하는 '당사주'와 다른 점이다.

그런데 '근묘화실'이나 '원형이정'을 해석할 때는 '사주원국'을 다시 체와 용으로 구분하여야 한다. 즉 천간과 지지가 분리될 수 없듯이 사주 원국을 분리할 수 없는 것도 당연한 것이다. 그래서 사주원국이 체인 것이다. 그래서 분리가 아닌 구분의 차원에서 사주원국을 분석하여야 한다.

사주원국은 곧 그 사주 주인공의 운명이라고 할 것이다. 그리고 그것은 용(用)을 만나기 전까지는 절대적인 불변의 진리라고 할 것이다. 사주 원국은 4개의 주가 어울려져서 하나의 체를 만들고 그것으로 운명이 결정되는 것이다. 즉 각각의 주가 독립적인 것이 아니고 하나로 결합되는 결합체인 것이다. 때문에 사주원국의 4개 주의 구성이 중요하다고 할 것이다.

사주 중에서도 일간을 체로 볼 수 있고, 일주를 체로 볼 수 있고 연주를 체중의 체로 볼 수 있다. 더 나아가 사주팔자 전체를 체로 볼 수 도 있다. 이를 '본체'라고 하자. 사주는 이 본체에 의해서 그 본질이 형성되는 것이다. 그 본질이란 성격, 적성, 건강 등 생명의 근본을 이루는 것을 말한다.

이러한 흐름, 사주의 본체가 다른 요소와 결합하여 하나의 본질을 형성하는 과정을 결합운동이라 칭한다. 여기서 결합이란 기운의 합을 말한다. 그 본체는 다시 새로운 기운인 용을 만나게 된다. 그런데 용도 연월일시가 결합되어 하나의 기운으로 나타난 것이다. 이 기운은 흐름의 일종이다. 즉 우주 주체의 운동과정에서 생성되는 것이기 때문에 새로운 기운인 것이며 우주 주체의 운동이 규칙적이고 반복적이며 질서 있게 진행되기 때문에 이 새로운 기운도 이처럼 규칙적, 반복적으로 질서 있게 나타났다가 사라지고 또 다른 새로운 기운이 나타났다가 사라지게 된다. 이 과정에서 본체와 용이 결합되면서 새로운 운명을 만들었다가 다른 기운이 오게 되면 또 그 기운과 결합하여 새로운 운명을 만드는 것이다.

이처럼 사주원국은 원래는 변하지 않지만 용이 찾아와서 체와 용이 결합되는 환경을 만들고 그 과정에서 새로운 운명을 만드는 것이다. 때문에 운명은 끊임없이 변하게 되는 것이다. 만약 운명이 변하지 않으면 용이 더 이상 생성되지 않고 끊기게 된 것을 의미하며 그것은 운명이 끝나게 되는 것을 의미한다고 할 것이다.

이런 차원에서 운명의 개념을 보다 정확히 하고자 한다. 즉 운명(運命)은 운(運)과 명(命)으로 구분할 필요가 있다. 운은 흐르는 것이다. 시간적인 의미를 담고 있다. 그래서 용을 운으로 본다. 즉 운이 용이고 용이 운인 것이다. 이에 대해 명은 생명 그 자체인 것이다. 타고난 것을 명이라 한다. 따라서 명은 곧 체라 할 수 있다. 다시 말하면 명은 곧 본체이며 운은 본체에 영향을 미치는 용인 것이다.

운명이란 운과 명을 각각의 뜻에 의해 구분할 수는 있지만 이를 분리해서는 해석할 수가 없다. 즉 '운명이란 운과 명이 결합되어서 운명(運命)이 되는 것'이다. 때문에 체용이란 체와 용이 결합되어야 한다. 체와 용으로 구분되지만 분리되어서는 의미가 없다. 이것이 근본적이 체용의 개념인 것이며 운명의 정의인 것이다.

6. 명체와 운체

인간이 태어날 때의 우주 기운의 총체적 집합체로 결정된 것을 명(命)이라 하고 이를 기호로 표시한 것이 사주팔자이다. 이것은 타고난 명, 고착화된 명이다. 그리고 인생의 경로에 따라 그 당시의 시점에서의 우주 기운의 결합에 의해 이루어지는 명이 새로 발생하는데 이를 운(運)이라 한다. 운은 세월의 흐름, 인생 경로의 흐름과 관련이 있다. 그래서 운이라 한다. 이렇게 명과 운이 모여서 명운(命運)이 된다.

운에서도 사주팔자가 있다. 예를 들면 이 책을 읽고 있는 이 순간의 연월일시가 있는데 이것을 사주팔자로 전환시키면 지금 이순간의 사주팔자가 등장하게 된다. 태날 때의 사주팔자를 명이라 하고 이를 체로 쓴다면 명체가 된다. 마찬가지로 현재의 사주팔자를 운이라 하고 이를 체로 쓴다면 운체가 된다. 명체와 운체는 이미 태어나는 순간 결정된다는 점에서 같으나 명체는 선천적이며 고정적이며 불변이란 점과 운체는 후천적이며 경로적이며 변동적이라는 점이 다르다.

(표 18) 명체와 운체의 비교(1967년 10월 25일 08시30분 생(음력)을 사례)

	연주	월주	일주	시주
명체(命體)(태어난 당시) (1967년 10월 25일 08시30분)	정미(丁未)	신해(辛亥)	갑오(甲午)	무진(戊辰)
운체(運體)(비교할 당시) (2014년 3월 10일 08시30분)	갑오(甲午)	무진(戊辰)	경술(庚戌)	경진(庚辰)

그러나 명체도 운체에 의해 변한다. 운체는 어떤 형태로든 명체에 영향을 미친다. 좋게 미치기도 하고 나쁘게 미치기도 한다. 때로는 우호적이기도 하고 때로는 적대적이기도 한다. 어떤 운체가 등장하느냐에 따라 명체가 변화한다. 그래서 명체의 운명이

운체에 달려있다라고 하는 것이다. 이 말은 다시 말하면 명체보다는 운체가 더 중요한 역할을 하게 되더라는 의미이다. 하지만 운에는 일시적이고 변동적이라 해당 운체가 지나가버리면 다른 운체가 오기 때문에 명체는 또 다른 운체에 의해 다시금 격동하기도 하고 안정적이기도 하게 된다.

사주팔자의 해석상 명체를 체로 보고 운체를 용으로 본다면 운체는 다시 세분화할 수 있다. 운체를 분해하여 개별적으로 체에 대입하는 것이다. 운체가 분해된다면 연주, 월주, 일주, 시주로 분해된다. 여기서 연주는 세운, 월주는 월운, 일주는 일진, 시주는 시운이 된다. 이것을 용이라 하고 이것을 각각 명체, 즉 명에 적용하는 것이다. 명리학의 근간은 이렇게 운체를 분해하여 용으로 삼고 명, 즉 체에 대입하는 방법으로 발전해 왔다. 이유는 그때그때 해당되는 순간을 기준으로 운명을 진단했기 때문이다. 즉 필요한 부분만을 적용하여 명과 운을 대입하였기 때문이다. 그러나 엄밀하게 말하면 운체도 구분할 수는 있지만 분리될 수 없으므로 하나의 체로 보고 사주팔자를 뽑고 명체와 비교하여 운을 진단하는 것이 옳다고 본다.

제3장

간지
(干支)

제1절 천간

1. 갑(甲)

1) 개념

갑(甲)은 천간 중에서 가장 먼저이다. 천간의 첫째 글자. 그래서 첫째, 우두머리, 장남 등의 이미지가 가장 먼저 떠오르게 된다. 사전적인 의미를 살펴보면 갑옷, 딱지(몸을 싸고 있는 단단한 껍데기), 껍질, 첫째, 싹트다, 친압(親狎 : 버릇없이 너무 지나치게 친하다) 등의 뜻을 가졌다. 새싹이 싹트면서 아직 씨앗 껍질을 뒤집어쓰고 있는 모양을 본뜬 글자로 싹이 나기 시작한다는 뜻이다.

갑의 자형(字形)을 보면 주변을 살피지 않고 앞으로 전진 하려는 성향과 위로 계속 뻗어나려는 성향이 강하다. 천간의 첫 글자이므로 처음·제일을 뜻한다. 강직, 낭비, 고집, 두각, 독립 등의 성격을 의미한다.

우두머리, 보스기질이 있어서 추진력과 리더쉽, 책임감이 있으나 남의 간섭이나 구속은 대단히 싫어한다. 생활력은 강하나 뻣뻣하다는 평가를 듣는다. 그리고 자기가 하는 것만 꽂힌다. 그래서 배려가 부족한 단점이 있다. 앞서는 것을 좋아하고 빠른 것을 좋아하며 1등을 좋아한다. 뜻대로 안되면 짜증을 낸다. 금방 싫증을 내고 뒤처리는 생각하지 않는다. 그만큼 독선적이며 유연성 부족하다. 학문적이며 혼자 있기를 좋아하고 어울리기를 싫어한다. 대인관계에서 겸손해야 유리하다.

2) 특징과 상징

갑은 그 기운이 강하다. 분발(奮發)하는 의기(意氣)를 대표하는 것으로서 용력(勇力)이나 용출(湧出)하는 모습과 같다. 때문에 힘이 집중력이 크고 강하다. 외부의 강압에 의해 내부에 축적되었던 기가 그 강압으로부터 탈출하려는 힘이다. 즉, 압력과 반발의 힘이다. 스프링(spring)을 상상하면 그 기운을 느낄 수 있다. 이런 기운은 욕심으로 나타난다.

갑은 그 성질이 대단히 곧고, 강하고, 딱딱하고 직선적, 고집, 고지식, 보수적, 무뚝뚝, 독립적, 경직, 우쭐, 폼, 소유욕, 욕심이 많다 등으로 해석된다. 또는 순진, 새싹, 천진난만, 선량, 깔끔, 예민, 생명력 등의 의미를 갖는다.

갑(甲)을 상징하는 것으로 소나무가 있다. 소나무의 형상이 갑의 성향을 그대로 닮았기 때문이다. 합판, 나무, 대들보, 목재, 가구, 건축 등도 갑과 관련된 대표적인 상징물들이다. 그리고 조림, 과수양육, 유아, 농업, 원예, 과일, 섬유, 종묘 등도 해당된다.

천간, 하늘의 기운, 즉 정신적인 지향성을 가지고 있으며 '삼명통회'에서는 '우레', '청룡'을 상징한다고 표현했으며 '적천수'에서는 갑목참천(甲木參天)이라 하여 갑목은 하늘을 찌를 듯이 강직하다 했다.

갑을 나타내는 여러 가지 특징을 참조하면 건축학, 교육학, 농업학, 조경학 등이 좋다. 특히 교육, 양육과 관련이 많고 선두에 서서 기발을 날리는 투사의 기질도 많다.

갑(甲)을 신체로 비유할 때는 간, 담, 두통, 신경통, 근육통, 정신, 신경성질환, 얼굴, 눈 등에 해당한다. 색깔은 청색이다. 방향은 동쪽.

(표 19) 갑의 특징

구분		특징
천문		우레, 청룡
지리		호랑이, 여우, 고슴도치
자연		소나무
신체		쓸개, 담, 간, 장, 머리(신경계), 수족
향,색		동쪽, 청색,
계절,맛		봄, 신맛
상징		합판, 양육, 유아, 나무, 대들보, 목재, 농업, 원예, 과실, 섬유, 종묘, 건축, 조림, 열매나무, 목재, 생목(봄,여름생), 사목(가을, 겨울생)
진로직업		건축학, 교육학, 농업학, 조경학, 특히 교육, 양육, 투사
성격	장점	강한 생활력. 학문적. 깔끔. 독립, 순진, 새싹, 천진난만, 쉽게 친해지지 않고 친해지면 오래 간다. 생명력, 선량, 씩씩하지만 속은 여리고 상처를 많이 받는다. 빠른 것을 좋아하고 1등을 좋아 한다. 우두머리. 모든 생명체의 뿌리, 어질다(인). 자존심. 원리원칙, 귀가 얇다, 남의 말을 잘 듣는다. 긍정적, 미래지향적. 착하다. 양심이 곱다. 집중력.
	단점	딱딱, 직선적, 고집, 고지식, 보수적, 뻣뻣, 어울리기를 싫어한다. 예민, 자기가 하는 것만 꽂힌다. 배려가 부족, 무뚝뚝, 경직, 우쭐, 폼, 소유욕, 욕심, 내실보다 앞서는 것을 좋아한다. 금방 싫증을 내고 뒤처리는 생각하지 않는다, 뜻대로 안되면 짜증을 낸다. 유연성 부족. 남한테 고개를 못 숙인다. 융통성 부족. 실속이 없다. 충을 받으면 신경질적, 독고.
임무		봄~가을까지 잘 자라서 수확을 얻는 것(풍년, 흉년)
천간과 천간	갑	의기투합, 추진력, 돌파력, 경쟁력이 좋다. 위기 때는 좋으나 답답하다
	을	답답하다. 위기 때 도움이 된다.
	병	나무에 햇볕은 필수. 식신활동이 활발해지고 능력이 좋아진다
	정	연료를 얻는 격. 학문 또는 예술적 능력이 탁월해 진다
	무	민둥산 위의 소나무의 모습. 모양은 좋으나 마른 모습으로 뿌리를 못내린다
	기	기름진 땅에서 갑이 잘 자라고 잘 쉬고 있는 형국이다.
	경	가지치기 또는 장작을 만드는 형국이 되면 좋은 모습이다.
	신	일단 피곤하다. 스트레스가 엄청 쌓인다.
	임	연못(壬)에 수양버들(甲)이다. 계와 함께 있으면 안 좋다
	계	영양분(비)이 되니 좋다. 임과 함께 있으면 오히려 비바람이 되어 안좋다

3) 다른 천간과의 관계

갑의 주변에는 갑(甲)과 을(乙)이 있으면 비슷한 기운이 넘치는 형국으로 답답하다. 어려울 때는 의지가 되지만 그렇지 않을 때는 서로 경쟁하거나 싸워야 한다. 갑의 주변에 병정(丙丁)이 있으면 밝다. 꽃이 만발한 느낌이다. 갑의 능력도 좋아진다. 병정(丙丁)은 연료탱크와 같아서 달리는 말에 날개를 달아준 꼴이다.

갑의 주변에 무(戊)와 기(己)가 있으면 그림이 좋다. 특히 기(己)는 갑이 잘 자라고 잘 쉬고 있는 형국이다. 기(己)가 있으면 합한다. 나무가 자라기에는 습토, 즉 기토가 좋다. 경(庚)과 신(辛)이 있으면 일단 피곤하다. 스트레스가 엄청 쌓인다. 경(庚)이 있으면 마치 달리는 자동차 앞에 놓인 바위와 같다. 부딪칠까 우려된다.

임계(壬癸)가 있으면 임은 바람이고 계는 비이다. 따라서 비바람이 부는 형상이다. 임만 있으면 안개요, 계가 있으면 비가 오는 형국이다. 갑의 입장에서는 악천후를 만났으나 임계 둘 중 하나만 있으면 오히려 힘이 되지만 둘이 같이 있으면 아무래도 부담이다. 그래서 악천후이다. 기와 계가 같이 있으면 토지도 습한데 비까지 내리는 형국으로 진창이 된다.

2. 을(乙)

1) 개념

을(乙)은 갑(甲)의 아래, 병(丙)의 위에 위치한 십간(十干)의 둘째이다. 사전적으로 해석하면 새, 제비(제빗과의 새), 둘째, 생선 창자, 을골(범의 뼈), 아무, 굽다, 표하다(表)의 뜻이다. 한가운데가 쥐는 곳이며 양쪽이 굽고 뾰족한 작은 칼의 모양이다. 일설(一說)에는 이른 봄에 초목(草木)의 싹이 트려고 할 때 추위 때문에 웅크리고 있는 모양을 나타낸다고 한다. 만물이 싹을 터서 지표에 나온다는 뜻이며 유약, 예민, 의지, 허약함을 의미한다.

을(乙)은 갑(甲)과 동기이성이다. 감각이 섬세하고 멋을 추구하며 문학이나 예술에 재능이 많다. 특히 손재주가 좋다. '삼명통회'에서는 바람으로 표현한다. 인간의 눈으로는 분별하기 힘들지라도 살아있다는 것은 항상 움직이고 있기 때문에 자연히 바람이 일어나고 있는 것과 같아 바람을 상징하는 것이다. '적천수'에서는 을목수유(乙木雖柔)라 하여 비록 여리고 약하다고 하나 주변 환경에 따라서 강인한 힘을 낸다고 했다.

2) 특징과 상징

장점으로는 뿌리내린 초목이 흙을 뚫고 싹터 올라 지엽으로 갈라지면 뻗어 오르는 모습을 나타내는 것으로서 생명력을 상징한다. 겉보기에는 부드럽고 유약하게 보이나 무리하지 않고 다른 사람들과 항상 어울리기를 좋아하면 인화에 힘쓴다. 환경적응력이 뛰어나고 끈질긴 생명력을 지니고 있으며 뚫고 나가는 힘과 끈기에는 따를 자가 없으며 어떠한 난관에도 굴하지 않는다. 외모는 화초와 같이 아름답고 부드럽게 보이며 표정은 아무 사심 없이 적극적으로 대해주는 것처럼 보인다. 젊었을 때는 인기가 좋아 즐겁고 재미있게 보낼 수 있다.

단점으로는 외적인 면보다 내적인 면이 강해 외부 작용에 민감한 반응을 보이고 남에게 간섭받기를 싫어하고 대쪽 같은 성격을 고집하기도 한다. 다른 사람을 이용하려 하거나 은근히 의지하려는 경향이 있어 다른 사람들로부터 환영을 받지 못하는 경우도 있다. 굴신하려는 경향이 있어 속으로는 삐딱하거나 말이 많고 변덕이 잦아 비위 맞추기가 힘든 스타일이 많다. 늙어서는 해 놓은 것 없이 고독하거나 가난하기 쉽고 사치가 심하거나 허영심이 많은 경우가 있다.

(표 20) 을의 특징

구분		특징
천문		바람
지리		담비, 토끼, 오솔이
자연		담쟁이넝쿨, 잡초
신체		간, 담, 머리, 두통, 수족, 치매조심
향,색		동쪽, 청색,
계절,맛		봄, 신맛
상징		초목, 화초, 넝쿨, 쌀, 곡식, 목재, 종이, 제지, 가구, 문구, 서적, 출판, 인쇄, 그림, 화가, 상상력, 교육, 꽃, 새, 비행기, 넝쿨, 잔가지, 가위, 집게
성격	장점	화사함, 아름다움, 유비무환, 시간철저, 영리하다, 끈질기다, 새가 자유롭게 난다. 끊임없이 변화하고 적응한다. 처세를 잘한다, 장애물이 있어도 전진한다. 애교가 많다, 부드럽고, 친근, 여리고 유연하다, 어느 환경에서나 잘 적응한다. 자기보다 강한 사람을 좋아한다. 여성적, 내성적, 인내심, 끈기, 총명, 리더쉽, 상승기질, 자존심, 근면, 성실, 어질다, 착하다, 여행을 좋아한다. 만남도 많고 이별도 많다. 쾌활, 내성적,
	단점	외부 작용에 민감한 반응, 남에게 간섭받기를 싫어한다. 대쪽 같은 성격을 고집. 다른 사람을 이용하려 하거나 은근히 의지하려는 경향. 굴신하려는 경향. 속으로는 삐딱하거나 말이 많고 변덕이 잦아 비위 맞추기가 힘든 스타일. 늙어서는 해 놓은 것 없이 고독하거나 가난하기 쉽고 사치가 심하거나 허영심이 많은 경우가 있다
임무		꽃으로 피어 아름다움을 발휘할 때 사람들이 몰려온다. 날씨가 좋으면 인기가 많고 비가 오면 인기가 없다. 사주 상 날씨와 관련이 많다.
천간과 천간	갑	등라계갑(藤蘿繫甲)으로 좋다. 동료들의 도움이 있다
	을	잡초나 넝쿨이 엉키는 모습으로 무질서하다. 동업하면 안 좋다
	병	나무에 햇볕은 필수. 표현력이 뛰어나다. 염양여화(艷陽麗花).
	정	괴롭다. 이상만 높다. 메말라 버린다. 손상이 따른다.
	무	겉모습은 좋아 보이나 때로는 고독지명으로 해석할 수도 있다
	기	기름진 땅(영양분)을 받는 모습으로 꽃밭과 같은 형상. 빛이 필수다.
	경	안 좋다. 경금(庚金)의 횡포에 재앙이 있을 까 두렵다
	신	연약한 나무(乙)를 면도칼(辛)로 자르는 모습
	임	보기 좋다. 하지만 부목(浮木)이나 부목(腐木)이 될 수도 있다
	계	겨울(亥子丑)에는 얼어붙어 도움이 안 되지만 여름에는 쭉쭉 뻗어간다

3) 다른 천간과의 관계

을(乙)에게 갑(甲)이 있으면 소나무(甲)를 타고 올라가는 담쟁이 넝쿨(乙)처럼 기댈 구석이 있어 좋아 보인다. 이런 것을 등라계갑(藤蘿繫甲)이라 하며 동료들의 도움이 있다고 한다.

을(乙)에게 을(乙)이 있으면 잡초나 넝쿨이 엉키는 모습으로 무질서하다. 특히 동업하면 안 좋다

을에게 병(丙)은 나무에 햇볕은 필수다. 그러나 지나치면 안 좋다. 표현력이 뛰어나다. 염양여화(艶陽麗花)라 하여 아름다운 꽃이 햇볕을 받아 찬란하게 빛나는 모양을 상징한다.

정(丁)을 보면 상당히 괴롭다. 잘못되면 이상만 높은 사람이 될 수도 있다. 정화(丁火)가 열(熱)로써 작용하게 되면 을목의 손상도 살펴야 하는 상황이 되는 수도 있다. 메말라 버린다.

을이 무(戊)를 보면 바위를 올라탄 담쟁이의 모습으로 겉모습은 좋아 보인다. 그러나 때로는 높은 산에 피어난 한 떨기 꽃으로 해석하여 고독지명으로 해석할 수도 있다.

기(己)를 보면 기름진 땅(영양분)을 받는 모습으로 꽃밭과 같은 형상이다. 좋은 모양으로 능력발휘가 가능해진다. 그러나 둘 다 너무 축축하여 빛을 봐야 더욱 길하다.

을이 경(庚)을 보면 안 좋다. 경금(庚金)의 횡포에 재앙이 있을 까 두렵다. 신(辛)으로 보면 연약한 나무(乙)를 면도칼(辛)로 자르는 모습으로 안 좋다.

을이 임(壬)을 보면 연못(壬)위의 연꽃(乙)이다. 보기 좋다. 귀한 신분이 된다. 하지만 부목(浮木)이나 부목(腐木)이 될 수도 있다.

을이 계수를 보면 계절을 잘 보아야 한다. 겨울(亥子丑)에는 얼어붙어 도움이 안 되지만 여름에는 쭉쭉 뻗어간다.

3. 병(丙)

1) 개념

병(丙)은 천간의 세 번째. 사전적으로 해석하면 남녘, 밝다, 빛나다 등을 의미한다. 원래 상형(象形)은 제사에 희생물을 얹는 큰 제상(祭床)을 본 뜬 글자이다. 글자 뜻에 나타난 바대로 밝고, 빛나고, 화려하다는 의미가 많다. 세상에 꽃이 화려하게 만발한 형상이다. 그래서 성격도 화려하고 밝다. 자형(字形)을 보면 하늘(天, 천)에서 땅으로 빛과 열을 양 날개로 내리는 모습(병, 丙)이다. 또는 암탉(하늘)이 양 날개로 알을 품듯이 만물을 감싸는 모습이다. 삼명통회에서는 '태양'을 상징한다고 했고 적천수에서는 병화맹렬(丙火猛烈)이라 하여 화기가 매우 세차다 하였다.

그래서 병(丙)은 모든 빛과 열의 모체(母體)라 하며 곧 하늘의 태양이라 한다. 태양처

럼 밝고 환하다. 매사에 쾌활하고 정열적이며 적극적이고 화끈하다. 높이 떠 있는 태양처럼 이상과 포부가 원대하고 계획이 크며 활동적이다. 사물을 판단하는 안목도 빠르고 정확하다. 깔끔하고 멋을 안다. 세련되고 이상적이다. 매사 공평(모든 사람에게 골고루 빛을 내린다)하며 남을 속이지 못한다. 언변이 좋고 푸짐하여 입으로 벌어먹고 사는 경우가 많다.

2) 특징과 상징

저돌적이고 자신만만하다. 호기심이 많고, 움직임이 많고, 자기주장이 강하며 지기를 싫어한다. 화끈하게 리드한다. 스케일이 크다. 용기와 과단성이 있고 어떤 경우에도 굽히지 않는 절개를 지키는 보스기질이 있다. 얼굴이 시원스럽고 눈빛이 빛나며 깔끔하다. 여성의 경우 활동력이 강하고 대인관계가 원만하여 다방면의 사회활동을 한다.

반면 불같은 성격의 소유자다. 불같이 급한 성격 때문에 실수도 많고 싫증도 잘 낸다. 감정이 예민하고 내면에는 수심이 항상 있다. 말이 많고 바른 말을 잘하며 자기 속마음을 그대로 노출하는 경향이 있어 구설수가 많다. 매사 입 조심하여야 한다. 스스로 높다고 생각하고 어지간해서는 굽힐 줄 모른다. 너무 강하다 보니 폭발적인 성향이 있다.

무모한 모험이나 투기를 즐기는 경향이 있다. 싸우기도 잘하고 잊기도 잘한다. 속은 간교하기도 하고 허풍스럽기도 하다. 잘 바래고 탈색한다(빨간색). 아는 체 잘난 체한다. 너무 지나치게 강해서 저돌적, 폭발적이다. 욱하는 성질과 히스테리칼하는 기질, 이상과 현실사이에서 괴리와 갈등을 느낀다. 돌아다니기를 좋아한다. 가장노릇을 한다.

이성 간 교제 시에는 남성은 말을 참지 못하고 하고 싶은 말을 다하고 금방 풀리며 마음에 드는 상대에게는 자신 있게 저돌적으로 구애한다. 여성의 경우 세련되고 이상이 높으며 까다롭고 사람을 깔보는 경향이 있다. 웬만한 남성은 눈에 차지 않고 정신적, 경제적으로 화려하게 해주는 남자가 좋다. 선비스타일 보다는 활동적이고 쾌활하며 박력 있는 남성이 좋다. 권태를 잘 느껴 분위기와 환경을 자주 바꾼다.

병(丙)은 분산(分散) 기운이다. 불꽃을 뿜으며 타오르는 염상(炎上)의 형국이다. 자형(字形)을 보면 불이 타고 있는 모양이다. 화산이 불을 뿜는 모양이라고도 일컬어진다. 여름에는 가장 왕성하고 봄에는 생기가 무성하다. 가을에는 약해져서 겨울에 그 기력을 잃는다.

병은 매사 강한 양기가 발동한다. 용기와 관감성이 있고 활동력도 왕성하며 절개를 잘 지킨다. 색깔은 붉은색을 상징한다. 방향은 남쪽이며 예(禮)를 중시하는 성향이다. 인체로는 소장, 심장, 혈압, 시력, 어깨, 가슴, 혀 등을 상징한다. 그 밖에 태양, 불, 열기, 화산, 보일러, 조명, 빛, 광학, 엔진, 전자, 가스, 에너지, 석유, 휘발유, 석탄, 전기, 사치, 예술 등이 대표적인 상징물이다.

3) 다른 천간과의 관계

병의 주변에 갑(甲)과 을(乙)이 있으면 좋은 기운이 넘친다. 교육, 철학, 문서 등에서 기운이 좋고 활동성이 많아진다.

병정(丙丁)을 만나면 하늘에 태양이 두 개다. 원래의 하나 있어야 할 것이 두 개이니 좋은 일 보다는 답답한 일이 더 많다. 기존의 병이 더 약해진다.

무(戊)와 기(己)가 있으면 힘을 모두 쏟아 낸다. 따라서 갑을이 함께 있어야 병의 힘이 바닥이 나지 않는다.

(표 21) 병의 특징

구분		특징
천문		태양
지리		사슴, 뱀
자연		불, 열기, 화산
신체		소장, 심장, 혈압, 시력, 어깨, 가슴
향,색		남쪽, 적색,
계절,맛		여름, 쓴맛
상징		보일러, 조명, 빛, 광학, 엔진, 전자, 가스, 에너지, 석유, 휘발유, 석탄, 전기, 사치, 예술
성격	장점	밝고 환하다. 매사 쾌활. 정열적. 적극적. 화끈. 이상과 포부가 원대. 계획이 크며 활동적. 안목도 빠르고 정확하다. 깔끔. 멋을 안다. 세련. 이상적. 매사 공평. 남을 속이지 못한다. 언변이 좋고 푸짐. 저돌적. 자신만만. 호기심이 많고, 움직임이 많고, 자기주장이 강하며 지기를 싫어한다. 화끈하게 리드. 스케일이 크다. 용기와 과단성. 절개를 지키는 보스기질. 얼굴이 시원스럽고 눈빛이 빛난다. 여성의 경우 활동력이 강하고 대인관계가 원만하여 다방면의 사회활동.
	단점	불같은 성격. 실수도 많고 싫증도 잘 낸다. 예민하고 내면에는 수심이 항상 있다. 말이 많고 바른 말을 잘하며 자기 속마음을 그대로 노출하는 경향이 있어 구설수가 많다. 어지간해서는 굽힐 줄 모른다. 폭발적인 성향. 무모한 모험, 투기. 싸우기도 잘하고 잊기도 잘한다. 간교, 허풍. 탈색. 아는 체 잘난 체. 감정을 숨기지 못하고 하고 싶은 말을 다한다. 저돌적, 폭발적. 욱하는 성질. 히스테리칼. 이상과 현실의 괴리와 갈등. 돌아다니기를 좋아한다. 가장 노릇을 한다.
임무		물을 키우는 작용. 건실한 열매(갑), 아름다운 꽃(을)을 가꾼다
천간과천간	갑	생명을 키우는 역할이므로 좋아한다. 평생 행운이 있다. 지나치면 마른다
	을	갑목을 보는 것보다는 조금 약하긴 하지만 그래도 좋은 것
	병	태양이 두 개이므로 안 좋다. 답답하다
	정	능력 발휘가 안 되는 사이. 태양과 달, 밤과 낮을 관리하는 협력관계
	무	대지를 비추는 태양. 때에 따라서는 석양에 지는 해.
	기	논밭에 내리는 햇빛. 표현능력이 우수. 쇠약해질 까 두렵다.
	경	뜨겁기만 하고 녹이지는 못한다. 인기가 없다.
	신	보석을 빛나게 한다. 자신의 본질이 변할 우려가 있다
	임	자신의 존재감이 강해지는 것. 넓은 바다에 비치는 태양. 강휘상영(江暉相暎).
	계	존재감이 가려지는 것. 구름이 태양을 가리는 형국. 흑운차일(黑雲遮日)

경(庚)과 신(辛)을 만나면 운동은 활발해지며 목적을 성취할 수 있으나 그 힘이 모두

소모되는 형국이다.

임(壬)과 계(癸)를 만나면 스트레스다. 그러나 임(壬)은 모양이 좋다. 바다 위에 태양빛이 내리쬐는 모습이다.

4. 정(丁)

1) 개념

정(丁)은 네 번 째 천간(天干)이다. 사전적 의미로 고무래(곡식을 그러모으고 펴거나, 밭의 흙을 고르거나 아궁이의 재를 긁어모으는 데에 쓰는 'T'자 모양의 기구), 장정(壯丁), 인구(人口), 일꾼, 정, 부스럼, 사물(事物)을 세는 단위(單位), 소리의 형용(形容), 옥 소리, 제사(祭祀) 이름, 세차다, 강성(强盛), 친절(親切)의 의미이다. 사물(事物)의 등급(等級)을 매길 때나 차례(次例)에 있어서 제4위, 병 다음이며 정방(丁方), 정시(丁時)를 의미한다. 못의 모양을 본뜬 글자이다.

정(丁)은 유화, 온순을 상징한다. 정화(丁火)의 속성은 용광로나 화롯불 같은 불이다. 정열, 온순, 집요, 연구, 온정 등을 상징한다. 삼명통회에서는 별, 은하계, 등불을 상징한다. 달빛, 촛불, 화롯불, 작은 불 등을 의미한다. 적천수에서는 정화유중 내성소융(丁火柔中 內性昭融)이라 하여 유연하고 중화를 이루고 있지만 그 안에는 사물을 밝히고 녹이는 화의 성질을 갖추고 있다고 표현 하였다.

생명의 기운이 하늘 높이 치솟아 하늘에 다다랐다는 의미로 만물이 성숙하여 힘이 넘치는 늠름한 변화의 모습을 상징한다. 살아있는 불로서 겉으로는 양의 성질을 가졌으나 안으로는 음의 성질을 가지고 있어 속이 유약하나 그 생명력을 대단히 강하다.

깔끔하다. 봉사정신이 좋다. 부드럽다. 그러나 눈에 띄지 않는다. 은은하고 단정하며 성실하다. 예의를 갖춘다. 어린이나 노인들을 잘 돌본다. 좀처럼 속을 드러내지 않는다. 소극적이다. 서두르지 않는다. 느리지만 성실히 끈기 있게 마무리한다. 현실에 더 관심이 많다.

화형(火形)은 경쾌하고 활동적이며 명랑하고 현실적이고 감정은 희(喜). 화형은 빠르고 활동적이며 관찰력이 빠르지만 사고력이 적고 침착하지 못하다.

2) 특징과 상징

장점으로는 헌신적이고 봉사적이며 선비정신이 강하다. 고지식하며 잔꾀를 부리지 않는다. 따뜻한 난로처럼 훈훈하며 예의가 바르고 다른 사람들과 잘 사귀며 많은 사람들이 따른다. 겉으로는 덜렁대거나 급한 성격으로 보이나 속으로는 생각이 깊고 넓으며 의협심과 강개(慷慨)심이 있어 약한 사람을 잘 돕는다. 활발하고 부지런하며 친절하다. 생활력이 강하고 다부진 면이 있어 일단 착수하면 몸을 사리지 않고 열중한다.

단점으로는 평소 약해 보이다가도 갑자기 폭발하는 성향이 있다. 상대방이 불성실하면 혐오하거나 옳고 그름을 따지는 성향이 있어 괜시리 미움을 산다. 자신의 실리를 챙기지 못하며 군중속의 고독을 느끼고 한번 미워하면 아무리 잘해도 좋게 안 보려는 성향이다. 염세적인 경향을 보이기도 하고 종교, 철학 등 고차원적인 세계에 너무 빠지고 남의 고민까지 사서하는 쓸데없는 잡념으로 시간을 낭비한다. 마음에 숨겨두지 않고 내뿜는 기질 때문에 감정을 숨기지 않고 완벽한 스타일을 좋아한다.

상징물로는 달, 별, 전기, 전자, 레이저, 통신, 전등, 광명, 봉사, 안내자, 주유, 도시가스, 사진, 전파, 반도체, 모터, 보일러 등을 들 수 있다.

(표 22) 정의 특징

구분		특징
천문		별
지리		노루, 올빼미, 부엉이
자연		달, 촛불, 화롯불
신체		심장, 소장, 어깨(오십견), 가슴,
향,색		남쪽, 적색,
계절,맛		여름, 쓴맛
상징		전기, 전자, 레이저, 통신, 전등, 광명, 봉사, 안내자,주유, 도시가스 사진, 전파, 반도체, 모터, 보일러,초불, 별,용광로, 화로, 태우는 것
성격	장점	헌신적, 봉사적. 선비정신. 고지식. 잔꾀를 부리지 않는다. 훈훈. 예의. 다른 사람들과 잘 사귀며 많은 사람들이 따른다. 생각이 깊고 넓다. 의협심과 강개(慷慨)심. 활발. 부지런. 친절. 생활력이 강하고 다부지다. 일단 착수하면 몸을 사리지 않고 열중한다.
	단점	갑자기 폭발하는 성향. 상대방이 불성실하면 혐오하거나 옳고 그름을 따지는 성향. 실리를 챙기지 못하며 군중속의 고독을 느낀다. 한번 미워하면 아무리 잘해도 좋게 안 보려는 성향. 염세적인 경향. 종교, 철학 등 고차원적인 세계에 너무 빠지고 쓸데없는 잡념으로 시간을 낭비. 감정을 숨기지 않고 완벽한 스타일을 좋아한다.
임무		목재로 사용, 경금을 녹여서 제품을 만듬.
천간과천간	갑	마른 갑(甲)이라면 좋으나 젖었을 경우 안 좋다.
	을	불이 타버리거나 젖은 나무에 연기만 가득하여 좋지 않다.
	병	밤과 낮의 조화로움은 있으나 그러나 역할을 잃을 수 있어 좋지 않다
	정	모양이 좋다. 양화위염(兩火爲炎). 때로는 답답함을 느낀다.
	무	대지(戊)에서는 약하나 가마(戊)에서는 좋다. 유화유로(有火有爐)라한다.
	기	丁을 약하게 하여 좋지 않다.
	경	열로 단련하거나 녹이는 모습. 재능을 충분히 발휘하여 성공한다.
	신	보석을 녹이는 모습. 안 좋다.
	임	연못위의 달빛. 보기 좋다.
	계	촛불, 화롯불에 비가 내려 좋지 않다.

3) 다른 천간과의 관계

갑목은 정화의 뿌리가 되니 좋다. 그러나 젖은 나무는 정화를 힘들게 한다.
을목(乙木)을 보는 것은 썩 좋지 않다. 을목은 습목이기 때문이다.

병화를 보는 것은 대단히 좋지 않다. 겨울 생이 아닐 경우에는 도움이 되지 않는다.

정화가 정화를 보는 것은 좋은 모양이나 때로는 답답하게 느껴진다.

무토를 보는 것은 유화유로(有火有爐)라 하여 좋다. 그러나 때로는 힘들어 보이기도 하다.

기토를 보는 것은 좋지 않다. 정화의 빛을 약하게 하기 때문이다.

경금은 좋다. 할 일이 생긴 것이다. 단 이때의 정화는 화력(火力)이 강해야 한다.

신금(辛金)을 좋지 않다. 보석을 녹여서 고철로 만드는 것과 같다.

임수(壬水)는 것은 대단히 좋다. 마치 바다위에 등대 같은 존재. 정화의 존재 가치를 가장 돋보이게 해주는 장면이다.

계수(癸水)는 좋지 않다.

5. 무(戊)

1) 개념

무(戊)는 다섯 번째 천간이다. 사전적으로 해석하면 무성(茂盛), 우거지다 등의 뜻이 있고 나무로 된 자루에 끝이 뾰족한 쇠붙이를 달고, 손잡이가 있음을 나타낸 모양을 나타낸다. 태산, 제방에 속하는 토(土)로 만물이 무성하다는 의미가 있다. 대지를 품에 안은 높고 큰 산과 넓은 벌판, 강과 호수를 막는 제방과 운동장, 넓은 광장이나 황야, 언덕이나 높은 고개, 성곽, 축대를 나타낸다. 대부분 높고 넓으며 굳어 있는 땅, 마른 땅 등을 의미한다.

삼명통회에서는 안개, 노을로 표현한다. 적천수에서는 '무토고중 기중차정 정흡동벽 만물사명(戊土固重 旣中且正 靜翕動闢 萬物司命)'이라 하여 단단하여 두텁고 무거우며 오행의 가운데서 위치하여 올바름을 갖추고 있다라고 설명하고 있다.

2) 특징과 상징

태산처럼 믿음직스럽고 묵묵하며 온후하고 아량이 넓고 후덕하다. 언행이 신중하고 흔들리지 않고 뚝심 있게 버티는 성향이 강하다. 주관과 개성이 뚜렷하고 주체의식이 강하여 자기주장을 관철시키는 능력이 있다. 성실하고 책임감이 강하며 신용을 중시한다. 생각이 깊고 질서가 있으며 포용력이 있고 중화, 중용을 지키려 한다. 중립적이다.

반면, 무뚝뚝하고 무표정하여 인정이 없거나 멋이 없어 보이며 음흉하거나 소신이 없어 보이기도 한다. 비밀이 많고 답답하다. 자기 판단을 지나치게 과신하며 아집과 독선이 강하고 교만하다. 고지식하다. 마음이 무정, 건들면 터진다. 고집불통. 잘 바뀌지 않는다. 사납고 욕심이 많다. 욕심 때문에 중화를 잃은 경우가 있고 자기 자신만을 생각하는 이기심이 강하며 사람들과도 어울리지 않고 한 쪽으로 치우치는 경향도 강하다. 이런 경우는 이상과 현실사이의 갈등을 느끼며 세속을 등지는 경우도 많다.

무는 방향이 중앙이다. 색깔은 황색이며 신용을 중시한다. 상징물은 지구, 대지, 가옥, 건축, 제방, 부동산, 온천, 토건, 토목, 석제, 산, 자갈 등 있다. 부동산, 건축, 토건업 등에 적합하다. 신체적으로 위, 비장, 입, 근육, 소화기 등을 상징 한다.

3) 다른 천간과의 관계

무(戊)의 주변에 갑(甲), 을(乙)이 있으면 자유롭지 못하다. 갑(甲), 을(乙)의 견제가 힘들다. 그러나 갑(甲), 을(乙)이 있어 모양이 갖추어진다. 모양은 아름답다.

병정(丙丁)이 있으면 도움을 받는다. 힘이 쌓인다.

무(戊)와 기(己)가 있으면 더욱 경쟁적이고 침묵적이다.

(표 23) 무의 특징

구분		특징
천문		노을
지리		표범, 늑대, 이리, 승냥이
자연		산, 건토, 언덕,
신체		위장, 비장, 피부, 복부, 맹장, 췌장,
향,색		중앙, 황색
계절,맛		환절기, 단맛,
상징		지구,대지, 가옥,건축, 제방,부동산, 온천,토건업, 토목,석제, 산, 자갈
성격	장점	태산처럼 믿음직. 묵묵. 온후. 아량이 넓고 후덕. 언행이 신중. 흔들리지 않고 뚝심 있게 버티는 성향이 강하다. 주관과 개성이 뚜렷. 주체의식이 강하여 자기 주장을 관철시키는 능력. 성실. 책임감. 신용 중시. 생각이 깊고 질서가 있으며 포용력. 중화, 중용.. 중립적.
	단점	무뚝뚝. 무표정. 인정이 없거나 멋이 없다. 음흉. 소신이 없어 보이기도 한다. 비밀이 많고 답답. 자기 판단을 지나치게 과신. 아집. 독선. 교만. 고지식. 무정, 건들면 터진다. 고집불통. 잘 바뀌지 않는다. 사납고 욕심이 많다. 이기심. 한 쪽으로 치우치는 경향도 강하다. 이상과 현실사이의 갈등을 느끼며 세속을 등지는 경우도 많다.
임무		땅에 나무를 심는다. 나무를 기르고 결실을 맺게 하여야 한다.
천간과천간	갑	마른 언덕에 소나무. 나무가 성장하지 않는다.
	을	민둥산의 담쟁이. 좋아 보이지 않는 모양새.
	병	지리산에 떠오른 태양, 스케일이 크다.
	정	가마솥에 불. 지리산위에 비추는 달. 좋은 관계(有爐有火).
	무	두 개의 민둥산. 좋지 않다. 꿈만 크고 고집만 세다.
	기	답답하다. 무의 활동력을 줄인다. 좋지 않다.
	경	민둥산에 바위덩이만 덜렁 있다 효용가치가 없다. 좋지 않다.
	신	별 도움이 안 된다.
	임	큰 산 옆의 큰 바다. 산명수수(山明水秀)라 한다. 경치가 좋다. 스케일이 크다.
	계	적당하면 좋으나 많으면 안 좋다.

경(庚)과 신(辛)이 있으면 미래지향적이다.
임(壬)과 계(癸)가 있으면 공격적이다. 갈등이 중첩된다. 충돌할 가능성이 크다. 임(壬)과 계(癸)가 있으면 무의 입장에서는 스트레스다.

6. 기(己)

1) 개념

기(己)는 천간의 여섯 번 째 순서이다. 사전적으로는 몸, 자기(自己), 자아(自我), 사욕(私慾), 다스리다라는 뜻이다. 구불거리는 긴 끈의 모양을 본 뜬 글자이다. '굽은 것을 바로잡는 모양→일으키는 일의 뜻'으로 쓰인다. 일으키다의 뜻은 나중에 起(기)로 쓰고 己(기)는 천간(天干)의 여섯 번째로 쓰게 되었다. 전답, 전원에 속하는 토(土)이다. 온화, 충실, 근검, 순정, 겸손을 의미한다.

삼명통회에서는 구름, 전원(田園)을 의미한다. 적천수에서는 '기토비습 중정축장(己土 卑濕 中正蓄藏)'이라 하여 '낮고 축축하며 치우침이 없이 바르게 사물을 모아서 갈무리한다'라고 표현하였다.

2) 특징과 상징

기(己)는 어머니, 대지 등의 상징한다. 때문에 포용력이 좋다. 있는 듯, 없는 듯하지만 편안하고 어루만지는 힘이 있다. 나서지 않고 주로 잘 듣는다. 불만이 있어도 참고 이해한다. 많은 것을 알면서도 드러내지 않는다. 그래서 많은 사람들이 따르고 좋아한다. 자기주장이 약하다. 그러나 화가 나면 무섭다. 만물이 완전하게 성숙하고 성립했다는 의미이다. 즉 외부로만 발전하던 것이 내부로 들어와 완벽하게 충실해지는 것을 말한다. 어머니로서 잉태한 상태이다.

기(己)는 침착하고 사고를 깊이 하며 매우 사교적이고 감정은 사려(思慮), 온후하고 침착하게 모든 일에 심사숙고하며 관찰력이 빠르고 상식적이긴 하지만 결단력이 약하다. 주로 논밭, 담, 성벽, 묘지, 도로, 중개자, 바둑, 도자기, 기와, 벽돌, 주차장 등으로 해석한다.

2) 다른 천간과의 관계

기토가 갑목을 보는 것은 좋지 않다. 힘들다.
을목을 보는 것은 조건만 맞는다면 좋은 것으로 본다.
병화를 보는 것은 대체로 좋다.
정화를 보는 것은 좋다. 열작용.
무토를 보는 것은 모양은 좋으나 영양가가 없다. 대체로 좋지 않다.
기토를 보는 것은 땅이 넓어지는 것으로 해석한다. 경작해야 할 땅이 넓으므로 맘껏 욕심껏 재물을 추구하는 것으로 본다.

경금을 보는 것은 좋지 않다. 논밭에 바윗덩어리가 달랑 놓인 격이다.

신금은 상황에 따라서 다르다. 때로는 경작을 위한 농기구로 볼수도 있다.

기토가 임수를 보는 것은 대체로 좋지 않다. 물에 잠겨버린 논밭의 꼴이다.

계수를 보는 것은 가뭄에 비가 내려면 좋으나 너무 비가 많이 내리면 논밭이 온통 물속에 잠겨버린 꼴이라 좋지 않다.

(표 24) 기의 특징

구분		특징
천문		구름
지리		게, 자라, 거북
자연		논, 밭, 낮은 땅, 과수원
신체		비장, 피부, 복부, 맹장, 췌장,
향,색		중앙, 황색
계절,맛		환절기, 단맛
상징		논밭, 담, 성벽, 묘지, 도로, 중개자, 바둑, 도자기, 기와, 벽돌, 주차장
성격	장점	좋고 싫고 분명. 기억력이 좋다. 실속. 어머니. 대지. 포용력. 있는 듯 없는 듯. 편안함. 어루만짐. 나서지 않고 잘 듣는 편. 불만을 참고 이해, 모두가 좋아한다. 사람들이 믿고 의지. 겉은 탁탁하나 속은 무르다.
	단점	자기주장이 약하다. 그러나 화가 나면 무섭다. 결단력이 약하다. 속마음을 잘 드러내지 않는다.
임무		갑목을 키운다. 천간 병, 지지에는 진토, 축토가 필요.
천간과천간	갑	좋지 않다. 己가 힘들다.
	을	좋지 않다. 논밭에 널려진 잡초와 같은 형상
	병	절대적으로 필요, 대지보조(大地普照)라 하여 외부의 도움이 있다.
	정	따뜻해서 좋다. 발효되는 논밭.
	무	산 옆의 논밭으로 모양은 좋으나 영양가가 없다.
	기	땅은 넓어졌으나 늪지대가 될 수도 있다
	경	논밭에 바윗덩어리가 있다. 좋지 않는 모습.
	신	흙 묻은 보석. 모양이 안좋다.
	임	흙탕물이다(己土濁壬).
	계	논밭에 비가 내리니 좋다(玉土爲生). 너무 많으면 흙탕물이 된 논밭이다.

7. 경(庚)

1) 개념

경(庚)은 일곱 번째 천간이다. 사전적으로 별, 나이, 길, 도로(道路), 다시금, 더욱 더, 바뀌다, 변화(變化), 갚다, 배상(賠償), 잇다, 이어지다, 午(오), 杵(저)의 합성, 즉 절굿공이와 양손의 합자(合字)이다. 절굿공이로 곡식(穀食)을 찧는 것을 나타낸다. 만물의 개혁을 이룩하는 뜻이 있다. 응고(凝固)작용을 기본으로 한다. 의미상으로 과감, 용단, 의협, 정의, 냉정 등의 뜻을 가지고 있다. 삼명통회에서는 달을 상징한다. 적천수에서

경은 '경금대살 강건위최(庚金帶殺 剛健爲最)'라 하여 경금은 살을 차고 있어 그 기운이 살벌하고 굳세고 튼튼하기가 십간 중 최고라고 표현하였다.

경(庚)은 오곡백과가 무르익는 모습을 말한다. 오곡백과로 변하니 쇳덩어리처럼 단단하게 무르익은 열매를 금(金)이라 한다. 그래서 돈으로 인용되며 경제로도 인용된다. 그래서 결실이라는 의미로 가장 많이 사용된다. 가을은 결실의 계절이므로 경은 가을을 상징한다. 타산적이고 실용적이며 물질적이다. 자립심이 강하고 기사도(騎士道) 정신이 투철하다.

경은 종혁(從革)의 성질을 나타낸다. 종혁은 변혁을 의미한다. 자유롭게 변한다. 때문에 청결(淸潔), 숙강(肅降), 수렴(收斂) 등의 작용이나 사물은 모두 금에 속한다. 가을에 가장 왕성하고 겨울에는 휴식에 들며 여름에는 쇠약해진다. 봄에는 그 기운이 갇히는 형국이다.

2) 특징과 상징

경(庚)은 쇠, 금, 돈, 화폐(貨幣), 누른빛, 귀(貴)하다 등의 뜻이 있다. 뜻풀이를 하면 황색(黃色)의 아름다운 광택(光澤)이 나는 금속(金屬), 질(質)이 무겁고 무르며, 금속(金屬) 중에서 가장 얇게 펴지거나 아주 가늘고 길게 늘어나는 성질을 가진다. 쇠붙이의 통틀어 일컫는다. 돈, 금전(金錢)·금액(金額) 등의 뜻을 나타낸다.

방위(方位)로는 서쪽, 계절(季節)로는 가을, 빛깔로는 흰색이 된다. '쇠', '금'을 뜻하고 금속(金屬)의 총칭(總稱)이 되며 특히 황금(黃金)만을 가리키게 되었다. 광물, 금속, 날붙이 따위에 관한 뜻을 나타낸다.

경금은 가장 단단하고 강건한 성분이다. 특히 열을 받으면 더 단단해지는 특징이 있다. 의리를 소중히 여기며 가을의 쌀쌀한 기운(氣運), 즉 숙살지기(肅殺之氣)이다. 결실과 수확. 다듬어지지 않는 바위나 쇠를 연상시킨다. 세련미는 없다. 딱딱하고 차다. 단단하다. 처음에는 무뚝뚝하나 마음을 열면 활짝 연다. 마음을 닫으면 끝이다. 뭐든 끝장을 보려 한다. 고집스럽고 답답하다. 자기주장을 포기하는 것은 치욕으로 생각. 견제, 단속. 새로운 환경을 꺼린다. 새로운 것을 싫어하고 하던 것을 하려한다. 변화를 싫어한다. 하고 싶은 일은 기어코 하되 하기 싫은 일은 쉽게 포기한다.

보수적 기질. 세상에 어둡다. 그러나 똑똑하다. 단단한 무쇠, 강직, 의리, 과실, 리더쉽, 소속감, 희생정신이 강하다. 그리고 직선적이다. 고집이 세다. 자존심, 융통성이 없다. 원리원칙, 무관, 결단력, 의리, 싸움, 냉정, 공사구분철저, 속마음은 따뜻하고 정이 많다. 맺고 끊는 게 분명. 신속히 추진, 자기주장이 뚜렷. 폭력적이다.

상징물로는 까마귀, 바위, 암석, 대장, 철강, 철재, 금속, 철물, 광업, 탄광, 광산, 기계, 방앗간, 재봉틀, 중기, 파이프, 조선, 차량, 고물, 바위, 도끼, 경찰, 검찰, 보안, 경비, 군인, 바윗돌, 무쇠덩어리, 우박, 서리, 이슬, 원석(가공이 되지 않는 것) 등이 있다. 방위는 서쪽, 계절은 가을, 색깔은 흰색, 매운 맛이다. 신체적으로는 **뼈**, 대장, 호흡기, 폐, 관절, 코, 골격, 기관지 등에 해당한다.

3) 다른 천간과의 관계

경(庚)의 주변에 갑(甲)은 수확이라는 의미가 있어 경의 모습이 아름답고 조화를 이루어 좋게 본다.

을(乙)이 있으면 경의 마음이 바빠진다. 숙살지기의 발톱을 드러낸다.

경의 주변에 병정(丙丁)이 있으면 긴장감이 돈다.

정은 좋다. 화련진금(火鍊眞金)이라 한다.

(표 25) 경의 특징

구분		특징
천문		달
지리		까마귀
자연		바위, 암석
		과일, 단단한 무쇠, 과실
신체		대장, 뼈, 대장, 호흡기, 폐, 관절,
향,색		서쪽, 흰색,
계절,맛		가을, 매운맛
상징		철강, 철재, 금속, 철물, 광업, 탄광, 광산, 기계, 방앗간,재봉틀,중기,파이프,조선,차량,고물, 도끼, 경찰, 검찰, 보안, 경비, 군인, 폭력, 윗돌, 무쇠덩어리, 우박, 서리, 이슬, 원석(가공이 되지 않는 것),
성격	장점	강직. 의리. 딱딱하고 차다. 단단하다. 리더쉽. 소속감. 희생정신. 직선적. 결실. 수확. 다듬어지지 않는 바위나 쇠. 처음 움직이기는 쉽지만 구르면 무섭게 구른다. 처음에는 무뚝뚝하나 마음을 열면 활짝 연다. 끝장을 보려 한다. 자기주장을 포기하는 것은 치욕으로 생각. 견제. 단속. 똑똑하다. 자존심. 무관. 결단력. 의리. 싸움. 냉정. 공사구분 철저, 속마음은 따뜻하고 정이 많다. 맺고 끊는 게 분명. 신속히 추진. 자기 주장이 뚜렷.
	단점	세련미는 없다. 마음을 닫으면 끝이다. 답답. 새로운 환경을 꺼린다. 새로운 것을 싫어하고 하던 것을 하려한다. 변화를 싫어한다. 하고 싶은 일은 기어코 하되 하기 싫은 일은 쉽게 포기. 보수적. 세상에 어둡다. 고집이 세다. 융통성이 없다. 원리원칙,
임무		결실을 맺고 저장을 위한 준비
천간과천간	갑	일반적으로 좋다. 봄철(寅卯辰)의 생목(生木)은 안 좋다. 사(死)목은 좋다.
	을	도끼로 담쟁이를 찢는 모습. 안좋다. 갑작스런 재앙이 따른다.
	병	어울리지 않는다.
	정	정화(丁火)로 재련하면 좋다. 어울린다. 화련진금(火鍊眞金)이라 한다.
	무	흙 묻은 철. 안 좋다.
	기	좋지 않다. 정인인데 타인의 도움이 오히려 해가 된다
	경	살벌한 모습. 싸늘한 모습. 좋지 않다. 비견으로 도움이 되지 않는다.
	신	살벌하다. 차갑고 냉정하다. 재성의 피해가 예상된다.
	임	경금을 물로 씻는 모습. 좋다
	계	철에 물이 있어 녹스는 모습. 좋지 않다.

경의 주변에 무(戊)와 기(己)는 좋지 않는 모습. 쓸모가 별로 없다. 경의 주변에 경과 신이 있으면 답답하다. 살벌함이 커진다.

경의 주변에 임(壬)은 좋다. 깔끔히 씻기우는 모습이다.
계(癸)는 녹슨 고철의 모습이 되어 안 좋다.

8. 신(辛)

1) 개념

신(辛)은 여덟째 천간(天干)이다. 사전적 의미로는 맵다, 독(毒), 괴롭다, 고생하다, 슬프다, 살생(殺生), 매운 맛, 허물, 큰 죄(罪), 새, 새 것(=新), 신방(辛方), 신시(辛時)의 의미가 있다. 종의 이마에 먹실을 넣는 바늘의 모양을 본뜬 글자이다. (신)이란 음은 끝이 뾰족해진 것이라는 뜻으로부터 온 것이다. 오곡을 새로이 수확하여 수장한다는 뜻이 있다. 서방숙살(西方肅殺)의 위치이다. 단순, 치밀, 분석, 섬세하다.

신(辛)은 늦가을에 해당한다. 단단한 결정체이며 씨앗이다. 완전히 익은 과일, 곡식, 내실이다. 빛나는 보석. 면도칼, 찬서리, 싸늘함, 살벌함 등의 느낌이다. 모든 초목을 순식간에 자른다. 매울 신이라고 한다. 섬세하고 날카롭다. 단정하고 깔끔하다. 내실이 견고하며 이성적, 논리정연하다. 다듬어진 보석이므로 자기중심적이다.

자질구레한 것이 싫고, 싫은 것은 관심도 없다. 보석처럼 빛난다. 그래서 가끔 혼자 잘났다. 나서는 것은 싫어도 남이 알아주길 바란다. 깊이가 있으면서 순진하다. 머리가 좋고 이해력이 빠르다. 모든 일을 기억한다. 자존심이 강하다. 자존심에 상처를 받으면 끝까지 복수한다. 태양을 만나면 빛난다.

삼명통회에서는 서리, 보석으로 표현했다. 적천수에서는 '신금연약 온윤이청(辛金軟弱 溫潤而淸)'이라 하여 신금은 부드럽고 약하지만 온화하고 윤기가 나며 맑은 빛이 선명하다고 하였다.

2) 특징과 상징

장점으로는 섬세하고 깔끔하며 겉으로는 약해보이나 속으로는 야무지고 샤프하다. 스마트하다. 감수성이 예민하고 정에 좌우되기 쉬울 것 같으나 매사 정확하고 치밀하며 단호하다. 용모가 단정하며 언행이 유순하며 항상 새로운 것을 추구하고 멋을 알며 유행을 앞서간다. 어느 곳에서나 능력을 인정받는다. 기획능력이나 계산능력이 뛰어난다.

단점으로는 자존심이 너무 강하거나 욕심이 많고 자기가 최고라는 자아도취에 빠질 위험이 많다. 다른 사람들의 비난이 있을 수 있으니 매사 겸손하고 부드러워야 한다. 냉혹함과 독설이 강하고 한 쪽으로 치우칠 경향이 많다. 기개가 부족하고 야생적이지 못하다. 스스로 파란을 일으킬 소지가 많다. 이성의 유혹을 많이 받는다. 너무 청백하거나 순수함이 지나쳐 냉정하거나 까다로운 일면으로 변해 어지간한 사람이라도 비위를 맞추기가 힘들다.

쇳물, 주방기기, 기계부속, 바늘, 보석, 도금, 귀금속, 장신구, 세공, 금, 은, 시계, 정밀기계, 스프링, 화화기계, 계산기, 광학, 경금속 등으로 해석한다. 하늘에서는 서리, 구슬의 의미를 갖고 있다. 만물의 새로운 탄생을 의미한다. 결정체로서 보석을 나타내며 세련된 금속이나 비철금속, 정밀한 반도체 등이 해당된다. 금형(金型)은 예리하고 조리 정연한 이론을 전개하고 확고한 신념을 갖는 반면에 추상적이요 관념적이며 아는 체하고 속단을 잘 내리며 냉정하고 무미건조 할 때가 있다.

(표 26) 신의 특징

구분		특징
천문		서리, 보석
지리		꿩, 솔비
자연		면도칼, 단단한 결정체. 과일, 곡식,
신체		허파, 폐, 대장, 비위. 근육통
향,색		서쪽, 흰색,
계절,맛		가을, 매운맛
상징		서릿발, 면도칼, 단단한 결정체, 결실, 내실, 쇳물, 주방기기, 기계 부속, 바늘, 도금, 귀금속, 장신구, 세공, 금은, 시계, 정밀기계, 스프링, 화학기계, 계산기, 광학, 경금속
성격	장점	섬세. 깔끔. 겉으로는 약해보이나 속으로는 야무지고 샤프하다. 스마트. 감수성. 매사 정확하고 치밀하며 단호. 용모 단정. 언행 유순. 새로운 것을 추구. 멋을 알며 유행을 앞서간다. 어느 곳에서나 능력을 인정받는다. 기획능력이나 계산능력이 뛰어나다.
	단점	자존심이 너무 강하다. 욕심. 자기가 최고라는 자아도취. 냉혹함. 독설. 기개가 부족. 야생적이지 못하다. 스스로 파란을 일으킬 소지가 많다. 이성의 유혹을 많이 받는다. 냉정하거나 까다로운 일면. 어지간한 사람이라도 비위를 맞추기가 힘들다.
임무		숙살지기
천간과천간	갑	흠만 내는 모습. 좋지 않다.
	을	면도칼로 담쟁이를 찢는 모습. 안 좋다.
	병	보석이 햇빛을 받으니 광채가 난다. 위엄이 있다.
	정	정화로 보석을 녹인다. 안 좋다. 화소주옥(火燒珠玉)이라 한다
	무	매금(埋金). 안 좋다.
	기	흙 묻은 보석. 빛을 잃었다. 안 좋다
	경	살벌한 모습.
	신	잘난체하는 보석이 두 개나 된다. 잔인하다
	임	보석을 물로 씻는 모습. 도세주옥(陶洗珠玉)이라 한다.
	계	철에 물이 있어 녹스는 모습. 좋지 않다.

3) 다른 천간과의 관계

신금이 갑목을 보는 것은 나무에 흠만 내는 모습으로 그다지 좋지 않다.
을목을 보는 것도 좋지 않다. 날카로운 면도칼과 연약한 담쟁이의 만남이다.
신금이 병화를 보는 것은 빛나는 보석이 되어 화려해 지므로 광채가 있고 위엄이 있어 보인다. 좋은 의미가 된다.

신금이 정화를 보는 것은 곤란한 지경이다. 열에 의해 보석이 허물어질 까 우려된다.

신금이 무토를 보는 것은 좋지 않다. 매금의 우려가 있다.

기토를 보는 것도 그다지 좋지는 않다. 진흙 속에 빠진 보석으로 빛을 잃었다.

신금이 경금을 보는 것도 썩 좋지는 않다. 살벌한 느낌이다.

신금이 신금을 보는 것도 역시 좋지 않다. 잔인함이 더해진다.

신금이 임수를 보는 것은 좋다. 더욱 빛나게 한다.

신금이 계수를 보는 것은 그다지 좋지 않다. 물속에 잠겨버린 보석은 빛을 잃고 헤매는 모습이다.

9. 임(壬)

1) 개념

임(壬)은 천간(天干)의 아홉째 글자로 쓴다. 사전적으로 북방(北方), 간사(奸邪), 아첨(阿諂), 크다, 성대(盛大) 등의 의미가 있으며 임방(壬方), 임시(壬時)를 나타낸다. 工(공)은 옷감 짜는 실을 감아 붙이기 위한 막대기의 모양이며, 工(공) 가운데 、이 붙은 글자는 거기에 실을 감아 붙인 모양을 나타낸다.

임(壬)은 잉태한다는 의미를 가지고 있다. 열매가 익어 씨앗이 되어 땅속에서 다시 새로운 생명을 잉태하는 것을 의미하며 양기가 만물의 씨앗이나 땅속에서 작용하는 것을 뜻한다. 모든 생명의 근원이며 우주의 젖줄이며 종자, 정자, 난자, 원자, 분자, 전자와 관련이 있다.

삼명통회에서는 눈, 비, 먹구름, 가을서리, 호수 등으로 표현한다. 땅에서는 도도히 흐르는 강물이나 호수가 되기도 하고 끝없는 바다나 댐을 나타낸다. 희생, 지략, 사려 등의 상징이다. 적천수에서는 '임수통하 능설금기 강중지덕 주류불체(壬水通河 能洩金氣 剛中之德 周流不滯)'라 하여 은하수에 견줄 만큼 큰물인데 강하다는 금의 기운을 능히 흘려보낼 수 있고 굳건한 가운데 덕 또한 갖추고 있어 두루두루 흘러내려 막힘이 없다고 표현하였다.

임(壬)은 초겨울을 상징하며 모든 활동을 멈추고 휴식을 취한다. 바다, 강, 호수를 상징한다. 때문에 차분하고 표정도 없고 동작도 느리다. 그러나 속은 깊다. 단지 반응이 없을 뿐이다. 성실하고 변덕 없이 착하다. 무뚝뚝하고 애교가 없다. 경거망동하지 않는다. 표정의 변화가 적으니 그 속을 알 수가 없다. 상대하기가 쉽지 않다. 속으로는 끊임없이 생각하고 생각한다. 생각이 많다. 학자나 도인처럼 자신을 갈고 닦는다. 잘 나서지를 않으나 나서면 잘 처리한다. 남을 생각지 않고 비판하며 냉정하다. 현실적이다. 물질적인 면을 중시하며 절대 손해 보지 않으려 한다. 생활력도 강하다. 이기적, 무뚝뚝, 비협조적, 냉소적, 사교적이며 비밀을 잘 지킨다.

2) 특징과 상징

장점으로는 선천적으로 두뇌가 총명하고 창의력이 뛰어나며 선견지명과 심오한 지혜가 있다. 쉼 없이 노력하며 새로운 것을 탐구하며 모든 면에서 박식하고 매사 느긋하며 전진하려는 의욕이 강하다. 성품이 물처럼 깨끗하고 바다처럼 넓으며 모든 것을 다 받아주며 어느 곳에서나 잘 어울리며 사람을 가리지 않는 성품이 있다. 웬만한 사람과 동조하며 타협도 잘하고 대립하지 않으며 원만하다. 응집력과 통일성이 강하다. 재치가 있고 임기응변에 능하며 재주가 많아 자신감이 있고 능동적이다. 사교적이며 분위기를 잘 이끌며 지적인 연애를 추구하는 스타일이다.

단점으로는 속마음을 내비치지 않아 음흉하거나 비밀이 많다는 오해를 받으며 머리가 너무 좋아 남을 무시하거나 피해를 줄 수 있다. 매사 시작에 비해 끝마무리가 부족하며 처음 계획이 변질되거나 기회주의적으로 변질된다. 지나치게 깨끗한 물에서는 고기가 살지 않는 것처럼 잘 적응이 안 될 때가 있고 음란하거나 본능적인 행동으로 치우쳐 비천해지기도 한다. 한번 틀어지면 얼음처럼 차갑고 냉정해지며 의심이 많아 남을 못 믿거나 포용력이 떨어진다. 너무 진드기처럼 붙거나 한 쪽으로 치우치는 경향이 있다. 자기 자신을 너무 과신하여 자기 꾀에 빠지기 쉽고 너무 경솔하거나 자주 변하여 신뢰감이 떨어지기도 하고 남을 이용하거나 권모술수가 강하여 사기성으로 변질된다. 너무 정이 헤프거나 유흥에 치우쳐 방탕하거나 적극적으로 이성을 유혹하며 음란해지는 경우가 많다.

임은 수(水)를 대변한다. 물, 강물, 액체(液體), 물과 관련(關聯)된 일, 큰물, 홍수(洪水), 수재(水災), 수성(水星: 태양에 가장 가까운 별), 평평(平平)함을 의미한다. 방위(方位)로는 북쪽, 계절(季節)로는 겨울, 빛깔로는 검정을 나타낸다.

시냇물이 흐르고 있는 모양을 본뜬 글자로 '물'을 뜻한다. 원래는 물수(水(氵, 氺), 물)는 시내의 뜻이었다. 물은 만물의 근원이다. 우주창조의 본체이다. 생명의 본질이다. 따라서 수(水)가 풍족하면 육체가 건강하고 육체가 건강하면 정신도 건전해지지만 수가 부족하면 육체와 정신이 모두 허약해진다. 신체적으로 신장과 방광, 귀, 비뇨기, 배설, 피 등과 관련이 많다.

수(水)는 높은 곳에서 낮은 곳으로 흐른다. 모든 사물에 물을 골고루 적셔준다. 자선을 하지만 못쓰게 망가뜨리기도 한다. 머물면 썩기 때문에 항상 한 곳에 머물기를 싫어하고 환경에 따라 모이고 흩어지고 느린 것 같지만 빠르다. 깊은 물은 속이 넓으나 음흉하고 얕은 물은 잔꾀를 부린다. 편안한 길을 선택하기에 타협적이고 일관성이 없다

종교, 철학에 관심이 많고 박력과 패기, 폭력과는 거리가 멀고 노쇠한 경향이 크다. 상징물로는 바다, 강, 호수, 구름, 얼음, 빙산, 유류, 주류, 해운, 연구, 기획, 발상, 발명 등이 있다.

3) 다른 천간과의 관계

임수가 갑목을 보는 것은 큰 호수에 늘어진 버드나무의 모습으로 아름다운 모습이다. 좋아 보인다.

을목을 보는 것은 넓은 호수에 연꽃의 모습으로 좋은 모습이나 때로는 너무 물속에 갇혀버린 모습이 되어 불안하다.

갑(甲), 을(乙)이 있으면 임은 할 일이 분명해진다.

(표 27) 임의 특징

구분		특징
천문		가을이슬
지리		제비
자연		바다, 강, 호수, 눈, 비
신체		방광, 신장(콩팥), 자궁, 종아리
향,색		북쪽, 짠맛,
계절,맛		겨울, 검정색
상징		빙산, 유류, 주류, 해운, 연구, 기획, 발상, 발명
성격	장점	총명. 창의력. 선견지명. 심오한 지혜. 쉼 없는 노력. 새로운 것 탐구. 모든 면에서 박식. 매사 느긋. 전진하려는 의욕. 물처럼 깨끗. 바다처럼 넓다. 어느 곳에서나 잘 어울린다. 사람을 가리지 않는 성품. 왠만한 사람과 동조하며 타협도 잘하고 원만. 응집력. 통일성. 재치. 임기응변. 재주가 많다. 자신감. 능동적. 사교적. 분위기를 잘 이끌며 지적인 연애를 추구하는 스타일.
	단점	음흉. 비밀이 많다. 머리가 너무 좋아 남을 무시하거나 피해를 줄 수 있다. 끝마무리가 부족. 처음 계획이 변질된다. 적응이 안 될 때가 있고 음란하거나 본능적인 행동으로 치우쳐 비천해지기도 한다. 한번 틀어지면 얼음처럼 차갑고 냉정해진다. 의심이 많다. 포용력이 떨어진다. 한 쪽으로 치우치는 경향. 자기 자신을 너무 과신하여 자기 꾀에 빠지기 쉽고 너무 경솔하거나 자주 변하여 신뢰감이 떨어지기도 하고 남을 이용하거나 권모술수가 강하여 사기성으로 변질된다. 너무 정이 헤프거나 유흥에 치우쳐 방탕하거나 적극적으로 이성을 유혹하며 음란해지는 경우가 많다.
임무		나무를 키우는 역할, 신금을 닦아서 빛나게 한다. 병화를 통해 갑목을 키운다.
천간과천간	갑	큰 호수의 버드나무, 아름다운 모습.
	을	넓은 호수에 연꽃 모습.
	병	태양과 바다의 구조로 스케일이 크다.
	정	바다를 비추는 달빛. 멋있다. 좋은 성격으로 인기가 많다.
	무	바다와 산. 산수가 아름답다.
	기	물을 흐리게 한다(己土濁壬).
	경	물로 씻어내니 좋다. 경발수원(庚發水源)이라 한다.
	신	좋다. 도세주옥(陶洗珠玉).
	임	큰물끼리 만남. 홍수가 났다.
	계	큰물과 작은 물이 만났으니 물살이 빠르다.

임수가 병화를 보는 것은 태양과 바다의 관계로 스케일이 크고 서로 좋은 것으로

본다.

정화를 보는 것은 바다를 비추는 달빛의 모습으로 멋있다. 그러나 물위의 촛불로 보면 위태롭다. 병정(丙丁)이 있으면 임의 힘이 빠진다.

임수가 무토를 보는 것은 바다와 산의 조화로운 모습으로 좋게 본다.

기토는 임수를 흐리게 하기 때문에 꺼린다. 기토탁임(己土濁壬)이라 한다.

무(戊), 기(己)는 엄청 스트레스다. 항상 긴장하여야 한다. 그러나 임이 강할 때는 무(戊)가 반드시 필요하다. 임의 힘이 빠져야 하기 때문이다.

임수가 경금을 보는 것은 임의 근원지를 얻은 격으로 좋게 본다. 경발수원(庚發水源)이라 한다.

신금(辛金)을 보는 것은 도세주옥(陶洗珠玉)이라 하여 상당히 좋은 것 본다. 어쨌든 경(庚), 신(辛)은 나쁠 것이 없다.

임수가 다시금 임수를 보는 것은 너무 넘친다. 별로 쓰임이 좋지 않다.

임수가 계수를 보는 것은 대체로 좋지 않은 것으로 본다. 아무튼 임(壬)의 주변에 임(壬)과 계(癸)가 있으면 과유불급(過猶不及)이다. 너무 넘쳐서 어쩔 도리가 없다.

10. 계(癸)

1) 개념

계(癸)는 열 번째 천간(天干)이다. 사전적으로는 북방(北方), 북쪽, 겨울, 경도(經度), 월경(月經), 무기(武器), 헤아리다라는 의미이며 계방(癸方), 계시(癸時)를 뜻한다. 필발머리(癶, 걷다, 가다)와 矢(시, 화살)로 이루어졌다. 발로 길이를 재다, 화살은 자와 같이 곧기 때문에 곡직(曲直)을 재는 데 쓴다고 해서 헤아리고 분별한다는 의미를 지녔다. 땅속에서 길려져서 씨앗이 다시 나오고자 태어날 때를 기다리는 의미가 있다. 겸손, 냉정, 소극, 분별, 민감 등의 성정을 가졌다.

겨울과 봄의 전환점에 해당. 어두움과 밝음, 명랑과 우울의 이중성이 있다. 환경에 잘 적응하며 누구 랑도 친해진다. 발랄하고 재잘거린다. 감성이 풍부하고 분위기 조절을 잘하며 변덕이 있다. 말하기 좋아하고 감정이 풍부하며 한곳에 집중을 못하니 한 분야에서 전문가가 되기 어렵다.

삼명통회에서는 봄장마, 우로(雨露)로 표현한다. 졸졸졸 흐르는 샘물이나 생수, 활수, 원천, 윤하수 등으로서 항상 흘러내리는 물로서 만물을 자양하는 근본이다. 적천수에서는 계수지약 달어천진(癸水至弱 達於天津)라 하여 계수는 지극히 약하고 은근하나 고요히 흐르고 흘러 하늘 나루터에 도달한다 라고 표현했다.

계는 수형(水形)이다. 수형은 정적이요 이성적이며 감동적이고 감정은 경공(驚恐)이라 하였다. 수형은 깊이 생각하고 감수성이 예민하며 본능적 경향이 있고 다정다감한 온정이 있는 반면에 실천력이 약하고 의뢰심이 많다.

2) 특징과 상징

장점으로는 지모(智謀)가 뛰어나고 아이디어가 특출하며 준법정신과 임기응변에 능하다. 변화에 민감하고 대응력이 뛰어난다. 매사 조용히 노력하며 순종과 애교가 겸비되었다. 심리파악을 잘하며 자상하다. 자유자재로 변신하며 환경에 따른 적응력이 뛰어나다.

단점으로는 줏대가 없어 보이고 자기 꾀에 자신이 당하는 경우가 많다. 참모나 보좌역할이 어울린다. 많이 알지만 실천이 부족하고 어려움을 보면 말로서 다하고 실천은 못한다. 변덕스럽고 지조가 없는 이중성격자로 보이며 너무 비밀스럽게 감추는 것이 많아 보여 오해를 받을 수 있다.

(표 28) 계의 특징

구분		특징
천문		봄비
지리		박쥐
자연		시냇물 옹달샘, 샘물, 비, 수중기, 안개
신체		신장(콩팥), 방광(생식기), 종아리, 자궁
향,색		북쪽, 짠맛,
계절,맛		겨울, 검정색
상징		눈물, 가랑비 샘물, 하수, 액체, 소변, 주류, 음료, 우유, 온천, 목욕, 세탁시냇물, 옹달샘, 샘물, 단비, 신장, 생명력, 지혜, 생명체에 공급
성격	장점	뛰어난 지모(智謀). 아이디어. 준법정신. 임기응변. 변화에 민감. 뛰어난 대응력. 조용히 노력하며 순종과 애교의 겸비. 심리파악. 자상. 자유자재로 변신. 뛰어난 환경 적응력.
	단점	대가 없어 보이고 자기 꾀에 자신이 당하는 경우가 많다. 참모나 보좌역할. 실천 부족. 말로서 다하고 실천은 못한다. 변덕. 지조가 없는 이중성격자. 너무 비밀스럽게 감추는 것이 많아 보여 오해를 받을 수 있다.
임무		생명수(生命水)
천간과 천간	갑	낙낙장송에 비가 내리는 모습.
	을	초원에 비가 오니 좋다.
	병	구름과 태양, 비와 햇빛의 관계. 좋지 않다. 흑운차일(黑雲遮日)이라 한다.
	정	등대, 화롯불. 촛불에 비가오니 좋지 않다.
	무	건조한 土에 비가 오니 좋다.
	기	논밭에 비가 내리니 좋다. 습윤옥토(濕潤玉土)라 한다
	경	경금(庚金)이 녹슨다.
	신	녹슨다. 빛을 잃은다
	임	물이 너무 강하다.
	계	계속 비만 온다. 일을 할 수가 없다. 일의 진행이 느리다

3) 다른 천간과의 관계

계수가 갑목을 보는 것은 낙낙장송에 비가 내리는 좋은 모습이다.

을목을 보는 것도 대체로 좋은 모습이다.

계수가 병화를 보는 것은 구름과 태양, 비와 햇빛의 관계처럼 좋지 않다. 흑운차일(黑雲遮日)이라 한다.

정화를 보는 것은 더더욱 좋지 않은 것으로 본다. 소나기에 꺼지는 촛불과 같은 신세로 보인다.

계수가 무토를 보는 것은 마른 대지에 한 줄기 소나기를 만난 격으로 좋게 해석한다.

기토를 보는 것은 옥토가 되어 좋게 보이나 너무 지나치면 오히려 해가 된다. 습윤옥토(濕潤玉土)라 한다

계수가 경금을 보는 것은 경금의 역할을 잃는다. 녹슨 철근덩어리가 되어 좋은 작용으로는 보지 않는다. 신금을 보는 것도 마찬가지다. 보석을 가리는 역할을 하므로 좋게 보지 않는다.

계수가 임수를 보는 것은 너무 과하다. 버겁다.

계수를 보는 것은 물이 지나치게 넘친다. 그래서 할 일을 제대로 못한다.

제2절 지지

1. 자(子) : 쥐

1) 쥐 이야기

쥐에 관한 이야기는 동·서양을 가리지 않고 자주 등장한다. 특히 민간 설화와 민담으로 전해지는 이야기가 많다. 이는 아마도 쥐가 인간의 생활 속에서 근접하여 살면서 여러 가지 영향을 미쳤기 때문으로 판단된다. 쥐에 관한 이야기 중 동양권에서 가장 자주 등장하는 주제는 '진가쟁주(眞假爭主)'에 관한 것이다. 즉, 진짜 주인과 가짜 주인에 관한 이야기이다.

하나의 설화를 예로 들어보자.

옛날에 남의 집 허드렛일을 해주면서 먹고 살아가는 한 부부가 있었는데 이 부부에게는 아들이 하나 있었다. 그 아들이 장가도 가고 나이도 들자 이 부부는 더 이상 남의 집 머슴 일을 하지 않았다. 그런데 그 집에는 쥐가 엄청 많았다. 집이 가난하여 고양이를 키울 수가 없었기 때문이다.

하루는 영감이 낮잠을 자다가 잠시 화장실에 갔다 오니까 웬 놈이 자기의 관을 쓰고는 담뱃대까지 물고 그 자리에 앉아 있었다. 그리고는 화장실에서 나오는 영감을 보고는 "며늘아, 저 웬 놈이 화장실에서 나온다. 빨리 쫓아내라!"고 호통을 치는 것이었다. 며느리가 나와 보고 깜짝 놀랬다. 화장실에서 나오는 사람도 시아버지이고 호통을 치는 사람도 시아버지인지라 기가 차 말이 안 나왔다. 이 때 관을 쓴 시아버지가 화장실에서 나오는 시아버지를 빨리 쫓아내라고 며느리에게 호통을 쳤다. 며느리와 아들은 화장실에서 나오는 친아버지를 알아보지 못하고 쫓아버렸다.

쫓겨난 영감은 여기저기 돌아다니다가 다행히 어느 부잣집에서 일자리 얻어 살게 되었다. 그런데 영감은 일을 하면서도 계속 한숨만 쉬는 것이었다. 부잣집 주인이 그 까닭을 물었지만 일 년이 지나도록 말하지 않았다. 주인이 "무슨 일인지 알려주면, 내가 그 일을 해결해 주겠노라"고 하자 결국 영감은 자신이 쫓겨나게 사정을 주인에게 이야기하게 되었다. 주인은 천년 묵은 쥐가 그런 것이라며 자신의 집에 만년 된 개가 있으니 데리고 가면 그 일이 해결된다고 하였다.

주인이 준 만년 된 개를 데리고 집에 도착하니 천년 묵은 쥐가 변한 가짜영감이 관을 쓰고 마루에 앉아 있었다. 이 때 진짜영감이 데리고 온 만년 묵은 개가 뛰쳐나가 가짜영감의 목덜미를 물고 바닥에 내팽겨 쳤다. 가짜영감은 천년 묵은 쥐의 모습으로 돌아갔는데 개가 다시 쥐의 발목을 물고 패대기치자 쥐가 쭉 뻗어 죽었다.

진짜영감은 마루에 앉아 부인과 며느리, 아들을 불러 세우고는 애비를 모르고 쥐한테 놀아났느냐고 호통을 쳤다. 식구들이 잘못을 빌었으나, 영감은 용서해 주지 않고 분풀이를 하고는 다시 그 주인집으로 가서 청지기 노릇을 하다가 늙어 죽었다고 한다.

　이와 비슷한 설화는 많이 전해 내려오고 있다. 둔갑한 쥐(진짜주인 가짜주인)이야기도 있다. 집주인이 함부로 버린 손톱·발톱을 오랫동안 주워 먹은 쥐가 주인으로 둔갑한다. 모든 가족이 가짜를 진짜로 여기게 되었으며 끝내는 원님의 판결로 진짜가 가짜로 몰려 쫓겨난다. 갖은 고생을 하며 떠돌아다니다가, 원조자의 충고로 고양이를 데리고 집으로 돌아온다. 고양이가 가짜를 죽이자 쥐로 변했고, 진짜가 다시 주인이 되었다는 내용이다.

　12지지에 대한 이야기도 많다. 특히 쥐가 12지지 중에서 첫 번째에 해당하는 지에 대해 전해지는 이야기가 많다. 그 중 하나가 선조대왕[22] 때 있었던 이야기이다. 내용은 대충 이렇다.

　어느 날 어전을 지나가는 쥐 한 마리를 발견한 선조대왕은 '쥐란 짐승은 저렇게 외모도 못생기었을 뿐 아니라 사람에게 해를 끼치는 것이 많거늘 어찌하여 육갑(六甲) 12지지 중 첫자리에 놓았는지 그 까닭을 아는가?'라고 신하들한테 물었다. 그 때 유희춘[23]이 대답하기를 '쥐의 앞발 가락은 넷이오 뒷발 가락 다섯입니다. 그런데 짝수는 음(陰)이고 홀수는 양(陽)인지라 넷은 음수요 다섯은 양수입니다. 12지지 동물 중에서 이렇게 한 몽뚱이에 음양이 상반되는 짐승은 쥐 밖에 없습니다. 그래서 음기(陰氣)가 사라지고 양기(陽氣)가 시작되는 밤 열두시를 처음으로 두고 그곳에 쥐를 놓게 된 것입니다. 그렇게 해서 자, 축, 인, 묘 등으로 나누게 된 것이옵니다'라고 대답했다.

　이 말에 어느 정도 타당하다고 생각되는 것은 발가락의 음양에 의해 그 순서가 배치된 것이라는 주장이 있기 때문이다. 쥐(9), 소(4), 호랑이(5), 토끼(4), 용(5), 뱀(0), 말(7), 양(4), 원숭이(5), 닭(4), 개(5), 돼지(4)의 순이다. 이 순서는 발가락의 숫자가 홀수와 짝수로 서로 교차하여 배열되었음을 알 수 있다.

　중국에서는 쥐를 노서(老鼠)또는 경자(耕子)라고 부르기도 한다. 경자라는 것은 음식물, 의복, 가구류를 갉아서 소모시키는 놈이라는 의미로, 쥐의 습성을 잘 나타내고 있다. 음식물은 물론 의복·도구를 갉아먹으면 곤란하므로, 이에 대처하기 위해서 제야에는 빈방에 음식물을 준비해서 쥐에게 제공하고, 그로써 쥐의 피해를 피할 수 있다는 풍습이 있었다.

　서양 쥐는 고대 인도나 이집트에서 밤의 심벌이었으며, 그리스에서는 파멸과 죽음의 심벌이었다. 중세에는 그리스도교의 포교와 함께 악마나 마녀와 결부된다. 중세를 통해서 쥐가 이상하게 번식하는 것은 큰 재해, 특히 전염병의 전조로 믿었다. 후세에 쥐가 의복이나 침대를 갉아먹으면 죽음이 가까운 징조로 보거나, 꿈에 죽은 쥐를 보면 친척 중 누군가가 죽는다는 속신이 생긴 것은 이와 관련이 있으며 죽으면 인간의 혼은 쥐의 모습이 되어서 육체를 떠난다고 하였다.

---

22) 조선 제14대 왕(재위 1567~1608)
23) 조선 중기의 문신. 1547년 벽서(壁書)의 옥(獄)에 연루되어 제주도에 유배되고, 1567년 선조가 즉위하자 사면되어 직강 겸 지제교에 재등용되었다. 경사와 성리학에 조예가 깊어 '미암일기'와 많은 저서를 남겼으며 16세기 호남사림을 대표하는 인물로 손꼽힌다.

2) 쥐의 속성

쥐는 훔치는 행위로 인해 지탄의 대상이 되고 있으나 반면에 부지런히 먹이를 모으는 근면성이 높이 평가되어 부와 재물의 상징으로 보기도 한다. 속담신화의 소재로 사용된 쥐는 대부분 도둑을 가리키며, 작거나 하찮음에 비유한 것도 많다.

유교적 왕도정치를 이상으로 하는 사회에서 쥐는 부정한 동물이었다. 특히 정약용은 쥐를 간신과 수탈자에 비유하였다. '아함경(阿含經)[24]'에서는 사람의 일생에서 흰쥐를 낮, 검은 쥐를 밤으로 비유하여 시간을 상징하고 있다.

쥐는 야행성·잡식성이다. 주로 밤에 활동하고 가리지 않고 먹는다. 낮에는 땅속이나 숲에서 지낸다. 일정한 통로가 있으며, 후각과 수염의 촉각을 이용해 먹이를 찾는다. 식물의 잎·줄기·열매 등을 주식으로 하며, 새의 알이나 어류 등도 먹는다. 남극과 뉴질랜드를 제외한 세계 각국에 분포되어 있다. 임신기간이 짧고, 출산횟수나 한배에 낳는 새끼의 수가 많다는 특징이 있다. 이런 왕성한 번식력을 높이 사서 다산(多産)을 상징하기도 한다.

쥐를 상징하는 '자(子)'는 '아들' '아주 작은 것, '번식하다'라는 뜻이 내포되어 있다. 사람들은 이러한 쥐의 활동력을 비유해서 집안에 처음 들어온 사람에게 집 구석구석을 보여주는 일을 '쥐바람쐬기'라고도 부른다. 쥐의 민첩하게 움직이기 때문에 이것(민첩성)이 자연스럽게 근면성을 연상시켰고 부(富)의 상징으로 인식되었다. 이처럼 쥐에 대한 특징은 다양하게 나타난다. 이를 긍정적인 의미와 부정적인 의미로 구분하여 살펴보자.

먼저 긍정적인 의미를 보면 첫 번째가 신성력(神聖力)과 예지력(豫知力)이다. 무덤의 수호신, 상자일(上子日)[25]의 근신, 뱃길의 안전과 농사의 풍흉을 결정하는 마을 수호신(해안도서 지방), 물과 불의 근원을 알려준 영물, 고대 아테네 신전에서는 쥐에게 치유의 힘이 있다고 믿었다.

두 번째가 다산(多産)과 풍요(豊饒)의 상징이라는 점이다. 쥐는 생물학적으로 왕성한 번식력을 가지고 있으며 그로 인해 사람들에게 다산과 풍요의 상징으로 여겨졌다.

세 번째는 부지런하고 재물(財物)과 부(富)를 상징한다는 점이다. 쥐는 어느 곳이나 민첩하게 드나들 수 있는 강한 활동력을 가지고 있다. 상자일 풍속이나 쥐불놀이, 쥐와 관련된 풍속에서 풍작 기원 대상으로 인식되었다. 또한 쥐는 그 행동이 민첩하고 부지런하여 근면과 부의 상징으로 인식되었다.

네 번째는 영리하다는 점이다. 쥐는 민담이나 설화에서는 다른 동물보다 영리한 동물로 묘사된다. 물과 불의 기원을 미륵에게 가르쳐 주었는가 하면 12지지의 경주에서 소 등을 타고 가서 1등을 한 것으로도 유명하다. 속담에는 약삭빠르고 머리가 뛰어난 사람들을 가리켜 '약기(야삭 빠르고 영리함)는 생쥐' '얼굴에 생쥐가 오르락내리락 한다'

---

[24] 불교 경전 가운데 아함부(部)에 속하는 원시(原始) 또는 소승(小乘) 경전.
[25] 정월상자일(쥐날)에 행해지는 행사였다. 음력 정월의 첫 자일. 정초 십이지일(十二支日)의 하나로 '첫 쥐날'이라 부르기도 한다. 『삼국유사』에 의하면 상자일에는 백사(百事)를 꺼리고 근신한다고 하였으며, 『지봉유설(芝峯類說)』에는, 쥐는 곡식을 축낸다 하여 상자일에는 모든 일을 쉬고 놀았다 한다.

라고 표현했다.

다섯 번째는 '연약한 동물'을 상징하기도 한다. 동요, 동화, 민화, 이솝이야기 등에서는 영리하고 약한 주인공으로 등장하기도 한다. 그래서 쥐의 이미지에 약한 자를 대변하기도 한다.

반면, 부정적인 이미지도 갖고 있어서 배척당하기도 한다. 부정적인 이미지 첫 번째는 '정직하지 못하다'는 점이다. 예로부터 곡간에 쌓아 둔 곡식들을 훔쳐 가지고 땀 흘려 농사지은 곡식을 망쳐 놓았다. 그래서 농사일을 망치는 해악의 동물로 인식되었고 상자일, 쥐불놀이 등에서 쥐를 퇴치하는 다양한 풍속이 전해지고 있다. 쥐가 손톱, 발톱을 먹고 그 주인으로 변신해 사람에게 해를 끼치는 요물로 등장하는 이야기는 흔한 이야기다.

두 번째는 탐욕과 도둑의 상징이란 점이다. 쥐가 가진 근면성이 오히려 탐욕의 이미지로 인식되기도 한다. 특히 도둑으로서 인식되는 경우가 많다.

세 번째는 간신, 수탈자, 부도덕적인 동물로 관념화 되어 있다는 점이다. 민담이나 설화에서도 알 수 있듯이 남을 속이고 남의 것을 빼앗고 거짓말을 잘하는 동물로 비유된다.

네 번째는 재앙을 상징한다는 점이다. 서양에서는 쥐가 병을 옮기는 전염성을 가지고 있다는 이야기가 많이 등장한다. 특히 아무것이나 먹으면서 음식에서 음식으로 병을 옮기는 대표적인 동물로 인식한다.

다섯 번째는 하찮은 동물로 인식된다는 점이다. 쥐는 작고 왜소한 동물로서 우리 속담에서도 하찮은 것으로 표현되는 것이 많다.

여섯 번째는 음란함을 상징하기도 한다. '집쥐'나 '밭쥐'는 출산 후 몇 시간만 지나면 발정하여 교미하고 임신한다. 때문에 '정력'을 상징하기도 한다.

일곱 번째는 정적을 의미하기도 한다. '쥐죽은 듯하다'라는 옛말에서 알 수 있듯이 쥐가 소리 내지 않고 다니는 동물이라는 데서 쥐는 정적의 표상이 된다. 이러한 특징은 야행성에서 비롯된 것이라고 할 수 있다. 남들은 다들 잠들어 있는데 그 때에 비로소 활동하려면 아무래도 조용히 움직여야 하고 재빨리 움직여야 하기 때문이다.

쥐에 대한 관념을 부정과 긍정이라는 이분법적으로 결론을 도출하기는 한계가 있다. 시대적 상황에 따라 그 관념이 다르게 나타날 수 있을 것이기 때문이다. 다만 역사적으로 볼 때 쥐라는 동물이 인간의 생활 속에서 오랫동안 존재하여 왔다는 점과 그럴 때마다 여러 가지 상징을 부여하고 다양한 관념으로 해석해 왔다는 점은 주목할 필요가 있다 할 것이다. 때문에 '띠'에 대한 남다른 의미를 갖고 있는 한국사회에서는 그 의미 또한 특별하다고 할 것이다.

3) 자의(字意)적 특징

쥐는 12지지 중 자(子)에 속한다. 즉, 땅의 기운인 자(子)라는 기운을 받는 동물이다. 자(子)'를 대표하는 의미는 '아들' '아주 작은 것'. '어리다', '번식하다'라는 뜻이 있다. 12지지 중 첫 번째 해당하며 시간은 오후 11시부터 오전 1시까지(子時)에 해당한다.

방위로는 정북(正北)이며 달은 11월에 해당한다. 계절로는 겨울에 해당하며 음력11월 대설(大雪)부터 음력 12월 소설(小雪)까지이다. 색깔로는 흑색이다. 삼명통회에서는 자(子)를 검은 못, 즉 묵지(墨池)로 상징한다. 묵지란 붓과 벼루를 씻는 연못이다.

4) 시간적 특징

자시(子時)는 11시부터 다음날 01시까지를 말한다. 이 시간이 쥐가 가장 활발하게 활동하는 시간이다. 그래서 쥐가 이 시간을 의미한다는 설도 있다. 또한 쥐의 양면성, 즉 쥐의 앞발과 뒷발의 발가락 수가 다르기 때문에 11시부터 다음날 01시까지를 말하는 자시에 가장 어울린다는 것이다. 그리고 하루의 음기(陰氣)가 가장 크고 양기(陽氣)가 태동(胎動)하는 시간(12:00, 또는 00:00)이 절기인 동지(冬至)와 같다는 점에서 자(子), 즉 쥐가 배속된 것이라 할 것이다.

이 시간의 특징을 보면 어둡다, 휴식, 정적, 밤, 음침하다, 에너지 보충, 종착과 시작, 정리와 태동 등의 의미를 갖는다. 그래서 음(陰)이지만 양(陽)의 성질을 갖는 것이고 양(陽)이지만 음(陰)의 성질을 갖는 것이다. 특히 음의 극단점(極端點)과 양의 극시점(極始點)이란 점에서 쥐의 특징을 그대로 반영하고 있다.

이런 점에서 인간의 일생으로 보면 노년기라 할 수 있고 죽음의 의미도 내포하고 있다. 육체의 세계보다 정신의 세계가 더 강하고 확장성이 있다. 그래서 정신세계를 상징하기도 한다. 더구나 방향은 정북방향을 상징하고 이의 색깔은 검정색을 상징한다. 인간세계에서 누군가 죽으면 검은 색 상복(喪服)을 입는 것도 이와 연관이 있다.

5) 계절적 특징

계절적으로는 겨울에 해당한다. 겨울 중에서도 한겨울, 즉 겨울의 중심에 있다. 겨울은 24절기로는 입동(立冬)부터 입춘(立春) 전까지이다. 자(子)에 해당하는 절기는 대설(大雪)에서 소한(小寒) 전까지이다. 그 사이에 동지(冬至)가 있다. 그래서 자는 달로는 음력 11월, 계절로는 한겨울, 그리고 절기로는 동지(대설~소한)를 상징한다. 동지(冬至, winter solstice)는 지월(至月), 중동(仲冬), 자월(子月) 등으로 일컫는다.

음력 11월을 고대 중국의 주나라에서는 자월이라 하여 세수(歲首)의 달로 삼았다. 이는 이달에 해가 남회귀선(南回歸線)에서 다시 북쪽으로 회귀하는 날인 동지(冬至)가 들어 있기 때문이다. 동지는 동양의 태음태양역법(太陰太陽曆法)에서 역(曆)의 기산점(起算點)으로 중요한 의미를 지녔다.

동지는 1년 중 열량도 가장 작으며, 밤이 길고 낮이 짧다. 지면이 하루 중에 방산(放散)하는 열량이 태양에서 받는 열량보다 많고 지면이 점차 냉각되어진다. 동지는 겨울의 한가운데이고 음의 기운이 바닥(가장 가득한 상태)을 치고 양의 기운으로 바뀌는 때다. 동짓날 팥죽을 먹으면 겨울에 감기에 걸리지 않고 여름에 더위를 타지 않으며, 세 집을 돌며 팥죽을 얻어먹으면 장수한다고 믿었다. 또 동짓날 팥죽에 든 새알심을 많이 먹어야 높은 지위에 오른다고 한다.

겨울은 한마디로 엄동설한(嚴冬雪寒)이라 표현한다. 차갑고 적막한 것으로 묘사되었다. 춥고 강수량도 적어 식물이나 농작물이 자라지 못한다. 사람도 기후의 영향을 육체적으로 정신적으로 크게 받는다. 겨울은 밤의 길이가 가장 긴 계절이다. 이는 한편으로는 안식을 뜻하기도 하지만 한편으로는 외롭고 고독함을 의미하기도 한다.

겨울을 묘사하는 데 주로 사용되는 동물로는 기러기·부엉이 등이 있다. 이들은 대체로 외롭다거나 짝을 잃었다거나 깃을 움츠리고 있다거나 하는 이미지로 사용 된다

11월은 동지(冬至)를 나타내듯이 차가운 한겨울의 극한에서도 따뜻한 봄기운은 싹트고 있음을 의미한다. 이는 우주론적으로 끊임없는 지속과 반복으로서 끝이 곧 새로운 시작(終則有始)이라는 자연의 회복 현상을 상징하거나 사회·정치적으로 군자의 세력이 결코 소멸되지 않고 소생한다는 점을 상징하기도 한다. 그러나 동시에 인간의 심리적 현상으로서 인간의 본래적인 생명력인 진실 무망한 하늘과 같은 마음의 '회복'과 '소생'을 상징하기도 한다.

6) 종합 성격

쥐의 성격을 모두 종합해 보면 (표 29)과 같다. 이를 정리해보면 쥐는 민첩하고 영리하며 지혜로운 동물이다. 그래서 신성시되기도 한다. 특히 근면하여 재물을 모으고 부를 누린다. 활동력도 강하다. 그런 반면 탐욕스럽고, 부도덕하며 간사하고 음란하다. 도둑, 수탈, 재앙을 가져오기도 한다.

어둡고 음침하며 깊은 속을 알 수 없으며 포용력도 크지만 음모, 배신, 사기 등의 위험성도 항존(恒存)한다. 이렇듯 양면성과 이중성을 갖고 있으며 적응력과 임기응변이 뛰어난다. 육체적인 세계보다는 정신적인 세계가 더 강하며 신중하고 요령과 수완도 뛰어난다.

(표 29) 쥐의 성격 종합

구분		성격
본질적 특성	긍정	신성·예지력, 다산, 풍요, 근면성, 재물, 부, 민첩성, 영리, 연약, 활동력
	부정	부정, 탐욕, 도둑, 간신, 수탈, 부도덕, 재앙, 음란, 정적, 야행, 하찮음
속성		차갑고, 춥고, 적막하다, 외롭고, 고독하다, 휴식, 끝과 시작, 죽음, 마무리 어둡다, 휴식, 정적, 밤, 음침하다, 에너지 보충, 종착과 시작, 정리와 태동 양면성, 이중성, 자율성, 노년, 정신, 죽음, 검정,
상징물		물, 바다, 호수, 강, 하천, 얼음, 비, 음료수, 생선과 어류, 간장, 액체, 잉크, 땀, 소금물, 채소, 종자, 정자, 난자, 생식기능, 생식기, 생명체, 잉태, 자식, 적응력, 임기응변, 변신, 침투, 포용, 음모, 사기, 배신, 신중, 경험, 지혜, 영리, 총명, 요령, 수완, 창고, 수장, 응축, 응고, 핵, 정

쥐의 같은 상징물로는 첫째, 비슷한 성향의 동물들을 들 수 있다. 대표적인 동물로서 박쥐와 제비를 들 수 있다. 박쥐와 제비는 쥐처럼 양면성을 가지고 있는 동물들이다. 박쥐는 때로는 포유류이기도 하고 때로는 조류이기도 한다. 특히 박쥐는 거꾸로

매달려 자는 것이 특징이다. 그리고 환경에 구애 없이 아무데서나 어울리는 성향이 있다. 밤에 주로 활동하는 성향도 같다.

제비는 배와 등의 색깔이 다르다. 배는 흰색이고 등은 검정색이다. 쥐의 앞발가락과 뒷발가락의 숫자가 다른 것과 같다. 또 다른 동물로 기러기와 부엉이를 들 수 있다. 이 두 동물은 겨울을 상징한다. 외롭고 고독함을 상징하기도 한다.

두 번째는 물과 관련된 상징물을 들 수 있다. 바다, 강, 호수, 하천, 비, 세숫물, 수돗물, 우물, 빗물 등등 5행인 수와 성질이 유사한 것들이 많다. 그리고 또 다른 상징물로는 겨울, 밤, 종자, 음란, 정력, 지혜, 영리, 간사, 응축 등을 들 수 있다.

쥐의 성격은 활발하고 매력적이고 정의감 넘친 쥐들. 조그만 것에 잘 웃고 하나씩 재주가 있으면 매력이 끝이 없고 하지만 성격은 절대 호락호락하지 않기 때문에 여자라면 마녀 같은 이미지를 띄기도 한다. 자기 생각에 좀 옳다 싶지 않으면 사람을 물고 놔주질 않고 은근 틱틱 대는 성격에 이 분들이랑 같이 있으면 매력적인 겉모습에 비해 정이 떨어지기도 한다.

장점은 매력적이다. 상상력이 풍부하다. 신중하다. 정직하다. 검소하다. 이지적이다. 영리하다. 독립적이다. 낭만적이다. 정열적이다. 관대하다. 주변의 사람을 기쁘게 하려 노력한다. 몹시 긴장한다.

단점은 공격적이다. 탐욕스럽다. 방자하다. 의심이 많은 편이다. 기회주의자다. 캐묻기를 좋아 한다. 항상 이익을 추구한다. 내성적이다. 불안을 잘 드러낸다. 누구든 착취할 수 있을 것이다. 바겐세일 가게는 그냥 지나치지 못한다.

7) 쥐의 적성과 진로

적성은 가장 적합한 성질을 말한다. 그리고 그 적성에 가장 잘 어울리는 영역이 앞으로 전문적으로 개척해야할 영역, 즉 전공이 될 것이며 그 전공이 곧 직업이 되고 그 직업이 평생을 좌우할 일생이 될 것이다. 다시 말하면 성격은 적성을 만들고 적성은 전공을 만들며 전공은 직업이 되고 직업은 인생이 되고 그 인생이 곧 일생이 되는 것이다. 때문에 성격만 알면 일생을 알 수 있게 된다.

자(쥐)의 적성도 그 성격에서 출발한다. 대표적인 성격을 보면 예지력, 총명, 민첩, 활동성, 근면, 재물, 적응력, 임기응변, 신중, 지혜 등을 들 수 있다. 공통된 특징을 찾으면 두뇌와 관련된 성격이 많다. 따라서 '머리를 쓰는 것이 적성에 맞다'라고 할 수 있다. 특히 예지력과 신성력을 갖고 있으므로 철학도 어울린다.

근면, 재물, 저장 등의 성격이 있으므로 금융과 관련된 분야도 적성과 어울린다. 종자, 씨앗, 생명체 등 생명과도 관련이 있으므로 의·약학, 생명공학 등과도 적성이 맞다. 영리하며, 활동적이고 민첩하므로 연예계도 어울린다. 밤의 문화도 적성이다. 특히 쥐가 가장 활발하게 움직이는 시간이 11:00~01:00이므로 이 시간대에 가장 활동성을 요구하는 분야도 '적성에 맞다'고 할 수 있다.

이상을 참고하면 쥐는 철학, 인문, 금융, 재무, 행정, 예체능, 의학, 약학, 생명공학 등이 적성에 맞는 분야라고 할 수 있다. 때문에 이런 분야로 전공을 선택하는 것이

유리하다고 할 것이다. 특히 연구, 기획, 관리, 저술, 창작 분야에서 두각을 낼 수 있다고 할 것이다.

8) 자(쥐)의 건강

건강의 문제도 마찬가지로 기본적인 성격에서 출발한다. 쥐의 성격에서 보면 생명체와 관련이 많다. 때문에 주로 생식기와 관련이 있다. 예를 들면 비뇨기, 자궁 등 남녀 생식기와 관련된 건강문제를 말한다. 수를 대표하므로 수에 해당하는 신장, 방광 및 귀와 관련된 건강문제를 가질 수 있다. 그리고 갑상선과 경락으로는 족소음신경에 해당한다.

건강은 타고난 운명에 의해 해당 부분을 특히 주의해야할 부분이다. 이는 평소에는 그러한 기운을 잠재하고 있는 것이 특징이다. 그런데 우주의 운행에 의해 제공하는 기운이 이 타고난 기운에 좋은 환경을 첨가해주면 해당 부분의 건강에 좋은 영향을 미치고 만약 나쁜 환경을 첨가해주면 그 부분이 다른 부분에 비해 더 크게 침해당할 가능성이 크다는 점이 중요하다.

9) 관계·인연·궁합

쥐가 쥐를 만났을 때이다. 근본적으로 같은 동물이므로 우호적이다. 쥐의 특성 중 장점을 보면 근면성과 부(富)가 더 증가됨을 알 수 있다. 귀성이 귀성을 만났으므로 아주 귀하다. 이 또한 관록이 빛난다. 그러나 단점으로는 부를 나눠야 하는 문제와 음란성과 응축성 그리고 야행성 등이 확대되는 것이다. 자칫 더 음흉해 질 수 있다. 대체적으로 좋다. 많으면(3개 이상이면) 음란해지고 두 번 결혼한다. 영향력이 강하다. 불화가 없고 대체로 협력적인 관계이다.

쥐가 소를 만나는 경우이다. 쥐와 소는 좋은 관계이다. 만나면 서로 호의를 갖는다. 결혼상대나 사업상대로도 좋다. 서로를 사랑할 수 있는 관계이다. 12지지 경주대회에서도 쥐는 소 등을 타고 가서 1등을 했다. 서로 돕는 관계이다.

쥐와 호랑이의 관계이다. 관록과 권세를 누린다. 쥐와 호랑이 사이는 그저 그런 대로 넘어가는 관계이다. 불화는 없지만 또 특별한 매력도 못 느끼는 관계이다. 기껏해야 원만한 관계를 유지할 상태이다. 운이 좋지 않을 때는 부모, 형제, 아내와의 불화 또는 이별 가능성(고신, 孤神)도 있고 친인척의 상문(喪門)도 주의하여야 한다. 외롭고 고독하다. 때로는 일이 꼬인다.

쥐와 토끼의 만남이다. 피곤한 관계이다. 서로 구속(형, 刑)하려는 관계이다. 쥐는 음란성이 있고 토끼도 그렇기 때문에 둘이 만나면 색란(色亂)이 우려된다. 무례하거나, 무질서해진다. 특히 토끼의 천파성이 천귀성을 파하는 경향이 있어 귀함이 천하게 되는 것이 우려된다.

쥐와 용의 만남이다. 총명하고 영리하다. 아주 좋은 상대이다. 결혼이나 동업을 하면 성공과 행복과 번영을 모두 얻을 수 있는 상대이다. 진(辰)은 쥐가 좋아하는 환경이다. 쥐는 습토(濕土)를 좋아한다. 둘 다 신성시 되는 부분이 있다. 영리한 동물이다. 먹을 것도 많다. 때로는 병환(病患)이나 우환(憂患)이 있다(오귀, 五鬼)고 본다.

쥐와 뱀의 만남이다. 문장으로 관록을 누린다. 쥐와 뱀의 관계는 상당한 정도의 협력이 가능한 상대이다. 상호간의 존경과 이해가 있으면 아주 좋은 짝이 될 수 있다. 상당히 성공할 만한 관계이다. 상호간의 존경과 이해가 있으면 아주 좋은 짝이 될 수 있다.

쥐와 말의 만남이다. 불행한 관계이다. 사랑이나 사업관계로 만나면 심한 불화가 일어날 상대이다. 서로의 개성이 충돌하며 경쟁심이 첨예해지는 상대이다. 일신이 불안정, 오고가는 것이 바르지 못하고 질서가 없다. 특히 말이 천복성을 가졌다. 큰 싸움. 상처가 크다. 사물을 대하는 심성이 소심해지고 매사 전전긍긍하는 모습을 나타낸다. 심장이나 신장계통에 탈이 생기고 치질과 정신계통의 질병이 있게 된다. 불행한 관계이다.

쥐와 양의 만남이다. 서로 반대의 입장이다. 항상 어긋난다. 피해가 되는 것, 또는 피해를 주는 것으로 해석한다. 부정, 재앙, 이별을 관장한다. 쥐와 양은 공감대가 없는 적대적인 관계이다. 도대체 공통점이 없기 때문에 관계자체가 잘 되지 않는 상대이다. 육친골육간의 불화, 관재구설, 장애, 육친간 생이별 등의 우려가 있다.

쥐와 원숭이의 관계이다. 고독하다. 쥐와 원숭이는 사회적으로 협력하는 관계이다. 그래서 아주 좋은 관계이다. 서로 깊이 이해하기 때문에 사랑과 만족을 느낀다. 아주 성공적인 결합관계이다.

쥐와 닭의 관계이다. 사납다. 양보할 수 없는 싸움. 쥐와 닭은 뭔가 특별히 지속적인 관계가 맺어지지 않을 상대이다. 의사소통도 어렵기 때문에 서로 교제를 피하는 관계이다.

쥐와 개의 만남이다. 개의 분위기가 예술적 기질로 센티멘탈하다. 쓸쓸하고 춥다. 서로 사는 방법이 다르다.

쥐와 돼지의 만남이다. 관록하며 장수한다. 대체로 행복해질 수 있는 관계이다. 개성의 충돌이 없어 상당한 정도로 관계를 맺을 만한 상대이다. 공동의 목적을 위해 협력한다.

2. 축(丑) : 소

1) 소 이야기

소 이야기는 신화나 전설 속에서는 찾아보기가 어렵고 주로 민담으로 전해지는 경우가 많다. 이야기 속에 등장하는 소는 대부분 인간과의 관계, 농경사회에서의 중요성, 의로운 소 등을 배경으로 하고 있다. 대표적으로 '철든 게으름뱅이-소가 된 게으름뱅이' '송아지로 다시 태어난 아이' '의우총(義牛塚)이야기' '학산담수에 나오는 이야기' 등이 있다.

'철든 게으름뱅이-소가 된 게으름뱅이'의 이야기는 어떤 게으름뱅이가 더 편해지려고 하다가 소가 되어 무진 고생을 하고 깨닫는 바가 있어 금기로 설정된 무를 먹고 부지런한 인간으로 재생한다는 이야기이다.

그리고 '송아지로 다시 태어난 아이'는 갓 태어난 아이가 첩의 간계로 살해당한 뒤 송아지로 태어났다가 귀한 집 규수와 혼인함으로써 인간으로 환생하고 자신의 원수를 갚는다는 내용이다.

그리고 '의우총(義牛塚)이야기'는 집 근처에서 밭일을 하고 있는 주인에게 덤벼든 호랑이를 곁에서 풀을 뜯고 있던 소가 달려들어 주인을 구하고 죽었다는 내용이다. 그래서 의우비(義牛碑)를 세웠다. 그것이 경북 상주에 있는 '우총것'이라는 것이다.

'학산담수'라는 문집에 나오는 이야기는 소를 기르던 노파가 죽어서 그 소를 30리 밖에 팔았는데 소가 매일 울기를 멈추지 않더니 출상 날에 30리 길을 달려와 옛 주인 상여 길을 뒤따랐다는 내용이다. 이렇듯 소에 대한 민담들은 대부분 소의 순박함, 근면성, 충직성 등을 보여준다.

유교에서는 소가 의(義)를 상징한다. 불교에서는 사람의 진면목을 소에 비유하였다. 도교에서는 소는 유유자적을 의미한다. 옛 그림 속에 나타나는 소를 타고 유유자적하는 모습은 바로 이러한 도교적인 영향이다. 또 소는 농경 사회인 우리 민족에게 농사일을 돕는 일하는 짐승으로 부와 재산, 힘을 상징한다. 농경의 바탕으로서의 인식과 함께 부유와 번창이라는 데서 소를 재산으로 생각하는 관념이 나타난다. "꿈에 황소가 자기 집으로 들어오면 부자가 된다."라는 속신이나 "소의 형국에 묏자리를 쓰면 자손이 부자가 된다."라는 풍수지리설 등은 소가 전통적으로 풍요를 가져다주는 부의 상징임을 보여준다.

우리나라는 예부터 소를 가족으로 여겼다. 한 집에서 사는 하인이나 동물처럼 '생구(生口)'라 부른 것이다. 강원도 산간지대에서는 설날 먹는 만두를 섣달그믐날 소에게도 먹인다. 함경도에서는 소가 힘을 못 쓰면 주먹만큼씩 뭉친 찰떡을 일주일동안 먹인다. '사람도 인절미를 먹으면 뼛속에 물이 차서 힘이 솟듯이, 소도 그렇게 된다'는 것이다. 이러한 풍속은 모두 사람과 소를 하나로 여기는 데에서 나왔다.

또한 소는 하늘의 뜻을 알리는 영물이어서 부여에서는 발굽으로 점을 쳤다. '발굽이 붙어 있으면 좋고 갈라지면 나쁘다'고 여겼다. 동시에 소는 가장 귀중한 제물이었다. 신령에게 소를 바치며 인간의 소원을 비는 것이다. 오늘날에도 경기도 서해안 일대에서는 동제에 소를 쓴다. 조선시대에 임금이 농사신인 신농씨와 후직씨에 제사를 올릴 때에도 소를 바쳤다. 우리는 물론이고 중국 서남부와 동남아시아 일대에서 벌이는 소싸움도, 본래는 싸움에 진 소를 신에게 바치기 위한 행사였다.

옛 사람들은 소를 '농가의 조상'이라 일컬었다. 정월의 첫 소날(축일)은 소의 생일이라 하여 일을 시키지 않고 죽에 콩을 많이 넣어서 잘 먹였다. 또 도마질이나 방아일은 물론이고 쟁기 따위도 다루지 않았다. 도마질은 쇠고기 다지기를 방아와 쟁기는 땅을 가는 일을 연상시키기 때문이다.

조선시대 황희 정승의 유명한 이야기는 잘 알려져 있다. 그가 젊은 시절에 소를 부리는 농부에게 '어느 소가 일을 더 잘 하느냐?' 묻자 농부는 황희의 귀에 바짝 대고 말하였다. 그 까닭을 물으니 "소도 사람의 마음과 다르지 않아서 못한다는 이야기를 들으면 섭섭하게 여길 것"이라 하였다는 내용이다.

2) 소의 속성

소는 한자(漢字)로 '우(牛)'라고 한다. 우(牛)라는 글자는 동물 소, 희생(犧牲), 고집(固執), 순종(順從)하지 않는다, 무릅쓰다 등의 뜻을 가졌다. 우(牛)라는 글자는 뿔이 달린 소의 머리 모양을 본뜬 글자로 '소'를 뜻한다. 뿔을 강조하여 羊(양)과 구별(區別)한 글자 모양이다. 옛날 중국에서는 소나 양을 신에게 빌 때의 희생의 짐승으로 삼고 신성한 것이라 생각하였기 때문에 글자도 상징적이며 단순한 동물의 모양을 나타낸 것은 아니다. 따라서 소는 희생, 고집 등의 의미로도 이해된다.

소는 영어로 거세하지 않은 수컷을 불(bull), 암컷을 카우(cow)라 하고, 가축화된 소를 총칭하여 캐틀(cattle)이라고 한다.

소는 동물로서 '소과'에 속하는 포유류이다. 몸의 높이는 1.2~1.5미터이며 검은색, 흰색, 갈색 따위의 짧은 털이 나 있다. 뿔은 없거나 한 쌍이 있고 발굽은 둘로 갈라져 있다. 꼬리는 가늘고 긴데 끝에는 술 모양의 털이 있다. 풀 따위를 먹고 한 번 삼킨 것을 되새김한다. 옛날부터 기른 유용한 가축으로 운반, 경작 따위에 쓰인다. 고기나 젖은 식용하며 가죽, 뿔 따위도 여러 가지로 이용한다. 세계 각지에서 기르는데 홀스타인, 에어셔, 한우 따위의 품종이 있다.

초식성이며, 긴 풀을 혀로 말아 포개서 아래턱의 앞니로 잘라서 먹는데, 조잡하게 씹어서 일단 위로 보낸다. 육식동물의 습격을 대비하여 대량의 먹이를 단시간 내에 먹을 필요가 있기 때문에 반추위라는 특별한 메커니즘이 발달한 것이라고 한다. 야생상태에서는 낮 동안에 먹이를 먹고 밤에 잠을 잔다. 아침에 일어나서 길이가 긴 풀 등을 먹은 다음, 나무 그늘에 누워서 반추하지만 추울 때는 선 채로 입을 놀린다.

성질은 일반적으로 온순한 편이지만 품종과 개체에 따라서 차이가 있다. 특징 3가지를 들면 첫째는 신경질적이다. 동작이 경쾌하고 약간의 자극에도 흥분해서 다루기가 곤란하며 정미한 체질에 많다. 두 번째는 다혈질이다. 아주 온순하면서도 다혈질이다. 세 번째는 점액질(粘液質)이다. 자극에 대한 반응이 둔하고 보수적이며 의지가 굳고 인내력이 있는 기질을 점액질이라 한다.

소는 오래 전부터 민족 문화에서 친밀하게 표현되어 왔다. 이는 소에 대한 특징을 기준으로 묘사되어 왔는데 그 특징은 여러 가지로 설명할 수 있다. 크게 다섯 가지로 요약하면 첫째는 농사와 관련된 점이다. 농사의 신으로서 부와, 풍요로움, 힘을 상징하는 것으로 알려져 왔다. 우리 민족은 농경사회를 이루면 살았기 때문에 소와 무척 친밀하게 생활하여 왔다. 통상적으로 소는 농사일을 도우며 일하는 짐승으로서 부와 재산, 힘을 상징한다. 우리나라의 세시풍속과 놀이에서도 소는 풍요를 가져다주는 동물로 인식되었고 농사의 주역으로 풍부한 노동력, 힘을 의미하였다. 때문에 소는 농가의 가장 중요한 자산이었다.

두 번째는 희생·제물·축귀의 상징으로 인식되었다. 오래 전부터 소는 제천의식의 제의용이나 순장용으로 사용되어 왔었고 고려, 조선까지 이어져 풍년을 기원하는 의례에서 소를 제물로 바쳤다. 제사를 지낼 때 신으로 하여금 소의 기운을 누리게 하도록 하기 위해 소를 바침으로써 소의 희생이 나쁜 악귀를 물리치는 힘이 있었다고 믿었다.

세 번째는 소는 순박·근면·우직·충직을 상징하는 동물이다. 소의 성격은 순박하고 근면하고 우직하고 충직하다. '소같이 일 한다', '소같이 벌어서', '드문드문 걸어도 황소걸음'이라는 말은 꾸준히 일하는 소의 근면성을 칭찬한 말이다. 소의 근면함을 부각시키면서 인간에게 성실함을 일깨워 주는 속담이다. 소는 비록 느리지만 인내력과 성실성이 돋보이는 근면한 동물이다. '소에게 한 말은 안 나도 아내에게 한 말은 난다'는 소의 신중함을 들어 아무리 가까운 사이라도 말을 조심하라는 뜻이다.

네 번째는 소의 유유자적한 모습이 여유·한가함·평화로움을 상징한다. 비록 느리지만 소의 근면함과 묵묵함은 유유자적의 여유와 한가로운 대인(大人), 은자(隱者)의 마음이라는 이미지를 수반한다. 소의 모습에는 긴장감이나 성급함을 찾아볼 수 없으며, 순박한 눈동자는 보는 이로 하여금 평화롭고 자적한 느낌을 갖게 한다. 평화스럽게 누워 있는 소의 모습, 어미 소가 어린 송아지에게 젖을 빨리는 광경은 한국 농촌에서 흔히 볼 수 있던 풍경으로서 소가 창출해 내는 분위기는 유유자적의 여유, 한가함, 평화로움의 정서이다.

다섯 번째는 고집·어리석음·아둔함의 대명사로 통한다. 한국 문화에 나타난 소의 모습은 고집 세고 어리석은 측면이 많다. 하지만 소의 특징은 풍요, 부, 길조, 의로움, 자애, 여유 등으로 축약된다.

3) 자의(字意)적 특징

축(丑)은 수갑(手匣), 못생기다, 밉다, 못되다, 나쁘다, 미워하다, 부끄러워하다, 견주다, 유사하다 등의 뜻을 가졌다. 십이지(十二支)의 두 번째에 해당하며 소를 상징(象徵)한다. 사람이 손을 뻗쳐 손가락 끝을 굽혀서 물건을 잡는 모양을 나타내고 있다. 얽메인 상태, 묶여 있는 상태를 의미하며 지기가 열리는 때이다. 축(丑)은 삼명통회에서 버드나무 언덕, 즉 유안(柳岸)을 상징한다.

4) 시간적 특징

시간 개념에서는 새벽1시에서 3시, 달(月)로는 음력 12월이며 방위에서는 북북동쪽에 해당한다. 이 시간과 방위에 소를 배정한 것은 소의 발톱이 2개로 갈라져서 음(陰)을 상징한다는 것과 그 성질이 유순하고 참을성이 많아서 씨앗이 땅 속에서 싹터 봄을 기다리는 모양과 닮았기 때문이라고 한다. 또 소는 참고 복종하는 것을 상징하는 것이니 찬 기운이 스스로 굴복하기 시작한 것을 상징한다.

5) 계절적 특징

계절적으로는 겨울, 특히 음력 12월(양력 1월)에 해당한다. 음력 12월은 계동(季冬), 모동(暮冬), 절계(節季), 막달, 썩은 달, 섣달이라고도 부른다. 절기로는 소한(小寒)에서 입춘(立春)직전까지이며 그 중심에 대한(大寒)의 절기가 들어 있고, 섣달그믐이 들어 있다.

12월은 주로 한 해의 여러 일을 마무리하고 이듬해를 준비하는 기간이다. 따라서 그해의 빚을 청산하고 빌리거나 빌려준 물건은 모두 찾고 돌려준다. 농가에서는 보리밭 밟기를 하고 방아찧기, 종자보관 같은 일을 하며, 어촌에서는 가오리와 가자미 등을 잡는다.

절기 및 명절음력 12월의 절기인 소한은 동지(冬至)와 대한 사이에 들며 음력 12월, 양력 1월 5일 무렵에 해당한다. 태양의 황경(黃經)이 285도에 이른 때이다. 절기의 이름으로는 대한이 가장 추운 것처럼 되어 있지만, 실제로는 소한이 더 추운 절기이다. 따라서 "대한이 소한 집에 놀러 갔다가 얼어 죽었다."라거나 "소한 추위는 꾸어다가도 한다."라는 속담이 있다. 옛날 중국인들은 소한부터 대한까지 15일 기간을 5일씩 나누어 삼후(三候)로 잡았는데, 초후(初候)에는 기러기가 북으로 돌아가고, 중후(中候)에는 까치가 집을 짓기 시작하며, 말후(末候)에는 꿩이 운다고 하였다.

대한은 24절기의 마지막 절기로 양력으로는 1월 20일 무렵이며, 태양의 황경이 300도에 달하는 날이다. 원래 겨울철 추위는 입동(立冬)에서 시작하여 소한으로 갈수록 추워지며 대한에 이르러 최고에 이른다고 하지만, 우리나라에서는 일 년 중 가장 추운 시기가 1월 15일 무렵이다. 따라서 "춥지 않은 소한 없고 포근하지 않은 대한 없다."라거나 "소한의 얼음이 대한에 녹는다."라는 속담이 있다. 소한이 대한 무렵보다 훨씬 춥다는 뜻이다.

6) 종합 성격

소의 성격을 모두 종합해 보면 (표 30)과 같다. 이를 정리해보면 소는 순박하고 근면하며 우직한 동물이다. 그리고 충성스런 동물이다. 부와 풍요로움과 힘을 상징하며 축귀로사 희생, 제물이 되기도 한다.

장점은 성실하다. 믿음직스럽다. 검소하다. 열심히 일한다. 참을성이 강하다. 책임감이 있다. 능률적이다. 독립적이다. 논리적인 것이 된다. 균형 있고. 조직적이다. 독창적이다. 실제적이다. 좀처럼 성을 내지 않도록 한다. 이지적인 사색가다. 자립적이다.

부정적으로는 고독하고 고집스럽고 아둔하고 어리석다. 되새김질을 잘하며 과거 얘기를 많이 하는 습성이 있다. 자기 속을 보이지 않으니 음흉하거나 속임수가 있어 보인다. 액이 많아 질병이 많고 일이 지연되는 경향이 있다.

단점은 완고하다. 오만하다. 권위적이다. 동작이 둔하다. 규범주의자다. 낭만이 없다. 거침없이 말한다. 화가 나면 폭발적으로 분노한다. 화가 나면 자신을 감당하지 못한다.

차갑고 춥고 적막하며 외롭다. 마치 꽁꽁 언 대지와 같다. 이런 유형으로 석빙고, 냉동저장고 등을 상상할 수 있다. 환절기, 오래된 것, 신용, 믿음 등을 의미한다. 대체적으로 잘 먹는다. 느리고 속이 깊으며 묵직하다. 온순하고 유대관계가 좋다. 자기 속을 보이지 않으며 명예욕이 강하다. 즉 누구를 씹거나 한 말 또 하고 또 하는 스타일이다. 조상과 관계가 있다.

(표 30) 소의 성격 종합

구분		성격
본질적 특성	긍정	온순, 유대관계 좋음, 황소고집, 우직, 충성, 부, 풍요, 힘, 희생, 제물, 축귀의 상징. 순박, 근면, 여유, 한가함, 대기만성
	부정	명예욕 강, 고독, 고집, 어리석음, 아둔함, 액이 많음, 더디다, 게으름, 자기 속을 보이지 않음, 부모인연 없음, 내장계통, 허리 약하다, 짐을 지고 산다, 빚도 있다, 과거 얘기 많이 함, 음흉, 속임수, 소 되새김질, 일이 지연된다, 내성적, 조상과 관계있다
속성		차갑고, 춥고, 적막하다, 외롭고, 고독하다, 꽁꽁 언 대지, 얼어서 불만족 온순하고 유대관계가 좋다. 자기 속을 보이지 않으며 명예욕이 강하고 고집스럽다. 그래서 고독하다. 되새김질을 한다. 즉 누구를 씹거나 한 말 또 하고 또 하는 스타일이다. 조상과 관계가 있다.
상징물		석빙고, 냉동저장고, 가랑비, 흙, 위, 위장, 입, 비위, 흙, 종교, 철학, 중앙, 오래된 것, 신용, 믿음, 잘 먹는다, 환절기, 느리다, 속이 깊다, 묵직하다, 옛날 얘기를 잘 한다 등으로 요약되면 신체, 건강으로는 신경 쓰면 입술이 부르트고 등과 관련이 있다.

소를 상징하는 것들을 열거하면 대지, 땅, 석빙고, 냉동저장고, 가랑비, 흙, 위, 위장, 입, 비위, 흙, 종교, 철학 등을 들 수 있다.

7) 소의 적성과 진로

축은 겨울에서 봄으로, 밤에서 아침으로, 음에서 양으로 넘어가는 전환기에 있다. 유순하며 희생정신이 있고 우직하다. 반면 적극성이 약하다. 때문에 소는 무기, 음식, 증권, 금고, 차고, 인쇄기, 전기제품, 이불, 커튼, 안주, 얼음판, 비품, 의복, 농토. 논밭, 습지, 지하실, 굴, 터널, 묘지, 화장품. 비장 등 관련된 직업이 좋고 철학, 인문, 금융, 재무, 행정, 군인, 은행원, 세무관리, 경리사원, 중개인, 기사, 여관업자 등이 적성에 맞는 분야라고 할 수 있다.

8) 소의 건강

소의 성격에서 보면 중용이 많다. 이와 관련해서 신체적으로는 위장관련 질환, 비장, 복부, 맹장, 취장, 손발, 횡경막, 접촉물, 족태음비경 등에 주의를 요한다.

9) 관계·인연·궁합

소가 쥐를 만났을 때이다. 너무 습하고 냉하여 생명체의 성장이나 번식이 어렵거나 애로가 있다. 결빙된 토지이다. 시간이 흐를수록 자(子)가 기운을 잃는다. 좋은 관계이다. 함께 하기에 아주 좋은 짝이다. 결혼상대나 사업상대로 아주 좋다. 상호 이해 속에서 행복을 누릴 상대로 함께 번영해 나갈 것이다.

소가 소를 만나는 경우이다. 겹칠수록 부귀가 좋다. 다만 질병에 유의하여야 한다. 공동의 관심사는 많으나 서로에 대한 이해가 깊지 못하다. 필요한 경우에만 협력할 상대이다. 축이 세 개이면 항상 고독하다. 재혼한다.

소가 호랑이를 만나는 경우이다. 사방의 모퉁이라 하여 우합(隅合)이라 한다. 동서남북의 합이다. 우합은 축과 인이 지장간에서 완벽하게 암합하여 그 작용력이 강하여 4계를 연결한다. 조직력이 강하고 중개역할을 잘하니 외교관이나 중개업이 좋다. 서로 개성이 강하다. 개성이 충돌하면서 경쟁의식이 나타날 것이다. 서로에 대한 이해가 없기 때문에 적대감과 상호 불신이 깊어질 것이다. 서로의 차이점들을 해결할 방도가 없다. 일이 꼬인다.

소가 토끼를 만난 경우다. 인생이 피곤하다. 질병이나 파산에 주의하여야 한다. 친인척의 상문(喪門)도 주의하여야 한다. 서로 하는 일이 다르다. 잘될 일이 없다.

소가 용을 만나는 경우이다. 서로 파괴한다. 파란이 예상된다. 그러나 상호 존중하면서 함께 일할 수 있는 관계이다. 공동선을 위해 협력할 만한 상대이다.

소가 뱀을 만났다. 소와 뱀은 만나면 합한다. 아주 좋은 짝이다. 서로 동정하면서 아주 좋은 관계를 맺을 것이다. 지속적이고 성과 있는 유대관계가 가능한 상대이다. 단 때로는 병환(病患)이나 우환(憂患)이 있다(오귀, 五鬼)고 본다.

소가 말을 만났을 경우이다. 복잡하다. 서로 통하지 않는다. 일시적으로 통하다가도 바로 반목한다. 지속적인 관계가 불가능하다. 기껏해야 그저 그런 보통의 관계이다. 의사소통에서부터 장애가 따른다. 서로 반대의 입장이다. 항상 어긋난다. 피해가 되는 것, 또는 피해를 주는 것으로 해석한다. 부정, 재앙, 이별을 관장한다.

소가 양을 만났다. 조상과 제사와 관계가 있다. 함께 있으면 조상의 도움을 별로 받지 못하는 관계이다. 객지로 떠도는 형국이다. 서로 구속(형, 刑)하려는 관계이다. 기껏해야 참아 줄 만한 상대이다. 무관심과 충돌이 상당히 예상되는 관계이다. 잘해야 서로 냉정한 관계라도 유지될 수 있다. 협력을 기대하기 어려운 상대이다.

소와 원숭이의 만남이다. 상호 유보적인 태도를 취할 것이다. 노골적인 대립관계는 없을 테지만 타협을 위한 공통의 기반을 발견하기 어렵다.

소와 닭의 만남이다. 아주 좋은 짝이다. 아주 성공적인 결합이다. 서로의 의사소통에 아무런 어려움도 느끼지 못할 것이며 함께 사랑과 행복을 발견할 것이다.

소와 개의 만남이다. 예능분야에서 길하다. 전환기 조심. 적대감이 약간은 생기며 공감대를 별로 발견하지 못할 것이다. 공통점이 거의 없기 때문에 좋은 관계를 기대하기 어렵다.

소와 돼지의 만남이다. 하는 일이 꼬인다. 개성의 충돌이 없어서 그런 대로 함께할

만한 상대이다. 그러나 강한 충돌도 강한 유대관계도 없는, 피차 냉정한 관계이다.

3. 인(寅) : 호랑이(虎)

1) 호랑이 이야기

우리나라는 국토의 70%가 산으로 이루어진 산악국으로 일찍부터 호랑이가 많이 서식하여 '호랑이의 나라'라 일컬어지기도 하였다. 따라서 호랑이가 인간에게 끼치는 민폐가 매우 심하여 호랑이에 의하여 사람이나 가축이 해를 입는 환난을 일컬어 '호환'이라고까지 칭하였다.

'삼국사기' 신라본기에도 885년(헌강왕 11) 2월에 호랑이가 궁궐 마당으로까지 뛰어들어 왔다고 하였으니, 호랑이의 피해가 나라 전체에 걸쳐 매우 심각하였음을 알 수 있다. 우리 조상들이 산중 혹은 인근 마을에서 마주치는 맹수 중 가장 두려워한 존재가 바로 호랑이였다.

호랑이는 일찍이 풍수설에서도 중요시되어 왔다. 동양의 음양오행사상에서는 우주를 진호(鎭護)하고 동서남북 사방을 수호하는 상징적 동물을 방위신으로 설정하고 있다. 즉, 동쪽에는 청룡(靑龍), 서쪽에는 백호(白虎), 남쪽에는 주작(朱雀), 북쪽에는 현무(玄武)라는 이름을 가진 방위신이 있다고 본 것이다.

이들 4신은 사방을 수호하는 방위신으로 풍수지리에서는 좌청룡·우백호·전주작·후현무라 하여 매우 중시되었다. 즉, 좌청룡·우백호가 서로 어울려 여러 겹으로 주변을 감싸는 것을 최고의 명당으로 인식하였다. 따라서 무덤을 쓸 때에는 좌청룡·우백호를 보아 자리를 정하고 무덤을 보호하는 능호석(陵護石)에는 12지신의 하나로 호랑이상을 새겼으며, 무덤 앞의 석물에도 호랑이상을 조각하였다.

우리 설화 속에 등장하는 호랑이는 매우 다양하게 표현되고 있다. 첫 번 째는 고려의 태조 왕건(王建)과 관련된 설화에서와 같이 신령하고 신통한 능력을 지닌 영물로서 표현되는 경우이다. 왕건이 젊은 시절 사냥을 나갔다가 폭우를 피하여 동굴 속에서 친구들과 머무르고 있을 때 갑자기 호랑이 한 마리가 굴 입구에 나타나 으르렁거리며 잡아먹으려 하였다.

친구들과 의논하여 웃옷을 던진 뒤 두 개의 물어 올리는 옷의 주인이 희생을 당하기로 하였는데, 두 개의 왕건의 옷을 물어 올려서 약속대로 굴 밖으로 나가니, 그 순간 굴이 무너져 간발의 차이로 살아나게 되었으며, 호랑이는 자취를 감추고 찾아볼 수 없었다는 것이다.

두 번째는 김현의 설화에서와 같이 두 개의 자유자재로 인간으로 변신하여 인간과 교유한다는 내용이다. 흥륜사에서 탑돌이를 하던 김현은 한 소녀를 만났는데 이 소녀는 두 개의 변신한 것이었다고 한다. 이 소녀를 따라 호랑이굴로 들어가게 되어 소녀의 형제호랑이에게 잡혀 먹이게 된 것을 소녀의 기지로 목숨을 건지게 되고, 형제호랑이의 살생에 대한 천벌이 멀지 않음을 감지한 소녀가 김현의 손에 죽음을 당하여

형제를 살리고 김현에게 공을 돌렸다는 내용이다.

세 번째는 인간의 행위에 감동된 두 개의 인간을 도와주는 경우, 또는 인간에게 도움을 받고 그 은혜를 갚는 경우이다. 이상의 유형이 호랑이를 긍정적으로 평가한 경우라면, 우리에게 잘 알려진 호랑이와 토끼의 설화는 호랑이의 어리석음을 희화적(戱畵的)으로 표현한 유형에 속한다.

어느 추운 겨울날 꾀 많은 토끼가 호랑이에게 잡혀 먹이게 되었다. 토끼는 꾀를 내어 먹을 것이 많은 곳을 가르쳐 줄 테니 잡아먹지 말아달라고 부탁하였다. 어리석고 욕심이 많은 호랑이는 토끼를 따라 강변에 가서 꼬리를 물에 담그고 많은 물고기가 잡히기를 기다린다. 점점 물이 얼기 시작하여 꼬리가 무거워지는 것도 모르고 더 많은 물고기가 달리기를 기다리다 결국 물이 얼어붙어 사람들에게 붙잡히고 만다.

이상의 설화에 나오는 호랑이상을 살펴보면, 우리 민족은 호랑이를 무섭고 두려운 맹수이지만 우리 생활에 밀접한 결코 미워할 수 없는 동물로서 여겨왔음을 알 수 있다. 비록, 어리석고 의뭉스러울지라도 결코 간교하지 않은, 오히려 우직함이 돋보이는 동물로 인식되고 있다고 하겠다.

우리 민화에서 호랑이는 매우 빈번하게 등장하고 있다. 이것은 호랑이에게 샷(邪)된 귀신을 물리치는 신통함이 있다고 믿었기 때문이다. 매년 정초가 되면 궁궐을 비롯하여 일반 민가에서도 호랑이의 그림을 그려 대문에 붙여 샷된 것의 침입을 막는 풍속이 있었다. '동국세시기'에서는 "민가의 벽에 닭이나 호랑이의 그림을 붙여 재앙과 역병을 물리치고자 한다"고 기록하고 있다.

신화에서도 자주 등장한다. 단군신화(조급, 패배)의 범은 곰과 함께 사람이 되고자 원했으나, 조급하여 금기를 지키지 못해 실패했다. 고려 태조의 5대조 '호경이야기'에서 범은 영웅들의 보호자이자 양육자이며 국조(國祖)의 조력자이다.

무속(산신, 산신의 심부름꾼)신앙에서도 빠지지 않는다. 범 숭배 신앙은 산악 숭배 사상과 융합되어 범이 산신 또는 산신의 사자를 상징한다. 각 지역에서 신봉하는 산신을 모신 산신당의 산신도에는 범이 그려져 있다. 우리 민족에게는 신수(神獸)로 인식되었다. 그런가 하면 영일 강사리 범굿에서는 범에게 물려 죽은 넋을 위로하고, 호환을 방지하기 위해 쇠머리를 뒷산에 묻는 의식을 치른다.

2) 호랑이 속성

호랑이는 고양이과에 속하는 포유동물이다. 고양이 속의 여러 가지 성질과 습관을 지니고 있으며, 동작이 매우 빠르고 매사에 조심성 있게 행동한다. 소리를 내지 않고 먹이가 되는 다른 야생동물에 접근하며 자기 몸이 보이지 않게 걸어가는 동작과 모양은 마치 뱀이 땅 위를 기어가는 동작과 비슷하다.

뛰는 것이 매우 빨라서 한 번의 도약이 4m에 달하며 다른 야생동물을 쫓아갈 때에는 7~8m의 먼 거리를 무난히 뛰며, 큰 바위나 높은 곳에서 아래로 도약할 때에는 10m까지도 뛰어내린다. 헤엄을 잘 치며 무더운 여름에는 냇가로 내려가서 산간 계류의 선선한 곳에서 쉬고, 낮에는 모기와 등에를 피하여 폭포수가 떨어지는 물안개가 낀 물가의 바위 위에서 낮잠을 잔다.

여름철의 무더위를 제일 견디기 어려워한다. 따라서 6~7월에는 1,500m 이상 되는 심산유곡에서 살고 8월이 되면 다소 밑으로 내려와서 산다. 겨울에는 －30℃의 추위도 아랑곳하지 않는다.

해가 진 뒤와 해가 돋기 직전을 제일 좋아하지만 낮에도 수시로 먹이가 되는 야생동물을 찾아다닌다. 배가 부르면 하루 종일 드러누워 낮잠을 자다가 해가 지자마자 활기를 띠고 약탈적 행동을 시작한다. 배가 고픈 호랑이는 밀림의 넓은 지역 전체를 굽어볼 수 있는 높은 지대를 선택하려고 힘쓰고, 배가 부른 호랑이는 특히 추울 때에는 나무가 무성한 장소를 선택하며, 그때그때마다 항상 장소를 바꾸는 성질이 있다.

호랑이의 식성은 자기 자신이 잡은 신선한 야생동물의 고기만 먹는데, 시장기가 날 때에는 죽은 고기, 오래된 고기도 먹는다. 주식물(主食物)은 멧돼지이며 노루·산양·곰·사슴들이 살고 있는 곳에 대기하고 있다가 덤벼들어 잡아먹는다. 호랑이는 도망가는 야생동물을 쫓아가서 잡는 일은 거의 없다.

호랑이는 진보, 독립, 모험, 투쟁 등의 속성을 가진 동물로 옛 부터 동물의 왕으로 군림하면서 사람들에게 위엄, 용맹의 표본으로 매우 신성한 자리를 지켜왔다. 실제로 구비문학에서 호랑이(인)는 죽은 사람, 죽은 고기, 병든 사람, 임신한 사람, 상주, 문둥이를 잡아먹지 않고 물었던 짐승을 던져보아 왼쪽으로 떨어지면 잡아먹지 않고, 사람을 잡아먹어도 머리만큼은 남기고 바위 위에 올려놓고 간다는 속신이 전한다.

호랑이(인) 그림은 수문장 구실이나 잡귀를 막는 부적으로 생활에 사용되었다. 호랑이(인)띠인 사람은 어려움을 잘 극복하고 관대하고 초지일관하는 성품이 있다. 호랑이(인)가 나타내는 시간은 음력 2월로 겨울이 가고 봄이 시작되는 때이므로 아직 춥고 땅이 덜 녹았지만 땅 속의 새싹들은 밖으로 나오려고 힘을 쓰는 때이다.

이러한 기운이 호랑이(인)띠에게 어려움을 극복하고 당당히 맞서는 성격을 갖게 한다. 창조력과 독창성이 풍부한 박애정신의 소유자인 호랑이(인)띠는 자기와 같은 생각을 가진 사람들과 함께 예술이나 학문 즐기기를 좋아한다.

감정에 치우치지 않고 논리적인 사고를 하는 그들은 가족보다 인류를, 가정보다 지구를 생각하는 국제적 감각, 나아가서는 우주적 감각을 지니고 있다.

그러나 그러한 성격은 한편으로 자기의 이상만을 고집하고 현실을 망각하거나, 완고한 독선을 드러낼 수도 있으니 주의해야 한다. 또 겉으로는 강한 것 같지만 새싹이 꽃샘추위에 꺾이는 것처럼 쉽게 상처 받거나 약해지기도 하니 우리 모두 호랑이(인)띠에게 따뜻한 말 한마디를 해주는 것이 좋다.

장점으로는 용감하다. 배짱이 있다. 지도자 자격이 있다. 관대하다. 의리가 있다. 신념가다. 혁신가다. 파워가 있고. 일관성이 있다. 힘이 좋은 것이라고 할 수 있다.

단점으로는 반항적이다. 거칠다. 싸움꾼이다. 사려가 깊지 않다. 해를 끼친다. 완고하다. 천박함이 있다. 고집이 세다. 이기적이다. 너무 신중하기도 하다. 의심이 많은 편이다. 소견이 좁다. 너무 인생이 격렬하다.

3) 자의(字意)적 특징

호랑이는 범이라고도 하는데 범은 몹시 사납고 무서운 사람을 비유적으로 이르는 말로도 사용된다. 범, 호랑이하면 용맹스럽다(勇猛---)는 뜻으로 자주 이용된다. 호(虎)는 호랑이 모양을 본뜬 글자이다.

범은 인(寅)으로 표현된다. 인(寅)은 범, 셋째 지지(地支), 동북(東北), 동관(同官: 같은 관청의 같은 계급의 관리), 동료(同僚), 공경하다(恭敬--), 나아가다, 당기다, 크다 등의 의미이며 십이지(十二支)의 셋째. 범을 상징(象徵)하고 인방(寅方), 인시(寅時) 등으 나타낸다. 터(구). 양손으로 화살을 바로 펴고 있는 모양을 본뜬 글자이자. 나중에는 본 뜻이 잊혀지고, 음(音)을 빌어 십이지(十二支)의 셋째로 삼았다.

인(寅)의 자의(字意)는 끌어 당기며 움직여 나온다는 의미로 만물이 생성되기 시작한 때이다. 축토(丑土)에 얽메여 있는 상태를 끌여당겨 나온다는 뜻으로 사람들이 활동을 시작하는 때이다.

인(寅)은 종지뼈를 의미한다. 정월에 양기가 움직여 땅속을 떠나 땅위로 나올려 하지만 음이 아직 강하다. 머리에 도달하지 못하고 아래 발목에 잡혀있다. 힘차게 달리는 호랑이의 모습으로 스프링처럼 직선으로 솟아오르는 느낌을 준다.

삼명통회에서는 인(寅)을 광곡(廣谷)이라 하여 깊고 넓은 계곡을 의미한다. 직선적으로 올라가는 형국이며, 위세당당하다. 주로 밤에 활동하고 어슬렁거리며 돌아 다닌다. 용맹, 강인, 솔직담백, 의협심, 지도자적 기질과 추진력은 좋으나 동분서주해 남에게 인심을 잃거나 불신을 받을 수 있다.

신체적으로는 심장질환, 머리, 담낭, 근육, 동맥, 무릎, 눈, 팔, 족소양담경과 관련이 있다. 상징물로는 발전기, 피아노, 목재, 동상, 전주, 가로수, 고층건물, 나루터, 의복, 서적, 신문, 목기, 책상, 탑, 나무, 가구, 지물, 섬유, 의류, 화폐, 문구 등이 있고 직업적으로는 악인, 건망증 환자, 장사, 학자, 법인, 발명가, 언론인, 문화인, 교육자, 판사 등과 관련이 있다.

4) 시간적 특성

인시(寅時)는 03시부터 다음날 05시까지를 말한다. 인시(03 - 05시)는 하루 중 호랑이가 제일 흉악한 때이다. 호랑이가 가장 활발하게 움직이는 시간이다. 양의 기운이 뻗어나는 형국이다. 이는 음양이 화합하여 하나로 뭉쳐지는 것을 뜻하며 크다는 뜻, 태평하다는 뜻을 의미한다. 즉 하늘과 땅의 기운이 조화롭게 화합하여 만물이 생성한다는 의미를 담고 있다.

5) 계절적 특징

계절적으로 봄에 해당한다. 봄에 해당하는 지지는 인(寅), 묘(卯), 진(辰) 세 가지다. 즉, 호랑이, 토끼, 용 등 세 가지 동물이 봄에 해당한다. 호랑이는 초봄, 용는 늦봄이다. 그리고 토끼는 봄 중에서도 중앙의 봄이다. 봄은 24절기로는 입춘(立春)부터 입하

(立夏) 전까지이다. 인(寅)에 해당하는 절기는 입춘(立春)에서 경칩(驚蟄)전까지이다. 그 사이에 우수(雨水)가 있다. 그래서 범은 달로는 음력 1월, 계절로는 초봄, 그리고 절기로는 우수(입춘~경칩)를 상징한다고 볼 수 있다.

인(寅)의 중심에 우수(the first rainfall of the year , 雨水)가 있다. 24절기의 하나로서, 입춘 15일 후이다. 태양이 황경 330°에 올 때로 양력 2월 19일경이다. 날씨가 풀리고 봄바람이 불기 시작하며 새싹이 난다고 하였다. 입춘 후 15일 후인 양력 2월 19일경이 된다. 날씨가 거의 풀리고 봄바람이 불기 시작하는 시기로서 새싹이 난다. 예부터 우수·경칩에 대동강 물이 풀린다고 하였다. 우수는 봄비가 온다는 뜻으로 실제 우수가 오시고 나면 날씨가 풀리고 봄바람이 불기 시작하며 새싹이 난다.

초후에는 수달이 물고기를 잡아다 늘어놓고, 중후에는 기러기가 북쪽으로 날아가며, 말후에는 초목에 싹이 튼다고 하였다. 눈과 얼음이 녹아내리고 하늘에서는 비가 내리는 시기이다. 이 때부터 천기에 있는 음양기운이 만물을 소생시키고 길러주는 활동을 더욱 활발하게 하여 초목은 비를 맞고 윤택하게 생장한다.

인(寅)은 입춘(立春)부터 시작한다. 음력 1월, 양력 2월 4일경이며, 태양의 황경이 315°에 와 있을 때이다. 만물이 생기를 얻어 소생하는 시기로 입춘일에 날씨가 청명하면 풍년이 들고 보슬비가 내리면 그 해 겨울에는 폭설이 쌓이고 동풍이 불면 사회가 안정되고 태평하지만 서풍이 불면 태풍의 피해가 있거나 나라가 시끄럽고 남풍이 불면 무덥거나 가물고 북풍이 불면 장마가 진다.

입춘에는 5일마다 초후에는 동풍이 불어서 언 땅을 녹이고, 중후에는 동면하던 벌레가 움직이기 시작하고, 말후에는 물고기가 얼음 밑을 돌아다닌다고 하였다. 봄의 기운이 일어선다는 뜻이다. 입(入)자를 쓰지 않고 입(立)을 쓴 것은 봄의 기운이 아기처럼 '갓 일어선다'고 생각했기 때문이다.

봄(spring)은 겨울과 여름 사이의 계절로 1년을 4계절로 나눌 때 첫번째 계절이다. 천문학적으로는 춘분부터 하지까지가 봄이지만 기상학적으로는 3, 4, 5월을 봄이라 한다. 한국에서는 아지랑이, 이동성 고기압, 황사현상, 심한 일교차와 같은 특징을 보인다. 봄은 초목의 싹이 트는 따뜻한 계절이지만, 기상이 비교적 안정된 겨울이나 여름에 비하면 날씨 변화가 심하고 점차 따뜻해지기는 하나 때때로 추위가 되돌아오는 등 기상이 상당히 복잡하다. 날씨의 특징으로는 아지랑이, 이동성 고기압, 황사현상, 심한 일교차(日較差) 등을 들 수 있다. 봄은 초목이 싹트는 따뜻한 계절이지만, 날씨 변화가 심해 따뜻하다가 다시 추워지기도 하며 기상이 상당히 복잡한 양상을 보인다.

한편, 이른 봄에는 때때로 시베리아 기단의 세력이 되살아나서 한파의 형태인 꽃샘추위가 나타나기도 한다. 꽃샘추위는 벚꽃의 개화기까지도 나타나며, 겨울 한파가 다시 되돌아온 것과 같은 봄추위를 느끼게 한다. 봄철에는 강한 바람이 자주 부는데 이것은 빈번한 저기압의 통과와 시베리아 고기압에서 떨어져나온 이동성 고기압의 통과가 주원인이다. 또한 대기 상하층의 온도차에 따르는 난류(亂流) 때문인 경우도 있다.

봄철에는 낮 기온은 높으나, 밤 기온이 낮아 일교차가 큰 것이 특색이다. 그 결과 야간의 복사냉각(輻射冷却)에 의하여 안개가 발생하기 쉽고 때로는 늦서리도 내려 농작물에 큰 피해를 준다. 또 봄철에는 황사(黃砂) 현상이 일어난다. 황사 현상은 고비사막이나 몽고, 중국의 화북지방 같은 건조 지역의 황진(黃塵)이나 황사가 고층 기류를 타고 우리나라를 지나 멀리 북미 대륙까지 운반되는 과정에서 발생한다. 봄철 맑은 날에 햇볕이 강하게 쬘 때 지면 부근에서 불꽃과 같이 아른거리며 위쪽으로 올라가는 공기의 흐름 현상인 아지랑이도 봄을 대표하는 현상이다.

6) 종합 성격

호랑이의 성격을 모두 종합해 보면 (표 31)과 같다. 이를 정리해보면 범은 긍정적인 측면으로는 진보적이며 독립적이다. 모험을 즐기며 투쟁, 위엄, 용맹, 신성의 상징이다. 위세당당, 어려움을 잘 극복하고 관대하다. 초지일관하며, 창조력, 독창성, 박애정신을 갖고 있다. 강인하며, 솔직 담백하고 의협심과 지도자적 기질이 있다. 추진력이 좋고 맘에 맞으면 예술이나 학문 즐기기를 좋아한다. 감정에 치우치지 않는 논리적인 사고와 가족보다 인류를, 가정보다 지구를 생각하는 국제적 감각, 나아가서는 우주적 감각을 지니고 있다.

(표 31) 호랑이의 성격 종합

구분		성격
본질적 특성	긍정	진보, 독립, 모험, 투쟁, 위엄, 용맹, 신성, 위세당당, 어려움을 잘 극복하고 관대, 초지일관, 창조력, 독창성, 박애정신, 강인, 솔직 담백, 의협심, 지도자적 기질과 추진력,
	부정	자기의 이상만 고집, 현실 망각, 완고한 독선, 쉽게 상처 받거나 약해지기도 한다. 몹시 사납고 무섭다.
속성		직선적으로 올라가는 형국이며, 주로 밤에 활동하고 어슬렁거리며 돌아다닌다. 동분서주해 남에게 인심을 잃거나 불신을 받을 수 있다. 예술이나 학문 즐기기를 좋아한다. 감정에 치우치지 않는 논리적인 사고, 가족보다 인류를, 가정보다 지구를 생각하는 국제적 감각, 나아가서는 우주적 감각을 지니고 있다. 날씨 변화가 심하고 기상이 상당히 복잡하다. 자라면서 뻗어 간다. 관심이 넓고 다양, 많은 분야로 뻗으며 공평 적절하게 분배, 산만, 마무리가 약하다. 복잡한 것을 싫어한다.
상징물과 신체		발생, 시작, 생명의 탄생, 어리고 미숙, 나선형, 상승작용, 봄, 스프링, 새싹, 출발, 생명, 활동, 발전기, 피아노, 목재, 동상, 전주, 가로수, 고층건물, 나루터, 의복, 서적, 신문, 목기, 책상, 탑, 나무, 가구, 지물, 섬유, 의류, 화폐, 소나무, 느티나무, 은행나무, 대들보, 큰 기둥, 전봇대, 말뚝, 장작 등과 신체로는 간담이고 신경계열에 속한다. 심장질환, 머리 당낭, 근육, 동맥, 무릎, 눈, 팔, 족소양담경

부정적으로는 자기의 이상만 고집하고 때로는 현실 망각한다. 완고한 독선, 쉽게 상처 받거나 약해지기도 한다. 때문에 말을 할 때 잘 해줘야 한다. 몹시 사납고 무섭다. 직선적으로 올라가는 형국이며, 주로 밤에 활동하고 어슬렁거리며 돌아 다닌다.

동분서주해 남에게 인심을 잃거나 불신을 받을 수 있다.

　시작이고 발생이다. 봄, 스프링, 새싹, 출발, 생명의 탄생, 활동적이다. 날씨 변화가 심하고 기상이 상당히 복잡하다. 아직 어리고 미숙하다. 자라면서 뻗어간다. 자기가 가장 높은 줄 알며 꺾이길 싫어한다. 바람이 불면 안정을 잃고, 변덕스럽다. 임기응변, 기만성이 있다. 관심이 넓고 다양하며, 많은 분야로 뻗으며 미래지향적이다.

　변화가 많고 기분에 따라 좌우되는 경향이 있다. 꿈도 많고 욕심과 희망도 크며 활발하게 움직이는 것을 좋아하고 사소한 억압에도 견디기 싫어하며 자제하는 능력과 인내심이 부족하다. 창조력, 추진력은 있으나 산만하고 마무리가 약하다. 직선적, 순수함, 단순, 솔직하다. 복잡한 것을 싫어한다. 인정 또는 과시하는 기질 때문에 손해 보며 결단력이 부족하다.

　상징물은 소나무, 느티나무, 은행나무, 대들보, 큰기둥, 전봇대, 말뚝, 장작 등과 음목으로 화초, 잔디, 잡초, 곡식, 넝쿨식물, 새 등을 들 수 있고 신체로는 간, 담이고 신경계열에 속한다.

7) 범의 적성과 진로

　범은 진보적이며 독립적이다. 모험을 즐기며 투쟁, 위엄, 용맹, 신성의 상징이다. 위세당당, 어려움을 잘 극복하고 관대하다. 창조력, 독창성, 박애정신을 갖고 있다. 강인하며, 솔직 담백하고 의협심과 지도자적 기질이 있다. 추진력이 좋고 맘에 맞으면 예술이나 학문 즐기기를 좋아한다. 감정에 치우치지 않는 논리적인 사고와 가족보다 인류를, 가정보다 지구를 생각하는 국제적 감각, 나아가서는 우주적 감각을 지니고 있다. 시작이고 발생이다.

　활동적이다. 자기가 가장 높은 줄 알며 꺾이길 싫어한다. 바람이 불면 안정을 잃고, 변덕스럽다. 관심이 넓고 다양하며, 많은 분야로 뻗으며 미래지향적이다. 변화가 많고 기분에 따라 좌우되는 경향이 있다. 꿈도 많고 욕심과 희망도 크며 활발하게 움직이는 것을 좋아하고 사소한 억압에도 견디기 싫어하며 자제하는 능력과 인내심이 부족하다. 창조력, 추진력은 있으나 산만하고 마무리가 약하다. 복잡한 것을 싫어한다. 인정 또는 과시하는 기질 때문에 손해 보며 결단력이 부족하다.

　착하고 순박, 단순, 솔직하며 이기적이다. 인자하다. 타협이나 조정을 잘 못한다. 자제심, 인내심이 부족. 장애물이 나타나면 어쩔 줄 몰라 하고 자기 뜻대로 안되면 좌절한다. 추진력이 필요한 일에 적합하다.

　이상을 참고하면 범은 나무와 관련된 직업(나무, 목재, 가구, 지물, 섬유, 의류, 화폐, 문구 등)과 어울린다. 학자, 법조계, 언론인, 문화인, 교육계에서 두각을 나타낼 수 있다. 갱두목, 공사장 감독, 대장, 스턴트맨, 국가 원수, 공수 부대원, 투우사 등 용맹스런 분야에 좋다.

8) 범의 건강

범은 신체로는 간, 담이고 신경계열에 속한다. 심장질환, 머리 당낭, 근육, 동맥, 무릎, 눈, 팔, 족소양담경에 유의하여야 한다.

9) 관계·인연·궁합

호랑이가 쥐를 만났을 때이다. 둘 다 영적이며 영리한 동물이다. 같이 있으면 사람 지도자가 된다. 공통의 관심사가 거의 없다. 서로의 교제를 전혀 고려하지 않을 것이다. 냉정을 유지하면 서로 조심하는 관계는 될 수 있다.

호랑이가 소를 만나는 경우이다. 심각한 충돌과 경쟁이 생기는 관계이다. 서로 오해와 다툼이 일어날 것이다. 문제가 발생하면 평화적 해결이 불가능한 상대이다. 되도록 관계를 피하는 것이 좋다.

호랑이와 호랑이의 관계이다. 영웅이 두 마리가 있는 형국으로 긴장과 다툼이 있다. 세 개가 있으면 권과 권이 쌓인다. 누구도 범접할 수 없을 정도로 권위가 있다. 그러나 항상 외롭다. 여자는 재가한다. 사소한 적대감 때문에 서로에 대해 유보적 자세를 취하는 관계이다. 공동의 목표를 위해서만 함께 일할 수 있을 것이다.

호랑이와 토끼의 만남이다. 지향하는 방향과 위치가 같다. 서로의 교제를 그런 대로 유지할 만한 상대이다. 큰 충돌은 없지만, 그렇다고 썩 우호적인 관계도 안 된다. 이성을 끄는 매력이 있고 풍류와 낭만을 좋아한다.

호랑이와 용의 만남이다. 총명하고 영리하다. 강자끼리 만남이라 싸우면 상처와 영광뿐이다. 상호존중과 상호 협력의 관계이다. 주도권 문제로 다소의 충돌은 예상되나 성격 차는 극복될 것이다. 대체로 둘 사이 만남은 성공적인 관계라 할 수 있다.

호랑이와 뱀의 만남이다. 문장으로 관록을 누린다. 서로 의심이 많을 관계이다. 서로 무관심하고 비우호적인 관계이다. 관계를 피하는 것이 좋다. 다툼과 적대 행위가 그치지 않을 것이다.

호랑이와 말의 만남이다. 아주 좋은 관계이다. 사랑이나 사업관계로 만나면 서로 좋다. 결혼상대나 사업상대로 대단히 좋은 관계이다. 상호 신뢰와 상호 이해 속에서 어려움이 없을 것이다. 부귀영화하며 만사형통이다.

호랑이와 양의 만남이다. 노골적인 대결관계나 경쟁관계는 없을 테지만 일정한 정도만 함께 일할 수 있는 관계이다. 깊은 유대감을 못 느낄 것이기 때문에 영구적인 관계가 되기는 어렵다.

호랑이와 원숭이의 관계이다. 고독하다. 심각하다. 만나면 싸운다. 부지런하고 건설적이나 활동에 비해 수입이 적고 지출이 많다. 경쟁관계가 발생하고 성격충돌이 일어날 것이다. 서로 마주하기도 싫어하기 때문에 성격차이를 해소시킬 수 없다.

호랑이와 닭의 관계이다. 사납다. 잔인하다. 서로 불편한 관계이다. 어느 정도는 서로 유보자세를 취하며 의사소통에는 문제가 있다. 서로 성질을 돋우기 때문에 결국 무관심이 상책이며, 잘 해야 냉정한 관계이다.

호랑이와 개의 만남이다. 개의 분위기가 예술적 기질로 센티멘탈하다. 서로 합하여 인연이 좋다. 이상적인 결합이다. 서로간의 의사소통에 아무런 어려움이 없다. 함께 커다란 성공과 번영을 이룰 수 있는 관계이다.

호랑이와 돼지의 만남이다. 권력을 잡으며 장수한다. 안전하고 성공적인 상대이다. 함께 하면 사랑과 행복이 있을 것이다. 애정과 사업에 있어서 매우 협력적인 관계이다.

4. 묘(卯) : 토끼

1) 토끼 이야기

토끼는 그 생김새가 귀여울 뿐만 아니라 많은 설화에서 지혜로운 짐승으로 묘사되는 우리에게 매우 친숙한 동물 중의 하나이다. 민간에서는 토끼가 그 입 모양이 여성의 성기를 닮았고 새끼를 많이 낳아 다산을 상징하는 것으로 받아들여졌다.

토끼와 호랑이의 관계를 이야기하는 설화가 많다. 몇 가지를 소개하면 첫째는 호랑이에게 잡힌 토끼가 호랑이에게 자신은 뭇짐승들이 모두 도망갈 정도의 강자라고 허세를 부린다. 호랑이는 자신의 앞에서 도망하는 짐승들을 보고 이들이 토끼를 보고 도망하는 것으로 오해하여 자신도 도망한다.

두 번째는 호랑이에게 잡힌 토끼가 호랑이보다 더 센 짐승이 있다고 한다. 토끼가 호랑이를 물가로 데려 가니 호랑이는 물속에 비친 자신의 그림자를 보고 싸우려 달려든다는 이야기이다.

세 번째는 한겨울에 호랑이에게 잡힌 토끼가 꼬리를 물속에 넣고 기다리면 많은 물고기를 잡을 수 있다고 일러준다. 호랑이가 토끼의 말대로 하자 꼬리가 얼어붙어 꼼짝할 수 없게 된다.

네 번째는 호랑이에게 잡힌 토끼가 돌을 불에 달구어 이를 떡이라 하고, 꿀을 얻어 오겠으니 기다리라 하고 도망한다. 기다리다 못한 호랑이는 불에 단 돌을 집어 먹다가 혼이 난다는 이야기다.

그리고 다섯 번째는 호랑이에게 잡힌 토끼가 참새 떼를 잡게 해 주겠으니 눈을 감고 있으라고 일러준다. 호랑이가 눈을 감고 기다리자, 토끼는 숲에 불을 놓고 도망한다.

여섯 번째 이야기는 함정에 빠졌던 호랑이가 자신을 구해 준 사람을 잡아먹으려 한다. 사람이 토끼에게 재판을 부탁하니, 토끼는 처음의 상황을 알아야겠다고 하여 호랑이를 다시 함정 속으로 들어가게 한다.

이와 같은 토끼는 꾀가 많은 동물로 상징 된다. 하지만 '꾀쟁이 토끼'는 오히려 '사기꾼(trickster)'으로서도 상징된다. 동물 사기꾼은 대개 약자인 경우가 많으며 흔히 탐욕스런 강자로부터 생명에 대한 위협이나 무리한 요구를 받게 되는데, 이 때 겉으로는 강자에게 순응하는 체하지만, 속으로는 그 특유의 슬기로써 어리석기 짝이 없는 강자를 골려주고 위기에서 벗어난다. 이 경우 그가 행한 속임수는 고의적인 것이라기보다는 부득이한 상황 속에서 순간적으로 약자가 대처한 자기 방어적인 것이며, 이는 인간의 현실을 동물에 가탁하여 의인화한 우화라고 할 수 있다.

토끼는 '장수(長壽)의 상징'이자 '달의 정령'으로 인식돼왔다. 토끼는 이솝 우화의 '토끼와 거북', 조선 후기 우화 소설의 '별주부전', 판소리의 '수궁가' 등에서 주연으로 등장한다. 토끼가 들어간 사자성어로는 토사구팽, 탈토지세, 교토삼굴 등이 있다. '토끼 같은', '두 마리 토끼' 등 '토끼'를 활용한 수식어도 많다.

토끼는 지혜와 슬기를 상징하는 동물이다. 꾀보로 통한다. 거북 등을 타고 용궁까지 갔다가 기지를 발휘해 탈출하는 '별주부전' 이야기는 '삼국사기'에도 나오는 설화다. 신라 태종무열왕이 되는 김춘추가 외교사절로 활약할 때 고구려에 도움을 청하러 갔다가 정탐꾼으로 몰려 죽게 됐다. 김춘추는 보장왕의 충신 선도해에게 뇌물을 바치며 살려줄 것을 부탁했다. 뇌물을 받은 선도해가 넌지시 일러준 게 바로 토끼전이다. 서양에서 '토끼발'은 행운의 징표로 통한다.

2) 토끼의 속성

토끼(hare, rabbit)는 토끼목 토끼과에 속하는 동물의 총칭으로 중치류(重齒類)라고도 한다. 아프리카·아메리카·아시아·유럽에 분포하며 종류가 많다. 일반적으로 토끼라고 하면 유럽굴 토끼의 축용종(畜用種)인 집토끼를 가리킬 때가 많다. 귀가 길고 꼬리는 짧으며, 쥐목(설치류)과 달라서 위턱의 앞니가 2쌍이고, 아래턱을 양옆으로 움직여서 먹이를 먹는다. 종에 따라 크기는 매우 다양하며 작게는 1~1.5kg, 크게는 7~8kg에 달하기도 한다.

우리나라 역사 기록에서 토끼가 처음 등장한 것은 고구려 6대 태조왕 25년(서기 77년)이다. 기록에 따르면 그해 10월 부여국에서 온 사신이 태조왕에게 뿔 3개가 있는 흰 사슴과 꼬리가 긴 토끼를 바쳤다고 한다. 고구려 왕은 이를 상서로운 짐승으로 여겨 죄수들을 풀어주라는 사면령을 내렸다. 우리나라에는 1900년대 일본으로부터 수입되어 사육되기 시작하였다.

눈처럼 흰 몸에 오물거리는 작은 입, 안테나 역할을 하는 긴 귀와 큼직한 앞니 2개. 사람보다 소리에 약 2배 민감하지만 다른 동물들보다 더 잘 듣는 것은 아니다. 몸에 땀구멍이 없어 커다란 귀로 몸의 열을 밖으로 내보낸다. 양옆에 달려 있는 눈은 360도를 볼 수 있다. 반면 얼굴 앞쪽에 가까이 있는 물체는 잘 보지 못한다. 겉에서 보이는 앞니는 위에 2개, 아래 2개이지만, 윗니 안쪽에 작은 이빨이 2개 더 있다. 이빨은 총 28개.

수명은 평균 10년. 수면 시간은 30분 정도로 매우 짧다. 그래서 숙면을 못하고 자주 깨거나 토막 잠을 자는 것을 가리켜 '토끼잠'을 잔다고 한다. 먹이를 잘 먹고 잔병치레가 없다. 놀랍게도 토끼는 자기 똥을 먹는다.

토끼는 다산(多産) 분야에서 최고의 위치에 있다. 수컷은 틈만 나면 짝짓기를 시도하고, 암컷은 시도 때도 없이 새끼를 밴다. 임신 기간은 한 달이며 1년간 무려 40여 마리의 새끼를 낳는다. 무리 중 70%가 죽어도 1년 내에 원래 숫자를 회복할 정도로 왕성한 번식력을 자랑한다. 서양에서 토끼는 '플레이보이'를 의미한다.

토끼는 유순한 동물의 대명사로 알려져 있다. 작고 귀여운 토끼는 애완용으로도 인기 있다. 낯을 가려 마냥 착해 보인다. 겁먹은 듯한 눈과 놀란 듯이 쫑긋 세운 귀는 영락없는 겁쟁이 모습이다.

귀가 길고 뒷다리가 앞다리보다 발달하였으며 꼬리는 짧다. 초식성으로 번식력이 강하다. 귀엽다 실제로도 귀엽다. 조용하다 개처럼 짖지는 않지만 밥그릇을 던지는 등 나름대로 소음을 낸다.

토끼는 다산하기 때문에 풍요의 상징이며, 지모신(地母神)과 관계 짓는 경우도 있으며, 한편 음분(淫奔)의 상징도 된다. 그리스도교 세계에서 성모상의 다리 밑에 토끼가 표현되어 있는 것은 성모가 육욕(肉欲)을 극복했다는 것을 나타내는 것이다. 토끼는 약한 동물이기 때문에 신의 구원을 구하는 것으로서 묘석 등에 표현되는 경우도 있다.

속임수의 명수이다. 호랑이를 속이는 토끼, 자라를 속이는 이야기에서 토끼는 체구가 크고 힘은 강하나 우둔한 동물들에게 저항하는 의롭고, 꾀 많은 동물 구실을 도맡아 한다.

달 = 여성 = 토끼로 인식된다. 달의 이칭은 토월(兎月)인데, 달 속의 토끼가 떡방아를 찧고 있는 형상을 하고 있다. 달의 이지러짐과 만월의 주기는 여성의 생리 현상과 동일하다. 달의 차가움이 음(陰)과의 관계 등으로 연상되어 토끼는 여성 원리에 속하는 동물이다.

꾀쟁이(智者), 재빠름, 소심함(놀란 토끼) 등은 토끼의 특징을 대표한다. 일반적으로 토끼는 꾀보 꾀쟁이 재빠름을 상징한다. 그런가 하면 '놀란 토끼 같다'라는 말에서 보듯이 토끼의 소심함과 경망함, 겁쟁이를 이르기도 한다.

충성, 불로장생의 상징이다. 토끼는 민첩한 특성 때문에 심부름꾼이나 전령 등의 역할을 자주 맡는다. 이러한 역할은 유교적인 측면에서 충성스러운 동물로 나타난다. 민간 설화에서 옥토끼는 달에 살면서 떡을 찧거나 불사약을 만들고 있는 것으로 전해진다. 그래서 토끼는 도교적으로 장생불사를 표상한다.

속신으로 통한다. 언청이(임산부가 토끼고기를 먹으면 언청이를 낳는다) 상묘일(토끼날 여자가 남의 집 여자나 나무그릇을 집안에 들어오지 않는다)

유물·유적 그림에 자주 등장한다. 뒷다리가 튼튼해 잘 뛰므로 나쁜 기운으로부터 잘 달아 날 수 있고, 윗입술이 갈라져 여음(女陰)을 나타내니 다산을 할 것이고, 털빛이 희니 백옥 같은 선녀의 아름다움이 있다(벽사 다산 아름다움).

각국의 풍속에서도 토끼는 달, 장생불사, 민첩(중국), 영리함, 교활함(일본) 등으로 해석한다.

3) 자의적 특징

묘(卯)란 토끼, 넷째 지지(地支), 출근 시각(時刻), 장붓구멍, 기한(期限), 액일(厄日), 불길한 날, 무성하다(茂盛--), 왕성하다(旺盛--)의 뜻이며 십이지(十二支)의 하나로서 그 넷째이다. 토끼를 상징(象徵)하며 묘방(卯方) 묘시(卯時)를 지칭한다. 문의 양쪽 문짝을 밀어 여는 모양을 하고 있으며 강제(强制)로 쳐들어가는 뜻을 가졌다. 일설(一說)에는 칼로 물건(物件)을 발긴 모양이라 한다.

토(兎)라고도 하며 토끼, 달(달 속에 토끼가 있다는 뜻에서 달의 별칭이 됨)의 의미가 있으며 본래 긴 귀와 짧은 꼬리를 가진 토끼의 모양을 본떠 그것이 지금의 자형(字形)으로 변했다.

토끼(卯)는 열두 띠 동물 중 네 번째로 호랑이 다음에 있다. 묘년 생(卯年生)을 가리킨다. 묘(卯)은 삼명통회에서 푸른 숲, 경림(瓊林)을 상징한다.

4) 시간적 특성

묘은 시간적으로도 음이다. 묘시(卯時)는 05시부터 07시까지를 말한다. 이 시간은 해 뜨기 직전에 달이 아직 중천에 걸려 있어 그 속에 옥토끼가 보이는 때이다. 새벽이다. 해가 떠오른다. 차차 위로 상승하며 크게 커진다는 형상이다. 강장하고 크게 활동하면서 바르게 움직인다. 운행이 순조롭다. 그러나 표면경기는 좋아 보이나 내부에는 전진이 지나쳐서 실패하는 일들이 따르겠다. 적당한 브레이크가 필요하다.

매우 강성한 운세의 시기로 그 기세가 파죽지세와 같다는 뜻이다. 움직이는 것 기세가 좋은 것도 정도껏 사정을 보아가며 움직이고 기세가 좋아야지 무대포로 움직이고 기세를 부리면 그야말로 섶을 지고 불에 뛰어드는 신세가 될 수 있음을 알아야 한다.

묘반(卯飯), 묘수(妙睡), 묘음(卯飮) 등이 각각 아침밥과 새벽잠, 아침술(식전 해장술)을 뜻하는 이유가 된다. 달로는 음력 2월을 지키는 시간신(時間神)이다. 방향으로는 정동(正東)을 나타낸다.

5) 계절적 특징

음력 2월은 중춘(仲春) 또는 중양(仲陽)이라고도 한다. 서해안 일부 지방에서는 바람이 많이 부는 달이라 하여 뱃사람의 액달, 액달이라고 뱃사람들이 자탄조로 부르기도 한다. 풍어제(豊漁祭)를 지내는 마을에서는 음력 2월, 6월, 섣달을 썩은 달이라 하여 가급적 풍어제를 지내지 않는다. 한편 호남지방 등 남부지방에서는 영등할머니가 내려온다 하여 2월을 영등달이라고도 부른다.

2월은 겨울의 농한기(農閑期)를 끝내고 농사를 시작하기 위해 그 준비에 바쁜 달이기도 하다. 한편 2월이 봄이 시작하는 달이라고는 하나, 바람이 많이 불고 눈이 내리는 수도 있어서 갑자기 겨울이 되돌아온 것 같은 날씨가 되기도 한다. 이것은 봄이 찾아와 새 움이 트고 싹이 나며 꽃봉오리가 부풀어 오르니 풍신(風神)이 샘이 나서 꽃을 피우지 못하게 매서운 바람을 불게 하기 때문이라고 한다. 그래서 이때의 바람을 꽃샘(花妬娟) 또는 꽃샘바람이라고 한다. 꽃샘바람이 불 때에는 어부들은 고기잡이를 나가지 않으며 먼 길을 떠나는 배도 타지 않는다. 2월에는 땅속에 웅크리고 있던 벌레도 꿈틀거린다는 경칩(驚蟄)과 봄의 중앙이 된다는 춘분(春分)이 있다.

2월에는 24절기의 하나인 경칩(驚蟄)이 있다. 경칩이란 겨울잠을 자던 벌레나 그 밖의 동물들, 특히 파충류들이 봄이 온 것을 깨닫고 놀란 듯이 땅위로 튀어나온다는 것을 한자로 표현한 말이다. 사실 경칩 무렵에는 날씨가 따뜻해서 초목도 싹이 돋아나고 겨울잠을 자던 벌레나 짐승들도 땅속에서 나온다. 또 경칩에는 흙일을 하면 탈이 없다고 해서 집안의 벽을 바르거나 허물어진 담을 고친다. 경칩에 벽을 바르면 빈대가 없어진다고 해서 일부러 흙벽을 바르기도 한다. 빈대나 벼룩 같은 해충이 많은 집에서는 물에 재를 타서 그릇에 담아 집의 네 귀퉁이에 놓아두기도 하는데, 그러면 해충이 없어진다고 한다. 경칩에는 단풍나무를 베어 그곳에서 흘러나오는 물이 위장병 같은 질병에 효과가 있다 하여 이 물을 약으로 마신다.

2월에 24절기의 하나인 춘분(春分)은 밤낮의 길이가 같은 날이며 봄의 중앙이 되는 날이다. 춘분 전후 7일간을 봄의 피안이라 하여 불교에서는 극락왕생의 기간으로 보고 있다. 춘분 기간에는 제비도 남쪽에서 날아오고, 우레 소리가 들려오며 그 해 처음 번개가 친다고 하였다. 춘분은 추분과 함께 태양이 지구의 적도 위에 있는 날인데, 춘분을 중춘 또는 중양이라고 하는 것도 이와 연관된다.

춘분(vernal equinox, 春分)은 경칩(驚蟄)과 청명(淸明) 사이에 드는 24절기의 하나로, 양력 3월 21일경부터 청명 전까지의 15일간을 말한다. 음력으로는 2월 중이다. 천문학에서는 태양이 남에서 북으로 천구(天球)의 적도와 황도(黃道)가 만나는 점(춘분점)을 지나가는 3월 21일경을 말한다. 이 날은 밤낮의 길이가 같지만, 실제로는 태양이 진 후에도 얼마간은 빛이 남아 있기 때문에 낮이 좀더 길게 느껴진다. 춥지도 덥지도 않아서 1년 중 농사일을 하기에 가장 좋은 때이며, 또 기온이 급격히 올라간다. 겨우내 얼었던 땅이 풀리면서 농부들의 손길도 분주해진다. 논밭에 뿌릴 씨앗의 종자를 골라 파종 준비를 서두르고, 천수답(天水畓)에서는 귀한 물을 받기 위해 물꼬를 손질한다.

'천하 사람들이 모두 농사를 시작하는 달'이라는 옛사람들의 말은 이 음력 2월을 이르는 말로, 바로 춘분을 전후한 시기를 가리킨다. 즉 이 때에 비로소 한 해의 농사가 시작되는 것이다. 그러나 호사다마(好事多魔)라고, 좋은 일이 많으면 나쁜 일도 있기 마련이어서 이 때를 전후해 많은 바람이 분다. '2월 바람에 김칫독 깨진다'는 속담이 여기서 나왔고, '꽃샘추위', '꽃샘바람'이라는 말 역시 꽃이 필 무렵인 이 때의 추위가 겨울 추위처럼 매섭고 차다는 뜻에서 비롯되었다. 따라서 어촌에서는 고기잡이를 나가지 않고, 나가더라도 멀리까지는 가지 않는다.

옛날 중국에서는 춘분 기간을 5일을 1후(一候)로 하여 3후로 나누어 구분하기도 하였다. 즉 ① 제비가 남쪽에서 날아오고, ② 우레 소리가 들리며, ③ 그 해에 처음으로 번개가 친다고 하였다.

춘분날에는 구름과 바람 등 일기(日氣)를 보아 농사일과 사람의 질병을 점치기도 하였다. 2월 20일에 비가 오면 풍년이 들고, 날씨가 흐리면 평년작이며, 날씨가 맑으면 흉년이 든다고 한다. 2월에 월식(月蝕)이 있으면 곡식이 적게 되고 인재(人災)가 있다. 2월에 묘일(卯日)이 세 번 들면 목화(木花)와 콩, 보리가 풍년 든다.

계절로는 봄에 해당한다. 봄은 모든 만물의 싹이 기본 뼈대를 이루는 시기이다. 봄의 기운이므로 순진, 새싹, 천진난만, 선량, 깔끔, 예민, 생명력 등의 의미를 갖는다.

6) 종합 성격

토끼의 성격을 모두 종합해 보면 (표 32)과 같다. 이를 정리해보면 토끼는 심정이 착하고 온화하며 인정이 많다. 그러나 추진력이 약하고 사치심이 있으며 타인의 유혹에 잘 넘어간다. 심신이 평온하기를 바라나 험난한 속세생활에 적응하기가 쉽지 않다. 생명체가 발아되는 시기이다.

다산, 풍요, 장수, 프레이보이, 꾀돌이, 예민, 지혜, 슬기, 소심, 경박, 날샌돌이, 겁쟁이 충성, 불노장생, 착함, 평화, 풍요, 치밀함과 총명함을 운명으로 타고 났다. 장수, 낙원의 상징이다. 이상주의자이다. 감수성이 뛰어나고 유머가 풍부하여 예능 계통에 재능을 보인다. 쉽게 사는 것을 좋아하고 다툼에 빠지는 것을 싫어한다.

또 자기 앞길을 가로막는 장애물들을 간단히 뛰어넘으며 뛰어난 탄력으로 재난으로부터 벗어난다. 꿈을 중요시하고 항시 생각이 앞서기 때문에 노력이 부족하고, 재능만 믿고 여러 개의 우물을 파는 결점도 보이고, 좀 게으르고 수동적인 게 흠이다. 의지와 담력을 키우고, 감사하는 마음을 갖고 살고, 급병·사고 등을 조심해야 한다.

장점은 겉으로는 부드럽고 유약해 보이나 무리하지 않고 다른 사람들과 어울리기 좋아하며 인화에 힘쓰는 타입이다. 환경적응력이 뛰어나고 끈질긴 생명력이 있다. 뚫고 나가는 힘과 끈기가 좋다. 외모는 아름답고 부드럽다. 친절하고 사심없이 적극적이다. 주의 깊다. 적응을 잘한다. 수단이 좋다. 붙임성이 좋다. 분별력이 있다. 우아한 것이다. 신중하다. 지적이다. 세련됐다. 사교적이다. 진지하다. 직관력이 있다. 관대하다. 유순하다. 철저하다. 정직하다. 상냥하다. 동정적이다. 친구를 좋아 한다.

단점은 민감하고 남에게 간섭받기를 싫어하고 대쪽 같은 성격도 있다. 다른 사람을 이용하거나 의지하는 경향이 있다. 속으로는 삐딱하고 말이 많고 변덕이 잦아 비위를 맞추기가 어렵다. 망설여 주게 해 준다. 감상적이다. 나약한 것이다. 화를 잘 낸다. 피상적이다. 예측 불허이다. 이기적이다. 속물적이다. 변덕스럽다. 주관적이다. 쾌락적이다. 손해를 안 보려 한다.

토끼는 우아하고 감수성 깊다. 얼굴도 단아하고 몸짓 하나하나가 예쁘지만 절대 이 겉모습으로만 전부 평가하는 건 금물이다. 끝없는 자기중심에다 은근 두 얼굴이기 때문에 섣불리 다가섰다간 상처받을 수도 있다.

토끼(卯生)는 상냥하고 대인관계에 있어서도 대립보다는 타협을 좋아하는 타입이다. 그러나 그러한 성격은 한편으로는 우유부단한 성격으로 비쳐질 수도 있으며 다른 사람에게서 오해를 받을만한 행동을 하기도 하는 타입이다. 또 한 자신의 만들어 놓은 길만 다니는 습성으로 한 가지 일에 빠지면 다른 일을 생각 하지 못하는 성격의 소유자다.

또한 재치 있고 타인에게 인기가 좋으며 일에 있어 민첩(敏捷)하고 영리(怜悧)하여 지혜가 충만(充滿)하나 속전속결(速戰速決)해야 직성이 풀리는지라 다소 경솔하기도 하다. 노력하기 보다는 머리만 잘 쓰면 된다고 생각하며 매사(每事) 처음보다 끝이 약하고 결과(結果)에 후회(後悔)하고 남을 원망(怨望)하는 습성이 있으니 지구력을 길러야만 대성(大成)할 수 있다. 또 솔직담백하지만 변덕이 심하고 남에게 돋보이고자 하는 자존심과 화려한 것을 좋아하는 허영심(虛榮心)이 복(福)을 차버리는 경우가 있다.

묘를 상징하는 것들을 열거하면 초목, 화초, 곡물, 과일, 야채, 손가락, 간, 서책, 신문, 문서, 입술, 성기, 만물의 성장, 위로만 간다. 섬유질, 운동구, 화초, 비누, 묘목, 옷장, 가구, 책장, 낚시대, 종이, 그릇, 의복, 목기, 나무수저

〈표 32〉 소의 성격 종합

구분		성격
본질적 특성	긍정	부드럽고 유약해 보인다. 어울리기 좋아하며 인화에 힘쓴다. 환경적응력이 뛰어나고 끈질긴 생명력이 있다. 아름답고 부드럽다. 친절하고 적극적이다. 수단이 좋다. 붙임성이 좋다. 분별력이 있다. 우아, 신중, 지적이다. 세련, 사교적, 진지, 직관력, 관대, 유순, 철저, 정직, 상냥, 동정적
	부정	민감, 남에게 간섭받기를 싫어하고 다른 사람을 이용하거나 의지하는 경향, 변덕, 감상적, 나약, 화를 잘 낸다. 피상적, 예측 불허, 이기적, 속물적, 주관적이다. 쾌락적, 손해를 안보려 한다.
속성		순진, 새싹, 천진난만, 선량, 깔끔, 예민, 생명력 등, 새싹으로 생명력, 어리고 미숙, 새벽, 아침, 동방, 음과 양이 공존한다.
상징물		초목, 화초, 곡물, 과일, 야채, 손가락, 간, 서책, 신문, 문서, 입술, 성기, 만물의 성장, 위로만 간다. 섬유질, 운동구, 화초, 비누, 묘목, 옷장, 가구, 책장, 낚시대, 종이, 그릇, 의복, 목기, 나무수저

7) 적성과 진로

착한 천품을 타고난 토끼는 이상주의자이다. 감수성이 뛰어나고 유머가 풍부하여 예능 계통에 재능을 보인다. 토끼는 쉽게 사는 것을 좋아하고 다툼에 빠지는 것을 싫어한다. 또 자기 앞길을 가로막는 장애물들을 간단히 뛰어넘으며 뛰어난 탄력으로 재난으로부터 벗어난다.

그러나 토끼는 꿈을 중요시하고 항시 생각이 앞서기 때문에 노력이 부족하고, 재능만 믿고 여러 개의 우물을 파는 결점도 보이고 좀 게으르고 수동적인 게 흠이다. 토끼띠 생은 의지와 담력을 키우고, 감사하는 마음을 갖고 살고, 급병·사고 등을 조심해야 한다.

직업으로는 모델, 실내 장식가, 수집가, 평론가, 기자, 변호사, 배우, 공증인, 암표상인, 여관 주인, 노동자, 건축업자, 목공인, 유아, 지휘자, 마부, 당구인, 골프인 등이 좋다.

8) 건강

토끼(卯)는 입술이 결핍된 동물이다. 임신 중에 토끼고기를 먹으면 언청이인 아기를 낳게 된다는 속설도 토끼의 이런 특성을 지칭한 말이다. 따라서 입과 입술에 생긴 구순병이나 얼굴 병이 있을 때에는 토끼고기를 먹지 말아야 하며 만약 묘일에 구순 병을 앓게 되면 약이 없게 된다. 간장질환, 간장, 이마, 근육, 수족, 눈, 손가락, 발가락, 정강이, 모세혈관, 말초신경 등에 관심을 가져야 한다.

9) 관계·인연·궁합

토끼가 쥐를 만났을 때이다. 호언장담으로 인한 실패와 관액이 따르고 성격이 포악하며 배신을 잘하고 사람을 이용하려고 한다. 토끼와 쥐가 만나는 형은 무례지형이라 하여 무례해진다.

토끼가 소를 만나는 경우이다. 깨지고 부서지고 상처 나고 더욱 악화된다. 질병에 유의하여야 한다. 재물이 모이지만 병들고 파산한다. 협력은 가능하나 그 범위는 크지 못하다. 양쪽 모두 유보적 자세를 취한다.

토끼가 호랑이를 만나는 경우이다. 가족 같은 관계이다. 지향하는 위치와 방향이 같다. 나쁘지 않다.

토끼가 토끼를 만난 경우다. 인생이 피곤하다. 파산에 주의하여야 한다. 하는 것마다 되는 것이 없다. 단 시간이 갈수록 만회한다. 두려움과 위축이 가득하다.

토끼가 용을 만나는 경우이다. 지향하는 방향과 위치가 같다. 간사해지는 것을 어쩔 수가 없다.

토끼가 뱀을 만났다. 토끼와 뱀은 만나면 운이 좋지 않을 때는 부모, 형제, 아내와의 불화 또는 이별 가능성도 있고 친인척의 상문(喪門)도 주의하여야 한다.

토끼와 말이 만났다. 극을 받고 있다는 뜻이다. 재산은 모으지만 지출이 더 크다. 적대감 속에서의 강한 충돌관계에 있기 때문에 서로의 유대가 불가능하다. 비협조적인 관계로 끝난다.

토끼가 양과 만났다. 아주 좋은 관계이다. 여기저기 떠도는 형국이다. 서로 동정하면서 아주 좋은 관계를 맺을 것이다. 지속적이고 성과 있는 유대관계가 가능한 상대이다. 단 때로는 병환(病患)이나 우환(憂患)이 있다(오귀, 五鬼)고 본다.

토끼와 원숭이의 만남이다. 고독하다. 서로 반대의 입장이다. 항상 어긋난다. 피해가 되는 것, 또는 피해를 주는 것으로 해석한다. 성격 차와 경쟁의식이 존재한다. 적당한 관계 속에서 어느 정도까지는 서로 참겠지만 완전한 신뢰관계로까지는 발전되지 못한다.

토끼와 닭의 만남이다. 가장 안 좋다. 붙으면 무조건 치고 받고 싸운다. 불안정하고 육친과 인연이 박하고 병약하고 단명하고 매사 어려움이 많다. 사랑이나 사업관계로 만나면 심한 불화가 일어날 상대이다. 서로의 개성이 충돌하며 경쟁심이 첨예해지는 상대이다.

토끼와 개의 만남이다. 역동적인 예술성, 파괴적인 예술성이다. 돈은 모으지만 남 좋은 일만 시킨다.

토끼와 돼지의 만남이다. 가장 좋은 만남이다. 서로 동정하면서 아주 좋은 관계를 맺을 것이다. 지속적이고 성과 있는 유대관계가 가능한 상대이다. 원조와 재물을 얻는다. 충심으로 서로를 이해하며 서로의 느낌에 아주 큰 공감을 느낄 수 있다.

5. 진(辰) : 용

1) 용(龍)이야기

용(dragon, 龍)은 동·서양의 신화나 전설에 등장하는 상상의 동물로 거대한 뱀을 닮은 형상을 하고 있으며 신성한 힘을 지닌 상서로운 존재로 여겨지지만 기독교 문명에서는 악과 이교(異敎)를 상징하는 퇴치의 대상으로 여겨지기도 한다.

중국에서 용은 구름을 일으키고 비를 내리는 신이(神異)한 영수(靈獸)로 여겨졌다. 용을 기린(麟)·봉황(鳳)·거북(龜)과 함께 '사령(四靈)'의 하나로 꼽고 있으며, '구름은 용을 따르고 바람은 범을 따른다(雲從龍 風從虎)'고 기록되어 있다. 그리고 중국의 고대 점성술에서는 용을 백호(白虎)·주작(朱雀)·현무(玄武)와 함께 성좌(星座)를 나타내는 동물로 신성시하여 동쪽의 7가지 별자리인 칠수(七宿)를 청룡(靑龍)이라 하였다.

한국에서도 용은 고대부터 풍운(風雲)의 조화를 다스리는 수신(水神)·해신(海神)으로 여겨졌다. 그래서 일찍부터 민간과 국가 차원에서 국가의 수호신이자 왕실의 조상신으로, 그리고 농경을 보호하는 비의 신이자 풍파를 주재하는 바다의 신으로 풍년(豊年)과 풍어(豊漁)를 기원하기 위해 숭배되었다.

용은 우주 만물의 질서를 상징하는 동물로 여겨지면서 제왕(帝王)의 권력을 상징하는 동물로 쓰이기도 했다. 그래서 임금을 나타내는 말에는 용(龍)이라는 글자가 쓰였는데, 예컨대 임금의 얼굴은 용안(龍顔), 임금이 앉는 자리는 용상(龍床), 임금이 타는 수레나 가마는 용여(龍輿)·용가(龍駕)라고 불렀다. 임금이 입는 옷은 용포(龍袍), 임금의 지위는 용위(龍位)라고 했다. 조선 세종 때에는 조선의 건국을 합리화하고 건국 시조들을 찬양하기 위한 서사시를 지으면서 '용비어천가(龍飛御天歌)'라고 불렀다.

'한비자(韓非子)'의 '세난편(稅難編)'에는 용의 목 밑에는 비늘이 거꾸로 나 있는 역린(逆鱗)이 하나 있는데 이것을 잘못 건드리면 용이 노하여 사람을 죽이게 된다고 하여 임금의 분노를 비유적으로 '역린'이라고 표현하였다.

용 가운데에서도 중앙을 나타내는 황룡(黃龍)이 제왕을 상징하는 것으로 쓰였고, 왕실의 건물이나 의복, 용품 등에는 황룡이 그려졌다. 그런데 신분에 따라 발톱의 개수를 다르게 하기도 했는데, 제왕은 발톱이 다섯 개인 오조룡(五爪龍)을, 태자나 제후왕은 발톱이 네 개인 사조룡(四爪龍)을, 세손(世孫)은 발톱이 세 개인 삼조룡(三爪龍)을 써서 구분하기도 했다. 용을 그릴 때에도 오조룡은 왕실에서만 그릴 수 있었으며, 민간에서는 사조룡이나 삼조룡만 그릴 수 있었다. 그런데 조선 고종 때에 중건된 경복궁

근정전(勤政殿)에는 발톱이 일곱 개인 칠조룡(七爪龍)이 그려져 있는데, 이는 강화된 왕권을 대내외적으로 과시하기 위한 의도였다고 해석된다.

한편, 용이 동물의 왕으로 여겨지면서 뛰어난 사람이나 성취를 나타내는 데에도 용(龍)의 상징적 의미가 활용되었다. 날랜 준마(駿馬)를 용구(龍駒)라고 부르며, 입신출세하는 관문을 등용문(登龍門)이라고 한다. 우리말에는 좋지 못한 환경을 극복하고 성공하는 사람을 가리키는 "개천에서 용났다"라는 속담이 있으며, 어떤 사람의 용모나 처지가 좋아졌을 경우에 "용됐다"라는 표현을 쓰기도 한다.

민간에서는 용이 복을 가져다주는 존재로 인식되어 용꿈을 꾸면 재수가 좋다는 믿음이 전해졌다. 그래서 민화(民畵)에서는 하늘로 승천하는 용을 구름과 함께 표현하는 '운룡도(雲龍圖)'가 많이 그려졌으며, 용꿈을 그림으로 표현한 '몽룡도(夢龍圖)'도 전해진다.

또한 용의 신통한 능력은 용이 지니고 있는 여의주(如意珠)에서 비롯되어, 사람도 여의주를 얻으면 용처럼 온갖 신통력을 부릴 수 있다는 이야기도 전해진다. 그래서 일이 뜻한 대로 잘되어 가는 것을 "여의주를 얻었다"는 것에 비유하여 나타내기도 한다.

풍수지리설에서도 용의 상징적 의미가 쓰였다. 풍수지리설에서는 산의 줄기를 용이라고 했는데, 지형에 따라 용이 길룡(吉龍)·흉룡(凶龍)·생룡(生龍)·사룡(死龍)으로 나뉜다고 보았다. 따라서 지형과 산세를 잘 살펴서 흉룡(凶龍)과 사룡(死龍)을 피해야 한다고 보았다. 또한 수신(水神)인 용은 건축물의 화재 예방을 기원하는 의미에서 기와의 무늬나 용마루의 용두(龍頭) 등으로 표현되어 방화신(防火神)으로 자리잡기도 했다.

용은 못이나 강, 바다와 같은 물속에 살며, 비나 바람을 일으키거나 몰고 다닌다고 여겨져 왔다. 용은 물과 불가분의 관계를 지닌다. 용은 수신으로 호법신 또는 호국신의 역할을 한다.

용은 모습을 마음대로 바꿀 수 있는 능력을 가지고 있고, 자유자재로 모습을 보이기도 하고 숨기기도 한다. 용은 뭇 동물이 가진 최상의 무기를 갖추고 있으며, 구름과 비를 만들고, 땅과 하늘에서 자유로이 활동할 수 있는 능력을 지닌 존재로 믿어져 왔다. 작아지고자 하면 번데기처럼 작아지고, 커지고자 하면 천하를 덮을 수 있을 만큼 커질 수 있으며, 높이 오르고자 하면 구름 위에까지 치솟을 수 있다고 믿었다. 용은 대체로, 짙은 안개와 비를 동반하면서 구름에 쌓여 움직인다.

2) 용(龍)의 속성

용을 나타내는 한자 '용(龍)'은 일찍이 갑골문(甲骨文)에서도 발견되는데 뿔과 큰 입, 수염을 지닌 머리와 뱀을 닮은 긴 몸의 형상을 본뜨고 있다. 영어의 '드래곤(dragon)'이나 라틴어 '드라코(draco)'는 그리스어 '드라콘(δρακων)'에서 비롯되었는데, 고대 그리스에서는 커다란 뱀이나 도마뱀·악어·고래 등 바다나 호수·하천 등의 물속에서 생활하는 큰 동물들을 뭉뚱그려서 드라콘이라고 불렀다. 상상의 동물은 용은 불법을 수호하고 비를 내리게 하는 힘을 가졌다.

상상의 영수(靈獸)인 용의 존재는 많은 문명에서 발견된다. 지역이나 문화에 따라 다양한 형상으로 나타나지만 거대한 뱀이나 도마뱀과 닮았다는 점에서 공통점을 지닌다. 한국·중국 등 동아시아에서는 몸에 비늘이 있고 네 개의 발에 날카로운 발톱을 지니고 있는 것으로 묘사된다. 매우 큰 눈과 긴 수염을 지니고 있는데 코와 입으로는 불이나 독을 내뿜으며 여러 개의 머리를 가지고 있는 경우도 있다. 몸의 색깔은 녹색, 붉은색, 누런색, 흰색, 검은색 등으로 나타난다.

중국 위(魏)나라 때 장읍(張揖)이 지은 자전(字典)인 '광아(廣雅)'에는 중국의 문헌인 '광아(廣雅)' 익조(翼條)에 용의 모습을 다음과 같이 묘사해놓았다. "용은 인충(鱗蟲) 중의 우두머리로서 그 모양은 다른 짐승들과 아홉 가지 비슷한 모습을 하고 있다. 즉, 머리는 낙타와 비슷하고, 뿔은 사슴, 눈은 토끼, 귀는 소, 목덜미는 뱀, 배는 큰 조개, 비늘은 잉어, 발톱은 매, 주먹은 호랑이와 비슷하다. 아홉 가지 모습 중에는 9·9 양수(陽數)인 81개의 비늘이 있고, 그 소리는 구리로 만든 쟁반을 울리는 소리와 같고, 입 주위에는 긴 수염이 있고, 턱 밑에는 명주(明珠)가 있고, 목 아래에는 거꾸로 박힌 비늘(逆鱗)이 있으며, 머리 위에는 박산(博山 : 공작꼬리무늬같이 생긴 용이 지닌 보물)이 있다."

이처럼 각 동물이 가지는 최고의 무기를 모두 갖춘 것으로 상상된 용은 그 조화능력이 무궁무진한 것으로 믿어져왔으며, 특히 물과 깊은 관계를 지닌 수신(水神)으로 신앙되어왔다. 그래서 "용은 물에서 낳으며, 그 색깔은 오색(五色)을 마음대로 변화시키는 조화능력이 있는 신이다. 작아지고자 하면 번데기처럼 작아질 수도 있고, 커지고자 하면 천하를 덮을 만큼 커질 수도 있다.

용은 변화가 무궁하여 바람과 구름과 비를 일으키며 높이 솟아 하늘을 날거나 혹은 연못이나 바다 속에 잠복하여 있다가 갑자기 큰 물보라를 일으키며 나타나는 천태만상(千態萬象)과 천변만화(千變萬化)의 상징적 동물이다. 풍수지리에서 산의 능선을 용(龍)이라고 부르는 것은 산맥의 흐름이 마치 용과 같이 변화무쌍하기 때문이다.

용은 높이 오르고자 하면 구름 위로 치솟을 수 있고, 아래로 들어가고자 하면 깊은 샘 속으로 잠길 수도 있는 변화무일(變化無日)하고 상하무시(上下無時)한 신이다."(管子 水地篇)라 설명되기도 하였다. 이러한 용은 춘분에는 하늘로 올라가고 추분에는 연못에 잠긴다고도 하며, 용신이 사는 곳은 용궁이라 일컬어지기도 하였다.

여러 동물의 특징적인 무기와 기능을 골고루 갖춘 것으로 믿어져온 용은 웅비와 비상, 그리고 희망의 상징동물인 동시에 지상 최대의 권위를 상징하는 동물로도 숭배되어왔다. 이러한 용은 운행우시를 자유롭게 하는 수신으로서, 불교의 호교자로서, 그리고 왕권을 수호하는 호국룡으로서의 기능을 발휘하면서 가지가지 용신신앙을 발생시켰고, 많은 설화의 중요한 모티프가 되어주었다. 거기서 민족이 융성하고 국운이 왕성할 때의 용은 보다 힘차고 용맹스러운 자태로 승천의 웅지를 떨치면서 민중 앞에 군림하였다. 반대로 민족의 기상이 미미하고 국운이 쇠진되었을 때의 용은 승천의 희망과 용기를 상실한 채 힘없는 뱀의 모습으로 비추어졌다.

용이 갈구하는 최후의 목표와 희망은 구름을 박차고 승천하는 일이다. 승천하지 못하는 용은 한갓 웅덩이의 이무기로 머물 수밖에 없다. 그러기에 민족이 상상해온 용의 승천은 곧 민족의 포부요 희망으로 상징 되고 있다.

3) 자의(字意)적 특징

진(辰)은 십이지(十二支)의 다섯째에 해당하며 용을 상징한다. 진(辰)은 별 이름, 수성(水星) 등을 의미한다. 신이라고 발음할 때의 의미는 때, 시각(時刻), 시대(時代), 기회(機會), 아침, 새벽, 날, 하루, 택일(擇日), 해, 달, 별의 총칭(總稱), 일월성(日月星), 북극성(北極星), 임금, 천자(天子), 택일하다(擇日--), 아름답고 착하다, 흔들리다 등으로 해석한다. 조개가 껍떼기에서 발을 내밀고 있는 모양을 본뜬 글자이다. 하늘에서는 초택(연못)을 상징한다.

기적, 청명이후 한 달. 기름진 땅을 의미하며 진흙, 습지, 웅덩이, 댐, 물탱크, 외래품, 토석, 비밀장소, 위조, 특허품, 골재, 약재, 도자기, 병풍, 부채, 장판, 포장물, 비행기 등을 상징한다. 불청객, 범법자, 미용사, 목공, 우편배달부, 중개인, 비행사, 광고업자, 법관과 같은 직종이 좋다.

4) 시간적 특성

진방(辰方), 진시((辰時)(십이시(十二時)의 다섯째 시))이다. 진시(07 - 09시)는 용들이 날면서 강우 준비를 하는 때를 말한다. 진시(辰時)는 오전 7시부터 오전 9시까지, 방위는 동남동(東南東)

떠오르는 아침 해처럼 운세가 성대하다. 직장인이라면 지위가 높아지고 학생은 성적이 향상된다. 그러나 겸손하게 처신하지 않으면 도리어 실패를 초래할 수 있다. 지나침은 모자람만 못한 법, 성급하게 행동해서는 안 되는 것이다. 주변 사람들과 원만한 관계를 유지하라. 윗사람에게는 공손하고 아랫사람에게는 너그러운 마음으로 덕을 베풀어야 할 것이다.

5) 계절적 특징

달로는 음력 3월(辰月), 방위(方位)로는 동남동(東南東)을 중심으로 한 15°안(辰方)이다. 계절적으로는 봄에 해당한다. 용는 늦봄이다. 진(辰)에 해당하는 절기는 청명(淸明)에서 입하(立夏)전까지이다. 그 사이에 곡우(穀雨)가 있다. 그래서 용은 달로는 음력 3월, 계절로는 늦봄, 그리고 절기로는 곡우(청명~입하)를 상징한다고 볼 수 있다.

청명(淸明)은 24절기 중 하나로 춘분과 곡우 사이에 든다. 이 날 부터 날이 풀리기 시작해 화창해지기 때문에 청명이라고 한다. 농가에서는 이 무렵 바쁜 농사철에 들어간다. 24절기 가운데 다섯째에 해당하며, 음력으로는 3월이지만, 양력으로는 4월 5·6일 무렵이므로 태양의 황경(黃經)이 15°에 있을 때이다.

보통 한식(寒食)의 하루 전날이거나 한식과 같은 날이 많고, 오늘날의 식목일(植木日)과도 겹치는 경우가 흔하다. 예로부터 청명에서 곡우 이전까지의 15일 동안을 다시 3후(三候)로 나누어 1후에는 오동나무의 꽃이 피기 시작하고, 2후에는 들쥐 대신 종다리가 나타나며, 3후에 비로소 무지개가 보인다고 하였다.

진(辰)의 중심에 곡우가 있다. 24절기의 하나로서, 청명과 입하 사이에 들어 있으며 태양의 황경(黃經)이 30°에 해당할 때이다. 음력 3월, 양력 4월 20일경이 되며, 그 때부터 본격적인 농경이 시작된다. 곡우 때쯤이면 봄비가 잘 내리고 백곡이 윤택해진다.

그래서 '곡우에 가물면 땅이 석자가 마른다', 즉 그해 농사를 망친다는 말이 있다. 옛날에는 곡우 무렵이면 농가에서는 못자리를 하기 위하여 볍씨를 담갔는데, 이때 볍씨를 담가두었던 가마니는 솔가지로 덮어두며 밖에서 부정한 일을 당하였거나 부정한 것을 본 사람은 집 앞에 와서 불을 놓아 악귀를 몰아낸 다음 집안에 들어오고, 들어와서도 볍씨를 보지 않는다. 만일, 부정한 사람이 볍씨를 보게 되면 싹이 잘 트지 않고 농사를 망치게 된다는 속신(俗信)이 있다. 곡우 무렵은 나무에 물이 가장 많이 오르는 시기이다.

음력 3월은 봄의 생명과 아름다움을 대표하며, 또 봄에서 여름으로 가는 마지막 달이다. 춘창(春暢), 춘천(春川), 잔춘(殘春), 계춘(季春), 모춘(暮春), 만춘(晚春)이란 다른 이름을 가지고 있으며, 꽃 피는 계절이란 의미로 화우(花雨), 화신(花信), 방신(芳辰)으로 부르기도 한다. 또 월건(月建)이 진(辰)으로 된 달이라 하여 진월(辰月)이라고도 하고 아름답고 기쁜 달이라 하여 희월(喜月)이라 부르기도 한다. 이처럼 봄은 만물이 소생하는 계절로 전통 사회에서는 음력 1, 2, 3월이 이에 해당하며 3월은 그 마지막 달이다. 겨우내 추위에 움츠렸던 만물은 1, 2월을 거치면서 따뜻한 봄기운에 재생의 기지개를 켜다가 3월에 이르러 그 활력이 절정에 이른다. 그래서 3월은 삼라만상이 생명의 부활을 한껏 펼치는 봄이 가장 무르익는 달이다.

3월은 일 년 중 가장 따뜻한 날씨 속에 온갖 초목들이 새로운 성장을 시작하는 시기로, 나비와 새들이 날아들며 농사가 시작되는 달이다.

6) 종합 성격

용의 성격을 모두 종합해 보면 (표 33)과 같다. 이를 정리해보면 용은 긍정적인 측면으로 강인, 정력적, 직선적, 주도 면밀, 이지적이다. 관대. 크게 생각하고 행동한다. 혼란과 파란 속에서 출세하는 운기(運氣). 안정된 환경 속에서 싹트기 어렵다. 모험이나 낭만을 꿈꾸는 스케일이 큰 인물. 타고난 재주가 많다. 새롭고 엉뚱한 생각. 불같은 열정, 눈에 띄는 재주, 어떻게든 성실한 친구를 가까이 두고 자신의 창의적인 생각을 다듬어 나간다면 세상을 더욱 아름답게 만드는 사람이 될 것이다. 자존심과 고집이 세고 우두머리 기질이 있다. 생명체가 위로 솟구치는 현상을 나타낸다.

부정적으로는 편협하다. 위압적이다. 무모하다. 자신감이 지나치다. 성급하다. 오만과 성급함, 독설, 이상적인 꿈을 이루기가 어려워 실망하곤 한다. 다른 사람의 질투를 사기도 한다. 상상력이 지나쳐 허구심에 빠질 우려가 있고 투기심이 지나쳐 곤경에 빠질 우려가 있다. 가장 변화가 심한 때. 변덕이 심하다. 비바람을 움직인다.

상징물로는 기름진 땅을 의미하며 진흙, 습지, 웅덩이, 댐, 물탱크, 외래품, 토석, 비밀장소, 위조, 특허품, 골재, 약재, 도자기, 병풍, 부채, 장판, 포장물, 비행기 등을 상징, 망각증질환, 위장, 피부, 가슴, 맹장, 코, 등, 허리, 겨드랑이, 족양명위경의 건강에 유의, 불청객, 범법자, 미용사, 목공, 우편배달부, 중개인, 비행사, 광고업자, 법관과 같은 직종이 좋다.

(표 33) 용의 성격 종합

구분		성격
본질적 특성	긍정	강인. 정력적. 직선적. 주도 면밀. 이지적. 관대. 크게 생각하고 행동한다. 모험이나 낭만을 꿈꾸는 스케일이 큰 인물. 타고난 재주가 많다. 새롭고 엉뚱한 생각. 불같은 열정, 눈에 띄는 재주. 어떻게든 성실한 친구를 가까이 두고 자신의 창의적인 생각을 다듬어 나간다면 세상을 더욱 아름답게 만드는 사람이 될 것이다. 우두머리 기질이 있다. 생명체가 위로 솟구치는 현상을 나타낸다. 매력적. 격렬. 활력. 운이 좋다. 성공적이다. 열망이 강하다. 관대하다. 외향적이다. 확신이 강하다. 끊임없이 활동한다.
	부정	편협하다. 위압적이다. 무모하다. 자신감이 지나치다. 성급하다. 오만과 성급함, 독설, 이상적인 꿈을 이루기가 어려워 실망하곤 한다. 다른 사람의 질투를 사기도 한다. 상상력이 지나쳐 허구심에 빠질 우려가 있고 투기심이 지나쳐 곤경에 빠질 우려. 가장 변화가 심한 때, 변덕이 심하다, 비바람을 움직인다. 요구가 많이 있다. 재치가 없을 것이다. 낭만이 없을 것이다. 궤도를 잘 벗어난다. 쉽게 식상한다. 불만족스럽다. 수다쟁이다.
속성		날씨 변화가 심하고 기상이 상당히 복잡하다. 식물 발아(發芽) 개화(開花)하는 시기. 기온이 상승하기 시작하고, 북서계절풍의 세력이 현저하게 약해진다. 운세가 성대하다. 직장인이라면 지위가 높아지고 학생은 성적이 향상된다. 그러나 겸손하게 처신하지 않으면 도리어 실패를 초래할 수 있다. 지나침은 모자람만 못한 법, 성급하게 행동해서는 안 되는 것이다.
상징물과 신체		아지랑이, 이동성 고기압, 황사현상, 심한 일교차, 봄, 스프링, 새싹, 출발, 생명, 활동, 기름진 땅, 진흙, 습지, 웅덩이, 댐, 물탱크, 외래품, 토석, 비밀장소, 위조, 특허품, 골재, 약재, 도자기, 병풍, 부채, 장판, 포장물, 비행기, 육지, 국토, 영토, 곳, 장소, 지방, 고향, 향토, 토착민, 토지의 신, 대지를 주재하는 신, 조정자 역할. 중용. 중화. 중간. 협상력. 공정성. 심사숙고, 중립. 중용. 교섭. 조절 등을 상징, 망각증질환, 위장, 피부, 가슴, 맹장, 코, 등, 허리, 겨드랑이, 족양명위경의 건강에 유의, 건강은 질병이 생기면 빨리 치료하는 것이 좋다. 호흡기 계통 질환, 위장 질환, 부종, 과로 등에 주의해야 한다. 불청객, 범법자, 미용사, 목공, 우편배달부, 중개인, 비행사, 광고업자, 법관과 같은 직종이 좋다.

7) 용의 적성과 진로

용은 신화속의 주인공처럼 자존심도 강하고 승부에서 지기를 싫어하는 타입이다. 그러나 내면적으로는 어린이와 같은 순수한 성격과 따뜻한 마음을 가지고 있다. 또한 상상속의 동물이듯 실제로 상상력과 창조력이 뛰어난 성격의 소유자다. 용(龍)은 귀가 없지만 청각이 매우 밝으며 만물(萬物)을 홀로 관장(管掌)하고 선(善)을 보호하고 악(惡)을 응징하는 권선징악(勸善懲惡)의 표징이며, 바람을 일으켜 비를 내리게 하며, 천지의 무궁한 변동을 가져오게 하는 극히 상서로운 동물이라 한다.

용은 타고난 재주가 많다. 언제나 새롭고 엉뚱한 생각으로 주위 사람을 놀라게 한다. 새로운 세상을 꿈꾸며 불같은 열정으로 덤벼들지만 이상적인 꿈을 이루기가 어려워 실망하곤 한다. 눈에 띄는 재주 때문에 오히려 다른 사람의 질투를 사기도 한다. 어떻게든 성실한 친구를 가까이 두고 자신의 창의적인 생각을 다듬어 나간다면 세상을 더욱 아름답게 만드는 사람이 될 것이다.

용을 상징하는 것으로 기름진 땅을 의미하며 진흙, 습지, 웅덩이, 댐, 물탱크, 외래품, 토석, 비밀장소, 위조, 특허품, 골재, 약재, 도자기, 병풍, 부채, 장판, 포장물, 비행기 등을 상징한다.

직업으로는 예술가, 건축가, 제조업자, 변호사, 의사, 상점주인, 성직자, 예언가, 갱, 불청객, 범법자, 미용사, 목공, 우편배달부, 중개인, 비행사, 광고업자, 대통령, 법관과 같은 직종이 좋다.

8) 건강

망각증질환, 위장, 피부, 가슴, 맹장, 코, 등, 허리, 겨드랑이, 족양명위경의 건강에 유의해야 한다. 금전은 재물을 풍족하게 얻을 것이니 지나친 과욕은 금물이다. 주변 사람들의 이익을 생각하고 적당히 베푸는 것이 바람직하다.

건강은 질병이 생기면 빨리 치료하는 것이 좋다. 호흡기 계통 질환, 위장 질환, 부종, 과로 등에 주의해야 한다.

9) 관계·인연·궁합

용이 쥐를 만났을 때이다. 둘 다 영리한 동물이다. 변화를 상징한다. 용이 승천하는 형국이다. 영웅이 때를 만난 격이다. 훌륭한 조화이다. 결혼이나 동업에 매우 좋다. 성공과 행복 번역을 위해 함께 일할 수 있다.

용가 소를 만나는 경우이다. 서로에 대해 은근한 관심을 갖는다. 주도권 다툼은 없다. 상호 목표를 위해 협동할 것이다. 차갑고 냉정한 용이다. 인색하고 질투가 많아진다.

용이 호랑이를 만났다. 다툼이 생긴다. 권을 간으로 활용하니 착한 방법은 아니다. 서로의 의도가 틀려 약간의 충돌이 있고 이해의 부족이 있으나 서로의 차이점을 해결할 수 있다. 적당한 성공이 준비되어 있다. 용호상박이라 서로 권력다툼이 있으나 같은 방향과 위치를 지향함으로 협력관계이다.

용이 토끼를 만났다. 성격이 급하고 비밀이 많으며 액과 질병을 유의하여야 한다. 발전이 늦고, 허무감이 많으며 관재구설이 따른다. 같은 방향을 지향함으로 이익에 대해서 약간의 공통기반을 가지고 있다. 단지 어느 한도까지만 서로 관계를 가지며 허용할 수 있을 것이다.

　용이 용을 만났다. 간교하고 다툼이 잦다. 큰 충돌은 없다. 적당한 한도까지는 문제가 없다. 비관적이며 독립심이 약하다.

　용이 뱀을 만났다. 용이 뱀으로 변한 꼴이니 어리석고 생각이 어둡고 끝이 별 볼일 없다. 진사는 라망이다. 갇히는 국이다. 작용이 강하다. 조직력이 강하고 중계역할을 잘하니 외교관이나 중계업이 좋다.

　용이 말을 만났다. 서로에 대해 존경심을 가진다. 주도권을 놓고 약간의 다툼이 있다. 불만을 해결하기 위해 노력할 것이다.

　용이 양을 만났다. 아무래도 한 곳에서 만족하지 못한다. 특별한 변화는 없고 단지 간사함이 넘치며 할 일없이 떠도는 형국이다. 연애와 사업에서 괜찮지만 냉담한 관계이다. 비슷한 관심에 관해서는 적당히 마음이 맞는다.

　용과 원숭이가 만났다. 외로운 용이다. 좋은 관계이다. 결혼과 동업에서 뛰어난 조화를 이룬다. 서로에 대해 깊은 애정과 상호 이해를 가지고 있다. 서로가 성공하고 행복하다.

　용과 닭의 만남이다. 간사하고 잔인하다. 관계가 좋다. 성공적이며 매우 잘 어울리는 관계이다. 행복과 번영을 찾을 것이다. 깊고 오래 지속되는 관계이다. 이성을 끄는 매력이 있고 풍류와 낭만을 좋아한다.

　용과 개의 만남이다. 영리한 예능인이다. 만나면 싸우기 바쁘다. 적대감과 큰 충돌이 있다. 서로를 믿거나 이해할 수 없다. 차이를 극복할 수 없다. 가장 안 어울린다.

　용과 돼지의 만남이다. 그물에 걸린 용이다. 오랫동안 재앙이 따른다. 노골적인 대결관계나 경쟁관계는 없을 테지만 일정한 정도만 함께 일할 수 있는 관계이다. 깊은 유대감을 못 느낄 것이기 때문에 영구적인 관계가 되기는 어렵다. 서로 성질을 돋우기 때문에 결국 무관심이 상책이며, 잘 해야 냉정한 관계이다.

6. 사(巳) : 뱀

1) 뱀(巳)이야기

　지혜와 의술의 상징 '뱀'. 십이지 동물 중 여섯 번 째 동물이자 유일한 파충류. 뱀은 헤엄칠 수 있는 지느러미, 달릴 수 있는 다리, 날 수 있는 날개가 없어도 세계 어디서나 서식한다. 산, 들, 사막, 바다, 강…. 어느 곳이든 뱀은 살고 있고 관련된 이야기가 전해진다. 뱀은 어떻게 다양한 환경에 적응할 수 있었을까.

　이야기 속에서 가장 오래된 뱀은 무엇일까. 아담과 이브에게 선악과를 먹게 해 에덴동산에서 쫓겨나게 만든 뱀이 아닐까. 그렇다면 뱀의 캐릭터는 원래부터 남을 해하는 것일 테다. 또 다른 의문은 뱀은 처음부터 다리가 없었을 까라는 것. 몸보다 훨씬 두꺼운 먹이를 어떻게 한입에 삼키고 소화할 수 있을까. 가만히 들여다보면 뱀은 징그럽거나 무섭기보다는 오묘한 동물이다.

'한 나무꾼이 산길을 가다가 뱀에게 잡아먹히려는 꿩을 구한다. 그 날 밤, 나무꾼은 길을 잃고 젊은 여인의 외딴 집에서 신세를 지게 된다. 젊은 여인은 낮에 나무꾼이 죽인 뱀의 원수를 갚으려는 암컷이었다. 나무꾼에게 암컷 뱀은 절의 종이 울리면 살려준다는 조건을 거는데, 그 순간 울린 종 덕분에 나무꾼은 목숨을 건진다. 낮에 구해준 꿩이 몸을 던져 종을 울리고 죽은 것이다.'

전래 동화 '흥부 놀부'에서도 뱀이 등장한다. 흥부 집 처마에 집 지은 제비 새끼를 잡아먹으려는 역할이다. 작고, 연약한 새끼를 한 입에 삼켜버리는 모습 때문인지 탐욕스럽고, 욕심이 많은 성격으로 묘사된다.

이야기 속에서의 뱀은 대체로 두려운 존재로 묘사된다. '영리함', '남을 해하려는 성격', '욕심'…. 옛 사람들이 뱀 하면 떠올린 이미지다. 먹잇감이 눈치 채지 못하게 은밀하게 다가가 자르거나 물어뜯지도 않고 한 입에 꿀꺽 삼키는 장면이 뇌리에 선명하게 와 닿는다. 우리나라도 마찬가지다. 강원도 치악산 상원사에는 뱀과 관련된 설화가 전해진다. 훗날 '은혜 갚은 까치'라는 제목으로 알려진 이야기다.

서양에서 뱀은 그 차가운 눈, 독특한 기는 방법, 독 등에서 고대에 마적(魔的)인 존재로서 두려운 것으로서 숭상되었다. 지중에 사는 동물로서 뱀은 미래를 점치는 힘을 가지며, 신탁에 도움이 되고, 수호신이 되며, 그 신체의 모든 부분이 민간 의료에 사용되었는데 세계의 여러 민족 사이에서 뱀 숭배나 심벌로서의 뱀의 존재가 알려져 있지 않은 곳은 없을 정도이다.

그러나 또한 성서에 '뱀처럼 지혜로워라'라고 있듯이, 뱀은 오래전부터 현명한 존재로 생각되었다. 그래서 고대 오리엔트나 고전 고대에는 점술에 사용되었다. 가령 백사와의 만남은 길조로, 검은 뱀과의 만남은 흉조로 보거나, 뱀을 꿈에 보는 것은 죽음을 나타낸다고 하였다.

뱀은 또한 몇 번이고 탈피해서 젊어진다는 점에서 재생과 불사신의 심벌이 되었는데 이 때문에 강력한 치유력을 가진다고 하며, 그리스의 의신 '아스크레피오스'는 뱀이 휘감긴 지팡이를 가졌는데 이와 같은 지팡이는 헤르메스의 지물이기도 하며, 카두케우스라고 한다. 또한 뱀의 껍질은 해열제로서 관절염에 효과가 있으며, 피는 폐병, 지방은 강장에 좋다고 하고 살을 먹으면 새의 말을 알아들을 수 있다고 한다.

이슬람교의 전설에 따르면 원래 뱀은 낙타와 비슷한 다리, 모든 동물 중에서 가장 아름다운 용모를 지니고 있었다고 한다. 하지만 악마 '이블리스'와 인연을 맺게 되면서 나락으로 떨어지고 말았다. 악마의 부탁으로 그를 입 속에 넣고 에덴동산에 들어감으로써 신으로부터 다리가 없어지는 벌을 받아 지금처럼 온몸을 움직여 기어 다닐 수밖에 없게 되었다.

'천일야화'에는 '뱀의 여왕 이야기'가 있다. 이 이야기 속에는 중세 이슬람교 신도가 믿었던 우주의 구조가 분명하게 드러나 있어 아주 흥미롭다. 이에 따르면 지옥에는 무수한 뱀이 있다고 한다. 그 이야기를 보면 다음과 같다.

한 남자가 어쩌다 지하 동굴에서 길을 잃고 헤매다가 뱀의 나라에 들어가게 되었다. 넓은 호숫가에 에메랄드 언덕이 있고, 언덕 위에는 황금의 옥좌, 옥좌의 주변에는

1만 2천 개의 다리가 달린 의자가 있었다.

언덕의 경사면에서 잠이 들었다가 눈을 뜨자 50미터가 넘는 큰 뱀들이 의자를 휘감고 있는 것이 보였다. 잘 살펴보니 호수에서는 무수히 많은 뱀들이 헤엄을 치고 있었다. 너무나 겁이 나 부들부들 떨고 있는데, 한 마리의 큰 뱀이 배 위에 황금 쟁반을 올려놓은 채로 가까이 다가왔다. 쟁반 위에는 수정처럼 빛나는 사람 얼굴의 뱀이 정좌를 하고 있었다. 바로 뱀족의 우두머리인 '뱀의 여왕'이었다. 여왕은 관대해서 남자는 큰 뱀들에게 잡혀 먹히지 않고 오히려 행운을 얻었다고 한다.

2) 속성

뱀의 체형은 신비하다. 닮은 동물이라고는 찾아 볼 수 없는 길쭉한 몸뚱이가 특히 그렇다. 생김새만을 놓고 보면 도무지 감을 잡을 수 없다. 몸의 형태만으로 보면 갈치나 뱀장어, 곰치 같은 길쭉한 물고기와 닮았다. 하지만 지느러미가 없다. 머리를 보면 도마뱀과 닮았지만 다리가 없다. 그렇다고 날개의 흔적이 있는 것도 아니다. 땅 속에서 살기에는 땅을 파기조차 힘들어 보인다. 그러나 뱀은 바다에 사는 바다뱀 종류까지 포함하면 극지방과 섬을 제외한 모든 곳에서 살고 있다.

다리가 없는 뱀이지만 어떤 동물보다도 서식지 분포가 넓다. 뱀이 다양한 환경에서 살아남을 수 있는 이유는 머리에서 꼬리 끝까지 담겨 있는 신체의 비밀 때문이다. 뱀의 커다란 입은 제 몸 크기의 네 배가 넘는 먹이도 거뜬히 삼킨다. 머리뼈와 턱뼈가 관절로 연결되어 있지 않고 유연한 근육과 인대로 연결되어 있기 때문이다. 일단 먹이를 목구멍으로 넘기면 어깨뼈가 없기 때문에 먹이가 수월하게 소화기관으로 넘어간다. 그동안 척추에 연결된 갈비뼈가 한껏 벌어져 먹이가 긴 몸을 지나가는 데 무리가 없다.

먹이 크기에 맞춰 위 또한 거대하게 늘어난다. 뱀은 가늘고 긴 몸에 맞게 대부분의 내장이나 기관은 길고 가늘게 생겼지만 소화와 관련된 위와 장은 신축성이 매우 좋다. 일단 커다란 먹이를 삼키면 오랫동안 다른 먹이를 먹지 않아도 버틸 수 있다.

땅 속에서 밖으로 나오면서 진화한 비늘도 다양한 환경에서 쉽게 적응할 수 있도록 돕는다. 비늘이라고 말하지만 뱀 비늘은 피부에 더 가깝다. 물고기처럼 비늘이 하나씩 따로 떨어져 있는 것이 아니라 입부터 꼬리 끝까지 하나로 연결된 겉 피부가 비늘 모양으로 주름 잡혀 있기 때문이다. 허물을 벗을 때 조각조각 벗겨지지 않고 통째로 벗을 수 있는 이유다.

비늘의 역할은 일정한 방향으로 나 있기 때문에 다양한 환경에서 쉽게 움직일 수 있다. 비늘이 난 방향에 따라 바닥과의 마찰력이 달라져 꿈틀거리며 움직이면 마찰력이 적은 방향으로 움직인다. 머리를 원하는 방향으로 향하고 몸을 움직이기만 하면 앞으로 나가는 것이다. 400개가 넘는 갈비뼈는 뱀의 움직임을 돕는 데 최적화되어 있다. 거대한 먹이를 먹었을 때 잔뜩 벌어지는 것은 물론 자신의 몸을 180°에 가깝게 꺾을 수도 있다.

400개가 넘는 갈비뼈는 뱀이 자유자재로 몸을 움직일 수 있도록 돕는다. 뱀은 분명

유연함 속에 강함을 감추고 있다. 수많은 신화와 설화에 등장했고, 때로는 두려움을 줬고 때로는 지혜의 상징으로 존경을 받기도 했다.

눈에는 눈꺼풀이 없고 대신 투명한 피부의 비늘로 덮여 있다. 시력은 매우 약해서 아주 가까운 거리의 물체만 볼 수 있다. 귀는 퇴화되어 겉귀가 없으며, 가운뎃귀도 1개의 뼈만 있어 소리를 들을 수 없다. 그러나 지면을 통한 진동에는 매우 민감하고 혀를 통한 후각이 잘 발달하였다. 혀는 두 가닥으로 갈라져서 냄새를 맡는데, 혀로 맡은 냄새 입자는 코와 입천장에 있는 1쌍의 야콥슨기관(Jacobson's organ)에 전달되어 물체를 식별하게 된다. 미각기관은 없다.

식성은 모두 육식이며 곤충이나 척추동물을 잡아먹는다. 아래턱 중앙에 탄력 있는 인대(靭帶)가 있어서 자유롭게 입을 벌려 큰 먹이도 삼킬 수 있는데, 먹이는 항상 머리 쪽부터 삼킨다. 소화기관은 다른 척추동물과 같지만 비교적 짧은 편이고 위액의 소화력이 강해서 먹이로 삼킨 척추동물의 뼈까지 녹일 수 있다.

뱀이 활동하기에 가장 좋은 온도는 30℃ 안팎이다. 따라서 온대에서 생활하는 뱀은 추울 때 겨울잠을 자고 따뜻해지면 깨어나 활동한다. 예로부터 사람들은 뱀이 성장하면서 허물을 벗는 것을 죽음으로부터 다시 태어나는 것으로 인식하였다. 이에 따라 뱀의 신성(神性)은 불사(不死)의 존재라는 인식과 깊은 관련을 맺는다. 또 여러 개의 알과 새끼를 낳는 뱀은 풍요와 다산의 상징으로 여겨져 여러 지역의 무속신화에 등장하는데 우리나라 민속에서는 집안 살림을 늘리거나 축내게 하는 상징적인 동물로 뱀(구렁이)을 일컫는다. 한편 부정적인 측면에서는 인간을 해치거나 속이려는 사악한 존재로 등장한다.

또 욕심이 많거나 색을 밝히는 인간이 죽으면 뱀으로 다시 태어난다는 설화도 전한다. 그러나 뱀이 생김새나 동작 때문에 사람들에게 혐오감을 주는 것은 사실이지만 사람을 직접 해치는 일은 거의 없다. 또 위험한 종은 독사에 국한되며, 큰 뱀도 사람을 습격하는 일은 아주 드물다. 일부는 애완용으로 집에서 기를 수도 있다. 오래 전부터 세계 각지에서 민간 약재로 이용되어 왔으며 우리나라를 비롯한 동아시아 지역에서는 강정제로 애용되었다.

추울 때 동면하고 따뜻할 때 활동한다. 겨울 동안 땅 속에서 겨울잠을 자고 봄에 다시 살아난다. 다산성으로서 난생 난태 생으로 한 번에 100여 마리씩 부화한다. 수컷은 주머니 모양의 생식기가 2개 있다.

전 세계에는 13과 3,000여 종이 서식하고 있으며 우리나라에는 3과 16종이 서식하고 있다.

3) 자의(字意)적 특징

사(巳)는 뱀, 여섯째 지지, 삼짇날, 자식, 태아(胎兒), 복(福), 행복(幸福), 벌써, 이미, 결정(決定), 계승(繼承), 지키다, 평온(平穩), 십이지(十二支)의 하나. 그 여섯째로 뱀을 상징한다. 뱀이 몸을 사리고, 꼬리를 드리우고 있는 모양을 본뜬 글자이다.

상사일에 긴 물건(실, 머리카락, 밧줄, 새끼)을 만지지 않는다. 상사일에 '사불원행(巳不遠

行)': 멀리 가지 않는다(蛇足). 정월 보름 뱀과 비슷한 형상(썩은 새끼, 진대)을 만들어 뱀치기, 배지지, 진대끌기 등을 한다.

징그럽다. 생각만 해도 소름끼친다. 사악하다. 날카롭다. 차갑다. 매섭다. 유혹, 여자, 말조심. 지혜롭고 상황판단을 잘하는 동물로 인식되어 있다. 무섭다. 두렵다. 뱀에 손가락질 하거나 맨발로 밟으면 썩는다.

변신(뱀서방 이야기, 인간의 원혼이 뱀으로 변신), 민간 의료의 약재(巳脫皮), 자기 혁신의 본보기(뱀허물 벗기), 재생(무덤 속의 벽화, 토우로 넣음), 지신(地神), 사자(死者)의 영혼, 끈질긴 생명력(일시적이거나 부정적으로 죽였을 때 다시 살아나 반드시 복수한다), 악업(惡業), 다산성, 양기(陽氣:지구력과 정기), 생산신(多産神) → 재신(財神:업신), 민간의료(생식, 탕, 술).

사(巳)는 삼명통회에서 대역(大驛)을 상징한다.

4) 시간적 특성

사는 방위로는 남동방, 시간으로는 9~11시이며, 10시가 중이다. 이 시간에 뱀은 자고 있어 사람을 해치는 일이 없는 때이다. 6양으로 양의 기운이 극에 이르며 음이 자취를 감추는 때로 양기가 사방에 퍼져 끝에 다다른다. 주로 학문, 사업, 승진 등 권력이나 명예와 관련된 분야에 이롭고, 재물 같은 물질적인 분야는 불리하다. 매사 겸손하게 끊임없이 노력하면 크게 성공하는 괘이다.

5) 계절적 특징

계절적 특성인 여름, 특히 음력 4월(양력 5월)에 대해서 설명하자.

음력 4월은 여월(余月), 건월(乾月), 시하(始夏), 유하(維夏), 괴하(槐夏), 맥추(麥秋), 중려(仲呂), 맹하(孟夏), 초하(初夏), 정양(正陽)으로도 일컫는다. 이때가 되면 농사일이 바빠진다. 봄이 되면 일손이 바쁘다. 4월에는 주로 벼농사 준비가 시작된다. 음력 4월의 명절로 초파일이 있다. 불교에 국한하지 않고 불교가 우리나라에 들어와 오랜 역사를 관류하면서 초파일은 우리 고유의 명절이 되었다. 농군들은 초파일에는 일을 하지 않고 하루를 쉬었다.

4월의 절기로는 입하(立夏)와 소만(小滿)이 있다. 입하는 이제 여름이 시작되는 날이라는 뜻이며, 입하와 입추 사이가 여름이다. 입하는 24절기 중에서 일곱 번째 절기로서, 곡우(穀雨)와 소만(小滿) 사이에 들며, 양력 5월 6일 무렵이다. 황경(黃經)은 대략 40도에 이른다.

산천은 신록으로 물들며, 성장이 왕성해지는 때라서 시골에서는 더욱 농사가 바빠진다. 입하는 나무에 잎이 돋아나 성장하고 땅에는 풀이 덮인다는 의미이며 모든 동식물이 무성하게 자랄 때이므로 해쳐서는 안 되는 시기이다.

태양 상으로는 여름이지만 기온 상으로는 봄과 같아서 덥지도 춥지도 않아서 인간이 살기에 가장 쾌적한 계절이다. 입하 일에 동풍이 불면 대풍이 들고 나라가 편안하며 남풍이 불면 가물거나 곡식이 흉작이 되며 서풍이 불면 축산에 해가 많고 북풍이 불면 수산이 흉작이다.

　소만은 만물이 왕성하게 생장하여 가득 찬다(滿)는 의미가 있다. 24절기 중 여덟 번째 절기로서, 양력으로는 5월 21일 무렵이다. 황경은 대략 60도에 이른다. 보리이삭이 패기 시작하며 양기가 왕성하고 초목이 높고 크게 자라는 때이다. 이 때에는 감동이 격동하거나 피로가 누적되어 심장과 소장이 제대로 활동하지 못하며 기혈이 허약해지고 찬기운의 해를 입으면 심장의 피가 응어리져서 기혈이 맺히고 뭉쳐 어깨와 등의 통증이 생기거나 소장에 영향을 주어 소화하고 흡수하는 기능이 떨어지므로 무리하지 않아야 한다.

　여름의 시작이다. 여름(summer)은 기상학적으로는 보통 6·7·8월(음력 4·5·6월)을 여름이라고 하나 천문학적으로는 하지(6월 22일경)부터 추분(9월 23일경)까지를 말하고, 24절기상으로는 입하(5월 6일경)에서 입추(8월 8일경)까지를 말한다.

　여름은 풍성한 과실로 식생활이 다채롭다. 초여름의 과실로는 딸기와 복숭아가 신선한 미각을 북돋우며, 한여름이 되면 참외와 수박, 토마토가 그를 대신한다. 참외와 수박이 끝날 무렵이면 포도가 영글어 가고 배·사과·감이 가을을 향해 성숙을 늦추지 않는다.

6) 종합 성격

　뱀의 성격을 모두 종합해 보면 (표 34)과 같다. 이를 정리해보면 장점으로는 현명하다. 인기가 있고 직관력이 있다. 차분하다. 카리스마가 강하다. 부드럽다. 우아하다. 심사숙고한다. 세련됐다. 로맨틱하다. 분별력이 있고 매력적이다. 이타적이다. 조용하다. 결단력이 있다. 겸손하다. 자기 비판적이다. 깨끗하고 고상하며 문학을 좋아한다. 정직하고 사색을 즐긴다.

　그리고 단점으로는 소유욕이 강하다. 질투가 심하다. 차갑다. 게으르다. 적의를 가지고 있고 인색하다. 정직하지 않다. 혼외정사의 소지도 있고 편집광적이다. 너무 끈적거리도록 한다. 대인관계가 좋지 못하는 경우가 있다. 권모술수에 뛰어나 상대감에게 신뢰감이 부족한 것이 흠이다.

　계절로는 여름에 해당한다. 깨끗하고 고상하다. 문학을 좋아한다. 정직하며 사색을 즐긴다. 곡식이 여무는 시기, 열이 듬뿍, 총명, 빠르다, 양기가 가득, 화사, 수정이 이루어진다.

　사를 상징하는 것들을 열거하면 양화는 태양, 큰불, 용광로, 폭발력, 난폭, 투쟁, 예의, 선명 등을 상징하고 음화는 달, 별, 촛불, 손전등, 등대, 꽃, 문명, 학자, 봉사 등을 상징한다. 이밖에도 뱀, 지렁이, 4월, 달, 별, 전기, 자동차, 기차, 철로, 광선, 심장, 혈압, 정유장, 전화, 담배, 편지, 종점, 대형차량, 화약, 폭발물, 휘발유, 미용재료, 전등, 사진. 달, 별, 전기, 자동차, 기차, 철로, 광선, 심장, 혈압, 정유장, 전화, 담배, 편지, 종점, 대형차량, 화약, 폭발물, 휘발유, 미용재료, 전등, 사진.

(표 34) 뱀의 성격 종합

구분		성격
본질적 특성	긍정	현명하다. 인기가 있고 직관력이 있다. 차분하다. 카리스마가 강하다. 부드럽다. 우아하다. 심사 숙고한다. 세련됐다. 로맨틱하다. 분별력이 있고 매력적이다. 이타적이다. 조용하다. 결단력이 있다. 겸손하다. 자기 비판적이다. 깨끗하고 고상하며 문학을 좋아한다. 정직하고 사색을 즐긴다.
	부정	소유욕이 강하다. 질투가 심하다. 차갑다. 게으르다. 적의를 가지고 있고 인색하다. 정직하지 않다. 혼외정사의 소지도 있고 편집광적이다. 너무 끈적거리도록 한다. 대인관계가 좋지 못하는 경우가 있다. 권모술수에 뛰어나 상대감에게 신뢰감이 부족한 것이 흠이다.
계절적 특성 속성		깨끗, 고상, 문학을 좋아한다. 정직, 사색, 곡식이 여무는 시기. 열이 듬뿍, 총명, 빠르다, 양기가 가득, 화사, 수정이 이루어진다. 밝음, 뜨거우며 폭발하는 성분, 공명정대, 분명, 명확, 밝은 생각, 의욕이 강하며 주변에 대하여 간섭하기를 좋아한다. 포용력이 강하며 쉽게 뜨거워지고 쉽게 식어버리는 기질이다. 지도력, 결단력, 모험, 계획, 창조력, 독창성, 공격적, 긍정적, 인내심이 약하고 자기 주장이 강하다, 독선적, 충동적, 즉흥적, 강하다. 강건 통치. 견고. 시작. 건조. 서북을 지칭, 학문, 사업, 승진 등 권력이나 명예와 관련된 분야에 이롭고, 재물 같은 물질적인 분야는 불리
상징물		양화는 태양, 큰불, 용광로, 폭발력, 난폭, 투쟁, 예의, 선명 등을 상징하고 음화는 달, 별, 촛불, 손전등, 등대, 꽃, 문명, 학자, 봉사 등을 상징

보편적으로 뱀은 웅대한 꿈을 가지고 의욕이 뛰어나 맡은 바 본분을 완수하는 기질을 가졌으며 가무(歌舞)와 여색을 몹시 좋아하는 편이다. 얼굴은 준수한 편이나 눈빛이 매우 차서 다소 대인관계에 어려움이 있기도 하다. 원래 뱀이란 동물은 독을 품으면 기어이 물어야 하는 잔악하고 음란한 성질을 가진 고로 뱀띠(巳年生)의 사람은 용맹과 투기심이 강하고 가슴속에 남모를 한(恨)이 있어 독선(獨善)이 지나치기도 하며 고독하다.

7) 뱀의 적성과 진로

뱀띠는 공부하기를 좋아한다. 서두르지 않는 조용한 성격으로 모르는 것을 분명히 알 때까지 끈기 있게 노력한다. 지식에 대한 사랑은 끝이 없어 혼자만의 세계로 깊이 빠져들기도 한다. 그래서 사람들과 어울리기를 꺼려하기도 하고 때론 독불장군이 되기도 한다. 차분함이 우울하게 가라앉지 않도록 사람들과 사귀면서 꾸준히 공부 한다면 세상에 도움을 주는 학문을 이루고 존경받는 사람이 될 것이다.

뱀은 대체로 용모가 뛰어난 뱀띠 아이는 남들 앞에서 뽐내는 것을 유난히 좋아한다. 유려한 말솜씨를 가지고 있고 세련된 옷차림을 하기 때문에 단정해 보인다. 하지만 엄격하고 차가운 성격이 많기 때문에 본의 아니게 오해나 마찰을 불러일으킬 수 있다. 겉모습은 따뜻해 보이지만 내면이 차가운 뱀띠 아이는 대인관계가 나빠져 학업에 영향을 주지 않도록 부모와 교사가 함께 적절히 신경 써야 한다.

직업으로는 교사, 작가, 법률가, 정신과 의사, 철학가, 외교관, 중개업자, 정치가, 관상쟁이, 용접공, 보일러공, 미용사, 전자기술자, 전자제품취급자 등이 좋다.

8) 뱀의 건강

뱀(巳)은 다리가 결핍된 동물이다. 따라서 다리나 발을 앓고 있는 사람이 뱀 고기를 먹으면 병이 더욱 중해지며 사일에 다리 병이나 발병이 생기면 고치기가 힘들게 된다. 특히 뱀은 개고기와 함께 피부에 매우 나쁜 동물이다. 뱀 고기를 많이 먹는 남자는 자식 대에 이르기까지 피부병이 유전된다. 그런데 피부의 적이라 할 수 있는 뱀은 피부병이 심할 때 역으로 그 독성을 이용하여 피부병 치료제로 쓰이기도 한다.

치통질환, 소장, 얼굴, 치아, 복부, 인후, 삼초, 심초, 편도선, 혓바닥, 수태양소장경 등에 주의하여야 한다.

9) 관계·인연·궁합

뱀이 쥐를 만났을 때이다. 인격이 높고 부귀 한다. 많은 매력을 느끼고 공동의 목표를 성취하기 위해 성공적으로 협력하는 관계이다. 만족스러운 관계가 가능하다.

뱀이 소를 만나는 경우이다. 좋은 짝이 된다. 서로를 이해하는 좋은 관계이며 이익이 되고 지속적인 관계를 맺을 수 있다. 질병에 유의하여야 한다.

뱀이 호랑이를 만난다. 명성이 높다. 자기 힘만 믿고 저돌적으로 나가다가 좌절한다. 자기무덤을 파는 격이니 조심하여야 한다. 갈등을 가지며 나쁜 감정을 갖게 되는 관계이다.

뱀이 토끼를 만난다. 파산이 우려된다. 가정이 불안정하며 질병이 따른다. 특별한 매력은 느끼지 못하지만 미움도 갖지 않는다.

뱀이 용을 만났다. 아이디어가 풍부하고 계략적이다. 심하면 간사해진다. 서로에게 동정적이며 성공적으로 협력해나갈 수 있는 관계이다. 서로 조화가 잘 되고 성과 있는 짝을 이루어 서로에게 이익이 된다.

뱀과 뱀이 만났다. 학문이 더욱 발전한다. 서로의 성격을 잘 이해하므로 공동의 관심분야가 있게 되면 강한 유대를 형성하게 된다. 아무런 다툼이 없다.

뱀과 말의 만남이다. 부귀가 따른다. 지향하는 방향이 같다. 색깔에 민감하며 아름다운 것을 좋아하고 색정문제가 야기한다. 약간의 갈등을 갖고 대결하는 사이이다.

뱀과 양의 만남이다. 학문을 위해 떠도는 형국이다. 따뜻하고 온화한 관계이다. 잠재된 갈등관계가 없으므로 필요할 때에 협력할 수 있다.

뱀과 원숭이의 만남이다. 고독한 학문의 길. 가족처럼 합해지는 관계이나 잘 조화되지 않은 관계이다. 신뢰와 선의가 부족할 때에는 다툼과 갈등이 있게 된다. 둘이 협력한다면 틀림없이 많은 것을 얻을 수 있다.

뱀과 닭의 만남이다. 결혼을 하거나 사업을 하는 데 있어 가장 좋은 짝이다. 서로를 믿을 수 있고 매우 잘 이해한다. 매우 조화롭고 성공적인 쌍이 될 수 있다. 잔인해진다. 때로는 병환이나 우환(憂患)이 있다.

뱀과 개의 만남이다. 예능이 더해진다. 항상 어긋난다. 피해가 되는 것, 또는 피해를 주는 것으로 해석한다.

뱀과 돼지의 만남이다. 장수한다. 사랑이나 사업관계로 만나면 심한 불화가 일어날 상대이다. 서로의 개성이 충돌하며 경쟁심이 첨예해지는 상대이다. 서로 관계를 맺거나 이해할 수 없는 관계이다. 깊고 지속적인 갈등을 가지고 있다. 의견교환의 단절을 극복할 수 없고 서로의 차이를 해결할 수 없다.

7. 오(午) : 말(馬)

1) 말 이야기

말과 관련된 설화로는 신라의 시조인 박혁거세(朴赫居世)의 탄생설화가 전해진다. 기원전 69년 경주의 알천에서 6촌의 장들이 모여 군주의 선출을 의논하고 있을 때 남쪽 양산 밑의 나정에 백마가 무릎을 꿇고 있다가 하늘로 올라갔는데, 그 자리에는 큰 알 하나가 있었고 그 알에서 태어난 아이가 박혁거세라는 것이다.

이 밖에 고구려의 명마 거루에 관한 이야기도 전해지고 있다. 대무신왕 때 부여와 전쟁이 벌어졌는데 '골구천'이라는 곳에서 '거루라'는 신마를 잃어버렸다. 일 년이 지난 뒤 그 말이 부여마 100여 필을 이끌고 돌아왔다는 것이다.

우리 민속에 혼인을 정할 때 궁합을 보는 일이 많다. 이때 말띠의 여자, 특히 병오년(丙午年)에 태어난 여자는 '백 말띠[26]'라 하여 기가 세서 팔자가 사납다고 기피하는 경향이 있다. 이것은 오(午)는 화성(火性)이어서 성질이 급한데 또 화성인 병(丙)이 겹쳐 있어 나쁘다는 것이다. 이와 같이 말이 강한 양성(陽性)이라는 데서 액귀나 병마를 쫓는 방편으로 이용하기도 하였다.

제주에 말 목장이 생긴 것은 고려 충렬왕 2년(1276년) 때 일이다. 제주도는 광활한 초지에 기후가 따뜻하고 맹수가 없었으므로 말을 방목하기에는 가장 적합한 곳이었다. 원나라는 말 백육십 필을 가지고 와서 제주에 방목했다. 이것이 제주 목장의 시초였다.

혼인 풍속에서 신랑은 백마를 타고 가는데, 이것은 말과 관련된 태양신화와 천마(天馬)사상과 맥을 같이 한다. 말은 태양을 나타내고 태양은 남성을 의미한다. 무속에서 말은 하늘을 상징하며 날개 달린 천마는 하느님(上帝)이 타고 하늘을 달린다고 전한다.

민간에서는 말을 무신으로 여겼으며 쇠나 나무로 말 모양을 만들어 수호신으로 삼기도 하였다. 고래(古來)로 기마병은 전투를 승전으로 이끈다 하여 말은 씩씩한 무사를 나타내며, 말띠에 태어난 사람은 웅변력과 활동력이 강하여 매사에 적극적이라 하였다. 12지에 말은 남성신을 상징한다.

---

26) 원래 일본에서 들어 왔으며 처음에는 경오생(庚午生)을 지칭했으나 후에 우리나라에서 병오생으로 바뀌었다고 한다.

구비 설화나 문헌 설화에서 말은 신성한 동물, 하늘의 사신, 중요 인물의 탄생을 알리고 알아 볼 줄 아는 영물 또는 신모(神母)이며, 미래에 대한 예언자적 구실을 한다. 특히 '삼국사기', '삼국유사'의 기록에 의하면 말은 모두 신령스러운 동물로 되어 있다.

말에 대한 표현 양식은 시대에 따라서 문헌, 유물, 설화, 신앙, 놀이 등에서 다양하게 나타나지만 말에 대해서 느끼는 관념은 어느 정도 변화 없이 오늘날까지 이어오고 있다. 말에 대한 한국인의 관념은 '신성한 동물' '상서로운 동물'의 상징으로 수렴되어, 신성한 존재, 하늘의 사신, 중요 인물의 탄생을 알리고 알아볼 줄 아는 영물 예언자적 존재, 죽은 사람의 영혼과 마을 수호신이 타는 동물, 장수 신랑 선구자 등 희망을 가져다주는 인물들이 타는 동물로 인식되어 왔다.

2) 말의 속성

말과의 포유류이다. 어깨의 높이는 1.2~1.7미터이며, 갈색·검은색·붉은 갈색·흰색 따위가 있다. 네 다리와 목·얼굴이 길고 목덜미에는 갈기가 있으며, 꼬리는 긴 털로 덮여 있다. 초식성으로 3~4세에 성숙하고 16~20세까지 번식하는데, 4~6월이 번식기이고 수태한 후 335일 만에 한 마리의 새끼를 낳는다. 성질이 온순하고 잘 달리며 힘이 세어 농경, 운반, 승용, 경마 따위에 사용한다. 세계 각지에서 기른다.

말(horse)은 몸길이(머리에서 엉덩이까지)가 2m, 몸무게가 350~700kg, 꼬리길이 90cm이다. 몸의 빛깔은 흰색, 갈색, 검은색 등이 있으며 산란 시기는 임신기간 11개월, 1회에 1마리 낳는다. 서식장소는 온대의 삼림과 우림, 온대 초원 등이며 수명은 약 25~35년이다.

말은 인간에게 중요한 가축의 하나로, 전 세계에서 널리 사육되고 있다. 옛날에는 인간의 식량을 위한 사냥의 대상이었으나, 그 후 군마(軍馬)나 밭갈이에 이용되었고, 최근에는 주로 승용(乘用)이나 스포츠용으로 이용된다.

말의 몸은 달리기에 알맞도록 네 다리와 목이 길다. 얼굴도 긴데, 이것은 치열(齒列)이 길기 때문이다. 코에는 나출부(裸出部)가 없고 윗입술을 잘 움직이는데 이것으로 풀을 입 안으로 밀어 넣는다. 초식성으로 생초·건초·곡물을 먹는다. 전후지(前後肢)는 모두 제3지(第三指)만이 발달하여 겉보기에는 하나이지만 제2지 및 제4지의 중수골(中手骨)·중족골(中足骨)은 약간 남아 있다. 발굽은 하나이며 너비가 넓고 튼튼하다. 두정부(頭頂部)에는 앞머리털이 있고, 목덜미에는 갈기가 있으며 가슴이 크고, 늑골은 18쌍이나 된다. 꼬리길이는 약 90cm이며 기부에서 끝까지 긴 털로 덮여 있다. 송곳니는 없고, 어금니는 크며, 치관부(齒冠部)가 높아서 풀을 짓이겨 먹을 수 있다.

앞니와 앞어금니 사이에는 이가 없는 부분, 즉 치극(齒隙)이 있다. 같은 초식동물이라도 소와 같은 반추동물(反芻動物)에는 4개의 위(胃)가 있으나 말에게는 1개밖에 없다. 그 대신 말의 장(腸)은 대단히 길어 전체길이가 25m나 되고, 맹장도 길고 크다. 담낭은 없다. 유두는 서혜부에 2개 있다. 매사에 적극적인 성질을 지니고 있다. 12지에 말은 남성신을 상징한다. 한국 특산종은 서양종과 몽골말을 교배시킨 것이다.

말은 다른 동물과 달리 매우 유연해 서서도 뒤를 볼 수 있고 좌, 우측 몸통까지 닿을 수 있는 긴 목을 가지고 있어 여름철 날벌레 등을 쫓을 때 쓰거나 이빨로 가려운 데를 긁는데 유용하다. 발은 딱딱한 구조로 되어 있는데 이것을 발굽이라 한다. 발굽의 바깥쪽을 둘러싸고 있는 부분은 딱딱하고 뿔 모양의 형태를 하고 있다. 제일 윗부분은 다리와 딱딱한 부분과의 연결부위가 있는데 이를 제관이라 한다. 발굽안의 쐐기 모양의 부드럽고 탄력 있는 부위를 제차라고 한다. 이는 지면에서 오는 충격을 흡수하는 역할을 한다.

말의 품종은 크게 세 가지로 구분되는데, 몸집이 크고 힘이 센 냉혈종(cold blood), 경주마 또는 승용마인 온혈종(warm blood) 그리고 몸집이 매우 작은 포니(pony)로 구분된다. 말은 무리를 이루어 생활하며 뚜렷한 서열을 가지고 있고 보통 한 마리의 암말이 무리를 이끈다. 위험이 닥쳤을 때에는 보통 도망을 치는 습성이 있으나, 이것이 불가능하거나 자신의 새끼가 위험에 닥쳤을 때와 같은 경우에는 맞서 싸우게 된다. 초식동물로서 말은 시각과 청각이 뛰어나며, 특히 시야는 약 350 이상이며 양쪽 눈으로 볼 수 있는 시야는 약 65이다. 말은 서서 또는 누워서 잠을 잘 수 있으며 다양한 소리와 몸짓으로 의사소통을 한다.

3) 자의(字意)적 특성

오(午)는 낮(정오), 일곱째 지지(地支), 다섯, 거스르다, 어수선하다, 어기다, 엇갈리다, 교착하다(交錯--), 꿰뚫다, 십이지(十二支)의 일곱째, 말(馬)을 상징한다. 오시(午時), 오방(午方), 성(姓)의 하나이다. 똑바로 세운 절굿공이의 모양을 본뜬 글자로 절굿공이 같은 막대를 꽂아 한낮임을 알았다는 데서 '낮'을 뜻한다.

말의 이미지는 박력과 생동감으로 수렴된다. 외모로 보아 말은 싱싱한 생동감, 뛰어난 순발력, 탄력있는 근육, 미끈하고 탄탄한 체형, 기름진 모발, 각질의 말굽과 거친 숨소리를 가지고 있어 강인한 인상을 준다. 이러한 말은 고래로 원시 미술, 고분미술, 토기, 토우, 벽화 등에 나타나고, 설화, 속담, 시가 등의 구비되는 이야기, 민속신앙, 연희 등 민속 문화에 다양하게 전승되고 있다.

말 마(馬)는 말, 벼슬 이름, 산가지(算--: 수효를 셈하는 데에 쓰던 막대기), 큰 것의 비유(比喩·譬喩), 아지랑이, 나라 이름, 마한(馬韓), 크다, 성(姓)의 하나, 말, 므, 말의 모양(머리와 갈기와 꼬리와 네 다리)을 본뜬 글자. 개는 무는 것을, 소는 뿔을 강조한 자형(字形)이지만 말의 경우에는 갈기를 강조하고 있다. 부수(部首)로 쓰일 때 말과 관계가 있음을 나타낸다.

하늘에서는 봉후(봉화, 성화대)를 뜻한다.

4) 시간적 특징

말은 시각으로는 오전 11시에서 오후 1시, 방위로는 남, 달(月)로는 음력 오월에 해당한다. 오시(11 - 13시)는 고조에 달했던 '양기'가 점점 기세를 죽이며 '음기' 가 머리를 들기 시작하는데, 말은 땅에서 달리고 땅은 '음기'이므로 말을 '음기'의 동물로 보고 이 시각을 말과 연계시킨다.

극양의 기운에서 1음이 시작되는 때이니 사방으로 끝없이 퍼지는 양의 기운을 새로 시작하는 음의 기운이 더 이상 확산을 방지한다. 그러나 아직은 음의 기운을 실감하기 어렵다.

5) 계절적 특징

말은 여름 중에서도 중앙의 여름이다. 여름은 24절기로는 입하(立夏)부터 입추(立秋) 전까지이다. 오(午)에 해당하는 절기는 망종(芒種)에서 소서(小暑)전 까지 이다. 그 사이에 하지(夏至)가 있다. 그래서 말은 달로는 음력 5월, 계절로는 한여름, 그리고 절기로는 하지(망종~소서)를 상징한다고 볼 수 있다.

망종은 망(芒)이란 보리나 밀 등의 까끄라기를 말하며 종(種)이란 볏모를 가리키는 말로 보리는 다 익어서 먹게 되고 벼는 자라서 모를 심는 시기가 되었음을 말한다. 24절기 중 아홉 번째로 소만(小滿)과 하지(夏至) 사이이다. 양력으로 6월 6일 경부터이며, 음력으로 4월 또는 5월에 든다. 씨를 뿌리기 좋은 시기라는 뜻으로 모내기와 보리 베기가 이뤄진다. 각 지역별로 다양한 망종 풍속을 갖는데, 농사의 한 해 운을 보거나 농사가 잘 되기를 빌었다. 농촌에서는 1년 중 가장 바쁜 시기이다. 태양의 황경(黃經)이 75°에 이르는 약 15일간을 말하며, 곡식의 종자를 뿌리기에 적당한 시기라는 뜻이다.

농사력에서는 모내기와 보리 베기를 하는 시기로, '보리는 망종 전에 베라'는 속담은 이 때 보리를 베어야 논에 모도 심고 밭갈이도 할 수 있다는 뜻이다. 또 이 시기가 지나면 무르익은 보리가 바람에 쓰러지는 일이 많아 최소한 이 때까지는 보리 베기를 마쳐야 한다.

하지(Summer Solstice, 夏至)는 일조시간(낮)이 가장 긴 날로서 매미가 울기 시작하는 기온 상의 여름이다. 양기가 극도로 강해져 음양의 두 기운이 사생결단을 한다. 경건한 마음으로 음기에 의해 몸이 마르지 않도록 기호와 욕망을 최대한 절제하여 심신을 안정시켰다. 특히 하지 일에는 경거망동을 하지 않고 경솔하게 돌아다니지도 않았으며 화를 내는 것도 금기했으며 음식은 물론 남녀 간의 동침도 삼갔다.

중국에서는 하지 15일간을 5일씩 끊어서 3후(候)로 나눠서, 사슴의 뿔이 떨어지고, 매미가 울기 시작하며, 반하(半夏)의 알이 생긴다고 했다. 한국의 농사력에서는 모내기가 끝나는 시기이며 장마가 시작되는 때이기도 하다.

태양이 궤도상에서 가장 북쪽에 위치할 때, 즉 황경 90도에 있어서 춘분점과 추분점의 중간에 있다. 지구의 북위 23도 30분의 북회귀선에서는 바로 위에 태양을 보고, 북반구에서는 태양의 남중고도가 가장 높아지고 일영은 가장 짧아진다. 그리고 낮의 길이가 가장 길고 밤의 길이는 가장 짧아진다. 현행의 태양력에서는 6월 21일이다.

북극지방에서는 하루 종일 해가 지지 않으며 남극에서는 수평선 위에 해가 나타나지 않는다. 동지에 가장 길었던 밤 시간이 조금씩 짧아지기 시작하여 이날 가장 짧아지는 반면, 낮 시간은 14시간 35분으로 1년 중 가장 길다.

오(午)는 음력 5월을 상징한다. 음력 5월 초는 한 해 농사에서 매우 중요하고 힘든 씨뿌리기가 일단 끝나고 모내기나 김매기가 아직 본격적으로 시작되지 않았을 때이며, 또 숲이 푸르른 가장 좋은 계절이다. 그러므로 화목하고 명랑한 기풍을 가진 우리 조상들은 씨뿌리기가 끝난 다음 다가오는 새로운 농사일을 준비하면서 하루를 즐겁게 쉬었던 것이다.

6) 종합 성격

말의 성격을 모두 종합해 보면 (표 35)과 같다. 정리해보면 말은 행동이 빠르고 정확하다. 성격이 불같이 급하기도 하지만 성실하게 노력하여 원하는 꿈을 이루고 또 잘 지켜간다. 세상의 많은 것을 얻고자 하는 욕심도 있고 다른 사람들의 인정을 받으면서 기뻐하지만 자기가 얻은 것을 잘 베풀기도 하여 사람들의 칭찬을 받는다. 하지만 너무 빠른 판단으로 실패를 겪기도 하고 주위 사람들에게 상처를 주기도 한다. 타고난 성품대로 부지런히 일하고 남에게 베풀면서 살아간다면 복되고 의로운 사람이 된다.

(표 35) 말의 성격 종합

구분		성격
본질적 특성	긍정	인기가 있다, 명랑, 섹시, 현실적, 정력적, 쾌활, 재치, 사회성, 진취적, 성실, 강건, 사교적, 기민하다, 실제적, 독립적, 설득력이 있다. 스스로 안전을 책임진다. 항상 관심이 되게 한다.
	부정	자기중심적, 혈기가 넘친다, 사려가 깊지 못하고 화를 잘 낸다. 모순된 성격, 이기적, 편협적, 어린애 같다, 조심성이 없다, 변덕, 예측불허, 요구가 많다, 지구력 부족, 실패를 두려워한다.
속성		위로 올라가고 확산. 화려해도 실속이 없어 겉은 화려하고 속은 공허한 것을 의미. 밝음. 뜨거우며 폭발하는 성분. 공명정대. 분명. 명확. 의욕이 강하며 주변에 대하여 간섭하기를 좋아하다. 동화, 포용력, 쉽게 뜨거워지고 쉽게 식어버리는 기질. 창조력, 독창성, 공격적, 긍정적. 문명의 불, 정신문화, 교육, 문화사업, 언어와 문자 등의 속성, 정열, 인내심이 약하고 열기가 넘치나 쉽게 식고 의욕과 배짱은 좋으나 기다리지 못하거나 처리 방식이 서툴고 자신의 안목대로 세상을 바라보게 되고 오로지 현장에 충실한 탓으로 지금 순간을 가장 소중히 여기고 자기주장이 강하다 보면 독선적이거나 시비에 시달리게 된다.
상징물과 신체		달, 별, 촛불, 손전등, 등대, 꽃, 문명, 학자, 봉사 등을 상징한다. 하늘에서는 봉후(봉화, 성화대)를 뜻한다. 해, 전자, 화약, 총포, 폭발, 엔진, 열기불, 눈, 박테리아, 악세사리, 못, 화장품, 유원지, 이혼장, 간판, 학용품, 국기, 안경, 사진, 유흥업소, 전등 등을 상징한다. 직업으로는 문학인, 도시인, 마부, 교육자, 염직공, 화가, 서예인, 호색가, 발명가, 방화자 등

장점으로는 인기가 있다, 명랑, 섹시, 현실적, 정력적, 쾌활, 재치, 사회성, 진취적,

성실, 강건, 사교적, 기민하다, 실제적, 독립적, 설득력이 있다. 스스로 안전을 책임진다. 항상 관심이 되게 한다.

단점으로는 자기중심적, 혈기가 넘친다, 사려가 깊지 못하고 화를 잘 낸다. 모순된 성격, 이기적, 편협적, 어린애 같다, 조심성이 없다, 변덕, 예측불허, 요구가 많다, 지구력 부족, 실패를 두려워한다.

해, 전자, 화약, 총포, 폭발, 엔진, 열기 불, 눈, 박테리아, 악세사리, 못, 화장품, 유원지, 이혼장, 간판, 학용품, 국기, 안경, 사진, 유흥업소, 전등 등을 상징한다. 직업으로는 문학인, 도시인, 마부, 교육자, 염직공, 화가, 서예인, 호색가, 발명가, 방화자 등이 어울리며 정신병질환, 심장, 정신, 심포, 시력, 혀, 신경통, 열, 수소음신경 등에 유의하여야 한다.

7) 적성과 진로

말은 무슨 일이든지 솔선수범하고 먼저 나서는 성격의 소유자다. 그러나 그러한 성격으로 인하여 손해도 많이 보고 자기 식구도 챙기지 못하는 우를 범할 수 있는 타입이다. 또 한 예부터 국가적인 행사에 많이 쓰이는 관계로 대의를 중요시 하는 성격의 소유자이다.

기상이 높아서 햇불을 들고 광야를 달리는 투사에 비길 만하다. 정의감이 강하고 활달한 성격이어서 가슴이 따뜻하고 인간미가 돋보인다. 자신의 감정을 감추지 않고 직접적으로 표현하기 때문에 한번 화가 나면 물불을 가리지 않는다. 100여 가지의 일도 할 수 있을 만큼 능력이 많다. 두뇌 회전이 빨라 정보를 쉽게 흡수하는 재원형이다.

섹시한 이미지에 깔끔한 외모는 첫인상은 좀 구리지만 곧 이 사람의 매력에 곧 잘 빠져들게 만든다. 질질 끄는 걸 싫어하고 쿨한 성격에다 사람들을 잘 사귀며, 함께하면 즐겁고 이해심도 많지만 어느 띠보다도 강한 이기주의 때문에 실망감과 상처가 크다. 말띠들의 뇌에는 분명 다른 사람을 생각하는 뇌구조는 없나보다.

밝고 개방적이며 떠들썩한 것을 좋아한다. 태양처럼 매력적이며, 어떤 생각이 결정되면 목표가 관철될 때까지 한눈파는 일없이 계속 나아가므로 성공률이 높은 편이다.

처음은 거창한데 끝이 오므라드는 유형이다. 시끌벅적하게 움직이다 보면 아차 하는 순간 손에 쥔 것이 아무 것도 없는 꼴이 되기 쉽기 때문에 낭비와 유흥을 조심해야 한다. 또 시간을 지키지 않고 변덕스러운 점도 단점이다.

직업으로는 숙련공, 운전수, 약제사, 물리학자, 의사, 정치가, 모험가, 작가, 비행사, 바텐더 등이 좋다.

8) 건강

말(牛)은 담의 기능이 퇴화된 동물이다. 쓸개는 심장을 돕는 기관으로 동물 중 쓸개 기능이 퇴화된 동물일수록 잘 달리게 된다. 그러나 사람은 동물과 반대이다. 조금만 달리거나 힘든 일을 해도 숨이 차는 사람은 쓸개가 약하기 때문이며 신경을 너무 많이 쓰면 쓴 물이 올라오는 것도 이 쓸개 때문이다. 따라서 담석증 등 쓸개에 병이 있는 사람은 말고기를 먹지 말아야 하고 만약 오일에 담석증에 걸리면 난치병이 되고 만다.

말은 신체로는 정신병질환, 심장, 정신, 심포, 시력, 혀, 신경통, 열, 수소음신경 등에 유의하여야 한다.

9) 관계·인연·궁합

말이 쥐를 만났을 때이다. 피해가 크다. 고요하게 머무른 것을 움직이게 하며 집합했던 것을 해산하거나 분리 시켜 변화하도록 작용한다. 충돌, 해산, 분리, 파괴, 살상 등의 부작용도 있지만 발동, 충전, 분발, 개척, 가속, 공격 등이나 또 다른 생산의 역할을 담당하기도 한다. 전화위복이 되는 경우도 있다. 결혼상대자나 사업관계로서 경쟁을 하게 된다. 대단히 맞지 않는 사이이다.

말이 소를 만났다. 건강에 유의하여야 한다. 노골적인 대결관계나 경쟁관계는 없을 테지만 일정한 정도만 함께 일할 수 있는 관계이다. 깊은 유대감을 못 느낄 것이기 때문에 영구적인 관계가 되기는 어렵다. 서로 마주보고 만나기를 꺼려하며 증오하고 혐오하거나 대인관계에 상호 불신과 시기, 질투, 원망, 권태로움이 혼합되어 서로를 밀어내는 형국이다.

말이 호랑이를 만나면 부귀 한다. 최고의 궁합이다. 사랑을 하거나 사업에 매우 잘 맞고 행복한 짝이다. 서로 신뢰하고 의사소통하는 데에 아무런 문제가 없다.

말이 토끼를 만나면 중간에 계획이나 진로를 바꾸거나 수정하고 의외의 사건이 일어나는 것을 주의해야 한다. 직업이나 계획하는 사업 또는 추진하는 일 등의 변경이나 이동 및 분리 작용을 한다.

말이 용을 만나면 여자의 경우 고독한 살이다. 친척 중에 망자가 생기고 가정이 불안정하며 질병이 따른다.

말과 뱀이 만나면 밝고 화려하다.

말과 말의 만남이다. 사회질서를 유지하기 위해 필요한 각종 규범이나 제제조치와 같은 작용을 한다. 새로운 목적을 달성하기 위해 어느 정도의 희생을 감수하더라도 잘못된 것을 도래 내는 수술과 같고 가정이나 조직사회 등의 단합을 해치는 작용을 한다. 신기의 발달로 무속이나 복점에 종사하거나 보일러, 전기 설비업, 가스, 주유소 등의 사업을 경영하기도 한다.

말과 양의 만남이다. 말띠와 양띠는 매우 잘 맞고 성공적인 사이이다. 서로에게 강한 친밀감과 매력을 느낀다. 사랑과 사업에서 서로 이익이 되는 관계가 된다.

말과 원숭이의 만남이다. 남자는 타향객지에서 외로운 생활을 하며 수많은 고초를 겪으며 산다. 일이 꼬인다.

말과 닭의 만남이다. 약간의 의사소통상의 장애가 있고 성격적으로 부딪친다. 차이점을 해소할 수는 있으나 친밀한 사이가 되기에는 냉정한 사이이다.

말과 개의 만남이다. 관계가 좋다. 매우 행복하고 잘 맞는 짝이다. 사랑하고 같이 일을 하면 성공할 수 있고 성과가 많게 된다. 서로에 대해서 깊은 이해와 애정을 가지고 있다.

말과 돼지의 만남이다. 장수한다. 잘 맞는 관계이다. 공통의 관심사를 많이 가지고 있다. 특별한 매력을 느끼지도 않지만 강한 다툼도 없다.

8. 미(未) : 양

1) 양(羊)의 이야기

양은 성질이 온순하고 정결하면서도 야생성이 있어 환경이 열악한 지리적 조건에서도 비교적 잘 자란다. 특히 사료급여 면에서 볼 때 조사료의 이용률은 90%에 달하고 있어 산악지형이 많은 우리나라 여건에 우리한 축종이라 할 수 있다.

또한 체구가 작고 온순하여 남녀노소 누구나 관리할 수 있어 부업으로 사육을 하더라고 젖과 고기 등을 동시에 생산하여 쉽게 접근 할 수 있는 가축 중의 하나이다.

우리나라에서의 면양사육 기록은 고려 때 금나라에서 들어오기 시작한 것으로 되어 있다. 그 뒤 조정에서는 제사용으로 이것을 중시하여 조선시대까지 양장(羊場)을 설치하여 사육하였으나 풍토병 등으로 성적이 좋지 않았으며, 더욱이 산업용으로까지는 발전하지 못하였다. 면양이 산업용으로 사육되기 시작한 것은 일제시대 이후이며, 광복 후에는 전멸상태에 빠졌다가 제3공화국에 의해서 장려되기 시작하였다.

'본초강목(本草綱目)'에서는 "양고기는 보중익기(補中益氣)하며 성은 감(甘)하고 대열(大熱)하다."고 하였다. '규합총서(閨閤叢書)'에서는 "양고기는 허랭(虛冷)한 사람에게는 성약이지만 성이 극히 뜨거우니 어린애나 아이 가진 여자는 먹지 못한다."고 하였다.

그리스도교에서 양의 심벌이 사용된다. 양은 주인에게 순종하는 동물로서, 신 및 그리스도에게 신앙을 바치는 그리스도 교도의 심벌이다. 그러나 그리스도교 문화권에서는 단순히 양을 신앙의 심벌로서 사용할 뿐만 아니라, 양을 둘러싼 다양한 이미지 군을 총동원해서 그리스도교적 세계구조의 총체를 표현하려고 시도하였다. 즉, 양을 신자의 심벌로 하는 반면, 양치기는 신자의 보호를 자신의 역할로 하는 성직자, 그리고 그 성직자에게 사목의 임무를 주는 그리스도의 심벌이 되었다(선한 목자).

새해 들어 첫 양날을 상미일(上未日)이라고 한다. 첫 양날에 특기할 만한 민속은 찾기 힘드나 전라남도 지방에서는 양이 방정맞고 경솔하여 해안 지방에서는 이날 출항을 삼가는 곳도 있다. 경거망동하면 바다에 나가 해난을 만난다고 믿었기 때문이다.

이성계가 초야에 묻혀 지내던 시절에 양 꿈을 꾸었는데 꿈속에서 양을 잡으려 하자 뿔과 꼬리가 몽땅 떨어져 놀라 꿈을 깨었다. 이 꿈 이야기를 무학대사(無學大師)를 찾아가 이야기를 했더니 대사는 곧 임금에 등극하리라는 해몽을 했다. 즉 한자의 '羊'에서 양의 뿔에 해당하는 ' '획과 양의 꼬리에 해당하는 곤 '?'획을 떼고 나면 "王"자만 남게 되어 곧 임금이 되는 것이다. 그 이후 이태조(李太祖)가 조선을 건국하매 양 꿈은 길몽으로 해석되었다. 지금까지도 양 꿈에 대한 해몽은 희생, 제물, 종교인, 선량한 사람 등으로 해석한다. 이런 연유는 목축 민족에게는 양이 재산의 척도가 되고, 제단에 바치는 희생물이었고 양의 성품이 티없이 온순해 착한 사람으로 의미하게 되고, 기독교 문화에서는 성서에 나오는 양과 관련하여 종교인의 상징이 된다.

양의 생김새에서 딴 상형 문자인 양은 맛있음(味), 아름다움(美), 상서로움(祥), 착함(善) 등의 의미로 이어진다. 즉 큰 양(大羊)이란 두 글자가 붙어서 아름답다는 뜻의 미(美)자가 되고, 나(我)의 좋은 점(羊)이 옳을 의(義) 자가 된다. 양이란 상형문자에서도 착하고(善), 의롭고(義), 아름다움(美)을 상징하는 동물로 양을 인식했던 것이다.

양은 서양의 정신사에서 가장 상징적인 동물이다. 초원 위에 흰 구름의 형상을 수놓으며 몰려가는 양떼의 풍경은 가장 서양적인 전원의 목가를 낳았고, 서구의 기독교 문명을 받쳐 온 성경에서 양이야기는 무려 500번 이상이나 인용된다. 고대 이스라엘인의 생활에서 양은 신과 인간을 연결하는 제의(祭儀)의 필수품이었고, 양의 머릿수가 곧 재산을 뜻했다. 또한 양고기는 귀한 손님에게 대접하는 최고의 음식이었다.

오늘날 우리 일상생활에서 양피(羊皮)는 고급 피혁으로 장갑, 구두, 잠바, 책표지 등에 쓰이고 양모(羊毛)는 보온력이 높고 질겨 고급 양복지, 솜 대용으로 두루 쓰이는 모직물의 주원료가 된다. 양유(羊乳)는 우유에 비해 단백질, 지방, 회분이 풍부해 허약 체질인 사람에게 좋다. 이처럼 양은 털, 고기, 뼈 등 어느 것 하나 버리지 않고 일상생활에 이용되는 유익한 동물이다.

2) 양의 속성

양은 초식성이며 풀잎, 사초식물, 활엽초본, 새싹 등을 먹고 주로 낮에 활동하며 호주, 뉴질랜드, 미국, 아프리카, 아시아 등에 분포되어 있다. 원지대, 경사가 있는 산지, 울퉁불퉁한 언덕, 바위언덕 등에서 서식한다.

털색은 크림색에서 어두운 회색, 갈색까지 다양하며 크기는 1.2~1.8m, 몸무게는 약 20~200kg에 이른다. 꼬리에 분비선이 없고 가는 코와 위로 선 귀를 가지고 있다. 수컷은 뿔을 가지고 있고 암컷의 것은 좀 더 작다. 야생이 아닌 가축의 경우에만 양털 외피를 가지고 있으며, 수염을 가지고 있지는 않다. 가축 양이 야생화가 되면 점차 구불구불한 양털이 없어지고 일반 야생 양이 가진 것과 같은 거친 털이 자라기 시작한다.

야생 양은 고원지대에서 주로 발견된다. 경사가 있는 산지나 울퉁불퉁한 언덕, 바위언덕 등에서 서식하는 것으로 알려졌다. 더운 날씨에는 낮엔 주로 휴식을 취하고 온도가 내려가는 밤에 주로 먹이 활동을 하기도 한다. 대부분이 계절에 따라 다른 지역으로 이주한다. 여름에는 넓은 고지대로 올라가고 겨울에는 좁은 계곡으로 이동한다. 월동방법은 절벽이나 산으로 둘러싸여 있는 계곡으로 이동하는 것이다.

양은 매우 민감한 동물로 좋은 시력을 가지고 있으며 경사진 곳을 잘 오르내리고, 수영도 자유롭게 할 수 있다. 놀라면 민첩하고 빠르게 도망간다. 주로 100마리 이상이 한 무리를 이루는데 몇몇 다른 종은 수컷이 암컷과 새끼와 몇 년간 떨어져 지내기도 한다. 가장 높은 세력을 가진 수컷만이 암컷과 짝짓기를 할 수 있다.

가장 우두머리 수컷은 나이와 몸집의 크기에 따라 뿔의 크기도 달라지는데 그 뿔이 가장 큰 수컷이 싸움에서도 유리하다. 어린 수컷은 공격적이지만 나이가 든 수컷은 그들이 가진 큰 뿔로 상대로부터 받은 공격을 쉽게 완활 할 수 있다. 따라서 큰 뿔을 가질수록 서열 싸움에 따른 부상이 적다.

양은 떼를 지어 살며, 높은 곳에 올라가기를 좋아한다. 성질은 온순하고, 풀·나뭇잎·나무껍질 등의 식물질을 먹는다. 임신기간은 147~161일이고, 한배에 1~2마리의 새끼를 낳는데, 다산종은 3~5마리를 낳는다. 갓 낳은 새끼는 눈을 뜰 수 있고, 양털 모양의 털이 있다. 생후 1개월이면 먹이를 먹고, 3개월이면 이유한다. 2년이 지나면 새끼를 낳을 수 있으며, 7~8년까지 번식에 이용된다.

양은 개 다음으로 가축이 된 동물이다. 종래에는 양이 신석기시대에 사람이 정주적 농경생활을 시작한 이후에 가축화된 것으로 알려져 왔으나, 사실은 그보다 훨씬 빨리 농경이 시작되기 이전부터 순화되어 있었다. 중석기시대에는 염소와 함께 양을 수렵하였는데, 양은 군생 동물로 먹이를 찾아 끊임없이 이동하고 있었다.

양은 반드시 한 번 왔던 길을 다니는 습성이 있으므로, 처음에 사람들은 돌아오는 야생의 양떼를 기다렸다가 사냥을 하였다. 그러나 사람이 식량으로 야생의 양을 필요로 하는 일이 많아지자 이번에는 직접 양떼를 따라 사람도 이동하면서 필요에 따라 양을 잡아서 고기와 가죽을 이용하였다. 즉, 양에 기생하는 생활을 시작한 것이다.

3) 자의(字意)적 특징

양(羊)은 양, 상서롭다(祥瑞--), 배회하다(徘徊--), 면양(綿羊), 의지(依支)가지 없이 약하다는 뜻에서 신자(信者)를 비유(比喩·譬喩)하는 말, 성질이 퍽 온순한 사람의 비유, 성(姓)의 하나이며 양의 머리를 본뜬 글자이다. 양의 두부(頭部)를 도형화(圖形化)한 것이며 牛(우☞소)자와 비슷하다. 아주 옛날에 양은 신에게 바치는 희생의 짐승 중에서도 특히 존중된 것이다.

미(未)는 12지의 8번째에 위치하는 지지이다.

미(未)는 아니다. 못하다. 아직 ~하지 못하다. 미래, 장차. 양을 상징, 미방(未方), 미시(未時), (어떤 명사(名詞) 앞에 쓰이어) 아직 다 이루어지지 않음을 나타낸다, 나무 끝의 가느다란 작은 가지의 모양을 본뜬 글자로 나중에 분명하지 않다→희미한 모양→아직…하지 않다라는 뜻에 쓰인다.

양에 대한 이미지는 순하고 어질고 착하며 참을성 있는 동물, 무릎을 꿇고 젖을 먹는 은혜를 아는 동물로 수렴된다. 양하면 곧 평화를 연상하듯 성격이 순박하고 온화하여 좀처럼 싸우는 일이 없다. 양은 무리를 지어 군집 생활을 하면서도 동료 간의 우위 다툼이나 암컷을 독차지하려는 욕심도 갖지 않는다. 또한 반드시 가던 길로 되돌아오는 고지식한 습성도 있다. 성격이 부드러워서 좀처럼 싸우는 일이 없으나 일단 성이 나면 참지 못하는 다혈질이기도 하다. 목양(牧羊)이 깊이 토착화되지 못한 우리나라에서는 양과 관련된 이야기는 별로 없다.

양은 언제나 희생의 상징이었다. 양의 가장 큰 상징적 의미가 있다면 그것은 속죄양(贖罪羊) 일 것이다. 성격이 순박하여 양하면 평화를 연상한다. 겁먹은 듯한 순한 눈망울과 복슬복슬한 털에 덮인 양떼에서 느낄 수 있는 것은 평화와 안락의 상징으로 충분하다.

양은 또한 정직과 정의의 상징이었다. 양은 반드시 가던 길로 되돌아오는 고지식한 정직성이 있다. 우리 속담에 '양띠는 부자가 못 된다'라는 말이 있다. 양띠 사람은 양처럼 너무 정직하고 정의로워서 부정을 못보고, 너무 맑아서 부자가 되지 못한다는 말이다.

미(未)는 삼명통회에서 꽃이 피는 정원, 화원(花園)을 상징한다.

4) 시간적 특징

미(未)는 24시의 15번째인 오후 1시 반부터 2시 반 사이이다. 방위로는 정남(正南)으로부터 서쪽으로 30도를 중심으로 한 좌우 15도 안이다.

미시(13 - 15시)는 양이 이때 풀을 뜯어먹어야 풀이 재생하는데 해가 없다.

5) 계절적 특징

음력 6월(양력 7월)에 대해서 설명하자. 음력 6월은 12간지를 기준으로 할 때 여덟 번째 달로서 미월(未月), 계하(季夏), 복월(伏月), 혹염(酷炎) 혹은 미끈유월이라 한다. 실제로 6월은 무더운 햇볕으로 만물을 무성하게 할 수 있지만 잘못하면 장마철에 습기가 차서 만물을 썩게 할 수도 있다. 그래서 6월을 썩은 달, 액(厄)달이라고도 한다.

유두는 6월을 대표하는 보름 명절이다. 농경국가에서 보름달은 농사의 풍요와 관련하여 중시하였는데 우리나라에는 정월 대보름과 6월 유두, 7월 백중, 8월 추석에 차례의 보름 명절이 있다.

유두는 동류수두목욕(東流水頭沐浴)의 약자로 동쪽으로 흐르는 물에 머리를 감고 목욕하면 부정을 가신다는 뜻을 지니고 있다. 동류수(東流水)에 머리를 감는 까닭은 동방(東方)이 청(靑)으로 양기(陽氣)가 왕성한 방향이기 때문이다. 물로 몸과 마음을 통해 정화하는 날이 유두이다.

6월에는 삼복이 있다. 초복은 하지 후 셋째 경일(庚日)이며, 중복은 넷째 경일, 말복(末伏)은 입추 후 첫 경일인데 이를 통틀어 삼복이라 한다. 유두는 신라 때부터 명절이었지만 후대에 와서는 복날 복 놀이가 더 성했다.

경일과 경일 사이는 열흘이고 복날은 10일마다 오는데, 입추가 늦게 들어서 경일을 하나 건너뛰게 되면 20일 만에 말복이 온다. 이를 월복(越伏)이라 한다. 삼복 기간은 여름철 가운데 가장 더운 때여서 '삼복더위'라 한다. 원래 경(庚)은 오행설에서 금기(金氣)에 해당되며 가을 기운이다. 복은 여름의 화기(火氣)를 두려워하여 엎드려 감춘다는 뜻에서 생겨난 말이다. 따라서 삼복더위란 멀리서 서서히 밀려오려던 가을 기운이 불같은 더위에 녹아 끽소리도 못하고 잠복하는 날이란 뜻이다.

6월 중 동쪽에 무지개가 뜨면 비가 많이 오고 서쪽에 뜨면 가물 것이라고 예측한다. 여름철 아침에 안개가 산허리에 끼었다가 곧 벗겨지고 해가 붉은 빛을 발하면 그 달에는 가물고, 잔잔하다가 진시(辰時, 7시~9시)에 갑자기 바람이 일어도 가물며, 회오리바람이 일어 남(南)으로 나가면 가문다고 믿는다. 섬사람들은 여름철에 남풍이 불면 비가 오고 동풍이 불면 큰 비가 오며 서풍이 불면 날이 가문다고 생각한다.

6월은 좋지 않은 달로 여겨 흔히 썩은 달, 액달, 언짢은 달이라고 한다. 이달에는 집안의 불개미 집조차 허물지 않는다는 말이 있으며, "앉은 방석 이사도 안 간다." 또는 "앉은 방석 움직이지도 않는다."라고 할 만큼 매사에 조심한다. 요즘도 가리는 가정에서는 유월에 이사를 하지 않는다. 이사를 하면 사람들끼리 잘못 지내는 등 좋지 않다고 믿는다. 또 유월은 악달 또는 액달이라서 문병을 가지 않는다. 문병을 가게 되면 문병 간 사람이 아프거나 환자의 병이 잘 낫지 않는다는 속설이 있다.

6월은 24절기 가운데 소서(小暑)와 대서(大暑)가 들어 있고 초복(初伏)과 중복(中伏)이 있어 연중 가장 더운 때이다. 그러나 참외, 수박 같은 과일과 채소가 풍성하고 녹음이 울창한 계절이기도 하다. 소서 때부터는 한반도에 장마전선이 걸쳐 있어 자주 장맛비가 내린다. 소서는 양력으로 7월 5일 무렵에 들며 더위가 시작되었음을 알리는 날이다. 대서는 양력 7월 23일 무렵에 들며 더위가 기승을 부림을 알리는 날이다. 중복 무렵이어서 더위가 대단히 심하다.

소서(小暑)는 24절기 중에서 11번째에 해당하는, 하지와 대서 사이에 드는 절기로, 24절기 가운데 열한 번째에 해당한다. 양력으로는 7월 7일경부터 약 15일 동안, 음력으로는 6월이며, 이 때 태양은 대략 황경(黃經) 105°에 위치한다.

예부터 중국에서는 이 시기의 15일을 3후(三候)로 나누어 ① 더운 바람이 불어오고 ② 귀뚜라미가 벽에 기어 다니며 ③ 매가 사나워진다고 하였다. 한국에서는 이 시기가 장마철로, 장마전선이라는 불연속전선이 한반도 중부지방을 가로질러 장기간 머무르기 때문에 습도가 높고 많은 비가 내린다.

소서는 여름의 끝 달이라 하여 계하(季夏)라고 하는데 하지를 기점으로 습기가 없어지기 시작하고 무더운 여름이 시작된다. 소서 때에는 땅속에서 냉기가 올라오기 시작하는 때이니 지상에는 아직 열기가 극성하여 한기와 열기가 서로 섞이는 때이다. 즉, 여름과 가을이 교차되는 달이다.

대서(大暑)는 24절기의 하나로, 소서(小暑)와 입추(立秋) 사이이다. 음력 6월 중이며 양력 7월 23일경 시작한다. 한국에서는 중복(中伏)으로 장마가 끝나고 더위가 가장 심해지는 때이다. 태양의 황경이 대략 120°에 달한다. 옛 중국에서는 대서 기간을 5일씩 끊어서 3후(候)로 하였는데, 제1후에는 썩은 풀이 화하여 반딧불이 되고, 제2후에는 흙이 습하고 무더워지며, 제3후에는 때때로 큰 비가 내린다고 하였다.

대서는 대단한 더위라는 뜻으로 매우 무덥다는 의미이다. 대서 때는 음의 기운이 점점 자라고 양의 기운은 점점 사그라지는데 썩은 풀에서는 반딧불이 생기고 가끔은 큰비가 내리는 계절이다.

6) 종합 성격

양의 성격을 모두 종합해 보면 (표 36)과 같다. 이를 정리해보면 양은 온순하고 순박하며 가족을 위해서라면 무슨 일이든지 할 수 있는 성격의 소유자다. 그러나 자기가 한번 마음먹은 일은 그 일이 좋건 나쁘건 절대로 포기하지 않는 타입이다. 또 한 자존심이 강하고 드러나는 일을 싫어하는 성격의 소유자다. 사랑스럽고 아름답고 포근하며 외모에서 만큼은 누구보다 앞서지만 성장하면서 점점 퇴화되고 성격은 어렸을 때부터 파탄자라고 말할 수 있다. 사람 완전 짜증나게 하는 건 1위며 성격이 오락가락 정말 알 수가 없다. 편 가르기를 좋아하며 자기 자신을 주체하지 못한다. 정이 들면 자기가 먼저 다가가지만 그 것에 걸리는 시간은 엄청 오래 걸린다.

장점으로는 유순하다. 자비롭다. 온화하다. 친절하다. 이해심이 많을 수도 있다. 평화롭다. 진실하다. 운이 좋다. 관대하다. 적응력이 있다. 로맨틱하다. 품위가 있다. 창조적이다. 인내심이 있다.

단점으로는 소심하다. 책임감이 없다. 의지가 약하다. 무질서하다. 비관적이다. 잘 위축된다. 항상 망설인다. 감언이설을 잘한다. 예민하다. 연민에 잘 빠져 버린다. 돈 관리를 못한다. 항상 뚱하다. 약속 시간을 잘 안 지킨다. 변덕스럽다. 남의 것을 아낄 줄 모른다.

(표 36) 양의 성격 종합

구분		성격
본질적 특성	긍정	유순하다. 자비롭다. 온화하다. 친절하다. 이해심이 많을 수도 있다. 평화롭다. 진실하다. 운이 좋다. 관대하다. 적응력이 있다. 로맨틱하다. 품위가 있다. 창조적이다. 인내심이 있다.
	부정	소심하다. 책임감이 없다. 의지가 약하다. 무질서하다. 비관적이다. 잘 위축된다. 항상 망설인다. 감언이설을 잘한다. 예민하다. 연민에 잘 빠져 버린다. 돈 관리를 못한다. 항상 뚱하다. 약속 시간을 잘 안 지킨다. 변덕스럽다. 남의 것을 아낄 줄 모른다.
속성		중후하고 원만하며 포용력이 크고 너그럽고 신용과 약속을 소중히 여긴다. 이상과 포부, 야심이 커서 큰일을 좋아하고 개척정신이 강하며 흙은 정직하나 감추기를 잘하여 비밀이 많고 적응을 잘한다. 어느 편에도 치우침이 없이 중용을 지킨다. 신중하며 현실적이다.
		한편, 개성이 없으며 변신을 잘하고 답답한 일도 많고 잡다한 생각도 많고 몸치장도 잘한다. 개성 없이 주변 상황에 따라 변신하며 고독과 폐쇄, 안주(安住)하기도 한다.
상징물		토지, 도로, 마을, 주차장, 담, 전신주, 건축자재, 사찰, 비장, 어음수표, 물감, 조미일체, 식품일체, 골재, 시멘트, 혼수품, 모자, 의상, 드레스, 포목, 음료수

한편, 개성이 없으며 변신을 잘하고 답답한 일도 많고 잡다한 생각도 많고 몸치장도 잘한다. 개성 없이 주변 상황에 따라 변신하며 고독과 폐쇄, 안주(安住)하기도 한

다.

7) 적성과 진로

주역(周易)에서 양띠는 눈꺼풀이 있으나 잠잘 적에는 항상 눈을 뜨고 자며 감지 못하는 물상(物象)을 가지고 있다. 보편적으로 가히 신선(神仙)의 풍모를 지니고 고상한 기품(氣品)이 있는 듯하지만 한편으론 성질이 불같이 급하고 인내심이 결핍되어 시종일관(始終一貫)이 없고 쓸데없는 일에 인생의 중요한 시간을 허비하기도 하며 끝맺음이 약하다. 마음이 악(惡)하지 못하면서도 성질이 다소 불량하고 자존심이 고고(孤高)하여 외고집쟁이라는 말을 많이 듣게 된다. 양띠는 철저히 수신(修身)하여 대계(大計)를 위해 전력 질주해야 한다.

늘 새로운 것을 찾아 나선다. 하나를 알면 그것으로 만족하지 않고 열 가지 다른 열매를 맺어 주위 사람들을 기쁘게 한다. 같은 것을 보아도 좋은 점을 발견해 내어 친구들의 믿음을 얻는다. 모든 일에 신중하여 서두르지 않고 한번 뜻을 정하면 절대로 물러서지 않는다. 쉬지 않고 흐르는 물처럼 새로운 것을 찾아다니다가 만족을 모르는 성격이 될 수도 있다. 평생의 꿈을 가슴에 품고 하나씩 노력해 나간다면 여러 사람이 의지하는 큰 사람이 될 것이다.

온순하고 희생정신이 강하며 은혜를 알고 의리가 깊다. 추진력이 부족. 건토(양의 기운이 가득하다. 겉으로는 무정, 음식이 까다롭고 지식은 우월해도 현실은 어둡다. 인내심이 있다.

직업으로 주색, 요리사, 석공, 부관, 재봉사, 토목기사, 농부, 도자기상인, 잡역부, 빈곤자, 요리사, 석공, 부관, 재봉사, 토목기사, 농부, 도자기상인, 잡역부, 빈곤자, 기술자, 배우, 예술가, 정원사, 직업 댄서

8) 양의 건강

양과 염소는 눈동자가 결핍된 동물이다. 따라서 눈병이 들었을 때에는 양고기·염소고기를 먹지 말아야 하며 미일에 눈병이 걸리면 고치기 힘들게 된다.

건강으로 허로병, 위장, 배, 입술, 입, 잇몸, 척추, 복부, 수족, 족태음비경 등에 유의하여야 한다.

9) 관계·인연·궁합

양이 쥐를 만났을 때이다. 없어야할 방해물이 중간에 끼어 이간질하는 모리배처럼 투서로서 쌍방의 단합을 방해하고 피해를 주는 형태를 보인다. 서로 마주보고 만나기를 꺼려하며 증오하고 혐오하거나 대인관계에 상호 불신과 시기, 질투, 원망, 권태로움이 혼합되어 서로를 밀어내는 형국이다. 이성을 끄는 매력이 있고 풍류와 낭만을 좋아한다.

양이 소를 만났다. 건강에 유의하여야 한다. 자칫하면 형제나 친구 또는 친척들과

멀어지고 소외당하기 쉽고 내가 가진 것이 있을 때에는 주변 사람들이 모이고 좋으나 실패했을 때는 인간관계가 물거품이 된다.

양이 범을 만났다. 권세가 전국적으로 날린다. 그러나 깊고 지속적인 관계가 불가능하다. 직접적이고 심한 대결은 없다.

양이 토끼를 만났다. 매우 강한 친밀감을 느낀다. 사랑과 사업관계에서 가장 좋은 대상자이며 공통점이 많다. 함께 하면 성공하고 번영한다.

양이 용을 만났다. 많은 변화가 예상된다. 어느 정도까지는 서로 관계를 맺고 일할 수 있다. 서로 공통 관심사가 있다. 보통관계이다.

양이 뱀을 만났다. 느리고 되는 일이 없다. 친척 중에 망자가 생기고 가정이 불안정하며 질병이 따른다.

양과 말이 만났다. 서로 강한 매력을 느낀다. 결혼과 사업에 있어 행복하고 유익한 관계이다. 아주 조화롭고 성공적인 결합이다.

양이 양을 만났다. 변화의 시기. 움직임을 줄인다. 서로 경쟁하지 않는 관계이다. 함께 일할 수 있다. 관심분야가 같고 목표가 동일하다. 연애와 사업 분야에서 바람직한 관계이다.

양이 원숭이를 만났다. 고독하다. 조직력이 강하고 중계역할을 잘하니 외교관이나 중계업이 좋다. 서로 깊이 이해하지 못하고 특별한 요구도 하지 않는다. 공통점이 거의 없고 서로 매력을 느끼지 못한다.

양이 닭을 만났다. 파란이 예상된다. 일이 꼬인다. 의사소통이 잘 안 되고 상호 침묵한다. 보통관계이다. 어느 정도 서로 참는 것이 최선이다.

양이 개를 만났다. 변화의 글자가 모였다. 조심해야 될 시기. 속도조절이 필요하다. 잘못된 부분을 정리한다. 다듬는다. 분리한다. 파괴한다. 중간에 계획이나 진로를 바꾸거나 수정하고 의외의 사건이 일어나는 것을 말한다. 직업이나 계획하는 사업 또는 추진하는 일 등의 변경이나 이동 및 분리 작용을 한다.

양이 돼지를 만났다. 행복하고 조화로운 상대자이다. 서로 잘 이해한다. 함께 조화롭게 일하고 서로 의지한다.

9. 신(申) : 원숭이

1) 원숭이(猿) 이야기

통일 신라 시대부터 등장하는 12지신 상의 원숭이는 무덤의 호석이나 탑상(塔像), 부도(浮稻), 불구(佛具) 등에서 머리는 원숭이의 모습을 사실적으로 묘사하고 몸체는 사람의 모습을 하고 무기를 손에 잡고 있는 형상을 하고 있다.

청자와 백자에서도 원숭이의 생생한 모습이 보인다. 인장의 꼭지, 연적, 수적, 서체(緖締), 작은 항아리, 걸상 등에서 그릇의 모양이 원숭이의 형상을 띠고 있거나 장식 문양으로 원숭이가 나온다. 청자나 청동으로 만든 원숭이 꼭지도장(猿形印章)은 쭈그리고 앉거나, 긴 손으로 얼굴을 만지고, 혹은 두 손을 마주잡고 있는 원숭이의 모습을 재미있게 묘사를 하고 있다.

그림 속에 등장하는 원숭이는 그 주제를 크게 세 가지로 나눌 수 있다. 십장생들과 등장하면서 천도를 들고 있는 장수의 상징인 원숭이, 불교 설화나 서유기와 관련하여 스님을 보좌하는 원숭이, 숲 속에서 사는 자연 상태의 원숭이 등이 그것이다. 천도복숭아를 들고 있거나 먹고 있는 원숭이는 그림에서 많이 찾아볼 수 있다. 천도복숭아는 열매를 한 번 맺는데 3000년이 걸리고 그 열매가 익는데 다시 3000년이 걸리는 나무로 장수의 상징이다. 이런 천도를 먹거나 손에 잡고 있는 원숭이도 바로 장수의 상징이며 기원으로써 그려진 것이다.

구비 전승에서는 꾀 많은, 재주 있는, 흉내 잘 내는 장난꾸러기로 자기의 잔재주와 잔꾀를 너무 믿어 제 발등 찍는 이야기가 많다. 원숭이는 실제로 우리나라에 없는 동물이지만 십이지신상이나 청자, 백자, 회화 등에 나타난 원숭이는 우리나라에 실존하는 어느 동물보다도 그 형태가 잘 묘사되어 있고 그것을 통하여 원숭이가 지닌 여러 가지 상징성 암시성 등을 나타내려고 했다.

원숭이의 재판(원숭이의 꾀, 꾀 많은 원숭이)에 관한 이야기다. 원숭이가 음식을 공평하게 나눈다면서 자기가 다 먹어 버린다는 내용의 설화이다. 옛날에 이리와 여우가 먹이를 찾아 나섰다가 길에서 고깃덩어리를 발견하자 서로 자기 것이라고 다투었다. 다툼이 좀처럼 끝나지 않아서 지혜롭다는 원숭이에게 찾아가서 결판을 내리기로 하였다. 재판을 부탁받은 원숭이는 공평하게 나눈다면서 고기를 반으로 잘랐는데, 한쪽은 크게 다른 한쪽은 작게 잘랐다. 그러고는 큰 것을 작은 것과 같게 만들어야 한다면서 다시 큰 쪽을 자기가 베어 먹었다. 그러나 다시 차이가 생겼고, 원숭이는 이런 짓을 몇 번 되풀이하여 고기를 혼자 다 먹어 버리고는 도망쳐 버렸다.

이 설화는 다툼의 당사자가 아닌 제삼자가 이득을 차지한다는 점에서 중국의 '전국책(戰國策)'에 나오는 '휼방상쟁어부지리(鷸蚌相爭漁父之利)'와 그 내용이 비슷하나 원숭이는 자신의 지혜를 능동적으로 발휘하고 있어서 뜻하지 않게 이득을 얻는 어부와는 차이가 있다. 우리나라에서 별로 흔하지 않은 원숭이 이야기로서는 이 설화가 대표적이다

이 설화는 주위의 상황은 보지도 않고 오로지 자기 눈앞의 이익만을 다투다가는 결국 그 조그마한 이익마저도 놓치고 만다는 교훈이 담겨져 있다. 그래서 원숭이의 교활성이 부정적이지만은 않고, 마땅히 징계할 대상을 징계하는 수단으로서 긍정적인 지혜가 된다.

결국, 이 설화는 세상을 지혜롭게 살아가는 길이 무엇인가라는 문제를 동물 세계에 비유하여 단순하면서도 묘미 있게 잘 나타내고 있다.

2) 원숭이(猿)의 속성

원숭이(monkey)는 긴팔 원숭이과의 포유류이다. 몸길이 47~60cm. 일본 특산종으로서 온몸이 다갈색 털로 덮였고 얼굴과 엉덩이는 선명한 다홍색이다.

원숭이류에는 얼굴 등이 붉은색이나 검은색을 띠는 것도 있는데 이것은 색소나 혈액의 관계에 의한 것이다. 유럽, 오스트레일리아, 북아메리카를 제외한 신구 양세계의 적도를 중심으로 분포하며 우수한 지능과 행동을 가졌다.

원숭이는 일반적으로 이동생활을 하는데 암·수 각 1마리와 새끼들로 구성된 작은 무리에서부터 일본원숭이와 같이 수백 마리의 대집단을 이루어 생활하는 무리도 있다. 개체 또는 무리의 이동범위는 거의 정해져 있으며 세력권을 가지고 있다.

원숭이는 납 또는 잔나비라고도 불렀으며, 오늘날에도 잔나비 띠와 같이 일부 쓰인다. 그리고 일부 중앙아프리카 지역에서는 가축으로 기르기도 한다.

원숭이는 사람을 제외하고는 다른 포유류 보다 오래 산다. 침팬지는 60년까지 살며, 꼬리감는 원숭이는 40년을 산다. 대부분 한배에 한 마리의 새끼를 낳으며 임신기간은 4.5-8개월이다. 새끼원숭이는 대부분 어미에게 전적으로 의존해서 살아가는데 종에 따라서 2-3주에서 2년까지 어미젖을 먹는다. 원숭이는 태어나면 바로 어미의 털을 붙잡고 매달린다. 어미는 새끼가 혼자서 안전하게 돌아다닐 수 있을 때까지 새끼를 데리고 다닌다. 처음에 새끼는 어미의 배에 매달리지만 나중에는 등을 타고 다닌다. 식성은 잡식성으로 주로 새, 새알, 꽃, 개구리, 과일, 풀, 곤충, 나뭇잎, 도마뱀, 견과, 식물의 뿌리 등을 먹는다.

땅 위에서 생활하는 원숭이들은 일반적으로 잡식의 경향이 있다. 긴팔원숭이는 비교적 잡식성이며 오랑우탄은 과일만을 먹는다. 고릴라는 완전한 식물성이나, 침팬지는 잡식성이다. 또 개코원숭이, 즉 비비는 육식성으로 긴꼬리원숭이나 어린 산양을 잡아 날것으로 먹기도 한다. 원숭이류는 주로 무리를 지어 사회생활을 한다.

원숭이는 동작이 매우 빠르고 높은 곳에도 잘 올라가기 때문에 키우는 데 상당한 노력이 필요하다. 장롱이나 화장대 등에 올라가 물건을 만져 엉망으로 만들기도 하고 긴 팔을 내밀어 전깃줄 등의 위험물을 잡아당기기도 한다. 화분이나 꽃병 등을 깰 수도 있다. 게다가 비상약품 등을 비롯한 물품 등도 잘 보관하여야 한다.

3) 자의(字意)적 특징

신(申)은 거듭, 되풀이하여, 아홉째 지지, 방위로는 서남서, 동물로는 원숭이, 나라 이름, 거듭하다, 늘이다, 연장시키다, 펴다, 베풀다(일을 차리어 벌이다, 도와주어서 혜택을 받게 하다), 알리다, 진술하다, 말하다, 이야기하다, 훈계하다, 타이르다, 읊다, (원한을)풀다, 씻다, 이르다, 다다르다, 명확하다, 명백하다, 쓰다, 사용하다, 묶다, 동여매다(두르거나 감거나 하여 묶다), 믿다. 신방(申方), 신시(申時), 성(姓)의 하나이다.

옛 모양은 번갯불의 형상이며 번갯불이 줄을 긋듯하므로 申(신)을 뻗히다→펴다→아뢰다의 뜻으로 쓰고 본디의 번갯불의 뜻은 電(전)으로 쓰게 되었다. 申(신)은 引(인☞끌다)과 음·뜻이 모두 관계가 깊다.

원숭이를 옛말에서는 '잔나비'라고 했는데 잔심부름, 잔소리에서와 같이 '잔'은 잘거나 가늘다는 뜻을 나타낸다. 또 잔꾀, 잔재주에서 자질구레하거나 얕은 꾀를 의미하기도 한다. 그래서 '잔'이란 자질구레한 얕은 꾀를 매우 잘 부린 다는 의미로 해석된다.

원숭이 이름의 기원에서와 같이 원숭이띠인 사람은 재주 가 많고 지혜롭다. 독립심이 강하고 타인의 부탁을 거절하지 못하며 오히려 다른 사람들의 일에 발 벗고 나선다. 언제나 튀기를 좋아하며 과장된 언행을 하는 수가 많다. 구두쇠라든가 속이 좁은 사람을 싫어하지만 충고를 하거나 솔직한 말을 하는 사람을 멀리하는 경향이 있는데 이런 점은 주의해야 한다. 또 원숭이띠가 기억해야 할 것은 '원숭이도 나무에서 떨어질 때가 있다.'는 속담처럼 너무 자기 재주만 믿다 보면 잘못을 할 경우가 있다.

4) 시간적 특성

신(申)은 군탄(涒灘)이라고 하였으며 시각은 오후 3시에서 오후 5시까지를 나타낸다. 방향으로는 서남서를 담당하는 시간신(時間神)이며 방위신(方位神)으로 이 시간과 이 방향으로 들어오는 사기(邪氣)를 막는 역할을 하고 있다.

오후 3시에서 5시는 해가 막 지려는 때이다. 그래서 해가 지기 전에 모든 일을 끝내야 하기 때문에 원숭이띠인 사람은 움직임이 재빠르고 눈치도 빠르다. 하지만 시간에 쫓기다 보니 한 곳에 집중하지 못 하는 성격도 있다.

신(申)은 펼쳐진다는 의미가 있으며 이 뜻은 양의 기운이 굴(屈)하고 음의 기운이 펼쳐진다는 뜻이 된다. 음의 힘이 작용하며 이로서 만물을 해치게 된다.

5) 계절적 특징

가을에 해당하는 지지는 신(申), 유(酉), 술(戌) 세 가지다. 즉, 원숭이, 닭, 개 등 세 가지 동물이 가을에 해당한다. 원숭이는 초가을, 닭은 한가을, 중추이다. 개는 가을 중에서도 늦가을, 만추이다. 가을은 24절기로는 입추(立秋)부터 입동(立冬) 전까지이다. 신(申)에 해당하는 절기는 입추(立秋)에서 백로(白露)전까지이다. 그 사이에 처서가 있다. 그래서 원숭이는 달로는 음력 7월, 계절로는 한가을, 중추, 그리고 절기로는 처서(입추~백로)를 상징한다고 볼 수 있다.

음력 7월은 맹추(孟秋), 만염(晩炎)이라고 부르듯이 가을의 시작이자 늦더위가 남아 있는 시기이다. 또한 과월(瓜月), 교월(巧月)이라 하듯이 여성들과 관련된 민속이 많은 달이기도 하다.

가을철의 시작인 음력 7월의 세시풍속으로는 칠석(七夕)의 걸교(乞巧), 칠석고사(七夕告祀)가 있으며 백중(百中)의 우란분재(盂蘭盆齋), 호미씻이, 종묘대제(宗廟大祭), 올벼천신이 있다. 7월에는 24절기 중에 입추(立秋)와 처서(處暑)가 들어 있는데 입추의 '입(立)'은 시작, '추(秋)'는 추렴(撀斂)으로 수확을 알린다. 처서의 '처(處)'는 지(止)로서 서기(暑氣)가 그치는 때라는 의미로 이 시기는 농작 활동에서 수확에 들어가기 시작하고 절기상 더위가 그치는 때이다.

음력 7월 보름날을 백중이라 한다. 한자로 '百衆', '百種', '百中'으로 쓰고 그 외에 망혼일(亡魂日), 중원(中元), 머슴 날, 머슴명일이라고도 한다. 백중의 어원은 백 가지 과일을 차리고 불교의 우란분재를 지냈기 때문이라고 하며 또는 백 가지 씨앗을 갖추었기 때문이라고도 한다. 성현(成俔)의 '용재총화(慵齋叢話)'에는 "백종(百種)이라 하고 망친(亡親)의 영혼을 제사한다."라고 하였듯이 조상을 기리는 날이고 동시에 농업 활동과 관련되어 있는 날이다.

7월은 농가나 일반 가정에서도 특별히 바쁜 일이 많지 않아 어정대기 좋은 계절이다. "어정 7월"이라 하듯이 칠석날 견우직녀성을 보면서 사랑을 꿈꾸기도 하고, 15일 백중날에는 사찰에 가서 우란분재를 올리며 육친의 정을 그리워한다. 이처럼 7월은 그리움의 서정이 깊은 정인(情人)과 망혼(亡魂)의 달이다. 또 호미씻이로 잔치를 베풀어 농공(農功)의 고통을 이웃에 나누는 분여(分與)의 명절이다.

음력 7월 7일은 칠석날이라 하여 하늘의 견우성(牽牛星)과 직녀성(織女星)이 만난다는 이야기가 전한다. 이날 '쇄서포의(曬書曝衣)'라 하여 낮에 옷과 서적을 볕에 펼쳐서 말리는데 그렇게 하면 벌레가 좀먹지 않는다고 한다. 칠석날 비가 오면 견우와 직녀가 재회의 기쁨에 흘리는 눈물이라 하는데 그해 농사가 잘 될 징조라 한다.

입추(立秋)는 태양의 황도(黃道)상의 위치로 정한 24절기 중 열세 번째 절기. 양력으로는 8월 8일 무렵이고 음력으로는 7월인데 태양의 황경(黃經)이 135도에 있을 때이다. 대서(大暑)와 처서(處暑)의 사이에 들어 있으며, 여름이 지나고 가을에 접어들었음을 알리는 절후이다. 이날부터 입동(立冬) 전까지를 가을이라고 한다.

입추는 곡식이 여무는 시기이므로 이날 날씨를 보고 점친다. 입추에 하늘이 청명하면 만곡(萬穀)이 풍년이라고 여기고, 이날 비가 조금만 내리면 길하고 많이 내리면 벼가 상한다고 여긴다. 또한 천둥이 치면 벼의 수확량이 적고 지진이 있으면 다음해 봄에 소와 염소가 죽는다고 점친다.

입추가 지난 뒤에는 어쩌다 늦더위가 있기도 하지만 밤에는 서늘한 바람이 불기 시작한다. 따라서 이때부터 가을 준비를 시작해야 한다. 특히 이때에 김장용 무와 배추를 심어 김장에 대비한다. 이 무렵에는 김매기도 끝나가고 농촌도 한가해지기 시작한다. 그래서 "어정 7월 건들 8월"이라는 말이 거의 전국적으로 전해진다. 이 말은 5월이 모내기와 보리 수확으로 매우 바쁜 달임을 표현하는 "발등에 오줌 싼다."와 좋은 대조를 이루는 말이다.

처서(處暑)는 태양의 황도(黃道)상의 위치로 정한 24절기 중 열네 번째에 해당하는 절기. 처서(處暑)는 입추(立秋)와 백로(白露) 사이에 들며, 태양이 황경 150도에 달한 시점으로 양력 8월 23일 무렵, 음력 7월 15일 무렵 이후에 든다. 여름이 지나면 더위도 가시고 신선한 가을을 맞이하게 된다는 의미로, 더위가 그친다는 뜻에서 붙여진 이름이다. 음력 7월을 가리키는 중기(中期)이기도 하다.

흔히 처서는 '땅에서는 귀뚜라미 등에 업혀오고, 하늘에서는 뭉게구름 타고 온다.'라고 할 정도로 여름이 가고 가을이 드는 계절의 엄연한 순행을 드러내는 때이다. 이러한 자연의 미묘한 변화를 "처서의 15일 간을, 둘째 5일 간인 차후(次侯)에는 천지에 가을 기운이 돌며, 셋째 5일간인 말후에는 곡 5일씩 3분하는데, 첫 5일 간인 초후(初侯)에는 매가 새를 잡아 제를 지내고식이 익어간다."라고 하였다.

처서가 지나면 따가운 햇볕이 누그러져 풀이 더 이상 자라지 않기 때문에 논두렁의 풀을 깎거나 산소를 찾아 벌초한다. 예전의 부인들과 선비들은 여름 동안 장마에 젖은 옷이나 책을 음지에 말리는 음건(陰乾)이나 햇볕에 말리는 포쇄(曝曬)를 이 무렵에 했다.

가을(autumn)은 여름과 겨울 사이의 계절로, 천문학적으로는 9월 23일경의 추분부터 12월 21일경의 동지까지를 말하나, 24절기(節氣)로는 입추(8월 7일경)부터 입동(11월 7일경) 전까지를, 기상학에서는 이보다 조금 늦추어서 보통 9~11월을 가을이라고 한다. 그러나 남반구에서의 가을은 반년이 어긋나서 3~5월이 된다.

6) 종합 성격

원숭이의 성격을 모두 종합해 보면 (표 37)과 같다. 이를 정리해보면 원숭이(申)에게는 아주 특별한 자기만의 세계가 있다. 그 안에서만 모험하고 여행하면서도 언제나 즐겁다. 그처럼 특별한 성격을 이해하는 친구를 만나기가 어려워 외로움을 느끼기도 한다. 그러나 타고난 영리함으로 남들과 잘 어울리며 다른 사람들을 도우면서 기뻐하고 어려움도 잘 이겨낸다. 자기만의 세계와 재능만을 고집하지 않는다면 여러 사람들과 기쁨을 나누며 사는 행복한 사람이 될 것이다.

(표 37) 원숭의 성격 종합

구분		성격
본질적 특성	긍정	사회적이다. 이지적이다. 의롭다. 낙천적이다. 단호한 것이다. 자신감이 있다. 재미있다. 사교적. 재빠르다. 다재다능한 것이다. 풍자적이다. 관찰력이 있다. 독창적이다. 이성적이다. 객관적이다. 창의력이 있다. 독립적이다.
	부정	교활한 것이다. 비열한 것이다. 잘난 체를 해 준다. 비판적이다. 질투심이 많을 수도 있다. 허영심이 심한 것이다. 야심적이다. 참을성이 없는 것이다. 가짜 예술가다. 힘이 세다. 협잡꾼이다. 날카롭다. 무모한 것이다. 교묘한 것이다. 의심을 받을 짓을 잘 해 준다.
속성		가을은 결실의 계절. 가장 단단하고 강건한 성분이다. 특히 열을 받으면 더 단단해지는 특징이 있다. 의리를 소중히 여기며 가을의 쌀쌀한 기운(氣運), 즉 숙살지기(肅殺之氣)이다. 결실과 수확. 다듬어지지 않는 바위나 쇠를 연상시킨다. 세련미는 없다. 처음에는 무뚝뚝하나 마음을 열면 활짝 연다. 직선적이다. 고집이 세다. 자존심, 융통성이 없다. 원리원칙, 무관, 공사구분철저, 속마음은 따뜻하고 정이 많다. 자기주장이 뚜렷. 폭력적이다.
상징물과 신체		까마귀, 바위, 암석, 대장, 철강, 철재, 금속, 철물, 광업, 탄광, 광산, 기계, 방앗간, 재봉틀, 중기, 파이프, 조선, 차량, 고물, 바위, 도끼, 경찰, 검찰, 보안, 경비, 군인, 바윗돌, 무쇠덩어리, 우박, 서리, 이슬, 원석(가공이 되지 않는 것) 등이 있다. 방위는 서쪽, 계절은 가을, 색깔은 흰색, 매운 맛이다. 신체적으로는 뼈, 대장, 호흡기, 폐, 관절, 코, 골격, 기관지 등에 해당한다.

장점으로는 사회적이다. 이지적이다. 의로운 이다. 낙천적이다. 단호한 것이다. 자신감이 있다. 재미있다. 사교적이다. 재빠르다. 다재다능한 것이다. 풍자적이다. 관찰력

이 있다. 독창적이다. 이성적이다. 객관적이다. 창의력이 있다. 독립적이다.

그리고 단점으로는 교활한 것이다. 비열한 것이다. 잘난 체를 해 준다. 비판적이다. 질투심이 많을 수도 있다. 복수심이 강한 것이다. 장난 끼가 심한 것이다. 허영심이 심한 것이다. 야심적이다. 참을성이 없는 것이다. 가짜 예술가다. 힘이 세다. 협잡꾼이다. 날카롭다. 무모한 것이다. 교묘한 것이다. 의심을 받는 짓을 잘 해 준다.

7) 적성과 진로

원숭이는 기본적으로 머리가 영리하고 순발력과 적응력이 뛰어나다. 경쟁심이 강하기 때문에 이런 특성을 적절하게 이용하는 게 좋다. 경쟁심을 자극한다면 동기부여가 될 수 있고 그로 인하여 좋은 결과를 얻을 수 있을 것이다. 실용적이고 결과가 눈에 보이는 공부에 관심이 있으니 동기부여만 잘 되면 공부에 열정을 보일 것이다.

주역(周易)에서 이르는 원숭이는 비위(脾胃)가 없으나 과물(果物)을 좋아하고 모성애(母性愛)가 매우 강하다. 지혜와 성취의 해이다. 재능과 순발력의 운명. 건강, 성공, 섬세함의 상징이다.

직업으로는 군인, 항공인, 통신사, 기능인, 운전기사, 철도인, 행인, 노모, 노파, 부사장, 부관, 금전적인 직장(은행), 수확, 분배, 과일, 계산, 법무, 세무, 의료, 금융, 언론, 방송, 항공, 은행, 극장, 차량, 지폐, 무기, 금은, 비행기, 절단기, 칼날, 수도관, 전선줄, 농기구, 금속, 기계, 정미소, 선박, 바퀴, 절단기, 대장, 투기꾼, 중개인, 사업가, 작가, CF감독, 상점 주인, 외교관, 암표상, 사기꾼 등...

8) 원숭이의 건강

원숭이는 볼에 결함이 있는 동물이다. 따라서 얼굴에 피부병 등의 면병이 생겼을 때에는 원숭이 고기를 먹으면 안 되고 신일에 면병이 생기면 약이 없게 된다. 대장염, 대장, 폐, 코, 음성, 혈관, 피부, 피부병, 골수염, 신경통, 정맥, 수양명대장경 등에 유의하여야 한다.

9) 관계·인연·궁합

원숭이가 쥐를 만났을 때이다. 좋아진다. 매우 잘 어울리는 성공적인 결합이다. 서로에게 깊고 강한 친근감을 지닌다. 사랑과 만족을 느낄 것이다.

원숭이가 소를 만나는 경우이다. 건강에 유의하여야 한다. 서로에 대해 조심하는 관계이다. 깊고 지속적인 관계가 안 된다. 의사소통에 장벽이 있다. 기껏해야 서로 절제하는 관계이다.

원숭이가 호랑이를 만났다. 권세가 강화된다. 서로 심하게 부딪히는 경쟁관계이다. 서로를 이해하려 하지 않고 서로 의심한다. 공통의 관심영역이 없다. 전혀 조화를 이루지 못한다. 활동력은 좋으나 서로 서두르는 경향이 있고 시작은 좋으나 끝이 흐린 용두사미격이다.

원숭이가 토끼를 만났다. 좋은 일이 없다. 노골적인 대결관계나 경쟁관계는 없을 테지만 일정한 정도만 함께 일할 수 있는 관계이다. 깊은 유대감을 못 느낄 것이기 때문에 영구적인 관계가 되기는 어렵다.

원숭이가 용을 만났다. 좋은 결합이다. 서로 사랑하고 이해한다. 사랑과 사업관계에서 매우 강한 한 쌍이다. 번창하고 성공하는 팀이다.

원숭이가 뱀을 만났다. 처음에는 유정하나 후에 미움으로 변한다. 에너지가 넘쳐 부작용이 발생한다. 서로 특별한 매력은 느끼지 못한다. 의사소통에 문제가 있을 수 있다. 서로 의심하며 양보하면 양쪽에 영향을 줄 수 있는데 그렇게 하지 못한다.

원숭이가 말을 만났다. 재물이 따른다. 서로를 필요로 한다. 주도권 다툼이 없다.

원숭이가 양을 만났다. 아무래도 한 곳에서 만족하지 못한다. 서로 강한 필요성과 이해를 갖지 못한다. 결혼과 사업에 있어 충실하기는 하나 차가운 관계이다. 종교계에서 두각을 나타낸다.

원숭이가 원숭이가 만났다. 외로운 원숭이다. 움직임이 줄어든다. 같은 구성원으로써 함께 성공적으로 일 할 수 있다. 관심의 영역이 같다. 사업과 사랑에서 우호적인 관계이다. 강한 경쟁의식이 없다.

원숭이와 닭의 만남이다. 외롭고 잔인하다. 매섭다. 일정한 정도까지만 의사소통이 가능하다. 서로의 협동이 요구된다면 서로서로 참아야 한다. 차가운 관계이다.

원숭이와 개의 만남이다. 외로운 예능인이다. 서로 존경하고 서로에 대하여 우호적인 감정을 지닌다. 적대감이 없다.

원숭이와 돼지의 만남이다. 해로운 작용을 한다. 성격이 급하고 비밀이 많으며 액과 질병을 유의하여야 한다.

10. 유(酉) : 닭

1) 닭(계, 鷄)이야기

"신라왕이 어느 날 밤에 금성(金城) 서쪽 시림(始林) 숲속에서 닭의 울음소리가 나는 것을 듣고 호공(瓠公)을 보내어 알아보니 금빛의 궤가 나뭇가지에 걸려 있었고 흰 닭이 그 아래에서 울고 있었다. 그래서 그 궤를 가져와 열어보니 안에 사내아이가 들어 있었는데, 이 아이가 경주 김씨(慶州金氏)의 시조가 되었다."고 하였다. 그 뒤 그 숲의 이름을 계림(鷄林)이라고 하였으며 신라의 국호로 쓰이기도 하였다. 이러한 설화에서 닭이 이미 사람과 친밀한 관계에 있었음을 알 수 있다.

한편, 한(韓)나라에 꼬리가 긴 세미계(細尾鷄)가 있다고 하였고 마한의 장미계(長尾鷄)는 꼬리가 5척이나 된다고 하였다. 백제에서 닭을 기른다는 기사가 있으며, 중국에서는 한결같이 약용으로는 우리나라의 닭을 써야 한다고 하였다.

붉은 수탉(丹雄鷄)·흰수탉(白雄鷄)·검은 수탉(烏雄鷄)·오골계(烏骨鷄)로 나누어 각각 효험을 서술하고 있다. 예를 들어 붉은 수탉의 고기는 그 성질이 미온하고 맛이 달며 독이 없다고 하였다. 그래서 여자의 대하(帶下) 등을 다스리며 몸이 허한 것을 보하고 독을 없애며 상서롭지 못한 것을 물리친다고 하였다.

수로왕비인 허황옥(許黃玉)이 서역 아유타국(阿踰陀國)에서 싣고 왔다는 파사석탑에는 희미한 붉은 무늬가 있는데 이것은 닭의 볏의 피를 찍은 것이라는 내용이 있다. 또한, 혁거세(赫居世)와 알영(閼英)이 모두 중국 제실(帝室)의 딸인 선도신모(仙桃神母)의 소생이라는 기록이 있다. 그 증거로 계룡(鷄龍)·계림(鷄林) 등 명칭에 모두 닭이 들어가는데, 닭은 서방을 가리키는 말이라는 것이다.

정월 들어 첫 유일(酉日)을 "닭의 날"이라고 한다. 이날은 부녀자의 바느질을 금한다. 만약 바느질이나 길쌈을 하면 손이 닭의 발처럼 흉하게 된다는 것이다. 제주도에서는 이날 모임을 가지지 않으며, 닭을 잡지도 않고 지붕 손질도 하지 않는다고 한다. 만약 이날 모임을 가지면 반드시 싸움이 일어나고 닭을 잡으면 일 년 동안 닭이 잘 되지 않으며 지붕을 이으면 닭이 지붕으로 올라가 지붕을 망가뜨린다는 것이다.

닭은 새벽을 알리는 동물로서 닭의 울음소리는 귀신을 쫓는 벽사의 기능을 가진다고 한다. 그래서 닭이 제때에 울지 않으면 불길한 징조로 여겨진다. 닭이 초저녁에 울면 재수가 없다고 하고 밤중에 울면 불길하다고 하며 수탉이 해진 뒤에 울면 집안에 나쁜 일이 생긴다고 한다.

유교 문화에서도 닭은 다섯 가지 덕을 갖춘 동물로 여기고 많은 사람이 닭의 상징성을 되새겼다. 관을 쓴 머리를 상징하여 닭 벼슬은 문(文), 날카롭게 뻗친 발톱은 무(武), 적을 봐도 물러서지 않고 싸우는 성격은 용(勇), 먹을 것을 함께 나누는 행동은 인(仁), 때를 맞추는 습관은 신(信)이다. 조선시대 민화에는 오색 깃털을 한 닭을 그려 넣어 수(壽), 부(富), 강녕(康寧), 유호덕(攸好德) 또는 귀(貴), 고종명(考終命) 또는 자손중다(子孫衆多)의 오복을 염원하였다. 이는 닭 신앙에 대한 또 다른 면이다.

닭은 호랑이, 용과 함께 세화(歲畫)에 담기는 동물로 기록돼 있다. 사람들은 새해를 맞이하면서 닭 그림을 대문에 붙여 재앙을 물리치려 했다. 닭이 호랑이나 용과 동등한 입장에서 세화에 등장하는 까닭은 울음소리 때문이다. 이는 어둠을 걷어내어 새롭고 밝은 날을 맞이하는 영적 소리로 믿었기 때문이다. 닭의 울음은 새벽 동이 트임을 대신한다. 이는 곧 밤이 끝나고 새날이 옴을 예고하는 것이다.

닭 울음소리는 광명의 상징으로 받아들여지면서 밝은 기운으로 신성시되어 벽사 의미로도 많이 사용되었다. 닭이 울면 새벽이 오고 동이 트면 잡귀가 달아나기 때문에 닭은 해로운 기운을 없애는 동물로 믿은 것이다. 대보름날 꼭두새벽에 첫 번째 우는 닭의 울음소리 횟수를 세어 점을 치는 계명점(鷄鳴占)이 소개되고 있다. 열 번 이상 닭 울음소리가 나면 그해에 풍년이 든다고 믿었다.

무속신앙에서의 닭은 인간의 좋지 못한 운수 또는 운명을 대신하여 죽음으로써 인간을 원상태로 복귀하게 하거나 회생케 한다. 닭이 무속 비방술인 대수대명(代數代命) 희생물로 쓰여 인간을 대신하여 죽음을 당하는 것이다. 닭을 매개로 하는 대수대명 의례는 일방적으로 액운을 쫓아내는 것이 아니라 희생물을 바쳐서 신을 달래는 일종의 타협적 의례로 진행된다. 이에 따라 좋지 못한 인간의 수(數)에 살아 있는 생명체인 닭(또는 달걀)이 죽음을 대신함으로써 인간의 명(命)을 연장케 한다.

2) 속성

닭(Chicken)은 꿩과의 새이다. 머리에 붉은 볏이 있고 날개는 퇴화하여 잘 날지 못하며 다리는 튼튼하다. 육용과 난용으로 육종된 수많은 품종이 있으며, 가금으로 가장 많이 사육한다. 원종은 인도, 말레이시아 등지의 들꿩이다. 가장 많이 사육되는 가금(家禽 : 집에서 기르는 날짐승)이다. 한자어로는 보통 계(雞, 또는 鷄)가 쓰였고 촉야(燭夜)·벽치(鸊)·추후자(秋候子)·대관랑(戴冠郎)이라고도 하였다.

닭은 깃털 덕분에 추위는 덜 타지만, 더위를 견디지 못해 햇볕이 내리쬐면 그늘로 숨거나 땅을 판 다음 시원한 땅에 배를 대고 앉아 있기도 한다. 무리에서 가장 힘센 수컷이 한 무리 안에 있는 암컷을 차지하기 때문에 암컷을 차지하기 위한 싸움은 아주 치열하다. 싸울 때 쓰는 벼느리 발톱은 수컷에게만 있는데, 5~6개월부터 나기 시작해서 2년이면 3cm까지 자란다.

암컷은 짝짓기를 한 후 약15일 동안 계속해서 알을 낳는다. 알을 품을 때에는 배쪽 깃털이 빠져서 따뜻한 살갗으로 알을 품는다. 알을 품은 지 21일이 지나면 병아리가 깨어난다. 병아리는 어미를 쫓아다니며 먹이 찾는 법을 배우며 생활한다. 그리고 태어난 지 1개월 정도 지나면 스스로 살아간다.

목을 길게 빼고 큰 소리로 힘차게 우는 수탉의 울음소리는 옛날 사람들에게 시간을 알려주는 시계와 같다. 그러나 암컷은 위험한 상황이거나 주변을 경계할 때에만 운다.

닭은 주로 횃대 위에서 잠을 잔다. 작은 씨앗이나 풀, 잎사귀, 벌레 같은 작은 곤충류를 먹는다. 또 닭이나 칠면조의 부리 밑에는 고기수염 또는 육수라는 부위가 달려 있다. 땀을 배출하지 못하는 닭은 이 부위를 통해 체온을 조절한다. 닭벼슬의 기능도 이와 유사하다.

닭은 머리, 몸통. 다리로 구분한다. 이는 없고 모래주머니에서 잘게 부숨 깃털로 덮여 있고 유선형 앞다리는 변하여 날개로 됨 입에는 부리가 있다. 날개 뼈 속은 비어 있어서 몸을 가볍게 해 준다. 날개는 있지만 퇴화하여 거의 날지 못한다. 가슴에는 용골돌기 발달되어 있다. 잘 발달된 근육 때문에 날기 알맞도록 되어있으며 폐에는 기낭이 연결되어 있어 몸을 가볍게 한다.

3) 자의(字意)적 특징

계(鷄)는 닭, 식화계, 폐백(幣帛)의 하나, 성(姓)의 하나, 현(縣) 이름, 산(山) 이름, 물 이름, 새조(鳥☞새)部와 奚(해→계)로 이루어졌다. 새벽을 알리는 새(鳥)의 뜻이 합하였으며 '닭'을 뜻한다.

유(酉)는 닭, 열째 지지(地支), 술, 술을 담는 그릇, 못, 연못, (물을)대다. 닭을 상징, 유방(酉方), 유시(酉時), 술을 빚는 술 단지의 모양을 본 뜬 글자이다. 본디 술의 뜻. 나중에 술이란 글자는 물수(水(氵, 水)☞물)部를 더하여 酒(주)라 한다. 술에 관계가 있는 뜻을 나타낸다.

유(酉)은 삼명통회에서 절과 종 즉 사종(寺鐘)을 상징한다.

닭(酉)은 양우리 풍속에서는 닭이 상서롭고 신통력을 지닌 서조로 여겨져 왔다. 새벽을 알리는 우렁찬 닭의 울음소리, 그것은 한 시대의 시작을 상징하는 서곡으로 받아들여졌다. 닭이 주력(呪力)을 갖는다는 전통적 신앙도 그 여명을 하는 주력(呪力)때문일 것이다. 밤에 횡행하던 귀신이나 요괴도 닭 울음소리가 들리면 일시에 지상에서 사라져 버린다고 민간신앙에서는 믿고 있었다. 닭은 흔히 다섯 가지 덕을 지녔다고 흔히 칭송된다.

닭은 귀신을 쫓아내는 축귀와 액을 막는 제액초복의 능력이 있다고 믿었다. 궁합에서 닭띠와 소띠는 잘 어울리고 범띠와는 잘 맞지 않는다고 하는 것도 그 동물의 행태로서 닭, 소, 호랑이의 관계를 그대로 인생사에 결합한 것이다. 장닭이 홰를 길게 세 번 이상 치고 꼬리를 흔들면 귀신과 호랑이도 민가에서 물러간다고 한다. 호랑이는 닭이 우는소리를 무척 싫어한다. 닭(酉)은 서방(西方)이고 서쪽은 흰색(白)이므로 호랑이는 흰색을 또한 두려워한다고 한다.

반면에 소는 닭의 울음소리를 좋아하고, 여물을 먹은 후 반추위로 되새김을 하면서 "꼬끼오"하고 우는 닭의 울음소리에 맞추어 반추위 운동과 쉼을 한다고 한다. 민가에서 닭둥우리를 소 마구간과 같이 하는 경우도 많다. 그래서 닭띠와 범띠가 혼인을 하면 잘되지 않고 소띠와는 잘 맞는다는 말이다. 이 이야기는 순전히 닭과 호랑이의 생태에 따라서 해석한 것이다.

4) 시간적 특징

유시(酉時)는 오후 5시부터 오후 7시까지, 방위는 정서(正西), 달은 가을 8월, 계절은 8월 백로에서 9월 한로 전날까지. 서양별자리는 처녀좌에 해당한다.

유시(17 - 19시)는 하루 종일 모이를 쫓던 닭들이 둥지에 들어가는 때이다.

5) 계절적 특징

음력 8월(양력 9월)에 대해서 설명하자. 음력 8월은 가을의 한가운데에 위치한 달이라고 하여 중추(仲秋), 달빛이 고울 때라고 하여 가월(佳月), 십이지로 따져서 유월(酉月), 추천(秋天) 또는 장월(壯月)이라 일컬어진다. 8월은 달빛이 곱고 놀기도 좋은 때이다.

8월은 논밭의 작물들을 수확하는 때이다. 한편으로 보면 작물의 수확 때문에 매우 바쁜 철이지만, 동시에 수확이 끝난다는 점에서 풍요와 여유를 갖게 되는 시기이다. "기러기가 오고 제비가 오며, 뭇새들이 먹이 저장하고 천둥소리 걷히며 벌레는 집 입구를 막고 물은 마르기 시작하니"라는 기록이 있으며, 사람보다 새나 벌레들이 먼저 겨울을 준비하는 계절로 묘사된다. 이와 달리 사람들은 "시골 늙은이 어깨 붉도록 일하며"라는 표현처럼 수확한 곡식들을 널고 타작을 하는 시기이기에 바쁜 철이기도 하다. 8월에는 절기상 백로(白露)와 추분(秋分)이 있으며 우리 민족 최대의 명절인 추석(秋

夕)이 든 달이기도 하다.

백로는 처서와 추분 사이에 들며 양력으로는 대개 양력 9월 9일 무렵이다. 밤의 기온이 내려가고 이슬이 맺히기 시작하여 가을의 기운을 느낄 수 있다. 이때는 장마가 끝나서 맑은 날씨가 계속되어 논밭의 작물들이 잘 영그는 때이기도 하다.

가을에 접어드는 시기로 일조량이 많아서 곡식이 여무는데 좋다. 제철식품으로 포도가 있어서 포도순절(葡萄旬節)이라고도 한다. 양력으로는 태양의 황경(黃經)이 165°에 이르는 9월 8일경부터 추분(9월 23일경) 전까지이며, 음력으로는 8월절이다. 이 시기에는 밤 동안 기온이 크게 떨어지며, 대기 중의 수증기가 엉겨서 풀잎에 이슬이 맺힌다.

옛 중국에서도 이 시기를 5일씩 3후(候)로 나누어 ① 기러기가 날아오고 ② 제비가 돌아가며 ③ 뭇 새들이 먹이를 저장한다고 하였다. 간혹 음력 7월 중에 들기도 하며, 제주도에서는 백로에 날씨가 고르지 않으면 오이가 썩는다는 이야기도 있다. 또 경상남도 인근의 섬 지역에서는 '백로에 비가 오면 십리천석(十里千石)을 늘린다'고 하여 이날 비가 오는 것을 풍년의 징조로 여겼다.

추분은 백로와 한로 사이에 들며, 양력 9월 23일 무렵이다. 추분은 낮과 밤의 길이가 같은 때로, 그 이후로 밤의 길이가 길어진다. 추분(autumnal equinox, 秋分)은 24절기의 하나로서 백로(白露) 15일 후인 양력 9월 23일경부터 한로(寒露) 전까지의 15일간을 말한다. 음력으로는 8월 중이다. 이 시기부터 낮의 길이가 점점 짧아지며, 밤의 길이가 길어진다. 농사력에서는 이 시기가 추수기이므로, 백곡이 풍성한 때이다.

추분기간을 5일을 1후(一候)로 하여 3후로 구분하였는데, ① 우레소리가 비로소 그치게 되고, ② 동면할 벌레가 흙으로 창을 막으며, ③ 땅 위의 물이 마르기 시작한다고 하였다. 천문학에서는 태양이 북에서 남으로 천구의 적도와 황도가 만나는 곳(秋分點)을 지나는 9월 23일경을 말한다. 낮과 밤의 길이가 같은 날이지만, 실제로는 태양이 진 후에도 어느 정도의 시간까지는 빛이 남아 있기 때문에 낮의 길이가 상대적으로 길게 느껴진다.

추분에는 낮과 밤의 길이가 같아지므로 이날을 계절의 분기점으로 의식한다. 곧 추분이 지나면 점차 밤이 길어지기 때문에 여름이 가고 가을이 왔음을 실감하게 된다. 추분과 춘분은 모두 밤낮의 길이가 같은 시기지만 기온을 비교해보면 추분이 약 10도 정도가 높다. 이는 여름의 더위가 아직 남아 있기 때문이다. 추분에는 벼락이 사라지고 벌레는 땅속으로 숨고 물이 마르기 시작한다. 또 태풍이 부는 때이기도 하다.

추석은 한가위, 중추절, 가배(嘉俳) 등으로 부른다. 한가위나 중추절이라는 표현 그대로 가을의 가운데에 위치한 날이다. 이때는 춥거나 덥지도 않으며, 풍성한 과일과 곡식으로 마음까지 여유로운 때이기에 "더도 말고 덜도 말고 한가위만 같아라." 하는 속담이 만들어지기도 하였다.

6) 종합 성격

닭의 성격을 모두 종합해 보면 (표 38)과 같다. 닭띠(酉生)는 이해심과 명석한 판단력과 학업에 우수한 성과를 올릴 수 있는 성격의 소유자다. 그러나 너무 자기 자신의 편안함만 생각하여 조금만 어려워도 자신의 일에 대해서 쉽게 포기하는 타입이다. 또한 새벽을 알리는 동물로서 자신을 희생해서라도 타인을 위해 베푸는 성격이다. 재주 많고 능력이 좋다. 지켜보면 흐뭇하고 재미있지만 자만심만 좀 고치면 되겠다. 자만심은 뒤쳐두고 자존심이 아주 하늘을 찌른다. 꼭 남들보다 나아야하고 지는 걸 죽어라 못 본다. 으스대는 걸 좋아하고 누가 자길 한번이라도 인정해주면 그걸 끝까지 안고 간다.

장점은 의리가 있다. 신념에 확신이 있다. 노력가이다. 이상이 너무 크다. 거짓을 모른다. 상상력이 뛰어나다. 모험심이 강하다. 무에서 유를 창조하는 뛰어난 힘이 있다. 자신의 꿈에 대해서는 참으로 성실하다.

단점으로는 독선적이다. 몽상가이다. 자랑을 좋아 한다. 바른 말을 잘 한다. 사려가 깊지 않다. 낭비벽이 심하다. 자신의 내적 충고에는 약하다. 의욕이 지나치다. 자신을 표현해 버릴 때 호전적이다. 인생의 굴곡이 심하다.

(표 38) 닭의 성격 종합

구분		성격
본질적 특성	긍정	의리가 있다. 신념에 확신이 있다. 노력가이다. 이상이 너무 크다. 거짓을 모른다. 상상력이 뛰어나다. 모험심이 강하다. 무에서 유를 창조하는 뛰어난 힘이 있다. 자신의 꿈에 대해서는 참으로 성실하다.
	부정	독선적이다. 몽상가이다. 자랑을 좋아 한다. 바른 말을 잘 한다. 사려가 깊지 않다. 낭비벽이 심하다. 자신의 내적 충고에는 약하다. 의욕이 지나치다. 자신을 표현해 버릴때 호전적이다. 인생의굴곡이 심하다.
속성		가장 단단하고 강건한 성분. 의리, 쌀쌀한 기운(氣運), 즉 숙살지기(肅殺之氣). 결실과 수확. 다듬어지지 않은 바위나 쇠. 세련미는 없다. 처음에는 무뚝뚝하나 마음을 열면 활짝 연다. 마음을 닫으면 끝이다. 뭐든 끝장을 보려 한다. 고집스럽고 답답하다. 새로운 것을 싫어하고 하던 것을 하려한다. 똑똑하다. 단단한 무쇠, 강직, 의리, 과실, 리더쉽, 소속감, 희생정신이 강하다. 직선적이다. 고집이 세다. 자존심, 융통성이 없다. 원리원칙, 무관, 결단력, 의리, 싸움, 냉정, 공사구분 철저, 속마음은 따뜻하고 정이 많다. 맺고 끊는게 분명. 신속히 추진, 자기주장이 뚜렷. 폭력적이다.
상징물과 신체		뼈, 대장, 호흡기, 폐, 관절, 코, 골격, 기관지 등에 해당한다. 까마귀, 바위, 암석, 대장, 철강, 철재, 금속, 철물, 광업, 탄광, 광산, 기계, 방앗간, 재봉틀, 중기, 파이프, 조선, 차량, 고물, 바위, 도끼, 경찰, 검찰, 보안, 경비, 군인, 바윗돌, 무쇠덩어리, 우박, 서리, 이슬, 원석(가공이 되지 않는 것) 쇠, 금, 돈, 화폐(貨幣), 누른빛, 황색(黃色)의 아름다운 광택(光澤)이 나는 금속(金屬), 질(質)이 무겁고 무르며, 금속(金屬) 중(中)에서 가장 얇게 펴지거나 아주 가늘고 길게 늘어나는 성질(性質).

7) 닭의 적성과 진로

보편적으로 의학(醫學), 언론(言論), 발명(發明) 등에 천부적인 소질을 타고난 닭은 일에 대한 의욕은 대단하지만 그 처음과 끝이 분명치 않아 한 가지 일을 꾸준히 밀고 나가는 내구력이 결핍되어 있다. 그래서 어렵고 힘든 일은 혼자 다 하고 쉬운 일은 남에게 넘기게 되곤 한다. 담백한 성격에 면밀하고 꼼꼼한 처세가 한 때 실의와 번민에 보낸 세월을 보상 해 준다.

닭(酉)은 무엇이든 파헤치기를 좋아한다. 끝없는 탐구심으로 감추어진 것을 찾아낸다. 손재주를 타고나 주변의 물건을 끊임없이 매만지며 마음에 들 때까지 몇 번이고 고치곤 한다. 위험한 도구를 서슴지 않고 다루어 사람들을 놀라게 하기도 한다. 옳고 그른 것을 꼭 가려내고자 하는 정의로운 성품이지만 너무 서둘러 끼어들어 일을 그르칠 수도 있다. 언제나 충분히 생각한 후에 행동한다면 세상을 더욱 조화롭게 만드는 사람이 될 것이다.

예지력이 뛰어나고 부지런하다. 남의 속박을 싫어하고 이기적인 면이 많아 종교인으로 성공한 사람이 많다. 이기적이라 직장에서 갈등을 야기한다. 단단하고 잘익은 열매, 수확과 결실, 매서운 서리, 살벌, 계획적, 치밀, 차갑고 냉정하다,

씨앗, 유전자, 기계부품, 제단기, 금형, 재봉틀, 종, 바늘, 불상, 폐물, 폐, 그릇, 마이크, 악기, 보석, 침, 은행, 고추, 금은, 현금, 귀금속, 양염일체, 마취약, 노래소리, 된장 등이 상징물이다.

직업으로는 소녀, 가수, 접대부, 호스티스, 요리, 식모, 비처녀, 군인, 은행원, 마취사, 침술사, 광고업자, 카페 주인, 여행가, 미용 전문가, 의사, 깡패, 군인, 제비족 등이 어울린다.

8) 닭의 건강

닭의 성격에서 보면 이해심과 명석한 판단력과 학업에 우수한 성과를 올릴 수 있는 성격의 소유자다. 그러나 너무 자기 자신의 편안함만 생각하여 조금만 어려워도 자신의 일에 대해서 쉽게 포기하는 타입이다. 또 한 새벽을 알리는 동물로서 자신을 희생해서라도 타인을 위해 베푸는 성격이다.

닭은 신장에 결함이 있는 동물이다. 신장은 생식기의 기능과 밀접한 연관을 가진 기관으로서 알을 낳는 동물들은 대부분 신장이 발달되어 있지 않다. 따라서 신장에 병이 있을 때에는 닭고기를 금해야 하며 유일에 신장병을 앓게 되면 힘이 든다.

건강음식은 마음의 안정에 좋은 우엉, 칼슘이 풍부한 김과 멸치, 피로를 풀어주는 영양밥, 전골류 등이 어울린다.

폐결핵, 폐장, 코, 음성, 혈관, 피부, 모발, 입, 월경, 뼈골, 신경, 타박, 수태음폐경 등에 유의하여야 한다.

9) 인연·관계·궁합

닭이 쥐를 만났을 때이다. 닭에게 도움이 된다. 일상생활에서 믿었던 약속이 깨지거나 이행되지 않아 신의가 추락하거나 애를 태우는 경향이 있다. 질병으로 유를 세

균으로 보기 때문에 신장과 비뇨기 질환이 많다.

닭이 소를 만나는 경우이다. 사고와 질병에 유의하여야 한다. 협조적이다. 훌륭한 결합이다. 성공적인 팀이다. 서로 의사소통하는 데 어려움이 없다. 상당한 공통관심사를 지녔다.

닭이 호랑이를 만나는 경우이다. 무관으로 빛난다. 헤어지지 못하고 미워하는 형국이다. 서로 반대의 입장이다. 항상 어긋난다. 피해가 되는 것, 또는 피해를 주는 것으로 해석한다. 사소하지만 귀찮은 충돌이 자주 일어난다.

닭이 토끼를 만났다. 좋을 일이 없다. 깨지고 부서지고 망가진다. 자기의 실리와 관계될 때 타인이야 어찌됐든 배반할 소지가 많고 대인관계에서 충돌이 많이 발생하거나 친절과 호의를 많이 베풀고도 좋은 결과를 얻지 못하고 오히려 욕을 먹게 되어 종종 후회하거나 원한을 산다.

닭이 용을 만났다. 잔인하다. 매우 조화롭고 성공적인 짝이다. 서로 번창하는 행복한 결합이다. 서로에 대해 깊이 이해하며 지속적인 관계를 가질 것이다.

닭이 뱀을 만났다. 문무결합이다. 아주 좋다. 단단하고 강하며 겉으로는 냉정하나 의를 위해서 사생결단을 한다. 과감하고 신속하다. 결혼이나 그 외 동반자로 매우 훌륭한 관계이다. 서로 믿고 이해한다. 매우 성공적인 관계가 된다.

닭이 말을 만났다. 자존심 때문에 합치질 못한다. 서로 존경하지 않는다. 함께 성공적으로 일을 하기 전에 극복해야 할 성격 차이와 장애물들이 있다.

닭이 양을 만났다. 한곳에 머물지 못하고 떠돌이 신세다. 고독한 명이 된다. 서로 관계를 맺는 데 있어 서로 삼가야 할 것이 있고 어려움이 따른다. 단지 조심하여 서로의 교제를 참는 정도이다.

닭이 원숭이를 만났다. 얼마나 외로운가. 잎이 떨어지고 서리가 내린다. 추워진다. 냉정하고 형식적인 관계이다. 서로를 이해하려 하지 않는다.

닭이 닭을 만났다. 더욱 잔인해진다. 영향력이 강하다. 가을의 절정. 성장을 억제, 강압하는 살기를 가지고 있다.

닭이 개를 만났다. 처음에는 강했다가 점차 약해진다. 종교물상. 은혜 중에 원수가 되어 피해를 입힌다. 서로 암투와 멸시가 생기는 형상이다. 중상, 모략, 배신은 물론, 가산을 탕진하는 경향이 있다. 절제하는 차가운 관계이다. 서로의 관계에 있어 문제들이 많으며 기본적으로 서로에 대해 적대시한다. 기껏해야 단지 서로 참는 것이다.

닭이 돼지를 만났다. 수명이 길다는 의미이다. 상호 이해관심의 영역이 많다. 서로의 성격을 깊이 이해하지는 못하지만 필요할 땐 협조한다.

11. 술(戌) : 개

1) 개 이야기

개는 사람에게 충실하고 의리가 있는 가축으로서 우리나라에는 충견설화가 많다.

경상북도 선산군 도개면 신림동의 의구총(義狗塚)과 의구비, 평안남도 용강군 귀성면 토성리와 평양 선교리의 의구총, 충청남도 부여군 홍산면 북촌리의 개탑 등은 화재로부터 주인을 구하고 죽은 개의 충직과 의리를 전하고 있다.

고려 충렬왕 8년(1282)에는 개성의 진고개에서 개가 사고무친의 눈먼 아이를 데리고 다니면서 밥을 얻어 먹이고 물을 먹여 키웠으므로 이에 관청에서는 개에게 벼슬을 내리고 그 충직함을 기렸다고 한다.

또, 전생에 사람이었던 자가 개로 환생하여 대우를 받으며 산다는 환생설화가 있다. 즉, 옛날 경주고을에 아들 딸 두 자식을 키워 시집·장가 보내느라 먹을 것도 못 먹고 세상구경 한번 못하고 죽은 최씨댁 과부가 개로 환생하여 자식들의 집을 지키며 살았다. 어느 날 한 중이 와서 그 개는 바로 당신의 어머니가 환생한 것이니 잘 먹이고 유람을 시켜주라고 하였다. 팔도유람을 마치고 경주집에 돌아오는 도중에 어느 장소에 도달하자 그 개는 발로 땅을 헤치면서 그 자리에서 죽었다. 최씨는 그곳에 개를 묻었는데, 그 무덤의 발복(發福)으로 최씨 집이 거부가 되고 자자손손 부귀와 영화를 누렸다 하여, 지금도 경주의 최씨들은 그 무덤에 성묘를 하고 있다고 한다.

이상과 같은 우리나라의 개에 관한 설화들을 보면 개를 인간과 상통하는 영감적인 동물로 보았다고 할 수 있다. 이렇게 개를 영감 있는 동물로 생각하였기 때문인지, 우리나라에서는 개가 10년을 넘도록 살면 둔갑을 하는 영물이 된다 하여 늙은 개를 흉물시하고 기피하는 경향도 있었다.

그래서 우리의 옛 선조들은 개도 상(相)을 보아 선택하였다고 한다. 노란개가 꼬리·귀·네 다리 또는 두 앞발 등이 희면 길상으로, 검은 개로 얼굴·두 앞발·두 귀 등이 희거나 몸 전체가 흑색인 개는 불행을 가져오는 악령을 잘 쫓는 것으로 생각했다.

노란개의 네 다리가 희거나 입 주둥이가 검거나, 또 흰개의 꼬리가 검거나 두 귀가 노랗거나 한 것은 흉상으로 여겼다. 개가 담 위에 올라가 입을 벌리고 있으면 그쪽 방향에 있는 집에 큰 흉사가 있을 것으로 알았다. 또, 지붕이나 담 위에 올라가 짖으면 그 집의 주인이 죽는 것으로 알기도 하였다. 개가 앞마당에서 이유없이 짖으면 경사의 조짐으로, 개꼬리에 지푸라기가 묻어 있으면 손님이 오는 것으로 생각하였다. 또한, 개가 풀을 뜯어 먹으면 큰 비가 오고 떼 지어 다니며 뒹굴고 기뻐하면 큰 바람이 불어올 징조라고 여겼다 한다.

고대 중국에서 개는 수렵 이외에 제사의 희생양으로서 많이 이용되었다. 견(犬)자를 가진 한자는 원래 복사(卜辭) 등에서는 개의 제물을 이용한 각종 제례의 명칭이었다. 은대의 제장터나 묘에서 출토된 다량의 개의 뼈도 이 풍습의 성행을 증명한다.

'노자', '장자' 천운편(天運篇) 등에 보이는 '추구(芻狗)'는 쾌유기원이나 재앙제거를 위해서 신 앞에 바치는 짚으로 만든 개로, 주대(周代)부터 삼국시대까지 행하여진 것 같으며, 개를 성문에 매달아서 사기(邪氣)를 방지하는 것도 행하여졌다. 고대인은 수렵시대부터 좋은 반려자였던 이 짐승을 영수시(靈獸視)하고, 수계(水界)의 정령, 또는 명계의 사자, 안내자라고도 믿었던 것 같다. 오래전부터 식용으로도 제공되었으며, 전국, 한대에는 개의 도살업자도 나타났다. 후세에 개를 먹는 습관은 점차로 폐지되었는데,

광동요리에서는 지금도 개고기를 소중히 한다.

 2) 개(구(狗), 견(犬))의 속성

개과에 속하는 포유동물. 야생동물 가운데 가장 먼저 가축화되었다. 한자어로는 견(犬) 이외에 구(狗)·술(戌) 등으로 표기된다. 기(猉)·교(狡) 등은 작은 개를 뜻한다. 우리의 옛 선조들은 주둥이가 뾰족하여 사냥을 잘하는 사냥개를 전견(田犬), 주둥이가 짧고 잘 짖어서 집을 지키는 개를 폐견(吠犬), 살이 많아 잡아먹기에 알맞은 개를 식견(食犬) 등으로 불렀다. 개는 용도에 따라서 사냥용·경주용·투견용·군견용·경찰견용·목양용·애완용 등으로 나눌 수 있으며 많은 품종들이 우리나라에 도입되어 있다.

개는 오랜 세월을 통해서 가축으로 순화되었기 때문에 형태의 변화가 심하고 그 분포도 세계적이다. 품종에 따라서 크기는 매우 다양하여 어깨높이는 8~90㎝, 몸무게 0.4~120㎏, 털은 긴 것과 짧은 것이 있고, 빛깔이나 무늬도 다양하다. 꼬리 끝에 흰 무늬, 눈 위에 원형의 담색 무늬, 어깨에 십자형의 짙은 색깔의 무늬 등이 나있는 것들도 있다.

본래 육식성이었으나 가축화되면서 잡식성으로 변했기 때문에 이빨은 식육동물처럼 날카롭고 강하나 위·장 등의 소화기관은 초식동물에 가깝다. 이빨은 거의 나이와 함께 정기적으로 발생, 변화하기 때문에 나이 감정에 이용할 수 있다. 개는 태어나면서부터 어미의 젖을 냄새로써 찾을 수 있을 정도로 후각이 예민하다. 이와 같이 발달된 후각으로 성별이나 개체 등을 구별할 수 있기 때문에 범인 추적을 목적으로 하는 경찰견이나 수색견으로도 이용된다. 또한, 청각도 발달되어 있다.

실험에 의하면 사람은 2만의 진동수를 겨우 들을 수 있으나, 개는 10~70만의 진동수를 들을 수 있고, 소리의 가락도 식별할 수 있기 때문에 사람의 말을 알아듣고서 훈련을 받을 수 있다. 어두운 곳에서 사물을 잘 볼 수 있고, 움직이는 물체에 예민하게 반응하므로 야행성의 특징을 가지며 경계심이 강하다. 수색견의 경우 흰 손수건은 잘 찾아내지만 다갈색은 쉽게 찾지 못하는 것으로 보아 색깔의 구별능력은 약하다고 할 수 있다. 야생의 개는 짖지 않으나, 가축화된 개는 기쁘거나 슬프거나 경계할 때에 짖는다. 보통 길거리에서는 짖지 않으나 사람이나 다른 동물이 문 안에 들어서면 짖게 되고, 또 자기 세력범위 안에서는 대단한 용맹성을 보인다. 개는 멀리 떨어진 곳으로부터 주인이나 자기 집을 찾아오는 귀가능력이 있다.

우리나라 재래종인 진돗개는 그 귀가성이 대단하여 휴전선 부근에서 군용으로 쓰이던 것이 진도까지 되돌아간 경우도 있다고 한다. 개의 귀가능력은 후각·시각 이상의 특수한 직감에 의한 방향감각이 있기 때문이라고 한다.

개는 자기를 길러준 주인을 어디든지 따라가서 잘 적응하며 살 수 있는 성질이 있다. 특히, 주인에게는 충성심을 가지며, 그 밖의 낯선 사람에게는 적대심·경계심을 갖는다.

개의 피부는 두 종류의 털로 덮혀 있다. 안 쪽에 부드럽고 미세한 털이 나 있고, 그 위로 길고 뻣뻣한 털이 난다. 개는 봄, 가을에 털갈이를 한다. 두 번째 털은 개의 품종마다 달라서 곧게 자란 직모, 거칠고 뻣뻣한 직모, 곱슬거리는 긴털, 크게 구불거리는 털, 짧은 털 등 다양한 모양이 있고, 색상도 흰색, 검정, 붉은색을 바탕으로 다양한 변형이 있다.

쾌활성, 호기심/대담성, 추격성, 사교성, 공격성의 한정적이지만 일관된 다섯 가지의 성격적 특성이 확인되었다. 평균적으로 개는 하루에 10.1시간을 자는 것으로 알려져 있다. 사람과 마찬가지로 개도 서파 수면 이후에 꿈을 꾸는 램 수면 상태에 진입하는 수면 패턴을 가진다.

3) 자의(字意)적 특징

개는 구(狗)라고 표현하며 개(작은 개), 강아지, 범 새끼, 곰 새끼, 개새끼(행동이 나쁜 사람 비유), 별 이름 등을 의미하며 개사슴록변(犭(=犬)☞개)部와 句(구)로 이루어졌다.

그리고 견(犬)이라고도 부른다. 견은 개(갯과의 포유류), 겸칭(謙稱), 자신이나 자식을 낮춤, 하찮은 것의 비유, 남을 멸시하는 말, 서쪽 오랑캐의 이름이며 개의 옆모양을 본 뜬 글자이다. 그것의 제일 두드러진 곳을 강조하고 있다. 소·양은 뿔을, 말은 갈기를 개는 짖는 입을 각각 특징으로 본 뜬 자형(字形)이다. 犬(견)은 다른 글자의 변이 되면 개사슴록변(犭(=犬)☞개)部로 쓴다.

개는 술(戌)이라 한다. 술(戌)은 개, 열한째 지지, 방위(方位)로는 서북, 戊(무)와 一(일)의 합자(合字). 戊(무)는 茂(무)와 같은 뜻. 초목이 성숙한 음력 9월을 나타냄. 옛날엔 戉(월☞도끼)과 같은 글자.

삼명통회에서는 술을 소원(燒原, 대지를 태우다)이라 한다.

개는 '戌'(개 술)이고, 나무는 '樹'(나무 수)이다. '戌'은 '成'(지킬 수)와 글자 모양이 비슷하고, '成'는 '守'(지킬 수)와 음이 같을 뿐만 아니라 '樹'와도 음이 같기 때문에 동일시된다. 즉 "戌戌樹守"로 도둑맞지 않게 잘 지킨다는 뜻이 된다. 이와 같은 개의 그림을 그려 붙임으로써 도둑을 막는 힘이 있다고 믿었다. 이러한 일종의 주술적 속신은 시대를 거슬러 올라가 고구려 각저총의 전실과 현실의 통로 왼편 벽면에도 무덤을 잘 지키라는 의미에서 개 그림을 그려 놓았다.

민요에는 개가 사랑의 방해자, 잠자는 아기를 깨우는 어머니의 미움을 사는 존재로 등장한다. 이는 낯선 사람을 보면 짖어대는 속성으로 인해 사랑을 훼방하는 존재로 나타난다. 남몰래 애절한 사랑을 나누는 님이 밤에 오시는데 그 때마다 짖어 대는 야속한 개를 민요에서 한탄했다.

예로부터 개는 집지키기, 사냥, 맹인 안내, 수호신 등의 역할뿐만 아니라, 잡귀와 병도깨비, 요귀 등 재앙을 물리치고 집안의 행복을 지키는 능력이 있다고 전해진다. 특히 흰개는 전염병, 병도깨비, 잡귀를 물리치는 등 벽사(壁邪)능력 뿐만 아니라 집안에 좋은 일이 있게 하고, 미리 재난을 경고하고 예방해 준다고 믿어왔다.

개(戌)는 현대인이 살아가는데 필요한 성격을 가장 많이 갖고 있다. 창조성도 있고 맡은 임무도 포기하지 않고 끝까지 수행하는 집념의 타입이다. 또 한 주인에 대한 충성심이 강하여 대인관계에 있어서도 한 번 관계를 맺으면 끝까지 가는 타입이다.

4) 시간적 특성

시(戌時)는 오후 7시부터 오후 9시까지, 방위는 서북서(西北西).

술시(19 - 21시)는 날이 어두워지니 개들이 집을 지키기 시작하는 때를 말한다. 양기가 다하여 땅 속으로 스며드는 형국이다. 화로에 묻어둔 불씨이다. 만물이 모두 사라진다. 멸망이다, 양기가 땅속으로 숨는다. 가엽다. 수렴되어 돌아가기 때문이다.

5) 계절적 특징

가을(autumn)은 여름과 겨울 사이의 계절로 천문학적으로는 9월 23일경의 추분부터 12월 21일경의 동지까지를 말하나 24절기(節氣)로는 입추(8월 7일경)부터 입동(11월 7일경) 전까지를, 기상학에서는 이보다 조금 늦추어서 보통 9~11월을 가을이라고 한다.

9월에는 낮 동안 무더위가 남아서 여름을 방불케 하지만 아침과 저녁으로는 시원한 날씨가 된다. 태풍이 종종 남부지방을 지나가 큰 피해를 당하는 경우가 있다.

한편, 전국적으로 비가 자주 내려 이른바 가을장마철이 된다. 10월로 접어들면 강수량이 줄고 공기 중의 습도가 낮아져 맑고 상쾌한 날씨가 계속된다. 이른바 천고마비(天高馬肥)의 계절이다. 맑은 가을하늘의 특징은 구름의 모양이다.

음력 9월(九月)은 한해의 아홉째 달로, 가을의 마지막 달이다. 9월의 이칭으로는 현월(玄月), 국월(菊月), 영월(詠月), 박월(剝月), 술월(戌月), 계추(季秋), 모추(暮秋), 잔추(殘秋), 만추(晚秋), 고추(高秋), 상신(霜晨), 수의(授衣), 무역(無射), 상후(霜候)가 있다. 9월에는 찬 이슬과 서리가 내리며, 제비는 강남으로 돌아가고 기러기가 돌아온다. 9월은 산과 들에 국화꽃이 피며 단풍이 들어 가을이 무르익는 때이다.

9월의 절기로는 한로(寒露)와 상강(霜降)이 있고, 대표적인 명절로는 중양절(重陽節)이 있다. 한로는 추분과 상강 사이에 들며, 태양의 황경(黃經)이 195도인 날로 양력 10월 8일 무렵이다. 한로는 이슬이 찬 공기를 만나서 서리로 변하려고 하는 때로, 오곡백과를 수확하기 시작하고 단풍이 짙어지는 때이다. "기러기가 와서 머물고, 참새가 줄고 조개가 나돌며, 국화가 노랗게 핀다."라고 하였다.

옛 중국에서는 한로 15일간을 5일씩 끊어서 3후(三候)로 나눠서, ① 기러기가 초대를 받은 듯 모여들고, ② 참새가 줄고 조개가 나돌며, ③ 국화가 노랗게 핀다고 하였다. 이 시기는 오곡백과를 수확하는 시기로, 이슬이 찬 공기를 만나서 서리로 변하기 직전이다.

또한 단풍이 짙어지고, 제비 등 여름새와 기러기 등 겨울새가 교체되는 시기이다. 한국에서는 이 시기에 국화전(菊花煎)을 지지고 국화 술을 담그는 풍습이 있다. 한로가 지나면 제비도 강남으로 간다. 가을 곡식은 찬이슬에 영근다는 속담이 있다.

상강은 한로와 입동(立冬) 사이에 들며, 태양의 황경이 210도인 날로 양력 10월 23일 무렵이다. 이때는 맑은 날씨가 계속되며 밤에는 기온이 매우 낮아 수증기가 지표에서 엉겨 서리가 내리고, 겨울잠에 들어갈 동물들은 서서히 겨울잠을 준비한다.

음력 9월 상강 무렵이 되면 성장기의 농사일은 마무리되고, 수확기에 접어들어 수확 작업이 본격적으로 시작된다. 벼를 베어 타작하고, 콩, 고구마, 서속(黍粟), 메밀, 생강, 토란을 거둬들이고, 수확을 앞둔 김장용 무와 배추가 잘 자라도록 관리한다. 거둬들인 작물은 뒤주나 광에 잘 갈무리하여 이듬해 식량으로 이용한다. 서남해안에서는 이때 전어가 많이 잡히는데, 전어로 전어밤 젓을 담기도 한다. 전어뿐 아니라 삼치와 민어, 볼락도 많이 잡힌다.

6) 종합 성격

개의 성격을 모두 종합해 보면 (표 39)과 같다. 9월. 개울물이 땅속으로 스며드는 겨울의 초입이다. 완전히 영양가를 빼앗긴 토. 물기가 없다, 건토, 매마른 토. 충실하고 사회적으로 융화를 잘하며 예체능에 소질이 있고 정력도 강한 편이다. 자존심과 복수심이 지나친 게 흠이다. 기회적, 직감이 뛰어남, 충성심, 공직자, 가르친다. 색을 좋아한다.

(표 39) 개의 성격 종합

구분		성격
본질적 특성	긍정	헌신적이다. 믿을 수 있다. 강인하다. 신뢰할 수 있습니다. 끈기가 있다. 관대하다. 지략이 풍부하다. 책임감이 있다. 품위가 있어요. 항상 주의 깊다. 열심히 일한다. 도움을 준다. 생각이 깊다. 너그럽다. 겸손하다. 솔직하다. 열정적이다.
	부정	냉소적이다. 고집이 세다. 심술이 궂다. 바른말을 잘 한다. 방어적이다. 참을성이 없는 것입니다. 반사회적이다. 싸우기를 좋아 한다. 스스로를 괴롭힌다. 경계심이 많을 수도 있다. 부담스럽게 해야 한다.
속성		대지를 의미. 중후하고 원만하며 포용력이 크고 너그럽고 신용과 약속을 소중히 여긴다. 이상과 포부, 야심이 커서 큰 일을 좋아하고 개척정신이 강하며 정직하나 감추기를 잘하여 비밀이 많고 적응을 잘한다. 만물을 창조하는 성분. 보금자리인 것. 중용을 지킨다. 신중하며 현실적이다. 개성이 없으며 변신을 잘하고 답답한 일도 많고 잡다한 생각도 많고 몸치장도 잘한다. 개성 없이 주변 상황에 따라 변신하며 고독과 폐쇄, 안주(安住)하기도 한다.
상징물과 신체		술, 가옥, 부동산, 건축물, 창고, 마른 땅, 사찰, 묘지, 위장, 보안등, 창고, 공장, 골키퍼, 화로, 도자기, 각종시계, 전자계산기, 골동품, 컴퓨터, 서적, 표구. 공포증, 위장, 명문, 갈비, 두뇌, 대퇴부, 가슴, 대변, 항문, 위, 신경, 족양명위경 등에 유의하여야 한다.

이를 정리해보면 장점은 헌신적이다. 믿을 수 있다. 강인하다. 신뢰할 수 있습니다. 끈기가 있다. 관대하다. 지략이 풍부하다. 책임감이 있다. 품위가 있어요. 항상 주의 깊다. 열심히 일한다. 도움을 준다. 생각이 깊다. 너그럽다. 겸손하다. 솔직하다. 열정적이다.

단점으로는 냉소적이다. 고집이 세다. 심술이 굿다. 바른말을 잘 한다. 방어적이다. 참을성이 없는 것입니다. 반사회적이다. 싸우기를 좋아 한다. 스스로를 괴롭힌다. 경계심이 많을 수도 있다. 부담스럽게 해야 한다.

상징물로는 술, 가옥, 부동산, 건축물, 창고, 마른 땅, 사찰, 묘지, 위장, 보안등, 창고, 공장, 골키퍼, 화로, 도자기, 각종시계, 전자계산기, 골동품, 컴퓨터, 서적, 표구 등이 있고 공포증, 위장, 명문, 갈비, 두뇌, 대퇴부, 가슴, 대변, 항문, 위, 신경, 족양명위경 등에 유의하여야 한다. 사기꾼, 기사, 공예인, 수위, 경찰관, 교도관, 변호사, 예술인, 두목, 자본가 등이 많다.

보편적인 개띠의 성격은 솔직 담백하며 인정이 많은 성격으로 신세를 지면 반드시 신세를 갚고야 마는 보은정신(報恩精神)이 있다. 남들에게 공연히 미움을 받기도 하지만 의리와 신의가 있어 결국 주위의 인정을 받기도 한다. 겉으로는 소심한 듯 보이지만 속으로는 은근히 남을 얕보는 경향이 있고 야심과 자존심이 강하다. 그러나 월, 일, 시에 뱀이나 개가 겹쳐 있는 사람은 겉으로만 자상하고 인자한 척 할 뿐 속으로는 신의가 없고 부도덕한 경우가 허다하다. 이성교제가 빈번하여 젊은 날은 화려하지만 노년에는 쓸쓸할 수 있다.

7) 적성과 진로

솔직하고 명랑하며 모든 사람들이 좋아하는 성격이다. 또 인정이 많아 자신의 분노를 다른 사람에게 개인적으로 표현하는 일이 거의 없다. 자신이 옳다고 생각하는 명분을 찾게 되면 책임감을 가지고 용감히 나선다. 전적으로 그는 물질적인 것과 형식적인 것을 좋아하지 않고 평범한 것을 좋아한다.

전체적으로 개띠 생은 누군가 자신을 흥분시키거나 자신의 보금자리를 침범할 때에만 공격적이다. 고집과 반발심은 적절한 자제력이 필요하며, 가정을 스스로 망가뜨리는 경향이 있으므로 주의가 필요하다. 잘난 체하지 않고 지나친 요구를 하지 않는 개띠 아이는 친화력이 좋아서 남들과 사이좋게 지내는 편이다. 정신력이 강하고 논리 정연한 개띠 아이는 이공계열의 기질이 강하다. 하지만 부당한 대접을 받고 있다고 느끼면 상대방에게 앙갚음하려고 철저히 준비하는 스타일이고 협상이 어려운 단점이 있다. 친구들이나 선생님과의 관계 때문에 공부에까지 나쁜 영향을 받지 않도록 주의 깊게 살펴야 한다.

직업으로는 노조원, 공사 감독, 비평가, 성직자, 판사, 탐정, 정치가, 경영자, 도덕론자, 학자 등이 어울린다.

8) 개의 건강

개(戌)는 심장에 결함이 있는 동물이다. 이 때의 심장은 장기 그 자체로서 보다는 '마음'이라는 측면에 더 큰 비중을 두고 있다. 심장은 우리말로 '염통'이라 하는데 이는 '염치를 담고 있는 통(염통)이라는 뜻이다. 그런데 개는 염치나 윤리의식이 없는 동물이다. 백주대로에서도 사람이 있든 없든 개의치 않고 교미를 하기 때문에 동물 중에서 제일 하급으로 치는 것이다. 욕을 할 때 이 동물을 빗대에 말하면 큰 욕이 되는 것도 이 때문이다.

불교에서는 일반 신도들에게 '마음을 올바로 닦고자 하거든 개고기를 먹지 말라'고 말하고 있다. 이는 서양인들의 '사람과 가까이 지내는 애완용 동물'이기 때문에 개를 먹는 풍습에 질색을 하는 것과는 완전히 다른 차원인 것이다. 이와 연관하여 심장에 질환이 있는 사람은 특히 개고기를 멀리해야 하며 술일에 심장병이 든 사람은 고치기가 힘들게 된다.

건강음식으로 스트레스 해소에 좋은 대구와 젓갈, 담백한 두부와 오이 등이 어울린다. 개띠 해는 치밀, 온순, 총명함의 해이다. 헌신과 영특한 운명을 타고 났다. 헌신과 충성의 상징이다.

9) 관계·인연·궁합

개가 쥐를 만났을 때이다. 좋다. 뒤로 갈수록 좋다.

개가 소를 만났다. 건강에 유의하여야 한다. 많은 변화가 예상. 평소에는 다정다감하다가 사소한 이익이나 권리다툼으로 불신, 배신, 투쟁이 생기고 일생동안 말을 않는 경우가 많다.

개가 호랑이를 만났다. 권세가 드높다. 좋은 관계이다. 말띠와 개띠는 매우 행복하고 잘 맞는 짝이다. 사랑하고 같이 일을 하면 성공할 수 있고 성과가 많게 된다. 서로에 대해서 깊은 이해와 애정을 가지고 있다.

개와 토끼의 만남이다. 깨지고 부서지고 무너진다. 뜨거운 열기이다. 음밀한 열을 품는다.

개와 용의 만남이다. 많은 변화가 예상된다. 고요하게 머무른 것을 움직이게 하며 집합했던 것을 해산하거나 분리 시켜 변화하도록 작용한다. 충돌, 해산, 분리, 파괴, 살상 등의 부작용도 있지만 발동, 충전, 분발, 개척, 가속, 공격 등이나 또 다른 생산의 역할을 담당하기도 한다. 전화위복이 되는 경우도 있다.

개가 뱀을 만났다. 미운정이 있다. 싸우고 나서 은근히 미워하고 원망하는 것이다. 서로 마주보고 만나기를 꺼려하며 증오하고 혐오하거나 대인관계에 상호 불신과 시기, 질투, 원망, 권태로움이 혼합되어 서로를 밀어내는 형국이다. 노골적인 대결관계나 경쟁관계는 없을 테지만 일정한 정도만 함께 일할 수 있는 관계이다.

개와 말의 만남이다. 부귀가 따른다. 매사 급하고 뜨거우나 이내 식어버리고 바람을 동반하면 위세가 대단하나 꺼지면 흔적이 없다. 과장이 심하나 지속되지 못하고 참지 못하는 단점이 있다.

개와 양의 만남이다. 떠돌아다니는 예술가다. 변화가 심하다. 잘못된 부분을 정리한다. 다듬는다. 분리한다. 파괴한다. 중간에 계획이나 진로를 바꾸거나 수정하고 의외의 사건이 일어나는 것이다.

개와 원숭이의 만남이다. 고독하다.

개와 닭의 만남이다. 잔인하다. 가까운 사람과의 질투, 모략, 공격, 투쟁, 소송 등이 나타난다.

개와 개의 만남이다. 가을에서 겨울로 넘어가는 때. 쓸쓸. 움직임을 줄이고 관망. 교통사고나 부상 등이 따른다.

개가 돼지를 만났다. 예술이 장수한다. 외롭고 고빈하다. 조직력이 강하고 중개역할을 잘하니 외교관이나 중개업이 좋다.

12. 해(亥) : 돼지

1) 돼지 이야기

돼지는 일찍부터 제전에 희생으로 쓰여 진 동물이다. '삼국사기' 고구려 본기에는 하늘과 땅에 제사를 지낼 때 쓰는 희생으로 교시(郊豕)에 관한 기록이 여러 번 나온다.

유리왕 19년(기원전 1) 8월에 교시가 달아나므로 왕이 탁리(託利)와 사비(斯卑)라는 자로 하여금 뒤를 쫓게 하였더니 장옥택(長屋澤) 중에 이르러서 돼지를 찾아 각근(脚筋)을 끊었는데, 이 사실을 왕이 듣고 "제천(祭天)할 희생을 어찌 상할 것이냐." 하고 두 사람을 갱중(坑中)에 넣어 죽였다는 기록이 있다.

오늘날에도 무당의 큰 굿에서나 동제(洞祭)에는 돼지를 희생으로 쓰고 있다. 굿에서는 돼지머리만을 제물로 쓰는 경우가 많고 동제에서는 온 돼지를 희생으로 사용한다. 돼지는 지신(地神)의 상징으로도 인식되었다.

돼지에 관한 속신(俗信)도 많이 있다. 임신 중인 여자가 돼지고기를 먹으면 아이의 피부가 거칠고 부스럼이 많다고 하며, 산모가 돼지발을 삶아먹으면 젖이 많이 난다고 한다. 또한, 돼지꼬리를 먹으면 글씨를 잘 쓴다고 믿으며, 꿈에 돼지를 보면 복이 오고 재수가 있다고 한다.

돼지꿈은 재물이 생길 꿈이라고 하는데, 이것은 돼지를 지칭하는 한자의 음이 돈(豚)이기 때문이라는 풀이도 있다. 속담에는 돼지가 더럽고 우둔한 동물로 나타난다. 결함이 많은 사람이 오히려 결함이 적은 사람을 나무랄 때 '똥 묻은 돼지가 겨 묻은 돼지 나무란다.'고 하고, '그슬린 돼지가 달아맨 돼지 타령한다.'고도 한다.

돼지는 목청이 크고 거칠어서 이와 관련된 속담도 생겼다. 듣기 싫은 노래를 크게 부를 때 '돼지 멱 따는 소리'라고 핀잔을 주고, 컬컬하게 쉰 목소리를 '모주 먹은 돼지청'이라 한다. 돼지에 관한 설화로는 최치원의 출생담으로 알려진 금돼지 또는 미륵돼지 이야기가 널리 알려져 있다.

우리나라는 예로부터 집집마다 돼지를 길렀고 어쩌다 돼지꿈을 꾸면 재수 좋은 꿈을 꾸었다고 기뻐했다. 장사하는 사람들은 돼지가 새끼들을 품에 안고 젖을 빨리는 사진을 걸어 놓고 일이 잘되기를 빌기도 했다. 상점에는 새해 첫 돼지날(上亥日)에 문을 열면 한 해 동안 장사가 잘된다는 속신도 있다.

죽어서도 돼지혈(穴)에 묘를 쓰면 부자가 된다고 믿어왔다. 이처럼 한국 사람들은 예로부터 돼지를 부(富)와 복(福)의 상징으로, 돼지꿈을 재운(財運)과 행운(幸運)의 상징으로 여겨 왔다. 많은 사람들이 돼지해를 맞으면서 무언가 행운과 재운이 따를 것으로 믿는 것도 이 때문이다.

'돼지 같은 녀석' 이렇게 욕을 하면서도 한국인은 꿈에 본 돼지는 대단한 귀물로 친다. 만일 돼지에 개마저 덧붙이면 그 욕은 사뭇 상소리가 되는데도 돼지꿈은 용꿈과 같은 항렬이다. 한국인이 갖는 동물 꿈 가운데서 돼지는 용과 더불어 최상의 길조라는 것을 누구나 다 알고 있다. 돼지꿈과 용꿈은 길몽의 쌍벽이다. 돼지꿈은 부의 상징이다. 집안에 모시고 믿음을 바치던 '업신'이 현실의 재물신(財物神)이라면, 돼지는 꿈속의 재물이다. 꿈풀이 책을 뒤져보면 '돼지는 재물, 횡재, 소식, 벼슬, 복권당첨, 명예를 상징한다'고 되어 있다. 다음은 길몽의 돼지꿈이다.

돼지 그림이나 돼지 코는 번창의 상징이나 부적으로 이용되기도 한다. 장사꾼들에게는 '정월 상해일에 장사를 시작하면 좋다'는 속신이 있다. 이처럼 돼지가 재물과 관련된 것은, 돼지가 가계의 기본적인 재원(財源)이었고, 그 한자의 '돈(豚)'이 '돈(金)'과 음이 같은 데에 연유한다. 장사하는 집에서는 곧잘 돼지 그림을 문설주 위에 그려 붙였다. 이것은 돼지가 한 배에 여러 마리씩 새끼를 낳고, 잘 먹고 잘 자라는 강한 번식력 때문이었다. 즉, 사업의 번창을 기원하는 것이다. 그리고 침 흘릴 시기가 지나도 침을 흘리는 아이의 목에 돼지 코를 잘라 걸어 주면 침을 흘리지 않는다고 부적처럼 걸고 다녔다.

신라 때 어느 고을에 갑자기 금돼지가 나타나 사람을 납치해 갔다. 고을 원의 부인까지 끌고 갔다. 군졸을 풀어 산 속을 샅샅이 뒤져보니 동굴 속에 금돼지가 고을 원님의 부인을 차지하고 있었다. 부인을 구할 길 없는 원님이 돼지는 사슴 가죽을 무서워한다는 얘기를 듣고 사슴가죽으로 된 쌈지 끈을 풀어서 '네가 제일 무서워하는 것은 사슴가죽이다'고 위협해서 금돼지가 어쩔 줄을 모르고 있을 때 부인을 구해냈다. 이 일이 있은 후 원님의 부인은 점점 배가 불러 열 달 후에 옥동자를 낳았다. 이 아이가 최치원(崔致遠)이다. 이로 인해 후세사람들은 경주 최씨(慶州崔氏)는 금돼지의 자손이라고 일컬었다.

속담에서 탐욕스런 성정(性情)의 사람, 게으른 사람, 미련한 짓거리를 하는 사람, 듣기 싫은 목소리로 크게 노래 부르는 사람을 보통 돼지에 빗대어 이야기한다. '돼지 같은 욕심' '돼지는 우리 더러운 줄 모른다', '돼지 멱따는 소리', '돼지 목에 진주 목걸이' 등의 속담에서 미련하고 게으르며 지저분하며, 먹을 것이나 탐내는 동물로 돼지를 이야기하고 있다.

돼지는 지신과 풍요의 기원, 돼지꿈, 돼지 그림, 업돼지 등에서 길상으로 재산이나 복의 근원, 집안의 재물신을 상징한다. 그런가 하면 돼지는 속담에서 대부분 탐욕스럽고, 더럽고, 게으르며, 우둔한 동물로 묘사되고 있다. 즉, 돼지는 상서로움과 탐욕스러움의 서로 반대되는 속성을 갖춘, 이른바 모순적 등가성(矛盾的 等價性)을 지니고 있는 십이지의 마지막 열두 번째 띠 동물이라 할 수 있다

2) 돼지(돈, 豚)의 속성

돼지는 멧돼짓과의 포유류이다. 몸무게는 200~250kg이며, 다리와 꼬리가 짧고 주둥이가 삐죽하다. 잡식성으로 온순하며 건강하다. 임신 4개월 만에 8~15마리의 새끼를 낳는다. 멧돼지를 길들여 가축으로 만든 것인데, 중요한 축산 동물의 하나로 모양과 색깔이 다른 여러 품종이 있다.

한자어로는 저(猪)·시(豕)·돈(豚)·체·해(亥) 등으로 적고, 한국에서는 돝·도야지로도 불렀다. 돼지가 가축화된 시기는 동남아시아에서는 약 4800년 전, 유럽에서는 약 3500년 전이며, 한국에 개량종 돼지가 들어온 것은 1903년이다.

예로부터 제천의 희생물로 쓰였으며, 매우 신성시되었다. 고구려시대에는 음력 3월 3일에 사냥할 때 돼지와 사슴을 잡아 제사를 지냈고, 조선시대에는 동지가 지난 제3 미일(未日)을 납일로 정해 큰 제를 지냈는데, 이때 토끼와 멧돼지를 제물로 사용하였다. 지금도 굿이나 동제(洞祭)에 제물로 쓰고 있다.

코끝에는 연골 판이 있고 후각과 촉각이 발달되어 있어서, 땅을 파면서 풀뿌리·벌레 등 먹이를 얻는 데 편리하게 되어 있다. 대개 영양분이 결핍되거나 체내에 기생충이 생기면 땅바닥을 파거나 나무기둥을 갉아먹는 행동을 하고, 피부가 가려우면 기둥이나 벽에 몸을 비비거나 땅에서 뒹구는 행동을 한다.

그러므로 마찰 목을 세우고 가마니 같은 것으로 감은 다음 구충제를 뿌려서 그곳에 비비게 하면 외부 기생충이나 피부병을 예방, 치료할 수 있다. 돼지우리의 주변은 항상 습기가 차고 더러운데, 이것은 돼지의 땀샘이 발달하지 못하여 체내의 모든 수분을 소변으로 배설하기 때문이다.

따라서 배설장소를 따로 만들어 주면 배설물이 있는 곳의 냄새를 맡고 그 장소에서만 배설하여, 누울 곳은 항상 깨끗하게 유지한다. 또 돼지는 꼬리를 뒤로 잡아당기면 앞으로 가고, 위턱을 잡아매면 뒤로 가려는 습성이 있으므로, 예방주사·거세·약물투약 등을 할 때에 위턱을 바짝 옭아매어 움직이지 못하도록 하면 돼지를 쉽게 다룰 수 있다.

돼지의 장단점은 돼지가 가진 생리적 특성을 이해하신다면 쉽게 알 수 있다. 장점으로는 잡식성으로 먹이의 종류가 다양하며 다양한 형태의 사료를 모두 소화 흡수할 수 있다. 다산성으로 다른 동물에 비해 한번에 8~12두 정도의 새끼를 낳을 수 있어 1년에 2~2.5회 정도의 번식이 가능하다. 다육성으로 다른 동물에 비해 성장속도가 매우 빠르고 도축하여 얻을 수 있는 고기의 양이 많다. 사람과 영양, 생리학적으로 유사하여 의학적인 연구대상으로 활용된다.

단점으로는 주로 곡물위주의 사료를 이용하여 사람이 먹는 식량과 경합관계에 있다. 질병에 매우 취약하다. 최근에는 지나치게 집단화, 대형화된 사육형태로 인해 분뇨처리, 악취 등에 따른 환경문제를 일으킨다.

돼지의 조상은 산에 사는 멧돼지이며, 집돼지는 식용으로 개량한 것이다. 생김새와 달리 돼지는 주둥이로 빗장을 들어 올리고 문을 열만큼 영리하다. 냄새도 잘 맡아 냄새로 주인을 알아보고 새끼도 구별한다.

돼지는 귀도 밝아 소리를 잘 듣는다. 돼지는 코 둘레에 땀샘이 있지만 땀을 흘리지 않는다. 그래서 더울 때에는 흙탕물에 뒹굽니다. 진흙이 마르면서 체온을 떨어뜨리고, 몸에 달라붙어 피를 빨아 먹는 벌레도 없앨 수 있기 때문이다. 돼지는 피부와 뻣뻣한 털 사이에 두터운 지방층을 가지고 있으며, 다 자란 돼지는 사람보다 10배 정도 무겁다. 뾰족한 발에는 4개의 발가락이 있지만, 2개의 앞 발가락만이 이용해서 걷는다.

다리는 길고, 배가 밑으로 처지지도 않는다. 목에서부터 등까지는 길고 빳빳한 털이 나 있어 화가 나면 이 털이 밤송이처럼 일어선다. 주로 밤에 돌아다니며 도토리, 버섯, 나무뿌리, 고구마, 개구리, 들쥐 따위를 먹는다.

3) 자의(字意)적 특징

돼지를 해(亥)라 표현한다. 해(亥)는 돼지, 해, 열둘째 지지, 단단하다, 간직하다, 열둘째로 끝이다. 돼지를 상징한다. 해시(亥時), 돼지의 모양을 본뜸. 豕(시☞돼지)와 같음. 나중에 구별하여 씀. 음(音)을 빌어 십이지(十二支)의 열둘째 글자로 씀 돼지는 돈(豚)이라 한다. 돈(豚)은 돼지, 새끼돼지, 자기 아들의 겸칭, 흙부대, 혼돈한 모양, 지척거리다, 숨다, 은둔하다 등의 뜻을 가졌다. 돼지시(豕☞돼지)部와 月(월☞肉육)로 이루어졌으며. 멧돼지와 구별해 제사에 고기를 바치는 돼지 즉 돼지의 뜻이다.

해(亥)는 삼명통회에서 은하수, 현하(懸河)를 상징한다.

4) 시간적 특징

해시(亥時)는 오후 9시부터 오후 11시까지, 방위는 북북서(北北西), 시각으로는 12시의 열두째인 오후 9시부터 11시 사이, 24시의 스물셋째인 오후 9시 반부터 10시 반 사이(亥時)이다.

해는 핵(核)의 의미가 있으며 생명의 기틀이 뿌리에 보관되어 자수로 이어지는 역할을 한다. 고전에서는 풀뿌리를 상징하며 미약한 양이 일어나 무성한 음에 접한다. 해는 갖추는 것이다. 양기가 땅속에 간직되어 갖춘다고 한다. 해에서 막힌다. 해는 고른다는 뜻이다. 사물을 걷어 들여 그것의 좋고 나쁨을 가린다.

주역(周易)에서 이르는 돼지는 근육(筋肉)이 없고 항상 잠자는 듯 하며, 키는 작지만 한 번 노기(怒氣)를 충천(衝天)하면 천문(天門)에 이르는 물상(物象)이다.

5) 계절적 특징

음력 10월(양력 11월)에 대해서 설명하자. 음력 10월은 양월(陽月), 양월(良月), 곤월(坤月), 초동(初冬), 응종(應鍾), 입동(立冬), 소춘(小春), 소양춘(小陽春), 해월(亥月), 맹동(孟冬) 같은 이칭이 있다. 예부터 10월은 상달(上月)이라 하였다. 10월의 정일로는 말날(午日), 하원(下元), 손돌날(孫乭日)이 있다.

10월의 말날은 10월에 첫 번째 드는 말날을 말한다. 예전에 말은 짐을 실어 나르거나 농사일에 긴요하게 쓰였기 때문에 중요한 동물이었다. 그래서 매년 10월의 첫 번째 말날에는 마구간에 떡시루를 차려놓고 말을 위해 고사를 지냈다. 10월의 말날 중에도 무오일(戊午日)을 으뜸으로 치고, 병오일(丙午日)은 피했다. 무오일을 상마일(上馬日)로 친 까닭은 말이 무성할 것으로 믿었기 때문이며, 병오일을 피하는 까닭은 병(丙)자가 병(病)자와 발음이 같아 혹시 말이 병이 들까 해서였다.

10월의 정일로 하원이 있다. 정월대보름을 상원(上元), 7월 보름인 백중을 중원(中元) 그리고 10월 보름을 하원이라고 한다. 하원에는 시제를 모시는 집이 많다. 물론 문중에 따라서 정해진 것은 아니지만 하원을 길일로 생각하기 때문이다.

또 10월 20일을 손돌날이라고 한다. 이 무렵에 소설이 드는 경우가 많은데 날씨가 추워지고 바람이 세차게 불어와서 손돌바람, 손돌추위 같은 말이 함께 쓰인다.

전국적으로 10월에는 첫눈을 받아먹는 풍속이 전한다. 첫눈을 먹으면 편두통이 낫는다고도 하고, 속앓이 하는 사람도 낫는다고 한다. 그래서 첫눈을 기다렸다가 하늘에서 내리는 눈을 손으로 받아먹기도 하고, 쌓인 눈을 한 웅큼 먹기도 한다.

10월에는 초가지붕을 새로 인다. 용날이나 뱀날 지붕을 이으면 화재를 예방할 수 있다고 한다. 용이나 뱀이 물에서 사는 동물이기 때문이다. 10월 초하룻날 날씨를 보아 그해 겨울의 날씨를 점치는 곳이 많다. 이날 날씨가 따뜻하면 겨울이 그리 춥지 않고 추우면 삼동이 몹시 춥다고 한다. 특히 "시월 초하루가 따뜻하면 휘양장수 울고 간다."라는 속담이 전한다. 10월 초하루 날씨가 따뜻하면 옷을 덜 해 입기 때문이다.

10월에는 한 해의 열아홉 번째 절기인 입동(立冬)과 스무 번째 절기인 소설(小雪)이 든다. 입동은 겨울에 들어서는 날이며, 소설은 본격적인 추위가 시작되어 첫눈이 내리는 때라고 한다. 입동은 양력으로 11월 7일 또는 8일 무렵, 소설은 11월 22일 또는 23일 무렵이다. 입동은 겨울이 시작되는 때이기 때문에 민간에서는 겨울 준비를 하게 된다. 김장을 하고 겨울 저장 음식을 장만하기도 한다.

입동(立冬)은 24절기 중 열아홉 번째 절기. 이날부터 겨울이 시작된다고 하여 입동(立冬)이라고 한다. 태양의 황경(黃經)이 225도일 때이며, 양력으로는 11월 7일 또는 8일 무렵, 음력으로는 10월에 든다. 서리가 내린다는 상강(霜降) 후 약 15일, 첫눈이 내린다는 소설(小雪) 전 약 15일에 든다.

중국에서는 입동 후 5일씩을 묶어 3후(三候)로 삼았다. 초후(初候), 중후(中候), 말후(末候)가 그것으로 초후에는 비로소 물이 얼기 시작하고, 중후에는 처음으로 땅이 얼어붙으며, 말 후가 되면 꿩은 드물어지고 조개가 잡힌다고 하였다. 우리나라에서는 입동을 특별히 명절로 생각하지는 않지만, 겨울로 들어서는 날로 여겼기 때문에 사람들은 겨울채비를 하기 시작한다.

입동 즈음에는 동면하는 동물들이 땅 속에 굴을 파고 숨으며, 산야에 나뭇잎은 떨어지고 풀들은 말라간다. "추분(秋分)이 지나고 46일 후면 입동(立冬)인데 초목이 다 죽는다."라고 하였다. 낙엽이 지는 데에는 나무들이 겨울을 지내는 동안 영양분의 소모를 최소로 줄이기 위한 자연의 이치가 숨었다.

입동은 양력으로 11월 7일 경이고 음력 10월 절기이다. 겨울의 처음이라는 의미에서 맹동(孟冬)이라고도 하는데 기온은 아직 가을에 머물고 있으면서 겨울을 준비하는 시절이다. 이 때부터 땅과 물이 얼기 시작하니 만물이 겨울준비를 끝내는 시간이다. 사람들도 겨울준비를 위해 검은 옷을 입는다.

소설은 첫눈이 내리는 때이기도 하다. 15일 후인 대설(大雪)에는 큰 눈이 내린다고 믿는다. 소설에 날씨가 추워야 보리농사가 풍년이 든다고 믿으며, 본격적인 추위가 시작되기 때문에 이때부터는 솜바지로 갈아입는다.

소설(小雪)은 24절기 중 스무 번째 절기. 이날 첫눈이 내린다고 하여 소설이라고 한다. 태양의 황경(黃經)이 240도일 때이며, 양력으로 11월 22일 또는 23일 무렵, 음력으로는 10월에 든다. 겨울이 시작되는 입동 후 15일, 큰 눈이 내린다는 대설 전 약 15일에 든다.

중국에서는 소설 후 5일씩을 묶어 3후(三候)로 삼았다. 초후(初候), 중후(中候), 말후(末候)가 그것으로 초후에는 무지개가 걷혀서 나타나지 않고, 중후에는 천기(天氣)는 오르고 지기(地氣)는 내리며, 말후에는 폐색되어 겨울이 된다고 하였다. 우리나라에서는 소설을 명절로 생각하지는 않지만, 눈이 내릴 정도로 추위가 시작되기 때문에 겨울 채비를 한다. 그러나 한겨울에 든 것은 아니고 아직 따뜻한 햇살이 비치므로 소춘(小春)이라고 부르기도 한다. 이때는 평균 기온이 5도 이하로 내려가면서 첫 추위가 온다.

소설은 양의 기운은 점차 사라지고 음의 기온은 더욱 성해져서 하늘에서 처음으로 적은 눈이 오고 땅은 점차 얼어가는 시기를 말한다. 천기는 상승하고 지기는 하강하는데 서로 사귀지 않아서 막히는 시절이므로 신장, 방광을 잘 단련하여 정기를 잘 간직하여야 한다.

6) 종합 성격

돼지의 성격을 모두 종합해 보면 (표 40)과 같다. 이를 정리해보면 돼지는 시(亥時)는 오후 9시부터 오후 11시까지, 방위는 북북서(北北西), 달은 가을 10월, 계절은 10월 입동에서 11월 대설 전날까지, 서양별자리는 전갈좌에 해당한다.

돼지띠 생은 정직하고 솔직, 단순하며 아주 강인하다. 침착하고 이해심 있는 돼지띠 생을 친구들의 잘못들을 용서할 수 있는 성실하고 선량한 사람이다. 그는 재산을 훌륭하게 사용하는 사람이다. 그는 사회활동과 자선사업을 좋아하는데 이것은 그가 동정심이 강하기 때문이다.

장점으로는 예의가 바르다. 공평하다. 진실하다. 믿음직스럽다. 씩씩하다. 활발하다. 점잖다. 충동적이다. 평화를 사랑한다. 자신만만하다. 침착하다. 자상하다. 용기가 있어요. 인기가 있다. 항상 부지런하다. 발랄하다. 사교적이다. 관대하다. 적의를 숨기지 못한다.

단점으로는 잘 속도록 한다. 천박하다. 순진하다. 고집이 세다. 항상 무방비 상태다. 얼뜨기다. 슬픔에 잘 빠진다. 관능에 빠지기 쉽다. 뻔뻔하다. 유혹에 약하다. 거절할 줄 모른다. 미래를 보지 못한다. 다른 소유물을 자기 것처럼 다룬다. 단순하다.

(표 40) 돼지의 성격 종합

구분		성격
본질적 특성	긍정	예의가 바르다. 공평하다. 진실하다. 믿음직스럽다. 씩씩하다. 활발하다. 점잖다. 충동적이다. 평화를 사랑한다. 자신만만하다. 침착하다. 자상하다. 용기가 있어요. 인기가 있어요. 항상 부지런하다. 발랄하다. 사교적이다. 관대하다. 적의를 숨기지 못한다..
	부정	잘 속도록 한다. 천박하다. 순진하다. 고집이 세다. 항상 무방비 상태다. 얼뜨기다. 슬픔에 잘 빠진다. 관능에 빠지기 쉽다. 뻔뻔하다. 유혹에 약하다. 거절할 줄 모른다. 미래를 보지 못한다. 다른 소유물을 자기 것처럼 다룬다. 단순하다.
속성		수장작용(收藏作用), 창고의 역할, 응축성, 생명의 정(精)과 핵(核), 만물의 젖줄, 정신의 원동력, 유연, 냉혹, 침투성, 두뇌회전, 음흉, 잔꾀, 타협적, 궁리, 지혜, 종교와 철학, 만물을 걷어 들여 씨앗으로 만들기 시작한다. 과일이 떨어져 땅속으로 들어가 다시 씨앗으로 연결되는 시기, 넓은도량, 지혜로움을 상징하고 음수는 샘물, 궁리가 많음 등을 상징.
상징물		물, 강물, 액체(液體), 물과 관련(關聯)된 일, 큰물, 홍수(洪水), 수재(水災), 수성(水星: 태양에 가장 가까운 별), 별자리 이름, 바다, 하천, 우물, 약수, 국물, 용수, 빙과, 신장, 가방, 바다, 음료수, 소금물, 주류, 포목, 섬유류, 필묵, 세탁기, 비누, 배, 군함, 커튼, 의류, 생선 양수는 바다, 호수, 강, 구름, 어름, , 옹달샘, 비, 눈, 시냇물, 유동적, 근본. 씨앗, 종자(種子), 정자(精子), 난자(卵子), 생식기능(生殖機能) 생식기(生殖器), 생명체(生命體) 잉태(孕胎) 등의 상징성, 적응력(適應力)과 임기응변(臨機應變), 침투(浸透)성, 포용력, 음모, 사기, 배신 지혜(智慧), 영리, 총명, 요령, 수완

상징물로는 바다, 하천, 우물, 약수, 국물, 용수, 빙과, 신장, 가방, 바다, 음료수, 소금물, 주류, 포목, 섬유류, 필묵, 세탁기, 비누, 배, 군함, 커튼, 의류, 생선 양수는 바다, 호수, 강, 구름, 어름, 넓은 도량, 지혜로움을 상징하고 음수는 샘물, 옹달샘, 비, 눈, 시냇물, 유동적, 궁리가 많음 등을 상징한다.

7) 돼지의 적성과 진로

돼지 생은 겉으로 보기에 속이기 쉬워 보이지만 생각보다 영리하다. 그러나 매사에 망설이는 점이 발전에 장애가 된다. 그의 주요한 결점은 자신이나 가족 친구들에게 단호히 '아니오'라고 말하지 못한다는 것이다. 말은 적은 편이지만 일단 입을 벌렸다 하면, 말이 많고 기고만장하여 남의 오해를 받기도 한다.

보편적인 돼지띠의 성격으로 천성적으로 낙천적인 기질을 지녔다. 식복(食福)과 재복(財福)이 풍부하여 부(富)는 누리겠으나 관운(官運)이 부족하여 귀(貴)하기는 힘들겠다. 지나친 욕심(慾心)을 부리면 지탄(指彈)을 받겠다. 내면에 소극적인 기질이 있어 매사에 의심이 많으므로 호기(好期)를 놓칠까 두렵다. 부를 누리게 되면 마음에 숨은 자선심(慈善心)으로 덕을 쌓겠다. 성품은 정직하나 고집이 강한 것이 흠이다.

온화하고 신의가 있고 충실하며 책임감이 강하다. 대외 활동력이 부족한게 단점이다. 겨울시작, 밤의 시작, 휴식, 소모된 에너지 충전, 모은다, 실속이 있다, 식성이 좋다, 직업으로는 무기업자, 술주정꾼, 잡상인, 무친, 임부, 어부, 선장, 부인과의사, 공예인, 의사, 건축가, 제조업자, 영화 관계자, 작가, 화가, 연예인, 과학자 등.

8) 돼지의 건강

돼지(亥)는 근육(筋)이 결핍 된 동물이다. 살만 많은 동물이므로 뚱뚱하게 살이 찐 사람을 돼지에 비유하기도 한다. 따라서 관절이 좋지 않거나 신경통을 앓는 사람은 돼지고기를 먹지 않는 것이 좋으며 해일에 관절염 등을 앓게 되면 낫기가 힘이 든다.
방광염, 고환, 생식기, 월경, 혈맥, 대소변, 자궁, 장딴지, 머리, 흑점, 족태양방광염 등에 유의하여야 한다. 건강음식으로는 혈압과 당뇨에 효과적인 해조류(미역, 다시마), 버섯류 등이 어울린다.

9) 관계·인연·궁합

돼지가 쥐를 만났을 때이다. 부귀를 누리며 장수한다. 움직임이 없다.
돼지가 소를 만났을 때이다. 건강에 유의하여야 한다. 일이 꼬인다. 신축, 장례, 이사, 문상, 제사 등에 해롭고 환자가 생긴다.
돼지가 범를 만났을 때이다. 권세가 드높다. 외롭고 고빈하다.
돼지가 토끼를 만났을 때이다. 깨지고 부서지고 조심하여야 한다.
돼지가 용을 만났을 때이다. 머리가 좋고 장수한다. 싸우고 나서 은근히 미워하고 원망하는 것이다. 궁합을 볼 때 많이 본다.
돼지가 뱀을 만났을 때이다. 문장으로 장수한다. 적극적이고 구체적인 변화가 일어난다. 고요하게 머무는 것을 움직이게 하고 집합했던 것을 해산하거나 분리시킨다. 때문에 충돌, 해산, 분리, 파괴, 살상 등 부정적인 것도 있지만 새로운 움직임, 발동, 충전, 분발, 개척, 가속, 공격 등 또 다른 생산의 역할을 한다.
돼지가 말을 만났을 때이다. 부귀 장수한다. 방향이 다르다.
돼지가 양을 만났을 때이다. 객지생활, 타향살이. 이곳저곳 떠도는 형국이다.
돼지가 원숭이을 만났을 때이다. 고독하다. 서로 다르다. 없어야할 방해물이 중간에 끼어 이간질하는 모리배처럼 투서로서 쌍방의 단합을 방해하고 피해를 주는 것이다.
돼지가 닭을 만났을 때이다. 잔인해진다.
돼지가 개를 만났을 때이다. 장수하는 예능인이다.
돼지가 돼지를 만났을 때이다. 수명이 길어진다. 어두워진다. 새로운 목적을 달성하기 위해 어느 정도의 희생을 감수하더라도 잘못된 것을 도래 내는 수술과 같고 가정이나 조직사회 등의 단합을 해치는 작용을 한다.

제3절 육갑(六甲)과 공망

1. 자(子)와 육갑

1) 갑자(甲子)

육갑(六甲)은 육십 갑자(六十甲子)의 줄임말이다. 천간과 지지가 만나서 육갑을 이루는데 천간 10개와 지지 12개가 각각 한 번 씩 결합하면 10X12=120개 된다. 그런데 천간과 지지가 순서대로 결합하면, 예를 들어 천간의 첫 글자인 갑과 지지의 첫 글자인 자가 결합하면 갑자가 되고 천간의 을과 지지의 축이 결합하면 을축이 된다. 이렇게 순서대로 가면 천간의 계는 지지의 유와 결합해서 계유가 되고 다시 순서에 의해 천간 갑과 지지 술이 결합하여 갑술이 되고, 을해가 되면서 계속 결합해가면 천간 계와 지지 해가 결합하여 계해에 이른다. 그리고 다시 갑자가 시작된다.

이렇게 순서에 의해 결합이 되면 결과적으로 2가지 특징이 있음을 알게 된다. 하나는 천간과 지지의 결합이 10과 12의 짝수 결합이므로 순서를 어기지 않는 한 갑이 축을 만난다거나 을이 자를 만나는 경우는 발생하지 않는다는 점이다. 즉 순서를 어그러지지 않는 한 갑이 지지를 만날 수 있는 방법은 6개에 불과하다. 을도 6개, 병도 6개의 지지를 만나게 된다. 결과적으로 하나의 천간에 6개의 지가 배당되는 셈이다. 물론 지지도 마찬가지이다. 한 개의 지지가 천간을 만날 기회는 5번에 불과하다. 그래서 120개의 조합이 아니라 60개의 조합이 된다. 이것이 육십갑자 육갑이다.

두 번째 특징은 육갑은 천간이 10개, 지지가 12개이므로 천간10개가 순서에 의해 지지 10개를 만나면 천간이 소진되는 동안[27] 지지의 두 개는 천간을 만날 수 없는 상황에 놓이게 된다. 즉 천간과의 짝을 짓지 못하고 지지만 홀로서 남게 된다. 천간을 만나는 것은 이미 지지를 만나고 다시 돌아 온 천간과 만나게 된다. 그래서 갑자, 을축, 병인, 이렇게 진행되면 지지 술과 해는 천간을 만나지 못하고 홀로 있게 된다. 이런 경우를 공망(空亡)이라 한다. 그래서 육갑은 반드시 공망이 발생한다.

여기서 알 수 있는 것은 천간과 지지는 반드시 짝이 되어야 한다는 것이다. 천간은 하늘이요, 지지는 땅이다. 천지가 짝이 되어 하나가 될 때 우주가 존재하는 것이다. 천간은 정신의 세계요, 지지는 육체의 세계다. 정신과 육체가 짝이 되어 하나가 될 때 생명이 존재하는 것이다. 천간은 추상적, 이상적 세계요, 지지는 현실적인 세계이다. 이상과 현실이 결합되어야 행복이 존재하는 것이다. 천간은 남편이요 지지는 아내이다. 둘이 결합되어야 가정이 있고 후손이 존재하는 것이다.

그럼으로 천간과 지지는 반드시 결합되어야 하며 천간과 지지로 구분할 수는 있지만 분리되어서는 안 되는 이유이다. 그리고 결합된 천간과 지지는 서로 하나일 때 가장 완벽한 역할과 기능을 하게 된다. 결합은 하였으나 서로를 견제하고 미워한다면

---

[27] 이를 천간 10개가 한번 돌았다 해서 순(旬)이라 하고 갑자의 순으로 돌았다 하면 갑자순이 된다

한 이불속에서 평생을 싸우며 지내는 부부와 같아서 무엇이든 잘될 일이 만무한 것이다.

갑자는 천간 갑(甲)과 지지 자(子)가 하나가 되어 갑자가 된다. 육갑(60갑자)의 첫 번째이다. 별래빈갑자 귀도홀춘화(別來頻甲子 歸到忽春華)라는 표현이 있다. 떠난 뒤 세월 자주 가더니, 돌아와 보니 갑자기 봄빛일세라는 두보(杜甫)의 춘귀(春歸)에 나오는 구절이다. 또한 갑자일에 오는 비를 갑자우(甲子雨)라 한다, 중국 당나라 때 민간에서 말하기를 봄의 갑자일에 비가 오면 적지천리(赤地千里)라 하여 곡식이 안 되는 땅이 천리라고 하였다. 그리고 여름 갑자일의 비는 배를 타고 시장에 가게하며 가을 갑자일의 비는 벼에 싹이 나게 하고 겨울 갑자일 비는 소와 양을 얼어 죽게 한다고 했다[28].

지지 자는 한겨울, 한밤중을 상징한다. 그리고 갑은 나무, 소나무 등을 상징한다. 천간을 중심으로 해석하면 한겨울, 한밤중의 나무가 된다. 또는 물위에 뜬 나무가 된다. 나무로서 자랄 수 있는 물의 공급이 너무 지나쳐 부목(浮木)이 되지 않을 까 불안하다. 따라서 내 뜻대로 되는 것이 쉽지 않다.

지지 중심으로 해석하면 나무 아래 쥐의 모습 또는 위로 치고 올라가려고만 하는 쥐의 형상이다. 첫 번째 쥐, 리더십, 생활력이 강하다. 우두머리. 모든 생명체의 뿌리, 자존심이 세고. 원리 원칙적이다. 미래지향적. 직선적, 고집, 고지식, 보수적, 뻣뻣, 어울리기를 싫어한다. 예민하다. 자기가 하는 것만 꽂힌다. 배려가 부족, 무뚝뚝, 경직, 우쭐, 폼, 소유욕, 욕심, 내실보다 앞서는 것을 좋아한다. 금방 싫증을 내고 뒤처리는 생각하지 않는다, 남한테 고개를 못 숙인다. 배우고 가르치는 일이 적성에 맞다.

어울리는 직업으로 수목업, 주단포목, 섬유, 침술, 역학, 성직자, 천직(직업)으로는 교수, 강사, 아나운서, 의사, 항해사, 연예인, 무역업 등이 좋다. 그리고 적성에 맞는 학과로는 자연과학, 의학, 해양학, 회계학, 신방학, 어문학 등이 좋다.

갑자의 지장간은 임과 계이다. 그리고 공망은 술과 해이다. 임과 계하고는 인연이 깊지만 술과 해하고는 인연이 박하다.

2) 병자(丙子)

병자(丙子)는 천간 병(丙)과 지지 자(子)의 결합이다.

병(丙)은 남녁, 밝다, 빛나다 등을 의미한다. 글자 뜻대로 밝고, 빛나고, 화려하다는 의미가 많다. 세상에 꽃이 화려하게 만발한 형상이다. 그래서 성격도 화려하고 밝다. '태양'을 상징한다. 그래서 병(丙)은 모든 빛과 열의 모체(母體)라 하며 곧 하늘의 태양이라 한다. 태양처럼 밝고 환하다. 매사에 쾌활하고 정열적이며 적극적이고 화끈하다. 높이 떠 있는 태양처럼 이상과 포부가 원대하고 계획이 크며 활동적이다. 사물을 판단하는 안목도 빠르고 정확하다. 깔끔하고 멋을 안다. 세련되고 이상적이다. 매사 공평(모든 사람에게 골고루 빛을 내린다)하며 남을 속이지 못한다. 언변이 좋고 푸짐하여 입으로 벌어먹고 사는 경우가 많다. 저돌적이고 자신만만하다. 호기심이 많고, 움직임이

---

[28] 조야첨재朝野僉載

많고, 자기주장이 강하며 지기를 싫어한다. 화끈하게 리드한다. 스케일이 크다.

반면 불같은 성격의 소유자다. 불같이 급한 성격 때문에 실수도 많고 싫증도 잘 낸다. 감정이 예민하고 내면에는 수심이 항상 있다. 말이 많고 바른 말을 잘하며 자기 속마음을 그대로 노출하는 경향이 있어 구설수가 많다. 매사 입 조심하여야 한다. 스스로 높다고 생각하고 어지간해서는 굽힐 줄 모른다. 너무 강하다 보니 폭발적인 성향이 있다. 무모한 모험이나 투기를 즐기는 경향이 있다. 싸우기도 잘하고 잊기도 잘한다. 속은 간교하기도 하고 허풍스럽기도 하다.

병자(丙子)는 이러한 성향의 병(丙)과 자(子)의 결합이다. 성향이 정반대이다. 그래서 이상과 현실의 차이에서 정신적인 갈등이 많다. 스트레스가 많고 피곤하다. 병은 위로 올라가고 싶은데 자는 아래로 내려가고 싶으니 둘의 마음이 하나가 되지 못하고 힘들어 한다. 그러나 그렇기 때문에 균형을 잡을 수 있는 것이 또한 병자(丙子)이다. 쥐구멍에 비추는 빛 같은 기운이다. 그리고 한겨울의 태양이다. 밝고 명랑한 사람이 많으나 속으로 시름 있다. 천성은 맑고 인자하다. 의관이 바르고 관록이 있다.

병자는 기업의 대표가 제격이다. 리더, 보스기질이 다분하다. 직업으로는 수산업, 철물업, 공업가, 성악가, 금은양은, 타자기술, 인쇄업, 문방구, 목수업 등등이 적합하다. 화려함을 나타내므로 방송, 연예계 등에서의 활약도 기대된다.

공망은 신과 유이다.

3) 무자(戊子)

무(戊)는 무성(茂盛), 우거지다, 만물이 무성하다는 뜻이 있다. 대지를 품에 안은 높고 큰 산과 넓은 벌판, 강과 호수를 막는 제방과 운동장, 넓은 광장이나 황야, 언덕이나 높은 고개, 성곽, 축대를 나타낸다. 대부분 높고 넓으며 굳어 있는 땅, 마른 땅 등을 의미한다.

태산처럼 믿음직스럽고 묵묵하며 온후하고 아량이 넓고 후덕하다. 언행이 신중하고 태산과 같이 흔들리지 않고 뚝심 있게 버티는 성향이 강하다. 주관과 개성이 뚜렷하고 주체의식이 강하여 자기주장을 관철시키는 능력이 있다. 성실하고 책임감이 강하며 신용을 중시한다. 생각이 깊고 질서가 있으며 포용력이 있고 중화, 중용을 지키려 한다. 중립적이다.

반면, 무뚝뚝하고 무표정하여 인정이 없거나 멋이 없어 보이며 음흉하거나 소신이 없어 보이기도 한다. 비밀이 많고 답답하다. 자기 판단을 지나치게 과신하며 아집과 독선이 강하고 교만하다. 고지식하다. 마음이 무정, 건들면 터진다. 고집불통. 잘 바뀌지 않는다. 사납고 욕심이 많다. 욕심 때문에 중화를 잃은 경우가 있고 자기 자신만을 생각하는 이기심이 강하며 사람들과도 어울리지 않고 한 쪽으로 치우치는 경향도 강하다. 이런 경우는 이상과 현실사이의 갈등을 느끼며 세속을 등지는 경우도 많다.

무자(戊子)는 천간(天干)의 무(戊)와 지지의 자(子)가 만나서 이루어진 형국이다. 자의 입장에서 보면 무는 자신을 극하는 존재이다. 무가 천간이므로 정신적, 이성적인 세계가 현실적인 세계에 스트레스를 주는 형국이다. 무겁다. 어둡다.

공망은 오와 미이다. 이와는 인연이 박하다.

4) 경자(庚子)

경(庚)은 별, 나이, 길, 도로(道路), 더욱 더, 바뀌다, 변화(變化), 갚다, 배상(賠償), 잇다, 이어지다 등의 뜻으로 만물의 개혁을 이룩하는 뜻이 있다. 응고(凝固)작용(作用)을 기본으로 한다. 의미상으로 과감, 용단, 의협, 정의, 냉정 등의 뜻을 가지고 있다.

경(庚)은 황색(黃色)의 아름다운 광택(光澤)이 나는 금속(金屬), 질(質)이 무겁고 무르며, 금속(金屬) 중에서 가장 얇게 펴지거나 아주 가늘고 길게 늘어나는 성질을 가진다. 쇠붙이의 통틀어 일컫는다. 돈, 금전(金錢)·금액(金額) 등의 뜻을 나타낸다.

상징물로는 까마귀, 바위, 암석, 대장, 철강, 철재, 금속, 철물, 광업, 탄광, 광산, 기계, 방앗간, 재봉틀, 중기, 파이프, 조선, 차량, 고물, 바위, 도끼, 경찰, 검찰, 보안, 경비, 군인, 바윗돌, 무쇠덩어리, 우박, 서리, 이슬, 원석(가공이 되지 않는 것) 등이 있다.

경자는 이러한 성격을 가진 천간 경(庚)과 지지 자(子)가 결합하여 이루어진 60갑자 중 하나이다. 가을(경)의 수확과 결실을 통해 겨울의 저장, 응고의 과정으로 가는 길이다. 그러므로 두 관계는 양호하다. 특히 자의 입장에서는 경의 지원을 받아 그 힘이 강해진다. 특히 학문적, 철학적으로 강해진다. 교육적인 환경이 조성되는 것이다.

공망은 진과 사이다.

5) 임자(壬子)

임(壬)은 간사(奸邪), 아첨(阿諂), 크다, 성대(盛大), 임신하다의 뜻이 있다. 모든 생물이 잉태되는 정액(精液)의 의미를 가진다. 또한 하나의 씨앗이 새 생명을 얻어 잉태되는 것을 의미한다.

장점으로는 선천적으로 두뇌가 뛰어나고 총명하며 창의력이 좋다. 지혜가 있고 선견지명이 탁월하다. 넓은 바다처럼 다양한 방면에서 박식하다. 매사 의욕이 강하다. 느긋하다. 맑은 물처럼 깨끗한 성품이며 넓은 바다처럼 마음이 넓다. 포용력이 좋고 어디에서나 잘 어울리는 사교성과 적응력 임기응변이 좋다. 타협에도 능하고 가급적 대립하지 않고 다양하게 정을 나누는 성향이 있다. 응집력이 강하다. 재주가 많고 적극적이다. 사교적이어서 부드럽고 지적인 분위기를 연출한다.

단점으로는 바다 속 깊이처럼 그 속 깊이를 알 수가 없다. 속을 잘 내비치지 않아서 음흉하거나 비밀이 많을 것으로 오해를 받는다. 영리하기 때문에 오히려 남을 무시하려는 경향이 있다. 시작에 비해 끝마무리가 부족하고 계획이 자꾸 변질되며 기회주의적 성향으로 변하는 경우가 많다. 때로는 너무 깨끗해서 잘 적응하지 못하거나 음란하거나 본능적인 행동을 나타내기도 한다. 한번 틀어지면 얼음처럼 굳어지고 냉정해지며 차갑다. 의심이 많다. 너무 집착하는 경향이 있다. 자신을 과신하거나 경솔하다. 자주 변하여 신뢰가 떨어지기도 하고 권모술수가 능해서 사기성을 나타내기도 한다. 정이 헤프거나 유흥, 유행에 지나치게 치우쳐서 방탕생활을 할 수 있다.

종교, 철학에 관심이 많고 박력과 패기, 폭력과는 거리가 멀고 노쇠한 경향이 크다. 상징물로는 바다, 강, 호수, 구름, 얼음, 빙산, 유류, 주류, 해운, 연구, 기획, 발상, 발명 등이 있다.

임자(壬子)는 정신적 세계인 임(壬)과 육체적 세계인 자(子)로 구성되어 있다. 때문에 정신의 세계와 육체의 세계가 일치한다. 그만큼 힘이 세고 강하다. 그리고 쥐가 가지고 있는 성격이 그대로 나타나며 오히려 그 성격이 더 강하다. 이러한 성격을 양인(羊刃)이라 하는데 양인이 있으면 그 기운이 세져서 오히려 나쁜 기운, 즉 악기(惡氣)를 불러온다고 한다.

공망은 인과 묘이다.

6) 자와 육갑 요약

자의 육갑은 5가지로 분류하였다. 그 기준은 정신적 세계를 기준으로 분류하였고 정신적 세계는 하늘의 이치와 같으므로 하늘의 기운을 중심으로 분류하였다. 그래서 하늘의 기운인 천간과 5행을 기준으로 분류한 결과 갑자(甲子), 병자(丙子), 무자(戊子), 경자(庚子), 임자(壬子) 등으로 구분할 수 있다.

(표 41)에서 보면 자의 5가지 유형에 대한 특징을 설명했다. 요약하면 갑자는 그 스타일이 프리랜서이다. 자유롭고 천진난만하며 때로는 고집스럽고 앞만 보며 달리려 한다. 직업적으로는 교육, 건축, 농업, 임업 등에 어울리며 투사형에도 이런 스타일이 많다. 다만 정신적으로 굉장히 진취적이고 이상적이지만 현실적으로는 실속을 더 중시하는 이중성을 가지고 있어서 항상 스트레스를 받는다. 그런 스트레스가 그나마 균형을 유지해주는 원동력이 되고 있는 것이다. 그렇지만 결국은 정신적인 지향 점을 향해 현실세계가 희생하는 경향이 많다. 특히 교육적인 분야, 서류적인 분야, 자격증과 관련된 분야에서는 더욱 정신세계가 앞선다.

병자는 정신세계와 육체적 세계가 분리되는 형국이다. 정신세계는 화려함, 정열적, 대중성을 지향하지만 현실세계에서는 응축적, 신중함, 실리적인 면을 지향하기 때문이다. 현실세계가 정신세계에 분리되는 형국이다. 정신세계는 자꾸 위로 올라가려하고 현실세계는 자꾸 밑으로 내려가려 한다. 항상 갈등의 보인다. 그러나 그것으로서 오히려 균형을 유지할 수 있다. 기업가, CEO 스타일이다. 보스적이고 리더십이 좋다. 방송가, 연예계에서도 두각을 낸다. 에너지 분야도 괜찮다.

무자는 정신세계가 현실세계를 억압하는 형국이다. 그래서 현실이 피곤하다. 현실세계가 정신세계로부터 스트레스를 받는다. 상당히 힘겨운 모습이다. 그러나 둘 다 생명력을 키우는데 역할을 하므로 협력하면 오히려 큰 생명체를 잉태할 수 있다. 건설업, 특히 대규모 해양건설 같은 분야가 제격이다.

경자는 정신세계가 현실세계를 지원하는 형국이다. 때문에 현실세계가 풍요롭다. 정신적인 강인함이 보인다. 공부할 수 있는 좋은 여건이며 정서적으로도 좋다. 정신세계나 현실세계가 모두 실용적이다. 그래서 현실이 더 중시된다. 실속 위주이나 너무 어두운 곳을 지향하는 속성이 있다. 정신세계가 강직하므로 장군 스타일이다. 군인, 경찰, 검찰 등 강직성을 요구하는 분야가 어울린다.

임자는 말 그대로 수천지(水天地)다. 하늘도 땅도 온통 물이다. 물과 관련된 적성이다. 직업, 사업, 직장도 모두 이와 관련된 것이 유리하다. 정신세계나 현실세계가 같다. 그래서 현실세계가 더욱 강한 힘을 갖는다. 너무 강하면 부러지듯이 오히려 독이 될 수 있다.

(표 41) 자의 육갑

	갑자(甲子)	병자(丙子)	무자(戊子)	경자(庚子)	임자(壬子)
생년	1864 1924 1984	1876 1936 1996	1888 1948 2008	1900 1960 2120	1912 1972 2032
오행	목형(木型)	화형(火型)	토형(土型)	금형(金型)	수형(水型)
정신 육체	육체→정신	육체↔정신	육체↔정신	육체←정신	육체=정신
특징	프리랜서 교육, 농업	CEO형 예능, 에너지	건설 부동산	검·경찰, 군인 교육자	철학, 심리 기획, 연구
성품	전진, 천진	화려, 정열	중화, 포용	강직, 굳건	온화, 소심
공망 (무연)	개, 돼지 (술(戌), 해(亥))	원숭이, 닭 신(申), 유(酉)	말, 양 오(午), 미(未)	용, 뱀 진(辰), 사(巳)	호랑이, 토끼 인(寅), 묘(卯)

2. 축(丑)과 육갑

1) 을축(乙丑)

을축은 천간 을과 지지 축이가 하나가 되어 을축이 된다. 천간 을은 새, 제비, 초목, 화초, 넝쿨, 상상력, 교육, 비행기, 잔가지, 가위, 집게 등을 상징한다. 이른 봄에 초목(草木)의 싹이 트려고 할 때 추위 때문에 웅크리고 있는 모양을 나타낸다. 만물이 싹을 터서 지표에 나온다는 뜻으로 유약, 예민, 의지, 허약함을 의미하기도 한다. 감각이 섬세하고 멋을 추구하며 문학이나 예술에 재능이 많다. 특히 손재주가 좋다. 비록 여리고 약하다고 하나 주변 환경에 따라서 강인한 힘을 내기도 한다.

지지 축은 소를 상징한다. 축(丑)은 수갑(手匣), 못생기다, 밉다, 못되다, 나쁘다, 미워하다 등의 뜻을 가졌다. 얽 메인 상태, 묶여 있는 상태를 의미하며 대지, 땅, 석빙고, 냉동저장고, 가랑비, 흙, 종교, 철학 등을 상징한다.

천간 을을 중심으로 해석하면 차갑게 얼어 있는 땅에 피어있는 화초라고 생각하면 그 질긴 생명력을 이해할 수 있을 것이다. 그러나 그러한 생명력은 결국 차갑고 험한 과정을 이겨낸 결과이기 때문에 인생의 굴곡을 대변하기도 한다. 또한 을축은 진흙 속에 핀 환하고 아름다운 연꽃을 연상시킨다. 온화하고 부드럽고 합리적이다. 진흙 속에서 꽃을 피우는 것처럼 강한 신념과 고집이 있다. 외유내강으로 인내심이 강해 어떤 일이든 해내고야 만다. 그러나 은근히 까다롭고 내성적이다. 사람을 가려 사귀는 경향이 있고 자기주장도 강하고 흑백이 너무 분명하다.

그리고 지지를 중심으로 해석하면 을이 사교성이 있고 여기저기 돌아다니기를 좋아하므로 사교적이며 활동적인 소라고 해석할 수 있다. 한마디로 사교적인 소이다. 감각이 섬세하고 멋을 추구하며 문학이나 예술에 재능이 많은 소이다. 부드럽고 유약하게 보이나 무리하지 않고 다른 사람들과 항상 어울리기를 좋아하면 인화에 힘쓴다. 환경적응력이 뛰어나고 끈질긴 생명력을 지니고 있으며 뚫고 나가는 힘과 끈기에는 따를 자가 없으며 어떠한 난관에도 굴하지 않는다. 다만 내적인 면이 강해 외부 작용에 민감한 반응을 보이고 남에게 간섭받기를 싫어하고 대쪽 같은 성격을 고집하기도 한다.

을축의 지장간은 계, 신, 기이다. 이들과의 인연은 많지만 공망이 술과 해이므로 술과 해하고의 인연은 박하다고 할 수 있다.

2) 정축(丁丑)

정축이란 천간 정(丁)과 지지 축의 조합이다. 정(丁)이란 장정(壯丁), 일꾼, 부스럼, 세차다, 강성(强盛), 친절(親切)의 의미이다. 못의 모양을 본뜬 글자이다. 정(丁)은 유화, 온순을 관장한다. 정화(丁火)의 속성은 용광로나 화롯불 같은 불이다. 정열, 온순, 집요, 연구, 온정, 별, 은하계, 등불을 상징한다.

깔끔하다. 봉사정신이 좋다. 부드럽다. 그러나 눈에 띄지 않는다. 은은하고 단정하며 성실하다. 예의를 갖춘다. 어린이나 노인들을 잘 돌본다. 좀처럼 속을 드러내지 않는다. 소극적이다. 서두르지 않는다. 느리지만 성실히 끈기 있게 마무리한다. 현실에 더 관심이 많다.

생명의 기운이 하늘 높이 치솟아 하늘에 다다랐다는 의미로 만물이 성숙하여 힘이 넘치는 늠름한 변화의 모습을 상징한다. 살아있는 불로서 그 생명력을 대단히 강하다.

장점으로는 헌신적이고 봉사적이며 선비정신이 강하다. 고지식하며 잔꾀를 부리지 않는다. 따뜻한 난로처럼 훈훈하며 예의가 바르고 다른 사람들과 잘 사귀며 많은 사람들이 따른다. 겉으로는 덜렁대거나 급한 성격으로 보이나 속으로는 생각이 깊고 넓으며 의협심과 강개(慷慨)심이 있어 약한 사람을 잘 돕는다. 활발하고 부지런하며 친절하다. 생활력이 강하고 다부진 면이 있어 일단 착수하면 몸을 사리지 않고 열중한다.

단점으로는 평소 약해 보이다가 갑자기 폭발하는 성향이 있다. 상대방이 불성실하면 혐오하거나 옳고 그름을 따지는 성향이 있어 괜시리 미움을 산다. 자신의 실리를 챙기지 못하며 군중속의 고독을 느끼고 한번 미워하면 아무리 잘해도 좋게 안보려는 성향이다. 염세적인 경향을 보이기도 하고 종교, 철학 등 고차원적인 세계에 너무 빠지고 남의 고민까지 사서하는 쓸데없는 잡념으로 시간을 낭비한다. 마음에 숨겨두지 않고 내뿜는 기질 때문에 감정을 숨기지 않고 완벽한 스타일을 좋아한다.

정축은 예의바르고 헌신적이고 봉사적이며 선비정신이 강한 소이다. 활발하고 부지런하며 친절하다. 생활력이 강하고 다부지다. 대체적으로 약한 듯 하면서도 강하고 강한듯하면서도 부드러우며 부드럽고 조용한듯하면서도 폭발적인 면을 가지고 있다.

공망은 신과 유이다.

3) 기축(己丑)

기축이란 천간 기(己)과 지지 축의 결합이다. 기(己)는 몸, 자기(自己), 자아(自我)의 뜻이다. 온화, 충실, 근검, 순정, 겸손, 구름, 전원(田園)을 의미한다.

침착하고 사고를 깊이 하며 매우 사교적이고 감정은 사려(思慮), 토형은 온후하고 침착하게 모든 일에 심사숙고하며 관찰력이 빠르고 상식적이긴 하지만 결단력이 약하다.

기(己)는 어머니, 대지 등의 상징한다. 때문에 포용력이 좋다. 있는 듯, 없는 듯하지만 편안하고 어루만지는 힘이 있다. 나서지 않고 주로 잘 듣는다. 불만이 있어도 참고 이해한다. 많은 것을 알면서도 드러내지 않는다. 그래서 많은 사람들이 따르고 좋아한다. 자기주장이 약하다. 그러나 화가 나면 무섭다.

기(己)는 만물이 완전하게 성숙하고 성립했다는 의미이다. 즉 외부로만 발전하던 것이 내부로 들어와 완벽하게 충실해지는 것을 말한다. 어머니로서 잉태한 상태이다.

기축(己丑)은 넓은 대지, 어머니와 같은 소이다. 포용력이 좋고 있는 듯, 없는 듯 하지만 편안한 소이다. 나서지 않고 주로 잘 듣는다. 불만이 있어도 참고 이해한다. 많은 것을 알면서도 드러내지 않는다. 그래서 많은 사람들이 따르고 좋아한다.

공망은 오와 미이다.

4) 신축(辛丑)

신(辛)은 맵다, 독(毒), 괴롭다, 고생하다, 슬프다, 살생(殺生), 허물, 큰 죄(罪), 새 것(=新), 오곡을 새로이 수확하여 수장한다는 뜻이 있다. 단순, 치밀, 분석, 섬세하다.

신(辛)은 늦가을에 해당한다. 단단한 결정체이며 씨앗이다. 완전히 익은 과일, 곡식, 내실이다. 빛나는 보석이다. 면도칼, 찬서리, 싸늘함, 살벌함 등의 느낌이다. 모든 초목을 순식간에 자른다. 섬세하고 날카롭다. 단정하고 깔끔하다. 내실이 견고하며 이성적, 논리정연하다. 자기중심적이다. 자질구레한 것이 싫고 싫은 것은 관심도 없다. 보석처럼 빛난다. 그래서 가끔 혼자 잘났다. 머리가 좋고 이해력이 빠르다. 모든 일을 기억한다. 자존심이 강하다. 자존심에 상처를 받으면 끝까지 복수한다. 태양을 만나면 빛난다.

쇳물, 주방기기, 기계부속, 바늘, 보석, 도금, 귀금속, 장신구, 세공, 금, 은, 시계, 정밀기계, 스프링, 화화기계, 계산기, 광학, 경금속, 서리, 구슬의 의미를 갖고 있다. 만물의 새로운 탄생을 의미한다. 예리하고 이론적이며 치밀하고 결단력이 있으며 감정은 비우(悲憂),

장점으로는 섬세하고 깔끔하며 겉으로는 약해보이나 속으로는 야무지고 샤프하다. 스마트하다. 감수성이 예민하고 정에 좌우되기 쉬울 것 같으나 매사 정확하고 치밀하며 단호하다. 용모가 단정하며 언행이 유순하며 항상 새로운 것을 추구하고 멋을 알며 유행을 앞서간다. 어느 곳에서나 능력을 인정받는다. 기획능력이나 계산능력이 뛰어난다.

단점으로는 자존심이 너무 강하거나 욕심이 많고 자기가 최고라는 자아도취에 빠질 위험이 많다. 다른 사람들의 비난이 있을 수 있으니 매사 겸손하고 부드러워야 한다. 냉혹함과 독설이 강하고 한 쪽으로 치우칠 경향이 많다. 기개가 부족하고 야생적이지 못하다. 스스로 파란을 일으킬 소지가 많다. 이성의 유혹을 많이 받는다. 너무 청백하거나 순수함이 지나쳐 냉정하거나 까다로운 일면으로 변해 어지간한 사람이라도 비위를 맞추기가 힘들다.

신축(辛丑)은 섬세하고 깔끔하며 겉으로는 약해보이나 속으로는 야무지고 샤프하고 스마트한 소이다. 매사 정확하고 치밀하며 단호하다. 용모가 단정하며 언행이 유순하며 항상 새로운 것을 추구하고 멋을 알며 유행을 앞서간다. 어느 곳에서나 능력을 인정받는다. 기획능력이나 계산능력이 뛰어난다. 자존심이 너무 강하거나 욕심이 많고 자기가 최고라는 자아도취에 빠질 위험이 많다. 다른 사람들의 비난이 있을 수 있으니 매사 겸손하고 부드러워야 한다.

공망은 진과 사이다.

5) 계축(癸丑)

계(癸)는 헤아리고 분별한다는 의미를 지녔다. 땅속에서 길러져서 씨앗이 다시 나오고자 태어날 때를 기다리는 의미가 있다. 지하세류의 수(水)이다. 겸손, 냉정, 소극, 분별, 민감 등의 성정을 가졌다.

겨울과 봄의 전환점에 해당, 어두움과 밝음, 명랑과 우울의 이중성이 있다. 환경에 잘 적응하며 누구랑도 친해진다. 발랄하고 재잘거린다. 감성이 풍부하고 분위기 조절을 잘하며 변덕이 있다. 말하기 좋아하고 감정이 풍부하며 한곳에 집중을 못하니 한 분야에서 전문가가 되기 어렵다.

봄장마, 우로(雨露)를 상징한다. 졸졸졸 흐르는 샘물이나 생수, 활수, 원천, 윤하수 등으로서 항상 흘러내리는 물로서 만물을 자양하는 근본이다.

장점으로는 지모(智謀)가 뛰어나고 아이디어가 특출하며 준법정신과 임기응변에 능하다. 변화에 민감하고 대응력이 뛰어난다. 매사 조용히 노력하며 순종과 애교가 겸비되었다. 심리파악을 잘하며 자상하다. 자유자재로 변신하며 환경에 따른 적응력이 뛰어나다.

단점으로는 줏대가 없어 보이고 자기 꾀에 자신이 당하는 경우가 많다. 참모나 보좌역할이 어울린다. 많이 알지만 실천이 부족하고 어려움을 보면 말로서 다하고 실천은 못한다. 변덕스럽고 지조가 없는 이중성격자로 보이며 너무 비밀스럽게 감추는 것이 많아 보여 오해를 받을 수 있다.

정적이요 이성적이며 감동적이고 감정은 경공(驚恐)이라 하였다. 깊이 생각하고 감수성이 예민하며 본능적 경향이 있고 다정다감한 온정이 있는 반면에 실천력이 약하고 의뢰심이 많다.

계축(癸丑)은 지모(智謀)가 뛰어나고 아이디어가 특출하며 준법정신과 임기응변에 능하다. 변화에 민감하고 대응력이 뛰어난 소이다. 참모나 보좌역할이 어울린다. 많이 알지만 실천이 부족하고 어려움을 보면 말로서 다하고 실천은 못 한다

공망은 인과 묘이다.

6) 축의 육갑 종합요약

축의 육갑을 5가지로 분류하였다. 그 결과 을축(乙丑), 정축(丁丑), 기축(己丑), 신축(辛丑), 계축(癸丑) 등으로 구분할 수 있다.

(표 42) 축의 육갑

	을축(乙丑)	정축(丁丑)	기축(己丑)	신축(辛丑)	계축(癸丑)
생년	1865 1925 1985	1877 1937 1997	1889 1949 2009	1901 1961 2121	1913 1973 2033
오행	목형(木型)	화형(火型)	토형(土型)	금형(金型)	수형(水型)
정신 육체	육체↔정신	육체←정신	육체=정신	육체→정신	육체↔정신
특징	사업가 예능, 문학	교육자	중개자	금융, 경리, 기획	참모, 보좌
성품	사교, 예민, 유약	정열, 온순, 집요, 온정	충실, 근검, 순정, 겸손	단순, 치밀, 분석, 섬세	냉정, 소극, 분별, 민감
공망 (무연)	개, 돼지 (술(戌), 해(亥))	원숭이, 닭 신(申), 유(酉)	말, 양 오(午), 미(未)	용, 뱀 진(辰), 사(巳)	호랑이, 토끼 인(寅), 묘(卯)

(표 42)에서 보면 을축는 그 스타일이 사업가 또는 예능인이다. 사교적인 소이다. 감각이 섬세하고 멋을 추구하며 문학이나 예술에 재능이 많은 소이다. 부드럽고 유약하게 보이나 무리하지 않고 다른 사람들과 항상 어울리기를 좋아하면 인화에 힘쓴다. 환경적응력이 뛰어나고 끈질긴 생명력을 지니고 있으며 뚫고 나가는 힘과 끈기에는 따를 자가 없으며 어떠한 난관에도 굴하지 않는다. 온순하고 인자하며 고상한 것을 좋아하고 항상 바쁘다. 노력은 하나 실속이 없고 고집이 세서 모든 것을 그르칠 수 있다. 건강에 유의하여야 한다. 직업으로는 사업, 여행, 레저, 예능, 문학, 철학 등이 적합하다.

정축은 헌신적이고 봉사적이며 선비정신이 강하다. 고지식하며 잔꾀를 부리지 않는다. 따뜻한 난로처럼 훈훈하며 예의가 바르고 다른 사람들과 잘 사귀며 많은 사람들이 따른다. 겉으로는 덜렁대거나 급한 성격으로 보이나 속으로는 생각이 깊고 넓으며 의협심과 강개(慷慨)심이 있어 약한 사람을 잘 돕는다. 활발하고 부지런하며 친절하다. 총명하고 지혜가 뛰어나며 생활력이 강하고 외유내강이다. 교육자 또는 사회사업가, 복지사 등이 어울린다.

기축(己丑)은 포용력이 좋다. 있는 듯, 없는 듯하지만 편안하고 어루만지는 힘이 있다. 나서지 않고 주로 잘 듣는다. 불만이 있어도 참고 이해한다. 많은 것을 알면서도 드러내지 않는다. 그래서 많은 사람들이 따르고 좋아한다. 자기주장이 약하다. 그러나 화가 나면 무섭다. 마음은 착실 온순하나 침묵하고 겸손하며 양심적이다. 사회활동이나 남의 뒷바라지를 잘한다. 희생적이고 인내심이 좋다. 상담사, 중개사와 같은 직업이 좋다.

신축(辛丑)은 섬세하고 깔끔하며 겉으로는 약해보이나 속으로는 야무지고 샤프하다. 스마트하다. 감수성이 예민하고 정에 좌우되기 쉬울 것 같으나 매사 정확하고 치밀하며 단호하다. 용모가 단정하며 언행이 유순하며 항상 새로운 것을 추구하고 멋을 알며 유행을 앞서간다. 어느 곳에서나 능력을 인정받는다. 기획능력이나 계산능력이 뛰어난다. 호기심이 많고 동경하는 사색가의 성품이며 비판 능력이 있다. 학문, 예술에서 성공할 가능성이 있다. 고집이 세고 마음이 곧고 깔끔하며 남에게 지기 싫어하고 자기의 마음에 들어야 움직인다. 교육, 기획, 금융업 등이 유리하다.

계축(癸丑)은 지모(智謀)가 뛰어나고 아이디어가 특출하며 준법정신과 임기응변에 능하다. 변화에 민감하고 대응력이 뛰어난다. 매사 조용히 노력하며 순종과 애교가 겸비되었다. 심리파악을 잘하며 자상하다. 자유자재로 변신하며 환경에 따른 적응력이 뛰어나다. 계산에 능하고 종교적 심성이 깊으며 인정이 많다. 소심하고 소극적이다. 공부에 집중하면 성공할 수 있다. 지략가이므로 리더보다는 참모형, 보좌형이 좋다.

3. 인(寅)과 육갑

1) 갑인(甲寅)

갑인(甲寅)은 천간 갑(甲)과 지지 인의 조합이다.

갑(甲)은 첫째, 싹트다, 새싹이 싹트면서 아직 씨앗 껍질을 뒤집어쓰고 있는 모양을 본뜬 글자로 싹이 나기 시작한다는 뜻이다. 주변을 살피지 않고 앞으로 전진하려는 성향과 위로 계속 뻗어나려는 성향이 강하다. 처음·제일을 뜻한다. 강직, 낭비, 고집, 두각, 독립 등의 성격을 의미한다.

갑인(甲寅)이란 이러한 갑(甲)의 기운과 인(寅)의 기운이 결합된 것이다. 정신적인 면은 미래지향적이며, 이상적, 희망적인 성격인데 현실적, 본능적으로도 미래지향적이며, 이상적, 희망적인 성격이다. 때문에 이상과 현실세계가 동일시된다. 한마디로 위로 앞으로 나가려는 성향이 가득하다. 자립심이 강하고 주관이 확고하고 고집이 세다. 고독하다. 청렴하고 부정과 타협이 없다. 장남이거나 장남 노릇한다. 움직이고 싶어 안달이 난 갑(甲)과 달리고 싶어 좀이 수신 인(寅)이 만났으니 잠시도 가만히 있지 못하고 내달리기 바쁘다. 활동성과 에너지가 넘친다.

이런 이유로 책임자, 리더, 보스 등의 기질이 있다. 그러나 하위직에서 상위자를 보필하는 것은 어울리지 않는다. 때문에 독립적인 분야에서 두각을 나타낼 수 있다. 한마디로 앞서서 나가니 산자에 따르라. 이렇게 외치며 선봉에 선 투사와 같다.
 공망은 자와 축이다.

2) 병인(丙寅)

 병인(丙寅)은 천간 병(丙)의 기운을 받은 호랑이이다. 병(丙)은 불꽃을 뿜으며 타오르는 염상(炎上)의 형국이다. 자형(字形)을 보면 불이 타고 있는 모양이다. 화산이 불을 뿜는 모양이라고도 일컬어진다. 여름에는 가장 왕성하고 봄에는 생기가 무성하다. 가을에는 약해져서 겨울에 그 기력을 잃는다.
 병인(丙寅)은 이러한 성향의 병(丙)과 인(寅)의 결합이다. 꿈이 크다. 허영, 사치가 있다. 멋을 부릴 줄 알며 착실하나 실속이 없다. 낭비가 심하다. 급하고 강한 성품에 손해를 많이 본다. 외로운 운명을 가지고 있다. 초목에 태양이 빛난다. 생지를 만나 힘이 넘친다. 밝고 화려하다. 뒤끝이 없고 진취적 기상이 있다. 모든 사람들의 눈에 띄는 일을 많이 한다. 경솔한 행동, 겉으로는 수완가이다. 지혜가 있고 인정이 있다. 교육자가 좋다. 힘이 있고 능력이 있다. 지장간에 병이 있어 하늘의 기운이 뿌리가 있다. 부지런히 활동하면서 능력을 발휘한다.
 병인은 교육자다. 활동적인 교육자이다. 기업을 이끄는 리더도 좋다. 직업으로는 목, 화와 관련된 업종이 좋다. 철물업, 공업가, 성악가, 금은양은, 타자기술, 인쇄업, 문방구, 목수, 법관 등등이 적합하다. 화려함을 나타내므로 방송, 연예계 등에서의 활약도 기대된다.
 공망은 술과 해이다.

3) 무인(戊寅)

 무인(戊寅)은 이렇듯 천간(天干)의 무(戊)와 지지의 인이 만나서 이루어진 형국이다. 상극의 관계이다. 인의 입장에서 보면 무는 자신이 극하는 존재이다. 정신적, 이성적인 세계에 대해 현실적인 세계가 따라주지 않으니 하늘에 스트레스를 주는 형국이다.
 현실이 버겁다. 정신적인 스트레스가 심하다. 마음이 긴장되고 조심스럽다. 속세를 떠나서 산속으로 숨고 싶다. 겉으로는 강한 것 같으면서도 내적으로는 소심해서 큰일을 못하고 쉽게 포기하는 성격이다. 인격은 고상하고 관후하다. 방해하는 자가 따르면 낭비가 심하다. 산속의 호랑이, 민둥산의 외로운 고목이다. 활동적이고 욕심이 많다. 개척자, 담력은 있는데 마음이 약하다. 공직이나 교육계가 좋다
 공망은 신과 유이다.

4) 경인(庚寅)

 경인(庚寅)은 천간 경(庚)과 지지 인(寅)이 결합하여 이루어진 갑자이다. 백호이다. 경쟁에서 지는 것을 싫어하고 혼자 다니길 좋아한다. 용기가 좋으나 실패하면 바로 좌절한다. 처음은 있으나 끝이 없다. 노력이 헛되기 쉽다. 처세가 좋고 영리하며 돈보다

명예를 더욱 중요시한다. 평범한 것을 싫어하며 고생을 하면서도 큰일을 생각한다. 마음은 허영심이 많고 금전을 경시하며 인심은 호탕하고 풍류를 즐기는 팔방미인격이다. 정치적, 외교적, 억지가 있고 항상 불안하며 교제도 좋지 못하고 성급하다. 모든 일에 무관심하다. 호색가다. 좋은 충고는 잘 안 듣는다. 독단적이다. 태연함 속에 두려움이 있다. 자신을 감추고 싶어 한다.

경인은 오와 미가 공망이다.

5) 임인(壬寅)

임인(壬寅)은 정신적 세계인 임(壬)과 육체적 세계인 인(寅)으로 구성되어 있다. 밤, 겨울의 호랑이다. 무서울 것도 없고 아부할 것도 없다. 힘이 세다. 인내력이 있고 태연하다. 마음이 넓다. 타인을 돕는다. 사람이 많이 따른다. 거절을 못한다. 풍족한 생활 일찍 독립, 성공적인 생활, 분주하다. 여자는 생활력이 강하다. 잉태 시기다. 처세술이 좋고 기상이 굳고 의지력이 대단하다. 부지런하고 이기적인 면이 있다. 급한 성격. 온화하고 남을 돕는다. 착하다. 알뜰하다. 온순하다. 하늘이 넓은 바다와 같고 그 바다는 모성이 되어 호랑이를 지원한다. 호랑이로서는 힘이 좋다. 활발하다. 움직이는데 에너지가 풍부하다.

진과 사가 공망이다.

6) 종합요약

인의 육갑을 5가지로 분류하였다. 분류한 결과 갑인(甲寅), 병인(丙寅), 무인(戊寅), 경인(庚寅), 임인(壬寅) 등으로 구분할 수 있다. (표 43)에서 보면 인의 육갑 5가지 유형에 대한 특징을 설명했다.

(표 43) 인의 육갑

	갑인(甲寅)	병인(丙寅)	무인(戊寅)	경인(庚寅)	임인(壬寅)
생년	1854 1914 1974	1866 1926 1986	1878 1938 1998	1890 1950 2110	1902 1962 2022
오행	목형(木型)	화형(火型)	토형(土型)	금형(金型)	수형(水型)
정신 육체	육체=정신	육체→정신	육체↔정신	육체↔정신	육체←정신
특징	프리랜서 교육, 농업	CEO형 예능, 에너지	건설 부동산	검·경찰, 군인 교육자	철학, 심리 기획, 연구
성품	전진, 천진	화려, 정열	중화, 포용	강직, 굳건	온화, 소심
공망 (무연)	쥐, 소 자(子), 축(丑)	개, 돼지 술(戌), 해(亥)	원숭이, 닭 신(申), 유(酉)	말, 양 오(午), 미(未)	용, 뱀 진(辰), 사(巳)

4. 묘(卯)의 육갑

1) 을묘(乙卯)

을묘(乙卯)은 천간 을(乙)의 기운을 받은 토끼이다. 묘의 기본성향과 을의 성향을 닮은 토끼를 말한다. 사교적이고 여기저기 돌아다니기를 좋아한다. 땅 위에 솟은 새싹. 초원의 토끼. 인정이 많다. 소심하고 독립심이 약하다. 아름다운 세계를 동경. 순진함. 외유내강, 고집 때문에 하는 일이 실패. 밖에서는 호인. 안에서는 무정. 부모와 뜻이 안 맞고 장남 역할을 하며 자수성가. 밖에서는 호인 안에서는 냉담. 여자는 겉으로는 부드러우나 고집 세다. 남자를 이기니 남편 덕이 없다. 성실, 치밀, 분명한 성격. 대쪽같은 성품. 결단력. 성사시키지는 못한다. 처를 해하고 복록이 심후. 여자는 남편을 이기려 들고 첩이면 본처자리로 들어가는 운명.

수목업, 주단포목, 섬유, 의약, 피복, 지물, 전기, 금융, 법학, 금은양은, 금속, 토지건축, 목축업불가, 적성에 맞는 학과 또는 전공은 의학, 공학, 문학, 철학, 유아교육, 의상 등이며 천직(직업)으로 교수, 의사, 언론인, 출판업, 가구업, 디자이너, 인기직종이 좋다.

공망은 자와 축이다.

2) 정묘(丁卯)

정묘란 천간 정(丁)의 기운을 받은 묘(卯)이다. 정묘는 예의바르고 헌신적이고 봉사적이며 선비정신이 강한 토끼이다. 활발하고 부지런하며 친절하다. 생활력이 강하고 다부지다. 대체적으로 약한 듯하면서도 강하고 강한 듯하면서도 부드러우며 부드럽고 조용한 듯하면서도 폭발적인 면을 가지고 있다.

달과 토끼의 정겨운 모양. 포부는 있지만 추진력은 약하다. 노력에 비해 성과가 적다. 외면은 온순하지만 승부기질과 저돌성이 있다. 머리가 우수. 학업이 우수. 그러나 병지에 있어 실속이 적다. 용두사미격(토끼)이므로 참모역할이 알맞다. 인정 있고 눈치 빠르고 화끈하지만 신경질적이고 질투가 심하다. 예술, 의술, 신비한 것을 좋아하지만 재물을 경시해 지출, 낭비가 있다. 신체 허약, 여자는 온순, 중년에 남편과 생리사별이 염려되며 가운으로 고생한다. 직업으로는 수화업, 수산업, 철물업, 공업가, 성악가, 금은양은, 타자기술, 인쇄업, 문방구, 목수.

적성에 맞는 학과, 전공은 문학, 철학, 의류학, 교육학, 신방학, 임학, 의학가 좋고 천직(직업)은 교수, 강사, 방송인, 디자이너, 연예인, 의사가 좋다.

공망은 술과 해이다.

3) 기묘(己卯)

기묘란 천간 기(己)의 기운을 받은 토끼이다. 침착하고 사고를 깊이 하며 매우 사교적이고 감정은 사려(思慮), 온후하고 침착하게 모든 일에 심사숙고하며 관찰력이 빠르고 상식적이긴 하지만 결단력이 약하다. 만물이 완전하게 성숙하고 성립했다는 의미이다. 즉 외부로만 발전하던 것이 내부로 들어와 완벽하게 충실해지는 것을 말한다. 어머니로서 잉태한 상태이다.

기묘(己卯)는 넓은 대지, 어머니와 같은 토끼이다. 포용력이 좋고 있는 듯, 없는 듯 하지만 편안한 토끼이다. 나서지 않고 주로 잘 듣는다. 불만이 있어도 참고 이해한다. 많은 것을 알면서도 드러내지 않는다. 그래서 많은 사람들이 따르고 좋아한다.
논밭의 잡초나 곡식. 들판의 토끼. 타인과 융화하기 어렵다. 자상하고 꼼꼼한 성격. 편관이므로 권력기관 또는 건달. 양지와 물가를 수수로 찾아가야 한다. 그래서 화, 수가 있으며 좋다. 명석한 두뇌지만 편관이므로 안하무인의 기질도 있다

남을 멸시하는 성품. 소심, 심성이 약하여 제반 일에 자주 흔들린다. 변덕이 많고 남에게 의지하며 비굴할 정도로 겸손하다. 대중 앞에서는 수줍어하고 힘을 발휘 못하지만 식구끼리는 큰소리친다. 항상 자기주장을 내세운다. 때로는 온후, 독실하며 고요함을 즐기나 가정에 무관심하며 절약할 줄 모르고 허비가 많다. 청소년 시절에는 부모 생사이별하며 헛된 공상이 많고 방탕기질도 있다. 여성은 일지 자체에 관살혼잡이 된다.

적성에 맞는 학과, 전공은 의학, 임학, 문학, 철학, 신방학, 의상학, 예능계열이 좋고 천직(직업)으로는 교수, 강사, 언론인, 영농업, 디자이너, 연예인이 좋다.

공망은 신과 유이다.

4) 신묘(辛卯)

신(辛)은 단단한 결정체이며 씨앗이다. 완전히 익은 과일, 곡식, 내실이다. 빛나는 보석이다. 면도칼, 찬서리, 싸늘함, 살벌함 등의 느낌이다. 쇳물, 주방기기, 기계부속, 바늘, 보석, 도금, 귀금속, 장신구, 세공, 금, 은, 시계, 정밀기계, 스프링, 화화기계, 계산기, 광학, 경금속 등으로 해석한다. 예리하고 이론적이며 치밀하고 결단력이 있으며 감정은 비우(悲憂),

신묘(辛卯)는 섬세하고 깔끔하며 겉으로는 약해보이나 속으로는 야무지고 샤프하고 스마트한 토끼이다. 매사 정확하고 치밀하며 단호하다. 용모가 단정하며 언행이 유순하며 항상 새로운 것을 추구하고 멋을 알며 유행을 앞서간다. 어느 곳에서나 능력을 인정받는다. 기획능력이나 계산능력이 뛰어난다. 자존심이 너무 강하거나 욕심이 많고 자기가 최고라는 자아도취에 빠질 위험이 많다. 다른 사람들의 비난이 있을 수 있으니 매사 겸손하고 부드러워야 한다.

하얀 토끼, 낫으로 풀을 벤다. 절단된 초목. 침착성이 부족하고 일의 진행에 차질이 있다. 의혹이 심하고 조심성이 많다. 남자는 처궁이 부실해 질 수 있다. 신경이 예민하여 초조 불안하고 손재수가 있다. 여성은 부덕이 약하다. 절지는 무란 뜻이니 없는 것과 마찬가지다. 새로 생길 때까지 기다려야 하는 고통이 있다. 솔직 담백. 변덕이 심하다. 항상 불안하고 침착할 때는 아주 침착하고 급할 때는 아주 급하다. 신경이

날카로우며 맺고 끊는 게 분명하다. 매사에 곧은 편이니 주위사람들이 싫어하므로 인자해 질 필요가 있다. 호색망신과 방탕주의로 신용을 잃는다. 금목이 상전하니 부부불화, 이별, 별거하게 되며 금전을 경시하는 습성.

적성에 맞는 학과, 전공은 의학, 문학, 어문, 교육, 신방, 철학, 의상, 예능이 좋고 천직(직업)은 공무원, 교수, 의사, 언론인, 출판업, 디자이너, 무역업, 인기직종이 좋다.

공망은 오와 미이다.

5) 계묘(癸卯)

계(癸)는 헤아리고 분별한다는 의미를 지녔다. 봄장마, 우로(雨露)를 상징한다. 졸졸졸 흐르는 샘물이나 생수, 활수, 원천, 윤하수 등으로서 항상 흘러내리는 물로서 만물을 자양하는 근본이다.

정적이요 이성적이며 감동적이고 감정은 경공(驚恐)이라 하였다. 깊이 생각하고 감수성이 예민하며 본능적 경향이 있고 다정다감한 온정이 있는 반면에 실천력이 약하고 의뢰심이 많다.

계묘(癸卯)는 지모(智謀)가 뛰어나고 아이디어가 특출하며 준법정신과 임기응변에 능하다. 변화에 민감하고 대응력이 뛰어난 소이다. 참모나 보좌역할이 어울린다. 많이 알지만 실천이 부족하고 어려움을 보면 말로서 다하고 실천은 못 한다

봄에 비가 오면 초목을 키우게 되니 인심이 후하고 의식이 풍족하다. 총명하고 다정다감하며 선하다. 호감 사는 인상으로 인기도 있다. 천성은 착하지만 간혹 사납게 변한다. 겉으로는 강하나 내심 여리고 지구력이 약하다. 창의적인 기획이나 아이디어가 강하다. 성품으로 총명하고 남을 존경할 줄 안다. 음식솜씨가 좋고 만들어 먹는 취미가 있고 조용하게 담소하며 예술과 문학에 소질이 있으며 남자는 의지력은 약하며 주색을 즐긴다. 여자는 좋은 인상으로 호감을 산다. 남편에게 헌신하고 충실하지만 불만이 있을 수 있어 자신도 모르게 엉뚱한 생각을 할 수가 있다. 남녀간 모두 뚱뚱한 편이며 식성 좋고 마음은 관후하며 이해심이 많아 세인의 존경을 받는다.

적성에 맞는 학과, 전공은 수학, 물리학, 의학, 문학, 철학, 교육학, 의상, 예능 등이 좋고 천직(직업)은 교수, 의사, 금융계, 언론인, 디자이너, 인기직종이 좋다.

공망은 진과 사이다.

6) 종합

묘의 육갑을 를 5가지로 분류하였다. 분류한 결과 을묘(乙卯), 정묘(丁卯), 기묘(己卯), 신묘(辛卯), 계묘(癸卯) 등으로 구분할 수 있다. (표 44)에서 보면 묘의 육갑 5가지 유형에 대한 특징을 설명했다.

(표 44) 묘의 육갑

	을묘(乙卯)	정묘(丁卯)	기묘(己卯)	신묘(辛卯)	계묘(癸卯)
생년	1855 1915 1975	1867 1927 1987	1879 1939 1999	1891 1951 2111	1903 1963 2023
오행	목형(木型)	화형(火型)	토형(土型)	금형(金型)	수형(水型)
정신 육체	육체=정신	육체→정신	육체↔정신	육체↔정신	육체←정신
특징	사업가 예능, 문학	교육자	중개자	금융, 경리, 기획	참모, 보좌
성품	사교, 예민, 유약	정열, 온순, 집요, 온정	충실, 근검, 순정, 겸손	단순, 치밀, 분석, 섬세	냉정, 소극, 분별, 민감
공망 (무연)	쥐, 소 자(子), 축(丑)	개, 돼지 술(戌), 해(亥)	원숭이, 닭 신(申), 유(酉)	말, 양 오(午), 미(未)	용, 뱀 진(辰), 사(巳)

5. 진(辰)의 육갑

1) 갑진(甲辰)

갑진(甲辰)은 천간 갑(甲)의 기운을 받은 용이다. 갑(甲)과 진(辰)의 결합이다. 형상을 보면 갑이 진에 뿌리를 내리고 있는데 진은 습토이므로 충분히 의지를 할 수가 있는 것으로 봐도 되겠다. 그래서 갑진의 갑목은 세력을 얻었다고 해석을 해도 된다.

갑의 성정을 형상화하여 곡직(曲直)이라 한다. 이는 굽거나 곧은 것을 말한다. 그래서 그 성질이 대단히 곧고, 강하고, 딱딱하고 직선적, 고집, 고지식, 보수적, 무뚝뚝, 독립적, 경직, 우쭐, 폼, 소유욕, 욕심이 많다. 우두머리, 보스기질이 있어서 추진력과 리더쉽, 책임감이 있으나 남의 간섭이나 구속은 대단히 싫어한다.

갑진(甲辰)이란 이러한 갑(甲)의 기운과 진(辰)의 기운이 결합된 것이다. 정신적인 면은 미래지향적이며, 이상적, 희망적인 성격인데 현실적, 본능적으로는 현실적이며 조정자의 역할을 한다. 때문에 뻗어 나가려는 이상과 안정적으로 안착을 바라는 현실세계가 갈등을 가진다.

나무가 단단히 뿌리를 내렸다. 은근히 자기주장이 강하다. 직접 해야 직성이 풀린다. 독립심이 있다. 지지 않으려고 하며 속성속패한다. 그러니 느긋하게 일해야 한다. 단 변화를 급격히 겪는다.

건명(乾命)의 경우에는 자존심이 강하고 남에게 지기 싫어하며 지혜도 있으며 속이 깊다. 책임감과 개척정신이 강하며 출세욕도 강하다. 의약업, 교수, 토건업(土建業), 선원, 음식물업, 농사, 노동직, 인쇄업과 인연이 많다.

곤명(坤命)에는 독신지백호(獨身之白虎), 청상과부(靑孀寡婦)팔자로, 활동적이고 고집이 대단하며 자신이 가정을 꾸려가는 팔자이다. 식당, 다방, 수산업, 생선, 채소장사와 인연이 많고 보험, 교육, 의약업이 가능하다.

공망은 인과 묘이다.

2) 병진(丙辰)

병진(丙辰)은 천간 병(丙)의 기운을 받은 용(龍)이다. 병은 분산(分散) 기운이다. 불꽃을 뿜으며 타오르는 염상(炎上)의 형국이다. 화산이 불을 뿜는 모양이라고도 일컬어진다.

병진(丙辰)은 병(丙)과 진(辰)의 결합이다. 형상을 보면 병은 진에게 기운이 흘러가니 진은 강하지만 병은 약해지는 것으로 해석을 하게 되며 진 속의 을은 병에게 큰 도움이 되지 못하는 것으로 해석을 하게 된다.

지혜가 총명하고 다정다감한데 영웅심과 투지가 강하며 고집이 대단하다. 공업기술성으로 재주도 뛰어난데 명예욕이 강하다. 너무 앞으로만 진격하다가 실패하는 경향이 있다. 본인이 경찰, 군인, 형사, 교도관 등에 종사하지 않으면 관재구설로 별을 달 염려가 있다. 자기희생이 많이 따른다. 남편을 위해 많이 헌신해야 한다.

건명(乾命)에는 호걸호인인 듯하면서 영웅심을 내포하고 호탕하며 투지가 강력한 사람이다. 고집이 대단하면서 인정은 많으나 꺾이지 않으면서 약자에 약하다. 대개는 군인, 경찰관서, 의약업, 대학교수 등에 진출하여 대성하며 공업 기술계에도 많이 진출한다. 사업은 매사에 신중을 기하여 착수하여야 할 것이다.

너무 맹진하여 실패함이 많으니 충분한 경험과 이끌어 주는 선생이 필요하다. 토건업, 모래자갈 채취업, 수산업, 음식물업, 농업 등에 길하다. 직업을 가졌을 때에는 열심히 노력하는 대신 직업을 놓게 되면 별 볼일 없는 한량이 될까 염려되고 자식이 귀하니 자식을 낳아도 기르기가 어려우니 정성껏 양육해야 한다.

공망은 자와 축이다.

3) 무진(戊辰)

무진(戊辰)은 진(辰)를 만나면 춘삼월의 축축하고 비옥한 땅으로서 무엇이든지 기를 수 있는 좋은 조건이 되며, 진(辰)중에는 을(乙)과 계(癸)까지 있으니 재관이 아름답다. 또한 진은 재고(財庫)가 되므로 원국에 재(財)가 없이도 부자의 사주가 될 수 있다. 사람이 우직하고 고지식하고 호인은 호인이나 고집 세고 집안에서도 같다. 신용은 대단히 좋으나 성공에 기회를 잡기 어렵고 기회를 얻어도 끝까지 지키지 못하는 경우가 많다. 대개 기술, 봉직생활이 좋고 사업은 불리하며 성사가 되었다가도 무너진다.

무진은 풀 한포기 없이 헐벗은 산이다. 당당한 모습이다. 우직하고 고집이 있고 이상이 크며 신용이 있다. 그러나 내적으로는 우울하고 소심하다. 화나면 무섭다. 지능이 뛰어나다. 여성은 무뚝뚝하고 중성적이며 소고집이다. 총명, 지혜, 덕망이 있으며 인자하고 똑똑하나 고집이 세다.

공망은 술과 해이다.

4) 경진(庚辰)

경(庚)은 과감, 용단, 의협, 정의, 냉정 등의 뜻을 가지고 있다. 가장 단단하고 강건한 성분이다. 특히 열을 받으면 더 단단해지는 특징이 있다. 의리를 소중히 여기며 숙살지기(肅殺之氣)이다. 결실과 수확. 다듬어지지 않는 바위나 쇠를 연상시킨다. 세련미는 없다. 딱딱하고 차다. 단단하다. 처음에는 무뚝뚝하나 마음을 열면 활짝 연다.

경진(庚辰)은 경(庚)과 진(辰)의 결합이다. 형상을 보면 경이 진에게 강한 뿌리를 두고 있어서 힘을 얻고 있다고 하겠다. 진(辰)를 만나면 춘삼월의 습한 토(土)가 되어 경(庚)을 아주 잘 생(生)하여 12지중에서 가장 좋아한다. 의지가 강건한 대장부라. 지배욕, 권세욕이 많은 사람으로 극과 극을 달리는 일주(日柱)로 운세가 좋을 때는 크게 되는 권력이든 사업이든 대발전이나 운세가 하격(下格)되면 걷잡을 수 없이 내리막이 된다. 눈치와 재치가 비상하고 이기적으로 이해타산적 경향이 많으며 군·경 권력계통에서 많이 보게 되며 기술계나 음식물업에서도 많이 보게 된다.

건명(乾命)은 지혜가 총명하고 과감한 성품으로 지배욕과 권세욕이 대단한 사람으로 자기가 권력을 갖지 못하면 관재구설이 많이 따른다. 눈치와 재치가 뛰어난데도 한번 좌절되면 다시는 그 일을 되돌아보지 않는 냉정함도 가지고 있다. 남녀불문 경진일주(日柱)는 자식에 대한 비애가 많이 따른다.

곤명(坤命)에는 여장부라 총명하고 재치가 뛰어나며 활동 중인데 중성적 기질이 있으며 남자와 같이 사회활동을 하게 된다. 여군인, 경찰관 계통이 많다. 음식물업, 미장원 등에 많고 철학관, 교육자 등에서 많이 본다.

경진은 저녁에 나타나는 별이다. 변화무쌍하고 신의가 깊고 포부가 대단하다. 눈치가 비상하고 이기적이다. 좌절한 일은 다시는 쳐다보지도 않는다. 겉은 냉엄하나 속은 온화하여 한 번 사귀면 변함이 없다.

공망은 신과 유이다.

5) 임진(壬辰)

임(壬)은 물, 강물, 액체, 물과 관련된 일, 큰물, 홍수, 수재, 수성(水星), 평평(平平), 시냇물이 흐르고 있는 모양을 본뜬 글자로 '물'을 뜻한다. 물는 만물의 근원이다. 우주창조의 본체이다. 생명의 본질이다. 따라서 수가 풍족하면 육체가 건강하고 육체가 건강하면 정신도 건전해지지만 수가 부족하면 육체와 정신이 모두 허약해진다.

물은 윤하(潤下)의 성질을 가졌다. 즉 높은 곳에서 낮은 곳으로 흐른다. 모든 사물에 물을 골고루 적셔준다. 자선을 하지만 못쓰게 망가뜨리기도 한다. 머물면 썩기 때문에 항상 한 곳에 머물기를 싫어하고 환경에 따라 모이고 흩어지고 느린 것 같지만 빠르다. 깊은 물은 속이 넓으나 음흉하고 얕은 물은 잔꾀를 부린다. 편안한 길을 선택하기에 타협적이고 일관성이 없다

종교, 철학에 관심이 많고 박력과 패기, 폭력과는 거리가 멀고 노쇠한 경향이 크다. 상징물로는 바다, 강, 호수, 구름, 얼음, 빙산, 유류, 주류, 해운, 연구, 기획, 발상, 발

명 등이 있다.

임진(壬辰)은 임(壬)과 진(辰)의 결합이다. 형상을 보면 임수는 진토의 극을 받기는 하지만 영웅호걸이고, 만인중생, 지도 계도한다. 지혜가 출중하고 인정이 많으며 고집이 대단하다. 결벽하고 품위가 있으며 무거운 성품에 비밀이 많고 말이 적으면서도 대사를 능히 처리할 수 있는 능력이 있다. 명예를 중시한다.

건명(乾命)은 타고난 재능과 지도력으로 만인을 계도하니 대업을 성취하고 재물복보다는 형식을 중히 여긴다. 평생 남 좋은 일만 많이 하고 실속이 없으며 불안정한 생활을 하게 된다.

곤명(坤命)은 총명하고 재치가 있어서 중생 계도를 하게 되니 이익이 없어도 사회활동을 하게 된다.

공망은 오와 미이다.

6) 종합

진의 육갑을 5가지로 분류하였다. 그 결과 갑진(甲辰), 병진(丙辰), 무진(戊辰), 경진(庚辰), 임진(壬辰) 등으로 구분할 수 있다. (표 45)에서 보면 진의 5가지 유형에 대한 특징을 설명했다.

(표 45) 진의 육갑

	갑진(甲辰)	병진(丙辰)	무진(戊辰)	경진(庚辰)	임진(壬辰)
생년	1856 1916 1976	1868 1928 1988	1880 1940 2000	1892 1952 2112	1904 1964 2024
오행	목형(木型)	화형(火型)	토형(土型)	금형(金型)	수형(水型)
정신 육체	육체↔정신	육체←정신	육체=정신	육체→정신	육체↔정신
특징	프리랜서 교육, 농업	CEO형 예능, 에너지	건설 부동산	검·경찰, 군인 교육자	철학, 심리 기획, 연구
성품	전진, 천진	화려, 정열	중화, 포용	강직, 굳건	온화, 소심
공망 (무연)	호랑이, 토끼 인(寅), 묘(卯)	쥐, 소 (子), 축(丑)	개, 돼지 술(戌), 해(亥)	원숭이, 닭 신(申), 유(酉)	말, 양 오(午), 미(未)

6. 사(巳)의 육갑

1) 을사(乙巳)

을사(乙巳)는 천간 을(乙)의 기운을 받은 뱀이다. 을사라고 함은 사의 기본성향과 을의 성향을 닮은 뱀을 말한다. 먹이를 찾아다니는 꽃뱀이다. 분주하고 주거가 불안정하다. 총기가 발달하고 언변이 능숙하고 감정이 풍부하며 희노애락 표현이 분명하다. 언행이 가볍고 한 가지 직업을 끝까지 지키지 못한다. 여명은 격이 좋으면 예술, 예능,

교육자, 아나운서 등이 좋다. 남자는 밖으로 돌아다닌다. 용모가 준수하고 사치와 멋을 부리며 허영과 방탕심이 있다.

직업으로는 수목업, 주단포목, 섬유, 피복, 지물, 교육, 서적, 예술, 건축, 의약, 법학, 역학, 미곡, 토지, 교통업, 교수, 법조인, 의사, 외교가, 언론인, 디자이너, 엔지니어, 적성에 맞는 학과 또는 전공은 문학, 어문학, 철학, 신방, 의상, 법학, 의학, 금속, 정보공학 등이다.

공망은 인과 묘이다.

2) 정사(丁巳)

정사란 천간 정(丁)의 기운을 받은 뱀이다. 깔끔하다. 봉사정신이 좋다. 부드럽다. 그러나 눈에 띄지 않는다. 은은하고 단정하며 성실하다. 예의를 갖춘다. 생명의 기운이 하늘 높이 치솟아 하늘에 다다랐다는 의미로 만물이 성숙하여 힘이 넘치는 늠름한 변화의 모습을 상징한다. 살아있는 불로서 겉으로는 양의 성질을 가졌으나 안으로는 음의 성질을 가지고 있어 속이 유약하나 그 생명력을 대단히 강하다.

경쾌하고 활동적이며 명랑하고 현실적이고 감정은 희(喜), 빠르고 활동적이며 관찰력이 빠르지만 사고력이 적고 침착하지 못하며 때문에 정사는 마음에 큰 욕망을 가진 뱀이다. 정의감이 있고 솔직, 담백, 명랑하다. 사물의 처리가 꼼꼼하며 타인의 잘못을 반드시 지적한다. 급하고 거친 언행, 바로 후회한다. 뒤끝은 없다. 우두머리, 남 밑에 종사하지 않는다. 여자는 알뜰하고 현명하며 재물욕심이 많다. 재복이 있고 사회활동을 한다. 정신력이 강하며 투기와 요행을 바라며 눈빛에 광채가 난다. 민첩하고 판단력이 빠르다. 여자는 자존심이 강해 남편을 이기려 한다.

직업으로는 수화업, 수산업, 철물업, 서예, 언론가, 금은양은, 금융업, 공업, 타자기술, 법무, 의학, 교통업 인쇄업, 문방구 등이 좋다

적성에 맞는 학과, 전공은 의학, 약학, 화학, 정보공학, 법학, 사학, 신방학, 어문학이 좋고 천직(직업)은 교수, 의사, 언론인, 법조인 등이 좋으며 외교가, 무역업, 운송업, 수산업 등이 좋다.

공망은 자와 축이다.

3) 기사(己巳)

기사란 천간 기(己)의 기운을 받은 뱀이다. 온화, 충실, 근검, 순정, 겸손을 의미한다. 침착하고 사고를 깊이 하며 매우 사교적이고 온후하고 침착하게 모든 일에 심사숙고하며 관찰력이 빠르고 상식적이긴 하지만 결단력이 약하다.

기사(己巳)는 축축한 땅위에 있는 뱀이다. 활동성이 탁월하다. 고집이 강하고 확신에 찬다. 초지일관, 독선적, 남 밑에 못 있다. 인장 많고 기분변화가 심하다. 여자는 늘 아프고 다친다. 자기 삶에 충실하지만 이기적이고 타산적이다. 독단적, 강대한 권력성, 고상, 남을 무시하는 경향, 학문과 책을 좋아한다. 예술에 소질 있다. 독립심, 자

력성공.

화토업, 전기전화, 교환수직, 수산업, 식당업, 교사, 의약, 법무, 예술, 항공, 화가, 교통업 등이 좋다. 적성에 맞는 학과, 전공은 문학, 교육학, 어문계열, 유전공학, 화공학, 약학, 금속공학 계열이 좋고 천직(직업)으로는 교수, 외교가, 화가, 화공제품계열, 운수업, 무역업이 좋다.

공망으로는 술과 해이다.

4) 신사(辛巳)

신(辛)은 맵다, 독(毒), 괴롭다, 고생하다, 슬프다, 살생, 매운 맛, 오곡을 새로이 수확하여 수장한다는 뜻이 있다. 단순, 치밀, 분석, 섬세하다.

신사(辛巳)는 냉철하고 이상이 높다. 보석같이 빛난다. 속은 여리다. 무서운 것이 없다. 한편 다정다감하다. 독하다. 고집이 있다. 냉철하다. 자신을 뽐내려는 기질과 화려함을 좋아한다. 난천적, 판단력이 빠르고 성급하다. 모든 일에 골몰한다. 조언은 잘 듣지 않고 쓸데없는 걱정이 많다. 노력은 많으나 공이 적다. 운이 좋고 사치를 즐기며 품위를 좋아하고 자존심이 강하다.

토금업, 주단포목, 금융업, 호텔업, 무역업, 여관업, 음식업, 전기업, 역술, 의약, 법무, 교통업 등이 좋다. 적성에 맞는 학과, 전공은 의학, 약학, 화학, 유전공학, 금속공학, 법학, 문학, 어문계열이 좋고 천직(직업)은 의사, 법조인, 교육자, 발명가, 무역업, 운송업, 인기직종이 좋다.

공망은 신과 유이다.

5) 계사(癸巳)

계(癸)는 헤아리고 분별한다는 의미를 지녔다. 땅속에서 길려져서 씨앗이 다시 나오고자 태어날 때를 기다리는 의미가 있다. 겸손, 냉정, 소극, 분별, 민감 등의 성정을 가졌다.

어두움과 밝음, 명량과 우울의 이중성이 있다. 환경에 잘 적응하며 누구랑도 친해진다. 발랄하고 재잘거린다. 감성이 풍부하고 분위기 조절을 잘하며 변덕이 있다. 말하기 좋아하고 감정이 풍부하며 한곳에 집중을 못하니 한 분야에서 전문가가 되기 어렵다.

계사(癸巳)는 수화가 교전하여 조급하고 변덕이 심하다. 막힘이 많고 매사 지연, 정체되지만 결국 성취한다. 지혜와 이해심이 깊고 보수적이다. 여성은 왕성한 사회활동을 한다. 부드러우면서 바르고 빠르다. 총명하고 지혜롭다. 살림살이를 잘한다. 가정적, 내성적, 여성은 부부운이 안 좋다.

금수업, 주다음식업, 무역업, 양조장, 여관업, 음식업, 의약, 법무, 역술, 항공업, 사법관, 교통업이 좋다. 적성에 맞는 학과, 전공은 의학, 약학, 화학, 금속공학, 유전공학, 법학, 사학, 어문학 등이 좋고 천직(직업)은 교수, 법조인, 언론인, 엔지니어, 화가,

음악인이 좋다.
공망은 오와 미이다.

6) 종합

사의 육갑을 5가지로 분류하였다. 분류한 결과 을사(乙巳), 정사(丁巳), 기사(己巳), 신사(辛巳), 계사(癸巳) 등으로 구분할 수 있다. (표 46)에서 보면 사의 육갑 5가지 유형에 대한 특징을 설명했다.

(표 46) 사의 육갑

	을사(乙巳)	정사(丁巳)	기사(己巳)	신사(辛巳)	계사(癸巳)
생년	1905 1965 2025	1917 1977 2037	1929 1989 2049	1881 1941 2001	1893 1953 2013
오행	목형(木型)	화형(火型)	토형(土型)	금형(金型)	수형(水型)
정신 육체	육체←정신	육체=정신	육체→정신	육체↔정신	육체↔정신
특징	사업가 예능, 문학	교육자	중개자	금융, 경리, 기획	참모, 보좌
성품	사교, 예민, 유약	정열, 온순, 집요, 온정	충실, 근검, 순정, 겸손	단순, 치밀, 분석, 섬세	냉정, 소극, 분별, 민감
공망 (무연)	범, 토끼 인(寅), 묘(卯)	쥐, 소 자(子), 축(丑)	개, 돼지 술(戌), 해(亥)	원숭이, 닭 신(申), 유(酉)	말, 양 오(午), 미(未)

7. 오(午)의 육갑

1) 갑오(甲午)

갑오(甲午)은 천간 갑(甲)의 기운을 받은 말이다. 새싹이 싹트면서 아직 씨앗 껍질을 뒤집어쓰고 있는 모양을 본뜬 글자로 싹이 나기 시작한다는 뜻이다. 주변을 살피지 않고 앞으로 전진하려는 성향과 위로 계속 뻗어나려는 성향이 강하다. 힘의 집중력이 크고 강하다. 외부의 강압에 의해 내부에 축적되었던 기가 그 강압으로부터 탈출하려는 힘, 즉 압력과 반발의 힘이다. 스프링(spring)을 상상하면 갑의 기운을 느낄 수 있다. 이런 기운은 욕심으로 나타난다.

갑오(甲午)란 이러한 갑(甲)의 기운과 오(午)의 기운이 결합된 것이다. 수단이 좋으며 영리하고 총명하다. 태도는 오만불손하고 멋을 부리며 꾸미는 일에는 능수능란하다. 잘난 척을 하며 남을 무시하고 자신을 최고라고 한다. 학문, 예술, 기술에 남다른 소질이 있다. 남자는 아름다운 배우자를 만나게 된다. 여자는 결혼 후 생리사별 할 수도 있고 남편이 어리석거나 직업이 일정치 못하는 수가 있다. 최고라고 허세를 부리는 것이 결점이다.

인내심이 부족하고 폭발적인 성향을 나타내며 자신의 재능을 과시하고 타인을 무시하는 경향이 있다. 마음에 들면 매우 잘하고 상대방이 월등하면 굴복한다. 재물에 집착이 강하고 인색하다. 용기가 있어 보이나 담력이 작다. 내 것주고 좋은 소릴 듣지 못한다. 지구력이 부족하고 자신을 비관하기도 한다. 여자도 남자를 이기려는 기질이 있다. 직업적으로는 수목업, 주단포목, 섬유, 승려, 침술, 역학, 교사, 의학, 법무, 경찰, 활인업, 음식업이 좋다.

공망은 진과 사이다.

2) 병오(丙午)

병오(丙午)는 천간 병(丙)의 기운을 받은 말이다. 높이 떠 있는 태양처럼 이상과 포부가 원대하고 계획이 크며 활동적이다. 사물을 판단하는 안목도 빠르고 정확하다. 깔끔하고 멋을 안다. 세련되고 이상적이다. 저돌적이고 자신만만하다. 호기심이 많고, 움직임이 많고, 자기주장이 강하며 지기를 싫어한다. 화끈하게 리드한다. 스케일이 크다.

병오(丙午)는 이러한 성향의 병(丙)과 오(午)의 결합이다. 화술이 좋고 적극적이며 쾌활하고 화려하게 살기를 좋아하며 자기자랑이 많고 남이 잘되는 것을 싫어한다. 의리가 없고 욕심이 많다. 질투를 하며 나서기를 좋아하고 급한 성격이지만 개방적이고 부지런한 성격이지만 부부갈등과 불화를 초래한다. 직업적으로는 목화업, 수산업, 철물점, 공업가, 성악가, 금은양은, 타자기술, 인쇄업, 문방구, 목수업, 투기업 등이 있다.

명랑하다. 한 낮의 태양이므로 이글거린다. 따뜻할 때는 아주 따뜻하고 폭발할 때는 아주 무섭다. 호방하고 개방적이므로 사람을 잘 사귄다. 나갈 줄만 알고 물러설 줄은 모른다. 자신감은 하늘을 찌르나 결실은 뜻대로 안 된다. 여자는 여장부이다.

공망은 인과 묘이다.

3) 무오(戊午)

무오(戊午)은 이렇듯 천간(天干)의 무(戊)와 지지(地支)의 오가 만나서 이루어진 형국이다. 상생의 관계이다. 오의 입장에서 보면 무는 자신이 생하는 존재이다. 정신적, 이성적인 세계에 대해 현실적인 세계가 생하여 주는 형국이다.

무오는 광대한 산야이다. 화산이다, 완고하고 융통성이 없다. 매사 꼼꼼하다. 외견은 군자이나 내면은 불안정하다. 매사 잘 진행하다가 끝에 가서 깨뜨리는 습성이 있다. 호탕한 여걸이다, 언변이 능숙하고 수단이 있어 활동적이다. 조급하고 냉철하며 총명영리하나 허영심이 있고 배짱이 두둑하여 남에게 지기를 싫어하는 성격이다. 덕망이 있다. 위장, 당뇨 등에 유의하여야 한다.

직업으로는 화토업, 전기전화, 교환, 음식업, 수산업, 요식업, 수산업, 공업, 법무, 역술 등

공망은 자와 축이다.

4) 경오(庚午)

경(庚)은 과감, 용단, 의협, 정의, 냉정 등의 뜻을 가지고 있다. 쇠, 금, 돈, 화폐(貨幣), 누른빛, 귀(貴)하다 등의 뜻이 있다. 황색(黃色)의 아름다운 광택(光澤)이 나는 금속(金屬), 쇠붙이의 통틀어 일컫는다. 돈, 금전·금액 등의 뜻을 나타낸다. 오곡백과가 무르익는 모습을 말한다. 오곡백과로 변하니 쇳덩어리처럼 단단하게 무르익은 열매이다. 돈으로 인용되며 경제로도 인용된다. 그래서 결실이라는 의미로 가장 많이 사용된다. 타산적이고 실용적이며 물질적이다. 자립심이 강하고 기사도 정신이 투철하다. 변혁을 의미한다. 자유롭게 변한다. 때문에 청결, 숙강, 수렴 등의 작용이나 사물은 모두 경에 속한다. 가장 단단하고 강건한 성분이다.

경인(庚寅)은 이러한 성격을 가진 천간 경(庚)과 지지 오(午)가 결합하여 이루어진 갑자이다. 백마이다. 저녁에 서쪽으로 달리니 이상은 크나 알아주는 사람이 없다. 활동적, 여행과 주색을 즐긴다. 허세, 개방적, 외향적, 바깥에서 인정받지만 가정은 등한시한다. 엉뚱한 생각, 여자는 활동적이고 화려한 것을 좋아한다.

인물이 특출하여 관공직에 길하며 겉으로는 큰소리치고 장담을 하나 직접 당하면 처리를 못하는 용두사미격이다. 주단포목, 음식점, 금융업, 양조장, 호텔업, 임산조림, 타자기술, 전기공학, 전기업 등이 좋다.

공망은 술과 해이다.

5) 임오(壬午)

임(壬)은 물, 강물, 액체, 물과 관련된 일, 큰물, 홍수, 수재, 우주창조의 본체이다. 신체적으로 신장과 방광, 귀, 비뇨기, 배설, 피 등과 관련이 많다. 종교, 철학에 관심이 많고 박력과 패기, 폭력과는 거리가 멀고 노쇠한 경향이 크다.

임오(壬午)는 호수에 비치는 달빛처럼 아름답다. 수화기제로서 좋다. 다정다감하고 사교성이 있다. 대중적이고 활달하다. 마음이 바쁘고 허영심이 지나치다. 지혜와 화술이 뛰어나고 자존심이 강하다. 복록은 있으나 간교함이 병이다. 유순, 새로운 일을 좋아한다. 자유로운 생활, 타산적. 본의 아닌 짓을 하면 이 핑게, 저 핑게 거짓말이 많아진다. 금수업, 주점, 찻집, 음식업, 여관업, 무역업, 식당업, 역술가, 법무, 의약 등이 좋다.

공망은 신과 유이다.

6) 종합

오의 육갑을 5가지로 분류하였다. (표 47)에서 보면 오의 5가지 유형에 대한 특징을 설명했다.

(표 47) 말의 유형

	갑오(甲午)	병오(丙午)	무오(戊午)	경오(庚午)	임오(壬午)
생년	1814	1826	1838	1850	1862
	1954	1966	1978	1990	2002
	2014	2026	2038	2050	2062
오행	목형(木型)	화형(火型)	토형(土型)	금형(金型)	수형(水型)
정신 육체	육체←정신	육체=정신	육체→정신	육체↔정신	육체↔정신
특징	프리랜서 교육, 농업	CEO형 예능, 에너지	건설 부동산	검·경찰, 군인 교육자	철학, 심리 기획, 연구
성품	전진, 천진	화려, 정열	중화, 포용	강직, 굳건	온화, 소심
공망 (무연)	용, 뱀 진(辰), 사(巳)	호랑이, 토끼 인(寅), 묘(卯)	쥐, 소 자(子), 축(丑)	개, 돼지 술(戌), 해(亥)	원숭이, 닭 신(申), 유(酉)

8. 미(未)의 육갑

1) 을미(乙未)

을미(乙未)는 천간 을(乙)의 기운을 받은 양이다. 을(乙)은 만물이 싹을 터서 지표에 나온다는 뜻이며 유약, 예민, 의지, 허약함을 의미한다. 감각이 섬세하고 멋을 추구하며 문학이나 예술에 재능이 많다. 특히 손재주가 좋다.

을미라고 함은 미의 기본성향과 을의 성향을 닮은 양를 말한다. 마른 땅 위의 갈대이다. 처세술이 좋다, 자기주장이 강하지 않으니 안정감이 없다, 고생을 의미. 인정 많고 두뇌명석. 학문이나 예술에 능하다. 지구력은 약하고 심술이 있다. 음식이나 의복에 까탈을 부릴 때가 있다. 남자는 처궁이 재성인데 백호로 불안하다. 처도 바쁘고 본인도 바쁘다. 여자는 고독하고 영감이 발달한다. 단정, 선세, 치밀, 타산적, 유능하고 일처리가 뛰어나나 실속이 없다. 몸이 쇠약하여 항상 약을 달고 살며 약 중독의 우려된다.

직업으로는 수목업, 주단포목, 섬유, 피복, 지물, 전기업, 금은양은, 금속업, 공업, 법학, 의약, 미곡, 토지, 역학, 목축업은 불가하다. 천직(직업)으로 교수, 의사, 법조인, 정치가, 엔지니어, 인기직종이 좋다. 적성에 맞는 학과, 전공은 어문, 고고, 지리, 교육, 의학, 화학섬유, 지하자원, 농학이 좋다.

공망은 진과 사이다.

2) 정미(丁未)

정미란 천간 정(丁)의 기운을 받은 양이다. 정(丁)이란 용광로나 화롯불 같은 불이다. 정열, 온순, 집요, 연구, 온정 등을 상징한다.

정미는 꽃이 활짝 핀 화원이다, 유쾌, 활발, 희생정신이 강하다. 언변이 뛰어나고 일의 계획성이나 추진력이 탁월하다. 인정 많고 착하다. 조급하고 즉흥적으로 일처리. 여자는 총명하고 손재주가 있다. 현모양처이나 남편과 자식 복이 약하다. 돈을 직접 관리하고 여간해서 빼앗기는 법이 없다. 재성이 없어 성취는 어렵다. 정축일주는 시끄럽고 분주하다면 정미일주는 차분하고 부화뇌동을 싫어한다. 착하고, 인자하며 사교와 화술이 뛰어나고 친절. 타인과 대화를 즐긴다. 복잡한 것을 싫어한다. 부지런하고 비밀이 없다. 남자는 정력이 왕성하여 처첩을 둔다. 여자는 덕이 있어 좋은 배우자를 만나나 흉성이 있으면 시부모를 극상하며 본인도 모르는 행동을 할 때가 있다. 미만조심

적성에 맞는 학과, 전공은 의학, 약학, 유전공학, 교육학, 어문학, 지리학, 의상학이 좋다. 직업으로 목화업, 수산업, 철물업, 금은양은, 인쇄, 문방구, 서예, 언론, 금융, 공업, 타자기술, 음식, 교사, 의약이 좋고 천직(직업)은 정치가, 법조인, 교수, 의사, 언론인, 디자이너, 예능계가 좋다.

공망은 인과 묘이다.

3) 기미(己未)

기미이란 천간 정(丁)의 기운을 받은 양이다. 기(己)는 전답 전원에 속한다. 온화, 충실, 근검, 순정, 겸손을 의미한다. 침착하고 사고를 깊이 하며 매우 사교적이고 온후하고 모든 일에 심사숙고하며 관찰력이 빠르고 상식적이긴 하지만 결단력이 약하다.

기미(己未)는 건조한 땅. 감정이 격해지면 선후를 가리지 않고 폭발하여 나중에 번뇌. 수가 없으면 재물에 대한 갈증이 있다. 수를 보아야 활력소가 된다. 내심 비밀이 많고 성급하다. 자신보다 타인을 위한 봉사정신이 강하고 남 좋은 일도 많이 한다. 몸보다 마음이 분주. 남자는 밖에서는 무인 호걸이나 집에서는 무뚝뚝하고 심하면 폭군이다. 내일보다 남의 일에 더 신경 쓴다. 여자는 고집이 있고 남자 알기를 우습게 아니 사회활동을 하는 게 제격이다. 심약, 유순하여 거짓이 없고 다자다처하며 야무지고 빈틈이 없으며 겉으로는 유순하나 속으로는 철저. 양보 없고 끈질기게 어려움 극복. 인내심. 부모형제와 깊은 정. 흉성이 있으면 투기성을 발휘하다가 사기성을 보이며 부부사이도 끝이 안 좋다.

적성에 맞는 학과, 전공은 의학, 약학, 화학, 유전공학, 낙농, 어문, 교육, 신방 등이 좋고 천직(직업)으로는 교수, 의사, 언론인, 엔지니어, 디자이너, 인기직종 등이 좋고 토건업, 전기전화, 교환수, 수산업, 식당업, 공업, 법무, 음악, 화가, 신불, 투기업이 좋다.

공망은 자와 축이다.

4) 신미(辛未)

신(辛)은 단단한 결정체이며 씨앗이다. 완전히 익은 과일, 곡식, 내실이다. 빛나는 보석이다. 면도칼, 찬서리, 싸늘함, 살벌함 등의 느낌이다. 단정하고 깔끔하다. 내실이

견고하며 이성적, 논리정연하다. 예리하고 이론적이며 치밀하고 결단력이 있으며 감정은 비우(悲憂).

신미는 가을, 양, 서쪽, 쓸쓸하고 적적하다. 부모형제가 늘 외롭다. 다정하다가도 갑자기 냉정하게 변할 수 있다. 쫓기는 양처럼 직장이나 주거환경의 변화가 많다. 현침으로 침이나, 주사와 관련이 많다. 정밀한 직업, 서예 등에 소질이 있다. 여자는 지혜나 눈치가 빨라 일을 능숙하게 처리하고 인정도 많고 욕심도 많다. 자비심이 있다. 모든 일에 앞장서기를 싫어하나 고집은 대단하다. 까다로운 설질, 강한 자존심. 재주는 많으나 남이 알아주지 않는다. 단순하며 갈등이 많고 이기적, 기계적, 분석적, 세밀한 성질. 학문을 즐기며 기술면에서 소질이 뛰어나다. 대대로 선대보다 생활이 못하나 침착하기 때문에 생활에 구애를 받지 않는다.

적성에 맞는 학과, 전공은 농학, 낙농학, 지질학, 고고학, 의예학, 어문계열 등이며 천직(직업)은 정치가, 법조인, 의사, 교수, 종교인, 도예가, 연예인 등이다. 직업으로 토금업, 주단포목, 금융업, 여관업, 음식업, 전기업, 역술업, 의약, 점술업, 식당 등이 있다.

공망은 술과 해이다.

5) 계미(癸未)

계(癸)는 땅속에서 길러져서 씨앗이 다시 나오고자 태어날 때를 기다리는 의미가 있다. 겸손, 냉정, 소극, 분별, 민감 등의 성정을 가졌다. 하늘에서는 봄장마, 우로(雨露)를 상징한다. 졸졸졸 흐르는 샘물이나 생수, 활수, 원천, 윤하수 등으로서 항상 흘러내리는 물로서 만물을 자양하는 근본이다.

정적이요 이성적이며 감동적이고 깊이 생각하고 감수성이 예민하며 본능적 경향이 있고 다정다감한 온정이 있는 반면에 실천력이 약하고 의뢰심이 많다.

계미(癸未)는 전답에 비가 내린다. 몸은 분주하고 평생 식록이 있다. 가랑비가 미에 스며든다. 결혼도 늦고 자식도 늦다. 시작을 망설이거나 추진력이 부족할 때가 있다. 활동적인 직업보다는 가내직업과 관련이 있다. 시련은 있어도 잘 이겨낸다. 출세를 위해 수단 방법을 가리지 않는다. 여성은 똑똑하고 인정이 많아 문제가 되기도 한다. 곡식을 여물게 하는 물로서 위기의 대처능력, 지혜, 참을성이 있다. 고집이 있어 한가지 일에만 메달려 끝장을 보는 경향. 상대방을 얕보는 경향. 부모와 이별수 있고 일정치 못한 거처, 하천한 생활. 나약한 몸. 실패가 많으며 마음이 굳세지 못하여 남에게 잘 이용당하고 남자는 수단방법이 좋아 돈을 잘 모으나 저축할 줄 몰라 항상 궁핍하며 출납이 불명하여 쓸데없는 돈을 많이 쓴다. 그래서 가정을 지키기 어렵다. 여자는 부부운이 순탄치 않아 재취로 가면 행복하게 살 수 있고 연하의 남자와 인연이 있다.

직업으로는 금수업, 주점, 찻집, 음식점, 호텔업, 여관업, 무역업, 식당업, 역술가, 법무, 의약, 디자인업, 승려, 신불 등이 좋고 정치가, 법조인, 교수, 의사, 언론인, 디자이너, 예능계 등이 좋다. 적성에 맞는 전공은 의학, 약학, 유전공학, 교육학, 어문학, 지리학, 의상학 등이다.
　공망은 신과 유이다.

6) 종합

　미의 육갑을 5가지로 분류하였다. (표 48)에서 보면 미의 5가지 유형에 대한 특징을 설명했다.

(표 48) 양의 유형

	을미(乙未)	정미(丁未)	기미(己未)	신미(辛未)	계미(癸未)
생년	1885 1955 1015	1907 1967 2027	1919 1979 1999	1931 1991 2051	1943 2003 2063
오행	목형(木型)	화형(火型)	토형(土型)	금형(金型)	수형(水型)
정신 육체	육체↔정신	육체←정신	육체=정신	육체→정신	육체↔정신
특징	사업가 예능, 문학	교육자	중개자	금융, 경리, 기획	참모, 보좌
성품	사교, 예민, 유약	정열, 온순, 집요, 온정	충실, 근검, 순정, 겸손	단순, 치밀, 분석, 섬세	냉정, 소극, 분별, 민감
공망 (무연)	용, 뱀 진(辰), 사(巳)	호랑이, 토끼 인(寅), 묘(卯)	쥐, 소 자(子), 축(丑)	개, 돼지 술(戌), 해(亥)	원숭이, 닭 신(申), 유(酉)

9. 신(申)의 육갑

1) 갑신(甲申)

　갑신(甲申)은 천간 갑(甲)의 기운을 받은 원숭이이다. 갑(甲)과 신(申)의 결합이다. 갑(甲)은 주변을 살피지 않고 앞으로 전진하려는 성향과 위로 계속 뻗어나려는 성향이 강하다. 처음·제일을 뜻한다. 강직, 낭비, 고집, 두각, 독립 등의 성격을 의미한다.
　갑(甲)을 상징하는 것으로 소나무가 있다. 소나무의 형상이 갑의 성향을 그대로 닮았기 때문이다. 합판, 나무, 대들보, 목재, 가구, 건축 등이 그런 상징물에 속한다.
　갑신(甲申)이란 바위위에 서있는 나무이니 뿌리를 못 내린다. 타향살이 하고 이사와 출장이 잦다. 재주는 많으나 뿌리가 약하니 실패와 실속이 없다. 갑목의 추진력이 힘을 발 휘 하지 못하니 용두사미가 된다. 인내심이 필요하다. 배우자 궁이 나를 심하게 극하니 부부다툼상이다. 성공의 비결은 참는데 있다. 여명은 자존심이 강하고 굽히기를 싫어한다. 남을 배신하고 실패를 당하는 수가 많으며 재주를 과시한다. 신체가 허약한 경우는 작은 신체면 괜찮다. 조급한 성격. 궁지에 몰리면 당황하고 어쩔 줄 몰라 한다. 남녀가 형충이 겹치면 이혼 후 질병이 발생하고 변태성 배우자를 만날 수 있다. 부부불화, 별거, 이별 수 있다.

직업으로는 수목업, 주단포목, 섬유, 승려, 침술, 역학, 성직자, 의약(술해시생), 법학, 활인업, 피복, 지물, 토석, 건축, 미곡, 토지, 성직자, 교통업이 좋다. 천직(직업)으로는 의사, 교수, 법조인, 언론인, 정보통신계, 직업군인, 음악가. 적성에 맞는 학과, 전공으로는 의학, 수학, 물리학, 금속공학, 농학, 법학, 신방, 어문학이 좋다.

공망은 오와 미이다.

2) 병신(丙申)

병신(丙申)은 천간 병(丙)의 기운을 받은 원숭이이다. 병(丙)은 세상에 꽃이 화려하게 만발한 형상이다. 그래서 성격도 화려하고 밝다. 불같은 성격의 소유자다. 불같이 급한 성격 때문에 실수도 많고 싫증도 잘 낸다. 감정이 예민하고 내면에는 수심이 항상 있다. 말이 많고 바른 말을 잘하며 자기 속마음을 그대로 노출하는 경향이 있어 구설수가 많다.

병신(丙申)은 병이 신을 극하는 모습이다. 그러니 신으로서는 스트레스가 이만저만이 아니다. 석양에 노을이니 불이 쇠를 녹이는 형상이다. 이재능력이 뛰어나고 다재다능하다. 남명은 출세욕이 강하고 사교적이다. 출세나 승진이 빠르다. 대개 이마가 넓고 시원한 느낌을 준다. 영웅심이 강하고 자기자랑도 과장한다. 그에게 여간해서는 속내를 드러내지 않는다. 명랑하면서도 우울하다. 한 곳에 안주하지 못하는 불안전성은 지살이기 때문이다. 여성은 내조가 훌륭하고 남편에게 헌신한다.

근면하고 노력은 많으나 공이 적다. 노력에 비해 결실이 적으며 건강은 좋지 않으며 시력이 약하다. 매사에 끈기가 부족하니 남자는 처덕이 좋고 마음이 어질고 착실하나 허영과 낭비가 있으며 남에게 주기를 좋아한다. 잘 쓰는 기질이 있다. 직업으로는 목화업, 수산업, 철물업, 공업가, 성악가, 금은양은, 타자기술, 인쇄업, 문방구, 목수업, 법무관, 의약, 역술, 은행가, 교통업 등이 좋다. 적성에 맞는 학과, 전공은 법학, 사학, 어문학, 의학, 통계학, 물리학, 농학, 회계학 등이 좋다. 천직으로는 교수, 법조인, 의사, 무역업, 운수업, 음악가, 연예인 등이 좋다.

공망은 술과 해이다.

3) 무신(戊申)

무(戊)는 태산, 제방, 만물이 무성하다는 뜻이 있다. 높고 큰 산과 넓은 벌판, 강과 호수를 막는 제방. 대부분 높고 넓으며 굳어 있는 땅, 마른 땅 등을 의미한다. 태산처럼 믿음직스럽고 묵묵하며 온후하고 아량이 넓고 후덕하다.

무신(戊申)은 가을 산, 저녁 산으로 쓸쓸, 광산, 산에 철금속이 묻혀 있으니 복록이 두텁고 행운이 잘 따른다. 남에게 주는 걸 좋아한다. 자신도 모르게 남의 일에 참견하여 간혹 오해를 받는다. 자신이 틀려도 남의 말을 듣지 않는 고집이 있다. 여자는 먹을 것에 대한 걱정이 없고 부자로 좋은 집에 산다. 자신이 사업가로 나서서 돈을 벌기도 한다. 남편보다 자식을 위해 노력하고 희생, 강직, 정치가의 성질, 심장이 강하여 큰 인물이 된다. 안정된 생활, 식복이 따르고 친절하며 대화를 즐기고 식성이 좋다. 상대방을 무시하는 습성. 사업은 실속이 있다. 여자는 중년이후에 남편과 이별, 별거. 남편에게 소박당하며 해로가 힘들다. 만약 행복하다면 사별, 남편 복이 없다.

공망은 인과 묘이다.

4) 경신(庚申)

경(庚)은 만물의 개혁을 이룩하는 뜻이 있다. 의미상으로 과감, 용단, 의협, 정의, 냉정 등의 뜻을 가지고 있다.

경신(庚申)은 살벌한 느낌. 독선적, 자존심. 바로 결정하고 틀려도 밀고 나간다. 현침살이니 바늘, 칼, 침과 관련이 있다. 몸을 다치지 않도록 조심. 언행으로 상대를 찌를 수 있으니 조심. 화로 단련하면 좋다. 수로 설기하는 것은 차선. 의리, 약자 편에 서니 손해. 극과극의 명주로서 영웅 아니면 건달이다.

남자는 밖에서는 무인 호걸이나 집에서는 무뚝뚝하고 심하면 폭군이다. 내일보다 남의 일에 더 신경 쓴다. 여자는 여성계의 큰 인물, 아니면 평범. 담백, 타인의 총애. 배짱, 결단력. 강력한 성품. 싸움을 좋아하고 고집. 계략이 좋다. 부부사이 언쟁이 잦고. 부부 운이 좋지 않아 별거, 이별 수. 재복은 있으나 인덕이 없다. 부모형제간 질투 불화. 여자는 남편을 이겨야 되는 성격. 첩인 경우 본처가 된다. 연주에 진술중 하나만 있어도 패가한다.

직업으로는 토금업, 주단포목, 무역업, 양조장, 호텔업, 여관업, 음식업, 식당일, 산림조림, 전기, 공업이 좋다. 적성에 맞는 학과, 전공으로 의학, 정보통신, 자연과학, 통계학, 법학, 신방, 사학이 좋고 천직(직업)으로는 교수, 의사, 언론인, 법조인, 외교관, 엔지니어 등이 좋다.

공망으로는 자와 축이다.

5) 임신(壬申)

임(壬)은 선천적으로 두뇌가 뛰어나고 총명하며 창의력이 좋다. 지혜가 있고 선견지명이 탁월하다. 넓은 바다처럼 다양한 방면에서 박식하다. 포용력이 좋고 어디에서나 잘 어울리는 사교성과 적응력 임기응변이 좋다. 타협에도 능하고 가급적 대립하지 않고 다양하게 정을 나누는 성향이 있다. 응집력이 강하다. 바닷 속 깊이처럼 그 속 깊이를 알 수가 없다. 속을 잘 내비치지 않아서 음흉하거나 비밀이 많을 것으로 오해를 받는다. 영리하기 때문에 오히려 남을 무시하려는 경향이 있다. 시작에 비해 끝마무리가 부족하고 계획이 자꾸 변질되며 기회주의적 성향으로 변하는 경우가 많다.

종교, 철학에 관심이 많고 박력과 패기, 폭력과는 거리가 멀고 노쇠한 경향이 크다. 상징물로는 바다, 강, 호수, 구름, 얼음, 빙산, 유류, 주류, 해운, 연구, 기획, 발상, 발명 등이 있다.

임신(壬申)은 물이 샘솟는 바위. 어려움 속에 좋아지는 상. 안변이 능숙하여 교육, 의약, 종교 계통에서 두각. 어떤 환경에서도 잘 적응하며 활발하고 포용력 있다. 영리하고 신망을 얻는다. 겉으로는 단정, 온화하지만 내심은 냉담한 기운을 품고 있다. 사물의 양면을 못 본다. 여자는 편인이 있어 두뇌가 우수하고 재치가 비상하여 사회활동을 하게 된다. 예술적 감각이 뛰어나고 임기응변에 능하며 재치가 능수능란하다. 마음은 착하고 인자해서 좋으나 차갑고 냉정하며 신경질적인 일면이 있다. 건강이 안 좋고 배탈이 잘나고 돈을 경시하는 경향이 있어 가정생활이 적자이며 스스로 손해보는 일을 저지른다.

공망은 술과 해이다.

6) 종합

신의 육갑 종류를 5가지로 분류하였다. (표 49)에서 보면 신의 5가지 유형에 대한 특징을 설명했다.

(표 49) 원숭이의 유형

	갑신(甲申)	병신(丙申)	무신(戊申)	경신(庚申)	임신(壬申)
생년	1884 1944 2004	1896 1956 2016	1908 1968 2028	1820 1980 2040	1832 1992 2052
오행	목형(木型)	화형(火型)	토형(土型)	금형(金型)	수형(水型)
정신 육체	육체↔정신	육체↔정신	육체←정신	육체=정신	육체→정신
특징	프리랜서 교육, 농업	CEO형 예능, 에너지	건설 부동산	검·경찰, 군인 교육자	철학, 심리 기획, 연구
성품	전진, 천진	화려, 정열	중화, 포용	강직, 굳건	온화, 소심
공망 (무연)	말, 양 오(午), 미(未)	용, 뱀 진(辰), 사(巳)	호랑이, 토끼 인(寅), 묘(卯)	쥐, 소 (子), 축(丑)	개, 돼지 술(戌), 해(亥)

10. 유(酉)의 육갑

1) 을유(乙酉)

을유(乙酉)은 천간 을(乙)의 기운을 받은 닭이다. 을(乙)은 인간의 눈으로는 분별하기 힘들지라도 살아있다는 것은 항상 움직이고 있기 때문에 자연히 바람이 일어나고 있는 것과 같아 바람을 상징하는 것이다.

을유(乙酉)이라 함은 유(酉)의 기본성향과 을의 성향을 닮은 닭를 말한다. 가을의 풀. 바위를 뚫고 자라는 화초. 칼 앞의 꽃잎. 가냘프고 뿌리가 깊지 못해 늘 좌불안석이다. 겉으로는 다정하나 속으로는 날카롭고 냉혹한 속성이 있다. 여명은 경계는 한다지만 믿는 도끼에 발등 찍힐 수 있다. 남편 일에 헌신하나 엉뚱한 일로 당황하게 된다.

질병이나 독신으로 고독하거나, 많은 식구를 책임져야할 경우도 있다. 깔끔, 단정, 유순한 반면 소심. 생활안정이 안되고 질병, 신경과민이 따르며 남에게 의탁해서 살아가는 경향이 많다. 외로운 마음을 가지고 있다. 화려함을 좋아하고 예술에 취미가 있으며 금극목과 상충이 겹치면 부부불화, 이별, 별거가 따른다. 다소 호색가이며 성격은 조급하고 신체가 허약하며 질병이 따른다. 관직, 무관으로 출세한다.

직업으로는 수목업, 주단포목, 섬유, 피복, 지물, 전기업, 금은양은, 금속업, 공업, 법학, 의약, 역학, 미곡, 토지, 목축업은 불가하다. 천직(직업)은 의사, 교수, 강사, 법조인, 직업군인, 음악가, 인기직종이 좋으며 적성에 맞는 학과, 전공은 사학, 법학, 어문학, 신방학, 의학, 금속공학, 정보공학, 예체능이 좋다.

공망은 오와 미이다.

2) 정유(丁酉)

정유란 천간 정(丁)의 기운을 받은 닭이다. 정(丁)이란 용광로나 화롯불 같은 불이다. 정열, 온순, 집요, 연구, 온정 등을 상징한다. 하늘에서는 별, 은하계, 등불을 상징한다. 달빛, 촛불, 화롯불, 작은 불 등을 의미한다. 생명의 기운이 하늘 높이 치솟아 하늘에 다다랐다는 의미로 만물이 성숙하여 힘이 넘치는 늠름한 변화의 모습을 상징한다. 살아있는 불로서 겉으로는 양의 성질을 가졌으나 안으로는 음의 성질을 가지고 있어 속이 유약하나 그 생명력을 대단히 강하다.

정유(丁酉)는 달밤에 반짝이는 귀금속이나 촛대, 앞길을 밝히는 등불, 먼저 배푼다. 내심 단호하게 끊는 속성이 있다. 중년 이후 횡재 있어 금전 궁팝이 일생동안 없다. 남자는 현명한 처를 맞이하고 부모덕은 있으나 형제 덕은 없다. 여자는 남편을 잘 보살피는 현모양처. 내조를 잘한다. 명량, 지혜, 총명, 금전 운이 좋아 의식이 풍족. 허영심, 자부심 때문에 낭비가 많고 일 처리에 있어 남에게 미루며 인내심이 부족하여 주색을 즐긴다. 여자는 시부모와의 갈등, 부부불화가 따르며 돈은 잘 벌지만 돈을 모른다.

직업으로는 목화업, 수산업, 철물업, 인쇄업, 문방구, 서예, 언론가, 금은양은, 금융업, 공업, 타자기술이 좋고 천직(직업)으로는 교수, 의사, 강사, 법조인, 디자이너, 인기직종이 좋다. 적성에 맞는 학과, 전공은 법학, 사학, 어문학, 신방, 위학, 인체공학, 금속공학이 유리하다.

공망은 진과 사이다.

3) 기유(己酉)

기축이란 천간 기(己)의 기운을 받은 닭이다. 기(己)는 온화, 충실, 근검, 순정, 겸손을 의미한다. 하늘에서는 구름, 전원(田園)을 의미한다. 어머니, 대지 등을 상징한다. 때문에 포용력이 좋다. 나서지 않고 주로 잘 듣는다. 불만이 있어도 참고 이해한다. 많은 것을 알면서도 드러내지 않는다. 그래서 많은 사람들이 따르고 좋아한다. 주로 논밭, 담, 성벽, 묘지, 도로, 중개자, 바둑, 도자기, 기와, 벽돌, 주차장 등으로 해석한다.

기유(己酉)는 들판의 닭. 분주하고 신록이 두텁다. 비상한 두뇌, 학업우수, 맡은 일은 정확하고 깨끗하게 처리. 온순하면서 타인을 제압하는 힘. 주위의 인정. 겉으로는 유하지만 속으로는 냉정. 여자는 재주가 뛰어나고 내조를 잘하나 남편 무시하는 경향. 남편 덕이 박하다. 근심이 항상 있으면서 상냥, 친절, 대화를 즐긴다. 잔소리가 많은 편, 무슨 음식이든 잘 먹고, 너무 치밀하고 세심한 게 흠. 간섭이 많고 차남이라도 상속을 받게 된다. 형제와 인연이 좋고 타인도 형제처럼 지낸다. 세상사람 들의 친송, 궂은 일도 솔선수범. 여자는 중년이후에 남편과 이별, 별거. 남편에게 소박당하며 해로가 힘들다. 만약 행복하다면 사별, 남편 복이 없다.

직업으로 화토업, 전기전화, 교환, 음식, 수산업, 식당, 공업, 법무, 교통, 의약 역술이 좋고 천직(직업) : 교수, 의사, 법조인, 언론인, 엔지니어, 인기직종이 좋다. 적성에 맞는 학과, 전공은 법학, 사학, 어문학, 신방, 예능, 금속공학, 정보공학 등이 좋다.

공망은 인과 묘이다.

4) 신유(辛酉)

신(辛)은 오곡을 새로이 수확하여 수장한다는 뜻이 있다. 단순, 치밀, 분석, 섬세하다. 쇳물, 주방기기, 기계부속, 바늘, 보석, 도금, 귀금속, 장신구, 세공, 금, 은, 시계, 정밀기계, 스프링, 화화기계, 계산기, 광학, 경금속 등으로 상징된다. 서리, 구슬의 의미를 갖고 있다. 만물의 새로운 탄생을 의미한다. 결정체로서 보석을 나타내며 세련된 금속이나 비철금속, 정밀한 반도체 등이 해당된다.

신유(辛酉)는 천지가 금 기운. 가을의 절, 소란하고 복잡한 것을 싫어하고 타협하지 않고 주관이 뚜렷. 원만해 보여도 마음은 차갑고 고지식. 대외적으로는 사교적이나 집안에서는 무정. 증오심이 일어나면 풀리지 않는다. 끝까지 기억한다. 을묘, 신유, 임자는 3대 고집 중 신유가 으뜸. 여자는 본인이 가계를 꾸린다. 금전 집착이 강하다.

깨끗함을 좋아하고 예술적 감각이 탁월. 세상을 한탄. 정의. 의협심, 자존심, 지기를 싫어하며 성질은 깔끔. 고집, 실속. 장소에 따라 돈을 잘 쓰며 단순한 것이 흠. 몸에 재치가 있고 빠르며 똑똑하다. 여자는 남편의 말을 무시하며 자기주장대로 해나가는 성격이 있고 형제간에 우애가 없고 고독하게 산다.

직업으로 토금업, 주단포목, 금융업, 무역업, 호텔업, 여관업, 음식업, 전기, 역술, 침술, 의약이 좋고 천직(직업)으로 교수, 의사, 언론인, 법조인, 외교관, 인기직종이 좋다. 적성에 맞는 학과, 전공은 법, 사학, 어문, 신방, 예체능, 의학, 금속공학, 유전공학이 좋다.

공망은 자와 축이다.

5) 계유(癸酉)

계(癸)는 봄장마, 우로(雨露)를 상징한다. 졸졸졸 흐르는 샘물이나 생수, 활수, 원천, 윤하수 등으로서 항상 흘러내리는 물로서 만물을 자양하는 근본이다. 지모(智謀)가 뛰어나고 아이디어가 특출하며 준법정신과 임기응변에 능하다. 변화에 민감하고 대응력이 뛰어난다. 심리파악을 잘하며 자상하다. 자유자재로 변신하며 환경에 따른 적응력이 뛰어나다. 줏대가 없어 보이고 자기 꾀에 자신이 당하는 경우가 많다. 참모나 보좌역할이 어울린다. 많이 알지만 실천이 부족하고 어려움을 보면 말로서 다하고 실천은 못한다. 변덕스럽고 지조가 없는 이중성격자로 보이며 너무 비밀스럽게 감추는 것이 많아 보여 오해를 받을 수 있다.

계유(癸酉)는 보석을 물로 씻으니 깔끔하고 미모. 절에 흐르는 물이고 절 안의 샘터이다. 고독, 결백이 고립을 자초. 집념, 끈기, 야망, 영리하고 암기력이 있다. 적게 배워도 크게 써먹는다. 여자는 애교만점. 처세에 밝으나 순종기질이 없다. 유는 술과 연관이 있다. 사회에서는 꼭 필요한 인물이다. 가을비로 고독하다. 끈기와 성취욕이 강하다. 예체능에서 성공. 술을 즐기며 항상 공상을 많이 하고 남을 의심하며 모든 일이 느리고 실천이 느리며 내일로 미룬다. 여자는 초혼에 실패가 많고 첩으로 사는 경우도 있다. 그러나 사랑과 귀여움을 받으며 혼자서 조용히 살기를 좋아하고 남편과 무정하여 이별, 별거를 하는 경우가 많다. 위장병으로 고생하며 자식근심이 많다. 아릴 때 큰 병을 앓는 경우가 많다

직업으로 금수업, 주단, 주다음식업, 무역업, 약조장, 여관업, 식당업, 전화전기, 목축업은 불가, 기생마담, 주식업이 좋고, 천직(직업)으로는 의사, 법조인, 교수, 강사, 아나운서, 디자이너, 연예인이 좋다. 적성에 맞는 학과, 전공으로는 사학, 법학, 어문계열, 신문방송학, 정보공학, 의학이 좋다.

공망은 술과 해이다.

(표 50) 유의 육갑

	을유(乙酉)	정유(丁酉)	기유(己酉)	신유(辛酉)	계유(癸酉)
생년	1885 1945 2005	1897 1957 2017	1909 1969 2029	1921 1981 2141	1933 1993 2053
오행	목형(木型)	화형(火型)	토형(土型)	금형(金型)	수형(水型)
정신 육체	육체↔정신	육체↔정신	육체←정신	육체=정신	육체→정신
특징	사업가 예능, 문학	교육자	중개자	금융, 경리, 기획	참모, 보좌
성품	사교, 예민, 유약	정열, 온순, 집요, 온정	충실, 근검, 순정, 겸손	단순, 치밀, 분석, 섬세	냉정, 소극, 분별, 민감
공망 (무연)	말, 양 오(午), 미(未)	용, 뱀 진(辰), 사(巳)	호랑이, 토끼 인(寅), 묘(卯)	쥐, 소 자(子), 축(丑)	개, 돼지 (술(戌), 해(亥)

6) 종합

유의 육갑을 5가지로 분류하였다. (표 50)에서 보면 유의 육갑 5가지 유형에 대한 특징을 설명했다.

11. 술(戌)의 육갑

1) 갑술(甲戌)

갑술(甲戌)은 천간 갑(甲)의 기운을 받은 개다. 갑(甲)은 천간의 첫 글자이므로 처음·제일을 뜻한다. 강직, 낭비, 고집, 두각, 독립 등의 성격을 의미한다.

갑술(甲戌)은 이러한 갑(甲)의 기운과 술(戌)의 기운이 결합된 것이다. 민둥산의 고목. 홀로선 지도자 상. 가을 나무이니 잎이 없다. 활기가 없다. 독산고목으로 홀로서서 타인을 원망한다. 언중유골이 있다. 그러나 성실하여 할 일은 한다. 독단으로 흐르기 쉬우니 신앙 등으로 인한 수행이 필요하다. 여자는 여장부 기질로 남자를 우습게 안다. 갑오, 갑술 일주는 다소 과장하는 기질이 있다. 만인을 지휘. 독선적, 직선적. 매사 자립적. 장애가 많으나 남의 일에 봉사나 희생정신이 강하다. 허영심이 많고 재물을 경시하며 남자는 풍류나 주색을 즐기고 타인과 토론하기를 좋아한다. 자기가 해야 할 일을 미루지 않고 다처를 거느릴 수 있다. 인심이 좋고 착하다.

직업으로 수목업, 주단포목, 섬유, 농업, 철학, 의약, 법학, 승려, 공업, 금은양은, 토석, 건축, 전기, 성직자 등이 좋다. 천직(직업)은 정치가, 의사, 제약업, 성직자, 건축가, 도예가가 좋고 적성에 맞는 학과, 전공은 지리학, 고고학, 지질학, 피부관리, 농학, 도예가 좋다.

공망은 신과 유이다.

2) 병술(丙戌)

병술(丙戌)는 천간 병(丙)의 기운을 받은 개다. 병(丙)은 모든 빛과 열의 모체(母體)라 하며 곧 하늘의 태양이라 한다. 태양처럼 밝고 환하다. 매사에 쾌활하고 정열적이며 적극적이고 화끈하다. 높이 떠 있는 태양처럼 이상과 포부가 원대하고 계획이 크며 활동적이다. 사물을 판단하는 안목도 빠르고 정확하다. 깔끔하고 멋을 안다. 세련되고 이상적이다. 반면 불같은 성격의 소유자다. 불같이 급한 성격 때문에 실수도 많고 싫증도 잘 낸다. 감정이 예민하고 내면에는 수심이 항상 있다. 말이 많고 바른 말을 잘 하며 자기 속마음을 그대로 노출하는 경향이 있어 구설수가 많다. 매사 입 조심하여야 한다. 스스로 높다고 생각하고 어지간해서는 굽힐 줄 모른다. 너무 강하다 보니 폭발적인 성향이 있다. 무모한 모험이나 투기를 즐기는 경향이 있다. 싸우기도 잘하고 잊기도 잘한다. 속은 간교하기도 하고 허풍스럽기도 하다.

병술(丙戌)은 이러한 성향의 병(丙)과 술(戌)의 결합이다. 서산에 지는 태양. 내리막

길. 넘어지지 않도록 주의. 수기가 없어 조급한 기질이 흠. 의협심. 활달, 명랑. 자기위주, 희로애락에 감정표출이 심하다. 인정 많고 도량 넓으며 처세도 원만. 외환내허의 상. 백호가 있어 본인이나 배우자에 횡액. 여성도 겁재로 인해 고집이 있다. 누군가에 의지하고 싶어 남의 남자를 좋아한다. 조급하면서 낙천적. 경솔하고 흥분을 잘한다, 체격은 좋으나 쓸데없는 일을 저지르며 앞 뒤 없이 일을 처리해 실수할 때가 많다. 유흥을 즐기고 유흥업에 종사. 운동에 소질. 여자는 생식기나 자궁계통의 질환이 따르며 자식의 애로가 따른다.

직업으로는 목화업, 수산업, 철물업, 공업가, 성악가, 금은양은, 타자기술, 인쇄업, 문방구, 목수업, 법무관, 의사, 금융업, 목축업 불가하다. 천직(직업)으로는 법조인, 교수, 정치가, 의사, 종교인, 영농가, 체육인이 좋고 적성에 맞는 학과, 전공은 의학, 약학, 금속공학, 농학, 법학, 어문학, 지리학, 고고학, 신방학 등이 좋다.

공망은 오와 미이다.

3) 무술(戊戌)

무술(戊戌)은 천간의 무(戊)와 지지의 술(戌)이 만난서 이루어진 형국이다. 가을 산, 산속의 묘지, 쓸쓸하다. 속세를 떠나기도 한다. 자만심이 강하고 고집이 세다. 타인의 일이라면 발 벗고 나서지만 가정에는 소홀하다. 입묘로 수집에 일가견이 있다. 책임감이 강하고 행동이나 마음의 시비가 분명하다. 순하지만 화날 때는 무섭다. 일반적으로 토가 그렇다. 여자는 총명하지만 고집으로 망할 수 있다. 수양이 필요하다. 마음은 바쁘나 의식 충만 기운왕성, 자기주장이 강하다. 남녀 모두 집안일도 잘하고 사회활동도 잘한다. 상하를 잘 다스리며 존경을 받는다. 부러운 인격자. 저축심이 강하나 수중에 돈이 떨어지면 마음이 위축되어 안절부절 못한다. 여자는 부자 집에 결혼해도 남편의 자산이 물거품처럼 사라진다.

직업으로는 화토업, 전기전화, 교환, 음식, 수산, 요식, 식당, 공업, 법무, 교통, 의약, 역술 등이 좋고 천직(직업)으로는 교수, 의사, 법조인, 정치가, 엔지니어, 도에가 영농가 등이 좋다. 적성에 맞는 학과, 전공은 어문학, 고고학, 사학, 법학, 의학, 유전공학, 금속공학 등이 좋다.

공망은 진과 사이다.

4) 경술(庚戌)

경(庚)은 만물의 개혁을 이룩하는 뜻이 있다. 응고작용을 기본으로 한다. 의미상으로 과감, 용단, 의협, 정의, 냉정 등의 뜻을 가지고 있다. 하늘에서는 달을 상징한다.

경술(庚戌)은 천간 경(庚)과 지지 술(戌)이 결합하여 이루어진 갑자이다. 철창에 갇힌 개. 구설, 송사, 횡액을 당할 수 있다. 자기 제일주의, 타협을 못한다. 공동사업은 부적합. 자존심. 상처받으면 분개. 천문의 작용으로 종교와 인연이 많다. 여자는 여걸이다. 두뇌 우수하고 재치 뛰어나고 과부가 많다. 남의 앞에 서기를 좋아하고 자비심이 많으며 고집이 있는 편. 고독한 심성. 문장력. 정의감, 희생정신. 대장부. 여자는 미인이 많다. 고집이 세서 남의 말을 듣지 않는다. 제멋대로 행동해서 불행을 초래. 남에게 지지 않는 성격이다.

직업으로는 토금업, 주단포목, 음식점, 무역업, 양조장, 호텔업, 모텔업, 산림조림, 전기공업, 선생, 활인업 등이 좋고 천직(직업)은 교수, 의사, 법조인, 언론인, 영농가, 엔지니어, 인기직종 등이 좋다. 적성에 맞는 학과, 전공은 의학, 수학, 물리, 통계, 금속공학, 법학, 사학, 교육, 신방 등이 좋다.

공망은 인과 묘이다.

5) 임술(壬戌)

임술(壬戌)은 가을 호수. 쓸쓸. 욕심이 있다. 잘 베풀고 잘 취득한다. 백호로 강직성과 과격성이 있다. 마음에 들면 잘하지만 틀어지면 증오. 지혜, 총명. 지도자격. 간섭이나 구속을 싫어한다. 처덕은 있으나 백호로 해로가 어렵다. 여자는 뽐내는 성품. 자기주장이 강하여 가정의 주도권을 잡으려 한다. 호기심, 영감, 인정, 남에게 베풀줄 아는 성품. 괴팍한 면. 이기심이 발동하면 지나치게 독하다. 온화, 쾌할, 활발, 활동적. 생각이 깊으며 겉으로는 장담하고 큰소리치나 속으로는 좌절감. 강약의 차이가 많고 노력에 비해 공이 적고 사람에 따라서는 비천하기도 하다. 여자는 관대가 2개면 여러 사람에게 비웃음을 받으며 교양이 없는 여성이 많고 자유분망하면서 남편의 의견을 듣지 않고 자기 고집대로 하면서 돌아다닌다. 부부사이 불화, 갈등

직업으로 금토업, 주다음식업, 무역업, 호텔업, 양조업, 법무, 신불, 역술, 침술, 의약 등이 좋고 천직(직업)으로 교수, 의사, 엔지니어, 법조인, 디자이너, 인기직종 등이 좋다. 적성에 맞는 학과, 전공은 의학, 공학, 농학, 어문학, 사학, 법학, 교육, 예체능 등이 좋다.

공망은 자와 축이다.

6) 종합

술의 육갑을 5가지로 분류하였다. (표 51)에서 보면 개의 5가지 유형에 대한 특징을 설명했다. 유형끼리는 12년의 터울을 갖지만 같은 유형은 무려 60년의 터울을 갖는다. 따라서 똑같은 유형은 60년 주기이다. 종류는 다섯 가지이지만 똑 같은 성향의 쥐는 60년에 한번 꼴로 탄생한다는 의미이다.

(표 51) 술의 육갑

	갑술(甲戌)	병술(丙戌)	무술(戊戌)	경술(庚戌)	임술(壬戌)
생년	1874 1934 1994	1886 1946 2006	1898 1958 2018	1810 1970 2030	1922 1982 2042
오행	목형(木型)	화형(火型)	토형(土型)	금형(金型)	수형(水型)
정신 육체	육체↔정신	육체←정신	육체=정신	육체→정신	육체↔정신
특징	프리랜서 교육, 농업	CEO형 예능, 에너지	건설 부동산	검·경찰, 군인 교육자	철학, 심리 기획, 연구
성품	전진, 천진	화려, 정열	중화, 포용	강직, 굳건	온화, 소심
공망 (무연)	원숭이, 닭 신(申), 유(酉)	말, 양 오(午), 미(未)	용, 뱀 진(辰), 사(巳)	호랑이, 토끼 인(寅), 묘(卯)	쥐, 소 자(子), 축(丑)

12. 해(亥)의 육갑

1) 을해(乙亥)

을해(乙亥)는 천간 을(乙)의 기운을 받은 돼지이다.
물속의 초목이라 날씬하고 길다. 초목이 물속에서 방향을 잃고 헤멘다. 주관없이 흔들린다. 정착하지 못하고 객지를 떠돈다. 외롭고 고독하다. 여성은 총명하고 활동적이나 속으로 근심이 많고 비밀도 많다. 담백하고 정이 많다. 돌아다니기를 좋아한다. 학문과 예술을 즐기며 창의력은 있으나 노력이 부족하다. 착하고 어질며 생각은 깊으나 실천력이 부족하여 결단, 끈기, 배짱이 없다. 남을 배려함이 부족하다. 남녀 간 배우자가 학식과 좋은 집안의 태생으로 모친으로 인해 덕을 입고 여자는 자식의 도움을 받기가 어렵게 된다.
천직(직업)으로는 학자, 교수, 의사, 외교관, 유통업, 무역업, 선박업, 수목업, 주단포목, 섬유, 전기업, 의약, 법학, 피복, 지물, 토석, 건축, 전기, 역술, 미곡, 금속업, 교통업 등이 좋고 적성에 맞는 학과, 전공은 교육학, 수학, 물리학, 통계학, 의학, 해양학, 어문학 등이 좋다.
공망은 신과 유이다.

2) 정해(丁亥)

정해란 천간 정(丁)의 기운을 받은 돼지이다.

정(丁)이란 생명의 기운이 하늘 높이 치솟아 하늘에 다다랐다는 의미로 만물이 성숙하여 힘이 넘치는 늠름한 변화의 모습을 상징한다. 살아있는 불로서 겉으로는 양의 성질을 가졌으나 안으로는 음의 성질을 가지고 있어 속이 유약하나 그 생명력을 대단히 강하다.

정해(丁亥)는 호수를 비치는 달빛. 바닷가의 등대. 지혜는 있지만 지속성이 없어 삶이 분주하다. 객지생활을 한다. 변덕이 심하고 실증을 빨리 낸다. 말을 잘한다. 화를 내면 물불을 가리지 않고 행동하다가 후회한다. 처세가 좋아 오해를 받기도 한다. 여자는 인물이 뛰어나고 성품도 자상하고 재주가 좋다. 연애도 잘하고 애교만점이다. 소심하면서 겁이 많고 순박하고 공직 생활 운 좋고 사업과는 인연이 없다. 미모가 좋은 사람이 많고 배우자는 자기보다 교양 있는 사람을 만난다. 여자는 남편이 의처증을 가질 가능성. 시모와 뜻이 안 맞는다.

천직(직업)은 교수, 의사, 외교관, 언론인, 무역업, 디자이너 연예인, 목화업, 수산업, 철물업, 인쇄업, 문방구, 서예, 언론가, 금은양은, 금융업, 성악가, 의약, 법무, 교통업. 적성에 맞는 학과, 전공은 의학, 자연과학, 해양학, 농학, 문학, 어문학, 교육학 등이 좋다.

공망은 오와 미이다.

3) 기해(己亥)

기해란 천간 기(己)의 기운을 받은 돼지이다.

기(己)는 만물이 완전하게 성숙하고 성립했다는 의미이다. 즉 외부로만 발전하던 것이 내부로 들어와 완벽하게 충실해지는 것을 말한다. 어머니로서 잉태한 상태이다.

기해(己亥)는 습한 토, 겉으로는 명량, 소심. 사람을 기피한다. 재가 물속에 있으니 수산업, 해운업에 인연이 있다. 밤의 재물이니 밤의 직업과도 인연. 타인에게 속기 쉽고 고향을 떠나 객지생활하기 쉽다. 두뇌총명. 내심 비밀이 있어 겉과 속이 다르다. 재복이 있어 돈 걱정은 없으며 인정이 많다. 비위가 약하다. 여자는 남편을 의심하는 일이 있어 부부간 파란이 예상된다. 지나친 고집과 허욕이 있으며 주색을 탐하며 현실적이며 부지런 하다. 놀기를 좋아한다. 재물 운이 있다. 말을 잘하며 실속을 차린다. 남녀가 어린 시절은 허약, 중년이후 건강. 부모형제 인연희박. 도움이 없다. 여자는 시부모와 남편에게 의사 불통.

적성에 맞는 학과, 전공 : 의학, 수학, 물리학, 통계학, 어문학, 교육학, 의상학 등이 좋고 천직(직업)으로는 화토업, 전기전화, 교환, 음식, 수산, 요식, 식당, 교사, 의약, 법무, 예술, 화가, 역술, 신불, 교통업교수, 의사, 금융계, 언론인, 디자이너, 인기직종 등이 좋다.

공망은 진과 사이다.

4) 신미(辛未)

신(辛)은 쇳물, 주방기기, 기계부속, 바늘, 보석, 도금, 귀금속, 장신구, 세공, 금, 은, 시계, 정밀기계, 스프링, 화화기계, 계산기, 광학, 경금속 등으로 해석한다. 하늘에서는 서리, 구슬의 의미를 갖고 있다. 만물의 새로운 탄생을 의미한다. 결정체로서 보석을 나타내며 세련된 금속이나 비철금속, 정밀한 반도체 등이 해당된다.

신해(辛亥)는 보석을 물로 씻어낸다. 도세주옥의 상으로 피부가 희고 곱다. 두뇌가 예리하고 관찰력이 뛰어나지만 타인을 무시하고 누구든지 자기 맘대로 하려는 교만심이 있다. 승부욕이 강하여 반론을 제기하는 상대는 적으로 규정한다. 여자는 금백수창으로 피부기 좋고 지성적이지만 상관이 있어 남편을 무시한다. 성품이 맑고 깨끗. 따뜻한 정. 고독한 심성. 신경이 날카롭다. 다재다능. 총명. 얼굴과 피부과 말고, 심성이 깨끗. 구설수. 남자는 예술을 좋아하는 반면 고독. 재복은 있으나 스스로 냉정하여 차버리며 타인의 조언도 마이동풍 격으로 없애버리는 수가 있다. 여자는 남편의 인연이 희박. 정조관념이 강하게 된다. 그러나 남편의 직업이 변동이 없고 서로 양보심이 없어 자기 멋대로 하면 안하무인격이 되어 자주적인 행동으로 이별의 씨앗을 뿌리는 수가 많다

적성에 맞는 학과, 전공은 전공 : 의학, 통계, 회계, 해양, 어문, 고고, 교육, 신방 등이며 천직(직업)은 교수, 의사, 법조인, 언론인, 수산업, 외교가, 디자이너, 인기직종 등이다. 직업으로 토금업, 주단포목, 음식점, 무역업, 호텔업, 모텔업, 의약, 교수, 역술, 신불, 교통업 등이 있다.

공망은 인과 묘이다.

5) 계미(癸未)

계해(癸亥)는 망망대해. 밤과 밤, 물과 물의 만남. 무한한 잠재력. 물이 거칠 것 없이 흐르니 형충되면 화액이 따른다. 신해, 계해는 머리가 좋다. 타인보다 한발 앞선다. 외유내강. 타인을 염려하는 마음이 깊다. 이로 인해 피해가 있다. 여자는 총명, 생활력이 강하다. 외정, 교육계가 좋다. 천재적인 지혜와 용기. 고요한 마음. 매사 침착, 얌전. 속마음은 개방적. 활발, 자존심, 자기의 이익을 찾아야 성질이 풀린다. 남녀간 부부 운이 순탄치 않다. 착첩. 이별수. 여자는 정부를 숨겨두고 지내다가 결과는 이별의 씨앗을 뿌리고 남이야 살든 죽든 자기의 이익만 챙기면 무슨 사업이든 하려 한다.

직업으로는 금수업, 주다음식업, 무역업, 호텔업, 양조업, 식당업, 교통업, 법무, 의약 역술, 전기 등이 좋고 교수, 의사, 언론인, 금융계, 회계사, 디자이너, 인기직종 등이 좋다. 적성에 맞는 전공은 의학, 자연과학, 수자원개발, 어문, 교육, 신방 등이다.

공망은 자와 축이다.

6) 종합

해(亥)의 육갑을 5가지로 분류하였다. (표 53)에서 보면 돼지의 5가지 유형에 대한 특징을 설명했다.

(표 52) 술의 육갑

	을해(乙亥)	정해(丁亥)	기해(己亥)	신해(辛亥)	계해(癸亥)
생년	1875, 1935 2015	1887, 1947 2027	1899, 1959 2019	1911, 1971 2031	1923, 2083 2043
오행	목형(木型)	화형(火型)	토형(土型)	금형(金型)	수형(水型)
정신 육체	육체→정신	육체↔정신	육체↔정신	육체←정신	육체=정신
특징	사업가, 예능, 문학	교육자	중개자	금융, 경리, 기획	참모, 보좌
성품	사교, 예민, 유약	정열, 온순, 집요, 온정	충실, 근검, 순정, 겸손	단순, 치밀, 분석, 섬세	냉정, 소극, 분별, 민감
공망 (무연)	원숭이, 닭 신(申), 유(酉)	말, 양 오(午), 미(未)	용, 뱀 진(辰), 사(巳)	호랑이, 토끼 인(寅), 묘(卯)	쥐, 소 자(子), 축(丑)

제4장

음양오행
(陰陽五行)

제1절 음양운동

1. 음양의 의미

음양(陰陽)은 동양의 철학적 사고의 기본 틀이다. 천지 만물에 있어서 상반되는 이원 대립적 관계를 상징하는 말로서 우주의 생성소(生成素)라고 할 수 있다. 즉 우주생성과 만물의 생성은 음양으로 이루어졌으며 우주와 만물의 변화 또한 음양의 변화에 의해 이루어진다는 것이다.

음양(陰陽)은 만물의 생성 변화의 원리로서의 기(氣)를 뜻한다. 원래의 뜻은 햇빛과 그늘을 의미하였지만 은(殷)시대에 성립한 빈모(牝牡 : 암수라는 뜻)의 관념과 결합하여 전국(戰國)말에 만물생성의 원리로 되었다.

음양은 어디까지나 기(氣)의 두 측면, 서로 대립하고 의존하면서 사물을 만들고 성립시키는 생성과 존립의 원리, 서로 순환하고 전화하는 변화의 원리라는 두 개의 원리로서 작용하여 왔다. 그러나 음양 원리의 상호 의존적, 조화적인 성격이라는 해석은 음양이 모순 원리로서 성장·발전하고 있다고 해석하는 것과는 상치하게 된다. 후에 음양설은 오행설과 결합하여 음양오행설로 발전하고, 이것은 한(漢)대에 대단히 유행하였다.

음양의 첫 번째 기록은 기원전 1000년경의 전통 시가집 '시경'에서 발견된다. 또한 장자 '남화경(南華經)'·'춘추좌씨전(春秋左氏傳)'에 이미 음양의 설이 중요하게 언급되어 있으며 노자 '도덕경(道德經)'과 '주역' 계사전(繫辭傳)에 이르면 음양의 두 기운이 우주의 근원인 태극(太極)이나 도(道)와 불가분의 관련을 가지고 있는 것으로 제시되어 있다.

'주역'의 계사전에서는 "한 번 음이 되고 한 번 양이 되는 것을 도라 한다(一陰一陽之謂道)", 또한 "태극에서 양의(兩儀: 陰陽)가 생한다(太極生兩儀)"라고 말하고 있다. 나아가 음양 대신에 강유라는 표현을 사용하여 두 가지 기운의 상호 작용을 강유상추(剛柔相推)라고 표현하기도 한다.

음(陰)이란 대체로 소극적이고 물러나는 기운을, 양(陽)이란 적극적이고 활동적인 기운을 대표하지만 서로 다른 두 기운이 아니고 한 기운의 두 가지 측면으로 풀이되는 경우도 있다. 명확하게 음양상승이라는 표현이 나타난 문헌은 도교경전인 '황제음부경(黃帝陰符經)'이다.

'음부경'은 당대(唐代) 무렵 주석본이 나타나 세상에 알려지기 시작했다. '음부경'의 사상에는 '주역'사상과 '노자'사상의 두 가지가 함축되어 있으며 한대(漢代) 이후 정립된 기론적(氣論的) 세계관을 수용하여 음양오행의 도를 주체적으로 파악하여 활용하는 길을 밝히는 데에 역점이 있다. '음부경'에서는 "천지의 도가 스며들기 때문에 음양이 서로를 이긴다. 음양이 서로를 밀치어 변화가 순조롭다(天地之道浸故陰陽勝 陰陽相推而變化順矣)"라고 말한다. 하늘과 땅의 도가 스며든다는 것은 하늘과 땅이 서로 교감한다는 뜻이며 이에 따라 음양이 서로를 이긴다는 것은 음이 양으로 변하고 양이 음으로 변한다는 뜻이다. 이 변화는 갑자기 이루어지는 것이 아니라 서서히 알지 못하는 가운데 교감하며 변화의 전기가 이루어진다는 의미에서 스며든다고 표현한 것이다. 이를 다시 음양이 서로를 밀치어 변화가 순조롭다고 말한 것이다.

음양이론은 자연현상을 설명하는 중요한 개념이 되면서 음양의 작용을 통해 만물이 생성 변화한다고 생각하였다. 이 같은 전통 아래 자연현상에서 인체에 이르기까지 모든 것을 음양으로 나누었다.

음양의 부호는 -- - 로 표시하고 음은 파선(破線. --)으로 나타내며, 약함을, 양은 실선(-)으로 강함을 나타낸다. 음양의 상징인 '태극'은 우주에서의 두 가지 위대한 힘의 완전한 균형을 나타낸다. 음양의 두 가지 힘은 긴장관계에 있지만 적대관계는 아니며, 상호 의존적인 반려이다. 둘은 본질적으로는 하나이다.

2. 음양섭리

음양은 천지간 만물을 지배하는 진리 즉 천리(天理)를 말한다. 일음일양(一陰一陽)은 도(道)를 이루고, 편음편양(偏陰偏陽)은 병(病)이 된다고 했다. 옛 말에 세상을 슬기롭게 살려면 먼저 천리, 음양의 이치와 천시(天時)를 가릴 줄 알아야 한다고 하듯이 시기가 나쁘고 순서가 잘못된 일은 사람의 이목에도 어긋나고 성사될 수도 없는 이치이다.

천리·음양의 이치를 깊이 알고 이에 순종해야 한다. 천명을 모르고 행하여서는 아무 일도 제대로 될 리 없으며 설혹 일시적으로는 잘되어 가더라도 오래 견딜 수 없어 결국은 실패로 돌아간다는 뜻이 되겠다. 4계는 순환하여 끝이 없고 춘하추동의 시계는 조금의 어긋남이 없다. 4계의 변천은 봄이 지나서 여름이 오고 여름이 지나서 가을이 오는 것처럼 생각되나 봄 중에 이미 하기(夏氣)가 있고, 여름은 이미 추기(秋氣)에 통하며, 가을은 이미 차게 되어 있다.

사람의 생로병사도 이와 다를 것이 없어서 일견 흐트러짐 가운데도 엄연히 규범이 있고 부족한 것 같으면서 만족하며 구석이 없는 것 같으면서 구석이 있고, 어두운 것 같으면서 밝고, 물러서는 것 같으면서 나아간다. 천지만상은 모두 이와 같으며, 이러한 모든 것을 우주의 안쪽에서 지배하는 것, 이것이 천리이고 진리이다. 이것을 음양의 섭리라 한다.

음양을 천지로 하고, 일월로 하고, 부모로 하고, 남녀로 하고, 부부로 한다. 천(天)이 있으므로 지(地)가 있고, 태양의 빛을 받아 태음(太陰)의 월이 빛나는 것처럼 인간도 남녀의 구별이 있고 부모가 교접하여, 비로소 사람이 모태에 머무르고 달이 차면 이 세상에 생을 받는다. 고언에 고양불생(孤陽不生), 고음불성(孤陰不成)이라 하였고, 편음편양으로는 아무것도 생하지 않음은 당연한 이치이다.

천의 기(氣)는 4계 순환하여 그침이 없고 지(地)는 천의 기(氣)를 받아 만물을 생성화육하는 것, 곧 음양이 협력하여 비로소 천지가 되고 일월이 창성되고 기(氣)가 응집하여 삼라만상을 이루게 된다. 남녀, 음양은 원래 선후의 분별이 있을 리 없다.

3. 음(陰)·양(陽)의 기운

　모든 우주의 물질은 음과 양으로 이루어졌다. 구분하자는 해는 양이고 달은 음이다. 남자는 양이고 여자는 음이다. 하늘은 양이고 땅은 음이다. 이렇듯 모든 사물을 음양으로 구분할 수 있다. 그러나 이렇게 구분은 하지만 음양은 절대적으로 분리해서 나눌 수는 없다. 다시 말하면 양과 음으로 구분은 가능하나 분리되는 것은 아니라는 의미이다. 즉 양과 음은 하나이며 항상 함께 있는 것이다. 만약 분리된다면 그 때는 이미 양과 음이 아닐 뿐만 아니라 우주에서 존재할 수도 없는 것이다.

　왜냐 하면 음양은 절대적인 것이 아니고 상대적인 것이기 때문이다. 예를 들면 양이라는 것은 반드시 음이 있기 때문에 존재할 수 있으며 음이라는 것도 반드시 양이 있기 때문에 존재하는 것이다. 만약 양만 있고 음이 없다면 양도 없는 것과 같다. 마찬가지로 음만 있고 양이 없다면 음도 없는 것과 같은 것이다. 양만 있고 음이 없거나 음만 있고 양이 없다면 그것은 곧 싸움만 있고 투쟁만 있으며 질시하고 미워하고 아귀다툼하면서 파멸만을 불러올 뿐이다.

　자석을 보면 금방 알 수 있다. 자석은 N(음)과 S극(양)을 동시에 가지고 있다. N극(음)과 N극(음)이 만나면 서로 합치하려 하지 않고 밀어내려고만 한다. 마찬가지로 S극(양)과 S극(양)도 서로 밀어내려고만 한다. 그러나 N극(음)과 S극(양)이 만나면 곧바로 합하여 붙는다. 이것이 음양의 조화인 것이다. 남녀 간의 관계를 상상해 보면 금방 이해가 될 것이다.

　이렇듯 음양은 서로 비교될 수 있는 대상이 있음으로서 존재할 수 있는 것이다. 비교될 수 있는 대상이 없다면 무의미 한 것이다. 바꾸어 말하면 양은 음을 부정할 수가 없고 음도 양을 부정할 수가 없다. 서로가 서로를 인정하여야 서로 존재하는 것이다. 상대방을 부정하면 곧 나를 부정하는 것이요 결과적으로 나의 존재가 없는 것과 같다. 우주가 이러한 데 인간은 그렇지 않음으로서 스스로를 부정하는 어리석음에 빠져 있는 것이다. 정신세계가 강하기 때문이다.

　이처럼 음양은 별도로 분리되어서 독립적으로 존재하는 것이 아니다. 음양이 분리된다면 우주에서 더 이상 존재할 수가 없게 된다. 마치 정신의 세계와 육체의 세계가 구분은 할 수 있으나 분리될 수 없는 것과 같다. 때문에 완전히 '100% 양(절대적인 양)'도 없고 '100% 음(절대적인 음)'도 존재하지 않는다.

　모든 것은 음양을 동시에 갖고 있으며 다만 어느 것에 더 치우쳐져 있느냐가 다를 뿐이다. 어느 쪽으로 더 치우쳤느냐의 구분은 비교 대상이 있어야 가능하다. 이 점에서 해는 달과 비교하고 달은 해와 비교됨으로서 음양으로 구분되는 것이다. 즉 해는 달에 비해 양의 성질인 것이고 달은 해에 비해 음의 성질인 것이라고 비교할 뿐이다. 해와 달이 분리되면 우주는 존재할 수가 없는 것이다. 이처럼 음양은 그 구분이 가능하나 분리될 수는 없는 것이다.

그런데 굳이 음양을 구분하는 이유는 음양의 기운이 서로 너무 다르기(상대적이기) 때문이다. 어느 것이 좋고 어느 것이 나쁘다는 의미가 아니라 각각 성질이 다르다는 의미이다. 예를 들면 양은 기운이 강한 것이라면 상대적으로 음의 기운이 약하다는 의미가 된다. 약한 기운이므로 나쁘다고 하는 것은 아니다. 약하면 약한 대로 존재할 뿐이다. 또한 약한 기운도 더 약한 기운을 만나면 강한 기운이 되는 것이다. 강한 것도 마찬가지다. 더 강한 기운을 만나면 약한 기운인 것이다.

생명체는 누구에게나 양과 음이 있다. 양과 음이 존재해야만 생명력이 존재하기 때문이다. 다만 어느 것과 더 성향이 비슷 하느냐에 따라서 '양의 성질(양이 더 많고 크다는 의미)'과 '음의 성질(음이 더 크고 많다는 의미)'이라 구분한다. 양과 음을 비교하는 것은 그리 어렵지 않다. 양이 아니면 음이기 때문이다. 모든 사물의 모든 현상을 둘로 나누어서 구분(표1 참조)하면 된다. 분명히 말하건 데 이렇게 구분은 하지만 분리하면 안 된다. 분리하면 곧 생명은 없어지는 것이며 없는 것이기 때문이다.

예를 들면 사람을 양과 음으로 구분하는데 한 사람만 두고서 음양을 구분할 수는 없다. 그 자체로 음과 양을 동시에 가지고 있는 것이다. 다만 다른 누구랑 비교할 때 음양이 명확히 구분되어 지는 것이다. 여자랑 비교하면 남자는 양이지만 같은 남자끼리 비교할 때는 강한 남자는 양이고 부드러운 남자는 음이다. 강한 남자도 부드러운 남자와 비교할 때는 양이지만 더 강한 남자와 비교할 때는 음이 된다. 마찬가지로 여자는 남자와 비교할 때 음이지만 여자끼리 비교할 때는 양도 되는 것이다. 따라서 누구든지 때로는 양이면서 때로는 음인 것이다. 이것이 음양인 것이다.

(표 53) 양, 음의 비교

구분	일원	천지	남녀	계절	오행	생사	견고	물체	꿈	신체
양	해	하늘	남	춘,하	목화	생	단단	고체	희망	육부
음	달	땅	여	추,동	금수	사	유화	액체	절망	오장

4. 음양운동

그런데 우주는 잠시도 쉬지 않고 움직이고 있다. 자기 스스로 움직이기도 하고 다른 우주의 주체와 교류하면서 움직이고 있다. 해와 달은 양과 음이라는 기운을 가지고서 움직이면서 양과 음의 기운을 교류하고 있다. 이렇게 음과 양이 스스로 움직이면서 상호간 교류하는 것을 '음양운동'이라 한다. 음양운동은 새로운 에너지를 만들어 낸다. 음양운동의 과정에서 생명체가 탄생하게 된다. 이것이 음양의 조화이며 우주의 운동인 것이다. 이러한 우주의 운동에 의해 생명체가 탄생하게 되는 것이다. 즉, 음양운동에 의해서 생명이 탄생하는 것이며, 생명이 유지되는 것이다.

또한 음양운동은 끊임이 없다. 쉬지 않고 움직이고 있다. 음양운동이 끊기면 우주는 파멸이다. 생명을 잃게 되는 것이다. 그리고 그러한 음양운동은 반복적으로 움직인다. 음과 양이 조화를 이루면서 반복적으로 움직이는 것이다. 이러한 운동 때문에 하루가 있고 한 달이 있고 일 년이 있는 것이다. 봄, 여름, 가을, 겨울, 사계절이 있는 것이다. 이러한 규칙과 반복은 과거와 현재와 미래를 연결하는 중요한 요소가 된다. 때문에 이러한 규칙과 반복적인 우주운동, 즉 음양운동을 이해하면 미래를 이해할 수 있게 된다. 예를 들면 100년 전의 어떤 사건이 100년 후에 다시 발생할 수 있는 확률은 높다 라고 예측 할 수 있는 것이다. 이것은 음양운동의 반복성, 규칙성 때문이다. 이렇게 미래를 예측하는 것을 전문으로 하는 영약을 '운명학', '명리학', '점성술', '운기학', '역술', '무술' 등으로 불리 우는 것이다.

이렇게 음양운동이 진행되는 과정에서 우주에 존재하는 모든 사물은 반드시 양과 음의 기운(에너지)을 받게 되는 것이다. 그것이 생명력이다. 음양의 기운을 받음으로서 생명력을 갖게 되는 것이다. 어쩔 때는 양의 기운이 강하게 나타나고 어쩔 때는 음의 기운이 강하게 나타난다. 이것은 해와 달의 운동(음양운동)과 교류하는 과정에서 나타난다. 따라서 모든 생명체는 음양운동 중에서 특정 기운(음양과 강도 차이)을 받아 탄생하게 된다. 달리 표현하면 생명체가 잉태되는 순간에 우주에서 일어난 음양운동 중 특정기운(음양과 강도 차이)이 그 생명체와 일치하여 생명력을 갖게 되는 것이다. 그 순간 그 생명체는 그 생명체만이 가지는 고유의 기운을 가지게 된다. 이것이 그 생명체가 스스로 갖고 때어나는 기운인 것이다. 우주에 있는 모든 사물은 이처럼 음양운동으로 인한 고유의 기운을 받고(가지고) 태어나는 것이다. 이것을 천운(天運)이라 하며 이 천운이 곧 체(體)라는 것이다.

그리고 그 기운으로 인해 생명력을 유지하게 된다. 생명력을 유지하는 과정에서도 음양운동은 규칙적, 반복적으로 질서 있게 끊임없이 진행되고 있다. 따라서 모든 생명체는 고유의 기운을 가지고 움직이기도 하지만 그 생명이 유지되는 과정에서도 음양운동의 기운을 받게 된다. 즉, 고유의 기운(체)에 더하여 새로운 음양의 기운을 규칙적, 반복적으로 끊임없이 받게 되는 것이다. 그리고 새로운 기운은 기존 기운과 교류하면서 그 생명력이 유지되는 것이다. 그렇기 때문에 어떤 성질의 기운을 갖고 있으며 어떤 성질의 기운과 교류하느냐에 따라 그 생명체의 운명이 달라지는 것이다. 이것이 용(用)이라는 것이다. 즉 모든 생명체는 본질적으로 체(타고난 기운)를 갖고 있고 용(살아가면서 받는 기운)에 의해 운명이 변화는 것이다.

생명체의 운명은 태어날 때 받은 기운, 즉 고유의 기운(체)과 살아가면서 받는 기운(용)이 서로 잘 조화를 가지는 것이 중요하다. 조화를 가진다는 의미는 균형, 균등, 평형, 중화 등을 의미한다. 즉 양과 음의 균형, 균등, 평형, 중화 등을 이루는 것이다. 만약 태어날 때부터 타고난 기운(체)이 강한 사람(양의 기운)이라면 살아가면서 만나는 기운은 약한 기운(음의 기운)이 오히려 좋은 것이다. 왜냐 하면 중화, 즉 음과 양이 조화롭게 자리를 잡아 안정적으로 생명을 유지할 수 있기 때문이다. 반대로 때어날 때 '음의 기운'을 많이 받고 때어난 사람은 오히려 '양의 기운'이 좋다고 할 수 있다.

그래서 양과 음의 기운 중 어느 것을 더 많이 갖고 있고(체) 어느 것을 더 많이 받고 있느냐(용)가 중요하다. 그리고 그것이 어떻게 조화를 이루느냐가 운명을 결정하는 것이다. 운명, 즉 생명력이라는 것은 양과 음의 기운 중 어느 것을 더 많이 갖고 있고 어느 것을 더 많이 받고 있느냐의 문제인 것이다. 다시금 강조하면 가장 좋은 것은 음양의 조화, 즉 평형(또는 중화)인 것이다. 음을 많이 갖고 있다면 양을 받으면 평형에 가까워지고 양을 많이 가지고 있다면 음의 기운을 받으면 평형에 가까워지는 것이다.

음양운동은 아무렇게나 하는 것이 아니다. 나름대로 규칙적으로 움직인다. 질서를 가지고 움직인다. 음양 간에 조화와 협력을 통해서 움직이는 것이다. 그리고 해와 달은 각각 각자의 위치에서 각자의 역할에 충실하고 있다. 해는 해로서의 위치와 역할을 하고 있으며 달은 달로서의 위치와 역할을 하고 있는 것이다. 만약 해가 달의 위치에서 해의 역할을 한다거나 달이 해의 위치에서 달의 역할을 한다면 우주는 지금과 완전히 다른 모습일 것이며 음양의 기운도 완전히 다른 모습으로 나타날 것이다. 그러면 지금과 같은 생명체는 존재하지 않았을 것이다. 이렇게 상대방의 위치와 역할에 욕심을 부리지 않고 제 위치에 충실하기 때문에 우주는 파멸되지 않고 존재하는 것이다. 이것이 우주의 순리이며 자연의 순리인 것이다.

인간 세계에서도 마찬가지로 각각의 위치와 역할이 있는데 이를 제대로 수행하지 않으면 결과적으로 파멸이 오는 것이다. 그럼에도 인간은 우주의 규칙을 무시하고 자신의 위치와 역할을 소홀히 한 채 다른 사람의 위치와 역할에 욕심을 내면서 스스로 파멸의 길을 가려고 하는 것이다. 이렇게 인간은 순천하지 않고 역천함으로서 스스로 생명을 단축시키고 파멸을 몰고 오는 것이다. 이것은 인간의 정신세계가 주는 모순 즉, 욕심 때문인 것이다.

5. 음양의 조화

천지간의 음양을 구분하면 천은 양이고 지는 음이다. 천지는 하나일 때 가장 이상적이다, 따라서 음양이 하나일 때 가장 이상적인 것이다. 만약 양이 지나치고 음이 부족하다면 반드시 음을 충분히 보충해 주어야 한다, 그래야 가장 이상적인 조합을 이루게 되며 모든 만물이 원활하게 생성하게 되는 것이다. 해만 있고 달은 없다고 가정하자, 그러면 인간의 생명은 어떻게 될 까. 아마도 지금과는 다른 생명이거나 아니면 멸종했을 지도 모른다, 따라서 해만 있다면 달이 보완적으로 충족되어야 이상적이 되는 것이다,

자연도 마찬가지다, 봄, 여름, 가을, 겨울 즉 사계절도 음양의 조합이다. 봄과 여름은 양이고 가을과 겨울을 음이다, 그래서 음양이 순환하며 균형과 조화를 이루기 때문에 자연생태계가 유지되고 있는 것이다.

만약 봄에 너무 넘친다면(봄에 때어났다면) 가을의 기운이 보충되어야 한다. 마찬가지로 여름의 기운이 넘치면(여름에 태어났다면) 겨울의 기운을 보충해 주어야 한다. 이것이 음양의 섭리이다.

시간도 마찬가지이다. 인시부터 미시까지를 양이라 하고 신시부터 축시까지를 음이라 한다. 양에 해당하는 시가 강하면(태어났다면) 음에 해당하는 시가 보충되어야 한다. 때문에 양의 계절, 양의 시에 태어났다면 음의 계절 음의 시를 만나는 것이 음양의 조화를 이루게 되며 만사가 형통하게 되는 것이다.

인간도 마찬가지이다. 남자는 양이고 여자는 음이다, 따라서 남녀가 만나서 조합을 이룰 때 생명이 탄생하고 자연섭리에 순응하게 되는 것이다. 때문에 남녀가 서로를 그리워하고 교합을 이루는 것은 아주 자연스런 현상인 것이다,

남자로 태어났다면 그 사람이 살아가는 환경은 가급적 음이어야 좋고 여자로 태어났다면 그 환경이 가급적 양이어야 좋다. 그래야 음양의 조화를 이룰 수 있기 때문이다. 그래서 남자는 가을, 겨울 생이 아무래도 삶의 균형을 이루게 되고 여자는 봄, 여름 생이 삶의 균형을 이루게 된다.

이를 참조하면 남녀를 구분한 뒤 사주팔자를 기준으로 태어난 달과 시간을 보면 그 사람의 운명을 짜 맞출 수가 있다. 남자는 근본적으로 양으로 태어났기 때문에 음의 환경이 필요하므로 봄, 가을이나 해진 후의 출생한 남자가 삶의 조화를 이루게 되며 여자의 경우는 그 반대이다.

또한 방위도 마찬가지이다. 동서남북이 있다면 동과 남은 양에 속하고 서와 북은 음에 속한다. 동은 해 뜨는 곳이므로 양에 속한다면 그 반대인 서는 음에 속한다고 할 것이다. 또한 남은 해가 높이 떠 있는 곳이어서 일조량이 많은 곳이므로 양이라면 북은 해가 가장 낮게 떠서 일조량이 가장 작은 곳이므로 음에 속한다. 때문에 양에서 태어났다면 음에서 활동하는 것이 좋고 음에서 태어났다면 양에서 활동하는 것이 좋다는 의미가 된다.

이것이 음양의 조화이다, 음양의 조화는 기의 양과 흐름의 조화를 의미하는 것이다. 생명과 건강은 물론 길흉화복, 부귀빈천, 생로병사에 결정적으로 영향을 미치는 것이라 할 것이다. 명리의 원리는 조화와 균형이다, 음양의 원리도 조화와 균형이다, 명리가 음양을 벗어나서 존재할 수 없음을 의미하는 것이기도 하다.

6. 천간의 음양

10천간의 최대 장점은 하늘의 기운이므로 천운(天運)이라는 점이다. 즉 하늘에 뜻인 것이다. 이상과도 같고 사상과도 같고 생각과도 같은 것이다. 추상적인 것과 같고 비현실적인 것과도 같은 것이다. 무언가를 이루려하면 반드시 하늘의 뜻이 있어야 이루어진다는 사실은 모두가 알고 있다. 하늘의 뜻은 우주의 모든 생명체가 노력한다고 해서 이루어지는 것이 아니라는 것이다. 그것이 천간의 힘이자 단점인 것이다.

그래서 천간이 실현되기 위해서는 땅의 기운인 지지(地支)와 맞아야 한다. 지지와의 관계에서 천간의 실현성, 즉 하늘의 뜻이 이루어지는 것이다. 그래서 지지가 중요한 것이다.

아무튼 우주의 모든 생명체는 그 무엇이라도 빠짐없이 10천간의 기운 중 하나는 반드시 받고 태어난다(체). 그리고 생명을 유지하는 과정에서 반드시 천간을 만나게 된다(용). 그런데 10천간은 그 특성이 각각 다르기 때문에 생명체의 특징도 이와 같이 10가지로 나눌 수가 있게 된다(참고로 사람의 혈액형은 사람의 성격을 4가지로 나누고 음양은 2가지로 나눈다).

다시 말하면 천간만을 기준으로 할 때 지구 위에 사는 모든 생명체는 10가지 성격 등으로 구분할 수 있는 것이다. 사람들도 마찬가지이다. 그러니 본인은 10가지 천간 중 어디에 속하는 지 나름대로 판단해서 연구해 봄이 재미있을 것으로 보인다.

(표 54) 천간의 의미

천간	의미
갑(甲)	초목이 땅을 뚫고 싹을 틔워 양(陽)이 그 안에 포함되어 있는 상태
을(乙)	초목에 싹이 나서 가지와 잎이 부드럽게 구부러지는 상태
병(丙)	빛나는 태양, 활활 타오르는 불꽃처럼 만물이 매우 밝은 모습 '병(炳)'
정(丁)	초목이 어른처럼 튼튼해진 모습
무(戊)	무(茂)로, 대지의 초목이 무성한 상태
기(己)	기(起)와 기(記)로, 만물이 구부러지려는 힘을 억제하고 일어나 기록할만한 모양
경(庚)	경(更)으로, 가을의 수확을 끝내고 봄이 찾아오기를 기다린다
신(辛)	신(新)으로, 만물이 이루어진 상태에서 새롭게 개화(開花), 결실을 맺는다
임(壬)	임(姙)으로, 양기가 땅속에 잠복하여 만물이 수태되는 상태
계(癸)	규(揆)로, 만물이 성장을 멈추고 땅속에서 회임(懷妊), 규칙적으로 싹을 틔운다

그런데 10천간 중에는 서로 사이가 좋은 것도 있고 그렇지 않는 것도 있다. 예를 들면 음양이 같은 것도 있고 다른 것도 있다. 음양이 같으면, 즉 음이 음을 만나거나 양이 양을 만나면 서로 배타적이 되고 그 반대, 즉 음이 양을 만나거나 양이 음을 만나면 상호 우호적으로 변한다.

천간이 해와 달의 기운을 받아서, 즉 음양의 기운을 받아서 음양으로 그 속성이 구분되어 진다. 음양은 상대적이라 했으므로 상대적 비교가 되어야 구분이 가능해진다. 그래서 10천간을 순서에 의해 음양으로 구분하면 앞의 5천간은 양이 되고 뒤의 5천간은 음이 된다. 이렇게 구분하는 것을 대음양(大陰陽)의 구분이라 한다. 그리고 순서에 따라 성향이 비슷한 기운끼리 묶어서 그 들을 다시 음양으로 구분할 수도 있다. 예를 들면 갑과 을을 갑은 양, 을은 음으로 구분하는 것이다. 이렇게 구분하는 것을 소음양(小陰陽)의 구분이라 한다. 이와 같이 접근하면 수없이 음양으로 구분되어질 수 있다. 그러나 구분할 때는 일정한 규칙이 있다. 반드시 비교대상이 있어야 한다는 것이다

이렇게 구분하고 보면(표 55참조) 하나의 천간은 여러 형태의 음양의 기운이 있음을 알 수 있다. 예를 들면 갑은 양과 양이 되고, 을은 양, 음이 된다. 때문에 딱히 '무엇이 양이고 무엇이 음이다'라고 잘라서 정의를 내리는 것은 무리라는 얘기다. 그럼에도 무엇이 양이고 무엇이 음인지의 구분이 가능하다는 얘기다.

(표 55) 천간의 음양 구분

음양	양					음				
	양	음	양	음	양	음	양	음	양	음
호칭	갑	을	병	정	무	기	경	신	임	계
부호	甲	乙	丙	丁	戊	己	庚	辛	壬	癸

다만 위의 방법으로 구분한다면 1)'양양'과 2)'음음' 그리고 3)'양음 및 음양' 등 세 가지 나눌 수 있다. 먼저 양양의 경우는 갑, 병, 무 3 가지이고, 음음의 경우는 기, 신, 계 등 3가지이며, 양음 또는 음양인 것은 을, 정, 경, 임 등 4가지이다. 양이 또 같은 양을 만나면 더욱 '강한 양(양+양=강양)'이 된다. 그래서 갑, 병, 무은 '양+양=강양'한 것이다.

그리고 음이 또 같은 음을 만나면 음이 더욱 강해진 음(강음)이 된다. 즉, 기, 신, 계는 '약+약=강약'한 것이다. 또한 을, 정, 경, 임 등 4가지는 음과 양의 조화, 즉 평형(중화)을 이룬 것이다. 때문에 강한 기운(갑, 병, 무)을 타고난 사람은 약한 기운(기, 신, 계)를 만나면 중화, 즉 평형이 되는 것이고 반대로 약한 기운(기, 신, 계)을 타고난 사람은 강한 기운(갑, 병, 무)을 만나면 평형을 이루는 것이다. 또한 을, 정, 경, 임 등 4가지 중 한 가지의 기운을 체로 태어났다면 이미 중화을 이루고 태어났기 때문에 용에서 을, 정, 경, 임 등 4가지의 기운을 만나면 무난한 것이다.

만약 양(갑, 병, 무)으로 태어났는데 또 양(갑, 병, 무)을 만난다면 양이 너무 강(강양)해져서 힘들게 된다. 음도 음을 만나면 마찬가지이다. 이미 중화되어 태어난 경우는 어느 것을 만나도 양이나, 음으로 태어난 경우보다는 덜 힘들 것이다. 이미 중화되어 태어난 경우는 그만큼 안정되어 있는 것이다. 그래서 타고날 때부터 중화된 기운이 좋은 것이며 계속적으로 받게 되는 기운도 중화를 시켜주는 것이 좋은 것이다.

7. 지지의 음양

지지는 천간과 달리 땅의 기운이므로 보다 현실적이며 실천적이다. 그리고 실존적이다. 천간은 추상적인 모습으로 설명하고 있지만 지지는 구체적이고 실존적으로 설명하고 있다. 그래서 땅에서 사는 동물들과 비유해 놓았다. 구체적으로 열거하면 쥐(자), 소(축), 호랑이(인), 토끼(묘), 용(진), 뱀(사), 말(오), 양(미), 원숭이(신), 닭(유), 개(술), 돼지(해) 등 12가지이다. 사람들이 흔히 사용하는 '띠'이다. 자기가 태어난 해(年)의 12지지가 곧 자기 띠인 것이다. 이렇게 동물로 비유해 보면 12지지의 각각의 성격을 대충 짐작할 수 있을 것이다.

우주의 모든 생명체가 반드시 1개의 지지에 해당하는 기운을 받기 때문에 지지를 기준으로 하면 12가지 유형으로 구분이 가능해진다. 이렇게 하면 인간의 성격도 지지를 기준으로 하면 12가지로 구분이 가능해진다.

(표 56) 지지

호칭	자	축	인	묘	진	사	오	미	신	유	술	해
부호	子	丑	寅	卯	辰	巳	午	未	申	酉	戌	亥
동물	쥐	소	호랑이	토끼	용	뱀	말	양	원숭이	닭	개	돼지

12지지는 완벽하게 계절을 재현한다. 다시 설명하면 지지는 계절에 의해 생기는 기운이며 계절에 의해 생동하고 계절에 의해 소멸한다고 할 수 있다. 즉 지지는 계절과 깊은 관련을 갖고 있는 것이다. 구체적으로 나눠보면 우선 1년을 기준으로 봄, 여름, 가을, 겨울 등 4계절이 구분된다. 이 4계절은 각각 다시 상, 중, 하로 구분되어진다. 예를 들면 봄(春)을 상, 중, 하로 구분하여 초춘(初春), 중춘(仲春), 만춘(晚春) 또는 모춘(暮春)으로 세분화하는 것이다. 이렇게 4계절을 구분하면 12계절, 즉 12달이 되는 것이다. 즉 1개월에 1개의 지지가 성립되는 것이다. 다시 말하면 1지지는 1개의 개월(月)을 의미하는 것이다. 곧 12지지와 12개월이 맞아 떨어지는 것이다. 이 같은 이유는 지지가 절기와 관련이 있기 때문이다. 24절기와 12지지가 같은 행렬을 하고 있는 것이다.

(표 57) 지지의 의미

지지	의미
자(子)	양기가 싹을 틔우기 시작하여 땅속에서 번식, 십이율에서는 황종(黃鐘)에 상응하며 양기가 황천(黃泉)에 씨를 뿌린다
축(丑)	유(紐)로, 한기(寒氣)가 스스로 무릎을 꿇는다는 의미. 만물을 확장시키는 것을 돕는다.
인(寅)	연(演)으로, 만물을 파생시킨다는 의미. 양기가 왕성하여 만물이 응집(凝集)되어 발생하는 것을 상징
묘(卯)	모(冒)로, 땅을 뚫고 나온다는 의미. 음양이기가 뒤섞이는 것을 상징한다.
진(辰)	신(伸)으로, 만물이 모두 신장(伸長)한다는 의미. 만물이 기운차게 일어난다는 것을 상징
사(巳)	이(已)로, 양기가 이미 극점에 이르렀다는 의미다. 만물이 모두 남쪽으로 이동했다는 의미
오(午)	오(忤)로, 양기가 음기를 거역한다는 의미. 양기가 작아 일을 주도할 수 없다는 것을 상징
미(未)	매(昧)로, 낮인데도 어두워 방향을 찾지 못한다는 의미. 만물의 임종(臨終)을 의미
신(申)	신(身)으로, 만물이 모두 자신의 몸을 갖춘다는 의미. 음기가 만물에 상처를 입힌다는 것을 상징
유(酉)	수(秀)로, 만물이 모두 이루어진다는 의미. 양기가 몰르 감추고 땅 속으로 들어간다는 것을 상징
술(戌)	멸(滅)로, 만물이 쇠약해진다는 의미. 음성양진(陰盛陽盡)을 상징
해(亥)	핵(核)으로, 만물을 수장(收藏)하여 진위(眞僞)를 조사한다는 의미. 양기가 몸을 감추어 주인 역할을 할 수 없다는 상징

12지지를 매월에 대입하면 해당 월과 가장 적합한 지지가 그 월에 배속된다. 예를 들면 1월(통상 음력을 기준으로 한다)은 24절기로는 입춘이 있다. 그리고 4계절 중에서 봄

이 시작된다. 한 해의 시작인 것이다. 그래서 '시작'이라는 의미가 많다. 이에 가장 적합한 지지는 '인(寅)'이다[29]. 이런 방식으로 묘(卯, 2월), 진(辰, 3월), 사(巳, 4월), 오(午, 5월), 미(未, 6월), 신(申, 7월), 유(酉, 8월), 술(戌, 9월), 해(亥, 10월), 자(子, 11월), 축(丑, 12월) 등이 배속된다. 그렇게 12지지가 한 번 회전하면 1년이 된다. 그렇게 계속 반복적으로 진행되는 것이다.

(표 58) 지지와 계절[30]

월	1월	2월	3월	4월	5월	6월	7월	8월	9월	10월	11월	12월
호칭	인	묘	진	사	오	미	신	유	술	해	자	축
부호	寅	卯	辰	巳	午	未	申	酉	戌	亥	子	丑
동물	호랑이	토끼	용	뱀	말	양	원숭이	닭	개	돼지	쥐	소
계절	초춘	중춘	만춘	초하	중하	만하	초추	중추	만추	초동	중동	만동
	봄			여름			가을			겨울		

그런데 앞에서 설명할 때 천간은 지지에 뿌리를 두지 못하면 사실상 허공에 뜬 기운에 불과하다고 했듯이 지지도 천간의 기운을 받지 못하면 하늘의 도움을 전혀 받지 못하는 형국이 된다. 그래서 천간과 지지는 서로 하나로 묶여야 하늘과 땅의 기운을 모두 완성하게 되는 것이다. 천간과 지지는 그래서 독립적이지 못하고 항상 함께 하는 것이다. 천간은 지지에게 힘을 실어주고 지지는 천간에 뿌리를 제공하는 것이다.

지지도 천간처럼 음양의 기운을 받으며 움직인다. 따라서 지지도 천간처럼 음양의 구분이 가능해지는 것이다. 음양은 상대적이라 했듯이 12지지를 상대적으로 나누면 앞의 6개 지지는 양이 되고 뒤의 6개 지지는 음이 된다. 또한 비슷한 성향(특히 계절성향)을 묶어서도 음양으로 구분이 가능해진다.

(표 59) 지지와 음양

음양	양						음					
	양	음	양	음	양	음	양	음	양	음	양	음
월	1월	2월	3월	4월	5월	6월	7월	8월	9월	10월	11월	12월
호칭	인	묘	진	사	오	미	신	유	술	해	자	축
부호	寅	卯	辰	巳	午	未	申	酉	戌	亥	子	丑
동물	호랑이	토끼	용	뱀	말	양	원숭이	닭	개	돼지	쥐	소
계절	초춘	중춘	만춘	초하	중하	만하	초추	중추	만추	초동	중동	만동
	봄			여름			가을			겨울		

그리고 순서에 따라 음양으로 나누면 양에 해당하는 것은 인, 진, 오, 신, 술, 자 등 6개의 지지이고 음에 해당하는 것은 묘, 사, 미, 유, 해, 축 등 6개의 지지이다.

천간처럼 양과 음으로 구분해보면 1) 양+양 = 강양, 2) 음+음 = 강음, 3) 음+양=중화 또는 양+음 = 중화(평형)으로 구분할 수 있다. '강한 양(양+양)'의 경우는 인, 진, 오

---

[29] 이에 대한 자세한 설명을 뒤에서 다시 할 것이다.
[30] 순서에 의해서 자(子, 쥐)가 초봄에 해당되지 않느냐는 의문이 있을 수 있다. 이는 나중에 설명할 5행과 관련이 있으므로 잠시 잊고 그냥 지나치기 바란다.

등 3가지이고, '강한 음(음+음)'의 경우에는 유, 해, 축 등 3가지이며 중화(음+양 또는 양+음)의 경우에는 묘, 사, 미, 신, 술, 자 등 6가지가 된다. 종합하면 인, 진, 오 등 3가지는 유, 해, 축 등 3가지를 만나면 중화가 되고 유, 해, 축 등 3가지는 인, 진, 오 등 3가지를 만나면 중화가 되는 것이다. 묘, 사, 미, 신, 술, 자 등 6가지는 이미 중화이므로 묘, 사, 미, 신, 술, 자 등 6가지를 만나면 중화가 되는 것이다.

8. 지장간의 음양

12지지는 보이지 않는 내면에 각각 하늘의 뜻(하늘의 기운)을 별도로 품고 있는 것이 특징이다. 이를 지장간(地藏干)이라 하는데 지지에 숨어 있는 천간이라는 의미이다(표 60참조). 즉, 지지가 천간의 뜻을 품고 있는 것이다. 천간의 뿌리 역할을 하고 있는 것이다. 그래서 지지는 드러나지는 않지만 이미 천간의 뜻을 가지고 있다고 할 것이다. 즉, 땅이 하늘의 기운을 품고 그 역할을 하고 있는 것이다. 그래서 천간에는 없어도 천간이 필요할 경우 지지 속에 숨어 있는 천간이 그 역할을 하는 것이다. 지지가 너무너무 중요한 이유이다.

지장간을 무시한 상태에서의 지지의 음양과 지장간을 포함했을 때의 음양은 다소 다르다. 이는 지지의 역할이 천간의 역할까지 병행하기 때문이다. 지장간을 포함해서 구체적으로 음양을 살펴보면 자(子)의 경우 지장간으로 '임(壬), 계(계), 계(癸)를 품고 있다. 천간에서 볼 때 임은 양이면서 평형이고 계는 강음이다. 특히 계는 지지의 자에서는 거의 절대적이다. 차지하는 비중이 임보다 2배에 가깝기 때문이다. 그런데 지지에서의 자는 중화이다. 이를 합하면 자는 계의 영향으로 음에 더 가깝다고 할 수 있다. 따라서 강음+중화=약음, 즉 '약한 음'이 되는 것이다.

축은 지지에서는 '강음'이다. 축은 천간의 계(癸), 신(辛), 기(己)를 품고 있다. 그런데 계, 신, 기는 모두 강음을 대표하는 것이다. 다시 말하면 축은 지지에서도 강음이고 지장간에서도 강음이다. 따라서 축은 '강음+강음= 강음'으로서 가장 강한 음이 된다.

인은 지지에서는 '강양'이다. 지장간으로는 천간의 무(戊), 병(丙), 갑(甲)을 품고 있다. 무, 병, 갑은 모두 강양이다. 따라서 인은 강양+강양=강양이 된다.

묘는 지지에서 '평형'이다. 묘가 품고 있는 천간은 갑, 을, 을이다. 특히 을의 비중이 크다. 갑은 강양이고 을은 평형이다. 을의 비중이 크므로 평형이고 지지고 평형이므로 묘는 '평형+평형=평형'이다.

진은 지지에서는 강양이다. 지장간은 을(乙), 계(癸), 무(戊)를 품고 있다. 을은 평형이다. 계는 강음이다. 무는 강양이다. 따라서 진은 지장간에서는 강음과 강양을 동시에 품고 있어 평형을 이루면서 강양이니까 '평형+강양=약양'이라 할 수 있다.

사는 지지에서는 평형이고 지장간으로는 무, 경, 병을 품고 있다. 무는 강양이고 경은 평형이며 병은 강양이다. 강양과 평형의 조합이다. '강양+평형=약양'으로 구분한다.

오는 지지에서는 극양이다. 지장간에는 병, 기, 정을 품고 있다. 병은 강양이다. 그리고 기는 강음이다. 이로서 둘은 평형이 된다. 정은 평형이다. 때문에 지장간은 평형이다. 지지가 강양이므로 이는 '평형+강양=약양'이다.

지지의 미는 평형이다. 지장간은 정, 을, 기를 품고 있다. 정은 평형이고 을도 평형이고 기는 강음이다. 지장간은 약음이다. 지지도 평형이므로 약음이다.

지지의 신은 평형이다. 지장간에는 무, 임, 경이 있다. 무는 강음이다. 임은 평형이다, 경은 역시 평형이다. '강음+평형=약음'이다.

유는 지지에서 강음이다. 지장간에는 경과 신이 있다. 경은 평형이고 신은 강음이다. 그런데 지장간에서도 신의 역할이 절대적이다. 그래서 '평형+강음=약음'이다.

술은 평형이다. 지장간에는 신, 정, 무가 있다. 신은 강음이다. 정은 평형이다. 무는 강양이다. 때문에 술은 지장간 '평형+평형=평형'이다.

해는 강음이다. 지장간에는 무, 갑, 임이 있다. 무는 강양이다. 갑도 강양이다. 임은 평형이다. 그래서 지지에서는 강음, 지장간에서는 강양, 즉 약양이다.

(표 60) 지지의 천간(지장간)

호칭	자	축	인	묘	진	사	오	미	신	유	술	해
부호	子	丑	寅	卯	辰	巳	午	未	申	酉	戌	亥
동물	쥐	소	호랑이	토끼	용	뱀	말	양	원숭이	닭	개	돼지
장간	임(계)계	계신기	무병갑	갑(을)을	을계무	무경병	병기정	정을기	무(신)신	경임경	신정무	무갑임
음양	약음	강음	강양	평형	약양	약양	약양	약음	약음	약음	평형	약양

이를 종합하면 강양은 '인' 1개이고 강음은 '축' 1개이다. 이 둘은 유일하게 모두 양이거나 모두 음인 것으로서 극과 극을 이룬다. 아마도 계절적으로 12지지의 끝과 시작을 의미하기 때문인 것으로 추측해 본다. 그리고 묘와 술은 평형이다. 묘와 술은 음양이 중화를 이루는 지지(지장간 포함)이다. 약양(약하지만 양의 성질을 가진 것)은 진, 사, 오, 해 등 4개이며 약하지만 음의 성질을 가진 것(약음)은 자, 미, 신, 유 등 4개이다. 즉, 강양과 강음은 각각 1개, 평형은 2개, 그리고 약음과 약양은 각각 4개씩 분포되어 있음을 알 수 있다. 이것이 우주의 질서이며 규칙인 것이다.

9. 양팔통, 음팔통 사주

사주의 여덟 글자(八字)의 구성이 모두 양(陽)으로 이루어진 경우를 양팔통(陽八通)사주 또는 편양(偏陽)사주라고 한다. 일명 양팔격(陽八格)이라고도 한다. 이와 반대로 사주의 여덟 글자(팔자)의 구성이 모두 음(陰)으로 이루어진 경우를 음팔통(陰八通)사주 또는 편음(偏陰)사주라고 한다. 일명 음팔격(陰八格)이라고도 한다.

(표 61) 양팔통·음팔통의 예

구분	양팔통의 예			
	시주	일주	월주	연주
천간	갑(甲)	병(丙)	경(庚)	임(壬)
지지	인(寅)	진(辰)	신(申)	술(戌)

음팔통의 예			
시주	일주	월주	연주
을(乙)	정(丁)	신(辛)	계(癸)
묘(卯)	축(丑)	유(酉)	해(亥)

　사람의 성격과 사회성 등 심리를 판단할 때 양팔통과 음팔통 사주를 두고 극대 극의 성격으로 보는 시각이 있다. 즉, 양팔통 사주는 기가 쎈 사주라는 뜻이고 음팔통 사주는 기가 약하다는 뜻이다. 여자가 양팔통이라면 기가 쎄다 또는 대가 쎄다 하고 남자가 음팔통이면 사회성이 떨어지고 소극적이며 정적이다. 양팔통은 세가 지나치게 왕성하여 매사가 지나쳐서 실패를 자초하게 된다. 음팔통은 세가 지나치게 부족하여 매사가 미치지 못함으로 실패를 자초하게 된다. 이런 식으로 풀이하기도 한다.

　그런데 오히려 양팔동 사주가 더 조용하고 정적인 사람도 있고 음팔통 사주가 더 활동적이며 사회성이 뛰어난 사람도 있다. 이것은 음양의 원리에서 양이 다 차면 기울어 음이 되고 음이 다 차면 기울어 양이 되는 원리와 같다.

　보통 양팔통 사주는 활발하고 언변능력이 좋고 먼저 다가가길 좋아한다. 한마디로 적극적이라고 할 수 있다. 활동성이 크고 적극적이며 자유주의자의 기질이 있다. 그리고 음팔통 사주란 소극적이며 우울하고 사회 적응능력이 떨어지며 자신감이 결여되어 있을 수도 있고 얌전하고 조신한 그런 사람으로 보기도 한다. 안정적이고 자신만의 공간에서 생각하고 연구하는 일에 능력을 발휘 한다.

　그런데 사주팔자는 균형과 중화를 유지하는 것을 제일로 삼기 때문에 음양의 균형과 중화를 중시한다는 것을 기본으로 한다. 따라서 음팔통, 양팔통 사주는 너무 한쪽으로 치우쳤기 때문에 그에 따른 장점과 단점이 존재하게 될 것이고 그 장점과 단점이 극단적으로 나타나게 된다는 것이 문제가 된다.

　따라서 안정적인 사주가 되려면 운의 흐름이 균형을 이룰 수 있는 방향으로 흘러야 한다. 양팔통 사주는 음의 방향으로 흐르고 음팔통 사주는 양의 방향으로 흘러야 균형을 유지하게 되는 것이다.

　일부에서는 양팔통, 음팔통 사주를 일종의 변격사주(또는 종격사주)로 보고 오히려 극단적으로 흘러야 좋다고 보는 시각도 있다. 그렇게 되면 좋을 때는 아주 극단적으로 좋지만 나쁠 때는 최악의 상황으로 진행되기 때문에 오히려 균형을 크게 깨뜨리는 경향이 나타나게 된다. 예를 들면 살아가는 환경이 양팔통의 경우는 퇴얏볕 한 여름만 겪고 사는 것인데 한겨울을 모르고 살아가므로 오히려 한 여름이라는 환경에 적응하면서 살아가면 차라리 더 나을 수 있다. 그런데 만약 그런 환경에서 한 겨울이 온다면 곧바로 적응하지 못하고 무너지게 될 것이다. 물론 음팔통은 반대의 경우에 해당한다.

　근본적으로 사주의 안정적인 흐름을 유지하려면 반대성향으로 흘러야 함이 명운섭리이기 때문에 반대 기운의 보충이 절대적으로 필요한 것이다. 특히 음과 양은 서로 존재하므로 상생하고 서로 견제함으로서 상생하는 것이다. 그리고 음이 깊으면 양이 생기고 양이 깊으면 음이 생기는 원리이기 때문에 극단적인 양은 곧 음의 생성을 의미하며 극단적인 음은 양의 생성을 의미하는 것이기도 하다. 이것이 균형과 중화를 중시하는 명운섭리인 것이다.

제2절 오행

1. 오행(五行)의 의미와 탄생배경

인간의 생성과 소멸은 우주의 순환이치와 같다. 태양과, 수성, 목성, 화성, 토성, 금성이 달이 지구와 멀고 가까워질 때 생기는 변화에 의해서 우리는 영향을 받는다. 우리가 살고 있는 지구는 태양을 구심점으로 자전과 공전을 거듭하고 있는 하나의 별이다. 그 별들의 원소는 물(水), 나무(木), 불(火), 흙(土), 쇠(金)의 오행으로 이루어져 있다.

오행이 처음 쓰인 것은 중국 은나라 때 '서경'에서부터 '홍범구주도'에 까지 기록한다. 홍범은 기자가 무왕에게 간한 글로 전해진다. 여기서 다음과 같이 기록한다.

"오행의 이치는 1번이 수(水)인데 물은 흘러내리는 곳에 있다 하였으니 높은 산꼭대기에서부터 흘러내리면서 만물을 적시고 만물에게 자기가 가진 영양분을 공급하고 개울로 냇가로 강으로 흘러서 바다에 도달하니 짠맛만 남았더라 하여 물은 흘러내림을 뜻하고 흘러내림은 짠맛을 만들어 낸다.

그리고 2번인 화(火)는 타오르면서 퍼지는 것이며 위로 올라가는 것을 뜻하며 열심히 자기 몸을 부풀려 태우고 나니 입맛이 쓰다 하여 쓴맛을 만들어 낸다.

3번인 목(木)은 굽고 곧은 것이 특징이요, 자라남을 뜻하며 위로 올라가는 습성을 가지고 있다. 나무의 결실은 열매가 달려 무르익으면서 신맛을 내므로 나무는 신맛을 만들어낸다.

금(金)은 4번인데, 원래 금(金)의 성격은 빛을 내는데 있어서 주저함이 없고 금(金)의 성질은 변화무쌍하여 우리 인류사회에도 적지 않은 발전을 주었다. 그래서 금(金)의 성격은 변질됨으로써 녹여서 금반지도 만들고 온갖 장식품을 만들어낸다. 금(金)은 매운 맛을 만들어 낸다.

그리고 토(土)는 5번으로 우리 인류는 아주 먼 선사시대부터 흙에서 살면서 열매와 식물을 채취해서 삶을 누려왔듯이 완전한 농경문화를 이루는 데까지는 흙에서부터 삶의 지혜를 얻어왔다. 우리는 땅에서 태어나서 땅에서 삶을 영위하다가 결국은 죽어서 땅속으로 묻히게 되는 대자연의 순환 속에서 이어져왔다. 토(土)에 맞는 맛은 단맛을 내는데 그 뜻이 있다".

이 오행의 5가지로서 과거 철인들은 음과 양 그리고 오행을 만들어 철학적인 학문을 전성케 하였다.

오행에는 음양이 함께 있어서 서로 맞물려 돌아가고 있으며 자연의 원리를 이해하게 되면 곧 인간을 이해할 수 있는 지혜가 여기에 담겨져 있는 것이다[31].

'서경'의 감서편과 홍범편에 오행이라는 이름이 나타나며, 특히 홍범편에서는 한나라의 우왕이 하늘에서 받았다는 9종류의 천지의 대법, 즉 '홍범구주'의 첫 번째로 오행을 들었으며, 각 오행의 성질을 수(水)는 윤하(潤下, 물질을 윤택하게 해서 낮게 흐른다), 화

---

31) 출처 : [네이버 지식백과] 오행 [五行] (역학사전, 2006. 2. 10., 백산출판사)

(火)는 염상(炎上, 타서 위로 올라간다), 목(木)은 곡직(曲直, 휘거나 똑바로 된다), 금(金)은 종혁(從革, 자유롭게 변형한다), 토(土)는 가색(稼穡, 파종과 수확)으로 설명하고 있다. 그러나 홍범편이 성립된 시대를 확정하는 것은 어려우며, 오행설의 창시자로서는 전국시대의 제(齊)의 사상가 추연(鄒衍)이 생각된다.

'오덕종시설(五德終始說)'이라고 하는 추연의 오행설에서는 일대의 제왕은 오행의 어느 한 가지의 덕을 갖추며 왕조는 오덕의 순서에 따라서 교대한다고 주장하였다. 그리고 오행은 화→수→토→목→금의 순서 하에 각각 전자에 이겨서 나타난다고 생각하며 상극설(또는 상승설(相勝說))이라고 하였는데, 그 후 오행이 목→화→토→금→수의 순서 하에 차례차례로 생성한다고 생각하는 상생설이 탄생하였다.

이와 같이 원래 정치사상으로서 발생했다고 생각되는 오행설은 마침내 왕조의 교대 이외의 여러 가지 자연현상이나 인사형상의 설명에 응용하게 되어, 오행의 배당이 행하여지게 되었다. 즉, 모든 자연현상이나 인사현상은 범주마다 5가지씩 정리되고, 각각이 오행의 어딘가에 귀속한다고 본 것이다[32].

오행은 목(木)·화(火)·토(土)·금(金)·수(水). 이들 5종이 특별히 선택된 이유를 고전 주석가는 하늘에서는 오기(五氣)가 유행(流行, 순환)하고, 땅에서는 백성이 행용(行用, 사용)하기 때문이라고 설명하고 있다. 오기가 유행한다고 하면 우주를 구성하는 기본적인 5원소로 생각되는데 백성이 행용한다고 하면 자연계에 통상적으로 발견되며 일상생활에 필수한 기본적 물질을 가리키는 것으로, 오행설 성립의 초기에는 후자의 의미가 주였다고 생각된다.

2. 오음(五音)·오상(五常)·오행(五行)

5는 천지의 조화를 상징하며, 우주의 이치가 모두 담겨 있는 신비로운 숫자이다. 5는 3과는 또 다른 의미에서 완전수(完全數)이다. 3과 호응하면 그 의미가 더 커진다. 삼강(三綱)에 오륜(五倫)이 갖춰지면 인륜(人倫)이 서고, 삼황오제(三皇五帝)는 태고적 이상적인 군주(君主)의 총칭(總稱)이다.

서양의 무지개는 빨주노초파남보의 7색이지만, 동양에서는 청적황백흑(靑赤黃白黑)의 5색을 기본색으로 한다. 서양의 음계(音階)는 도레미파솔라시도의 7음계이나, 동양은 궁상각치우(宮商角徵羽)의 5음계를 쓴다. 발음 기관도 어금니(牙)·혀(舌)·입술(脣)·이(齒)·목구멍(喉) 등 오성(五聲)으로 구분한다. 우주의 운행은 음양(陰陽)의 이치 위에 금목수화토(金木水火土)의 오행(五行)이 겹쳐 운행된다.

음식의 맛도 맵고(辛), 시고(酸), 짜고(鹹), 쓰고(苦), 단(甘) 5가지 맛으로 구분하였다. 오미자(五味子)라는 열매는 이 다섯 가지 맛을 모두 조금씩 지녀서 이런 이름을 얻었다.

사람이 살면서 누구나 누리고픈 오복(五福)은 오래 살고(壽), 부유하며(富), 건강하고

---

32) 출처 : [네이버 지식백과] 오행 [五行] (종교학대사전, 1998. 8. 20., 한국사전연구사)

(康寧), 덕을 닦고(攸好德), 편안히 죽음을 맞는 것(考終命)이다. 벼슬의 등급도 공작(公爵)·후작(侯爵)·백작(伯爵)·자작(子爵)·남작(男爵)의 오의(五儀)로 나누었다. 인간의 내장은 폐장(肺臟)·심장(心臟)·비장(脾臟)·간장(肝臟)·신장(腎臟)의 오장(五臟)을 갖추었다. 사람은 오장만 갖추어서는 안 되고 인의예지신(仁義禮智信)의 오상(五常)을 갖추어야만 육체와 정신이 조화를 이룬 이상적인 인격체로 보았다. 오방(五方)은 동서남북(東西南北)의 사방에 중앙(中央)을 보탠 것이다. 이런 다섯 가지 요소들은 오행(五行)의 원리로 통제되고 질서화되었다.

　오행(五行)의 원리는 방위와 빛깔, 윤리와 음악, 그리고 의학과 맛, 계절에 이르기까지 일관되게 적용된다. 예를 들어 서울의 4대문을 보면, 동대문은 흥인문(興仁門)이다. 인(仁)이 동쪽을 가리키므로 인(仁)을 일으키는 문이다. 남대문은 숭례문(崇禮門)이다. 예(禮)가 남쪽을 가리키므로, 예를 숭상하는 문이라 하였다. 서대문은 돈의문(敦義門), 즉 의를 도탑게 하는 문이고, 북대문은 홍지문(弘智門), 곧 지혜를 넓히는 문이다.

　이렇게 동서남북의 4대문에 인의예지(仁義禮智)를 대응시켰다. 중앙은 보신각(普信閣)의 신(信)을 쳐서 오상(五常)을 갖추었다. 또 경복궁의 동쪽 옆문은 계절로 치면 봄에 해당하므로 건춘문(建春門), 즉 봄을 세우는 문이라 하였고, 서쪽 문은 가을이라 영추문(迎秋門), 곧 가을을 맞이하는 문이라 하였다. 이렇게 대문 이름 하나에 이르기까지 우리의 생활에서 오행(五行)의 이치가 베풀어지지 않는 곳이 없다[33].

(표 61) 오행으로 나누어 본 오목(五目) 분류표

오행(五行)	목(木)	화(火)	토(土)	금(金)	수(水)
오방(五方)	동(東)	남(南)	중앙(中央)	서(西)	북(北)
오색(五色)	청(靑)	적(赤)	황(黃)	백(白)	흑(黑)
오상(五常)	인(仁)	예(禮)	신(信)	의(義)	지(智)
오성(五聲)	아(牙)	설(舌)	순(脣)	치(齒)	후(喉)
오음(五音)	각(角)	치(徵)	궁(宮)	상(商)	우(羽)
오장(五臟)	간(肝)	심(心)	비(脾)	폐(肺)	신(腎)
오미(五味)	산(酸)	고(苦)	감(甘)	신(辛)	함(鹹)
오기(五氣)	풍(風)	열(熱)	습(濕)	조(燥)	한(寒)
절기(節氣)	춘(春)	하(夏)	계하(季夏)	추(秋)	동(冬)

3. 오행의 의미와 특징

　5행의 주체인 목, 화, 토, 금, 수는 각각 자신의 위치, 역할, 이름, 색깔 등 고유의 특징을 가지고 있다.

1) 목(木)

목(木)의 성질은 위로 자라나는 성질이 있다. 자연계의 모든 사물과 현상 중 쉽게

---

[33] [네이버 지식백과] 오음(五音)·오상(五常)·오행(五行) (살아있는 한자 교과서, 2011. 5. 23., 휴머니스트)

자라고 움직이는 특성이 있는 것은 목(木)의 기질에 속한다. 목(木)은 솟구치고 뻗어나가려는 성질을 가지고 있다. 사주에서 목(木)이 많으면 고집이 세고 성격이 꼿꼿하고 출세욕이 남보다 강하다. 목(木)은 육성(育成)을 의미한다.

목(木)이란 세상 만물이 살아있는 것을 가리킨다. 방위는 동방에 속하는데 태양이 동방에서 솟아오르고 모든 생명의 시작에 속하는 것이다.

목(木)은 시작을 의미한다. 만물이 소생한다. 그래서 계절 중 봄에 해당한다. 위치는 동쪽이고 색깔은 청색이다. 대표적인 상징물로 소나무의 꽃, 넝쿨 등이 있다.

2) 화(火)

화(火)의 성질은 물체를 태우는 특성이 있다. 자연계의 모든 형상 중에서 물질을 용해하여 변화시키는 작용을 하게 된다. 불은 따뜻하고 뜨거운 열기가 있어서 물체를 태울 때는 불꽃이 위로 솟아오르는 속성을 가졌다. 불은 가장 강렬하게 자신을 태워 주위를 밝히는 성분이 있기에 성격이 급하고 활발함과 솔직함을 간직하고 있다.

태양은 큰 불이므로 양화(陽火)인 병화(丙火)이고 태양보다 작은 불을 음화(陰火) 즉 정화(丁火)라 한다. 이를테면 전기불, 촛불, 화롯불, 형광등의 불빛 등을 음의 불이라고 한다. 화(火)는 변화(變化)를 의미한다.

화(火)는 목의 다음단계로서 성장이 완성되는 단계이다. 즉, 화려하게 피어나는 것을 의미한다. 사교적이며 열정적이다. 계절은 여름이며 붉은 색깔을 의미한다. 위치는 남쪽이며 태양, 촛불 등을 상징한다.

3) 토(土)

토(土)의 성질은 모든 것을 중화시키는 도량역할을 한다. 토(土)는 자연계의 중재자라 일컬으므로 자연계의 모든 사물과 현상을 중재하고 중화시킨다. 토(土)의 성질은 생물을 자라게 하고 자기 몸을 헌신한다. 자연계의 물질은 흙 속에서 생물을 성장시키고 받아들이는 속성을 가진다. 토(土)는 생출(生出)을 의미한다.

큰 토(土)를 무토(戊土)라 하고 작은 토(土)를 기토(己土)라 한다. 무토(戊土)가 제방이나 산을 의미한다면 기토(己土)는 전답이나 초지처럼 작은 땅을 의미한다. 무토(戊土)의 성격은 우둔하고 신의가 있다면 기토(己土)는 다소 순종적이고 온화한 부드러운 면이 있다.

토(土)는 전환기 환절기를 의미한다. 목과 화가 전진, 성장을 의미한다면 토는 이러한 확장성을 제어하는 기능을 한다. 그래서 중화의 역할을 담당한다. 목과 화가 너무 나가지 않도록 제어한다. 그리하여 다음 단계로 안전하게 전환할 수 있도록 조정한다. 그래서 계절적으로는 환절기에 해당한다. 그래서 위치는 중앙이다. 색깔은 황색이며 상징물은 땅이다.

4) 금(金)

금(金)의 성질은 한랭하며 싸늘하고 나무처럼 포근한 느낌이 없다. 금속을 두드리면 소리가 나는데 자연계의 사물 중 쇠소리를 내는 특성이 있는 것은 모두 금(金)에 속한다. 금(金)은 예리하고 날카로운 무사의 칼날처럼 결단력이 있으며 두려움이 없다.

금(金)은 토의 다음 단계로서 수확, 수렴을 의미한다. 목, 화의 활동성에서 얻은 결과를 결실로 맺는 단계이다. 그래서 수확의 단계라고 한다. 위치는 서쪽이며 색깔은 백색이고 상징물은 바위, 보석과 같은 것들이다. 금(金)은 형금(刑禁)을 의미한다.

5) 수(水)

수(水)의 성질은 차갑고 서늘한 특성이 있고 아래로 흐르는 특성이 있다. 자연계의 사물과 현상 중 아래로 향하는 것은 모두 수(水)의 기질에 속한다. 수(水)가 사주에서 많으면 고집이 센 반면 남에게 베푸는 일을 잘하게 된다. 만물이 살아나가기 위한 가장 중요한 요소는 물이다. 큰물로는 임수(壬水)가 있다. 수성을 따라 도는 또 하나의 별은 음의 물기를 머금은 채 검은 빛을 띠며 돌고 있는 별을 수성이라 한다.

물은 높은 곳에서부터 낮은 곳으로 흘러간다. 그러므로 물의 성정은 지혜롭고 유동적이며 추상적인 생명력과 원동력을 상징한다. 사주에서 물이 적게 되면 성격은 독단적이 되며 매사 반복됨이 많고 용기가 적고 계획성이 없다. 수(水)는 임양(任養)을 의미한다.

수(水)는 금의 수확물을 저장하는 단계이다. 저장하여 씨앗으로 응축되는 단계이다. 그래서 응축, 저장의 의미가 있으며 씨앗, 난자, 정자 등의 의미를 갖는다. 위치는 북쪽이며 색깔은 흑색이고 겨울이다. 물, 호수 등을 상징한다.

(표 62) 오행의 구분

구분	의미	상징	위치(방향)	색깔	계절
목	처음, 시작, 소생, 활동, 추진, 전진, 미래	나무, 넝쿨	동쪽	청색	봄
화	성장, 화려, 분산, 호기심, 열정, 사교	태양, 촛불	남쪽	적색	여름
토	전환기, 중용, 중화, 믿음, 신용, 조정	토지	중앙	황색	환절
금	결실, 수확, 단단, 실속, 수축, 냉정, 강인	바위, 보석	서쪽	흰색	가을
수	축소, 응축, 씨앗, 정자, 난자, 정자, 신중	물, 호수	북쪽	흑색	겨울

4. 오행운동

하늘의 기운인 천간과 땅의 기운인 지지는 끊임없이 움직인다. 무질서하게 움직이는 것이 아니라 질서 정연하게 움직인다. 그리고 규칙적으로 움직인다. 만약 그 질서와 규칙이 무너지면 우주는 더 이상 현 상태대로 존재하지 않고 무너지게 되거나 사라지거나 다른 형태로 바뀌게 될 것이다. 그래서 그 질서와 규칙을 이해하는 것이 대단히 중요하다. 천간과 지지가 규칙적으로 움직이는 질서를 5행(行)이라 한다. 오행은 하늘과 땅 즉, 우주가 움직이는 5가지의 운행 궤도(行)를 말한다.

그 5가지를 목(木), 화(火), 토(土), 금(金), 수(水)라 한다. 그리고 그 5가지가 운행하는 궤도는 '목(木) → 화(火) → 토(土) → 금(金) → 수(水) → 목(木) → 화(火) → 토(土) → 금(金) → 수(水) → ………'식으로 움직인다. 이런 움직임은 시작과 끝이 있는 것이 아니고 마치 원을 그리면서 도는 것처럼 끊임없이 반복적으로 움직이는 것이 특징이다. 이것은 일종의 규칙이다. 반복적으로 움직이는 것은 소멸이 없음을 말한다. 즉 오행은 소멸이 아니라 반복인 것이다.

이렇게 목, 화, 토, 금, 수 즉, 5행운동이 각각 나름대로의 질서를 세우고 움직이는 것은 5행이 각각 다른 성격을 가지고 있기 때문이다. 각각 다른 성격의 운동을 하기 때문에 우주는 반드시 변화하는 것이고 세상의 모든 것은 각각 다른 주체를 이루게 되는 것이다. 만약 5행이 같은 성격을 가진 동일한 운동의 주체라면 굳이 5가지로 구분할 필요는 없었을 것이다. 그리고 만약 같다면 우주의 모든 것은 오직 하나 뿐이며 변화가 전혀 없는 정체된 상태일 것이다.

(그림 2) 오행의 순환

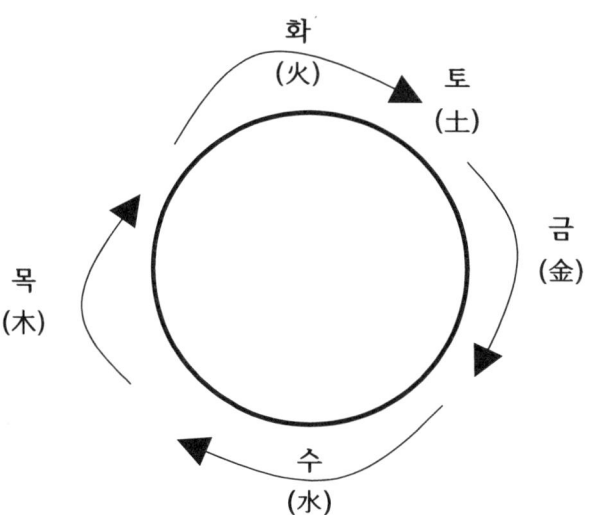

5행 운동은 이렇게 목, 화, 토, 금, 수로의 운동과정인 것이다. 그리고 각 운동과정에서 5행의 주체들이 각각의 고유한 기운을 발산하게 되며 주체들 간에 그 기운을 교환하면서 규칙적, 반복적으로 운동하는 것이다. 이런 과정에서 어떤 생명체는 목의 기운을 많이 받을 수 있고 어떤 기운은 화의 기운을 많이 받을 수 있다. 그런 식의 5행의 기운이 체에도 주어지고 용에도 주어진다. 문제는 음양처럼 균형(중화)을 이루는 것이 중요하다.

5행 중 어느 하나에 치우치면 그것은 너무 편협 되어 특정 기운에 치우치게 된다. 그러면 음양 중 어느 한 쪽으로 치우치는 것처럼 평탄한 삶을 유지하기가 힘들 것이다. 체에서 균형을 잡지 못했다면 용에서 균형이 잡혀야 한다. 용에서도 균형을 잡지 못했다면 편협적인 일생을 살게 되는 것이다.

5행이 운동함에 따라 발산되는 기운에 따라 시간이 바뀌고 계절이 바뀌고 밤낮이 바뀌게 된다. 5행이 운동함으로서 발산되는 기운에 의해 생명체가 탄생하는 것이며 생명체가 유지되는 것이며 생명체가 소멸되는 것이다. 따라서 5행 운동은 곧 우주의 운동인 것이다. 그리고 모든 생명체는 5행의 주체인 목, 화, 토, 금, 수의 기운에 의해 생명이 주어지며 유지되는 것이다.

5. 간지의 오행운동

하늘의 10가지 기운인 천간은 이러한 5행의 질서에 따라 운동한다. 천간이 각각 자기 멋대로 움직이는 것이 아니고 반드시 5행의 질서와 규칙에 따라 움직이는 것이다. 즉 10천간이 5가지 운동으로 재분류 되는 것이다. 좀 더 자세히 설명하면 '갑(甲)과 을(乙)'은 '목(木) 운동(行)'을 주도하고 병(丙)과 정(丁)은 '화(火) 운동(行)'을 주도하며 무(戊)와 기(己)는 '토(土) 운동(行)'을 주도한다. 그리고 경(庚)과 신(辛)은 '금(金) 운동(行)'을 주도하고 임(壬)과 계(癸)는 '수(水) 운동(行)'을 주도한다. 이것을 천간의 '5행 운동'인 것이다.

땅의 기운인 12 지지도 마찬가지이다. 10천간과 같이 5가지로 구분되어 운동(5행)을 하는 것이다. 구체적으로 설명하면 인(寅)과 묘(卯)은 '목(木) 운동(行)' 주도하고 사(巳)와 오(午)는 '화(火) 운동(行)'을 주도하며 진(辰), 미(未), 술(戌), 해(亥)는 '토(土) 운동(行)'을 주도한다. 그리고 신(申)과 유(酉)는 '금(金) 운동(行)' 주도하고 해(亥)와 자(子)는 '수(水) 운동(行)'을 주도한다.

(표 63) 5행

5행	목(木)		화(火)		토(土)				금(金)		수(水)	
천간	갑(甲)	을(乙)	병(丙)	정(丁)	무(戊)		기(己)		경(庚)	신(辛)	임(壬)	계(癸)
지지	인(寅)	묘(卯)	사(巳)	오(午)	진(辰)	술(戌)	축(丑)	미(未)	신(申)	유(酉)	해(亥)	자(子)
음양	양	음	양	음	양		음		양	음	양	음
	양						음					
	강양	평형	약양	약양	약양	평형	강음	약음	약음	약음	약양	약음

그런데 하늘과 땅 즉, 천간과 지지는 또 다른 우주의 주체인 해와 달의 기운과 관련을 갖게 된다. 우주는 하늘과 땅, 해와 달로 구성되어 있기 때문에 천간과 지지 그리고 음양은 서로 영향을 미치고 있으며 서로 영향을 받고 있다. 그런 영향을 받기 때문에 움직일 수 있는 것이다. 어느 것 하나 빠진다면 우주는 이미 우주가 아니며 현재의 상황이 아닌 것이다. 우주가 파멸되었거나 암흑의 세계였거나 또 다른 미지의 세계가 되어 있었을 것이다. 때문에 천간, 지지는 반드시 음양의 영향을 받게 되는데

음양은 구분되지만 분리되지는 않는다고 했다. 즉 상대와 비교가 되는 것이기 때문에 비교 상대만 있다면 어느 것에도 음양은 존재하게 되어 있는 것이다.

(표 64) 5행의 의미

분류	목(木)	화(火)	토(土)	금(金)	수(水)	상화(相和火)
천간지지의 기운	甲.乙	丙.丁	戊.己	庚.辛	壬.癸	寅.申
	寅,卯	午.巳	辰.未.丑	申.酉	子.亥	
오행속성	생(生)	장(長)	화(化)	수(收)	장(藏)	순환(順換)
	완(緩)	산(散)	고(固)	긴(緊)	연(軟)	역(力)
	발산(發散)	명료(明瞭)	안정(安靜)	경숙(敬肅)	유연(流宴)	
	부드럽고따뜻함	확산, 폭팔열기	결합, 끈적끈적	긴장, 엄숙,결정	차다, 유연,	생명력
사계와 시간	봄	여름	환절기	가을	겨울	
	새벽(03-07시)	아침(07-11시)		오후(3-7시)	밤(7-11시)	
	풍(風)	열(熱)	습(濕)	조(燥)	한(寒)	화(火)
얼굴형태	목,얼굴이 길다	역삼각형	원형	사각형	삼각형	
오장육부	간(間)(음)	심(心)	비(脾)	폐(肺)	신(腎)	심포(心包)
	담낭(양)	소장	위장	대장	방광	삼초(三焦)
신체구조	목,목구멍	얼굴,혀	배,입술	가슴,입천정	허리,치아	
	고관절	주관절	슬관절	수관절	족관절	견관절
	근육	피	비계	피부	골	신경
	발	상완	대퇴	하완	정강이	손
	한숨	딸꾹질	트림	재채기	하품	진저리
	눈조리게	핏줄	눈꺼풀	흰자	눈동자	시렷
	눈물,개기름	땀군침,끈끈침	콧물	타액	한열	
맛과 냄새	산(酸)신맛, 고소한맛	고(苦), 쓴맛	감(甘), 단맛	신(辛), 매운맛, 비린맛	함(鹹), 짠맛	삽(澁), 떫은맛
	누린내, 신내	불냄새, 쓴내	고린내, 군동내	비린내	썩은내, 꼬랑내 지린내	생내
빛과 소리	청(靑),녹(綠)	적(赤)	황(黃)	백(白)	흑(黑)	황금색
	각(角),아(牙)	치(致),설(舌)	궁(宮),순(脣)	상(商)치(齒)	우(羽)후(喉)	
	호(呼)	소(笑)	가(歌)	곡(哭)	신(呻)	흐느낌
오행덕목 감정	인(仁)	예(禮)	신(信)	의(義)	지(智)	능(能)
	노(怒)	희(喜),소(笑)	사(思), 시기심	비(悲)	공(空)	불안(不安)
오곡	팥	수수	기장	현미	검은콩	옥수수, 녹두, 조
가축과 동물	개,닭	염소, 참새	소	말	돼지	양, 오리, 번데기
특기	색(色)	감촉(感觸)	미(味)	취(醉)	성(聲)	기(氣)

결론적으로 말하면 천간, 지지는 음과 양의 운동을 하면서 5행 운동을 하고 있는 것이다. 이것을 '음양 5행 운동'이라 한다. 때문에 우주운동은 곧 음양5행운동인 것이

다. 그리고 '음양 5행 운동'에 의해서 생명체가 탄생하는 것이며 생명체가 그 생명을 유지하고 그러는 과정 속에서 소멸하게 되는 것이다. '음양 5행 운동'이 곧 우주운동인 것이다. 이러한 우주운동을 우주의 변화라고 하는 것이다.

우주의 모든 생명체는 천간과 지지, 그리고 음양과 5행의 기운을 받고 탄생(이를 체라고 하였다)한다. 그리고 우주의 음양 5행의 운동 과정에서 다시 천간, 지지, 음양, 5행의 기운을 받는다. 즉 생명이 유지되는 과정(우주의 음양 5행의 운동 과정)에서 다시금 천간, 지지, 음양, 5행의 기운(이것을 용이라 했다)을 받는다. 이렇게 함으로서 모든 생명체의 생명을 갖게 되고 그것을 유지하게 되는 것이다.

중요한 것은 천간, 지지, 음양, 5행의 기운이 중화를 이루어야 한다는 점이다. 그렇지 않고 한 쪽으로 치우치면 편협적으로 변하여 일생이 편협적으로 된다는 점이다. 특히 음양운동과 5행운동의 과정에서 중화되는 것이 중요하다. 그래야 과정이 중화를 이루기 때문이다.

6. 오행의 상생(相生), 상극(相剋)

우주의 수많은 별들이 질서 있는 운동을 거듭하면서 반복되는 변화를 가져오고 있는 이유 중의 하나는 인력과 척력 때문이라 한다. 한편에서는 끌어당기고 한편에서는 밀어내는 힘의 균형이 자전과 공전을 일으키고 별들끼리 부딪침이 없이 질서를 유지하게 되는 이유가 된다.

오행운동도 궤도의 이탈 없이 반복적으로 끊임없이 진행되는 것도 이와 같은 원리이다. 즉 목, 화, 토, 금, 수의 오행운동은 순서대로 목은 화를 향해서 가고 화는 토를 향해서 운동하며 토는 금을 향해서 운동하고 금은 수를 향해서 운동한다. 이것은 밀어내는 에너지의 작용 때문이며 이 확산운동이 우주의 척력과 같은 작용을 하는 것이다.

그런데 척력, 즉 밀어내는 운동만 있다면 금새 궤도를 이탈하게 된다. 따라서 궤도를 이탈하지 않도록 척력을 제어하는 에너지 즉, 인력의 존재가 중요하게 되는데 이 당기는 에너지에 의해서 이탈하지 않고 회전운동을 하게 되는 것이다. 중요한 것은 인력과 척력의 균형이란 점이다. 둘 중 어느 한 쪽으로 힘의 기울기가 기운다면 궤도 이탈은 불 보듯 뻔 한 일이다.

오행의 운동도 이와 똑 같다. 우주의 척력운동은 곧 상생운동이며 우주의 인력운동은 곧 상극운동인 것이다. 상생운동과 상극운동이 동시에 같은 규모로 존재하여야 균형을 잃지 않고 정상궤도를 유지하게 되는 것이다. 이것이 상생상극운동의 본질이다.

목은 화를 생하고 화는 토를 생하고 토는 금을 생하며 금은 수를 생하고 수는 목을 생하면서 하나의 원을 그리며 회전운동을 하게 되는데 자칫 화가 강하다면 토를 생하기 보다는 궤도를 이탈해버리는 결과를 가져올 수 있다. 더구나 목이 화를 생하므로 목이 화를 더욱 강하게 힘을 부여한다면 화는 기고만장하여 우주의 밖으로 뛰어나가려는 힘이 강하게 나타날 것이다. 이를 방지하기 위하여 화의 인력작용이 되는 수가 화의 이탈을 견제함으로서 다시 본 궤도로 진입하게 하는 것이다.

이와 같은 이유 때문에 오행 중 어느 하나가 부족하면 균형을 잃게 되고 어느 하나가 너무 강해도 균형을 잃게 되는 것이다. 만약 오행 중 어느 하나가 없다면 그 균형은 좀 더 강하게 깨지고 아예 하나의 오행으로만 이루어진다면 극단적으로 한 쪽으로만 치우치게 된다. 가장 이상적인 것은 오행이 모두 존재하는 것이며 힘의 균형을 유지하고 있는 것이다. 그럼으로써 서로 상생하고 상극하는 효과를 얻게 된다고 할 것이다.

(표 65)오행의 상생상극 표

상 생	상 극
목생화(木生火)	목극토(木剋土)
화생토(火生土)	토극수(土剋水)
토생금(土生金)	수극화(水剋火)
금생수(金生水)	화극금(火剋金)
수생목(水生木)	금극목(金剋木)

흔히 오행의 관계에는 상생(相生)과 상극(相剋)이 있어 상생의 관계는 화합하고 화합하면 행복하지만 상극의 관계는 재화(災禍)가 있다고 한다. 그러나 이는 균형이 있었다는 전제하에서 이해할 수 있는 것이다. 만약 균형이 깨진 상태였다면 오히려 상생이 재화가 따르고 상극이 화합하고 행복해 질 수 있다. 때문에 전체적인 오행의 구성이 우선 전제되고 그 구성을 토대로 상생상극의 효과를 논해야 한다. 상생은 목생화(木生火)·화생토(火生土)·토생금(土生金)·금생수(金生水)·수생목(水生木)으로 그 순서는 목·화·토·금·수이다. 상극은 수극화(水剋火)·화극금(火剋金)·금극목(金剋木)·목극토(木剋土)·토극수(土剋水)를 말하며 그 순서는 수·화·금·목·토이다.

(그림 3) 오행의 상생 상극도

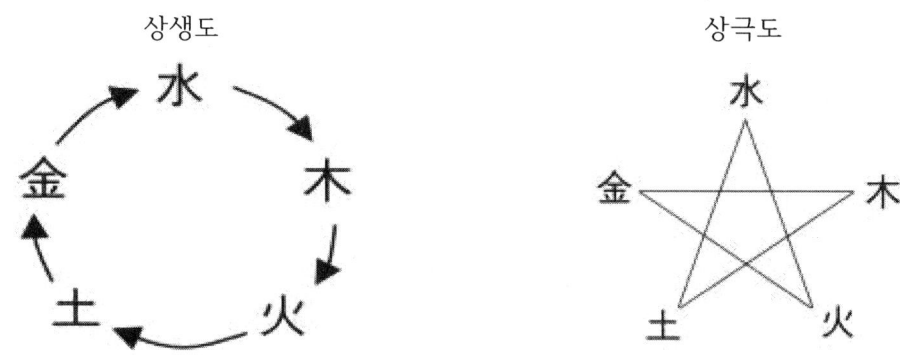

오행의 상생상극의 이법 중에도 경중(輕重)이 있다. 생하는 오행은 약해지고 생을 받은 오행은 강해진다. 목(木)은 화(火)를 생하나 그 결과 목(木)은 약하게 되고 화(火)는

제5장

십성·육친
(十星·六親)

제1절 십성

1. 십성의 개념

십성(十星)이란 우주를 구성하는 요소인 수많은 행성 중에 인간의 삶과 생에 직접적으로 영향을 미치는 기운과 환경을 말하는데 그 종류가 10가지여서 10성이라 부른다. 우주의 뜻, 즉 범접할 수 없는 하늘의 영역이라 해서 십신(十神)이라 부르기도 한다.

십성은 음양오행의 관계성에서 나타난다. 오행의 5가지와 음양의 2가지가 결합하여 (5X2=10) 10성을 이룬다. 따라서 십성의 음양오행의 확장과 상호간의 관계성으로 이루어진다. 즉, 특정 오행을 기준으로 그 오행과 다른 오행과의 관계성을 나타내는 것이다. 예를 들면 오행 중 목을 기준으로 할 때 목, 화, 토, 금, 수의 관계성을 나타내는 것이다.

십성을 나열하면 비견, 겁재, 식신, 상관, 편재, 정재, 편관, 정관, 편인, 정인 등 10가지로 구분된다. 이것을 오행만을 기준으로 하면 5가지로 나뉘고 오행을 다시 음양으로 세분화하면 10가지가 된다. 그래서 10성이다. 즉 10성은 오행을 다시 음양으로 세분화한 것이다. 오행만으로 관계성을 표현하면 비겁(비견과 겁재), 식상(식신과 상관), 재성(편재와 정재), 관성(편관과 정관), 인성(편인과 정인)으로 구분한다. 이를 음양으로 다시 나누어 그 관계성을 나타내는 것이 십성, 십신인 것이다. 십성의 일반적인 개념을 살펴보자.

첫째는 비견(比肩)이다. 어깨를 견줄 정도로 가까운 사이, 또는 서로 우열을 가릴 수 없을 정도로 서로 평형관계를 의미한다.

둘째는 겁재(劫財)이다. 재물을 겁탈한다는 의미이다. 재물을 빼앗기는 의미도 있고 재물을 빼앗는다는 의미도 있다. 사주팔자 상황에 따라서 그 기운의 세기가 다르기 때문에 사자팔자 전체를 잘 관찰하여야 하지만 빼앗기는 것이나 빼앗는 것이나 결국은 좋은 것은 못되는 것 같다.

셋째는 식신(食神)이다. 단어 그대로 해석하면 먹을 것을 관장하는 신이다. 생명체의 근본적인 문제는 의식주이다. 특히 식은 생명과 직결된다. 식은 사람들이 살아가는 기본적인 수단이다. 때문에 식신은 삶의 수단을 대변하는 성(星), 신(神)이다.

넷째는 상관(傷官)이다. 말 그대로 관을 상하게 하는 신이다. 관은 흔히 명예나 도덕성을 상징하는데 이를 상하게 하는 것이니까 명예나 도덕성과는 거리가 먼 환경이 될 것이다. 틀에 박힌 것을 거부하고 자유 분망함을 상징하기도 한다. 아무래도 체면을 중시하기보다는 보다는 체면을 무시하는 경향이 강하다고 할 것이다.

다섯째는 편재(偏財)이다. 편재란 재물이 편중되거나 치우쳐 있다는 의미이다. 편중된 재물이라하여 안정성이 결여된 재물, 투기성 재물을 의미한다. 봉급을 받는 것처럼 안정적인 재물이 아니라 있을 때는 왕창 있다가도 없을 때는 바닥을 보이는 재물처럼 극과 극을 나타내는 의미이다.

여섯째는 정재(正財)이다. 안정되고 정직한 재물이다. 노력한 만큼 그 결과를 가져다 주는 재물이다. 일한만큼 번다라고 해석할 수 있다. 때문에 있고 없고의 차이가 크지 않고 꾸준히, 성실하게 모이는 재물이다.

일곱째는 편관(偏官)이다. 관이 편중되었거나 편협적이거나 극단적이라는 의미이다. 관은 벼슬을 의미한다. 따라서 벼슬의 편중성, 편협성, 극단성을 의미한다. 안정적인 직장이 아니라 불안정한 직장을 의미하기도 한다. 불안정하다는 것은 고정적이라기 보다는 변동적이라는 의미이다. 계약직, 선출직 등을 의미한다고 할 것이다. 다른 한 편 관은 제도적인 틀을 의미한다. 편관이므로 재도적인 틀을 벗어나려는 의도가 숨겨 있다. 다시 말하면 법의 테두리에서 적절하게 편법적인 행동을 취하는 것이다. 편법은 탈법과 다르다. 탈법은 법을 어기는 것이고 편법은 법의 범위 내에서 편리하게 해석 하고 활용하는 것이다. 벼슬을 얻더라도 적법하게 얻는 것이 아니라 편법적으로 얻게 된다는 의미이다. 편관은 편법이고 상관은 탈법이다.

여덟째는 정관(正官)이다. 벼슬로 따지면 바르고 안정적이고 정당한 벼슬이다. 정상 적인 과정과 절차를 걸쳐서 얻게 되는 벼슬이며 직장인 것이다. 관이 제도이므로 제 도적인 범위에서 적법하게 행동하고 생각하는 것을 의미한다. 따라서 바르고 정확하 고 정직하며 편법을 모르는 행동을 취하게 된다.

아홉째는 편인(偏印)이다. 편인은 편협된, 규칙적이지 못한, 인이라는 의미이다. 여기 서 인(印)이란 도장(圖章), 인상(印象), 벼슬, 관직(官職), 찍다, 눌러서 자리를 내다, 박다 등을 뜻한다. 옛날 중국에서 관직의 표시로서 패용(佩用)한 금석류(金石類)의 조각물(彫刻 物)을 인(印)이라 하였다. 요약하면 도장을 찍는 것과 관련되거나 공인된 관직, 직위가 높은 관직 등을 나타낸다. 때문에 관직이나 문서와 관련된 의미로 해석된다. 편인이니 까 편협된, 규칙적이지 못한, 비정상적인 관직이나 문서의 의미를 갖는다.

열째는 정인(正印)이다. 편인과 달리 바르고 안정적이고 정상적인 관직이나 문서의 의미이다. 도장을 찍는 벼슬아치는 움직임이 작다는 특징이 있다. 활동적이라기 보다 는 정체적이다. 따라서 육체적인 영역보다는 정신적인 영역이 크고 강하다 할 수 있 다. 편인과 다른 것은 정법(正法), 정규(正規)적이라는 점이다. 편관, 정관이 벼슬이라면 편인, 정인은 벼슬아치, 즉 벼슬의 직위를 말한다. 정재, 편재가 재산이라면 유동성 재산이고 편인, 정인이 재산이라면 부동성, 문서와 관련된 재산이라고 할 수 있다.

2. 일간과 십성

십성은 특정한 오행을 기준으로 그 특정 오행과의 관계성에서 존재한다. 특정오행 을 기준으로 오행을 적용해서 십성이 결정되는 것이다. 다시 말하면 십성이 형성되려 면 그 기준이 되는 특성 오행이 정해져야 한다. 그 기준이 되는 특정오행을 사주팔자 에서 일간으로 정하는 것이다. 즉 일간을 기준으로 십성이 결정된다. 그래서 일간이 중요하고 사주팔자의 주체가 되는 것이다.

그리고 일간을 기준으로 일간의 오행을 포함한 다른 오행을 비교하면 5가지로 구별된다. 이것을 음양으로 세분화하면 10가지(오행 X 음양)로 구분된다. 따라서 일간을 기준으로 오행의 음양을 대입하면 10성이 되는 것이다. 이것은 천간과 지지를 같이 적용한다. 즉 천간도 지지도 일간을 중심으로 오행을 비교하고 다시 음양과 비교하여 십성을 이룬다.

1) 비겁(比劫)

비겁은 비견과 겁재를 말한다. 예를 들어 천간의 경우 갑(甲) 일간이라면 일간과 오행이 같고 음양이 같으면 일간과 어깨를 나란히 하는 관계라고 해서 비견(比肩)이라고 한다. 그리고 같은 오행이지만 음양이 다른 것, 즉 을(乙)의 경우를 겁재라고 한다. 만약 같은 목(木) 오행이지만 일간이 을(乙)이라면 갑(甲)일간과 반대로 을이 비견이 되고 갑이 겁재가 된다. 정리하면 일간과 오행 및 음양이 같으면 비견이고, 오행은 같으나 음양이 다르면 겁재가 된다.

(표 68)에서 보면 양일간의 사주인 갑 일주는 월주에 있는 갑이 비견이 되고 연주에 있는 을이 겁재가 된다. 음일간의 사주인을 일간에서는 월주에 있는 갑은 겁재가 되고 연주에 있는 을은 비견이 된다.

(표 68) 일간의 비겁

양일간			
시주	일주	월주	연주
O	갑(甲)	갑(甲)	을(乙)
O	O	O	O

음일간			
시주	일주	월주	연주
O	을(乙)	갑(甲)	을(乙)
O	O	O	O

지지의 경우도 마찬가지이다. 갑일간이 지지에서 인(寅)을 만나면 비견이 되고 묘(卯)를 만나면 겁재가 된다. 오행의 입장에서 보면 지지 인(寅)은 천간의 갑과 같고 지지 묘(卯)는 천간의 을과 같다고 해석한다.

(표 69)를 보면 화(火) 일간의 경우는 병과 정이 있는데 이와 같으면 비견이고 음양이 다르면 겁재가 된다. 이처럼 천간 10개가 일간을 차지하는 경우 그 일간에 따라 오행과 음양이 같으면 비견, 오행은 같으나 음양이 다르면 겁재가 되는 것이다.

(표 69) 일간(십간)별 비견과 겁재(비겁)

일간		갑	을	병	정	무	기	경	신	임	계
오행		목		화		토		금		수	
음양		양	음	양	음	양	음	양	음	양	음
비견	천간	갑	을	병	정	무	기	경	신	임	계
	지지	인	묘	사	오	진,술	축,미	신	유	해	자
겁재	천간	을	갑	정	병	기	무	신	경	계	임
	지지	묘	인	오	사	축,미	진,술	유	신	자	해

여기서 중요하게 생각할 것은 같은 비견이라도 갑이 비견인 경우와 을이 비견인 경

우는 다르게 해석되어야 한다는 점이다. 갑(甲)과 을(乙)은 목(木)으로 분류하고 곡직(曲直)형이라 칭한다. 같은 목이지만 갑은 직(直)형이어서 위로만 뻗어가는 기질이 있고 을(乙)은 곡(曲)형이어서 옆으로 뻗어가는 기질이 있다. 따라서 갑이 비견인 갑을 만나면 직형이 더 직형으로 나타나고 을이 을을 비견으로 만나면 곡형이 더 곡형으로 나타나는 것이다. 비견과 겁재는 일간의 에너지를 더욱 강하게 하는 역할을 한다.

지지도 마찬가지이다. 인, 즉 호랑이가 비견일 때와 토끼가 비견일 때는 다른 것이다. 일간이 무엇이냐에 따라 비견과 겁재가 결정되기 때문에 일간이 굉장히 중요한 것이다. 십간의 특성에 따라서 같은 비견이라도 다르게 나타난다는 점, 12지지의 개성에 따라서 같은 비견과 겁재라도 다르게 나타난다는 점이 매우 중요하다고 할 것이다.

2) 식상(食傷)

식상(食傷)은 식신과 상관을 말한다. 식상은 일간이 생하는 오행이다. 목 일간이라면 화가 식상이 되고 화 일간이라면 토가 식상이 되며 토 일간은 금, 금일간은 수, 수일간은 목이 식상이 된다. 즉 일간이 생하는 오행을 식상이라 한다. 그리고 일간과 음양이 같으면 식신이라 하고 음양이 다르면 상관이라 한다. 천간도 마찬가지이고 지지도 마찬가지이다.

(표 70) 일간의 식상

양일간			
시주	일주	월주	연주
O	갑(甲)	병(丙)	정(丁)
O	O	O	O

음일간			
시주	일주	월주	연주
O	을(乙)	병(丙)	정(丁)
O	O	O	O

(표 70)에서 보면 양일간인 갑일간의 월주에 있는 병은 갑이 생하는 오행이므로 식상인데 음양이 같으니까 식신이다. 그리고 연주에 있는 정은 갑이 생하는 오행이므로 식상에 속하는데 음양이 다르므로 상관이 된다. 마찬가지로 음일간인 을이 생하는 오행인 병과 정은 식상이 되는데 음양이 같은 정은 식신이 되고 음양이 다른 오행인 병은 상관이 된다. 병과 정은 같은 화이지만 그 성향이 다른 천간이다. 병이 빛이라면 화는 불이고 병이 태양이라면 화는 초롱불이다. 따라서 식상으로 나타나는 성향도 다르다는 것을 이해하여야 한다.

지지도 마찬가지이다. 갑 일간을 기준으로 식상을 찾아보면 목이 생하는 화에 속하는 지지가 사(巳)와 오(午)이다. 사는 음양이 같으니까 식신이 되고 오는 음양이 다르니까 상관이 된다. 을일간의 경우는 그 반대이다. 지지도 마찬가지로 사(巳)와 오(午)는 같은 화에 속하지만 음양이 다르고 그 특성이 다르다. 따라서 다르게 해석하여야 한다.

(표 71) 일간(십간)별 식신과 상관(식상)

일간		갑	을	병	정	무	기	경	신	임	계
오행		목		화		토		금		수	
음양		양	음	양	음	양	음	양	음	양	음
식신	천간	병	정	무	기	경	신	임	계	갑	을
	지지	사	오	진,술	축,미	신	유	해	자	인	묘
상관	천간	정	병	기	무	신	경	계	임	을	갑
	지지	오	사	축,미	진,술	유	신	자	해	묘	인

3) 재성(財星)

재성은 편재와 정재를 말한다. 재물을 주관하는 별이다. 편재는 편협적, 비정상적인 것이고 정재는 정상적, 상식적인 것이다. 재성은 일간이 극하는 오행이다. 갑일간을 기준으로 하면 갑은 목에 해당하므로 목이 극하는 오행은 토(土)이다. 따라서 토가 일간 갑의 재성이 된다. 토를 음양으로 나누면 일간 갑이 양이므로 양의 토, 즉 무(戊)는 편재가 되고 음의 토, 즉 기(己)는 정재가 된다.

(표 72) 일간의 재성

양일간			
시주	일주	월주	연주
O	갑(甲)	무(戊)	기(己)
O	O	O	O

음일간			
시주	일주	월주	연주
O	을(乙)	기(己)	무(戊)
O	O	O	O

따라서 목 일간은 토, 화 일간은 금, 토 일간은 수, 금 일간은 목, 수 일간은 화가 재성이 되고 음양에 따라 정재와 편재로 다시 구분된다. 지지도 마찬가지이다. 일간을 기준으로 일간이 극하는 오행은 재성이 되고 다시 음양으로 나누면 편재와 정재로 구분된다.

(표 73) 일간(십간)별 편재과 정재(재성)

일간		갑	을	병	정	무	기	경	신	임	계
오행		목		화		토		금		수	
음양		양	음	양	음	양	음	양	음	양	음
편재	천간	무	기	경	신	임	계	갑	을	병	정
	지지	진,술	축,미	신	유	해	자	인	묘	사	오
정재	천간	기	무	신	경	계	임	을	갑	정	병
	지지	축,미	진,술	유	신	자	해	묘	인	오	사

지지의 경우도 이와 같다. 일간을 기준으로 목은 토에 해당하는 진술축미가 재성이 되고 갑을 기준으로 양의 토인 진술(辰戌)은 편재, 음의 토인 축미(丑未)는 정재가 된다. 을을 기준으로 하면 그 반대이다. 일간이 화인 경우는 금이 재성이 되는데 양화(陽火)인 병(丙)의 경우 양금(陽金)인 신(申)이 편재가 되고 음금(陰金)인 유(酉)가 정재가 된다.

음화인 정은 그 반대이다.

양토의 경우는 수(水)에 해당하는 해(亥)는 편재, 자(子)는 정재이며, 음토의 경우는 이와 반대이다. 이렇게 해서 목화토금수의 순환에 따른 상생상극의 원리를 적용하면 해당 오행의 재성을 분류할 수 있게 된다(표 6참조).

같은 재성이라도 갑목 재성과 을목 재성이 다르듯이 목 재성, 화 재성, 토 재성, 금 재성, 수 재성이 각각 다르다는 것을 이해하여야 한다. 예를 들면 화 재성은 주로 빛, 전기, 전자, 조명, 화려함 등의 재성이므로 그러한 물상들로 돈벌이를 한다고 보면 되고 토 재성인 경우는 토와 관련된 재성, 즉 부동산이나 건설 등과 관련된 재성으로 해석하면 된다.

4) 관성(官星)

관성은 편관과 정관을 말한다. 관은 벼슬과 제도를 관장한다. 관성은 일간을 극하는 오행이다. 일간을 구속하는 구속력을 가지고 있다. 관성이 많으면 일간의 자생력은 그만큼 줄어들게 된다.

일간과 같은 음양이면 편관이라 하고 일간과 다른 음양이면 정관이라 한다. 갑의 경우 금(金)이 관성이며 양갑(陽甲)은 양금(陽金)이 편관, 음금(陰金)이 정관이 된다. 화는 수가 관성이며 토는 목이 관성이고 금은 화가 관성이며 수는 토가 관성이 된다.

(표 74) 일간의 관성

양일간				음일간			
시주	일주	월주	연주	시주	일주	월주	연주
O	갑(甲)	경(庚)	신(辛)	O	을(乙)	신(辛)	경(庚)
O	O	O	O	O	O	O	O

지지의 경우에는 갑은 양금인 신(申)이 편관, 음금인 유(酉)가 정관이 되며 을 일간은 그 반대이다. 병과 정은 천간에서는 임과 계, 지지에서는 해와 자가 관성이 되며 무와 기는 지지 인과 묘가 관성이 된다. 경과 신은 사와 오가 관성이 되며 임과 계는 진술축미가 관성이 된다.

(표 75) 일간(십간)별 편관과 정관(관성)

일간		갑	을	병	정	무	기	경	신	임	계
오행		목		화		토		금		수	
음양		양	음	양	음	양	음	양	음	양	음
편관	천간	경	신	임	계	갑	을	병	정	무	기
	지지	신	유	해	자	인	묘	사	오	진,술	축,미
정관	천간	신	경	계	임	을	갑	정	병	기	무
	지지	유	신	자	해	묘	인	오	사	축,미	진,술

몇 번을 강조하지만 중요한 것은 갑과 을이 다르고 인과 묘가 다르듯이 일간에 따라 부여되는 관성의 글자에 따라 그 일간의 관성의 색깔과 특징이 다르다는 점이다.

같은 직업이라도 갑은 교육적인 분야라면 병은 전기전자분야 무는 부동산, 건설 분야, 경은 경찰, 군인 등의 분야 그리고 수는 철학, 인문학 등의 분야와 어울린다는 것을 이해하여야 한다. 그래야 해석이 좀 더 정밀해지기 때문이다. 무조건 관이므로 직업으로 취급하는 것은 초보적인 해석인 것이다.

5) 인성(印星)

인성은 편인과 정인을 말한다. 인성은 일간을 생하는 오행이다. 일간을 생하기 때문에 일간의 입장에서는 도움이 되는 오행이다. 하지만 일간이 힘들고 어려울 때는 도움이 되지만 일간이 힘이 넘칠 때 또 도움을 준다면 오히려 귀찮아질 수 있다. 도와준다고 무조건 좋은 것만은 아니다. 때로는 오히려 짐이 될 수도 있기 때문이다. 어쨌든 인성은 일간을 생하는 오행이다. 때문에 일간 입장에서는 일단 고마운 오행이다.

일간과 같은 음양이면 편인이라 하고 일간과 다른 음양이면 정인이라 한다. 갑의 경우 수(水)가 인성이며 양갑(陽甲)은 양수(陽水)가 편인, 음수(陰水)가 정인이 된다. 화는 목가 인성이며 토는 화이 인성이고 금은 토가 인성이며 수는 금이 인성이 된다.

(표 76) 일간의 인성

양일간			
시주	일주	월주	연주
O	갑(甲)	임(壬)	계(癸)
O	O	O	O

음일간			
시주	일주	월주	연주
O	을(乙)	계(癸)	임(壬)
O	O	O	O

지지의 경우에는 갑은 양수인 해(亥)가 편인, 음금인 자(子)가 정인이 되며 을 일간은 그 반대이다. 병과 정은 천간에서는 갑과 을, 지지에서는 인와 묘가 인성이 되며 무와 기는 지지 병과 정이 인성이 된다. 경과 신은 진술축미가 인성이 되며 임과 계는 경과 신이 인성이 된다.

(표 77) 일간(십간)별 편인과 정인(인성)

일간		갑	을	병	정	무	기	경	신	임	계
오행		목		화		토		금		수	
음양		양	음	양	음	양	음	양	음	양	음
편관	천간	임	계	갑	을	병	정	무	기	경	신
	지지	해	자	인	묘	사	오	진,술	축,미	신	유
정관	천간	계	임	을	갑	정	병	기	무	신	경
	지지	자	해	묘	인	오	사	축,미	진,술	유	신

3. 십성의 상생상극

십성을 구분하는데 그 기준을 일간으로 한다고 했다. 그러나 운용과정에서는 변화를 줄 수 있는데 예를 들면 재성을 기준으로 두고 십성을 배열할 수 도 있다. 이 때는 또 다른 재성이 그 재성의 비겁이 된다. 관성은 식상이 되고 인성은 재성이 된다. 이렇게 변화를 주면서 해석하게 되면 다양한 각도에서 해석이 가능해 진다. 따라서 사주팔자를 해석하는데 너무 고정적인 관점에서만 해석해서는 안 된다. 흔히 사주공부를 할 때 외우지 말라는 충고를 듣게 되는데 바로 이런 이유 때문이다. 고정된 관점은 응용을 하지 못한다. 때문에 외워서 공부하는 것은 응용하는데 어려움이 많다.

일간을 중심으로 십성을 나열하면 "비겁→식상→재성→인성→비겁"의 순으로 순환한다. 이는 오행의 순환과 같다. 십성은 순환은 오행의 순환이 그 뿌리이다. 때문에 오행의 상생상극은 십성의 상생상극에 그대로 반영된다. 오행은 위치와 관계없지만 십성은 일간을 기준으로 정한다는 점에서 차이가 있다.

십성의 상생을 설명하면 비겁은 식상을 생하고, 식상은 재성을 생하며 재성은 관성을 생하고 관성은 인성을 생하며 인성은 비겁을 생한다. 재물 운이 좋을려면 식상의 생함이 있어야 할 것이고 비겁이 강해지려면 인성의 생함이 있어야 한다. 마찬가지로 관성이 왕해지려면 재성의 생함이 있어야 하고 인성이 강해지려면 관성의 생함이 있어야 한다.

십성의 상생은 해당 십성이 약할 때는 생을 받아서 강해지므로 좋은 효과를 나타낸다. 그러나 해당 십성이 강할 때는 더욱 강하게 하기 때문에 사주의 균형과 중화를 깨뜨릴 수 있다. 따라서 십성 중 어느 하나가 강할 때는 그 강한 십성을 생하는 것은 오히려 독이 될 수 있다. 이럴 때는 오히려 생하는 것보다는 극하는 것이 좋다.

십성의 상극도 오행의 상극과 원리가 같다. 오행의 상극체제는 목극토, 화극금, 토극수, 금극목, 수극화로 이루어져 있다. 상생의 구조에서 한 칸을 건너뛰면 상극의 구조가 된다. 이와 같은 방법으로 십성의 상극관계도 도출된다. 비겁은 재성을 극하고 식상은 관성을 극하며 재성은 인성을 극하고 관성은 비겁을 극하며 인성은 식상을 극한다. 극하는 순서를 나열하면 '비겁→재성→인성→식상→관성→비겁'의 상극구조를 이룬다.

상극구조는 특정십성이 약할 때는 약한 십성을 극하게 되므로 더욱 약하게 만든다. 그래서 약한 십성이 있을 때는 그 십성을 극해서는 안 된다. 오히려 생하는 것이 좋다. 그러나 특정 십성이 강할 때는 그 십성을 극함으로서 강한 십성을 눌러주는 효과를 가져 오기 때문에 균형과 중화를 이루게 된다. 때문에 강한 십성이 존재할 때 상극의 효과는 커지게 된다.

만약 재성이 강하여 사주팔자를 탁하게 만들었다면 재성을 극하는 비겁이 보충되어야 하고 인성이 강할 경우에는 재성이 극해주어야 한다. 식상이 강할 때는 인성이 극해주어야 하며 비겁이 강할 때는 관성이 극을 해주어야 하고 관성이 강할 때는 식상이 극을 해주어야 균형과 중화를 이루게 된다.

십성의 상생상극은 이렇게 상황에 따라서 적용하는 방법이 다르다. 생은 좋은 것이고 극은 나쁜 것이라고 이해하고 있다면 그것은 잘못된 것이다. 때에 따라서는 극이 오히려 좋을 수도 있고 생이 오히려 나쁠 수도 있기 때문이다. 사주팔자를 잘 살펴서 전체적인 구조를 보고 판단하여야 한다.

사주공부를 하다 보면 흔히 생하는 것은 좋고 극하는 것은 나쁘다고 배운다. 그러나 그것은 아주 잘못된 것이다. 처음 배우는 초보자들에게 개념적인 정리를 쉽게 해주기 위해서 그렇게 설명하는 것 같은데 그것은 잘못된 교습법이다. 왜냐 하면 그렇게 배우면 끝까지 그렇게 인지하거나 중간에 개념을 바꾸려고 해도 바뀌지가 않고 혼란스럽기만 하기 때문이다. 쉽게 가르쳐준다는 것과 요령을 가르쳐준다는 것은 다르다. 잘못된 요령을 배우면 그것이 순환 반복되어 왜곡된 해석으로 이어지기 때문이다. 그러니 처음부터 제대로 가르치고 배워야 한다. 좀 어렵더라도 기초를 배울 때 제대로 배우는 것이 좋다. 그래야 오래간다.

4. 십성과 적성·재능·진로

적성(適性, aptitude)은 가장 적합한 성질을 말한다. 그리고 그 적성에 가장 잘 어울리는 영역이 앞으로 전문적으로 개척해야할 영역, 즉 전공이 될 것이며 그 전공이 곧 직업이 되고 그 직업이 평생을 좌우할 일생이 될 것이다. 다시 말하면 성격은 적성을 만들고 적성은 전공을 만들며 전공은 직업이 되고 직업은 인생이 되고 그 인생이 곧 일생이 되는 것이다. 때문에 성격만 알면 일생을 알 수 있게 된다.

그래서 성격을 이해하는 것이 무척 중요하다. 그리고 성격에 따라 가장 잘 맞는 적성을 파악하는 것이 중요하다. 그 적성에 맞는 일생이 그려지기 때문이다. 그럼에도 적성을 무시한 채 시류에 편승하여 진로를 선택한다면 그 일생은 아무래도 적합하지 않는, 항상 뭔가 비워져 있는, 끝임없이 갈증이 나는 일생이 되는 것이다.

진로를 선택함에 있어서 내가 가장 하고 싶은 것(희망)이 있는 가하면, 내가 가장 잘 하는 것(실력)이 있고, 내가 해야만 하는 것(책임)이 있는 가하면, 어쩔 수 없지만 하지 않으면 안 되는 것(의무)이 있다. 또한 아무리 하고자 해도 안 되는 것이 있고 한 번도 생각해 보지 않았는데 갑자기 하게 되는 것이 있다. 이렇듯 인생이란 항상 관심을 갖고 노력하면 안 될 것도 없지만 하겠다고 억지로 우긴다고 되는 것도 아니다.

그렇다면 기왕 살아가는 인생이라면 가급적 행복하게 사는 것이 현명하지 않겠는가. 가장 행복하게 사는 방법은 무엇일까. 그것은 적성에 가장 잘 맞는 진로를 선택하는 것이라 할 것이다. 그래서 적성이 중요하다. 특히 어릴수록 적성을 잘 파악할 수 있어야 한다. 그래야 평생을 적성에 따라 갈 수 있을 테니까. 그런데 그 적성을 무시하고 시류에 편승하다보면 언젠가 스스로 불행하다는 것을 알게 될 것이다. 그때는 이미 늦지 않을 까. 왜냐 하면 죽음을 앞 둔 바로 직전에야 깨달음을 얻는 것이 인생이기 때문이다. 그래서 적성은 인생에서 너무너무 중요한 것이다.

1) 비견 : 독립적인 성향이 강하다

비견은 일간과 같은 오행이면서 음양이 같은 경우이다. 한마디로 일간과 똑같은 음양오행이다. 일간이 또 하나 더 있는 것과 같다. 그러니 일단 자기 주관이 강하다고 할 수 있다. 자기중심적으로 오행이 이루어져 있어 자신감과 성취감이 강하고 추진력이 좋다. 자존심이 강하고 고집이 세다. 승부욕이 강하고 타인에게 지는 것을 싫어한다. 타인의 말을 잘 듣지 않고 자기주관대로 일을 처리한다. 독립심이 강하여 직장생활 보다는 자기사업이나 개인 중심의 직업을 선택하는 것이 좋다.

때때로 상대를 무시하기도 한다. 이런 이유로 타인과 불화, 논쟁을 초래하는 경우가 많다. 생활력이 강하다. 간섭을 싫어하고 주위의 충고나 권유를 무시한다. 입바른 소리를 잘하고 아부하는 것을 싫어한다. 참을성이 부족하여 조급하고 즉흥성이 강하다. 자기 자신을 믿는다. 때문에 상대적으로 타인에 대한 의심이 많아진다. 마음에 들면 모든 것을 다 용납할 수 있지만 마음에 안 들면 인정사정없이 대한다.

비견은 재성을 극하는 역할을 한다. 때문에 재성과의 불화가 많다. 재물에 대한 욕심이 많아서 재물을 쟁취해야 직성이 풀리는 경향이 있다. 비견이 많으면 동시에 재물의 지출도 많아진다. 비견이 많거나 강하면 비견을 견제하는 관성의 도움이 필요해진다.

(표 78) 비견이 많거나 강한 경우

비견이 많은 경우				비견이 강한 경우			
시주	일주	월주	연주	시주	일주	월주	연주
갑(甲)	갑(甲)	경(庚)	갑(甲)	무(戊)	갑(甲)	갑(甲)	임(壬)
신(申)	자(子)	진(辰)	인(寅)	자(子)	진(辰)	인(寅)	인(寅)

2) 겁재 : 독단과 탈취욕

겁재는 일간과 오행은 같으나 음양이 다른 경우이다. 겁재는 재물을 겁탈한다는 의미로서 재물을 파괴하기 때문에 악명이 높은 십성이다. 재물에 대한 욕심이 지나쳐서 다른 사람의 것을 가리지 않고 탐하는 버릇이 있다. 이기심과 투쟁심이 강하여 남을 시기하고 질투하며 방해하는 것을 좋아한다. 지는 것을 싫어하고 칭찬에도 인색하다. 양보심이 없다. 한탕주의를 가지고 있고 도벽심도 강하여 도박이나 투기를 즐긴다. 사기성도 농후하다. 비열하기도 하고 음흉하기도 한다.

자존심도 강하여 남을 무시하는 경향이 많다. 교만하고 불손하며 이중 인격적인 기질이 다분하다. 강한 사람에게는 강하고 약한 사람에게는 오히려 약한 기질도 있다. 스스로 불만불평을 만들어서 배우자와 갈등을 야기한다.

사주팔자에서 일간이 약한 경우에는 오히려 겁재가 도움이 되는 경우도 많다. 약한 일간을 돕거나 보호하는 역할을 하기도 한다. 겁재가 많아서 날뛰면 이를 통제할 관성이 반드시 필요해진다. 직장생활은 어울리지 않으며 독립적으로 활동할 수 있는 직업이 좋다.

(표 79) 일간이 강한 경우와 약한 경우

일간이 강한 경우			
시주	일주	월주	연주
갑(甲)	갑(甲)	을(乙)	정(丁)
신(申)	자(子)	묘(卯)	묘(卯)

일간이 약한 경우			
시주	일주	월주	연주
병(丙)	갑(甲)	신(辛)	경(庚)
술(戌)	진(辰)	묘(卯)	신(申)

3) 식신 : 창조력, 봉사력, 희생정신, 연구심

식신과 상관은 일간이 가지고 있는 능력과 소질을 말한다. 식신은 재능에 속하고 상관은 끼에 속한다. 식신은 일간의 재능을 발휘하게 하고 일간의 재성을 생하는 역할을 한다. 그래서 중요하고 좋은 십성이다. 모두에게 호감을 주는 스타일이다. 신체가 풍만하고 성품이 명랑하며 예의가 바르고 활동력이 뛰어난다. 미식가로서 풍류를 즐기고 사교술, 외교술, 처세술이 좋다. 대인관계에서 희생과 봉사정신이 투철하여 인간관계가 풍부하고 사회활동이 폭넓다.

총명하고 박식하며 연구하는 성품이 강해서 창조적이다. 사업수완이 좋고 생산능력이 탁월하며 생산 및 제조사업에도 능력을 발휘한다. 특히 연구력이 좋아서 박사나 발명가 등이 많은 타입이다. 대인관계가 원만하여 인복이 많다. 주변의 협조가 좋다.

발전적이며 임기응변이 좋고 언어력, 응용력, 언어력 등이 발달되어 있다. 성격이 관대하고 예의범절이 좋다. 도량이 넓고 기예와 문예에 능하다. 이상보다는 현실을 중시하며 결단력보다는 화합을 우선한다. 너무 강하거나 많으면 오히려 부작용이 나타나 과장, 허세, 구설, 도벽, 사기, 배신, 하극상, 저항력 등을 나타낸다. 도박이나 밀수 등에 빠지기 쉽다.

(표 80) 식신이 많은 경우와 강한 경우

식신이 많은 경우			
시주	일주	월주	연주
계(癸)	갑(甲)	병(丙)	병(丙)
사(巳)	자(子)	오(午)	인(寅)

식신이 강한 경우			
시주	일주	월주	연주
계(癸)	갑(甲)	병(丙)	무(戊)
사(巳)	진(辰)	인(寅)	오(午)

4) 상관 : 끼, 화려함, 감각성, 예능성, 자유

상관은 일간인 비겁을 설기하고 정관을 상하게 한다고 해서 좋지 않는 십신으로 간주한다. 상관은 다재다능하고 총명하며 지적인 면을 갖추었다. 새로운 것을 보면 호기심이 많아서 참지 못하고 항상 새로운 것을 추구하며 획기적인 아이디어를 창출해내기도 한다. 논리적이고 지적이며 세련된 멋을 가지고 있다. 예지능력이 탁월하다. 화려한 것을 좋아한다.

　언변술이 좋고 표현력이 좋으면 문장력도 탁월하다. 그러나 경우에 따라서는 상대방을 무시하고 함부로 말을 해버리는 기질이 있어 타협보다는 일방적인 자기논리로 자기주장만을 내세우려는 단점이 있다. 감정기복이 심하고 변덕스러우며 새로운 것을 추구하기 때문에 직업변동이 심하다. 구속과 억압을 싫어하고 자유분방한 성격 때문에 반항심을 일으켜서 하극상을 일으키기도 한다.

　허영심이 많고 사치와 낭비벽이 심하다. 화려하고 요사스럽다. 자만 고집, 독단성을 가지고 있다. 활동적이며 무엇이든지 시비를 가려야 적성이 풀린다. 여자가 상관이 많으면 관성을 극하므로 남편과의 불화가 잦다. 자비심이 없고 오만불손하다. 말이 많고 불평불만을 다 토해내야 직성이 풀린다.

(표 81) 상관이 많은 경우

상관이 많아서 정관이 무력한 경우			
시주	일주	월주	연주
갑(甲)	갑(甲)	신(辛)	정(丁)
오(午)	오(午)	유(酉)	사(巳)

상관이 많아서 일간이 무력한 경우			
시주	일주	월주	연주
계(癸)	갑(甲)	임(壬)	무(戊)
사(巳)	오(午)	오(午)	오(午)

5) 편재 : 탐재, 활동성, 투기성, 유동성

　재성은 일간의 활동무대이다. 일간이 극하는 오행이며 식상을 설기하는 작용을 한다. 식상이 일간의 재능과 끼라며 재성은 그 끼와 재능이 펼쳐지는 활동무대인 것이다. 일간의 입장에서는 가장 필요한 십성이다.

　편재는 편협성을 가진 재물로서 투기성을 대변한다. 투기적인 성향이 강하다. 때문에 재물의 굴곡이 심하다. 이런 이유 때문에 흔히 사업가의 기질을 가장 대변하는 것이 편재라고 한다. 성공할 때와 실패할 때의 상황이 극과 극을 나타내듯이 편재의 인생도 그러한 경우가 많다.

　기분파이다. 즉흥적이며 가무와 풍류를 즐길 줄 알고 통이 크고 일확천금을 노린다. 요령과 재주가 많다. 통솔력과 사업수완이 탁월하다. 계산이 빠르고 처세술에도 능하다. 허풍적이고 호색가이다. 작은 일은 구애받지 않고 민첩하나 지구력이 약하다.

　돈을 버는 일에는 수단과 방법을 가리지 않으며 돈을 많이 벌기도 하지만 쓰기도 많이 쓴다. 아무튼 편재하면 재물욕이 크다고 보면 된다. 일간의 활동무대로서 일간에게는 대단히 중요한 십성이다.

(표 82) 편재이 강한 경우와 약한 경우

편재 강한 경우			
시주	일주	월주	연주
갑(甲)	갑(甲)	무(戊)	경(庚)
오(午)	술(戌)	술(戌)	술(戌)

편재가 약한 경우			
시주	일주	월주	연주
계(癸)	갑(甲)	임(壬)	무(戊)
사(巳)	오(午)	신(申)	자(子)

6) 정재 : 실리적, 정확성, 노력파, 검소성

정재는 안정적인 재물을 의미한다. 견실하고 굴곡이 없는 재산. 안정된 부를 상징한다. 안정적인 활동무대이므로 일간으로서는 가장 좋은 십성이다. 기획한 일이 안정적으로 성사되거나 경영능력이 탁월하여 안정적인 이익창출을 한다. 거짓과 투기를 싫어하며 인품이 좋다. 현금유통이 잘되고 재산 증식이 용이하다.

언쟁이나 투쟁을 싫어하며 가식과 꾸밈을 싫어하고 거짓을 모르며 정확하고 순진하다. 이런 성격이 고지식하게 나타나기도 한다. 배짱이 없어 위험을 회피하며 안정적이고 고정적인 수입을 선호하므로 발전이 늦을 수도 있다.

천성이 꼼꼼하고 치밀하여 실수를 하지 않으며 이해득실의 계산은 빠르지만 결단력이 부족하여 일을 놓치는 경우가 많다. 숫자에 밝아서 이와 관련된 직종이 좋다. 경이, 회계, 기획, 자금, 금융 등

성실하기 때문에 의식주에 대한 걱정이 없다. 직장생활에 충실하고 시간을 잘 지키며 허례허식이 없다. 노력한 만큼 결과를 바란다. 검소한 생활, 저축하는 생활 습관으로 주변사람들에 안정감을 준다.

(표 83) 정재 강한 경우와 약한 경우

정재가 강한 경우			
시주	일주	월주	연주
병(丙)	갑(甲)	기(己)	기(己)
신(申)	술(戌)	미(未)	축(丑)

정재가 약한 경우			
시주	일주	월주	연주
계(癸)	갑(甲)	임(壬)	기(己)
사(巳)	자(子)	오(午)	묘(卯)

7) 편관 : 권위의식, 반항, 급진적, 책임감, 결단력, 행동파

편관은 일간을 극하는 십성으로 편협적인 성향 때문에 극단적인 결과로 나타난다. 편관은 권위의식이 강하며 반항적이고 급진적인 성향을 보인다. 개척정신, 모험심, 의협심이 가득하다. 행동이 과격하고 사사로움에 치우치지 않으며 권세를 행사하고 반드시 처벌을 내리는 행동파다. 한 번 시작하면 반드시 결과를 봐야 직성이 풀리고 목적 달성을 위해서는 수단과 방법을 가리지 않는다. 결단력이 있고 과감한 성격으로서 군인이나 경찰과 같은 직업군에 많이 있다.

권모술수에 탁월한 기질이 있고 허세와 허풍이 많다. 이론보다는 행동으로 나타낸다. 무관으로 성공하거나 명성을 얻는다. 조급하여 시비가 잦고 형액을 당할 소지가 많다. 난폭하여 깡패의 기질도 있다. 타협을 잘 모른다. 책임감이 강하니 조직생활이 어울린다. 겁이 없고 사납다. 성질이 급하다. 예의범절이 부족하다.

일간이 강할 때 편관은 역할이 많아지지만 일간이 약할 때 편관이 강하면 성정이 고르지 못하여 의구심과 의타심이 많고 매사 조급하며 불평과 불만을 초래하므로 시비와 사고를 자주 발생시켜 분쟁을 일으키니 쉽게 후회하거나 포기하는 경우가 많다. 편관은 일간을 극하는 역할을 하므로 칠살(七殺)이라고도 한다. 일간으로부터 일곱 번

째 해당하는 십신으로서 일간을 극하고 극단적인 행동을 함으로 일간에게는 반갑지 않는 고약한 악동이므로 칠살이라 한다. 칠살은 편관보다 더 악랄하게 작용을 한다. 따라서 편관을 제어할 식상이 없거나 비겁이 약할 때 편관을 칠살로 취급한다.

(표 84) 편관이 강한 경우와 약한 경우

편관가 강한 경우			
시주	일주	월주	연주
병(丙)	갑(甲)	경(庚)	정(丁)
신(申)	신(申)	신(申)	유(酉)

편관가 약한 경우			
시주	일주	월주	연주
계(癸)	갑(甲)	계(癸)	경(庚)
사(巳)	오(午)	사(巳)	오(午)

8) 정관 : 규칙, 규범, 모범적. 정직, 명예, 원칙

전관은 반듯한 모범생을 연상하면 된다. 정직, 근면, 성실, 항상 타의 모범이 된다. 용모가 반듯하고 귀품이 있으며 절제를 지키고 시시비비를 공정하게 가리는 등 중용을 지키는 명예와 존중의 길성이다. 공정하며 경거망동하지 않고 정직하여 만인의 칭송을 듣지만 너무 경직된 성향으로 융통성이 부족하고 고지식하다는 단점도 있다.

조직생활이 가장 잘 어울리며 조직 내에서도 시험운과 승진운이 좋아 매사 행운이 따른다. 시비, 언쟁, 폭행 등을 싫어하며 윤리, 도덕성 등을 강조한다. 정직함과 모범성을 강조하는 조직 즉 공무원, 교육계, 금융계 등이 좋다.

명예와 원칙을 중요시하게 여기므로 준법정신이 투철하고 교만하지 않으며 중간조정의 역할을 잘한다. 책임감이 강하여 상사의 칭찬을 받으며 충성, 관료주의, 공익정신, 공명심을 추구하므로 불의와 타협하지 않는다. 군자의 상이다.

(표 85) 5정관이 강한 경우와 약한 경우

정관이 강한 경우			
시주	일주	월주	연주
병(丙)	갑(甲)	신(辛)	정(丁)
신(申)	신(申)	유(酉)	유(酉)

정관이 약한 경우			
시주	일주	월주	연주
계(癸)	갑(甲)	임(壬)	신(辛)
사(巳)	오(午)	인(寅)	미(未)

9) 편인 : 상상력, 변덕, 이중성, 이상향적 정신세계, 위선적.

편인은 식신을 극하는 역할을 하기 때문에 도식(倒食), 즉 밥그릇을 엎는다는 흉신이다. 원래 인성은 일간을 생하고 양육하는 역할을 하므로 모성을 나타내기도 한다. 그러나 편인은 이중성격을 나타내고 있어서 정인과 구분되고 있다. 대체적으로 재치있고 변덕스러우며 상상력과 공상력이 풍부하다. 종교성이 강한 것도 특징이다.

이상향적 정신세계의 소유자로 예술계통, 종교계통에서 마치 신들린 듯한 몰입을 하는 모습은 대표적인 편인의 속성이다. 그래서 예술성과 종교성이 강하다고 한다. 편인은 남의 일에 참견을 잘하며 나서기를 잘하나 조급하고 조리있게 맺고 끊기를 못한

다는 단점이 있다. 순간적인 재치와 발상, 임기응변은 따를 자가 없을 정도이다. 두뇌회전이 빠르기 때문에 기획력과 창조력이 뛰어난다. 예능계, 기획, 마케팅, 디자인 등 창조적인 직종이 좋고 평론가, 변호사, 의사, 역학계 등에서 전문가로 활동하는 경우가 많다.

때로는 위선적이며 상대방을 교묘히 농락, 희롱하는 기질이 있다. 괴상한 망상과 행동을 하는 경우가 있어 망신을 스스로 자초한다. 한 가지 일에 만족하지 못하고 중복해서 직업을 갖는다. 변태적 성향이 강하다. 생산적인 분야보다는 정신적인 분야에 심취한다. 시작은 적극적이나 마무리는 미흡하니 매사 용두사미격이다. 겉으로는 성인군자 같지만 알 수 없는 기질 때문에 종잡을 수가 없다. 솔직하지 못하고 숨기는 것이 많다. 신경이 예민하고 계략을 잘 꾸민다.

(표 86) 편인이 강한 경우와 약한 경우

편인이 강한 경우			
시주	일주	월주	연주
병(丙)	갑(甲)	임(壬)	병(丙)
신(申)	신(申)	자(子)	자(子)

편인이 약한 경우			
시주	일주	월주	연주
계(癸)	갑(甲)	정(丁)	임(壬)
사(巳)	오(午)	사(巳)	오(午)

10) 정인 : 명예, 학자, 군자, 어머니, 학문, 자비

정인은 한마디로 어머니와 같은 성품이다. 마음이 어질고 생각이 깊으며 이해심이 많다. 아량이 넓어서 포용력이 크고 고결한 성품과 인품을 갖추고 있어서 자신의 주위를 항상 깨끗하게 유지하는 성향을 가졌다. 지혜와 명예, 학문과 깊은 관련이 있다. 글을 가까이 하여 학식이 높고 교육자가 많다. 학자의 품격을 가졌다.

창의력과 이해심이 많고 문필력이 좋다. 자존심이 강하여 재물보다는 명예를 추구하는 군자의 상이기도 하다. 글 읽기를 좋아하며 문필가나 학문을 추구하고 명예를 상징하므로 높은 공직을 의미하기도 한다. 인수가 있으면 공부하는 마음이 높아져 학업성적이 좋아지나 너무 많으면 게으르고 나태해진다. 정직하고 고지식하여 융통성이 부족해진다.

예의 바르고 효성심이 많다. 자비심이 있고 총명하다. 사리가 밝고 신의가 있으며 밝은 성격이나 재물에 인색하고 이기적인 면이 강하다. 명분을 중시하고 학문을 닦는 선비의 기질 때문에 돈 버는 재주는 없다.

(표 87) 정관이 강한 경우와 약한 경우

정관이 강한 경우			
시주	일주	월주	연주
무(戊)	갑(甲)	계(癸)	정(丁)
자(子)	자(子)	해(亥)	유(酉)

정관이 약한 경우			
시주	일주	월주	연주
계(癸)	갑(甲)	병(丙)	계(癸)
사(巳)	오(午)	인(寅)	미(未)

5, 직업론과 십성

직업은 사람들의 삶의 가장 기본적이며 절대적인 수단이다. 그래서 직업이 없는 사람은 거의 없다. 직업은 살면서 개척해가는 측면이 강하다. 삶의 공간이나 환경과도 관계가 깊다. 그러나 직업은 선천적으로 타고난다고 한다. 하늘에서 주어진다는 것이다. 다만 살면서 환경에 적응하다 보니 후천적으로 개발되어 진 것이다.

선천적인 직업과 후천적인 직업이 거의 동일직군이라면 직업의 안정성은 크다고 할 수 있다. 그러나 그 차이가 크다면 직업의 안정성은 극히 낮아지면서 직업의 부침과 굴곡이 심해질 것이다. 직장을 자주 옮기는 것도 일종의 선천적인 직업과 후천적인 직업의 차이가 너무 크기 때문에 나타나는 현상일 것이다.

직업의 선택은 중요하다. 후천적으로 선택한다고 여기지만 어쩌면 그 자체가 선천적으로 결정되어진 것이라 할 수 있다. 선천적으로 주어진 직업에 순응한다면 안정된 직업을 갖게 되겠지만 후천적으로 개발된 직업을 갖게 된다면 나름대로 역동성을 갖게 될 것이다. 굴곡이 많고 부침이 자주 발생할 수 있게 된다. 그러나 대부분 거의 선천적 직업군과 후천적 직업군의 차이가 크지 않는다고 한다. 선천적인 직업을 안다면 나름대로 삶을 윤택하게 하는 방향을 찾을 수 있을 것이다. 그래서 어렸을 때 선천적인 적성과 직업을 분석하고 있었다면 아마도 운명은 바뀌었을 지도 모른다.

직업을 분석하는 방법은 1) 일간의 오행으로 판단하는 일간 직업론, 2) 관성의 모양으로 판단하는 관성 직업론, 3) 월지를 중심으로 판단하는 월지 직업론, 4) 시간을 중심으로 판단하는 시간 직업론, 5) 사주팔자 전체 글자 중에서 가장 세력이 강한 오행을 중심으로 판단하는 세력 직업론 등 그 해석 기준에 따라 다양하다.

일간 직업론은 직업을 10가지 유형으로 구분하고 그 유형 중 하나로 판단하는 방법이다. 일간 성격론과 동일하다. 즉 일간의 성격과 가장 잘 어울리는 직업을 말한다. 이는 성격과 직업의 연관성을 강조하는 방법이다. 틀린 것은 아니지만 직업군이 너무 단순하게 구분된다는 것과 성격과 직업을 동일시 한다는 점에서 단점이 있다.

(표 88) 일간을 기준으로 직업론을 분석하는 경우

일간이 갑목인 경우			
시주	일주	월주	연주
O	갑(甲)	O	O
O	O	O	O

일간이 병화인 경우			
시주	일주	월주	연주
O	병(丙)	O	O
O	O	O	O

관성 직업론은 관성이 직장, 직업, 명예, 관직 등을 상징하는 십성이므로 관성의 모양이 곧 직업이라고 판단하는 것이다. 만약 관성이 오행 중 목에 해당하고 목 중에서도 양목이라면 갑(甲) 또는 인(寅)이 선천적인 직업이 된다는 것이다. 결국 갑과 인의 본질적인 특성을 대입하면 그 사람의 직업을 알 수 있게 된다. 만약 사주팔자에서 갑과 인이 힘을 얻고 있고 주의의 다른 글자로부터 생을 받고 있다면 해당 직업은 순조롭고 영화롭지만 힘이 없고 다른 글자로부터 극을 받고 있다면 해당 직업은 부침이

심하다는 것이다. 직업군은 일간과 같이 10가지 유형으로 구분되지만 그 직업의 부침과 귀천을 알 수 있다는 점에서 더 상세하게 판단할 수 있다는 장점이 있다. 고전 명리학은 이 부분에 더 무게를 두고 해석하고 있다.

(표 89) 관성을 기준으로 직업론을 분석하는 경우

경, 신이 관성인 갑목의 경우			
시주	일주	월주	연주
O	갑(甲)	경(庚)	신(辛)
O	O	O	O

임, 계가 관성인 병화의 경우			
시주	일주	월주	연주
임(壬)	병(丙)	O	계(癸)
O	O	O	O

월지 직업론은 월지를 사주팔자 중에서 가장 중요하게 생각하는 학자, 술사 등이 선호한다. 사주팔자 명리학은 계절과 절기를 이론적 바탕으로 삼고 있다. 가장 변화가 많으면서도 그 변화가 확실하고 가장 확률적인 것이 월지이기 때문이다. 예를 들면 연지는 매년 새해가 오지만 과거와 다른 점이 거의 없고 다시 순환하지 않는다는 특징이 있어서 확률적인 근거점이 되지 못한다. 일지도 연지와 마찬가지이다. 어제와 오늘은 크게 다를 것이 없다. 그러면서 어제는 다시는 돌아오지 않는 영원한 과거가 돼 버린다는 점에서 확률적인 근거가 되지 않는다고 할 수 있다.

반면 월지는 4계절과 절기를 반영하는데 그 계절적인 특성이 뚜렷하고 반복적으로 순환되기 때문에 확률적인 근거점이 될 수 있는 것이다. 동시에 사주명리를 대변하는 절기와 계절을 대변하는 지지이기 때문이다. 이는 시지도 비슷한 의미를 준다. 하지만 시지는 1일이라는 짧은 기간 동안의 반복이므로 우주를 모두 담는 것이 아니라 달을 기운만을 담는다고 해서 직업군으로 분류하기에는 너무 짧다는 한계가 있다. 이런 점에서 사주팔자에서는 월지를 가장 중요하게 여기고 있고 그 다음으로 시지를 중요한 해석 포인트로 삼고 있는 것이다.

(표 90) 월지를 기준으로 직업론을 분석하는 경우

월지가 비겁인 갑목의 경우			
시주	일주	월주	연주
O	갑(甲)	O	O
O	O	인(寅)	O

월지가 재성인 병화인 경우			
시주	일주	월주	연주
O	병(丙)	O	O
O	O	유(酉)	O

월지 직업론은 월지의 십성이 곧 직업이며 그 유형은 십성의 특징과 오행의 특징이 동시에 반영된다는 점에서 다른 방법론보다 더 정밀하고 다양하다고 할 수 있다. 예를 들면 월지가 상관이면 상관의 특성에 의거, 자신의 끼를 발휘할 수 있는 직업이 적합하다고 판단하는 것이다. 상관이니까 직장보다는 개인 활동과 관련된 직업이 더 적합하다고 할 수 있다. 그런데 그것이 오행 중 병화(丙火)라고 가정한다면 병화는 물상이 태양, 빛, 전기전자 등에 해당하므로 '조명 받는 개인 활동이 강한 직업군'으로 해석할 수 있다. 현대 명리학으로 해석하면 예능계에 속하는 직업군에 해당한다고 할 것이다. 월지 직업론은 이렇게 좀 더 정밀해진다. 이 월지가 주변의 글자에서 생을

받거나 천간의 뿌리가 된다면 그 직업에서의 성공은 보장된다고 판단할 수 있을 것이다. 만약 극을 받거나 천간 또는 지지의 도움이 없다면 부침이 크다고 할 것이다.

(표 91) 시간을 기준으로 직업론을 분석하는 경우

시간이 식상인 갑목의 경우			
시주	일주	월주	연주
병(丙)	갑(甲)	O	O
O	O	O	O

시간이 인성인 병화인 경우			
시주	일주	월주	연주
갑(甲)	병(丙)	O	O
O	O	O	O

시간 직업론은 시간은 일간이 지향하는 미래의 방향과도 같은 의미를 가지고 있다. 때문에 시간은 일간이 지향하는 직업이라고 해석할 수 있다. 시간은 천간이므로 현실적인 직업보다는 이상적인, 추구하고자 하는 직업이라 할 것이다. 시간을 보면 일간이 항상 마음속으로 지향하는 미래, 희망하고 해보고 싶은 직업인 것이다. 만약 지지에서 힘을 실어 준다면 현실적으로 실현 가능성이 높아지지만 그렇지 않으면 상상만 하고 끝나버릴 가능성이 크다고 할 것이다. 어쨌든 현재보다는 미래의 직업이며 현실적이기 보다는 이상적인 직업인 것이다. 시간의 십성과 오행의 특징에 따라 판단하면 된다. 이런 이유 때문에 시간 직업론은 현대 명리학에서는 잘 사용하지 않는다.

(표 92) 세력을 기준으로 직업론을 분석하는 경우

세력이 재성인 갑목의 경우			
시주	일주	월주	연주
병(丙)	갑(甲)	무(戊)	O
술(戌)	진(辰)	O	미(未)

세력이 비겁인 병화인 경우			
시주	일주	월주	연주
갑(甲)	병(丙)	병(丙)	정(丁)
O	오(午)	O	사(巳)

세력 직업론은 사주팔자 중에서 가장 세력이 큰 십성이 곧 그 일간의 직업이라는 의미이다. 세력이 가장 세다는 것은 그 팔자를 대표하는 것이며 그 팔자의 현실성과 미래 지향을 동시에 내포하고 있다는 것이다. 아울러 그 일간의 성격과 적성을 나타내는 것이므로 곧 선천적인 직업이 된다는 것이다. 가장 세력이 센 십성과 해당 십성의 오행이 직업이며 가장 센 십성과 오행이 없고 골고루 있다면 다양한 직업이 적성이 맞다는 의미가 된다. 사주팔자를 해석할 때 세력을 중심으로 해석하는 학자, 술사들은 세력 직업론에 무게를 두는 경우가 많다. 그러나 세력은 환경적인 측면이 더 강하다. 성격이나 적성 보다는 그 일간이 처해 있는 환경이라고 할 것이다. 따라서 직업적 환경을 설명할 수는 있지만 그 일간의 직업이라고 단정하기에는 너무 광범위하게 해석될 수 있다는 단점이 있다. 왜냐 하면 세력이 크고 작다는 것은 상대적일 수 있고 변화할 수 도 있다. 또 세력의 세기를 구분할 수 없는 경우도 많다. 그렇다면 그 일간의 직업은 오히려 안정적이지 못하다는 결과를 가져온다. 그래서 환경적으로 이해하되 직업으로서 단정하기에는 변동성이 크다는 한계가 있는 것이다.

이상을 종합하면 월지 직업론이 가장 합리적이다 라고 할 수 있다. 특히 월지는 사주팔자를 대표하기도 하고 변별성도 크고 무게중심이 되기도 하기 때문이다. 단, 월지를 직업의 기준으로 사용하되 반드시 천간과의 관계, 천간과 지장간과의 관계, 오행과의 관계 등 더 세분화하여 판단하여야 좀 더 정확한 직업을 해석할 수 있을 것이다. 다시 말하면 사주팔자의 세력, 즉 환경과 월지의 관계를 잘 관찰하여야 한다. 직업이란 평생 동안의 삶의 수단이므로 한 번 선택되면 쉽게 바꿀 수도 없고 바뀌지도 않는다. 그래서 월지 직업론이 더 합리적이라는 근거가 된다. 단 환경적인 요소를 빼 놓을 수 없으므로 반드시 사주팔자 세력을 반영하여 함께 관찰하여야 하는 것이다. 즉 '월지+세력 직업론'이 타당하다 할 것이다.

(표 93) 월지+세력을 기준으로 직업론을 분석하는 경우

월지 관성+세력 비겁인 갑목			
시주	일주	월주	연주
을(乙)	갑(甲)	갑(甲)	O
O	O	신(申)	O

월지 재성+세력 관성인 병화인 경우			
시주	일주	월주	연주
임(壬)	병(丙)	임(壬)	O
	자(子)	유(酉)	O

6. 십성과 직업

1) 비겁

비겁은 자기주장이 강하고 자기세계가 분명하다. 생각하기 보다는 행동하는 것이 우선이다. 스스로 자신의 재능을 키우고 발휘하며 직접 참여하고 리드하는 것이 직성에 맞다. 비겁이 식상을 만나면 자신의 끼를 유감없이 발휘하게 된다. 식상은 조직적인 세계를 거부한다. 자유롭게 활동하고 가급적 정해진 틀에서 벗어나려고 한다.

(표 94) 비겁과 식상이 만나는 경우

시주	일주	월주	연주
병(丙)	갑(甲)	병(丙)	O
O	오(午)	인(寅)	O

그래서 비겁과 식상이 만나면 거의 개인 활동을 바탕으로 하는 직업군이 어울린다. 스포츠 선수, 연애인, 특정 분야의 전문가 등은 모두 이런 특성의 사주팔자를 가지고 있다. 직장보다는 개인 활동, 프리랜서 등으로 활동하는 경우가 많다. 만약 직장생활을 한다면 자기중심적인 부서, 활동적인 업무가 어울린다. 창조적이면서 새로운 것을 지향하는 업무가 좋다. 영업부, 홍보부, 기획부 등이 적합하다.

비겁과 재성이 만나면 개인사업 분야가 적합하다. 재성은 재물을 다루는 별이므로 재물을 다루되 자기 스스로 다루는 분야이므로 개인사업 분야에 해당한다. 비겁+식상과 유사하다. 차이점은 비겁+식상은 성취욕, 생산욕 등 그 결과치가 욕구충족의 성향이 강하다면 비겁+재성은 재산의 취득, 금전적인 성취를 그 결과로 받아들인다는 점이다.

(표 95) 비겁과 재성이 만나는 경우

시주	일주	월주	연주
병(丙)	갑(甲)	무(戊)	무(戊)
O	진(辰)	인(寅)	O

　예를 들어 스포츠 선수가 '비겁+식상'인 경우와 비겁+재성인 경우가 있다고 하자. 이 둘을 비교하면 운동을 잘해서 팬들로부터 인기를 얻고 그 분야에서 성공을 하는 경우는 비겁+식상이고 재물과의 인연이 더 큰 것은 비겁+재성인 것이다. 이렇듯 월지 비겁이 어느 세력과 조합을 이루느냐에 따라서 그 과정과 결과가 다르게 전개된다는 것이다. 또한 해당 재성의 오행이 무엇인가에 따라서 재성의 모양이 다르게 나타난다. 목 재성이면 기르고 가꾸는 것을 직업으로 하는 것이며 화 재성이면 전기, 전자, 조명 등과 관련된 재성이고 토 재성이면 조경이나 부동산, 금 재성이면 현금성 자산, 수 재성이면 물과 관련되거나 철학, 종교 등과 관련을 갖게 된다.

　재성은 일간이 다룰 수 있는 유일한 것이다. 일간의 입장에서는 가장 맘대로 할 수 있는 십성이다. 하지만 그것도 일간이 어느 정도 다룰 수 있는 힘이 있을 때 얘기다. 만약 힘이 없어 다룰 수 없다면 오히려 역으로 재성에 의해 비겁이 당할 수 있다. 이런 경우를 모반(謀反)이라 한다. 모반이라 함은 사직을 위망하게 하려고 음모하는 것을 말한다. 재다신약(財多身弱)인 사주의 경우에 흔히 모반의 현상이 나타난다. 한마디로 하극상이 일어난다는 의미다.

　비겁과 관성이 만나면 반듯한 직장생활을 예측할 수 있다. 단 비겁은 자존심이 강하고 자기주장이 강하기 때문에 조직력이 강한 직장은 잘 어울리지 않는다. 개인활동이 더 요구되는 직장생활이 어울린다. 위 사람의 간섭을 받는 것을 싫어하는데 환경은 조직적이다. 여기서 오는 갈등이 만만치 않다. 하지만 맡은 역할이 개인의 재능을 최대한 보장하는 조직이면 적응할 수 있다.

(표 96) 비겁과 관성이 만나는 경우

시주	일주	월주	연주
병(丙)	갑(甲)	경(庚)	경(庚)
O	신(申)	인(寅)	O

　관성은 일간을 극하는 십성이다. 따라서 관성이 있다는 것은 일간을 통제하고 있다는 의미가 된다. 적당한 통제는 일간을 오히려 빛나게 할 수 있지만 관성이 강할수록 일간은 괴롭다. 비겁이 월지를 차지하고 있어서 그 힘이 강하다. 일간이 함부로 날뛸 수 있는데 관성이 환경적으로 세력을 갖추었으므로 그 힘의 균형을 이룰 수 있다. 이런 경우 관성과 비겁은 각각 제 역할을 할 수 있지만 어느 한 쪽으로 균형이 쏠리면 어느 하나는 그 역할을 다하지 못하므로 균형이 깨져 불안정하게 된다. 비겁이 강하면 모반이 되어 조직을 깨뜨리거나 뛰쳐나오게 되며 관성이 강하면 조직 내에서 개인의 자기영역이 최대한 축소됨으로서 갈등을 겪게 될 것이다. 이 두 가지 모두 직장

을 자주 바꾸게 되는 결과로 이어진다고 할 수 있다. 관의 오행의 성격에 따라 직장과 직업의 모양이 달라진다고 할 것이다.

비겁과 인성의 만나면, 인성은 일간을 생하는 역할을 하기 때문에 비겁의 기운이 더 강해진다. 비겁의 성향이 강해지면 더욱 자기중심적이 된다. 그래서 이를 절제시키기 위해서는 관성이 뒷받침되어야 한다. 이렇게 관성, 인성, 비겁이 조화를 이루면 조직 내에서 고위층에 까지 오를 수 있는 조건이 된다.

만약 관성이 약하고 인성과 비겁으로 구성되면 식상이 있어서 비겁의 기운을 설기하여야 한다. 그러면 인성, 비겁, 식상이 균형을 이루게 된다. 이런 경우는 교육직에서 크게 활동을 하게 된다.

인성은 오행 중 무엇에 해당하느냐에 따라서 그 내용이 다르기 때문에 같은 인성이라도 목에 속하면 교육직, 화에 속하면 기업체 임원, 토에 속하면 건설, 부동산 분야, 금에 속하면 금융기관, 수에 속하면 철학, 종교 등에서 두각을 나타내게 된다. 물론 관성이 지원하거나 식상이 보조를 하면 더욱 확고하게 나타난다.

2) 식상

식상은 일간의 끼, 재능을 나타낸다. 일간이 가지고 있는 역량으로서 삶의 기본 수단이자 일간을 대변하는 행동양식이라고 할 것이다. 그 중 식신은 상관에 비해 활동성이 떨어지는 것이고 상관은 활동성 및 개인주의 사상이 큰 것이다. 특히 상관은 관을 극하는 역할을 하므로 규범이나 규칙, 명예, 질서 및 직장을 극하는 결과로 나타난다. 식상은 제조, 생산 활동과 밀접한 관련이 있고 기존 시스템을 깨는 성향을 가지고 있기 때문에 새로운 것, 창조적인 것, 기획적인 것에 재능이 있다.

(표 97) 식상과 비겁이 만나는 경우

시주	일주	월주	연주
병(丙)	갑(甲)	을(乙)	갑(甲)
O	인(寅)	사(巳)	O

식상과 비겁이 만나면 일간의 직업적 성향은 월지의 식상이고 환경은 비겁적 성향이므로 예능분야에 강하다고 할 것이다. 설계, 인테리어, 발명분야가 적합하고 조직적인 분야보다는 자기중심적인 분야가 더 적합하다고 할 것이다. 비겁은 주로 육체적인 분야를 대변하므로 육체적인 끼와 재능이 발휘되는 분야가 적합하다.

(표 98) 식상과 재성이 만나는 경우

시주	일주	월주	연주
병(丙)	갑(甲)	신(辛)	경(庚)
O	신(申)	사(巳)	O

식상과 재성이 만나면 사업적인 성향이 더해진다. 즉 식상을 무기로 돈 버는 행위

를 하는 것이므로 프리랜서 스타일이나, 개인서비스업, 요식업, 제조업, 생산업 등 개인적인 역량이 충분히 발휘되는 사업 분야에서 활약하게 된다. 흔히 개인사업 또는 개인 장사에 종사하는 경우라고 보면 된다.

식상과 관성이 만나면 조직 내에서의 개인 역량을 최대로 필요한 분야 또는 개인의 재능분야를 상품화한 조직, 직장으로 해석하면 된다. 이 경우에는 사업적인 연결점을 찾으려면 재성이 중간에 끼워 있어야 한다. 그러면 개인의 활동력을 중심으로 하는 기업을 운영하거나 그런 기업의 임직원이 되어 일하게 된다. 만약 재성이 사이에 끼지 않으면 조직적인 배경을 갖게 되며 사업적인 영역은 제외된다.

(표 99) 식상과 관성이 만나는 경우

시주	일주	월주	연주
병(丙)	갑(甲)	신(辛)	경(庚)
O	신(申)	사(巳)	O

식상과 인성이 만나면 일단 머리가 좋고, 글 솜씨, 공부 등에 관심이 많다. 식상이 강하므로 개인적인 끼와 재능을 발휘하는데 인성을 환경으로 가지고 있으므로 개인의 끼와 재능으로 학문이나 철학, 종교 분야에서 활동하며 부동산 등 문서, 서류 등을 다루는 분야에 적합하다. 식상은 끼와 재능을 펼치려는 기운이고 내면적인 세계, 정신적인 세계를 표현하는 분야이므로 그런 분야를 학문의 세계와 연결되는 분야에 종사한다고 보면 될 것이다.

(표 100) 식상과 인성이 만나는 경우

시주	일주	월주	연주
병(丙)	갑(甲)	신(辛)	경(庚)
O	신(申)	사(巳)	O

식상과 인성사이에 비겁이 존재한다면 교육적인 분야에 종사함이 틀림없다. 비겁과 식상은 가르치는 역할을 하기도 하는데 인성이 학문을 의미하므로 교육 분야의 종사자가 적합하다고 할 것이다.

3) 재성

재성은 재물의 성이며 재를 대변하는 십성이다. 비겁에게는 활동공간이 되며 식상에게는 활동무대가 된다. 따라서 재가 있어야 비겁이 식상을 발휘할 수 있는 공간을 갖게 된다. 재가 없다면 결국 활동무대가 없는 것과 같다.

재성은 식상으로부터 생을 받고 관성을 생해주는 역할을 한다. 관성을 생하므로 직장, 직업, 명예, 규칙, 규범 등을 생하는 것과 같으므로 재성이 건전하면 관성도 건전하게 된다.

재성과 비겁이 만나면 비겁이 활동무대를 만난 것이므로 활동공간이 넓어지고 활동량이 늘어난다. 특히 비겁은 사고력 보다는 행동력이 앞서므로 육체적인 활동공간이 넓어진다. 대부분의 스포츠 선수들이 이런 스타일이다. 여기에 식상이 가미되면 스타성이 있는 스포츠 선수가 된다. 대부분의 예체능 스타들이 이런 유형에 속한다.

(표 101) 재성과 비겁이 만나는 경우

시주	일주	월주	연주
갑(甲)	갑(甲)	을(乙)	갑(甲)
O	오(午)	미(未)	O

재성과 식상이 만나면 식상으로서는 활동무대가 되므로 끼와 재능을 발휘할 수 있는 기회가 된다. 식상이 생산, 제조 등과 관련이 있어서 이런 유형의 사업과 관계가 있고 개인사업, 개인장사 등과도 관련이 깊다. 식상과 재성의 모양, 즉, 오행이나 천간, 지지의 물상에 따라서 그 유형이 나타난다.

(표 102) 재성과 식상이 만나는 경우

시주	일주	월주	연주
무(戊)	갑(甲)	정(丁)	병(丙)
O	오(午)	미(未)	O

재성과 관성이 만나면 확실히 직업성 성향은 직장인, 관직, 금융계통 등 흔히 말하는 봉급쟁이 성향이 강해진다. 직장이 뚜렷하고 직업이 안정된 급여 생활자가 대표적인 경우이다. 그 직업의 색깔과 성향은 해당 관성의 천간, 지지, 음양, 오행의 특징에 따라 나타난다. 또한 천간에 투간 되었다면 세상에 알려진 직장, 국가나 공적 성격을 가진 직장 등에 해당하고 지지에 감춰져 있다면 알려지지 않았거나 음지의 직장을 의미한다. 금융계나 이와 유사한 곳이면 재성이 금에 해당할 것이고 교육계나 언론계는 목, 화에 해당할 것이다.

(표 103) 재성과 관성이 만나는 경우

시주	일주	월주	연주
무(戊)	갑(甲)	신(辛)	경(庚)
O	신(申)	미(未)	O

지지에 재성과 관성이 안정적으로 자리 잡고 있다면 직업적인 안정성은 확실하다고 보면 된다. 만약 재성과 관성이 여러 가지 이유로 인하여 흔들린다면 직장생활이 흔들리는 경우가 자주 발생하게 된다. 사주팔자에서 재성과 관성이 차지하는 비중이 상당히 높다. 때문에 신강, 신약을 떠나서 재성과 관성이 반드시 필요하며 안정적으로 자리 잡고 있는 지의 여부는 대단히 중요하다고 할 것이다.

재성과 인성이 만나면 극과 극의 관계를 가지게 된다. 재성이 인성을 극하는 관계이기 때문이다. 그런데 환경적으로 인성이 강하므로 인성도 만만치가 않다. 만약 이 둘이 균형을 이룬다면 재성의 활동영역과 인성의 정신적 영역이 균형을 이루게 됨으로서 오히려 이상적인 구조를 가질 수 있다. 이 경우 인성적인 요소를 사업화하는 경우가 되거나 그것을 조직화하는데 재성의 활동영역이 커질 것이다. 만약 인성이 철학적인 영역이라면 그래서 인성이 있고 재성이 있다면 그냥 학문으로서 철학을 하는 것이 아니라 사업적인 관점에서 철학을 하게 된다. 명리학을 기준으로 보면 학술적 명리라기보다는 실용적 명리, 즉 업계에서 활동하는 명리상담사일 것이다.

(표 104) 재성과 인성이 만나는 경우

시주	일주	월주	연주
무(戊)	갑(甲)	계(癸)	임(壬)
O	자(子)	미(未)	O

만약 인성이 부동산과 관련이 있다면 인성 그 자체는 부동산과 관련한 서류, 인장 등을 상징하는데 재성과 연결되면 그와 관련된 행위가 되므로 부동산 업계에 종사하는 사람이 되는 것이다.

재성이 월지를 차지하는 경우는 다른 십성의 환경적 영향을 받아 그 환경의 활동무대를 제공해주는 역할을 한다. 때문에 재성은 있되 활동무대가 약하면 재성의 영역을 확대시키는데 한계가 있게 된다. 사업을 하되 성과가 별로거나 사업을 하지만 탁히 전문적인 분야가 아닌 잡화의 성격을 갖게 된다.

4) 관성

관성은 도덕, 질서, 규칙, 규범 등으로 해석되고 직장, 직업, 명예, 관직, 벼슬 등으로도 해석된다. 관성이 월지를 차지했다면 일단 이러한 역할이 강조되고 있기 때문에 항상 바르고 정확하고 정직하다고 할 것이다. 특히 정관이 그렇다. 편관은 비겁을 극하는 역할을 담당하고 있고 편협적인 성향 때문에 변덕이 심하다. 그래서 편관이라는 명칭보다는 칠살(일곱 번째 해당되는 살이라는 의미)이라는 명칭으로 더 잘 알려졌다.

십성 중 비겁을 극하고 다스리는 것을 관성이다. 관성은 비겁을 다스리는 자리에 있어서 비겁의 입장에서는 유일하게 자신을 규제하는 십성인 것이다. 흔히 군신, 임금과 신하의 관계로 설명한다. 관성이 임금이고 비겁이 신하인 것이다. 그런데 그런 해석보다는 비겁을 컨트롤하는 제어 시스템이라 함이 더 타당할 것이다. 비겁이 함부로 날 뛰면 이를 규제하는 역할을 하는 것이다.

때문에 억부용신법에서는 비겁이 강하면 관성을 용신으로 쓴다. 상대적으로 관성이 너무 강하면 비겁이 크게 위축되어 스스로의 역할과 기능을 잃어버리고 기진맥진하게 된다. 생동감도 활동력이 극히 둔화되고 명예가 훼손되며 심할 때는 건강과 생명에도 영향을 미치게 된다. 그래서 관성이 없어도 문제요 너무 많아도 문제인 것이다.

관성은 다시 정관과 편관으로 나뉜다. 정관은 항상 바르고 정확하고 정직하다고 할 것이다. 편관은 비겁을 극하는 역할을 담당하고 있고 편협적인 성향 때문에 변덕이 심하다. 일간의 입장에서는 정관이 반갑고 편관이 반갑지 않은 이유이다. 특히 일간을 극하는 역할이 강하여 편관이라는 명칭보다는 칠살이라는 명칭으로 더 잘 알려졌다.

그래서 사주팔자에 칠살이 중중하면 비겁은 거의 묶여서 활동이 불가능하거나 비겁에게 전달되는 스트레스가 중중하여 모든 것이 위축되거나 상실되는 현상으로 나타나게 된다. 이런 의미로 볼 때 기본적인 편관의 의미와 역할보다도 훨씬 더 잔인하고 폭악적인 것이 칠살인 것이다.

그런데 편관과 칠살은 같은 원리에 있는 동일한 십성인데 어떨 때는 편관이라 하고 어떨 때는 칠살이라 하는가. 그 이유는 간단하다. 편관은 관성으로서 역할을 하는 것이다. 편협적이고 극단적이며 비겁의 입장에서는 거부하고 싶은 살벌함도 있지만 일단은 관성으로서 명예(선출직 명예 등)를 얻을 수 있다는 장점도 있다. 하지만 칠살은 거의 비겁을 극하는 역할만 가지고 있다. 비겁의 억압하고 비겁의 활동력을 억제하는 역할만을 전담하기 때문에 흉악하다는 살을 붙여 칠살이라 하는 것이다.

이런 차이의 구분은 식상의 역할에 있다. 즉 식상이 사주팔자에 존재하여 관성을 제어함으로서 함부로 날뛰는 관성을 억제해 주어야 한다. 따라서 사주팔자에 식상이 없는 편관은, 특히 강한 편관은 칠살이 되는 것이고 사주팔자에 식상의 제어를 받고 있는 편관은 칠살보다는 편관으로서 역할을 하게 되는 것이다.

이것이 소위 균형, 중화를 의미하는 것이다. 비겁, 식상, 관성의 균형은 참 좋은 사주이지만 이의 균형이 깨지면 항상 굴곡이 많고 현실이 불안정한 사주인 것이다. 편관도 칠살도 사주전체에서 균형을 이루면 그들이 역할이 적절하게 조화를 이루게 되기 때문에 균형을 갖는 좋은 사주가 되는 것이다.

(표 105) 관성과 비겁이 만나는 경우

시주	일주	월주	연주
을(乙)	갑(甲)	신(辛)	갑(甲)
O	자(子)	유(酉)	O

월지 관성이 비겁의 환경을 만나면 자기가 직접 활동하는 직업을 갖게 된다. 사무직보다는 영업직이나 생산직이 많고 내근보다는 외근이 많다. 자기주장이 강한 영역에 종사하며 노동력이 요구되는 직장에서 일하게 된다.

관성이 식상을 만나면 연구직, 생산직, 제조직, 예능직, 기획직, 교육직 등의 직업을 갖거나 그런 유형의 직장에서 일하게 된다. 프리랜서나, 사업가가 아닌 직장인으로서의 그런 분야의 관직을 갖게 된다. 여기에 재성이 추가되면 사업가적 요소도 추가되며 직장인으로서의 활동력을 더욱 증가시키는 역할을 하게 된다. 그래서 관성이 있으면 재성이 함께 해주는 것이 좋다.

(표 106) 관성과 식상이 만나는 경우

시주	일주	월주	연주
신(辛)	갑(甲)	정(丁)	병(丙)
O	오(午)	유(酉)	O

관성이 재성을 만나면 관직은 더욱 빛난다. 재성이 관성을 생하기 때문이다. 그런데 관성이 왕성하고 재성이 미약한 상태라면 재성이 관성을 생 할 능력이 부족하거나 관성을 생 하느라 모든 힘이 소진되는 결과가 되어 오히려 관성이 그 뿌리를 잃게 되는 결과가 될 것이다. 관성이 뿌리를 잃으면 당연히 흔들리게 되고 부초처럼 떠다니는 형국이 된다. 이직, 전직을 반복하게 된다.

(표 107) 관성과 재성이 만나는 경우

시주	일주	월주	연주
신(辛)	갑(甲)	기(己)	무(戊)
O	진(辰)	유(酉)	O

관성과 재성이 공유하면 안정된 직장이나 직업의 구조를 갖는다. 특히 천간에서 윤곽을 뚜렷이 나타내면 대기업, 국공기업 등에서 근무하는 형태이며 지지에만 있다고 하더라도 재, 관이 다른 십성의 간섭이 없다면 확실하고 안정된 직장을 유지할 것이다.

재, 관의 모양이 오행과 음양, 그리고 천간과 지지의 모양에 따라 직업적 성향은 다르다. 재관이 목, 화 일 때는 교육행정적인 직업일 것이고 금, 수일 때는 금융이나 재무, 회계분야일 것이다. 이렇게 재, 관의 모양에 따라 일간의 직업을 다양하게 유추할 수 있을 것이다.

(표 108) 관성과 인성이 만나는 경우

시주	일주	월주	연주
신(辛)	갑(甲)	계(癸)	임(壬)
O	자(子)	유(酉)	O

관성이 인성을 만나면 직장인으로서 크게 성공하는 경우가 될 것이다. 특히 관성이 강하거나 왕하고 비겁이 약한 불균형 상태에서 인성의 역할은 관성의 강한 에너지를 설기하여 비겁의 활동력과 잠재력을 도와주기 때문에 인성의 역할이 무척 중요해진다. 이런 경우를 관인상생이라 하는데 직장에서 승진하거나 임원이 되어 책임 있는 위치를 얻게 된다. 따라서 관성과 인성이 상호 협력하면 관운이 아주 좋게 풀리는 경우에 해당한다. 물론 주변의 여건이 관성과 인성을 도와주는 여건일수록 좋고 해롭게 작용할수록 나쁘다고 할 것이다.

5) 인성

인성은 비겁을 생하면서 식상을 극하는 역할을 한다. 그리고 재성으로부터 극을 받고 관성의 생을 받는다. 주로 활동적인 성향의 십성과는 견제의 주체이며 대상이 되고 비활동적인 십성과는 생을 받거나 생을 해주는 역할을 한다. 그래서 인성은 비활동성의 대표적인 십성이 된다.

(표 109) 인성과 비겁이 만나는 경우

시주	일주	월주	연주
임(壬)	갑(甲)	갑(甲)	을(乙)
O	인(寅)	자(子)	O

인성이 비겁을 만나면 인성이 문서, 직인, 직위 등과 관련이 있고 비겁은 자기세계가 뚜렷한 영역이므로 자기세계에서도 확실한 직위를 가진 경우에 해당한다. 식상이나 재성과의 상극관계 때문에 사업적 성향이 극히 낮고 직업성은 관성의 생을 받아 강하기 때문에 자기세계가 확실한 직장에서의 그 역할과 영역이 확고한 경우라고 할 것이다. 대표적인 분야로 행정사, 법무사 등 문서를 다루는 분야에서 두각을 내며 직장생활보다는 자기사업 또는 주로 자기 스스로 활동하는 분야가 적합하다.

(표 110) 인성과 식상이 만나는 경우

시주	일주	월주	연주
병(丙)	갑(甲)	갑(甲)	정(丁)
O	오(午)	자(子)	O

여기에 식상이 추가되면 교육 분야에서 두각을 나타낸다. 특히 식상이 언변을 대변하는 십성이므로 문서와 언변이 함께 취급되는 변호사 등이 적합하다. 만약 관성이 추가되면 로펌출신 변호사라고 보면 된다. 마찬가지로 교육자도 인성+비겁+식상의 구조에서 적합하다. 학문, 지능 등을 대변하는 인성과 자기주장이 뚜렷한 비겁 그리고 언변과 재능이 풍부한 식상이 만나면 교육계에서 두각을 낼 수 있다.

(표 111) 인성과 재성이 만나는 경우

시주	일주	월주	연주
임(壬)	갑(甲)	무(戊)	기(己)
O	진(辰)	자(子)	O

인성과 재성이 만나면 스트레스가 심각해진다. 하고자 하는 분야는 비활동적인 분야, 육체적인 분야 보다는 정신적인 분야, 인성적인 분야를 추구하나 현실적인 환경은 활동적인 분야, 육체적인 분야, 이기적인 분야를 요구하기 때문이다. 이런 경우는 어느 것을 해도 자리를 잡지 못하고 방황할 수 있다. 인성과 재성 중간에 관성이 있어서 이 둘 사이를 조절해주면 가장 이상적인 조합이 되어 갈등을 해소하고 방황하지 않을 수 있다.

인성과 관성은 너무나 좋은 사이다. 이 둘의 균형이 잡히면 안정적인 직장에서 고위직에 올라 호위호식 할 수 있다. 특히, 관직이나 대기업 등 이름 있는 직장인이 될 수 있다. 여기에 재성이 더해지면 금상첨화이고 비겁이 추가되면 확실한 삶의 터전을 마련한 사람이다. 실패보다는 성공이 더 많다.

(표 112) 인성과 관성이 만나는 경우

시주	일주	월주	연주
임(壬)	갑(甲)	경(庚)	신(辛)
O	신(申)	자(子)	O

7. 십성과 부귀빈천

 십성은 '사주 명리학의 꽃이다'라는 말이 있다. 사주 명리학을 해석하는 방법 중에서 가장 많이 쓰이기도 하고 가장 중요하게 사용하기도 하기 때문이다. 십성으로만 가지고 사주를 분석, 해석하는 명리 술사도 있다. 그 만큼 십성은 명리학에서 매우 중요한 위치에 있으며 중요한 해석 도구로서 이용되고 있다.

 십성 중에서 가장 깊이 있게 관찰하여야 할 것이 재성과 관성이다. 그 이유로 첫째는 재성과 관성이 재물, 배우자, 직장, 직업 등을 관장하는 십성이므로 현대사회에서 가장 중요한 삶의 수단이자 요소이며 필수불가결한 것이기 때문이다. 두 번째는 일간과의 균형을 갖추는데 반드시 요구되는 십성이기 때문이다. 일간이 극을 하거나 일간이 극을 받는 형태로서 일간의 역할을 극대화하거나 제어하는 십성이 재성과 관성이기 때문이다. 그리고 세 번째는 일간과의 음양의 조화를 이루는 십성이기 때문이다. 식상은 일간이 일방적으로 생하는 십성이고 인성은 일방적으로 일간을 생하는 십성으로서 음양의 흐름이 동일 방향이라면 재성과 관성은 상호 견제하는 한편, 균형을 잡아주는 역할을 하기 때문이다.

 재성과 관성은 재물와 명예를 관장한다. 때문에 일간의 재물운과 명예운을 보려면 재성과 관성의 생김새를 보면 된다. 재성은 빈부(貧富), 즉 부자인가, 가난한 사람인가를 알 수 있는 십성이며 관성은 귀천(貴賤), 즉 일간이 귀한 사람인지 천한 사람인지를 알 수 있는 십성이다. 따라서 재성과 관성을 잘 관찰하면 일간의 부귀빈천을 알 수 있다.

 부자가 반드시 귀한 것은 아니며 가난하다고 반드시 천한 것도 아니다. 사주의 구성에 따라서 부자이지만 타고난 성품이 천한 경우고 있고 가난하지만 귀하게 태어난 경우도 있다. 때문에 자세히 관찰하여 부귀빈천을 가릴 줄 알아야 하는 것이다.

 일간이 부귀(富貴)하는 가, 빈천(貧賤)하는 가를 해석하는 방법으로 첫째, 사주팔자에 재성과 관성이 일단 존재하여야 한다. 없다면 그만큼 약하거나 부족한 것이다. 둘째 너무 많이 있어도 좋지 않다. 아예 없으면 약하지만 있는 거와 같고 너무 많으면 너무 강해서 해당 십성의 역할이 지나치게 과도하여 역효과가 나타나기 때문에 오히려 없는 것과 같다고 할 것이다. 때문에 적당하게 있어야 한다.

 셋째, 힘이 있어야 한다. 힘이 있어야 뭘 해도 가능해 지는 것이다. 힘이 없다면 기회가 주어져도 가질 수 있는 능력이 부족해지는 것이다. 따라서 힘이 있다는 얘기는 능력이 있다는 얘기가 된다. 여기 힘이 있다는 의미는 두 가지다. 하나는 일간이 힘이 있어야 한다는 의미이고 다른 하나는 재성과 관성이 힘이 있어야 한다는 의미이다. 일간이 힘이 있어야 한다는 의미는 지지에 그 뿌리를 두고 있어야 한다는 의미이고 재성이나 관성이 힘이 있어야 한다는 의미는 천간은 지지에 뿌리를 두어야 하고 지지는 천간에 투간 되어야 한다는 의미이다.

넷째, 유정하여야 한다. 유정하다는 얘기는 서로 간의 영향력이 미칠 수 있는 간격을 유지하여야 한다는 의미이다. 즉, 재성과 관성이 일간을 중심으로 주변에 위치하고 있어야 한다. 일간과 멀리 있으면 아무래도 그 영향력이 부족할 것이다. 영향력이 미치는 파장의 범위가 가까울수록 강한 것이기 때문에 멀리 있으면 그 영향력에 약해질 것이다. 이런 경우를 무정하다고 한다.

다섯째, 다른 십성의 방해를 받지 않아야 한다. 여기서 방해를 받는다는 것은 생과 극을 말한다. 생해주는 것은 좋은 현상이다. 그러나 생해주는 것이 너무 강할 때는 오버페이스가 된다. 즉 너무 강하여 오히려 독이 된다는 의미이다. 극하는 것도 마찬가지이다. 기본적으로 극하는 것은 없어야 한다. 극을 하지 않아야 재성과 관성이 제 역할을 할 수 있는데 극을 하게 되면 할 수 있는 역할이 제한되거나 극히 미약해지거나 아니면 아예 묶이어 못하게 될 수 있기 때문이다. 그러나 생이 너무 과도하거나 재성과 관성이 너무 과하게 몰려 있으면 극하는 것이 오히려 더 효과적일 수 있다. 때문에 다른 십성과의 관계를 잘 살펴야 하는데 가장 좋은 것은 생극이 없이 자연스러움 속에서 뚜렷하게 존재하는 것이다.

여섯째, 순수하여야 한다. 탁하여서는 안 된다. 탁하다는 말은 다른 십성의 간섭이 많다는 의미이다. 후술하겠지만 형, 충, 파, 해, 신살 등 어떤 형태로든지 다른 십성으로부터 간섭을 받으면 그 만큼 탁해지는 것이기 때문에 제 역할을 못하게 된다. 그래서 사주팔자는 탁해서는 안 되고 순수하여야 하는 것이다.

일곱째, 재와 관이 물 흐르듯 자연스럽게 이어져야 한다. 재와 관의 관계가 서로 다른 십성의 간섭 없이 상호 협력관계가 될 수 있어야 한다. 둘 중 어느 하나가 강해져서 어느 한쪽으로 힘의 균형이 급속히 쏠리거나 균형이 깨질 때는 깨지는 쪽은 제 역할을 못하게 된다. 그렇다면 일간과의 균형관계가 깨지게 되고 일간도 덩달아 한 쪽으로 균형이 치우치게 되므로 결국 재성과 관성 두 가지 다 제 역할을 못하게 된다. 이렇게 되면 재성과 관성의 모양이 무너지게 되고 균형이 깨져서 오히려 부귀가 빈천으로 변질된다.

여덟째, 지장간에 있는 재성과 관성은 반드시 밖으로 빠져 나와야 되며 천간의 도움을 받아야 한다. 그렇지 않고 지장간에 숨어 있으면 빛을 보지 못하게 된다. 밖으로 나오는 방법은 다양하다. 형충파해를 통해 나올 수 도 있고 합을 통해 나올 수 도 있다. 나왔을 때 반겨주는 천간이 있어야 하는데 없으면 고독한 방랑자의 신세와 같게 된다. 또 밖으로 나왔는데 다른 천간, 오행, 십성들에 의해 간섭을 받게 되면 오히려 나오지 않는 것이 좋다. 괜히 얼굴 보였다가 봉변당하는 꼴이 된다.

이외에도 사주팔자 전체를 두고 자세히 살펴야 한다. 그래서 부귀빈천에 대한 결론은 쉽지가 않다. 부인 것 같은데 빈이고 천인 것 같은데 귀한 경우를 많이 보게 된다. 함부로 부귀빈천에 대해서 논하는 것이 얼마나 위험한 일인지를 알게 될 것이다.

이런 의미에서 사주팔자 명리학은 많이 보고 많이 듣데 모르면서 아는 체 하지 말고 없으면서 있는 체 하지 말아야 하며 있는 상업적으로 포장하거나 덧붙이지 말아야 하며 좋다, 나쁘다는 등 2분법적인 해석을 삼가야 하며 함부로 막말하거나 절대적인 상황을 연출하지 않아야 한다. 그냥 상담사로서 내담자의 마음을 편하게 해주는 것이 최선이요 최상책인 것이다.

8. 십성과 원형이정

원형이정은 연주를 원, 월주를 형, 일주를 이, 시주를 정이라 하여 일간의 일생을 초년기(또는 소년기), 청년기, 중·장년기, 노년기로 구분하여 그 과정을 설명하는 것이다. 따라서 연주의 모습은 일간의 소년기 모습이며 월주는 청년기, 일주는 중·장년기, 시주는 노년기의 모습이다.

1) 연주

만약 연주에 비견이 있다면 소년기에 비슷한 또래들하고 어울려 놀거나 무리지어 다는 것을 좋아했다는 의미이다. 소년시절 활동력이 왕성하고 인간관계가 좋았다는 의미도 된다.

겁재가 있다는 의미는 재물을 겁탈하는 것이 겁재이므로 경제력이 빈약했거나 집안의 재물이 자꾸 흩어지는 세월을 보냈다는 의미가 된다. 겁재는 다른 재물을 탐하는 역할도 하므로 소년기의 겁재는 과히 좋지 않는 추억을 만들 수도 있다.

식신이 있으면 어려서부터 재능을 발휘했다는 의미가 된다. 특히 식신은 연구본능, 생산본능, 상업본능 등 직접적인 활동본능에 속하므로 집에서 공부만 했다기보다는 생활 속에서 직접 경험하는 삶의 모습이었을 것이다. 머리가 영리하여 공부를 안 해도 학교 성적은 좋은 경우에 해당한다. 그러나 평범한 분야는 그렇지만 경쟁이 심한 시험의 경우는 그렇지 않고 학문을 깊이 해야 하는 경우는 반드시 인성과의 조화를 이루어야 한다.

상관이 있으면 표현력이 좋다. 재능과 끼가 넘쳐서 주변의 시선을 한 몸에 받는다. 인기가 많고 귀엽고 깜찍하다. 하지만 너무 넘쳐서 관성을 극하는 효과가 커지면 도덕, 질서, 관념 등을 이탈할 가능성이 크다.

편재가 있으면 공부할 생각이 거의 없다. 머리는 좋으나 놀러 다니기 바쁘고 돈 벌이에 더 관심이 많다. 특히 남자의 경우 소년시절 공부는 안하고 여학생들과 어울려 다니는 학생들은 연주에 편재가 있기 때문이다.

정재는 그나마 조금 점잖다. 그렇지만 공부는 안하고 놀러 다니기에 바쁘다. 정재나 편재나 공부하고는 담 쌓는 모습입니다. 하지만 경제력에 대해서는 집안이 좋거나 좋은 환경에 있어서 어려서는 먹고 사는데 지장 없는 시절을 보낸다. 재성의 모양새가 역마살이나 지살과 같으면 어려서부터 객지에서 돈벌이에 몰리는 경험을 하게 된다.

편관이 있으면 일단 소년기에 학급반장 등 선출직 정도는 한 번쯤 한다. 그러나 편관이 일간을 극하는 십성이므로 만약 중중하면 어릴 적 크게 한번 앓아본 경험을 하게 된다. 명예를 얻는 대신 건강을 잃는다고나 할 까. 특히 사고수가 생길 가능성이 크다.

정관이 있으면 소년기 시절 좋은 환경에서 태어나서 좋은 환경에서 보냈다. 특히 집안이 전통적으로 명예를 중시하는 집안으로서 도덕, 법률 등을 지키며 정직하고 바르게 가풍을 이어온 집안이다. 환경적으로 소년 시절을 질서, 규범, 도덕, 예의범절, 정직과 같은 환경 속에서 자랐다. 그만큼 스스로를 자율 속에서 가두는 환경인 것이다.

편인이 있으면 공부를 식신을 극하는 십성을 가졌으므로 건강이 유약한 환경이고 재능발휘가 잘 되지 않는다. 머리는 좋으나 활동성이 떨어져서 일찍부터 문학, 철학, 심리학 등에 관심이 많다.

정인이 있으면 일단 움직임을 싫어한다. 방안에 들어가면 나올 생각이 없다. 소년기에 주로 방안에만 있는 경우는 대부분 이런 유형이다. 활동력이 극히 저하되고 표현력이 약해서 말보다는 글 솜씨가 더 좋다.

2) 월주

월주는 청년기를 상징한다. 가정에서나 사회에서나 가장 활발하게 활동하는 시기이다. 젊고 튼튼하다는 특징이 있고 뭐든지 도전하고 혈기왕성하여 실패해도 바로 다시 도전하며 뭔가 이루겠다는 야망을 가진 시기이다.

이 시기에 비견이 있으면 경쟁자가 많다는 의미가 된다. 사회에서나 직장에서 경쟁자가 많아서 경쟁심이 유발되는 시기이다. 자기세계가 더 곤고해지고 형제나 친구와의 관계가 더 강화된다. 이런 경우 결혼 시기는 늦추는 게 좋다.

겁재가 있으면 비견보다도 더 강한 경쟁심을 갖게 된다. 재물에 욕심이 많아지며 재탐(재물을 탐하다)하는 환경을 선호한다. 쉬지 않고 움직이며 생각하는 것 보다는 몸으로 때우는 일에 더 관심이 많다. 활동적인 성향이 가장 강하다.

식신이 있으면 청년기의 삶의 방식이 조직적이고 체계적인 분야보다는 개인 활동을 요구하는 곳, 혹은 자영업이나 프리랜서로서 활동할 수 있는 분야에서 종사하게 되며 활동량이 많아지므로 때로는 건강에도 신경 써야 한다. 일간이 강하면 다행이 강한 활동력을 커버할 수 있다.

상관이 있으면 자유분방, 예능, 끼, 유흥 등을 즐기며 조직적이기 보다는 프리랜서 스타일로 일한다. 또한 사고력이나 표현력이 우수하여 주변의 시선을 모으는 일을 선호한다. 청년기의 상관은 그 스타일이 비슷하여 활동성을 훨씬 높여주는 계기가 된다.

청년기 편재는 사회활동, 사회적 교류 등이 증가한다. 금전적인 활동 폭이 넓어지고 재물욕이 높아진다. 한탕주의를 선호하며 뭔가 크게 저지르고 싶어 안달이다. 여자에게 관심이 많아서 결혼도 빠르다.

청년기 정재는 안정적인 금전 활동을 의미한다. 정상적인 급여생활자(관성으로 흐를 때)이거나 안정적인 자영업(식신, 상관과 가까울 때)을 운영한다. 바르고 정의롭다. 안정적인 가정생활을 누린다.

청년기의 편관은 직장생활을 나타내는데 편관이 중중하면 직장을 자주 옮기는 결과를 가져온다. 편관을 가지고 있다는 크게 명예를 높이고자 하는 욕구가 풍만하여 정치, 사회적 이슈에 관심을 많이 갖게 된다. 다른 한편, 건강에 적신호가 될 수 있다.

청년기의 정관은 반듯한 직장생활을 의미한다. 동시에 재성이 생하여 주거나 인성이 설기하여 주면 일취월장, 잘나가는 봉급생활자이다. 정관처럼 바르고 정직하며 성실하게 일하는 모범적인 청년이다.

청년기의 편인은 식신을 도식하므로 건강을 해칠 수도 있다. 영리하지만 움직임을 싫어하므로 거의 정신적 세계를 탐닉한다. 흔히 편인이 있는 자 눈치 빠르고 머리가 비상하나 활동력이 극히 떨어지므로 철학, 심리학 등 인문학적 분야에 관심을 갖게 된다.

청년기의 정인은 문서, 부동산, 자격 등과 같은 분야에 관심을 갖는다. 대부분 청년기에 학문을 계속하거나 직장생활하면서 학업을 계속 유지하는 경우가 이에 해당한다. 그래서 늦게라도 학위를 취득하려는 노력을 한다.

3) 일주

일주는 청·장년기 또는 명주(命主) 자신을 의미한다. 그래서 사주팔자 전체에 영향을 많이 미친다. 일주는 명체로서 명의 주체이기도 한다. 일주는 일간과 일지로 이루어지는데 일간은 정신적 영역을 담당하고 일지는 육체적 영역을 담당한다. 그래서 일간과 일지는 구분할 수 있지만 분리할 수 없다고 한다.

특히 일간은 사주팔자의 명을 대표하는 주체이다. 따라서 일간은 곧 명주이기도 하다. 이 때 일지는 일간의 환경적 요소를 담당한다. 다른 글자와 같은 역할이다. 일간과 일지를 나누면 결국 일간이 체가 되고 일지는 용이 된다는 의미와 같다. 이 때는 일간과 일지를 따로 구분하여 해석하여야 한다. 그러나 일주를 체로 볼 때는 천간과 지지를 하나의 체로 봐야하기 때문에 분리해서는 안 되는 것이다. 육십갑자의 경우 일간과 일지의 관계를 구분하여 해석하지만 분리해서 해석하지 않는다.

일단 여기서는 일간을 체로 보고 일주를 관찰한다. 그러면 일지, 즉 지지는 용이되며 그 자리에 어떤 십성이 위치하느냐에 따라서 일간의 에너지가 달라진다고 할 것이다. 특히 일간을 직접적으로 간섭하는 자리에 있기 때문에 다른 어떤 십성보다도 그 영향력이 크다고 할 것이다.

일주는 중, 장년기를 의미한다. 사계절로 보면 가을에 해당한다. 일을 저지르기 보다는 결실을 맺는 시기이다. 이 시기는 대부분 결실과 관련된 십성이 오면 제격이다. 오행으로 보면 금과 수이고 십성으로 보면 관성, 인성 등이 해당된다. 이러한 점을 전제로 일주를 분석하여 보자

중·장년기에 비견이 있으면 동업자. 협력자, 지원자 또는 경쟁자가 또 존재한다는

의미이다. 동업자인지, 협력자인지, 아니면 경쟁자인지를 알 수 있는 방법은 일간의 강약을 따지면 된다. 일간이 약하면 동업자 또는 협력자이지만 일간이 강하면 경쟁자가 된다. 그런 인자가 일지에 있다면 일간은 일단 상당히 세력이 커진다. 비겁의 역할이 식상을 생하고 재성을 극하므로 재성이 더욱 힘들어진다. 재물의 분탈이 된다. 한편, 비견이 중중하므로 고집과 자존심이 더욱 세지고 안하무인격이 될 수 있다.

해당자리가 배우자 자리인데 비견이 있다는 것은 배우자가 제 자리를 잡지 못한다고 할 수 있다. 그러니 배우자와의 관계가 소원해질 수 있다. 특히 남자의 경우 재성이 배우자이고 여자의 경우 관성이 배우자인데 그 자리에 비견이 있다면 비견은 재성을 극하고 관성은 비견을 극하므로 배우자와의 관계가 남녀를 가리지 않고 극하는 관계가 된다. 재물의 분탈과 함께 배우자와의 극관계가 이루어진다는 점에서 비견이 일지에 있으면 순탄하지는 않는다고 볼 수 있다.

겁재가 일지에 있으면 비견과 거의 유사한 현상이 나타난다. 단 겁재와 비견이 다른 점은 겁재는 동업자, 협력자이기도 하지만 언제든지 경쟁자의 입장이 될 수 있고 주 목적이 재를 겁탈하는 것이므로 항상 재탐을 한다는 점이다. 같은 동업이라도 비견은 협력을 우선으로 한다면 겁재는 경쟁을 우선으로 한다는 점이 다르다.

그런 겁재가 일지에 있다면 일간은 이미 경쟁체제에 들어가 있는 것이다. 그 결과는 재물의 분탈로 나타난다. 중·장년기에 재물의 분탈이 발생한다는 것은 뭔가 실패했거나 성공했더라도 그 결과물을 나누게 되기 때문에 결과가 결코 좋지 않다는 의미가 된다.

식신이 일지에 있으면 일단 먹을 복은 많다. 그러나 일간의 기운을 설기한다는 점에서는 만약 신약한 사주라면 괴롭고 신강한 사주라면 오히려 즐겁다. 식신이 연구, 생산, 제조 등 새로운 것을 만들거나 연구하는 것이기 때문에 식신을 깔고 있다는 것은 그 식신이 삶의 수단이 된다는 의미이다. 중·장년기의 모습이다.

상관이 있다면 남자보다는 여자가 괴롭다. 상관은 관을 깨는 신이므로 여자의 배우자에 해당하는 관을 깨는 상관이 배우자의 자리를 차지하고 있으므로 관성이 그 힘을 잃게 된다. 배우자 복이 약하다. 상관은 구설수를 만든다. 그런 의미에서 일지 상관은 명제가 이미 구설수와 관재수를 달고 다니는 형국이다.

편재가 있다면 중·장년기에 한탕주의를 꿈꾼다. 그런 꿈을 이루기 위해 금전 활동을 활발히 전개한다. 활동력이 커지는 대신 건강에는 적신호가 올 수 있다. 편재는 식상을 설기하고 인성을 깨뜨리기 때문이다.

정재가 있다면 정상적인 금전 활동, 규칙적인 금전 활동을 의미한다. 재성의 모습이 안정적이라면 그리고 식상이 옆에서 힘을 주고 있다면 사업적 성공을 이룰 수 있고 관성이 재성을 돕고 있다면 조직적인 금전 활동을 의미한다. 중·장년기에 정재가 있다는 것은 활발한 경제활동을 의미하므로 시기적으로 적합한 십성이라 할 수 있다.

편관이 있다면 관재수가 항상 존재한다는 것을 의미하기도 하고 정상적인 직장생활보다는 직장 또는 직업의 환경적 요소가 항상 업-다운한다고 할 수 있다. 때로는 흔들리기도 하고 때로는 빛을 보기도 하는 등 그 변동이 심하다. 편관은 비겁을 극하는 요소이므로 편관이 많으면 항상 일간의 건강을 살피어야 한다. 자존심 훼손, 명예손상, 관재수 등을 동반하는 것이 편관이다.

정관은 명예가 높아지고 직장과 관직이 안정된다. 다른 십성의 간섭이 없다면 안정된 조직에서 안정된 생활을 영위할 수 있다. 정관이 명예를 상징하므로 명예로운 자리를 영위하게 되는 것이다. 정관은 일단 좋은 환경이다. 정관이 일지를 차지한다는 것은 평생 정관의 도움을 받게 된다는 의미이다. 다만 다른 십성의 간섭이 있다면 정관이 흔들리거나 다른 십성으로 변질이 되므로 정관이 안정되어야 한다.

편인이 일지에 있으면 일간을 생하는 역할을 해서 유리할 수 있으나 원래 편인은 식신을 극하는 역할을 하므로 일간의 밥그릇을 걷어찬다고 한다. 그래서 편인이 중중하면 건강의 위험성이 노출된다고 한다. 편인은 정신적인 성향이 강하므로 일간을 정신적인 세계로 유도하는 역할도 한다. 일지나 월지에 재성이나 관성이 자리를 잡는 것이 좋은 환경인데 인성이 자리를 잡는 것은 식상, 재성, 관성에게는 불리한 환경이 되므로 상당한 스트레스의 대상이 된다. 중·장년기에 활동성은 떨어지고 현실적인 환경보다는 이상적인 관념의 세계를 지향한다는 점에서 비현실주의가 될 가능성이 크다.

정인이 일지에 있으면 편인과 비슷한 현상이 나타나지만 편인에 비해서는 오히려 긍정적이다. 정인의 역할이 비겁을 지원하는 것을 더 중요하게 생각하기 때문이다. 정인은 일간의 후원자이다. 아낌없이 주는 사랑이다. 그런데 일간의 입장에서 일간이 강하다면 오히려 귀찮을 수 있다. 때문에 일간의 강약에 따라서 그 역할의 한계가 나타나게 된다. 정인은 활동성이 떨어지고 가급적 육체적인 움직임보다는 정신적인 움직임을 선호하므로 한 번 자리를 잡으면 쉽게 일어서지 않는 성향을 갖는다. 그래서 흔히 정인이 일지에 있으면 '뚱뚱한 스타일 일 것이다'라고 추정한다. 정인은 문서, 자격과 관련이 많으므로 그런 분야에서 성과를 얻을 수 있다.

4) 시주

시주는 일간의 미래를 표현한다. 미래라는 의미에는 자손과의 관계도 관련이 있다. 그래서 시주는 미래 또는 자손의 위치라고 한다. 다른 한편으로는 시주는 노년기를 나타낸다. 노년기 일간의 모습이 시주이다. 그래서 시주는 미래, 자손, 노년을 대변하는 것이다.

시주에 비견이 있으면 노년기에도 일간이 스스로 삶을 개척해야 하는 인자를 가지고 있는 것이라 해석할 수 있다. 그래서 노년기에 까지 바쁘게 산다. 비견이 동업, 협력의 역할을 하므로 일간과 가까운 친구, 친인척 등과 우호적인 협력관계를 가질 수 있다. 다만 비견은 재성을 극하므로 노년기의 재산 이탈이 우려된다. 노년기에 비견이 있다는 것은 몸은 바쁘게 움직이나 소득은 공허하다는 것과 같은 의미이다.

시주에 겁재가 있다면 재산이탈은 더 커지고 확실하게 나타난다. 비견과 겁재는 어렸을 때 있는 것이 오히려 좋은 이유가 이탈할 재산이 없기 때문이다. 더구나 젊은 시절이니까 몸으로 때우는 형국이 가능할 것이기 때문이다. 겁재가 시주에 있는 경우

대부분의 상속재산이 되거나 상속이전에 자녀들로부터 재산증여 또는 재산 이전 등이 많이 발생한다. 죽기 전에 이미 가지고 있는 재산을 자녀에게 양도한 경우도 이에 해당한다.

시주에 식신이 있으면 노년기에까지 '밥 굶고 사는 일은 없다'라고 해도 된다. 식신은 장수의 별이기도 하므로 다른 십성의 간섭이 없다면 장수하는데 지장이 없다고 할 것이다. 노년기까지 활발하게 활동한다는 의미도 된다. 식신은 긍정적인 십신이다. 없는 것 보다 있는 것이 좋고 다른 십성의 간섭을 받지 않는다면 긍정적인 요소가 많다. 다만 식신이 활동성을 나타내므로 노년기에 활동력이 커지면 오히려 식신이 다칠 수 있다는 점에서 건강에 유의하여야 한다.

시주에 상관이 있다면 노년기에 재능, 끼를 발휘할 일이 많아진다. 상관도 활동성의 인자이므로 활동반경이 넓어지고 많은 사람들의 시선을 받을 일도 생기는데 상관이 관성을 극하는 인자이므로 탈법적, 불법적인 사건도 발생할 수 있고 구설수에 휘말릴 수도 있다. 남자의 경우 시주에 상관이 있으면 자식과의 인연이 빈곤해지고 여자의 경우는 남편과 노후를 함께하지 못하는 결과를 가져올 수 있다.

시주에 편재가 있으면 금전 활동이 활발하고 사회활동도 많아진다. 재물의 기운이 커지므로 사업이 더욱 확대될 수 있다. 시상 편재는 일확천금을 노리는 성향이 다분하고 그것이 사업이든 횡재이든 자신에게 발생할 것이라는 믿음을 갖는다. 그러나 지지 편재는 오히려 그러한 상황이 현실적으로 나타날 수도 있다. 현실성으로 보면 시간을 지향하는 것이고 시지는 행동하는 것이기 때문이다. 편재가 중중하면 활동무대가 넓어지게 되는 것이므로 노년기의 건강에 적신호가 올 수 있다.

시주의 정재는 편재와 유사한 모습을 나타내나 편재보다는 정확하고 규칙적이며 가시적이라 할 수 있다. 그러나 정재도 마찬가지로 활동성 인자이므로 노년기의 활동력 확대를 나타낸다. 금전을 다루되 오히려 정신적인 스트레스를 가중시킬 수 있어서 건강에 유의하여야 한다. 노년기에 활동력을 넓힌다는 것 육체적인 활동력을 넓힌다는 의미이므로 일간 입장에서 보면 상당히 피곤한 일이다.

시주에 편관이 있으면 노년기의 감투와 연관 지어서 해석할 수 있다. 주로 명예직과 관련되어 감투 쓸 가능성이 높다는 의미이다. 편관은 선출직과도 관련이 되므로 선출직, 명예직으로 노년기를 보낼 수 있다. 또한 자손과의 관계에서도 좋은 인연으로 연결될 수 있다. 다만 편관은 칠살로서 역할을 하므로 반드시 일간의 비견, 겁재를 살펴야 한다. 비견, 겁재가 약하다면 노년기는 육체적으로 꽤나 피곤하게 보낼 것이다. 명예를 지키려다 보니 본인이 피곤해지는 것이다.

시주에 정관이 있으면 명예가 드높다고 할 것이다. 특히 남자의 경우는 자식과의 관계가 원만하여 말년까지 자식 복이 많다고 한다. 여자의 경우는 남편과의 관계를 의미하기 때문에 말년까지 남편의 에너지가 좋게 작용한다고 할 것이다. 정재가 시주에 있다는 것은 노년기에 까지 직업적, 직장적으로 안정된 삶을 살게 된다고 할 것이다. 정관이 또한 인성을 생하므로 말년의 기운은 '명예롭다'라고 할 것이다.

다만 다른 십성의 간섭이 없어야 한다.

시주에 편인이 있으면 장기적으로 질환에 시달릴 수 있다. 편인이 중중하면 식신을 건들기 때문에 건강에 좋지 않다. 반대로 건강만 보면 편인이 기신이기 때문에 기신이 다른 십성의 간섭을 받아서 제 역할을 못하게 되면 오히려 오랜 질병에서 회복될 수 있다. 편인이 노년기에 있다는 것은 노후의 삶이 안정적이지 못하다는 의미도 된다. 편인은 철학적 가치를 중요하게 생각하는 십성이다. 노년기가 편인의 영향으로 형이상학적인 분야에 종사하게 될 수도 있다. 느닷없는 입산수도도 일종의 편인의 영향이다.

시주에 정인인 있으면 노년기에 문서, 자격, 직인 등으로 삶을 유지할 수 있다. 대부분 정인은 부동산 임대사업을 대변한다고 한다. 때문에 노년기에 부동산 임대사업으로 보낼 수 있다. 안정적인 삶을 위해서는 정인이 노년기에 있음이 좋으나 여자의 경우 오히려 자녀와의 갈등을 가져올 수 있다. 여자에게는 자식에 해당하는 식상을 정인이 극하기 때문이다. 정인은 움직임이 둔하다. 노년기에 움직임이 둔한 것도 좋은 현상은 아니다. 정인이든 편인이든 노년기에 있으면 건강에도 지장을 준다.

9. 십성과 행운

대운, 세운, 월운, 일진 등을 통 털어서 행운이라 한다. 따라서 행운은 운세의 흐름과 현실적으로 나타나는 운세를 말한다. 명이 체라면 행운은 용이 된다. 명이 타고난 것이라면 운은 그 명의 변화를 말한다. 때문에 행운은 현실적으로 굉장히 중요하다. 대운은 10년 기준으로 변화하고 세운은 1년을 기준으로 변화하며 월운은 한달을 기준으로, 일진은 하루를 기준으로 변화하는 운세이다.

대운의 흐름이 순행하는 경우와 역행하는 경우가 있는데 순행하는 것이 좋고 역행하는 것이 안 좋다고 하지만 반드시 그렇지만은 않다. 중요한 것은 명체와의 관계이다. 명체의 부족한 부분을 보충해 주거나 남는 부분을 설기해 주는 역할을 하면 좋은 것이고 부족한 부분을 더 설기하거나 남는 부분을 더 보충해주면 나쁜 것이다. 굳이 따지자면 순행과 역행의 문제가 아니라 억부(抑扶)의 문제인 것이다. 사주팔자 명리학은 균형과 조합의 문제이기 때문이다.

대운의 흐름이 비겁, 식상, 재성, 관성, 인성으로 흐른다면 젊었을 때는 활동적으로 살다가 중·장년기에는 재물과 명예를 얻고 노년기에 여유롭고 안정적인 삶을 유지하게 되는 모습이다. 이와 반대로 움직이면 젊었을 때는 오히려 움직임이 덜하고 활동성이 극히 떨어지다가 노년기로 갈수록 활동력이 넓어지게 된다. 노년기에 갈수록 활동력이 넓어지는 것은 건강에 좋지 않는 결과를 가져올 수 있다.

대운은 10년씩 영향을 미치므로 환경적 배경을 의미한다. 10년간 해당 십성의 환경이 조성된다는 의미이다. 만약 청년기에 해당하는 10대~20대에 재성이 왕성하다면 청년기에 재물욕이 중중하여 공부는 뒷전이고 여기저기 돌아다니느라 바쁘다. 특히 남자의 경우 어려서부터 일찍 이성에 눈 뜨게 되고 이성교제에 혈안이 된다. 명체를 보면 머리는 영리하나 공부는 안하는 전형적인 스타일이다.

청년기에 관에서 출발해서 순행한다면 관성, 인성, 비겁, 식상, 재성의 순으로 전개되는데 청년기 명예가 상승하므로 육체적으로 약하지만 학급반장정도는 맡아놓은 형국이다. 점점 성장하면서 사업적으로 영역을 옮겨가는 형국이다. 만약 역행이라면 사업적 역량이 먼저 발동하므로 공부는 뒷전이 된다.

대운이 지나는 시기에 명체의 십성과 어떤 관계를 갖는 지를 살피는 것은 굉장히 중요하다. 예를 들면 명체는 재성이 약한데 대운에서 재성의 에너지가 지나는 시기라면 명체의 균형이 유지되는 형국이므로 서로 균형을 이루어 사주팔자가 안정된 모습이지만 만약 그 반대라면 대운의 흐름은 명체를 어지럽히는 형국이므로 결코 좋지 않다.

이와 같이 대운의 흐름과 십성의 효과를 판단하는 방법으로는 크게 두 가지를 들수 있다. 하나는 대운과 명체와의 관계이다. 이는 균형을 유지하는 것이 중요하다. 균형을 유지하기 위해서 대운의 흐름이 무슨 역할을 하고 있는 가를 판단하는 것이다.

다른 하나는 십성의 흐름이 어디서 출발해서 어디로 가는 가를 판단하는 것이다. 이런 흐름이 미치는 운세가 곧 그 사람의 운세이고 운명인 것이다. 명체와 균형을 이루는 것은 명체의 환경이 안정적이라는 의미이며 대운에서 십성의 흐름은 흐름대로 작용을 한다. 즉 대운이 명체와 균형을 이루었지만 그 흐름은 십성의 속성이 나타난다는 것이다. 한마디로 균형은 균형이고 십성은 십성인 것이다. 따라서 해당십성이 균형을 이루는 것이라면 금상첨화이고 그렇지 않다면 갈등의 소지가 많다. 돈은 벌었으나 건강이 망가지는 경우가 이에 해당한다.

대운이 환경이라면 세운은 구체적인 사건이다. 환경적인 흐름은 상처가 길고 엷은 반면 세운은 현실적으로 나타나는 사건이므로 상처가 짧고 크다. 그래서 일간의 입장에서는 대운의 느낌보다는 세운의 충격이 더 와 닿는 것이다. 세운은 1년간 운세를 지배한다. 1년 동안 대운을 변화시키고 명체를 변화시킨다. 비록 1년 동안이지만 대운과 명체가 변함으로 많은 작용을 하는 것처럼 나타난다. 세운도 마찬가지로 대운이나 명체와의 관계성이 중요하다. 균형의 유무, 그리고 해당 십성의 역할이다. 해당십성이 균형을 이루면 좋지만 그렇지 않으면 삶의 굴곡이 생기게 된다.

월운도 만만치 않다. 해당되는 기간이 짧아서 느낌이 순간적으로 지나칠 수는 있지만 조성되는 환경이나 사건은 분명 발생한다. 월운은 일단 12개월의 지지가 정해져 있기 때문에 매년 똑같은 월운을 만난다. 1월이면 인월, 2월이면 묘일 등등.지지 인목이 명체, 대운, 세운 등에 있어서 균형을 이루고 좋은 기운이 된다면 인월에는 좋을 것이다. 묘월도 마찬가지다. 그렇게 12월이 적용된다. 따라서 월운은 매년 같은 기운이 반복된다. 다만, 천간의 역할에 따라서 다르다. 지지는 매년 매월이 같지만 천간을 그렇지 않기 때문이다. 인월이 좋은 월이면 매년 좋을 것인데 만약 천간이 이를 방해한다면 좋은 것이 나쁜 것으로 변하게 된다. 따라서 월운은 천간의 역할에 따라서 좌우된다고 할 것이다.

일운과 시운은 그 적용기간이 짧아서 순간적인 이벤트성으로 이루어진다. 다만 그 상황이 민감한 것은 체감력이 커서 느낌이 확실하게 다가온다. 그래서 어떤 날은 일진이 안 좋고 어떤 날은 일진이 좋게 느껴진다. 일운이나 세운도 마찬가지로 균형과 십성의 조화이다. 따라서서 해당 일과 시에 작용하는 십성이 무엇인지를 판단하고 그 십성의 역할이 나타난다고 해석하면 된다. 다만 그 십성이 다른 행운과 균형을 이룬다면 결과적으로도 좋지만 그렇지 않다면 하나(해당 십성)는 얻고 하나(해당 십성이 극하는 것)는 잃게 된다. 즉 십성은 얻고 균형을 잃거나 균형은 얻고 십성을 잃게 된다는 것이다.

  결론적으로 행운의 역할은 명체를 변화시키는 것이다. 명체의 기본 구성이 좋지 않다면 행운에서 좋은 구성을 가질 수 있고 명체의 구성이 좋다면 행운에서 나쁜 구성을 만날 수 있다. 이런 이유 때문에 '명이 좋아야 되느냐, 운이 좋아야 되느냐'라는 논쟁이 발생한다. 명체는 확정적이므로 운체에 의해 변하면서도 항상 다시 되돌아오려는 속성을 갖는다. 그리고 명체는 본질적인 성향이므로 항상 그 성향을 유지하고자 한다. 그래서 언제든지 그 본질을 나타내려는 속성을 갖는 것이다.

  이에 비해 운체는 항상 변화는 속성을 갖는다. 명체가 본질이라면 운체는 환경인 것이다. 환경은 수시로 변한다. 이 변화는 기운이 명체에 영향을 미침으로서 명체의 본질이 잠시 흔들리거나 혼란을 겪게 되는 것이다. 그렇게 되면 명체의 변화는 모두 운체에 달려있게 된다. 즉 명체에 결정적인 영향력은 운체에 있다.

  이런 이유로 명체보다는 운체가 더 중요하다고 판단하는 경우가 더 힘이 실린다. 운체의 역할이 명체의 본질을 변화시키기 때문이다. 하지만 명체는 여전히 본질을 유지하고 항상성을 가지려 하기 때문에, 그리고 그 기준점을 제시한다는 점에서 역시 중요하다. 때문에 무엇이 중요하다는 논쟁은 별 의미가 없다. 그때그때의 상황에 따른 환경과 본질과의 관계성이 중요한 것이다. 해당 시점에서 본질과 환경의 관계가 우호적이면 좋고 그렇지 않으면 나쁘다고 보면 된다. 굳이 명체와 운체를 나누어서 무엇이 더 중요한가를 잣대로 계산 할 필요가 없는 것이다.

제2절 육친

1. 육친의 개념

육친(六親)이란 나와 가장 가까운 여섯 친족(親族), 즉 부모(父母), 형제(兄弟), 처자(妻子) 등을 말한다. 명리적으로 확대 해석하면 조상, 가족, 친인척, 친구 등 나와 가까운 인간관계를 육친이라 하고 그 관계성을 분석하는 것을 육친분석이라 한다.

여기서 '나'라는 것은 사주팔자에서 일간을 의미한다. 따라서 육친은 일간과 다른 글자와의 관계를 나타내는 것이다. 즉, 사주팔자의 구조는 일간인 나를 기준으로 나와의 관계성을 나타내는 육친들로 구성되어 있으며 이러한 구조가 서로 우호적인지, 배타적인지를 분석하여 그 사람의 성향과 환경을 추정하는 것이다. 또한 대운, 세운 등 행운에서의 육친의 상황과 역할이 어떠한지에 따라서 명운의 흐름이 어떠한 지를 해석하는 것이다.

현대 명리학에서는 육친관계를 매우 중요하게 적용하고 있다. 나와 육친과의 관계에 의해 사주팔자의 명운이 달려있다고 판단하기 때문이다. 따라서 육친관계를 분석하고 해석하는 것은 고전 명리학은 물론 현대 명리학에서 절대적인 지위에 있다고 할 것이다.

실용명리술에서도 육친은 사주팔자 해석의 중요한 도구로 사용되고 있다. 육친관계를 이해하게 되면 웬만한 사주팔자의 운명은 해석이 가능하다고 보고 있다. 때문에 육친해석은 명리해석의 기본이자 전부라고 믿는 명리술사들도 실제로 많다. 그만큼 육친은 명리학에서 차지하는 비중이 크다고 할 것이다.

육친은 일간을 중심으로 음양오행의 관계성에서 파생된다. 이 점에서 십성과 같다. 사실 육친과 십성은 그 뿌리가 같다. 그리고 십성의 명칭을 쓴다는 점에서도 역시 육친과 십성은 같다. 십성은 해당 십성의 역할에 무게중심을 둔 반면 육친은 관계성에 무게중심을 둔다는 점에서 다르다. 그러나 십성도 결과적으로는 일간과의 관계성을 나타내므로 이 또한 같다. 그럼으로 굳이 육친과 십성을 구분할 필요가 없다고 할 수 있다. 하지만 정확히 표현하면 육친은 친족과의 관계성을 강조한 것이고 십성은 일간의 사회성을 강조한 것이라는 점에서 달리 해석함이 맞다라고 할 것이다.

2. 육친의 구성

육친은 십성과 그 뿌리가 같기 때문에 십성의 명칭을 그대로 사용한다. 그 명칭에서 친족의 지위를 부여하고 그 지위에 맞는 성향과 일간과의 관계성을 분석하는 것이 육친론의 핵심이다. 따라서 십성을 먼저 이해하고 육친을 부여하는 것이 타당하다 할 것이다.

육친관계에서도 생극제화의 원리가 적용된다. 생하는 육친이 있는 가하면 극하는 육친이 있고 너무 강한 육친이면 그 육친을 설기하여야 하고 너무 약한 육친이면 그 육친을 도와서 힘을 부여시켜야 한다.

사주팔자에 해당 육친이 없으면 그 육친과의 관계성이 약해서 인연이 없거나 짧다고 해석한다. 그리고 너무 많아도 감당하기가 버거우므로 인연이 박하다고 한다. 언제나 그렇듯이 적당할 때가 좋은 것이므로 육친도 적당할 정도로 있어야 한다.

1) 비견 : 동성(同姓)인 친구, 동기, 동료, 형제, 동업자, 경쟁자

비견(比肩)은 일간과 음양오행이 같은 십성이다. 그래서 비견은 일간과 어깨를 나란히 할 수 있는 관계를 말한다. 일간이 사주 명주(命主)에 해당하므로 사주 명주와 어깨를 나란히 할 정도의 지위에 있는 관계를 말한다. 이에 가장 가까운 것이 동성(同姓)의 형제이다. 일간이 남자이면 남자형제이고 일간이 여자이면 여자형제, 즉 자매가 된다.

사회적으로는 친구, 동료가 비견이 된다. 사회활동을 하는데 나와 어깨를 견 줄 수 있는 위치에 있기 때문이다. 물론 동성의 경우이다. 대부분 한자(漢字)의 동(同)에 해당하는 경우가 비견이라 해석한다. 동업자, 동료, 동기, 동창, 동네친구 등등.

2) 겁재 : 이성(異姓)인 친구, 동기, 동료, 형제, 동업자, 경쟁자

겁재(劫財)는 일간과 오행은 같으나 음양이 다른 경우이다. 일간과 이성(異姓)관계이다. 일간과 어깨를 견줄 수 있으나 이성관계이기 때문에 이성 형제(또는 남매)가 된다. 남자의 경우 여자 형제, 여자의 경우 남자 형제가 비겁이다. 사회적으로도 친구, 동료, 동기, 동창, 동업자 등이 이에 해당하나 동성이 아닌 이성관계이다.

겁재는 비견과 달리 일간과의 경쟁관계를 형성한다. 그래서 동업자라기보다는 경쟁자로서 해석하는 경우가 많다. 그러나 굳이 비견과 겁재를 구분할 필요 없이 일간과 관계가 형평성, 평행선을 가지므로 모두 경쟁자로 해석할 수 있다.

3) 식신 : 딸(여자의 경우), 제자, 부하직원, 피후견인, 양자

식신은 음양은 같은데 오행은 일간이 생하는 오행이다. 일간이 생하는 오행이기 때문에 흔히 자식으로 해석하는데 전통적인 명리학에서는 여자에게는 자식에 해당되고 남자에게는 관성이 자식에 해당된다고 한다. 일부 명리학자들은 일간이 일방적으로 생하는 것이기 때문에 남, 여 구분 없이 자식이라고 해석하는 경우도 있다. 일단 전통명리학을 기준으로 여자에게만 자식에 해당한다고 해석하고자 한다.

음양이 같으니까 동성으로 보고 여자의 경우 자식에 해당하는 것이니까 동성 자식 즉 딸이 된다. 일간이 생하는 것이니까 일간이 후원자, 지도자, 부모의 역할을 하는 관계성으로 보면 된다. 그래서 때로는 제자, 부하직원, 피후견인, 양자 등이 이에 해당한다.

4) 상관 : 아들(여자의 경우), 제자, 부하직원, 피후견인, 양자

상관은 일간과 음양이 다르고 오행이 같은 경우의 십성이다. 관을 해치므로 때에 따라서는 일간에게 악영향을 미치기도 하지만 현대사회처럼 자기 PR시대에는 빼놓을 수 없는 십성이다. 그리고 일간과는 음양이 다르므로 이성간의 관계이다. 여자의 경우 아들이다. 일간이 생하는 것이니까 일간이 후원자, 지도자, 부모의 역할을 하는 관계성으로 보면 된다. 그래서 때로는 제자, 부하직원, 피후견인, 양자 등이 이에 해당한다.

5) 편재 : 아버지, 시어머니(여자의 경우), 애인(남자의 경우)

편재는 일간이 유일하게 극하는 오행이다. 일간의 입장에서는 남, 여 공히 아버지를 상징한다. 남자는 음양이 같고 여자는 음양이 다르기 때문이다. 자식은 아버지를 괴롭히는 존재이기 때문일 까. 아니면 아버지가 집안의 재물을 책임지는 인물이어서 일 까. 아니면 자식들의 응석을 무한정 받아들이는 존재가 아버지여서 일 까. 아니면 일간의 어머니가 인성인데 인성을 정재, 즉 부인으로 여기는 십성이 재성이어서 그럴까. 어쨌든 편재는 아버지에 해당한다.

여자의 입장에서는 편재가 시어머니도 된다. 관성이 남편에 해당하므로 남편을 생해주는 인성이 어머니이고 그것이 재성에 해당하기 때문에 재성이 시어머니가 된다. 음양의 원리에 따라 정관의 음양관계인 편재가 시어머니인 것이다. 편재를 극하는 것이 비견과 겁재이므로 사주에 비겁이 많은 여자는 결과적으로 시어머니를 극하는 관계이므로 시부간의 관계가 원활하지 않다고 한다.

만약 편재가 없고 정재만 있다면 일단 정재를 아버지로 취급한다. 그래서 재성은 아버지의 역할을 하는 별이다. 하지만 편재와 정재는 엄연히 다른 것이므로 편재가 없고 정재만 있다면 아버지는 아버지인데 그 관계가 낯설거나, 비정상적이거나 혹은 갈등이 많거나 등 변형된 관계에 있는 것이다. 모든 육친관계가 다 그렇다.

6) 정재 : 아내(남자의 경우), 부하직원, 하도업체

정재는 남자에게 정부인 즉 아내를 상징한다. 남자에게 관성이 자식이니까 관성을 생해주는 재성이 자식의 어머니, 즉 일간의 아내가 되는 것이다. 음양이 다르므로 정부인이 된다. 편재는 정재의 입장에서 겁재에 해당하므로 아내의 경쟁자 즉, 남편의 애인이 되며 일간의 입장에서는 애인, 또는 첩이 된다.

비견을 기준으로 볼 때 비견의 정재도 되므로 비견이 형제라면 형제의 아내도 된다. 일간의 기준으로 보면 형수 또는 제수인 것이다. 사회적으로는 내가 극하는 오행이므로 부하직원, 하도업체 등 내 명령에 따르는 관계에 있는 부류이다.

7) 편관 : 아들(남자의 경우), 시누이(여자의 경우), 며느리(여자의 경우)

편관은 나를 극하는 십성이다. 나를 극하므로 나의 윗사람 또는 고객, 손님 등이 이에 해당한다. 남자의 경우에는 자식이다. 관성의 입장에서 비겁은 재성에 해당하므로 관성의 아버지는 비겁이다. 그러니까 일간의 입장에서 관성은 자식이 된다. 자식인데 음양이 같으므로 아들이다. 음양이 다르면 딸이 된다.

여자의 경우는 남편의 겁재이니까 시누이가 된다. 또한 여자의 경우 아들(상관)의 아내(상관의 정재)이면서 음양이 같으니까 며느리가 된다. 시누이가 자신을 극하는 관계에 있는 것이니까 어찌 보면 우리의 육친관계와 음양오행의 육친관계가 거의 유사하다 할 것이다.

8) 정관 : 딸(남자의 경우), 남편(여자의 경우)

정관은 남자의 경우 자식이며 음양이 다르므로 딸이다. 여자의 경우는 남편이다. 나를 극하는 십성이어서 남편인지, 여자의 아들인 상관이 극하는 정관, 즉 상관을 기준으로 정재에 해당하니까 아들의 아버지이어서 남편인지, 아무튼 남편이다. 남편과 어깨를 나란히 하는 것이므로 남편과 비슷한 남자, 즉 여자의 애인이 된다.

9) 편인 : 계모, 후원자, 후견인

편인은 나를 생하는 오행이지만 음양이 같으므로 계모가 된다. 즉 친 어머니가 아닌 어머니의 역할을 하는 육친이다. 후원자, 후견인도 일종의 편인이다. 편인은 편재가 극하는 십성이므로 어머니에 해당하나 어머니의 겁재이기 때문에 아버지의 첩이 된다. 따라서 편인은 곧 의붓어머니 또는 아버지의 애인, 첩이된다.

10) 정인 : 어머니, 후원자, 후견인

정인은 일방적으로 나를 생하는 십성이다. 편재(아버지)가 극하는 재성(아내)이 되기 때문에 남, 여 공히 정모, 즉 어머니가 된다. 정인은 재성이 극하는 오행이다. 재성을 기준으로 보면 재성이 극하는 오행이 재성의 재성이고 이는 곧 아버지에 해당하므로 재성의 재성은 아내의 아버지, 즉 남자의 경우는 장인이 된다.

여자의 경우는 식상을 극하는 것이 인성이므로 식상을 기준으로 볼 때 인성은 식상의 관성이므로 내 딸의 남편, 즉 사위가 된다.

사회적으로는 나를 일방적으로 도와주는 후견인, 후원자 등에 해당한다. 따라서 인성이 있어야 다른 사람들의 지원을 받을 수 있다. 반대로 없으면 홀로 일어서야 하는 고독함이 있게 된다.

3. 육친의 확대 해석

육친관계는 음양오행의 관계에서 이루어지므로 1차적으로 가장 가까운 육친관계부터 정리된다. 그리고 2차적으로 음양오행과 십성간의 관계가 파생되는데 이의 파생관계에서 육친관계도 확대된다. 이렇게 확대하면 육친관계는 끝없이 넓혀진다. 이 확장성은 사주팔자를 해석하는데 다양하게 적용될 수 있다. 때문에 육친관계는 무궁무진하게 확장되어 해석될 수 있다. 하지만 너무 먼 친인척 관계나 현대사회에서 통용되지 않는 육친관계는 무시하는 것도 하나의 방법이다. 너무 복잡하게 얽히면 해석이 난해해지기 때문이다. 다만 확장하는 방법만 습득해두고 상황에 따라 적용함이 타당하다고 할 것이다.

1) 비겁 : 며느리(남자의 경우), 딸의 시어머니(남자의 경우), 시아버지(여자의 경우)

비견은 일간과 같은 속성이다. 남자의 경우, 비견은 며느리다. 관성이 자식인데 관성이 극하는 비겁은 관성입장에서 재성이므로 곧 자식의 아내가 된다. 따라서 일간입장에서는 며느리에 해당한다. 또한 딸(정관)의 편재가 겁재이므로 딸의 시어머니가 된다. 재성이 아내인데 재성을 극하는 비겁은 재성의 관성이 되므로 재성의 남편, 즉 아내의 (전, 후)남편이거나 또는 애인이 된다. 따라서 비겁이 많으면 아내의 남자가 많다는 의미와도 같다.

대신 여자 입장에서는 비겁은 관성의 재성이므로 관성의 아버지, 즉 남편의 아버지이니까 시아버지가 된다. 동시에 관성의 여자, 즉 남편의 여자, 애인이 된다.

2) 식상 : 할머니, 장모(남자의 경우), 딸의 시아버지(여자의 경우)

식상은 재성을 생하니까 재성의 어머니가 된다. 즉 아버지의 어머니이니까 할머니가 된다. 또한 남자의 경우 재성이 아내니까 아내를 생해주는 식상은 장모가 된다. 관성의 관성이므로 남자의 경우 손자가 된다. 여자의 경우 식상은 딸이고 식상의 비겁은 곧 시아버지이므로 딸의 시아버지가 된다.

3) 재성 : 삼촌, 고모, 처갓집 형제자매(남자의 경우), 아들의 장모(여자의 경우)

편재가 아버지이므로 재성은 삼촌이 되고 고모가 된다. 남자의 경우 재성이 아내이므로 또 다른 재성은 모두 처갓집 형제, 남매가 된다. 즉 처남, 처제 등이 여기에 해당한다. 아들이 관성이고 아들의 아내가 비겁(관성의 재성)인데 비겁의 아버지가 재성이므로 재성은 아들의 장인이 된다.

여자의 경우 아들이 식상인데 식상이 극하는 관성은 식상의 재성으로 아들의 아내가 된다. 그 아내를 생하는 것이 재성이므로 결국 재성은 아들 아내의 어머니, 즉 아들의 장모가 된다.

4) 관성 : 며느리(여자의 경우), 시누이, 시형제(여자의 경우)

관성은 일간을 극하는 역할을 한다. 남자에게는 자식이고 여자에게는 남편이다. 따라서 남자의 경우 비겁(형제, 자매)의 자녀도 관성이다. 여자의 경우 비겁(형제, 자매)의 남편도 관성이다.

남자의 경우 아들이 관성이고 관성(아들)의 아들(관성)은 식상이다. 따라서 식상은 남자의 손자가 된다. 손자의 아내는 식상의 재성에 해당하는 관성이다. 그래서 관성은 곧 손자의 아내이기 때문에 일간에서 보면 손자며느리에 해당한다.

여자의 경우는 아들이 상관이고 상관의 재성이 관성이므로 관성은 아들의 아내, 즉 며느리가 된다. 그래서 관성이 많으면 남자가 많다고 해석할 수도 있지만 며느리가 많다고 해석할 수도 있는 것이다. 또한 관성이 남편이므로 관성은 곧 남편의 형제자매가 되어 시누이, 시형제가 된다. 식신이 딸인데 시어머니는 편재이므로 딸의 시어머니는 식신의 편재에 해당하는 편관이다.

5) 인성 : 외삼촌, 장인(남자의 경우), 아들의 장모(남자의 경우), 사위(여자의 경우), 손자손녀(여자의 경우)

인성은 어머니다. 따라서 인성은 어머니의 형제자매, 즉 외삼촌, 이모 등이 된다. 편재가 아버지인데 편재가 극하는 인성은 편재의 편재가 되므로 할아버지가 된다.

남자의 경우, 아내가 편재이고 아내의 아버지가 편재의 편재인 인성이므로 인성은 아내의 아버지, 즉 장인이 된다. 또한 처남이 재성이므로 처남의 아내는 인성이 된다. 식상이 장모이므로 관성의 식상인 인성은 아들의 장모가 된다.

여자의 경우, 딸이 식신인데 식신을 극하는 인성은 곧 사위가 된다. 상관이 아들인데 아들을 극하는 인성은 상관의 관성이므로 자식이 된다. 따라서 인성은 손자, 손녀이다.

(표 113) 육친 조견표[35]

	비견	겁재	식신	상관	정재	편재	정관	편관	정인	편인
공통	나 형제, 자매 이복형제 사촌 이종사촌 고모부 남형제의 장모 여형제의 시모 남 와서촌의 자녀		할머니 증조부 외조부외할아버지 외숙모 여형제의 자녀 백(종)조모 여사촌의 자녀 여이종사촌의 자녀 남고종사촌의 자녀		아버지 백(숙)부 고모 외사촌 이모부 왕고모부		증보모 고종사촌 외조모 남형제의 자녀 남사촌의 여자 남이종사촌의 자녀 여외사촌의 자녀		어머니 이모 외삼촌 조부(할아버지) 계모 부의첩, 애인 남형제의 장인 여형제의 시모 종(백) 조부 왕고모 백(숙)부 여고종사촌의 자녀	
사회성	친구 직장동료	투기 라이벌 나쁜친구			고정수입 유산	횡재 투기	국가 관직 귀인	횡액 도둑 재앙	군자 윗사람	
남자	며느리 처가동서 딸의 시모 고종비 처외조모 처남 자녀 아내의 전남편		사위 장모 손자, 손녀 처조부 처백(숙)모 외손부 고종매제		아내(현처) 처제, 처남 첩, 애인 형(제, 종)수 아들의 장인 외손녀사위 편-엄처		자식 손부 매제 딸의 시모 처외조부 종매제 처형(제)의 자녀		장인 처남댁 처조부 처백(숙)부 아들의 장모 외손자(여) 손녀사위	
여자	시아버지 남편의 첩,애인 아들의 장인 시이모부 시댁동서 시백(숙)부 시고모 외손녀사위 시외숙의 자녀 고종올케 남편의 전처		자식 딸의 시부 손부 시매부 시숙의 자녀 시고모의 자녀 고종매부 손자		시어머니 아들의 장모 시이모 시외숙 올케 시조부 시(백)숙모 손녀사위 외손자(여) 종올케		남편 애인 거친,연상, 재혼 며느리 딸의 시모 시누이 형(제)부 시고모부 종형(제)부 시숙,시아주버니 시백(숙)부의 자녀 시이모의 자녀		사위 시조모 시외숙모 손자, 손녀 시누이의 자녀 외손부	

[35] [출처] 원제역학연구원 - http://wonje.co.kr/bbs/board.php?bo_table=member22&wr_id=2520

4. 육친의 갈등

육친 간에 상호 우호적인 경우도 있고 갈등관계인 경우도 있다. 우호적인 경우는 육친 간에 서로 돕고 생하여 주는 경우이고 갈등관계인 경우는 상호 극하거나 서로 반목하는 경우이다. 일반적으로 음양오행의 생극제화의 원리를 적용하게 되는데 실제로 사주팔자의 구성에서 육친의 구조가 어떻게 모양새를 가지고 있느냐에 따라 육친관계의 생극제화를 해석할 수 있을 것이다.

비겁은 재성을 극한다. 때문에 재성에 해당하는 육친인 아버지, 시어머니(여자의 경우)와의 구조가 갈등구조를 이루고 있다. 상호 간 힘의 균형이 이루어져 있으면 갈등보다는 상호 협력관계에 있지만 힘의 균형이 깨져 있으면 갈등관계는 커진다. 때문에 비겁이 많거나(군겁쟁재), 재성이 많은 경우(재다신약)은 아버지, 시어머니와 부득이 갈등구조를 가지게 되는 것이다.

식상은 관성을 극한다. 남자의 식상은 장모이므로 장모가 자식을 극하는 모습이다. 여자의 경우는 식상이 자식인데 자식이 남편을 극하는 모습이다. 때문에 식상이 많거나 강하면 관성을 극하므로 장모와 자식 간, 자식과 남편 간 갈등구조가 생기는 것이다.

재성이 극하는 것이 인성이다. 그렇다면 재성이 아버지이고 인성은 어머니이므로 둘의 균형이 깨지면 부모가 갈등구조에 있는 것이다. 여자의 경우 재성이 시어머니이고 인성은 친정어머니이므로 균형이 깨지면 친정과 시댁의 갈등구조를 이루게 된다. 또한 남자의 경우 재성은 아내이고 인성은 어머니이므로 이 둘의 균형이 깨지면 고부간의 갈등이 커지게 된다.

관성이 극하는 것이 비겁이다. 남자의 경우 관성은 자식이고 비겁은 형제, 자매이므로 자식과 삼촌, 이모, 고모 등과 갈등구조를 이룬다. 여자의 경우에는 관성이 남편이므로 남편과 처남, 처제와의 갈등이 이루어진다.

인성이 극하는 것은 식상이다. 따라서 할머니와 손자와의 갈등이 이루어진다. 인성은 어머니, 외삼촌, 장인(남자의 경우), 아들의 장모(남자의 경우), 사위(여자의 경우), 손자손녀(여자의 경우)이고 식상은 할머니, 장모(남자의 경우), 손자(남자의 경우), 딸의 시아버지(여자의 경우)이므로 이 둘과의 관계가 갈등구조를 이룬다.

사주팔자의 구성은 음양오행이 골고루 구성되어 다른 글자의 간섭을 받지 않는 것이 좋다. 어느 한 글자라도 간섭을 받으면 그만큼 탁해지기 때문에 사주구성이 찌그러진다. 이와 같은 원리로 육친구조를 해석하면 된다. 육친도 다른 육친의 간섭이 없이 균형을 이룬다면 참으로 청한 사주이지만 그렇지 않고 탁해진다면 그만큼 갈등구조가 생기는 것이다.

대운, 세운 등 행운에서도 마찬가지이다. 원명의 구조가 균형을 이루고 청하다면 행운이 와서도 그 균형과 청함이 깨지지 않아야 하는데 어떤 육친이 집중적으로 견제를 받게 된다면 그만큼 갈등이 커지게 된다. 따라서 대운, 세운에서 어떤 육친이 오느냐에 따라서 사주원명의 구조와 갈등구조를 파악하면 된다.

5. 육친과 근묘화실

　근묘화실은 사주팔자의 연주, 월주, 일주, 시주를 일컫는 말이다. 연주를 그 사주의 뿌리라고 하여 근(根)이라 하고 월주는 뿌리에서 자라난 싹이라 하여 묘(苗)라 하며 일주는 그 싹에서 핀 꽃이라 해서 화(花)라 한다. 그리고 시주는 꽃이 핀 다음에 맺는 열매, 즉 결실이라 하여 실(實)이라 한다. 따라서 근묘화실은 사주의 일생을 하나의 나무에 비교해서 그 과정의 특징을 명명한 것이다.

　이를 육친으로 비교할 때 근은 조상을 비유한 것이고 묘는 부모형제를 비유한 것이며 화는 사주주인인 본인과 배우자를 비유한 것이다. 그리고 시주는 자손을 비유한 것이다. 이를 기준으로 육친과 근묘화실과의 관계를 따질 때 두 가지 방법으로 접근한다. 하나는 해당 육친의 속성이 근묘화실의 모습이라는 관점이고 다른 하나는 해당 육친과 육친의 관계성을 나타내는 것이다. 따라서 해당 육친의 모습이나 해당 육친과의 관계성을 비유할 때 육친과 근묘화실과의 관계성을 비교하면 그 육친의 모습과 그 육친과의 친분성을 알 수 있는 것이다.

1) 비견

　비견이 연주에 있으면 조상, 조부모와의 관계성을 나타내는데 비견의 성향이 자기중심적이고 재성을 극하는 역할을 하므로 결과적으로는 조상의 모습이 그렇다는 것이다. 그리고 그 조상과의 관계성은 비견의 자기중심적 성향 때문에 소원하거나 박약하다고 할 것이다. 이런 이유로 비견이 연주에 있으면 일찍 객지로 나가서 자수성가하게 된다.

　비견이 월주에 있으면 부모형제와의 관계가 소원해진다. 사주팔자에서는 월주가 차지하는 비중이 크기 때문에 월주의 십성육친에 의해서 그 사람의 성격, 직업 등을 판단할 수 있다. 때문에 비견이 월주를 차지하면 부모형제 자리에 내가 있다는 의미이니까 자기중심의 가족관계를 이루게 된다. 그러다 보면 자연스럽게 부모형제와의 갈등이 예상된다. 특히 성품이 곧아서 부모형제와의 갈등요소를 끊임없이 양산한다.

　비견이 일주에 있으면 특히 일지에 있으면 배우자와의 관계가 악화된다. 그 자리는 배우자 자리인데 비견이 차지하고 있어서 배우자가 자리를 잡을 수가 없다. 때문에 항상 배우자와의 갈등이 증폭되는 것이다. 독신자가 많고 별거하는 경우도 많다. 때로는 부부지간 각방 쓰는 경우가 있다. 심할 경우에는 배우자가 반복되고 상부상처 이별하는 경우가 있다. 이런 경우에는 늦게 만나고 늦게 결혼하면 좋다.

　비견이 시주에 있으면 이번에는 자손과의 갈등이 예상된다. 비견이 자기주장, 자존심, 자기중심적인 성향이므로 자손의 입장에서는 답답하고 괴롭다. 자손에게 덕을 베풀어야 하는데 오히려 잔소리하고 구박하는 입장에 있게 되니 관계가 좋을 리 없다. 자손과의 연분이 취약하다고 할 것이다.

2) 겁재

겁재는 탐재, 탈취, 경쟁 등의 속성을 가졌으므로 과히 아름답지 못하다. 그러나 때에 따라서는 오히려 이러한 속성이 필요할 때가 있으니 일간이 약하여 재성과 관성의 극을 심하게 받을 때이다.

겁재가 연주에 있으면 조상의 모습이 겁재와 같다고 보면 된다. 무언가 조용하게 살았다는 생각이 안 든다. 시끌벅적한 조상, 재탐, 물욕이 어느 누구보다도 강했던 조상이었다고 이해하면 될 것이다. 연주에 겁재가 있으니 나와 다른 혈통의 형제가 있을 수 있다.

겁재가 월주에 있으면 대단한 파워맨이다. 순수하지 않고 무언가 권력을 쥐었거나 재물을 크게 탐했던 적이 있다. 특히 부모의 모습이 그렇다. 겁재는 아버지를 극하는 역할을 하므로 부모와의 관계가 좋지 않다.

일지에 겁재가 있다면 배우자자리에 겁재가 있으니 부부간 편할 날이 있을 까. 각방을 사용하거나 이별 수가 있다. 재물손실이 크다. 결혼을 늦게 하는 것이 좋다.

시지에 겁재가 있으면 자손이 겁재의 모습이니 일간의 것을 **빼앗는** 형국이다. 죽기 전에 재산을 모두 자손에게 증여하게 될 것이므로 말년에 무재산으로 가난한 세월을 보내게 될 듯.

3) 식신

식신은 하는 일이다. 연구심, 탐구심이 많다. 내성적이며 비사교적이어서 융통성이 결여된 경우가 많다. 하고 싶은 일에만 관심을 갖게 된다. 예의범절이 좋고 도량이 넓으며 잘 먹고 잘 마시며 낙천적이다. 이성에게 환영받는 성격으로 재치와 유머가 있다.

식신이 연주에 있으면 문필력이 좋고 인물이 좋은 조상의 모습이다. 장사를 했어도 번창했고 지혜롭고 총명한 집안이었다. 특히 교육자 집안에 많다. 식신이 관성을 극하므로 공직과는 인연이 많지 않는 조상이다.

월주에 있으면 아버지에게 효도하는 부모를 뒀으며 신체가 건강하고 식욕이 좋은 부모를 만났다. 그러나 관성, 인성과 인연이 박하니 공부에는 재주 없고 관직에도 관심이 없는 부모형제를 두었다. 그럼에도 살림살이는 풍요롭다.

일주에 식신이 있으면 남자의 경우는 자식에 걱정거리가 많고 여자의 경우에는 남편과의 불편한 동거상태를 유지할 가능성이 많다. 식신이 두꺼우면 배우자는 틀림없이 비만체질일 가능성이 높다.

시주에 식신이 있으면 식복이 많은 자손을 둔다. 여자의 경우 아들, 딸을 많아두게 되며 재물복은 넉넉하여 말년에는 풍요로운 생활을 유지하며 건강히 오래 살 팔자이다. 남자의 경우에는 자식을 극하는 식신이 자식자리에 앉아 있으니 자식 근심이 떠나지 않는다. 여자의 경우에는 오히려 효자를 둔다,

4) 상관

상관은 무리를 이끄는 재능이 있고 총명하다. 예술가적 기질이 있고 식신보다 더 화려하고 활동적이다. 언변이 좋고 논리적이며 창의력, 재치, 머리회전력, 처세술, 재치, 능변, 자기포장 등이 능하다. 순발력은 좋으나 깊이 생각하지 않고 내뱉는 말 때문에 분쟁이 잦다. 자비심은 있으나 안하무인격이며 거만, 오만불손, 강자에겐 반항하고 약자에겐 도움이 되는 속성을 가졌다.

연주에 상관이 있으면 조상의 모습이 상관의 속성이며 조상과의 인연에서 관을 극하여 남자에게는 자손이, 여자에게는 배우자가 조상과 인연이 박복한 환경이다. 규칙과 질서를 무시하여 기존 관념을 깨뜨리는 언행 때문에 항상 분란을 갖고 산다. 조상복이 그다지 많지 않고 학문이나 관직의 조상보다는 비제도권에서 활동한 조상이었다.

월주에 있으면 부모형제의 모습이 상관이며 부모형제와 자손과의 관계가 인연이 박하고 여자의 경우 친정식구들과 남편과의 사이가 그다지 달갑지 않다. 월주 상관이니 상관 성향이 강하여 예능 기술이 많아서 활동력이 풍부하고 다양한 재주를 가지고 있으나 새로운 것을 추구하려는 시도 때문에 항상 위험에 노출되어 있다.

상관이 일주에 있으면 재주가 좋아서 수입은 좋으나 구설수, 관재수가 많아서 피곤하며 관을 상하게 하므로 남자에게는 직업의 안정성이 떨어지고 여자의 경우는 배우자와의 갈등이 크다. 배우자 자리에 상관이니 배우자가 미남, 미녀이며 재주가 많다.

시주에 상관이 있으면 자손의 모습이 그러하며 여자의 경우 자식 복이 있어 말년에 자식의 그늘에서 보내게 되며 남자의 경우 자손들과 갈등이 많아지니 어리석고 불효하는 자손을 두게 된다.

5) 편재

편재는 한탕주의 사상이다. 매월 일정한 급여를 받는 봉급생활자, 정기예금, 적금을 두는 검소한 경제생활자 등과는 달리, 편재하면 떠오르는 단어는 유산, 복권, 대출, 펀드, 부동산, 사업가, 재테크 등이다. 크게 벌고 크게 잃고. 있으면 펑펑 쓰고 없으면 거지처럼 산다. 무계획적인 생활이 반복된다. 남자는 호색가의 기질도 있다. 여자는 재산 탐닉하는 본성을 가졌다. 억척스럽게 돈을 버는데 쓰는데 헤프다.

연주에 있으면 조상의 모습이 편재의 속성이다. 조상대는 부자였거나 크게 잃었거나 크게 일으켰거나 경제적 부침이 있었을 것이다. 인성을 용납하지 않으니 학문적으로는 그다지 성공하지 못한 조상의 속성이다.

월주에 있으면 부모형제의 모습이 편재이다. 기본적으로 일간의 속성은 월지를 따르니 재물에 대한 기운이 강하고 물질주의 사상이 팽배하다. 남자는 이성을 즐기며 활동력이 크다. 지나치면 물질 경시하고 주색으로 패가망신할 수 있다.

일주에 있으면 처의 모습이 편재이다. 정재 자리에 편재가 자리 잡아 혼잡스럽다.

다른 사주에 정재 없으면 다행이지만 만약 다른 사주에 정재 있다면 처가 집과 불화하고 삼각관계 있게 된다.

시주에 편재 있으면 평생 지향하는 것이 편재의 속성이다. 한 번 크게 저지르고 싶지만 현실은 녹록지 않다. 주변에서 도와주면 말년이 풍족하고 자손들에 재복이 흘러가서 크게 상속 가능해지며 상속이 아니라도 자손이 경제적으로 번성하게 된다.

6) 정재

착하고 성실하면 거의 정재의 속성이다. 모범적이고 안정적이다. 착실히 모으고 아끼고 근검절약하며 책임감이 강하다. 다만 너무 보수적이고 융통성이 부족하다는 단점이 있다. 절약정신이 좋고 정직하며 돈을 효과적으로 이용한다. 가정적이나 인색한 면이 있어 답답하기도 한다. 편재가 사업성이라면 정재는 조직, 직장생활이 천직이다.

연주에 있으면 조상이 부자였거나 최소한 가난하지는 않았다. 조상 덕을 많이 본다. 일찍부터 재물에 눈이 떠서 고향 떠나 자수성가한다. 여자 복이 좋다. 단, 학문에는 별로 관심이 없어 머리가 좋아도 공부를 등한시한다.

월주에 있으면 부모의 모습이 정재의 속성이다. 바른 집안에서 나서 바르게 자란다. 독립성이 강하고 경제적인 자립심도 높다. 풍족한 재물을 누리나 다른 곳에 편재, 정재 함께 있으면 오히려 재산변동이 크다. 아내를 사랑하는 애처가이며 경제적인 계산도 분명하다.

일주에 있으면 아내의 속성이 정재이며 아내의 자리가 확실하다. 아내의 복이 좋아서 흔히 처덕이 있는 사주팔자이다. 다만 다른 곳에 겹쳐 있으면 오히려 여자문제로 시끄럽다. 처가와 관계가 좋아 오히려 본가와의 관계가 악화될 수 있다. 경제적인 어려움이 없다.

시주에 있으면 자손의 모습이 정재의 속성이다. 관성과 함께 있으면 말년에는 벼슬을 하게 된다. 말년에 경제적인 번영을 얻거나 자손이 경제적으로 번영하여 부귀를 누릴 수 있다. 말년까지 활동하게 되어 건강을 해칠 수 있다.

7) 편관

편관을 대변하는 속성은 권력, 투쟁, 완강, 야성적, 의지 강함, 수단 좋음, 두뇌빠름 등이다. 남자는 강하고 늠름하며 여자는 우두머리 기질이 있다. 무뢰한 타입이지만 때로는 눈물도 많고 인간적이며 따뜻한 성격을 가졌다. 칠살이라 하여 차갑고, 냉정하며 극기심이 강하다. 사교성이 부족하다. 자기 자신에 엄격하며 독선적, 오만, 버릇없이 보인다. 나를 해롭게 하고 형제를 박탈하기 때문에 편관이 많으면 상대적으로 형제가 없거나 없는 거와 같다.

연주에 있으면 조상이 편관이니 조상이 편관속성을 가졌다. 편관이 나를 극하니 조상 덕 보기 힘들다. 조상의 영향이 오래가니 객지에서 고독하게 고생한다.

월주에 있으면 부모형제가 편관이니 일간과 갈등관계이다. 편관이 직업적 전전함이 두드려지니 확실한 전공이 있어 그 길로 성공하기는 쉽지 않고 직업 전전함이 빈번하다. 문관보다는 무관에 어울린다.

일주가 편관이면 배우자의 모습이 편관이다. 일간을 괴롭히니 건강에 유념해야 한다. 남자는 배우자의 도움이 있으나 형제간의 불화가 크다. 여자는 배우자의 복이 한정적이다. 좋을 때는 아주 좋지만 그렇지 않을 때는 없는 것보다 못하다. 정관이 다른 사주에 있으면 남자는 직업전전하며 여자는 배우자에게만 기대지 않고 다른 남자에게 정을 준다.

시주에 있으면 자손이 편관이니 자손이 무관으로 출세할 팔자이다. 자손과의 인연은 좋으나 자손 때문에 근심걱정 끊이지 않는다. 말년에 편관이니 건강이 크게 악화된다. 불치병에 주의해야 한다.

8) 정관

정관은 정직, 성실, 명예, 신용을 중시하며 법을 지키고 성실히 살아간다. 질서를 존중하고 명예를 소중히 여긴다. 부모에게 효도하며 충성심, 도덕심이 높다. 한마디로 정리하면 모범생이다. 단. 너무 고지식하고 원칙주의자이며 정의만을 내세우면서 세밀하다는 단점이 있다. 남자에게는 바르게 자라는 자식이요 여자에게는 남편의 모습이다. 남녀 모두 직장이나 직업적인 안정성을 의미하기도 한다.

연주에 있으면 조상이 관직에 있었거나 집안이 혈통 있는 가문 출신이다. 귀족가문 분명하다. 자손들을 엄격히 교육시키어 가풍이 고지식하고 원칙주의적이다. 현대사회에서는 오히려 답답할 수 있다.

월주에 있으면 부모형제의 속성이 정관이다. 남자에게는 본가에 속하고 여자에게는 시댁에 속하는데 가풍이 그렇다. 직업적으로 관직이나 이름 있는 직장에서 근무한다. 명예욕이 많고 스스로 해결하려는 의지가 강하여 객지의탁 하지 않는다. 관직에 있으면 크게 길하나 사업하면 한번쯤 망할 팔자다. 단 주변의 글자가 도우면 그러하지 않다.

일주에 있으면 배우자의 모습이다. 남자는 배우자와 자손의 덕을 보며 여자는 남편의 복이 좋다. 부부가 명예욕이 대단하다. 태도가 단정하고 바르며 주변의 칭송이 마르지 않으나 형제자매와의 갈등이 잠재되어 있다. 주변에 너무 많으면 오히려 역작용이 일어나서 건강도 해치고 명예도 추락하며 직업적으로도 안정성이 떨어진다.

시주에 있으면 남자의 경우 자손이 모습이 그러하며 여자의 경우 말년의 배우자의 역할이 그러하다. 말년까지 벼슬, 관직, 직업적인 안정을 이룬다.

9) 편인

편인은 나를 괴롭히는 칠살을 제거해 주는 대신, 나의 식신을 뒤엎는 도식의 역할을 한다. 두뇌회전이 빠르고 촉감이 잘 발달되어 있어서 심리, 철학 등에 관심이 많다. 편인은 활동성이 부족하고 정신적, 이상적 세계가 강하다. 그래서 움직이지 않는 것을 선호하니 게으르다. 권태로움을 잘 느끼며 싫증을 잘 낸다. 인내력이 부족하고 용두사미 격. 눈치가 빠르고 임기응변에 능하며 계략적이다. 신경이 예민하며 불쾌감을 잘 느낀다. 독특한 생각을 한다. 냉소적, 방관적, 비판적이다. 두뇌 회전이 빨라서 창의력, 기획력이 좋다. 상징적으로 기술, 자격증, 재주, 학문, 학위, 문서, 계약서 등.

연주에 있으면 어릴 때 잔병을 많이 앓았다. 조상의 모습이 편인이다. 편인이니 재성과 극을 이루니 아버지와의 관계가 소원하다. 게으른 조상이 있었으니 가난한 조상이었다. 여자에게는 조상과 자식의 인연이 박하고 남자에게는 아버지와 조상의 인연이 박하다.

월주에 있으면 부모형제의 모습이라. 금전과의 인연은 박하고 사업은 그다지 복이 되지 않았다. 부모와의 갈등이 많다. 직업적으로 사업보다는 학문을 중시하나 전통적인 학문보다는 형이상학적인 학문을 존중하여 현세와의 거리를 두는 경우가 많다.

일주에 있으면 효신이라하여 부모에 불효하며 매사 하는 일이 성사되지 않는 어려움이 있다. 배우자의 모습이 인성이니 남자의 경우 배우자와의 인연이 부족하다. 여자는 배우자가 편인이니 자식과 배우자가 화목하지 못한다.

시주에 있으면 자손의 모습이 편인이라 식신을 극하니 말년의 건강이 걱정된다. 여자의 경우 자식과의 인연이 박하고 늙어서 고독하다.

10) 정인

정인은 한마디로 지식인이다. 온화한 성격을 가졌고 착하고 생각이 깊다. 일처리가 착실하고 자기중심적인 생활을 한다. 개성이 없어서 재미가 없는 경우가 정인의 속성이다.

글과 학문에 관심이 많고 자격, 도덕, 교양, 양심, 지식, 명예중시, 사고력이 좋고 철학적이다. 사업은 부적절하며 비활동적이어서 신체가 풍만하다. 현모양처형이며 자비심이 많다. 남자는 신사답고 여자는 숙녀의 기품 갖췄다.

연주에 있으면 조상의 모습이라 선대조상이 선비였고 양반가문 출생이다. 의사, 예술, 교육적인 직업을 가졌고 글을 잘하는 가문이다.

월주에 있으면 부모형제가 정인이라 속성이 그러하니 자녀들과의 관계가 소원하다. 학문적으로 관심이 많고 교육분야에 종사한다.

일주에 있으면 배우자의 모습이다. 남자의 경우 배우자와의 인연이 박하고 여자의 경우에는 자식과의 인연이 박하다. 배우자가 학자풍이라 많이 배웠지만 재물에는 관심이 많지 않아 사업적으로는 도움이 안 된다.

시주에 있으면 자손의 모습이라 학자 자손 보게 된다. 자손의 학문적, 벼슬적인 고위직에 오를 가능성 높고 교육자 자손 두게 된다. 정인이 말년에 있으니 늦게까지 학문을 즐기며 유유낙낙 살아간다.

제3절 궁성(宮星)이론

1. 궁성이론의 개념

궁성이론(宮星理論)이란 궁(宮)과 성(星)에 관한 이론이다. 여기서 궁이란 사주팔자의 각각의 자리를 궁, 또는 궁위(宮位)라고 한다. 근묘화실에 의해 연주는 조상의 자리이고 월주는 부모형제, 일주는 본인과 배우자, 그리고 시주는 자식의 자리라고 한다. 이렇게 각 주마다 각각 고유의 자리를 정한 것이 궁위이다. 그리고 성은 십성과 육친을 말한다.

궁은 고정된 위치이다. 쉽게 말해서 지정석이다. 성은 변동성을 가진다. 궁성이론은 변동성을 가진 성이 본인의 해당 궁의 자리를 차지하고 있는 지, 그렇지 않는 지에 따라서 십성, 육친의 관계성을 파악하는 것이다.

궁성이론은 전통적인 궁성이론을 바탕으로 대만의 하건충(何建忠)이 '팔자심리추명학(八字心理推命學, 1994년)'과 '천고팔자비결총해(千古八字秘訣總解, 1997년)'를 통해 새로운 시각의 궁성이론을 제시하였는데 오늘날 대부분의 궁성이론은 이를 기준으로 적용하게 되었다.

2. 궁성이론의 구조

궁성이론은 팔자의 각 궁에 고유의 천간과 육친을 배치한다. 천간에는 양간(陽干)을 배치하고 지지는 음간(陰干)을 배치한다. 그리고 간지 상하 간에는 합이 되도록 배치한다. 각 궁에 배치하는 천간의 중심은 일간이 되며 일간에는 주체성이 가장 강한 경금(庚金)을 배치한다. 그리고 나머지는 경금을 중심으로 십성·육친에 따라 배치한다.

(표 114) 궁의 위치와 십성

시	일	월	연
무(戊)	경(庚)	임(壬)	갑(甲)
(편인)	(비견)	(식신)	(편재)
계(癸)	을(乙)	정(丁)	기(己)
(상관)	(정재)	(정관)	(정인)

3. 십성·육친과 궁성이론 해석

연주를 살펴보면 연간은 편재의 궁위이고 연지는 정인의 궁위이다. 만약 이 자리에 십성인 편재와 정인이 위치한다면 궁과 성이 일치가 된다. 궁과 성은 아무런 손상이 없어 가장 이상적인 관계가 된다. 만약 연간에 정재가 위치하면 편재궁이 비겁을 얻는 경우와 같고 이는 편재를 더욱 왕하게 하므로 궁성이 상하지 않는다.

만약 편재궁에 비견이 위치하면 편재를 극하므로 편재궁은 파궁이 되고 비견성은 손실한다. 만약 편재궁에 정인이 오면 편재궁은 손실이 되고 정인성은 파성이 된다. 이렇듯 극하는 것은 손실이 되고 극을 당하는 것은 파궁성이 된다. 만약 편재궁에 편관이 오면 편재궁이 편관을 생하므로 편재는 손실되고 편관은 생을 받아 왕성해진다.

이와 같이 궁위를 판단할 때 각 궁위는 해당궁위에 있는 육친·십성과의 관계에 따라 생왕하거나 파궁, 파성이 된다. 만약 육친·십성도 파성이 되고 궁성도 파궁이 되면 해당 궁성의 육친과는 인연이 박하다고 판단한다.

만약 식상궁인 월간에 편관이 있다면 식상이 편관을 극하므로 식상은 손실이 되고 편관은 파성이 된다. 월지는 정관궁으로 남편궁인데 식상이 있다면 식상은 손실이 되고 남편궁은 파궁이 되어 남편과는 인연이 박하다고 본다. 이러한 방식으로 사주팔자의 각 궁위와 육친·십성의 관계성을 판단하는 것이 궁성이론의 핵심이다.

4. 궁성이론과 천간의 해석

궁성이론에 의해 각 궁에 배치된 고유의 천간은 해당 십성·육친의 특징, 성격과 결합하여 해석할 수 있다. 경금(庚金)을 일간으로 두어서 이를 비견으로 삼는다. 이를 기준으로 각 궁위의 천간과 십성·육친 관계를 설정하면 각각의 특성을 파악할 수 있다.

〈표 115〉 궁위와 십성

천간	갑(甲)	을(乙)	병(丙)	정(丁)	무(戊)	기(己)	경(庚)	신(辛)	임(壬)	계(癸)
십성	편재	정재	편관	정관	편인	정인	비견	겁재	식신	상관

갑(甲)은 편재이다. 편재이므로 물질세계를 중시하며 한탕주의를 꿈꾼다. 편재의 속성처럼 조작능력과 지각능력이 탁월하다.

을(乙)은 정재이다. 재물의 욕망이 강하나 합당한 재물이다. 선과 면에 대한 지각능력이 탁월하다. 활동력이 크다.

병(丙)은 편관의 속성을 가졌다. 의협심이 강하고 권위의식이 있으며 추진력이 있고 일처리가 분명하다.

정(丁)은 정관의 속성을 가졌다. 법과 질서를 준수하고 기존의 틀을 유지한다. 이성적이고 단체활동을 준수한다.

무(戊)는 편인이다. 자유로운 영혼을 꿈꾸며 심오한 철학의 세계를 즐긴다. 물질에 대해서는 담백하다.

기(己)는 정인의 속성이다. 겸손하고 너그럽다. 학문 탐구를 즐기며 주어진 환경에서 크게 이탈하지 않는다. 정신적인 수양을 즐기며 무엇을 분류하는 것을 잘한다.

경(庚)은 비견의 속성이다. 독립적이고 자주적이며 자기 중심적이다. 강건하며 육체적인 분야에서 두각을 낸다.

   신(辛)은 겁재이다. 재를 겁탈하므로 격렬하며 공격적이다. 경솔하고 무자비한 속성을 가졌다.

   임(壬)은 식신의 속성이다. 연구본능이 있어 분석능력이 탁월하다. 감성이 풍부하여 문예 등을 즐긴다.

   계(癸)는 상관의 속성을 가졌다. 민감하고 예리하다. 환상적이며 새로운 것을 선호하고 기존 질서에 얽메인 것을 싫어한다.

제4절 십성·육친과 공망

1. 공망의 작용

　공망은 지지는 있으나 천간이 없어서 그 지지가 천간과 짝을 짓지 못한 경우로서 간지의 조합이 결여된 미완성의 상태를 말한다. 문자 그대로 텅 빈, 허망한 상태를 말한다. '연해자평'에서는 천중살(天中殺)이라 하였다.

　공망에 대한 이론은 두 가지로 엇갈린다. 하나는, 공망은 명리학에서 다루지 않는 영역으로서 육효의 한 수단일 뿐이라며 공망을 배척하는 부류이고 다른 하나는, 명리학에서는 다루지 않지만 오랜 기간 동안 술사들에 의해 현장에서 적용되어 온 수단이기 때문에 도외시해서는 안 된다는 부류이다.

　일단 공망이라 그에 해당하는 오행이 그 역할을 제대로 할 수 없다. 목이 공망이라면 목의 역할이 부족하거나 정상적으로 작동하지 않는다. 화가 공망이어도 마찬가지로 화가 작동하지 않는다. 토, 금, 수도 마찬가지이다. 그래서 오행 중 무엇이 공망이냐에 따라 해당 오행과의 인연을 박하다고 한다.

　오행뿐만 아니라 천간과 지지도 마찬가지이다. 공망에 해당하는 천간이 있다면 그 천간은 작동되지 않거나 극히 그 세력이 미약해진다. 마찬가지로 공망에 해당하는 지지가 있다면 그 지지도 그 역할을 다하지 못하거나 미약하여 있어도 없는 거와 같고 없어서 더욱 부질없는 거와 같다.

　그러나 만약 공망에 해당하는 오행, 천간, 지지가 사주팔자, 명체에 결코 도움이 되지 않는 것이라면 오히려 공망인 것이 다행인 경우도 있다. 명체를 어지럽히거나 굴곡이 심하게 발생하도록 부작용을 주는 것이라면 차라리 공망이 되어 그 작용이 사라지거나 미약하게 되는 것이 오히려 잘된 것이다. 이렇듯 공망은 무조건 좋지않다고 이해하는 것은 잘못된 것이다. 그 작용의 결과에 의해 공망이 오히려 필요한 경우도 있는 것이다.

2. 십성·육친과 공망

　공망은 십성·육친에도 작용을 한다. 십성이나 육친 중 어느 하나가 공망이면 이에 해당하는 기능과 역할을 상실되며 그 인연은 미약하거나 박하여 관계성이 훨씬 떨어진다고 할 것이다. 중요한 것은 십성·육친 공망에 의해 그 역할과 기능이 미약해지면 상대적으로 극을 받고 있던 십성이 강해지는 효과가 있다는 점이다. 따라서 공망에 의해 작용하는 효과를 해당 십성·육친만을 볼 게 아니라 이로 인해 파생되는 다른 십성육친까지 함께 관찰하여야 한다.

1) 비겁공망

비겁 공망은 형제자매, 동료, 친구, 동창, 동기, 동업자, 경쟁자 등이 공망이란 의미이다. 따라서 이들로부터 어떤 기대나 도움이 되지 않고 인연이 박하며 이들과 함께 할 수 없는 경우가 많다고 본다. 때문에 고독하고 외로운 운명이 될 것이며 뭐든지 스스로 해결해야 하는 자수성가형이 된다. 일찍부터 타지에서 자립해야 하는 환경에 놓여있는 것이다.

형제자매, 동료, 친구, 동창, 동기, 동업자, 경쟁자 등이 항상 그립지만 그들과 더불어 살거나 그들의 협조를 기대하기가 어렵다. 채우고자 하는 열망이 강하여 비슷한 환경을 찾지만 결국은 다시 깨지고 마는 허망함의 연속이다.

비겁이 사주팔자에서 균형을 잡아주는 좋은 십성, 육친인데 공망이라면 겉은 화려하나 속은 빈 깡통과 같은 작용을 한다. 반면 비겁이 좋지 않는 십성, 육친이라면 다행이 그 작용이 약해져서 어려운 환경을 극복하는 전화위복이 된다.

비견이 공망이면 박학다식하나 용처가 불분명하여 결실을 논할 수 없는 외명내허(外明內虛)의 공허한 상태가 되고 겁재가 공망이면 영리함이 지나쳐 불신의 대상이 되는 반면 무엇이든 객기와 만용으로 기고만장하여 관재구설에 취약해진다. 비겁이 공망이 되면 고독하고 박명한다고 한다. 비겁이 공망이 들면 모든 일이 이루어지지 않는다고 한다.

비겁이 공망이 되면 비겁의 극을 받는 재성이 견제를 받지 않게 되어 훨씬 자유로워진다. 그러면 재성이 기능과 역할이 크게 확대되면서 재물에 대한 욕심이 증가한다. 물론 재성은 남자의 경우 아내에 해당하므로 비겁공망은 상대적으로 아내의 파워가 높아지는 이유가 된다.

(표 116) 비겁이 공망인 경우

시	일	월	연
O	갑(甲)	갑(甲)	무(戊)
(O)	(일간)	(비견)	(편재)
O	진(辰)	인(寅)	신(申)
(O)	(편재)	(비견)	(편관)

위 사주는 갑진 일주의 사주이므로 인(寅), 묘(卯)가 공망이다. 인은 비견, 묘는 겁재이므로 비견이 공망이 된다. 비견이 공망이 되어 제 역할을 못하므로 연주에 있는 편재 무토가 오히려 힘이 좋아져서 재물욕심을 갖게 된다.

비겁 공망에 해당하는 육십갑자는 갑진(甲辰), 을사(乙巳), 병신(丙申), 병술(丙戌), 정유(丁酉), 정해(丁亥), 무술(戊戌), 기축(己丑), 경진(庚辰), 신사(辛巳), 임신(壬申), 임술(壬戌), 계유(癸酉), 계해(癸亥) 등이 있다. 이 중에서 갑진(甲辰), 을사(乙巳), 정해(丁亥), 무술(戊戌), 경진(庚辰), 신사(辛巳), 임신(壬申), 계해(癸亥) 등은 십악대패(十惡大敗)[36]에 해당한다.

십악대패살은 10가지 악한 기운으로 인해 크게 실패한다는 흉살이다. 십악대패살이 사주에 있으면 낭비가 심하여 재산이 풍족하게 있어도 다 탕진해 버리게 되고 인간관계를 맺기가 어려워 사업을 하더라도 실패를 하며 결혼을 하더라도 이별 또는 사별을 하게 된다는 흉살이다. 여자의 경우 단란한 가정을 꾸려 잘 살다가도 새로운 남자를 만나 야반도주하는 경우도 있다고 전해진다.

결국 십악대패살은 재산, 사업, 결혼, 인간관계에 이르기까지 모두 실패하여 마음먹은 대로 할 수 있는 것이 하나도 없다는 흉살이다. 하지만 명리학에서는 십악대패살을 인정하지 않고 있다. 사주팔자의 균형과 조화의 관계를 더욱 중시하기 때문이다.

2) 식상 공망

식신은 탐구심이고 상관은 호기심이다. 식상이 공망이면 탐구심과 호기심이 극히 미약해진다. 때문에 시작은 화려하나 끝은 흐지부지되는 경우가 많다. 소문만 무성할 뿐 실속이 없다. 행동으로 그 결과를 보여주기 보다는 말로서 말을 만드니 말이 많고 허황된 말이 난무하게 된다.

직업변동이 많고 한 곳에 안주하지 못하여 삶의 굴곡이 심한 경우도 식상공망에서 나타난다. 머리가 좋으므로 모사를 잘 꾸미고 술수에 밝아서 잔머리에 쓰다가 스스로 자멸하는 경우도 이에 해당한다. 화술의 달인이므로 남을 설득하는 직업에 어울리나 공망이 있으며 제 기능이 왜곡되어 오히려 사기꾼으로 전락될 수 있다.

여자의 경우 식상이 자식이므로 출산의 고통이 심하거나 자식양육의 어려움을 겪게 된다. 만약 식신이 공망이면 아들이 귀하고 상관이 공망이면 딸이 귀하다. 식신은 마르지 않는 에너지와 같다. 쉼 없이 무언가 개척하고 움직이는 성향이다. 그러다 보니 원칙을 무시하거나 자아의식이 강해서 제도권에의 적응과 융합이 잘 되지 않는다.

(표 117) 식상이 공망인 경우

시	일	월	연
O	갑(甲)	기(己)	기(己)
(O)	(일간)	(정재)	(정재)
O	오(午)	사(巳)	유(酉)
(O)	(상관)	(식신)	(정관)

그러나 식상이 공망이면 오히려 이와 상반된 현상이 나타난다. 식상이 공망 되어 관성을 극하지 못하므로 사업이나 개인 활동 보다는 직장생활이나 공직생활에 어울린다. 또한 식상은 수명을 관장하는 별이므로 식상이 공망이면 대체로 질병에 취약해진

---

36) 십악대패살은 연주와 일주가 충을 이룰 때를 말한다. 사주 내에서 모든 일에 인연이 희박하여 뜻을 이루기가 어렵다. 운세가 미약하여 매사에 혜택을 얻는 일이 적고 부귀를 득하더라도 오래 가지 않는다. 반드시 모두가 흉한 것은 아니고 천월이덕의 도움이 있으면 호명이 된다. [네이버 지식백과] 대패일 [大敗日] (역학사전, 2006. 2. 10., 백산출판사)

다. 천수를 누리기가 쉽지않고 여자의 경우 산액을 겪는 등 자식과의 인연이 약하다고 할 것이다.

(표 117)은 갑오 일주이므로 진사가 공망인데 사가 식신이므로 식신이 공망이 된다. 식상 공망인 육십갑자를 보면 갑오(甲午), 갑신(甲申), 을미(乙未), 을유(乙酉), 병신(丙申), 정유(丁酉), 무인(戊寅), 기묘(己卯), 경신(庚申), 신유(辛酉), 임자(壬子), 계축(癸丑) 등이 있다.

3) 재성공망

재성은 재물욕을 상징한다. 그러나 공망이 되면 욕심만 있지 현실적으로는 오히려 결과물이 되지 않는다. 재물이 산산히 흩어져서 재물을 모으기가 쉽지 않다. 만약 재물을 추구하면 가정불화 및 손재수가 자주 발생한다. 한마디로 재성공망은 허황된 재물만 있을 뿐, 있어도 쓸 수가 없다. 재물이 없어서 모으고자 하나 모이지도 않는다. 벌면 더 쓴다.

재성은 아버지에 해당한다. 아버지가 공망이니 그 인연이 짧고 일찍 타지로 나가 자수성가 한다. 또한 여자의 경우 시어머니가 재성에 해당하므로 시어머니와의 인연이 박하다고 할 것이다. 남자의 경우에는 아내, 애인 등 여자문제와 관련하여 그 인연이 약하니 설사 여자관계가 형성된다 하더라도 굴곡과 잦은 문제를 야기한다. 때로는 의처증이 발생하여 인연이 유지하기 어려울 수 도 있으므로 늦게 결혼할수록 좋다고 할 것이다.

재성은 수리능력이 좋다. 그러나 공망이다 보니 부정적인 능력으로 확대되어 계산 속에만 밝은 모습이 된다. 너무 지나친 재물욕으로 인하여 구두쇠가 되기 쉽고 오히려 그 폐가 되 커지며 대인관계도 부정적으로 변한다.

(표 118) 재성이 공망인 경우

시	일	월	연
O	병(丙)	기(己)	임
(O)	(일간)	(상관)	(편관)
O	자(子)	유(酉)	인(寅)
(O)	(정관)	(정재)	(편인)

재성이 공망이 되면 인성을 극하지 못하여 인성이 역할이 확대되므로 사업적인 환경보다는 학문적인 환경에 더 관심이 많아진다. 끊임없이 학문을 탐구한다. 그러나 근본적인 뿌리가 재성에 있다면 학문을 탐구하지만 그 결과가 원활하지 않다. 비록 공망이지만 재성의 뿌리를 가지고 있기 때문에 갈등요소는 항상 존재한다. 그래서 사주 팔자는 다른 글자의 간섭을 안 받아야 좋은 것이다.

(표 118)은 정재가 공망인 경우이다. 병자 일주이므로 신(申), 유(酉)가 공망이다. 신, 유는 병자 일주에서 정재, 편재이다. 즉 재성 공망이다. 재성이 공망인 일주를 보면

갑오, 갑신, 갑자, 갑인, 을미, 을유, 을축, 을묘, 병자, 정축, 무오, 기사, 경오, 기미, 임인, 계묘 등이 있다.

4) 관성 공망

관성은 명예욕이다. 관직, 벼슬, 직장에 대한 욕구가 강하고 질서, 규칙, 법률의 환경을 감수한다. 관성은 일간을 극하니 일간이 함부로 날뛰는 것을 방지하는 대신 힘 없는 일간에게는 치명타가 될 수 도 있다.

관성은 남자에게는 자식이고 여자에게는 남편, 남자이다. 없어서는 안 되지만 너무 많아도 문제다. 항상 적당한 균형이 유지될 수 있는 수준이어야 한다. 관성의 운세, 강약, 왕쇠에 따라 사주팔자의 귀천(貴賤)이 결정된다. 사부팔자에서 관성의 역할은 매우 중요하다.

관성이 공망이 되면 이러한 환경이 무디어지거나 혹은 불리한 쪽으로 작용한다. 사주팔자 전체를 놓고 판단해야 하지만 일간과의 관계만 놓고 본다면 관성 공망은 좋은 환경이 아니다. 관성의 역할이 부족하거나 무디어진다면 일간은 함부로 날뛸 것이고 느닷없이 직장을 그만 둔다거나 전혀 예상치 못한 행동으로 주변 사람들을 놀래게 하기도 한다. 스스로 명예에 먹칠을 하게 된다.

(표 119) 관성이 공망인 경우

시	일	월	연
O	신(辛)	갑(甲)	무(戊)
(O)	(일간)	(정재)	(정인)
O	유(酉)	인(寅)	신(申)
(O)	(비견)	(정재)	(겁재)

관성이 공망이면 남자는 자식과의 관계가, 여자는 남편이나 남자와의 관계가 소원해지거나 불협화음이 생기게 된다. 공망이 되어 관성의 작용이 제대로 이루어지지 않기 때문이다. 심지어는 관성이 공망이 되면 남자에게는 자식이, 여자에게는 남자, 남편이 부재하거나 인연이 오래가지 못할 가능성이 높다.

(표 119)는 관성 공망이다. 신유일주은 진사가 공망인데 사(巳)가 일간 신(辛)의 정관이다. 이와 같이 관성이 공망인 일주는 갑술, 을해, 병진, 정묘, 무신, 기유, 경인, 신축, 임인, 계묘, 임진, 계사, 임신, 계유, 임자, 계해 등이 있다.

5) 인성공망

인성은 편인과 정인으로 나뉜다. 편인은 편관을 제거해 주는 역할을 하며 동시에 도식이라 하여 밥그릇을 빼앗는 역할을 하여 좋기도 하지만 나쁘기도 한다. 특히 수명의 상징인 식신을 괴롭히므로 항상 달갑지 않는 존재로 인식된다. 반면 정인은 지식이 풍부하고 온화하며 착하고 온순하다. 생각이 깊어서 행동하기 이전에 너무 많은 생각이 잠기는 흠이 있다. 그래서 비역동적이기 때문에 때로는 재미도 없고 진부한 느낌이 있다.

인성은 학문성, 도덕성, 인내심 등을 의미하며 지혜롭고 총명하여 직관력이 좋고 머리로 하는 업종에 종사하는 것이 유리하다. 인성은 기술, 자격증, 재주, 학문, 학위, 문서, 계약 등 대부분 서류, 문서, 자격 등과 관련이 많고 그런 분야에서 종사하는 경우가 많다.

인성은 식상을 극하므로 일간의 활동성을 제한하게 되어 활동력이 극히 부족하고 사업적인 요소를 제한하는 역할을 한다. 인성은 남녀 공히 어머니를 상징하며 어머니와 같이 일간의 후원자가 된다.

인성이 너무 지나치면 활동성이 극히 저하되고 여자는 자식과의 인연이 약해지며 남자는 처가집과 관계가 소원해진다. 반대로 인성이 없으면 식상이 상대적으로 힘을 받으므로 사업적으로 활동력을 넓히려는 경향이 강해진다.

인성이 공망이라면 이런 특징들이 약해지거나 무디어진다. 때로는 공망 작용이 커서 부작용으로 나타난다. 부작용으로 나타나면 부정적인 환경이 되므로 인성과의 인연은 박해진다. 인성이 어머니이므로 어머니와 자꾸 부딪치게 되고 어머니와 함께 살지 못하는 상황에 이르기도 한다.

(표 120) 인성이 공망인 경우

시	일	월	연
O	임(壬)	갑(甲)	무(戊)
(O)	(일간)	(식신)	(편관)
O	오(午)	인(寅)	신(申)
(O)	(정재)	(식신)	(편인)

인성을 대표하는 성향이 글, 학문, 자격, 도덕, 교양, 양심, 포용력, 인내, 직관, 영감, 지식, 명예중시, 사업부적절, 비활동적이다. 그러나 인성이 공망이 되면 이러한 성향은 약해지거나 인연이 없어진다. 따라서 학문을 하더라도 시작은 있으나 끝이 없고 자격증을 가지더라도 장롱속 자격증이 되고 만다. 공망이 되면 부정적이거나 반대 입장에 서게 되는데 인성이 너무 많아서 괴롭다면 공망이 되어 오히려 전화위복이 된다.

(표 120)은 신(申), 유(酉)가 공망인 임오 일주이다. 임일간은 신과 유가 인성이다. 따라서 인성이 공망이다. 인성이 공망인 일주는 갑인, 을묘, 병오, 정미, 무자, 기해, 경술, 경진, 신축, 신미, 임오, 계미 등이 있다.

제6장

부록

1. 명운 상담사 자격증 및 취득방법
2. 명운 상담사 자격 취득 기출문제

명운 상담사 자격증 및 취득 방법

(운명, 사주팔자, 적성재능분석, 미래예측)

1. 명운 상담사
　o. 인간의 부귀빈천, 희노애락, 길흉화복을 생년월일, 사주팔자를 통하여 진단하고 미래의 운명을 예측하는 미래 예측 전문가이고
　o. 진학, 전공, 직업, 사업 등 진로 문제에 대한 선천적인 적성·재능 분석을 통하여 그 합리적인 방향을 제시하는 적성·재능 분석을 통한 진로·직업 전문 상담사이며
　o. 인간관계, 가족관계, 사회관계 등에서 나타나는 스트레스, 불안정, 공항 등으로 인한 정신적, 심리적 병상 증세를 치유하는 힐링 전문 심리 치료 상담 전문가이다.

2. 활동영역
　o. "사주카페", "철학원", "작명원", "적성재능 진로 상담원" 등 창업, 개업 등 개인 사업 및 해당 기관 취업 또는 프리랜서 상담사
　o. '평생교육원', '문화원', '복지원', '시청', 구청', '주민자치 센타' 등에서 명리 전문 강사 및 공공기관, 단체, 금융기관, 기업체 등 강사
　o. 은퇴 후 안정적인 소득, 제2의 직업 진출, 경력단절 후 새로운 진로 진출

3. 대상
　o. 전문적인 명리 상담사로서 활동하고자 하는 분 또는 취미로 즐기고자 하신 분
　o. 은퇴 이후 노후의 안정적인 직업 및 소득을 희망하시는 분
　o. 경력 단절자 또는 이직, 전직 등 제2의 인생 설계를 계획하고 있는 분
　o. 창업, 개업을 희망하는 사람 또는 강사, 프리랜서로 활동하고자 하는 사람
　o. 기타 명리상담에 관심이 있는 분

3. 자격증 종류 및 취득방법
　o. 자격증명 : 명운 상담사 1급(명운 지도사), 2급(전문 상담사), 3급(일반 상담사)
　o. 등록기관 및 번호 : 문화체육관광부 2016-001959
　o. 관리기관 및 번호 : 한국직업능력개발원 018394
　o. 발급기관 : 한국미래산업개발원(02-785-7910, nicedeveloper@hanmail.net)

4. 취득 방법
　o. 소정의 교육(연간 60시간 이상) 이수(수료증으로 인정)했거나 현업 종사자로서
　o. 평가 및 과목당 40점, 평균 60점 이상 득점자.
　o. 평가과목(3급:명리학 개론, 2급:격국용신/신살/통변론, 1급:고전, 매화역수 등)
　o. 문의 : 한국미래산업개발원(02-785-7910, nicedeveloper@hanmail.net)

명리 상담사 자격취득 기출 문제

1. 우주란 무엇인가. 틀린 것은 (   )
① 천지 사방 과 고왕 금래
② 세계 또는 천지간, 만물을 포용하고 있는 공간, 자연, 두우,
③ 질서 있는 통일체로서의 세계
④ 지구와 태양, 달의 관계

2. 수많은 별들이 존재하는데도 그 별들끼리 일정한 거리를 유지하면서 질서를 이루고 있는 이유 중의 하나가 (①)과 (②)의 작용 때문이다. (   )에 들어갈 단어는 무엇인가?(   )과 (   )

3. 행성들의 자전과 공전에 의해 생기는 (①)과 (②)이 평형을 이루고 있기 때문에 어느 한 쪽으로 끌려가지 않고 일정한 궤도가 유지하며 공존하고 있는 것이다.
(   )에 들어갈 단어는 무엇인가?(   )과 (   )

4. 지구에 생명체가 존재하는 이유이다. 틀린 것은(   )
① 물이 존재해야만 한다. 특히 액체상태의 물이 존재하여야 한다.
② 태양과의 거리가 적절하여야 한다.
③ 대기가 존재하기 때문이다. 태양에서 오는 자외선이나 방사선 등과 같은 것으로부터 생명체를 보호함은 물론 생명체에 필요한 적절한 성분구성비를 가능하게 하기 때문이다.
④ 지구 공전궤도 이심률 때문이다. 지구는 타원으로 태양을 공전하는데 근일점과 원일점에서의 지구 온도차이가 작기 때문에 1년 동안 온도변화가 작아 생명체가 존재하기에 적합하기 때문이다.
⑤ 지구의 크기가 가지는 만유인력의 힘이라고 할 수 있다.
⑥ 강력한 자기장의 존재이다. 자기장이 소중한 이유는 태양으로 뿜어져 나오는 태양풍의 영향을 상당부분 차단할 수 있기 때문이다.
⑦ 적절한 자전 속도 때문이다. 이 자전속도가 중요한 이유는 자전속도도 생명유지에 필요한 물과 대기 등에 상당부분 관여하기 때문이다.
⑧ 날씨 변화에 적당할 정도의 지구 자전축의 기울기다. 자전축이 중요한 이유는 자전축이 얼마나 기울어져 있느냐에 따라 지구의 위도와 지구의 위치에 따라 태양에너지를 받는 것이 달라져서 기후 변화가 달라지기 때문이다.
⑨ 태양의 존재다. 태양이 지구에서 소중한 이유는 태양의 막대한 인력이 조수간만의 차이를 발생시켜 물속의 각종 물질이나 기체가 골고루 섞이게 해 바다 속에 다양한 생명체가 생존할 수 있게 해주고 또한 지구 내부의 활발한 활동을 도와 지구가 항상 움직이게 해 지구가 식어서 죽는 것을 막아준다. 뿐만 아니라 태양의 인력이 자전축이 기울어지는 것을 잡아준다.

5. 자연이란 무엇인가? 다음 중 다른 것은(   )
① 인간의 영향이 미치지 않은 그대로의 현상과 그에 따른 물질
② 산, 바다, 호수와 같은 자연 환경
③ 사람을 포함한 자연물 모두
④ 사람을 포함한 하늘과 땅, 우주 만물
⑤ 인위적이지 않은 행동이나 현상

6. 계절의 변화가 생기는 이유는?(   )
① 지구의 자전축이 기울어진 상태로 공전하기 때문에 생기는 현상이다.
② 지구가 자전하기 때문이다.
③ 달이 주변에 있기 때문이다.
④ 지구에 생명체가 살고 있기 때문이다.

7. 절기에 대한 설명으로 틀린 것은(   )
① 절기는 계절을 세분한 것으로 대략 15일 간격으로 구분되어 1년은 24절기로 나눠진다.
② 24절기는 1년을 24등분한 24개의 계절을 말하는 것이다.
③ 태양이 춘분점에 있을 때를 춘분, 태양이 춘분점으로부터 황도 상으로 23°만큼 이동해 갔을 때를 청명, 또다시 23°만큼 이동해갔을 때를 곡우(穀雨)라고 하는 등 각 절기의 첫날에 이름을 붙여 사용한다.
④ 각 절기는 3등분되어 초후·이후·삼후로 나뉘며, 1년은 72후로 구분된다.

8. 다음 중 봄의 절기가 아닌 것은(   )
① 입춘   ② 우수   ③ 경칩   ④ 망종

9. 다음 중 여름의 절기가 아닌 것은(   )
① 입하   ② 소만   ③하지   ④ 처서

10. 다음 중 가을의 절기가 아닌 것은(   )
① 입추   ② 백로   ③ 추분   ④ 곡우

11. 다음 중 겨울의 절기가 아닌 것은(   )
① 한로   ② 입동   ③ 소설   ④동지

12. 양력 2월 4일경이며 음력으로는 정월의 절기로써 보통 새해를 상징하며 이날부터 봄이 시작된다. 무엇에 대한 설명인가(   )
① 입춘   ② 우수   ③ 경칩   ④ 망종

13. 양력으로 6월 6일경이며 씨를 뿌리기 좋은 시기라는 의미를 가지고 있다. 무엇에 대한 설명인가(   )

① 입춘 ② 우수 ③ 경칩 ④ 망종

14. 양력 8월 23일경으로 여름이 지나면서 더위도 가시고 선선한 가을을 맞이하게 된다는 의미이다. 무엇에 대한 설명인가(   )
① 입하 ② 소만 ③ 하지 ④ 처서

15. 양력 12월 22일경으로 1년 중에서 밤이 가장 긴 날이다. 이 날을 '작은설'이라고 불렀다.
① 한로 ② 입동 ③ 소설 ④ 동지

16. 낮과 밤이 생기는 까닭은 무엇일 까(   )
① 지구 자전 ② 지구 공전 ③ 달의 자전 ④ 태양의 자전

17. 천수, 즉 하늘이 준 인간의 수명은 몇 살인가(   )
① 90살 ② 100살 ③ 110살 ④ 120살

18. 인간이 천명대로 살지 못하는 이유는 (   )하기 때문이다. (   )는 무엇인가.

19. (   )이란 주어진 하늘의 뜻, 즉 인간의 생명)과 그 생명에 영향을 미치는 여타의 기(氣)의 흐름을 말한다. 다시 말하면 주어진 생명의 단축 또는 연장에 결정적으로 영향을 미치는 천체의 움직임을 말하며 그러한 움직임에서 특정한 기가 발산되어 명에 영향을 미치게 된다는 것이다.

20. 조선 말기의 종교사상가 김항(金恒)이 주창한 역학사상은 무엇인가(   )
① 주역 ② 정역 ③ 황도12궁 ④ 명리학

21. 다음에서 10천간에 해당하지 않는 것은(   )
① 갑 ② 병 ③ 경 ④ 축

22. 다음에서 12 지지에 해당하지 않는 것은(   )
① 임 ② 자 ③ 인 ④ 축

23. 다음 중 틀린 것은(   )
① 인간의 명운섭리, 즉 인간의 명운의 원리와 이치를 철학적 관점에서 관찰하고 해석하고 판단하는 것을 명리(命理)라고 한다.
② 그러한 명리를 학문적으로 연구하는 것을 '명리학(命理學)'이라 한다.
③ 일상생활에서 실용적으로 적용하는 것을 '명리술(命理術)'이라 한다.
④ 명리학과 주역은 같은 개념이다.

24. 자평명리학의 이론적 체계를 세운 사람은 누구인가(   )

25. 삼명통회의 저자는 누구인가 (   )

26. 당사주를 체계화 시킨 사람은 누구인가(   )

27. 다음은 무엇에 대한 내용인가(   )

> 1. 처음부터 끝까지 진중하여야 한다. 천명을 다루는 일이거늘 하시라고 소홀히 해서는 안 된다.
> 2. 모르면 모른다고 솔직해야 한다. 괜히 아는 체 고집부리다가 오히려 신뢰만 잃는다.
> 3. 항상 겸손하여야 한다. 그래야 존경받는다.
> 4. 나만이 최고라든가, 내가 가장 잘 맞는다고 입방아 찧지 마라. 남을 배척할수록 오히려 자신 없어 보인다. 굳이 말하지 않아도 내담자는 이미 알고 있다.
> 5. 친절하고 부드럽고 세련된 언행으로 상담하라. 하는 대로 대접받는다.
> 6. 내담자의 사생활이나 개인정보는 철저히 비밀로 하라. 내담자를 존중하여야 한다.
> 7. 가급적 경청하라. 내담자를 상담하려면 경청하는 것이 가장 좋은 정보(情報)다. 먼저 말하고 결론 내는 것은 아마추어 수준이다.
> 8. '좋다 안 좋다'라고 함부로 결론 내려 하지 마라. 인생은 결론이 없다. 내담자가 더 잘 안다.
> 9. 항상 균형감각을 유지하라. 명리가 균형이거늘 치우침은 절대 금물이다.
> 10. 교육자나 지도자가 아닌 상담자가 되어야 한다. 가르치려 하기보다는 도와주려는 자세를 취해야 한다. 가장 현명한 상담사는 정답을 주는 것이 아니라 정답을 찾을 수 있는 지혜를 주는 것이다. 때문에 내담자의 입장에서 상담하는 것이 가장 바람직하다

28. 점술에 해당하지 않는 것은(   )
① 명리술 ② 매화역수 ③ 기무둔갑 ④ 육임, 육효

29. 첫째는 명리술, 둘째는 점술, 셋째는 의술, 넷째는 상술, 다섯째는 선술 등을 총칭하여 무엇이라 하는가(   )

30. 생명체의 탄생은 그 순간의 우주의 에너지가 무엇인지에 따라 그 정체성이 결정된다. 이에 해당하지 않는 것은(   )
① 생년월일시(시간) ② 환경(공간) ③ DNA(유전자) ④ 지구의 자전

31. 사람의 태어난 해(年)·달(月)·날(日)·시(時). 즉 생년월일시를 '간지(干支)로 나타낸 것을 (   )라고 한다.

32. (   )이란 지지 속에 감춰진 천간을 말한다. 하늘의 기운을 천간이라 하고 땅의 기운을 지지라 하는 데 사람의 기운을 흔히 이에 비유한다. 즉 지지 속에 감춰진 천간을 사람의 기운이라고도 한다.

33. (   )이란 10간(干)과 12지(支)를 결합하여 만든 60개의 간지(干支)를 말한다. 60간지 또는 육갑(六甲)이라고도 한다.

34. 천간에는 고유의 숫자가 붙는다. 기준이 되며 0인 것은(   )
① 경   ② 임   ③ 갑   ④ 병

35. 고유의 숫자가 5인 천간은(   )
① 신(辛)   ② 정   ③ 을   ④ 무

36. 이것은 현세에 인연이 없으며 혹은 그 자체의 역량 내지는 의미하는 것이 전연 없다고 본다. 이것은 60갑자에 의해 발생하는데 천간과 지지가 한 조를 이루어 진행 되다가 천간10, 지지12이면 결과적으로 지지 2개는 천간을 만나지 못하게 된다. 이때 천간을 만나지 못한 지지를 말한다. 이것은 무엇인가(   )
① 천간   ② 지지   ③ 지장간   ④ 공망

37. 이것은 매년의 태세(太歲), 매월의 월건(月建)과 대소(大小), 매일의 일진(日辰), 달의 삭(朔)·현(弦)·망(望), 24절기(節氣)의 입기일시(入氣日時), 일월(日月) 5행(五行), 즉 칠정(七政)의 매일의 위치, 4여(四餘)의 10일마다의 위치 등을 기재하고 있다. 처음에는 '천세력(千歲曆)'이라 불리었으며 앞으로의 100년 동안의 여러 가지 역에 관한 지식을 미리 알 수 있게 한 것이다. 이것은 무엇인가(   )

38. 여러 가지 팔자를 세우는 방법 중 반드시 만세력으로 세워야 하는 것은(   )
① 연주   ② 월주   ③ 일주   ④ 시주

39. 이것은 각 주마다의 인연관계를 설정하고 그 관계를 해석하는 것이다. 사주(四柱), 즉 연주, 월주, 일주, 시주를 근(연주), 묘(월주), 화(일주), 실(시주)로 나누어 그 관계를 설정, 해석하는 것이다. 이것은 무엇이라 하는가(   )

40. 이것은 한마디로 사주(四柱) 주인공의 일대기를 나타내는 것이라 할 것이다. 이것도 근묘화실과 같이 사주의 각 주마다 그 기능과 역할을 설정하고 해석한다.

41. 10년에 한 번씩 바뀌는 행운을 무엇이라 하는 가(   ).
① 세운   ② 월운   ③ 시운   ④ 대운

42. 주변을 살피지 않고 앞으로 전진 하려는 성향과 위로 계속 뻗어나려는 성향이 강하다. 천간의 첫 글자이므로 처음·제일을 뜻한다. 강직, 낭비, 고집, 두각, 독립 등의 성격을 의미한다. 천간 중 무엇인가(   )
① 경   ② 임   ③ 갑   ④ 병

43. 감각이 섬세하고 멋을 추구하며 문학이나 예술에 재능이 많다. 특히 손재주가 좋다. '삼명통회'에서는 바람으로 표현한다. 천간 중 무엇인가(   )
① 신(辛)   ② 정   ③ 을   ④ 무

44. 하늘의 태양이라 한다. 태양처럼 밝고 환하다. 매사에 쾌활하고 정열적이며 적극적이고 화끈하다. 이상과 포부가 원대하고 계획이 크며 활동적이다. 사물을 판단하는 안목도 빠르고 정확하다. 깔끔하고 멋을 안다. 세련되고 이상적이다. 매사 공평하며 남을 속이지 못한다. 천간 중 무엇인가(   )
① 갑(甲)   ② 병(丙)   ③ 무(戊)   ④경(庚)

45. 유화, 온순을 상징한다. 용광로나 화롯불 같은 불이다. 정열, 온순, 집요, 연구, 온정 등을 상징한다. 삼명통회에서는 별, 은하계, 등불을 상징한다. 달빛, 촛불, 화롯불, 작은 불 등을 의미한다. 천간 중 무엇인가(   )
① 임   ② 정   ③ 을   ④ 무

46. 높고 큰 산과 넓은 벌판, 강과 호수를 막는 제방과 운동장, 넓은 광장이나 황야, 언덕이나 높은 고개, 성곽, 축대를 나타낸다. 대부분 높고 넓으며 굳어 있는 땅, 마른 땅 등을 의미한다. 삼명통회에서는 안개, 노을로 표현한다. 천간 중 무엇인가(   )
① 임   ② 정   ③ 을   ④ 무

47. 침착하고 사고를 깊이 하며 매우 사교적이고 감정은 사려(思慮), 온후하고 침착하게 모든 일에 심사숙고하며 관찰력이 빠르고 상식적이긴 하지만 결단력이 약하다. 주로 논밭, 담, 성벽, 묘지, 도로, 중개자, 바둑, 도자기, 기와, 벽돌, 주차장 등으로 해석한다. 천간 중 무엇인가(   )
① 기   ② 정   ③ 을   ④ 무

48. 만물의 개혁을 이룩하는 뜻이 있다. 응고(凝固)작용을 기본으로 한다. 의미상으로 과감, 용단, 의협, 정의, 냉정 등의 뜻을 가지고 있다. 삼명통회에서는 달을 상징한다. 적천수에서 살을 차고 있어 그 기운이 살벌하고 굳세고 튼튼하기가 십간 중 최고라고 표현하였다. 천간 중 무엇인가(   )
① 갑(甲)   ② 병(丙)   ③ 무(戊)   ④경(庚)

49. 단단한 결정체이며 씨앗이다. 완전히 익은 과일, 곡식, 내실이다. 빛나는 보석. 면도칼, 찬서리, 싸늘함, 살벌함 등의 느낌이다. 모든 초목을 순식간에 자른다. 천간 중 무엇인가(   )
① 신(辛)   ② 정   ③ 을   ④ 무

50. 잉태한다는 의미를 가지고 있다. 열매가 익어 씨앗이 되어 땅속에서 다시 새로운 생명을 잉태하는 것을 의미하며 양기가 만물의 씨앗이나 땅속에서 작용하는 것을 뜻한다. 모든 생명의 근원이며 우주의 젖줄이며 종자, 정자, 난자, 원자, 분자, 전자와 관련이 있다. 천간 중 무엇인가(   )
① 임   ② 정   ③ 을   ④ 무

51. 삼명통회에서는 봄장마, 우로(雨露)로 표현한다. 졸졸졸 흐르는 샘물이나 생수, 활수, 원천, 윤하수 등으로서 항상 흘러내리는 물로서 만물을 자양하는 근본이다. 적천수에서는 지극히 약하고 은근하나 고요히 흐르고 흘러 하늘 나루터에 도달한다 라고 표현했다. 천간 중 무엇인가(   )
① 경   ② 계   ③ 갑   ④ 병

52. 차갑고, 춥고, 적막하다, 외롭고, 고독하다, 휴식, 끝과 시작, 죽음, 마무리 어둡다, 휴식, 정적, 밤, 음침하다, 에너지 보충, 종착과 시작, 정리와 태동양면성, 이중성, 자율성, 노년, 정신, 죽음, 검정. 이상은 12지지 중에서 무엇인가(   )
① 자   ② 축   ③ 인   ④ 묘

53. 차갑고, 춥고, 적막하다, 외롭고, 고독하다, 꽁꽁 언 대지, 얼어서 불만족, 온순하고 유대관계가 좋다. 자기 속을 보이지 않으며 명예욕이 강하고 고집스럽다. 그래서 고독하다. 되새김질을 한다. 즉 누구를 씹거나 한 말 또 하고 또 하는 스타일이다. 조상과 관계가 있다. 12지지 중에서 무엇인가(   )
① 자   ② 축   ③ 인   ④ 묘

54. 삼명통회에서는 광곡(廣谷)이라 하여 깊고 넓은 계곡을 의미한다. 직선적으로 올라가는 형국이며, 위세당당하다. 주로 밤에 활동하고 어슬렁거리며 돌아다닌다. 용맹, 강인, 솔직, 담백, 의협심, 지도자적 기질과 추진력은 좋으나 동분서주해 남에게 인심을 잃거나 불신을 받을 수 있다. 12지지 중에서 무엇인가(   )
① 자   ② 축   ③ 인   ④ 묘

55. 다산, 풍요, 프레이보이, 꾀돌이, 예민, 지혜, 슬기, 소심, 경박, 날샌돌이, 겁쟁이 충성, 불노장생, 착함, 평화, 풍요, 치밀함과 총명함을 운명으로 타고 났다. 이상주의자이다. 감수성이 뛰어나고 유머가 풍부하여 예능 계통에 재능을 보인다. 쉽게 사는 것을 좋아하고 다툼에 빠지는 것을 싫어한다. 12지지 중에서 무엇인가(   )
① 자   ② 축   ③ 인   ④ 묘

56. 날씨 변화가 심하고 기상이 상당히 복잡하다. 기온이 상승하기 시작하고, 북서계절풍의 세력이 현저하게 약해진다. 운세가 성대하다. 직장인이라면 지위가 높아지고 학생은 성적이 향상된다. 그러나 겸손하게 처신하지 않으면 도리어 실패를 초래할 수 있다. 성급하게 행동해서는 안 되는 것이다. 12지지 중에서 무엇인가(   )
① 진   ② 사   ③ 오   ④ 미

57. 깨끗, 고상, 정직, 사색, 총명, 빠르다, 양기 가득, 화사, 밝음, 뜨거우며 폭발하는 성분, 분명, 명확, 밝은 생각, 의욕이 강하며 주변에 대하여 간섭하기를 좋아한다. 포용력이 강하며 쉽게 뜨거워지고 쉽게 식어버리는 기질이다. 인내심이 약하고 자기주장이 강하다, 독선적, 충동적, 즉흥적. 12지지 중에서 무엇인가(   )
① 진   ② 사   ③ 오   ④ 미

58. 겉은 화려하고 속은 공허한 것을 의미. 밝음. 의욕이 강하며 주변에 대하여 간섭하기를 좋아하다. 창조력, 독창성, 공격적, 긍정적. 문명의 불, 정신문화, 교육, 문화사업, 정열, 인내심이 약하다. 12지지 중에서 무엇인가(   )
① 진   ② 사   ③ 오   ④ 미

59. 온순하고 순박하며 가족을 위해서라면 무슨 일이든지 할 수 있는 성격. 그러나 자기가 한번 마음먹은 일은 그 일이 좋건 나쁘건 절대로 포기하지 않는 타입. 자존심이 강하고 드러나는 일을 싫어하는 성격. 12지지 중에서 무엇인가(   )
① 진   ② 사   ③ 오   ④ 미

60. 아주 특별한 자기만의 세계가 있다. 그 안에서만 모험하고 여행하면서도 언제나 즐겁다. 그처럼 특별한 성격을 이해하는 친구를 만나기가 어려워 외로움을 느끼기도 한다. 그러나 타고난 영리함으로 남들과 잘 어울리며 다른 사람들을 도우면서 기뻐하고 어려움도 잘 이겨낸다. 12지지 중에서 무엇인가(   )
① 신(申)   ② 유   ③ 술   ④ 해

61. 의리가 있다. 신념에 확신이 있다. 노력가이다. 이상이 너무 크다. 거짓을 모른다. 상상력이 뛰어나다. 모험심이 강하다. 무에서 유를 창조하는 뛰어난 힘이 있다. 자신의 꿈에 대해서는 참으로 성실하다. 12지지 중에서 무엇인가(   )
① 신(申)   ② 유   ③ 술   ④ 해

62. 헌신적이다. 믿을 수 있다. 강인하다. 신뢰할 수 있다. 끈기가 있다. 관대하다. 지략이 풍부하다. 책임감이 있다. 품위가 있다. 항상 주의 깊다. 생각이 깊다. 너그럽다. 겸손하다. 솔직하다. 열정적이다. 12지지 중에서 무엇인가(   )
① 신(申)   ② 유   ③ 술   ④ 해

63. 예의가 바르다. 공평하다. 진실하다. 믿음직스럽다. 씩씩하다. 활발하다. 점잖다. 충동적이다. 평화를 사랑한다. 침착하다. 자상하다. 인기가 있다. 항상 부지런하다. 발랄하다. 사교적이다. 관대하다. 12지지 중에서 무엇인가(   )
① 신(申)   ② 유   ③ 술   ④ 해

64. 각 오행의 성질이다. 틀린 것은(   )
① 수 : 윤하   ② 화 : 염상   ③ 목 : 곡직   ④ 금 : 가색

65. 각 오행의 방위이다. 틀린 것은(   )
① 수 : 북   ② 화 : 남   ③ 목 : 동   ④ 금 : 중앙

66. 각 오행과 오상(五常)이다. 틀린 것은(   )
① 수 : 지(智)   ② 화 : 예(禮)   ③ 목 : 인(仁)   ④ 금 : 신(信)

67. 각 오행의 색깔이다. 틀린 것은(   )
① 수 : 황색   ② 화 : 적색   ③ 목 : 청색   ④ 금 : 흰색

68. 각 오행과 오장육부와의 관련이다. 틀린 것은(   )
① 수 : 비장   ② 화 : 심장   ③ 목 : 간장   ④ 금 : 폐

69. 각 오행과 맛의 관련이다. 틀린 것은(   )
① 수 : 짠맛   ② 화 : 단맛   ③ 목 : 신맛   ④ 금 : 매운맛

70. 각 오행과 오기(五氣)의 관련이다. 틀린 것은(   )
① 수 : 한   ② 화 : 열   ③ 목 : 풍   ④ 금 : 습

71. 위로 자라나는 성질이 있다. 쉽게 자라고 움직이는 특성이 있다. 솟구치고 뻗어나가려는 성질을 가지고 있다. 많으면 고집이 세고 성격이 꼿꼿하고 출세욕이 남보다 강하다. 육성(育成)을 의미한다. 오행 중 무엇인가(   )
① 목   ② 화   ③ 토   ④ 금   ⑤ 수

72. 물체를 태우는 특성이 있다. 물질을 용해하여 변화시키는 작용을 하게 된다. 따뜻하고 뜨거운 열기가 있어서 불꽃이 위로 솟아오르는 속성을 가졌다. 성격이 급하고 활발함과 솔직함을 간직하고 있다. 오행 중 무엇인가(   )
① 목   ② 화   ③ 토   ④ 금   ⑤ 수

73. 중화시키는 도량역할을 한다. 사물과 현상을 중재하고 중화시킨다. 생물을 자라게 하고 자기 몸을 헌신한다. 생출을 의미한다. 오행 중 무엇인가(   )
① 목   ② 화   ③ 토   ④ 금   ⑤ 수

74. 한랭하며 싸늘하고 나무처럼 포근한 느낌이 없다. 쇠소리를 내는 특성이 있다. 예리하고 날카로운 칼날처럼 결단력이 있다. 오행 중 무엇인가(   )
① 목   ② 화   ③ 토   ④ 금   ⑤ 수

75. 성질은 차갑고 서늘한 특성이 있고 아래로 흐르는 특성이 있다. 많으면 고집이 센 반면 남에게 베푸는 일을 잘하게 된다. 만물이 살아나가기 위한 가장 중요한 요소이다. 오행 중 무엇인가(   )
① 목   ② 화   ③ 토   ④ 금   ⑤ 수

76. 오행의 상생관계이다. 잘못된 것은(   )
① 목생화(木生火)   ② 화생토(火生土)   ③ 토생금(土生金)   ④ 금생수(金生水)   ⑤ 수생화(水生火)

77. 오행의 상극관계이다. 잘못된 것은(   )
① 수극화(水剋火)   ② 화극금(火剋金)   ③ 금극목(金剋木)   ④ 목극토(木剋土)   ⑤ 토극금(土剋金)

78. 오행을 상징하는 숫자이다. 잘못된 것은(　　　)
① 물(水)은 1과 6번 ② 나무(木)는 3과 8번 ③ 불(火)은 2와 7번 ④ 흙(土)은 4와 9번

79. 창작이나 기획력 부족하다. 간, 담의 허약해진다. 오행 중 무엇이 없는가(　　　)
① 목 ② 화 ③ 토 ④ 금 ⑤ 수

80. 활동력이 떨어진다. 소극적, 음성적, 심장, 소장, 시력이 약해진다. 우울증, 더디다. 남자는 영양가가 있다. 여자는 결실이 늦다. 오행 중 무엇이 없는가(　　　)
① 목 ② 화 ③ 토 ④ 금 ⑤ 수

81. 역동적이다. 부동산, 전택(田宅)과 약해진다. 정착력이 떨어진다. 직업변동이 많다. 경쟁력이 부족하다. 오행 중 무엇이 없는가(　　　)
① 목 ② 화 ③ 토 ④ 금 ⑤ 수

82. 수렴, 종혁, 의리 등이 부족해진다. 용두사미격이다. 자손이 드물다. 대장, 폐, 호흡이 약하다. 결단성, 분배, 분리 등이 부족하다. 오행 중 무엇이 없는가(　　　)
① 목 ② 화 ③ 토 ④ 금 ⑤ 수

83. 지속성, 영속성을 두지 못하다. 학문과 지혜가 부족하다. 생각하는 동작이 부족, 융통성 부족, 팍팍해서 일이 안 된다. 자식생산의 결핍 신장, 방광, 생식계통 허결해진다. 오행 중 무엇이 없는가(　　　)
① 목 ② 화 ③ 토 ④ 금 ⑤ 수

84. 비견(比肩)과 겁재(劫財), 식신(食神)과 상관(傷官), 편재(偏財)와 정재(正財), 편관(偏官)과 정관(正官), 편인(偏印)과 정인(正印) 등 10가지 환경을 부르는 용어는?(　　　)

85. 십성을 산출하는 기준은?(　　　)
① 연간 ② 월간 ③ 일간 ④ 시간

86. 십성 중 일간과 오행이 같은 관계를 무엇이라 하는 가(　　　)
① 비겁 ② 식상 ③ 재성 ④ 관성

87. 일간(日干)과 오행이 같으면서 음양까지 같은 것이 (①)이고, 오행은 같지만 음양은 다른 것이 (②)이다. ①과 ②는 무엇, 무엇인가(　　　) (　　　)

88. 일간이 생(生)하여 주는 오행을 총칭하여 (　　　)이라고 한다.

89. 일간이 극(克)하는 대상을 오행을 통칭하여 (　　　)이라고 한다.

90. 일간이 극(克)을 해주는 관계에서 일간과 음양까지 같은 것이 (　　　)이고 일간과 음양이 다른 것은 (　　　)이다.

91. 일간을 극(克)하는 오행을 통칭하여 (　　　)이라고 한다.

92. 일간을 극(克)하는 관계에서 일간과 음양까지 같은 것이 (   )이고 일간과 음양이 다른 것은 (   )이다.

93. 일간을 생(生)하여 주는 오행을 통칭하여 (   )이라고 한다.

94. 일간을 생(生)하여 주는 관계에서 일간과 음양까지 같은 것이 (   )이고 일간과 음양이 다른 것은 (   )이다.

95. 나와 가장 가까운 여섯 친족(親族), 즉 부모(父母), 형제(兄弟), 처자(妻子) 등을 관계를 말한다. 무엇인가(   )

96. 동업자, 동료, 동기, 동창, 동네친구, 친구 등등, 이는 육친 중 무엇인가(   )
① 비겁   ② 식상   ③ 재성   ④ 관성   ⑤ 인성

97. 자식(여자), 제자, 부하직원, 피후견인, 양자 등등 이는 육친 중 무엇인가(   )
① 비겁   ② 식상   ③ 재성   ④ 관성   ⑤ 인성

98. 아버지, 시어머니, 아내, 부하직원, 하도업체 이는 육친 중 무엇인가(   )
① 비겁   ② 식상   ③ 재성   ④ 관성   ⑤ 인성

99. 자식, 시누이, 며느리, 남편(여자의 경우). 이는 육친 중 무엇인가(   )
① 비겁   ② 식상   ③ 재성   ④ 관성   ⑤ 인성

100. 어머니, 후원자, 후견인 등 이는 육친 중 무엇인가(   )
① 비겁   ② 식상   ③ 재성   ④ 관성   ⑤ 인성

정답

1④, 2(인력) (척력), 3(원심력) (구심력), 4⑨, 5③, 6①, 7③, 8④, 9④, 10④, 11①, 12①, 13④, 14④, 15④, 16①, 17④, 18(역천), 19(명운), 20②, 21④, 22①, 23④, 24(서자평 또는 서거이), 25(만육오), 26(이허중), 27(명운 상담 10계명), 28①, 29(동양오술), 30④, 31(사주팔자), 32(지장간), 33(60갑자), 34①, 35②, 36④, 37(만세력), 38③, 39(근묘화실), 40(원형이정), 41④, 42③, 43③, 44②, 45②, 46④, 47①, 48④, 49①, 50①, 51②, 52①, 53②, 54③, 55④, 56①, 57④, 58③, 59④, 60①, 61②, 62③, 63④, 64④, 65④, 66④, 67①, 68①, 69②, 70④, 71①, 72②. 73③, 74④, 75⑤, 76⑤, 77⑤, 78④, 79①, 80②, 81③, 82④, 83⑤, 84(십성, 십신) 85③, 86①, 87(비견) (겁재), 88(식상), 89(재성), 90(편재) (정재), 91(관성), 92(편관) (정관), 93(인성), 94(편인) (정인), 95(육친(六親)), 96①, 97②, 98③, 99④, 100⑤

저자 '단계(丹桂), 이태영(李太榮)'

단계(丹桂)는 '붉은 계수나무'를 뜻하며 필자의 닉네임(별명)이다.
호는 송연(松燕). 이태영(李太榮)은 필명이다.
명리학계에서는 아직 알려지지 않는 인물.
특별히 소개할 것도 없고 쌓아놓은 업적도 별로 없음.
하지만 하루도 빠짐없이 명리공부 하고 있고 소수의 제자들을 양성하고 있음.
가끔, 인생이 절실한 사람들을 위해 사주팔자, 관상, 수상, 작명, 적성검사, 풍수지리, 매화역수, 타로카드 등으로 심리 컨설팅을 하고 있음.

문의 및 상담은 nicedeveloper@hanmail.net
또는 다음카페 "명운연구원 계수나무"에서 하시면 됨.

명운섭리I (이해편)

초판인쇄 : 2016년 11월 16일
초판발행 : 2016년 11월 20일

지은이 : 이 태 영
펴낸이 : 이 종 규
편집인 : 이 종 규
펴낸곳 : 도서출판 미래개발원
주　소 : 08639 서울시 금천구 시흥대로 97 (시흥유통단지 9동 330호)
전　화 : 02-785-7910
팩　스 : 02-785-7912
E-mail : nicedeveloper@hanmail.net
출판등록 : 제2016-000015호(2016년 2월26일)

ISBN : 979-11-959333-0-3

정가 : 30,000원

* 잘못된 책은 바꾸어 드립니다.
* 저자와의 협의에 의해 인지는 생략합니다.
* 무단 복제와 인용은 금합니다.